2016年5月19日，隆平水稻博物馆建成开馆试运行。隆平水稻博物馆分为陈列、库藏、公共服务、技术与行政管理等5个功能区。其中陈列区包括中国水稻历史文化、水稻科技、袁隆平与杂交水稻3个基本展厅和1个临时展厅，展陈面积近6000平方米。

（刘 翀）

芙蓉年鉴 2017

FURONG NIANJIAN

长沙市芙蓉区年鉴编纂委员会　编

方志出版社
Publishing House of Local Records

图书在版编目（CIP）数据

芙蓉年鉴.2017 / 长沙市芙蓉区年鉴编纂委员会编.

—北京：方志出版社，2017.11

ISBN 978-7-5144-2701-1

Ⅰ.①芙… Ⅱ.①长… Ⅲ.①区（城市）—2017—年鉴 Ⅳ.①Z526.44

中国版本图书馆 GIP 数据核字（2017）第 279721 号

芙蓉年鉴 *2017*

编　　者：长沙市芙蓉区年鉴编纂委员会
责任编辑：齐　笑

出 版 人：冀祥德
出 版 者：方志出版社
地　　址：北京市朝阳区潘家园东里 9 号（国家方志馆 4 层）
邮　　编：100021
网　　址：http://www.fzph.org
发　　行：方志出版社图书经销中心
电话（010）67110500
经　　销：各地新华书店
印　　刷：永州市湘华印务有限公司

开　　本：889×1194　1/16
印　　张：27.25
字　　数：874 千字
版　　次：2017 年 11 月第 1 版　2017 年 11 月第 1 次印刷
印　　数：001～500 册

ISBN 978-7-5144-2701-1　定价：150.00 元

《芙蓉年鉴 2017》编纂委员会

顾　　问　于新凡　周春晖

主　　任　陈计伟

副 主 任　周　虔　伍艳飞　谭雄伟　许　凡

　　　　　宋晋武　范伟民　徐德进

编　　委　李启杰　张　军　吴康达　成正良

　　　　　王跃斌　许琼山　李向华　谭永华

　　　　　刘孟乾　唐宇平　丁迎秋　谢小红

《芙蓉年鉴 2017》编审人员

主　　编　谭永华

副 主 编　裘　可

执行主编　郭　冰

编　　辑　段觉高　谭丽霞　苏　洁　李文英

　　　　　张　妮　黄永红　温小慧

《芙蓉年鉴2017》组稿人员

（姓名按编目顺序排列）

刘　聃　李永晟　谭　颖　苏　洁　黎银华　刘　勇　彭　昭　苗津铭
寻红日　张　波　邓蓓莉　蔡芳馨　黄丹旭　刘　波　黄　忠　张　登
谭　怿　章　余　李文英　温小慧　李　霞　王　凯　邬凯文　李　超
刘　菲　谭　芳　杨　冲　周　原　尹振声　黄　弋　黄　斌　李晓青
黄锦堂　曾　中　丁文兵　陈　静　张莉华　胡呈慧　彭玲娟　丁　玲
周　偲　薛文辉　罗伊凡　李恩星　袁丹丹　黄　珣　黄轶岚　王泽洲
张湘闽　戴玲玲　刘田瑶　舒　慧　谢　丹　刘　歆　吴宏瞻　陈纲要
曹祎婧　谭瑞英　胡　柯　刘丽君　张　涛　肖　蓉　周　艺　刘　义
唐　敏　李　娇　王先冰　文程遥　陈佳豪　王　勇　罗　萍　高铭阳
谢　琦　钱　磊　庞　听　哈倩妮　贺俊娇　李　高　彭新艳　甘　泉
陈　婷　韩晓文　彭　琐　邓雪晴　廖　薇　陈　苗　孙　业　徐　跃
廖贵连　邓子军　陈　慧　毛　劢　张　校　章宁致　蔡　强　徐梦妍
赵超斌　戴　颖　陈玄灿　李　祥　李方方　姚源记　刘佳宜　陈观军
王　珊　魏　聪　卢雅靖　徐　润　黄　薇　朱剑娴　蔡　巍　王文雄
杨鹏娇　丁　俊　胡　艳　孙高毅　陶红军　刘　丹　夏红艳　袁　霞
唐国良　李　芩　吴　玥　明静然　刘　树　夏婉清　黄　雪　文　阳
董春梅　周　韬　涂　京　刘夏娃　刘　菲　宋　凯　范　波　王　惠
欧阳金慧　孟建中　张定浙　曾桂蓉　程丹宏　何秀莲

编 辑 说 明

一、《芙蓉年鉴》以马克思列宁主义、毛泽东思想、邓小平理论、“三个代表”重要思想和科学发展观为指导，贯彻落实习近平总书记系列重要讲话精神和治国理政新理念、新思想、新战略，坚持辩证唯物主义和历史唯物主义的立场、观点和方法；其内容为芙蓉区自然、政治、经济、文化、社会等方面情况的年度资料性文献。《芙蓉年鉴2017》记载2016年全区各部门、各行业、各街道的基本情况、主要工作和重要事件，收录若干文献和统计资料，反映芙蓉区改革开放的新进程和经济建设、社会发展的新成绩、新经验以及存在的某些问题。所载资料力求全面、系统、真实、准确，为国内外人士了解芙蓉、熟悉芙蓉提供服务的信息资料；同时为将来续修志书积累资料。

二、本卷年鉴采用分类编辑法，设部目、分目、条目3个层次，部分分目下设子目，条目为记述基本层次，标题用【】标出。全书共设有31个部目、117个分目、37个子目、831个条目，表40个，编有索引903条。大事记中“△”为同日发生的事件。正文体例有概述、概况、条目、附、专记、资料、图表等，以条目为主体，书中插排图片专版。

三、本年鉴所载的内容均由全区各部门专人撰写、领导审核，年鉴编辑部编辑人员经过多次修改、加工整理后再反馈原单位进行认真校核，最后由编委会定稿。统计资料由区统计局提供。文稿中有些地区性、部门性数据，由于统计口径不同等原因，与统计局公布的可能不完全一致，请读者在查阅和引用时注意。

四、本卷年鉴收录区直单位和各街道负责人名单均以2016年在职者为准，有任免的分别予以注明。

《芙蓉年鉴》编辑部

目 录

特　　载

综　　述

大　事　记

中共长沙市芙蓉区委员会

长沙市芙蓉区人民代表大会常务委员会

长沙市芙蓉区人民政府

法　治

城市管理

交通 · 邮电

教　育

科　技

文化·体育

医疗·卫生

社会生活

社区建设

社区服务

社区治安

社区就业

社区生活

社区卫生

社区教育

社区文体

街　　道

湘湖街道（湘湖管理局）

定王台街道

韭菜园街道

文艺路街道

朝阳街道

五里牌街道

马王堆街道

荷花园街道

东屯渡街道

火星街道

东岸街道

马坡岭街道

东湖街道

人　　物

统计资料

文献选编

附　录

索　引

图片专版目录

特　　载

践行"五大理念"　打造"四个芙蓉"
为加快建设具有国际品质和湖湘文化特色的
精品之区而努力奋斗

——在中国共产党长沙市芙蓉区委员会第五次代表大会上的讲话

区委书记　于新凡

（2016年8月15日）

图1　中共长沙市芙蓉区委书记　于新凡

各位代表，同志们：

现在，我代表中共长沙市芙蓉区第四届委员会向大会报告工作，请予审议。

一、过去五年的主要成就和基本经验

五年来，在市委的坚强领导下，全区上下围绕"湖湘之心、中部标杆、全国一流"目标定位，牢牢把握"思想建党、制度治党、格局兴党"总体要求，实施"聚焦高端、提质增效、产城一体、双核驱动"发展战略，攻坚克难，奋力赶超，圆满完成了区第四次党代会确定的目标任务。

过去五年，是党的建设全面加强、执政能力不断提升的五年。

五年来，我们一以贯之践行群众路线，宗旨观念更加牢固。深入开展党的群众路线教育实践活动、"三严三实"专题教育和"两学一做"学习教育，坚持把服务群众作为第一追求，把群众满意作为第一标准，服务品牌百花齐放，干群关系更加融洽，群众工作"直通车"工程[1]、"东湖夜话"[2]等品牌活动获新华社、央视新闻联播专题报道。

五年来，我们矢志不渝推进思想建设，"四个自信"更加坚定。强化思想引领，组建芙蓉名师讲坛库，中心组学习实现常态化。充分利用主流媒体积极传递芙蓉声音，牢牢把握思想建设主动权、意识形态领导权和社会舆论话语权。市民文明素养和城区文明程度不断提升，培育和践行社会主义核心价值观工作被中宣部确定为首批“百家经验”。

五年来，我们持之以恒实施人才战略，干部队伍更加优化。深入推进“人才235”工程，引进一大批入选“千人计划”“百人计划”的高层次人才。以“直通车大课堂”为统领，推进干部全员轮训。强化德才绩量化考核，能者上、庸者下、劣者汰的用人机制进一步确立。坚持严字当头，干部个人重大事项报告全覆盖，“三超两乱”[3]整治走在全省前列。

五年来，我们锲而不舍夯实基层基础，基层党建更加严实。出台旨在全面加强党的建设的区委1号文件，推行“一考两评三纪实”[4]，压实主体责任。实行党员教育管理“一卡四制”[5]，建立网格化党建平台，构建区域化党建格局。提高社区（村）主职政治待遇和经济待遇，为社区配套惠民项目资金和党建工作经费，推动重心和资源向基层倾斜。实施“十大基层党建创新工程”，推出全省首个智慧党建APP，涌现出非公企业党组织积分制管理、基层服务型党组织建设等一批典型经验。

五年来，我们驰而不息狠抓正风反腐，党风政风更加清正。深入开展《廉洁准则》《党纪条例》学习活动，不断加强基层廉政文化建设，全面筑牢思想防线。出台落实“两个责任”相关制度，打造全省首个廉政信息管理系统，在三公经费等重点领域制定系列规章，强化刚性约束。严格落实作风建设相关规定，践行“三戒三兴”[6]，坚决惩治“四风”。坚持有责必问、问责必严，始终对各类违纪行为保持高压态势。

过去五年，是发展品质大幅跃升、小康建设全面丰收的五年。

五年来，综合实力实现历史性跨越。区域经济保持中高速增长，实现总量跨越、质态超越。GDP由585亿元增至1033亿元，突破千亿元大关；财政总收入[7]由23.5亿元增至102亿元，站上百亿台阶；固定资产投资由158亿元增至436亿元；社会消费品零售总额由381亿元增至713亿元。主要经济指标基本实现总量翻一番，年均增速保持两位数。

五年来，产业格局发生结构性变化。推进区域经济转型升级，三次产业比例调整至0 ∶ 15.4 ∶ 84.6。金融、商务、消费等优势产业彰显强劲支撑，金融对财税的贡献率达42.6%，第三产业对财税的贡献率突破九成。互联网+、创客中心、文化旅游等新兴业态蓬勃发展，楼宇经济呈现专业化发展态势，新的经济增长点不断涌现。工业经济聚焦高、精、尖，一批总部型和平台型项目竣工投产，600余家高科技、高成长性企业落户园区，规模工业总产值由220亿元增至427亿元。

五年来，城市面貌得到整体性优化。实施棚改项目24个，腾地680亩，推进国金中心、万家丽国际Mall等一批城市综合体建设，新增商务楼宇536万平方米。实施103号令征拆项目57个，腾地8700余亩，新增道路30余公里，隆平会展中心、水稻博物馆成为东片新地标，隆平新区总体框架、内在功能和外在形象实现质的飞跃。推进浏阳河文化旅游产业带建设，“浏河十景”[8]落点布局，18公里风光带建成开放。实施“品质提升年”[9]主题活动，落实最严城管、最严环保，拆除违法建设500多万平方米，改造老旧社区和农安小区171个，新增绿地136公顷，宜居品质进一步提升。

五年来，民生事业取得标志性成就。推进小康社会建设，获评全省首批全面小康达标区。社会事业协调发展，荣获全国义务教育发展基本均衡区、科技进步先进区、全民健身先进单位、慢性病综合防控示范区等多项国家级荣誉。人民生活持续改善，养老保险实现全覆盖，居民医保覆盖率达97.8%，建成廉租房619套、安置房128栋、居家养老服务中心和服务站64家。社会大局和谐稳定，创建“零发案社区”36个、平安社区22个，房产办证等一批历史遗留问题顺利解决，获评全省政法工作先进单位和安全生产先进单位。

五年来，改革开放彰显突破性进展。强化问题导向，突出抓好重点领域和关键环节的改革创新。完成两轮政府机构改革，推行简政放权，实施商事制度改革，新增市场主体4.7万家。在行政审批、零散税收征管、农民安置等领域先行先试、精准发力，发展潜能不断激活。成功举办首届浏阳河文化艺术节、隆平论坛等大型节会，展现更为开放的区域形象。实施精准招商，一批重大项目和优质企业相继落户，累计到位外资24.6亿美元，引进省外境内资金344亿元。

各位代表，同志们，成绩的取得，归功于市委的坚强领导，归功于全区人民的团结奋斗，归功于全体党员干部的共同努力，归功于历届区委打下的坚实基础。在此，我谨代表第四届区委，向所有关心、支持和参与芙蓉发展建设的同志们、朋友们，表示最衷心的感谢，并致以最崇高的敬意！

各位代表，同志们，五年历程极不平凡，成绩来之不易，经验弥足珍贵。当前良好的发展局面，得益于始终坚持立党为公、执政为民的好思想。为政之要，在于安民。五年来，我们始终坚持顺应民意作决策，紧贴民心谋发展，强力推进“十大民生工程”[10]，群众获得感大幅提升。在新的发展阶段，只要树牢宗旨意识，践行群众路线，发展道路就会越走越宽、越走越广。得益于始终坚持一带两区[11]、双核驱动的好战略。思路决定出路，眼界决定境界。五年来，我们始终以理念的更新引领发展的率先，科学推动中心城区深耕提质、隆平新区提速发力、浏阳河两岸深刻变化，发展格局日益清晰。在新的发展阶段，只要瞄准既定目标，保持战略定力，一届接着一届干，就能实现可持续发展。得益于始终坚持改革引领、创新发展的好做法。惟改革者进，惟创新者强。五年来，我们始终保持攻坚克难的精神状态和锐意进取的工作作风，率先开启以普惠金融为要义的金融创新之路，创新实施以都正街为代表的有机棚改，探索推进农民安置模式改革，改革红利全面释放。在新的发展阶段，只要勇于变革、锐意创新，就能在千帆竞发的时代大潮中走在前列。得益于始终坚持依靠群众、发动群众的好基础。发展为了人民，发展依靠人民。五年来，我们始终坚持问政于民、取信于民，奠定了坚实的群众基础，推动芙蓉又好又快发展已成为全区人民的自觉追求。在新的发展阶段，只要坚持集纳民智、团结群众，就能为加快发展凝聚更多的智慧和力量。得益于始终坚持凝心聚力、团结协作的好班子。团结出凝聚力，团结出战斗力。五年来，我们充分发挥党委统揽全局、协调各方的领导核心作用，全力支持人大、政府、政协、“两院”、民主党派和群团组织依法依章履职，坚持党管武装，凝聚统一战线政治共识，统筹推进机关工委、机构编制、老干、史志档案等工作，团结社会各界同舟共济共谋发展。在新的发展阶段，只要精诚团结众志成城，就能汇聚更大合力和更强动能。

二、未来五年的指导思想和奋斗目标

未来五年的指导思想是：高举中国特色社会主义伟大旗帜，全面贯彻党的十八大和十八届三中、四中、五中全会精神，以邓小平理论、“三个代表”重要思想、科学发展观为指导，深入贯彻习近平总书记系列重要讲话精神，践行创新、协调、绿色、开放、共享发展理念，大力实施“四化四统筹”发展战略，努力打造财富芙蓉、智慧芙蓉、魅力芙蓉、幸福芙蓉，在建设“四更长沙”[12]历史进程中，推动芙蓉区向具有国际品质和湖湘文化特色的精品之区大步迈进。

未来五年，必须始终坚持统筹一体发展路径，牢牢树立各领域、各区域协同发展的大局观，科学布局发展资源，重点突破发展瓶颈，着力弥补发展短板，深层次解决发展不平衡、不协调的问题。推进产业高端化，统筹发展传统产业和新兴产业。强力推进转型升级，发展高端产业，抢占产业高端，巩固第三产业主导地位，壮大以总部工业为特色的都市工业。实现全面城市化，统筹建设中心城区和隆平新区。推进棚改、城中村改造和东片开发，全面实现集体土地向国有土地、村向社区、村民向市民的转变。紧扣品质国际化，统筹推进城市建设和城市管理。全面接轨国际标准，充分融会湖湘文化，构建与国际化大都市相匹配的建设管理体系。突出服务精准化，统筹对接公共供给和群众需求。更加精准地为人民群众提供个性化的公共服务，满足日益多元化的民生需求，提高公共服务的共建能力和共享水平。

未来五年的奋斗目标是：

——建设转型升级的财富芙蓉，打造高端产业引领区。现代产业体系更加完善，经济结构更加优化，增长支撑更加多元，产业竞争力更加突出，现代化目标基本实现。GDP年均增长9%左右，财政总收入年均增长10%左右。

——建设创新驱动的智慧芙蓉，打造智慧理念先行区。创新型城区建设加快推进，高新技术产业进一步聚集发展。互联网与经济社会各领域充分融合，交融共享的网络架构和应用体系更加完善，实现城区智慧化管理和运行。

——建设精致秀美的魅力芙蓉，打造城市品质示范区。“一带两区”总体布局更加稳健明晰，各板块建设管理水平趋向均衡，承载功能明显增强，城市品位、文化内涵、文明程度和宜居品质不断提升。

——建设全面共享的幸福芙蓉，打造公共服务样板区。推进更高水准的全面小康社会建设，社会事业全面进步，社会保障体系更加有力。居民人均可支配收入年均增长8.5%左右。法治社会建设全面推进，社会治理能力不断提高。

三、未来五年的工作重点和主要举措

（一）突出改革创新，在加快转型升级上积蓄更大能量

改革出动力，创新出活力。面对空间不足、资源有限等挑战，只有激活体制机制，优化发展环境，才能升位晋级，赢得区域竞争主动权。

以深化改革为动力，全力破除要素瓶颈。始终把

全面深化改革放在区域发展大局中来谋划、来推动、来拓展，提升坐标，精准破题，不断培育发展新动力。适应和引领经济发展新常态，抢抓供给侧结构性改革机遇，推动财税、金融、投融资等关键领域和重点环节的改革取得突破，最大程度激活社会存量资源。坚持简政放权、放管结合，推动政府流程再造，持续深化行政审批和商事制度改革，不断降低制度成本。综合推进农民安置、医疗卫生等民生领域改革，提高公共产品供给质量，着力增强对科技、资本、人才等要素的吸附力和聚集力。大胆探索，先行先试，积极推动相对集中行政许可权等试点改革，推出更多原创性、示范性改革举措，释放改革红利，力争在省市全面深化改革进程中打头阵、当表率。

以创新创业为主线，全面释放市场活力。深入实施创新驱动战略，优化市场环境、分配制度和人才培养引进机制，提高全要素生产率，加快挺进创新强区行列。大力推动互联网+发展战略，促进互联网与各行业深度融合，打造具有核心竞争力、产业带动力和区域辐射力的互联网产业生态链。推进省金融创新特色产业园建设，优化顶层设计，健全风控体系，实施市场化运营，实现“一年打基础、三年见成效、五年树标杆”。建立大众创业、万众创新支撑服务体系，扶持一批创新创业企业做大做强，引领带动传统产业、老旧楼宇提质升级。推动创新创业孵化基地建设，构筑高新人才队伍建设、高科技成果转化、高新技术产业发展“三高”联动平台，打造创新中心和创业之区。

以结构调整为抓手，全盘激活发展潜能。深化转型升级，调优调强经济结构，形成中部牵引、东西互补、各具优势的产业新格局。实施新兴产业扩张计划，重点发展高端服务、文化创意、信息技术等产业，打造全域CBD。大幅提升对传统金融业的扶持力度，引进一批省级金融总部，开辟更多银企合作渠道，严厉打击非法集资、金融诈骗，进一步优化金融发展环境。制定传统楼宇改造五年计划，坚定不移推进专业楼宇建设，放大楼宇经济支撑效能。推动传统商贸业全面触“网”，鼓励发展跨境电商、微商等新型营销模式，提质改造专业市场，提升商业街区、特色街市品质，不断巩固全省金融中心、商务中心、消费中心地位。加速推进浏阳河水域、岸线及腹地商业开发，重点布局旅游、购物、休闲、酒店等产业，打造湖湘文化新名片和休闲旅游新胜地。

（二）突出协调融合，在提升承载功能上彰显更强实力

统筹谋划和正确处理发展中的各种关系，促进各区域各领域协调发展，增强发展的整体性、平衡性和可持续性。

推动一河两岸协调发展。坚持在“一带两区”总体架构上推进城市建设，合理规划功能分区和产业组团，构建各片区既分工明确又融合互补的发展格局。加速推进棚户区改造，全面完成城中村改造，充分释放中心城区资源潜力。推进一批城市综合体项目建设，打造更具品质和活力的商务楼宇集群。全面完成隆平新区征拆安置和村改社区工作，率先实现全面的、高品质的城市化。聚合浏阳河、马王堆、杂交水稻等文化要素和品牌资源，持续推进浏阳河文化旅游产业带开发建设，加快建成汉文化广场、马楚文化园等核心项目群。推进基础设施建设，进一步加密东片路网和过河通道，促进一河两岸协调并进。

推动建设管理协调发展。树立城市运营的系统思维、前瞻思维和国际思维，坚持高起点规划、高标准建设、高效能管理，全面提升城市建设管理现代化水平。以国际品质和湖湘文化为引领，建立统一的城管标准化体系，实现全区城管工作一体化运行。创新城管体制机制，在更大范围和更深层次探索城管市场化运作模式，提升维护作业机械化、信息化、网格化水平。坚持不懈开展“城市病”集中整治行动，重点防范和解决违法建设、交通拥堵等问题，提高常态化管理水平，让人民群众在城市生活得更方便、更舒心、更美好。

推动二三产业协调发展。在坚持第三产业主导地位的基础上，大力发展以隆平高科技园为主阵地的都市工业，建设复合型高端产业园区。引进和培育一批总部型、平台型项目，进一步提升总部工业在园区经济中的比重。坚持“优二强三”战略，探索新型工业化和现代服务业双引擎发展路径，推进隆平现代产业园[13]规划建设，提升园区产业内涵，促进高新技术产业、战略性新兴产业融合发展，进一步壮大现代农业、新材料、电子信息、生物医药、现代服务业等产业集群。

（三）突出绿色低碳，在推进品质建设上锻造更美城区

积极回应人民群众对美好环境的热切期待，加强生态文明建设，走绿色化发展道路，不断提升环境质量和城区品质。

创造“城在绿中”的优美意境。以改善人居环境为目标，加强对浏阳河、东湖湿地等生态资源的保护、

开发和利用，推进生态建设和园林绿化，建设人与人、人与自然和谐共处的美丽家园。实施新三年造绿大行动[14]，连通绿带，加密绿网，进一步提高绿化覆盖率。创新绿化方式，扩充绿化资源，加强绿化管养，构建绿地和建筑深度交融的城市景观，实现绿化资源更多向社区延伸、向群众身边延伸，构建出门见绿、百米见园的宜人生态。

落实“最严环保”的政策底线。实施最严格的环境保护和最彻底的污染治理，建设天蓝、地绿、水清的秀美城区。坚持多元共治，建立由政府、企业、市民等共同参与的环境治理体系。提高环保准入门槛，坚决淘汰落后产能。建立空气污染系统化治理机制，深化扬尘综合治理，不断提高空气质量优良率。扎实推进浏阳河水污染治理，建立控源截污长效管理机制，污水集中处理率、地表水达标率稳定在100%。统筹推进噪声、土壤等领域的污染防治行动，维护人民身体健康，全面提升宜居品质。

建立“集约两型”的发展模式。坚持走资源节约、环境友好发展道路，扎实开展两型综合示范片区改革试点，推进绿色发展、循环发展。大力发展两型产业和低碳经济，引导企业向产业链、价值链和技术链的高端延伸。推进节能减排，推广使用清洁能源，控制能源消费总量，降低能耗、物耗和碳排放强度。狠抓两型示范创建，打造更多两型企业、两型社区、两型家庭等两型单位，让两型生产生活方式成为社会广泛共识。

（四）突出对外开放，在壮大发展格局上增创更多优势

主动顺应经济全球化和区域一体化潮流，创新开放模式，拓展开放领域，发展更高层次的开放型经济，不断增强经济发展的外部驱动力。

融入开放大局，推动发展格局国际化。主动对接“一带一路”、长江经济带、长株潭一体化等发展战略，全方位参与区域经济交流和合作，充分运用区内外市场和资源，有力突破资源环境瓶颈制约。大力实施“走出去”战略，鼓励本土优势企业到域外建立生产基地和销售网络，培育一批具有自主知识产权、自主品牌商标、自主营销渠道的跨地区公司和跨国企业。用足用活省市外贸扶持政策，勾勒外贸经济发展路线图，持续优化外贸结构，做大做强现有优质外贸平台，培育一批发展潜力大、抗风险能力强的外贸实体企业，建设更高水准的外贸示范区。

拓展开放维度，推动产业发展高端化。健全对外开放机制，创新招商引资方式，把集聚优质要素作为主攻方向，把提升招商体量和质态作为目标追求。坚持招大引强，密切关注世界500强、国内100强企业和金融机构投资动向，加强点对点对接，努力在基地型、总部型项目落户上取得新突破。建立政府引导、市场主导、社会参与的多元化招商架构，着力引进一批创业投资和种子基金，促进传统产业实现超常规、裂变式发展。强化招商队伍的战斗力、爆发力，健全激励机制，建立高品质招商项目库，有针对性地向发达地区派驻招商分队，及时捕捉重要招商信息，不断提高招商引资质效。

搭建开放平台，推动品牌影响最大化。树立开放思维和战略眼光，准确研判宏观经济形势，构建常态化对外交流平台，主动参与区域竞争合作。积极举办隆平论坛等高端节会，不断提高国际影响力和美誉度。启动全媒体、全方位宣传造势，讲好芙蓉故事，包装芙蓉品牌，有力策应区域连片开发和产业整体提升。积极承办浏阳河文化艺术节，定期举办城市实景情境剧、国际龙舟赛等大型活动，组团参加各类经贸活动和招商节会，不断提高对外交流的广度、深度和力度。

（五）突出共建共享，在增强幸福指数上凸显更爽民生

将提高人民生活品质摆在更加突出位置，大力发展社会事业，夯实社会保障体系，促进区域长治久安，建设富裕安康、文明祥和的幸福家园。

贯彻发展富民理念，完善公共服务保障体系。始终坚持民生工作优先地位，精准对接多元化的民生需求，提升公共服务的针对性、契合度和满意率。贯彻幸福教育理念，协调发展各类教育，合理布局中小学校和幼儿园，促进教育事业高位均衡，充分保障各类群体受教育的权利。加大科普力度，弘扬科学精神，提升全民科学素养。推进社区卫生服务机构提质升级，提高公共卫生和基本医疗服务质量。推进计划生育服务管理改革，提升人口素质，优化人口结构。发展全民健身运动，建设更多公共健身场地。拓展就业渠道，实现更加充分的就业，促进富民增收。建立更加全面和公平的社会保障体系，实现社会保障应保尽保、分类施保。对老弱病残等困难群体实行精准的救济帮扶，进一步补齐全面小康的短板。加强社区建设，推进社区提质提档三年行动计划[15]，夯实基层民主自治。

贯彻文化惠民理念，弘扬社会主义核心价值。着

力培育和践行社会主义核心价值观，深入开展市民教育和群众性精神文明创建活动，不断提升社会文明程度。深入挖掘历史文化资源，加强历史文化街区保护和建设，留住历史文脉，增强文化内涵。大力发展演艺娱乐、文博收藏、影视动漫、设计策划等文化创意产业，培育和壮大文化品牌，持续增强文化软实力。发展公共文化事业，完成区文体活动中心建设，推进三级公共文化服务网络提质升级和基层文化阵地建设，为人民群众提供更加健康、丰富、精彩的精神文化生活。

贯彻法治安民理念，营造和谐稳定发展环境。加强和创新社会治理，推进社会治理精细化，构建和谐稳定和公平正义的社会环境。坚持依法行政，推进法治政府建设，更好地运用法治思维和法治方式推动发展。促进司法公正，弘扬法治精神，在全社会培育学法、懂法、守法、用法的法治氛围。加大信访和矛盾调处力度，通过法定途径分类处理信访诉求，妥善解决各类历史遗留问题。加强社会治安综合治理，严密防范和依法惩治各类违法犯罪。全面落实安全生产党政同责、一岗双责、失职追责规定，坚决遏制较大及以上安全生产事故的发生。加强对人民武装工作的领导，深化国防教育和征兵工作。统筹推进食品药品、消防、交通、反恐防暴、人民防空、应急处突等领域的安全防控，筑牢宽领域全覆盖的安全防线。

四、全面加强党的建设

事业成败，关键在党。坚持一心一意谋发展、聚精会神抓党建，不忘初心，继续前进，激扬精气神，弘扬正能量，为推进“四化四统筹”和打造“四个芙蓉”提供坚强保证。

（一）加强思想政治建设，凝聚加快发展的强大合力

着眼凝神聚魂，增强理论自觉和行动自觉，教育引导党员干部筑牢信仰之基、补足精神之钙、把稳思想之舵。

坚定理想信念主心骨。坚持把思想政治建设摆在首位，用中国特色社会主义理论体系特别是习近平总书记系列重要讲话精神武装头脑、统一行动。推进学习型党组织建设，抓实各级党委（党组）中心组学习，深入开展“两学一做”学习教育，坚定中国特色社会主义道路自信、理论自信、制度自信、文化自信，自觉做共产主义理想的坚定信仰者、忠实实践者。

强化党性修养主基调。把严肃党内政治生活作为锤炼党性的重要平台，规范领导班子民主生活会，严格落实组织生活制度，严肃党的政治纪律和政治规矩，做到心有所畏、言有所戒、行有所止。积极探索党性教育新路径，引导党员干部保持政治定力，站稳政治立场，增强政治意识、大局意识、核心意识、看齐意识，切实做到对党忠诚、为党尽责。

抓牢意识形态主导权。把意识形态工作作为党的建设和政权建设的重要内容，层层压实党委（党组）意识形态工作责任。注重精神引领，抓好舆情引控，强化阵地管理，加强对外宣传，规范对社会热点和突发事件的新闻信息发布，增强主流意识形态话语在人民群众中的感染力、影响力、吸引力。

（二）加强干部队伍建设，锻造担当作为的中坚力量

着眼选贤用能，树更高标准，出更实招数，下更大力气，有效调动积极性，发挥创造力，打造过硬执政骨干队伍。

树立正确鲜明的用人导向。坚持好干部标准、“三严三实”要求、“六用六不用”[16]导向，用好“能上能下”机制，破解“为官不为”。健全选人用人全程纪实和责任倒查机制，常态化、近距离、多维度考准考实干部德才表现，把讲政治、敢担当、重落实、善创新的干部选出来、用起来，把正确鲜明的用人导向亮起来、树起来。

构建学用结合的培训平台。强化党员干部教育培训，加大干部轮训、送训挂职和教育管理力度，健全人才引进培养、创新创业激励等机制，加快知识更新，加强实践锻炼，使专业素养和工作能力跟上时代节拍，促进干部队伍提升素质、增强本领，成为善作善成的行家里手。

完善重在绩效的考评体系。充分发挥绩效考核“指挥棒”作用，进一步完善领导班子和领导干部绩效考评机制。坚持严格管理和人文关怀相结合，严格落实干部职务与职级并行政策，探索建立容错纠错机制。严格执行领导干部个人重大事项报告等制度，健全多层次多渠道的干部监督机制。强化考核结果运用，激励干部更好履职尽责、担当实干。

（三）加强基层组织建设，夯实坚强有力的战斗堡垒

着眼强基固本，坚持政治功能与服务功能同频共振、重点突破与全面规范互促互为，推动基层组织建设全面进步、全面过硬。

压紧压实主体责任。坚持“书记抓、抓书记”，增强管党治党的政治自觉和行动自觉。完善党（工）委书记“一考两评三纪实”机制，抓实基层党组织书记“双述双评”[17]制度，构建社区（村）带头人“选、培、管、激”四位一体机制，建立落实管党责任的运行保障体系，把责任压力传导到神经末梢，以责任落实推动工作落地。

管严管好党员队伍。加强党员日常管理，严把发展党员入口关，严格党员分类积分量化管理，稳妥慎重开展不合格党员处置，增强党员的身份意识和党性观念。探索互联网+党建新模式，全面推行党员教育管理APP系统，构建真管真严、敢管敢严、长管长严的党员常态管理机制。

提质提标服务能力。探索实施基层服务型党组织标准化建设，使服务成为基层组织建设的鲜明主题和价值追求。推动党员志愿服务规范化、专业化，集中打造一批具有芙蓉特色、芙蓉标准、芙蓉元素的基层党建示范群，推动社区服务阵地全面达标和提质提档。加强党建服务中心建设，加大基层经费、人才和物质保障力度，引导政策向基层倾斜、力量向基层下沉、资源向基层集聚。

（四）加强党风廉政建设，营造风清气正的干事环境

着眼正风肃纪，坚持挺纪在前，保持力度不减、节奏不变、尺度不松，努力构建不敢腐、不能腐、不想腐的长效机制。

坚定不移守规矩。严明党的政治纪律和政治规矩，坚持以立规矩为基础、明规矩为路标、懂规矩为要义、守规矩为根本。深入开展纪律教育，学习贯彻《廉洁准则》《党纪条例》《问责条例》，准确运用监督执纪“四种形态”[18]，以严肃问责推动“两个责任”落实，教育引导党员干部严格遵守党章和党内生活准则，弘扬党的优良传统，始终维护党纪党规的严肃性和权威性。

驰而不息抓作风。打好纠治“四风”持久战，将违反“八项规定”列入纪律审查重点，作为纪律处分的重要依据。升级完善党风廉政建设信息系统，建立领导班子和干部作风状况定期分析机制，严厉查处违规违纪问题，坚决防止“四风”反弹，推动作风建设持续向好。注重加强家风建设，营造崇德向善、见贤思齐的良好社会氛围。

坚持不懈反腐败。坚持有案必查、有腐必惩、有贪必肃，严格执行“一案三查”[19]，推进纪检监察工作一体化建设，将全面从严治党向基层延伸，落实到每一名党员干部。严肃查处发生在群众身边的腐败问题，让人民群众看得见、享受到全面从严治党、推进党风廉政建设和反腐败斗争的胜利成果。

同时，区委常委会要发挥好把方向、管大局、作决策、促落实的领导核心作用，认真贯彻民主集中制和常委分工负责制，增强团结协作意识，提升科学决策水平。大力支持人大、政府、政协依法开展工作；全面贯彻双拥、民族、宗教等政策方针，巩固壮大爱国统一战线；积极发挥工、青、妇等群团组织作用，把各方智慧和力量凝聚到促进发展上来，唱响推进“四化四统筹”、打造“四个芙蓉”主旋律。

各位代表，同志们，宏伟蓝图已经绘就，加快发展的接力棒历史性地传递到了我们手上。让我们紧密团结在以习近平同志为总书记的党中央周围，在市委的坚强领导下，团结带领全区人民，开拓进取，乘势而上，为建设具有国际品质和湖湘文化特色的精品之区而努力奋斗！

注释

[1] 群众工作“直通车”工程：2011年7月以来，在全区推行群众工作“直通车”工程，通过畅通群众利益表达的上行渠道、干部深入群众的下行渠道，以及干群双向交流的互动渠道，实现党委政府与人民群众之间政策畅通、交流直通、心灵互通。

[2] 东湖夜话：即“东湖夜话——把话筒交给群众”系列活动，作为“三严三实”专题教育典型案例获中宣部、中组部发文推介，央视新闻联播专题报道。

[3] 三超两乱：超职数配备干部、超机构规格提拔干部、超审批权限设置机构，擅自提高干部职级待遇、擅自设置职务名称。

[4] 一考两评三纪实：“一考”即根据《街道党（工）委基层党建考核体系》实施考核，“两评”即半年

度督查点评和年终考核述职评议，“三纪实”即对履行党建责任、党建工作规范、服务联系群众全程纪实。

[5] 一卡四制：党员承诺卡，学习教育制、岗位责任制、联系服务制、综合评价制。

[6] 三戒三兴：一戒官僚会风，二戒不良文风，三戒奢靡玩风；一兴学习之风，二兴调查之风，三兴实干之风。

[7] 财政总收入：2010 年实施财税体制改革后，财税统计口径发生重大调整，2010 年及以前的统计口径为地方财政收入，此后为财政总收入。

[8] 浏河十景：浏阳河赋及放歌台、龙舟博物馆、茶铺子、汉文化广场、定王思母台、袁隆平主题群雕、芙蓉国里群雕、柳子明故居、东沙古井、马楚文化园。

[9] 品质提升年：2016 年，在全区深入开展以提升经济发展品质、建设管理品质、人民生活品质、发展环境品质为主要内容的“品质提升年”主题活动。

[10] 十大民生工程：水表改造、电力改造、燃气铺设、地下管网改造、社区交通微循环、路灯照明、绿化提质、环卫设施完善、社区服务规范化、农贸市场提质改造。

[11] 一带两区：浏阳河文化旅游产业带、长沙芙蓉 CBD 和隆平新区。

[12] 四更长沙：能量更大、实力更强、城乡更美、民生更爽的长沙。

[13] 隆平现代产业园：位于人民东路以南、对山路以北、长榔路以西、东湖水域以东，面积约 980 亩，预计总投资 35 亿元，建筑面积约 171 万平方米，由隆平高科技园自主开发建设，主要发展现代服务业和总部经济。

[14] 新三年造绿大行动：2017—2019 年，长沙将建设 1000 公里绿道、1000 公里慢步道、1000 公里游步道、1000 公里森林防火生物隔离带、20 万个生态停车位、500 个户外露营基地；建设 100 个示范村、100 个特色村，力争美丽乡村覆盖率达 80%；实现主城区新增公园和游园 100 个，提质改造一批居住区公园，向“千园之城”迈进。

[15] 社区提质提档三年行动计划：通过三年时间建设和优化社区服务阵地、公共交通、停车场地、管网体系、绿化美化、老旧社区改造等项目，打造品质高端化、服务优质化、治理多元化、居民幸福感明显提升的社区。

[16] 六用六不用：选拔重用政治坚定、忠诚可靠的干部，改革创新、开拓进取的干部，勤奋敬业、扎实肯干的干部，公道正派、坚持原则的干部，顾全大局、维护团结的干部，作风优良、清正廉洁的干部；坚决不用信念不牢、品德不佳的干部，故步自封、精神不振的干部，作风散漫、纪律松弛的干部，以权谋私、行为失范的干部，拉帮结派、破坏团结的干部，“官”念过重、脱离群众的干部。

[17] 双述双评：既向上级党委述职又向群众述职，既接受组织评价又接受群众评价。

[18] 四种形态：党内关系要正常化，批评和自我批评要经常开展，让咬耳扯袖、红脸出汗成为常态；党纪轻处分和组织处理要成为大多数；对严重违纪的重处分、作出重大职务调整应当是少数；而严重违纪涉嫌违法立案审查的只能是极极少数。

[19] 一案三查：一查当事人的违纪违法责任，二查党委（党组）的主体责任，三查纪委（纪检机构）的监督责任。

政府工作报告

——在长沙市芙蓉区第五届人民代表大会第一次会议上

代区长　周春晖

（2016年11月26日）

图2　芙蓉区人民政府区长　周春晖

各位代表：

现在，我代表区人民政府向大会报告工作，请予审议，并请各位政协委员和列席人员提出意见。

本届政府工作回顾

过去四年，在市委、市政府和区委的坚强领导下，在区人大、区政协的监督支持下，区政府团结带领全区人民，紧紧围绕“湖湘之心、中部标杆、全国一流”目标定位，全面实施“聚焦高端、提质增效、产城一体、双核驱动”发展战略，抢抓机遇，奋发进取，积极作为，奋力实现了“十二五”圆满收官、“十三五”良好开局，为新一轮发展打下了坚实基础。

一、总量与质量并进，区域经济大步跨越。

四年来，我们坚持科学发展、创新引领，加快推动产业转型升级。综合实力显著增强。地区生产总值由798亿元增至1100亿元（预计数，下同），年均增长9.5%；财政总收入由77.7亿元增至109亿元，年均增长8.9%；全社会固定资产投资由248.7亿元增至502亿元，年均增长19.2%；社会消费品零售总额由502.6亿元增至798亿元，年均增长12%；规模以上工业总产值由306.4亿元增至460亿元，年均增长10.7%；城镇居民人均可支配收入由3.2万元增至4.6万元，年均增长8.8%。产业结构更加优化。三次产业比重为0 ∶ 15.5 ∶ 84.5。省金融创新特色产业园成功落户并完成基础平台建设，获评全国十佳金融创新示范区，金融业税收贡献率达42.6%。商务楼宇总量达212栋、595万平方米，重点楼宇86栋、入驻企业达4900余家，楼宇经济税收贡献率突破60%。新建改建商场、市场面积42万平方米，限额以上商贸企业388家，销售额过亿元的零售业企业40家。隆平高科技园连续实施“项目建设年”行动，苏宁云商、英氏集团、康通电子等600多家总部型和高科技高成长型企业成功入驻，园区亩均产值、效益、税收增幅位居全省前列。招商引资成效显著。引进平安银行、湖南铁塔、中国国旅等优质项目和企业总部，辖区内世界500强和国内100强企业71家。投资过亿元项目86个，税收过亿元企业10个，亿元楼宇7栋，引资总量1160亿元，年均增长10%；实际利用外资27亿美元，年均增长8%；市外境内资金形成固定资产投资720.1亿元。

二、建设与管理并重，城区品质大幅提升。

四年来，我们坚持提升品质、完善功能，城区形象日益精美。城市格局不断优化。一河两岸建设协调推进，“一带两区”发展格局基本形成。浏阳河文化旅游产业带加快建设，东西两岸18公里风光带、隆平文化园建成开放，婚庆文化园创建国家3A景区。

中央商务区提质升级，湖南第一高楼长沙国金中心顺利封顶，旺德府、万家丽国际 Mall 等建成运营。隆平新区建设加速推进，控制性详细规划深化设计全面完成。隆平水稻博物馆建成试运行，成功举办首届浏阳河文化艺术节及两届隆平国际论坛，区域美誉度和影响力不断扩大。城市建设快速推进。累计铺排各类重点项目 452 个，总投资突破 1000 亿元。实施棚改项目 15 个，完成棚改 7600 户、70 万平方米，腾地 622 亩。都正街有机棚改、乔庄社区棚改获评省保障性安居工程示范项目。农科村、新桥村等城中村改造项目验收达标。实施 103 号令征拆项目 48 个，腾地 5955 亩，芙蓉生态新城安置小区建成安置房 43 栋、110 万平方米。推行团购商品房安置模式改革，货币安置 6000 余人，获新华社宣传推介。滨河路、营盘东路等交通干道竣工通车，隆平新区路网骨架基本形成。亭子港等 7 处泵站完成重建，湘江综合枢纽库区涉水和截污工程全面竣工。城市品质提标提档。推行最严城管，大力实施拆违控违、造绿复绿、社区提质提档、城乡接合部综合整治、“九路一环”立面斑点整治。拆除各类违法建筑 500 万平方米，实现全区违建基本清零。持续推进“三年大造绿”行动，率先启动机关大院拆墙透绿，新增和提质绿地 188 万平方米，拆违覆绿 220 万平方米，全区绿化覆盖率达 43.9%。推行老旧、农安小区提质改造三年行动计划，投入近 8 亿元完成 166 个老旧、农安小区提质改造，惠及居民 6.3 万余户。完成东沙古井乡愁文化街、营盘路等 26 条特色街巷建设。实施道路交通微循环改造 71 处，新设社会停车位 2.4 万个。创新推出“双车作业”环卫清扫模式 [1]，改建压缩式垃圾站 13 座。率先成立区环境保护委员会，推广油烟净化试点工程，全面淘汰燃煤锅炉。整治黑臭水体 13 处，关停污染企业 334 家，生态环境持续改善。

三、创新与引领并举，民生事业蓬勃发展。

四年来，我们坚持以人为本、民生至上，推行“十大民生工程”[2]，获评全省首批全面小康达标区。社会事业均衡发展。累计投入民生资金 162.7 亿元，完成重点民生实事 67 项。新改扩建学校（幼儿园）14 所，新增学位 1.3 万余个，获评全国义务教育发展基本均衡区、全省首批教育强区，继续保持全国科技进步先进城区和全国科普示范城区称号。推进现代公共文化和公共体育服务体系建设，倾力打造湖南和平解放史事陈列馆，参加市八运会实现“大满贯”[3]。实施家庭医疗契约式服务 [4]，提升中医药服务能力，成功创建全国慢性非传染性疾病综合防控示范区。稳妥实施计划生育新政，荣获全国计生优质服务先进单位。社会保障坚强有力。成立全市首个失地农民创业就业服务指导中心，新增城镇就业 9.5 万人，失业人员再就业 2.8 万人，零就业家庭保持 100% 动态清零。建成全方位覆盖的社会保障体系，社保征缴总额达 38.6 亿元，发放救助资金 2.2 亿元。积极推进养老服务综合改革，建成居家养老服务机构 64 家。建设、筹集廉租房 619 套、公租房 4235 套，妥善解决困难群体住房问题。社会治理创新深化。持续推行群众工作“直通车”工程 [5]，“东湖夜话”“草根讲堂”等群众工作经验获全国推介。社区建设不断加强，跻身全国和谐社区建设示范城区行列。五里牌肉联厂冷库、金苹果市场冷库、定王台书市等重大安全隐患得到整治，马王堆蔬菜批发市场顺利搬迁，荣获全省安全生产先进单位。积极创建国家食品安全城市，推行食品安全快速检测机制和“明厨亮灶”工程，开展食品安全“利剑整治”十大专项行动，充分保障“舌尖上的安全”。创新推动社区矫正，定王台街道社区戒毒康复工作获全国表彰。深入推进警务改革，持续推进治安、消防等防控体系及天网工程建设，创建“零发案社区”36 个、平安社区 22 个。全市首创信访听证机制，化解信访突出问题 180 余件。完成 60 号令安置房栋证办理 757 件，解决国有土地房产办证遗留问题 1.3 万户。扎实推进军民融合发展，建成全市首个规范化人民防空指挥所，国防教育和人民武装工作取得新成效。

四、改革与规范并行，自身建设不断加强。

四年来，我们坚持依法行政、改革创新，政府行政效能日益提升。深化改革成效凸显。统筹推进 224 项改革任务，全面取消非行政许可事项，实现行政事业性收费“零收费”。建立权力清单、责任清单、负面清单制度体系，行政审批整体提速 52% 以上。商事制度改革成效明显，新增商事主体 7 万余家。积极推进个体零散税收社会化管理，征管体制改革走在全国前列。依法行政深入人心。认真执行区人大及其常委会决议，自觉接受人大代表、政协委员和社会各界监督，办理建议、提案 883 件，办复率达 100%。颁布实施《重大行政决策程序规定》《行政执法监督办法》等制度，有效防范决策风险。着力畅通行政复议渠道，受理行政复议 179 件。深入开展执法案卷评查，全面完成“六五”普法工作。作风建设持续推进。扎实开展党的群众路线教育实践活动、“三严三实”[6]专题教育和“两学一做”[7]学习教育，严格执行中央八项规定，“三公”经费压减56.5%，清理超标办公用房5630平方米。切实加强审计工作，严格控制政府投资工程造价。持续开展“市民评议政府”暨绩效考核社会公认情况评估，办理“12345”市民服务热线工单1.2万件，政务网络实现全覆盖。严格落实党风廉政建设“两个责任”，营造风清气正的政务环境。

同时，妇联、工商联、民宗侨务、史志档案等工作喜获国家级荣誉。应急、机关后勤、工会、共青团、残联、侨联、科协、老年大学、红十字会、关工委、老体协等工作均取得了新的成绩和进步。

各位代表，四年的发展实践，为我们开创未来积累了宝贵经验。我们深刻体会到：转型发展，必须坚持一带两区、创新驱动的战略引领。面对资源不足、空间有限、竞争加剧的挑战，我们始终坚持用创新的理念引领发展、配置资源，不断优化“一带两区”总体架构，资源潜力得到有效释放，在区域竞争中抢占先机、赢得主动、实现跨越。精品立区，必须坚持国际品质、湖湘特质的价值追求。在推进城市规划、建设和管理的生动实践中，我们始终坚持追求国际品质、融会湖湘文化、体现芙蓉特色，精耕细作、精雕细琢、精益求精，努力打造精致精美、宜居宜业、人见人爱的精品之区。执政为民，必须坚持以人为本、发展惠民的责任担当。在全面建成小康社会、加快实现基本现代化的进程中，我们始终坚持尊重民意、凝聚民心、惠及民生，将财政投入向基层倾斜，把群众工作做到实处，提高了人民群众的获得感，诠释了人民政府的本质要义。干事创业，必须坚持精诚团结、攻坚克难的务实作风。在推动产业转型、实施项目攻坚、推进拆违控违等重大行动任务中，我们始终坚持齐心协力、齐头并进，以抓铁有痕、踏石留印的干劲，善作善成、久久为功，谱写了芙蓉发展的新篇章。

成绩来之不易，过程十分艰辛，经验尤为宝贵。这是市委、市政府和区委坚强领导的结果，是区人大、区政协及社会各界大力支持的结果，是全区广大干部群众团结拼搏的结果。在此，我谨代表区人民政府，向全区人民，向各民主党派、工商联、无党派人士、人民团体，向驻区部队官兵和公安干警，向所有关心、支持、参与芙蓉建设发展的社会各界朋友，表示最诚挚的感谢，并致以最崇高的敬意！

在充分肯定成绩的同时，我们也要清醒地看到，工作中还面临着不少困难和问题，主要表现在：区域竞争态势更加激烈，空间要素瓶颈制约突出，产业转型升级任重道远；区域发展不够平衡，东西两岸二元结构明显，隆平新区城市化水平亟须提升；城区基础设施负荷日益加重，综合承载能力不足问题凸显，增强功能品质、提升管理水平刻不容缓；影响社会安全稳定的因素仍然存在，深化治理创新、夯实基层基础仍需加强。对此，我们必须增强忧患意识，把握关键环节，以创新的理念、法治的思维、市场的规则、专业的素养和务实的作风，来研究和解决这些问题。

未来五年目标任务

指导思想：未来五年，我们要紧密团结在以习近平同志为核心的党中央周围，高举中国特色社会主义伟大旗帜，以马克思列宁主义、毛泽东思想、邓小平理论、“三个代表”重要思想、科学发展观为指导，深入学习贯彻习近平总书记系列重要讲话精神，认真遵循省第十一次党代会、市第十三次党代会和区第五次党代会的部署要求，始终坚持“五大发展理念”[8]，全面实施“四化四统筹”[9]发展战略，为把芙蓉区建设成为代表国家中心城市发展水平、具有国际品质和湖湘文化特色的精品之区而努力奋斗。

基本形势：未来五年，是长沙市建设国家中心城市、实现基本现代化的关键五年。作为省会长沙的核心城区，面对省、市委的殷切期望和更高要求；面对日益激烈、不进则退的区域竞争；面对发展空间不足、资源禀赋有限、宏观经济下行的现实情况；面对全区广大人民群众对美好生活的热切向往，我们唯有以更高的定位和标准加压奋进，以更大的决心和勇气攻坚克难，以更实的举措和办法精准发力，以更优的环境和氛围干事创业，才能体现芙蓉担当、彰显芙蓉作为、做出芙蓉贡献，才能加快形成增长中高速、产业中高端、消费中高级的新格局，才能在区域竞争中发挥主动性、把握主动权。

发展愿景：未来五年，建设代表国家中心城市发展水平、具有国际品质和湖湘文化特色的精品之区，要精心打造“四个芙蓉”：打造转型升级的财富芙蓉，实现综合实力更强劲。现代产业体系更加完善，经济结构更加优化，增长支撑更加多元，产业竞争力更加突出，现代化目标基本实现。打造创新驱动的智慧芙蓉，实现城市生活更便捷。创新型城区建设加快推进，高新技术产业进一步聚集发展。互联网与经济社会各领域充分融合，交融共享的网络架构和应用体系更加完善，实现城区智慧化管理和运行。打造精致秀美的魅力芙蓉，实现人居环境更优美。“一带两区”总体布局更加优化明晰，各板块建设管理趋向均衡，承载功能明显增强，城市品位、文化内涵、文明程度不断提升，更加宜居宜业宜学宜游。打造全面共享的幸福芙蓉，实现民生福祉更殷实。推进更高水准的全面小康社会建设，社会事业全面进步，保障体系更加完善，治理能力不断提高，人民生活更舒心，工作更称心，办事更顺心，社会更有爱心！

主要目标：未来五年，全区地区生产总值年均增长9%左右，一般公共预算收入年均增长10%左右，全社会固定资产投资年均增长12%左右，规模工业增加值年均增长6%左右，社会消费品零售总额年均增长10.5%左右，城镇登记失业率控制在4%以内，居民人均可支配收入年均增长9%左右。

重点工作：深入推进四大工程，实现经济社会更富效率、更有质量、更加公平、更可持续地发展。

一、推进产业提升工程，增强核心竞争力

未来五年，要统筹推动传统产业转型升级和新兴产业加速培育，着力构建以现代服务业为主导、以传统服务业和都市工业为依托、以楼宇经济为主要载体的产业体系。

做大做强现代服务业。稳步实施现代服务业扩张计划，优化空间布局，加速产业融合，促进集聚发展，创建“省现代服务业集聚示范区”。巩固现代金融优势：以芙蓉CBD为中心，大力发展金融产业，优化金融产业扶持政策和配套服务，着力引进证券、保险、基金等金融机构总部，构建更加完善的金融产业链。加快省金融创新特色产业园建设，以信息监测、信用共享、大数据金融为基础，积极打造金融信息监测预警中心和公共服务平台，推动建设成为全省金融创新中心。到2021年，实现金融业增加值突破300亿元。打造高端商贸体系：以长沙国金中心为引擎，综合提质五一广场、芙蓉广场、袁家岭、火车站等传统商圈，着力发展万家丽广场、锦泰广场等新兴商圈，积极培育马坡岭商圈。加快传统商贸服务业转型升级，集聚发展现代商贸、中介服务等业态。增强城市综合体、高端写字楼、星级酒店的服务功能，形成线上线下、高端消费和大众消费相结合的现代商贸体系。发展科技信息产业：以朝阳电子科技街为依托，推动科技型中小企业创新创业，大力发展科技服务、电子商务、信息技术、文化创意等业态。精心培育湖南科佳影像创客空间等双创平台，推动发展蜂巢电商、曙光798等特色产业平台，加快宇成朝阳、文化大厦等项目建设，鼓励三湘南湖市场等传统商贸企业开辟线上交易。挖掘健康文化潜力：以浏阳河两岸和区治周边为中心，大力发展文化旅游、体育健身、休闲娱乐、医疗卫生、养老家政等产业，推动生活性服务业向精细化高端化转变，满足人民群众对幸福生活的服务需求。促进园区服务业发展：以隆平高科技园为中心，大力发展城市快递、服务外包、大宗贸易、通讯服务等生产性服务业，推动产城融合发展与园区转型。

做优做精楼宇经济。实施传统楼宇改造计划，完善功能配套，推动产业置换，促进业态升级。深入推进专业楼宇建设，打造文化创意、律政服务、影像创客等一批专业楼宇。突出抓好新建商务楼宇“招大引强选优”，完善招商引资奖励政策，建立高品质招商项目库，实施精准招商、以商招商，营造亲商、重商的良好环境。强化总部集聚功能，打造更高品质的商务楼宇集群，丰富楼宇经济产业内涵。到2021年，实现楼宇总量900万平方米以上，新培育亿元楼宇5栋以上，楼宇经济税收达90亿元左右。

做特做好都市工业。坚持“优二强三”战略，壮大电子信息、智能制造、新材料等高新技术产业，重点发展生物育种、精准医疗等战略性新兴产业，促进隆平高科技园转型创新发展，努力打造技工贸总收入“千亿级”园区。着力推进湘粤先进技术产业园、广发隆平长沙现代服务产业园、豪丹创业园等基地建设，打造创新中心和创业乐园。积极培育苏宁物流、顺丰速运等现代物流产业集群，建设以城市快递、交通运输、电子商务配送为特色的区域性物流中心。积极争取调整园区区域规划，增强园区竞争活力和发展后劲。

二、推进功能提升工程，拓展城市承载力

未来五年，要进一步拓展和优化发展空间，统筹建设中心城区和隆平新区，强力推进浏阳河文化旅游产业带建设，着力构建各片区功能独立又融合互补的区域发展格局，实现“一带两区”并驾齐驱。

高起点打造浏阳河文化旅游产业带。围绕“湖湘文化展示新窗口、长沙娱乐之都承载地、芙蓉产业转型引领带”的目标定位，充分擦亮“浏阳河文化旅游产业带”这张文化名片。注重规划先行和产业布局，全面完成“一带一园一街两馆两桥三支撑”[10]等核心项目建设，完善沿线基础设施配套，力争建设国家级隆平水稻博物馆。重点培育和引进时尚餐饮、民俗体验等领域的旗舰品牌，加速两厢商务楼宇、特色主题酒店开发，打造集旅游、休闲、娱乐、婚庆等功能于一体的旅游休闲区。进一步加大对浏阳河文化旅游产业带的包装、策划、宣传和营销。积极承办浏阳河文化艺术节，举办隆平论坛等高端节会，引进重大体育赛事，提升实景情景剧演出实效，推动国际种子博览会落户，做到演出、活动、比赛、节会、展览常态化、可持续，不断扩大影响、聚集人气、发展产业。

高品质提升中央商务区。巩固“全省区域性金融创新中心、商务中心、消费中心”的优势地位，着力打造全省商务楼宇最密集、总部企业最集中的产业高地，继续擦亮“芙蓉 CBD”这张总部名片。全力建设长沙国金中心新地标，推进世茂广场、泰贞国际、擎天广场等城市综合体建成开业，提升长沙市“第一商业中心”的影响力。注重地上、地下空间的立体开发，着力发展地铁经济、网络经济和服务经济。坚持高端消费、特色街市、电子商务等消费经济协调发展，积极培育新的消费业态。支持定制式、体验式、交互式商业模式创新，满足个性化消费需求。推进泛中央商务区建设，按照“四增两减”[11]总体要求，全面完成黄土塘、燕山街、火炬村、火星镇、五里牌肉联厂、蔡锷中路两厢等集中连片棚改。建成白果园、化龙池等历史步道，打造具有长沙印记、芙蓉标识的历史文化景观。

高标准建设隆平新区。立足“长沙东部开放型经济走廊的重要战略节点”，按照“发展新区、生态新城、增长新极”的定位，全力加快浏阳河东岸的城市化进程，努力擦亮“种业硅谷”这张国际名片。全面完成隆平新区征地拆迁安置和城中村改造，实现全域城市化。加强基础设施建设，强化与中心城区的立体交通路网对接，加快内部交通互联互通。打通东湖路、红湖路等断头路，全线贯通滨河路，形成“四纵四横”[12]的路网体系，实现与空港、高铁等片区的无缝对接。加快长善垸污水处理厂二期建设，推动高压下地。完成 203 电台和马坡岭气象站搬迁，盘活存量土地资源。完善学校、医疗、文化、体育、社区服务等公共服务设施建设。规划新建公办高中 1 所，新改扩建中小学校 11 所，实施名校战略，聚集优质教育资源。建设较大规模的综合性品牌医院 1 所，均衡配置社区卫生服务中心，新增青少年宫等文体设施 7 处，积极构建 15 分钟“入学圈、医疗圈、健身圈、养老圈”。促进汽车东站提质改造，建设商贸经济综合体。加快建设人民东路隆平现代产业园[13]，重点发展总部经济，打造产城融合示范区和都市工业转型引领区。

三、推进品质提升工程，彰显城区新魅力

未来五年，要统筹推进城市规划、建设和管理，着力构建与国家中心城市发展水平相适应的城市建管体系，不断提升环境质量和宜居品质。

加速提质改造。重点对主次干道、背街小巷、传统楼宇、专业市场、农贸市场、公共站厕、老旧社区等实施提质改造。按照“六位一体”[14]要求，完成芙蓉路、营盘路、韶山路、八一路、人民路等主次干道的提质改造。继续推进特色街巷建设，打通交通微循环，形成“一街一品一特”的芙蓉特色街巷群。完善给排水、电力、交通、电梯、停车等配套设施，提升传统楼宇品质。有序推动 18 个专业市场退出、搬迁、提质或转型。按照标准化要求，升级改造农贸市场 11 家。对现有 91 座公共垃圾站、97 处公共厕所分批进行提质改造，努力做到“一站一厕一景”。继续落实社区提质提档三年行动计划，完成 73 个社区全面提质提档工作，实现社区品质高端化、服务优质化、治理多元化，提升居民幸福感。

聚焦精细管理。深入推进文明创建工作，提升市民文明素养和道德素质。积极探索创新城市管理模式，完善“大城管”格局，进一步推动重心下移、关口前移。推动城管信息系统平台建设，实现智慧化管理与监控服务。推行城市管理网格化，落实工作责任制，提高街面见勤率，保持常态长效。推进标准化维护管理，实现主次干道机械化清扫率 80% 以上，在市政维护、绿化管养等领域稳步推行市场化运作。持续实施“最严城管”，强化城管综合执法。大力开展城乡接合部综合整治，保持拆违控违高压态势，营造违建清零、环境清洁、形象清新的市容市貌。

突出生态环保。高标准开展“新三年造绿大行动”，积极构建“四大绿色”生态体系[15]，完成“五大重点”生态绿化工程[16]。新建社区公园 25 个以上，新增和提质绿化 70 万平方米以上，实现“开门见绿、推窗见景、百米见园”。扎实推进“环保三年行动计划”，持续开展“清霾、碧水、静音、净土”等专项行动。积极建设海绵城区，强力推进浏阳河水环境综合整治，完成东湖 800 亩湿地水系治理，实现湖南农大、农科院片区雨污分流，建立控源截污长效机制。加快两型示范创建，扎实开展两型综合示范片区改革试点，倡导两型生产生活理念。大力推广老旧小区居民家庭餐厨油烟净化治理试点成果，有效改善社区环境。

四、推进服务提升工程，强化民生保障力

未来五年，要统筹对接公共服务和群众需求，强力推进更高水准的全面小康社会建设，着力构建精准化民生保障体系，满足日益多元的民生需求。

全面发展社会事业。完成重点民生实事工程。全面实施幸福教育，加快发展学前教育和中小学教育，新增学位2万个，实现公办幼儿园和普惠性民办幼儿园占比80%以上，推动芙蓉教育跻身全国一流。加大科普力度，提升全民科学素养，推动科技成果转化。坚持以需求为导向，加大专业性技术人才和创新型管理人才的引进培养力度。加快区文体活动中心等公共服务项目建设，健全文化市场监管服务体系，积极推动文化惠民。深入贯彻全民健身国家战略，大力发展体育事业。全力保障食品药品安全，积极创建国家食品安全城区，努力让人民群众吃得放心。推进健康芙蓉建设，加快社区卫生服务中心改造升级，实现基本公共卫生服务均等化。实施基层中医药服务能力提升工程，争创全国基层中医药工作先进单位。做好人口与计划生育工作，优化计生服务体系。

完善社会保障体系。实施创业带动就业五年行动计划，重点建设一批创新创业带动就业示范基地和大学生创业孵化基地。完善居民基本养老、医疗、失业等保险制度，全面推行社会保障“一卡通”[17]。健全社会救助体系，提高临时救助标准，对特殊困难群体实行精准救济帮扶。创新安置模式，扩大住房保障覆盖面。着眼既能满足基本养老需求，又能提供高端养老服务，建设品质一流的区社会福利中心。引导社会资源参与养老服务，建成一批街道日间照料中心，实现社区居家养老服务设施全覆盖。

提升社会治理能力。加强基层群众自治组织和社会组织培育，构建全社会参与的现代治理体系。增强业主自我管理能力，创新物业监管机制，全面提升物业管理水平，逐步实现小区物业管理全覆盖。推进覆盖全区的司法服务体系建设，深入开展“七五”普法，增强全民法治意识。扎实推进依法治访，建立矛盾纠纷多元化解机制，妥善解决各类历史遗留问题。强化各级安全生产监管责任，依法加大安全生产源头清理、打非治违、严管重罚力度，倒逼企业落实安全生产主体责任，构建完善隐患排查治理闭环机制，努力建成安全生产省级示范城区。深化社会治安防控体系建设，严厉打击各类违法犯罪行为，把芙蓉区建设成为最具公平感、正义感和安全感的城区。推进国防教育、国防动员和国防后备力量建设，加强双拥优抚工作。促进民族团结进步，依法管理宗教事务。全力支持工会、共青团、妇联、工商联、残联、科协、老年大学、红十字会、关工委、老体协等群团组织工作，全面加强对台、应急、人防、史志档案、机关事务等方面工作。

各位代表，2017年是新一届政府的开局之年，我们将坚持“稳住、进好、调优”总要求，积极推动产业转型，切实抓好项目建设，着力提升城市品质，不断增进民生福祉，全力维护安全稳定，确保经济社会平稳较快发展，努力开创工作新局面。

各位代表，实现未来五年的宏伟蓝图，必须着力改进作风，努力建设法治型、效能型、服务型、廉洁型的人民满意政府。

建设法治型政府。坚持依法行政、规范用权、公正执法，努力提升政府工作的法治化水平。强化全体国家工作人员的法治意识、规则意识和程序意识，提高运用法治思维和法治方式解决问题、推动工作的能力，做到“法无授权不可为，法定职责必须为”。自觉接受人大依法监督、政协民主监督和社会各界监督，提升建议提案办理质量。

建设效能型政府。牢固树立“干部要干事，为官要有为”的价值导向，坚决整治不作为、慢作为、乱作为等现象。加大重点领域体制机制改革力度和工作创新力度，扎实推进相对集中行政许可权改革试点。全面推行政务公开，提升“互联网+政务服务”应用水平，努力打造审批最快、流程最少、效率最高、服务最优的政务环境。大力践行“一线工作法”，以“马上办”的作风、“敢担当”的行动和“钉钉子”的精神，做到工作在基层推动、问题在一线解决。

建设服务型政府。坚持以人民为中心的发展思想，深入践行党的群众路线，把人民满意作为政府工作的第一标准。着眼人民群众的根本利益和现实需求，着手办好民生实事，着力解决老百姓最关心的住房、就业、读书、看病、养老、购物、休闲以及空气质量、食品安全、交通出行等重点难点热点问题，使老百姓的幸福指数跑赢GDP增速。

建设廉洁型政府。切实加强党风廉政建设，驰而不息纠治“四风”。完善权力运行制约和监督机制，加大对公共资源配置、重大项目建设等领域和环节的监管，严肃查处发生在群众身边的腐败问题。严控“三

公”经费，压缩一般性行政开支，节约和减少政府运行成本。牢固树立政治意识、大局意识、核心意识、看齐意识，始终与以习近平同志为核心的党中央保持高度一致，确保中央、省市区委的重大决策部署全面落实落地。

各位代表，形势催人奋进，定当众志成城；发展时不我待，更需策马扬鞭。让我们在市委、市政府和区委的坚强领导下，不忘初心，继续前进，真抓实干，奋发作为，为建设代表国家中心城市发展水平、具有国际品质和湖湘文化特色的精品之区而努力奋斗，以优异成绩迎接党的十九大胜利召开和中国共产党成立一百周年！

注释

[1] “双车作业”环卫清扫模式：对路面清洗车加装前冲式压嘴，在进行横向冲水的清洗车前加开一台纵向冲水的清洗车。前车进行高压纵向冲水，可将沉积在道路缝隙中的泥沙冲出来，配合后车的横向冲水和跟车的环卫工人实施清扫，有效提升道路洁净度。

[2] 十大民生工程：水表改造，电力改造，燃气铺设，地下管网改造，社区交通微循环，路灯照明，绿化提质，环卫设施完善，社区服务规范化，农贸市场提质改造。

[3] 大满贯：长沙市第八届运动会中，芙蓉区获城区组金牌总数第一名、总分第一名。

[4] 家庭医疗契约式服务：通过卫生全科团队与居民及其家庭签订契约，提供以医疗为核心的公共卫生及健康管理服务。

[5] 群众工作“直通车”工程：通过畅通群众利益表达的上行渠道，干部深入群众的下行渠道，以及干群双向交流的互动渠道，实现党委政府与人民群众之间“政策畅通、交流直通、心灵互通”。

[6] 三严三实：既严以修身、严于用权、严以律己，又谋事要实、创业要实、做人要实。

[7] 两学一做：学党章党规、学系列讲话，做合格党员。

[8] 五大发展理念：中国共产党第十八届中央委员会第五次全体会议强调，实现“十三五”时期发展目标，破解发展难题，厚植发展优势，必须牢固树立并切实贯彻创新、协调、绿色、开放、共享的发展理念。

[9] 四化四统筹：推进产业高端化，统筹发展传统产业和新兴产业；实现全面城市化，统筹建设中心城区和隆平新区；紧扣品质国际化，统筹推进城市建设和城市管理；突出服务精准化，统筹对接公共供给和群众需求。

[10] 一带一园一街两馆两桥三支撑：一带：东岸风光带；一园：隆平文化园；一街：汉文化历史主题街区；两馆：水稻博物馆和龙舟文化馆；两桥：汉桥、鹊桥两座跨河人行天桥；三支撑：公共交通系统、公共安全系统和产业规划引导系统等三个支撑系统。

[11] 四增两减：2014 年 10 月，长沙市公布《关于推进长沙市公共租赁住房和廉租住房并轨运行的实施意见》，规定在推进棚户区改造的同时，要增加公共绿地、公共空间、配套设施、支路网密度，减少居住人口密度，减少开发强度。

[12] 四纵四横：四纵：滨河路、星沙大道—红旗路、合平路、长椰路连接南北；四横：营盘东路、远大路、黄元路、人民东路横贯东西。

[13] 隆平现代产业园：位于人民东路以南、对山路以北、长廊路以西、东湖水域以东，面积约 1080 亩，预计总投资 35 亿元，建筑面积约 171 万平方米，由隆平高科技园自主开发建设，主要发展现代服务业和总部经济。

[14] 六位一体：路面、人行道、绿化、亮化、立面、城市家具全面改造。

[15] “四大绿色”生态体系：构建森林生态屏障体系、湿地生态安全体系、城乡慢行休闲体系、全域绿地覆盖体系。

[16] “五大重点”生态绿化工程：生态体系建设工程、城乡绿道建设工程、“千园之城”建设工程、增花添彩建设工程、绿色共建共享工程。

[17] 社会保障“一卡通”：将社会保险、劳动关系、公共就业、人事人才、金融服务等信息集成于一张社会保障卡，实现一卡多用、全国通用。

中共长沙市芙蓉区委员会

①	②
	③
⑤	④
	⑥

①1月20日 山东省济宁市任城区委书记田卫东（前排左二）一行到长沙市芙蓉区考察，图为参观区情展览

②3月7日 市人大常委会议成员到区调研重点项目

③5月8日 省委书记、省人大常委会主任徐守盛带队调研芙蓉区浏阳河风光带

④7月11日 省委常委、市委书记易炼红调研老旧社区提质改造

⑤7月18日 市委副书记徐宏源调研隆平高科技园区企业

⑥8月15日 中共长沙市芙蓉区第五次代表大会召开

长沙市芙蓉区人民代表大会常务委员会

①3 月 7 日 市人大常委会主任袁观清考察新楚擎天广场项目
②5 月 26 日 区人大主任罗树林考察水稻博物馆
③区人大常委会议审议财政计划报告
④6 月 24 日 区人大主任会议考察大同古汉城小学
⑤6 月 28 日 芙蓉区人大第二十五次常委会议组织新任命的“一府两院”工作人员集体公开向宪法宣誓
⑥11 月 25—29 日 长沙市芙蓉区第五届人民代表大会第一次会议
⑦12 月 28 日 芙蓉区人大举行五届一次常委会议

长沙市芙蓉区人民政府

①②
③④
⑤

①2月26日 副市长何寄华到东湖街道调研
②8月18日 市委副书记徐宏源到社区调研
③8月24日 省委书记、省人大常委会主任徐守盛考察改造后的大同小学
④9月12日 省委常委、长沙市委书记易炼红考察芙蓉区湖南金融创新特色产业园
⑤10月12日 省委常委、长沙市委书记易炼红调研社区提质提档工作

政协长沙市芙蓉区委员会

①	②
③	
④	
⑤	⑥

①8月31日　全区人大、政协换届工作动员会议
②11月25日　政协长沙市芙蓉区第五届委员会第一次会议
③12月22日　区政协第五届委员会常务委员会会议
④区政协主席郑明率常委会成员参观隆平水稻博物馆
⑤郑明率领政协第五届全体常委考察黑臭水体治理工作
⑥12月28日　郑明率领区政协主席会议成员及部分委员考察城市管理工作

综 述

芙蓉区情简记

【概述】 芙蓉区为长沙市辖行政区。区情简要记载如下：

自然地理 芙蓉区位于湖南省长沙市中部，周边与长沙县、雨花区、天心区、开福区接壤。其经纬位置为北纬 28° 、东经 113° 。东西最长约 12.8 千米，南北最宽约 4.8 千米，面积 42.8 平方千米。地貌为湘江长年冲积形成的平原，地势平缓，平均海拔高度约为 40 米。东部原有小片丘陵山地，已因开发建设推平。浏阳河由东而西向北再向西贯穿区而过，将区境分为东西两片。东部有东湖、红旗水库，水面积约 2.5 平方千米。属亚热带季风气候区，雨水集中，春湿秋爽，暑热期长，严寒期短，四季分明，春季约 70 天，夏季约 120 天，秋季约 70 天，冬季约 100 天。日极端最低与最高气温分别达 -10℃和 40℃左右。年平均降雨量约 1500 毫米，年平均日照 1200~1600 小时。植被属于亚热带针阔混交林区，境内留有古樟、白果树等名木。

建制沿革 1933 年设长沙市。1934 年，长沙市置第一至第四区。第一区大部分为现芙蓉区辖范围，即东边沿浏阳河湖迹渡、沙湖桥、杨家山、长岭，南边经子弹库、识字岭、古家巷、柑子园、青石桥、鱼塘街口，西边过八角亭、走马楼、南阳街、府正街、老照壁，北边至中山东路西段、乐古道巷、经武路、喜鹊桥、姚家巷等，所圈成的区块，其中包括长沙城东部和东面近郊区大片地域。区下设坊，坊下设保，保下设甲。第一区下设 4 坊 14 保。1937 年，长沙市改四区为八镇四乡，原第一区城区地段划分为端履镇和南阳镇，郊区部分划入文艺乡。改区、坊、保、甲四级为镇、保、甲三级，取消坊公所。1938 年，长沙市设两镇、两乡。原端履镇和南阳镇属城南镇。1942 年 1 月，长沙市设 9 镇，城东镇辖原端履镇和南阳镇地区范围。同年，改镇为区。1945 年 2 月，改区为镇，城东地区成立日伪政权城东镇公所，至当年 8 月，为短暂的日伪统治时期。1945 年 12 月，长沙市置 8 区，原城东镇更名为城东区。1949 年，城东区面积仅 1.06 平方千米，下设 9 保、192 甲。新中国成立后，城东区建置未变。1960 年 4 月，东区改置为天心阁人民公社。1961 年 9 月复为东区。1996 年 7 月，长沙市实行区划调整，撤销东区，置芙蓉区。

行政区划 新中国成立初，城东区沿用旧保甲制。1950 年 8 月废除保、甲，设居民委员会新制（今街道办事处前身）。共设浏正街、犁头街、解放路、东站路、府后街 5 个居民委员会，下设 328 个居民小组。1951 年，城西区皇仓湾一带划入城东区，从南区划入织机街居委会、从文艺区划入衡湘里居委会、韭菜园居委会，全区共 8 个居民委员会；原区辖居然里一带划入北区。1952 年，撤销居民委员会，成立 8 个街道人民代表会议办事处，1955 年 12 月又改为街道办事处。全区 8 个街道办事处，下辖 87 个居民委员会。1956 年 10 月撤销浏正街、犁头街两个办事处，全区为 6 个街道办事处。1957 年区划小调整，东区管辖的火药局、稻香别墅划入南区；北区的蔡家铺子划入东区。1960 年 4 月，东区改置为天心阁人民公社，下置 5 个分社，即城内解放路、都正街办事处合并为解放路分社；东站路、府后街办事处合并为长治路分社；韭菜园、文艺路街道办事处分别改为中心点、东大路分社，郊区万年红公社文艺乡部分划入设五里牌分社（后改为东屯渡分社）。城区分社下设管理区，东屯渡分社下改大队。1961年9月天心阁人民公社撤销，东屯渡分社仍划归郊区管辖；城区4个分社恢复为东站路、长治路、东茅街、都正街、东大路、中心点6个街道办事处。1964年7月，东大路、中心点两街道办事处更名为文艺路、韭菜园街道办事处。1976年，长沙市新建火车站，城区向东拓展，郊区五一、火星两个菜农大队地域划入东区，并于1977年新设朝阳新村街道办事处，后更名朝阳街道办事处。全区共7个街道办事处，行政区域东起现京广铁路，西至黄兴路，南起现雨花区妹子山、长岭、人民路、大古道巷一线，北达中山东路、八一路，折至迎宾路北段转向中共湖南省委大院北墙。1995年1月，长沙市郊区马王堆乡五一村划入东区，辖区面积为8平方千米。同年4月，将朝阳、韭菜园两个街道办事处的部分辖区划出，新设五里牌街道办事处。

1996年7月，长沙市实行区划调整，撤销东区，置芙蓉区。芙蓉区所辖范围含原东区8个街道和长沙市郊区东岸乡、火星镇、东屯渡农场以及马王堆乡（新桥村、农科村、火炬村、新合村、东屯渡居委会），同时，五一村划入雨花区。1997年，撤销火星镇、马王堆乡，设火星、马王堆两个街道办事处，增设东屯渡街道办事处，长岭、王公塘地段划入雨花区。1999年，长沙市将湘湖管理局行政管辖权移交芙蓉区，并于年底设立湘湖街道办事处。至此，芙蓉区辖12个街道办事处和1个乡，117个居民委员会、19个村（场）。行政区域东起东湖路与长沙县相接；南沿浏阳河、圭塘河、西街花园及湖南旺旺医院南面、人民路、天心阁西侧、大古道巷一线，与雨花区、天心区毗邻；西至黄兴路，与天心区、开福区交界；北经中山路、八一路、迎宾路中段与北段、省委大院北墙、烈士公园东侧、窑洞子、浏阳河段、杨家湾路一带，与开福区、长沙县接壤。2001年，芙蓉区实施社区居委会整合，将原123个居民委员会整合成52个社区。2010年，芙蓉区辖解放路、都正街、府后街、浏正街、文艺路、韭菜园、朝阳、五里牌、马王堆、东屯渡、火星、湘湖12个街道和东岸乡，管理长沙高新技术产业开发区隆平高科技园（管理委员会为正县级单位）。其中，湘湖地区既设街道办事处，又设管理局（副县级单位），行政人员为一套人马，两个班子。2011年12月，芙蓉区实施街道办事处行政区划调整。原解放路、府后街、都正街、浏正街4个街道办事处合并为定王台街道办事处；原马王堆街道办事处析置为马王堆与荷花园两个街道办事处；原东岸乡撤乡设街并析置为东岸、马坡岭、东湖三个街道办事处。同时，对湘湖、韭菜园、五里牌、火星、东屯渡5个街道范围予以调整。2016年，全区辖13个街道办事处、67个社区、12个行政村。全区常住人口57.58万人，其中少数民族人口13073人。

区名由来　芙蓉区名蕴含历史渊源。古代湖南地区雅称“芙蓉国”，以域内到处盛开的木芙蓉花得名。该名称传承至今，经典诗词、文书多有应用：宋代诗人谭用之《夜宿湘江遇雨》中有“秋风万里芙蓉国”之句；毛泽东诗词《七律・答友人》中有“芙蓉国里尽朝晖”之句。1996年长沙市辖区调整，位于市区中心部位的东区更名为芙蓉区。

区位优势　芙蓉区位于长沙市区中东部，浏阳河以西为城市中心区。京广铁路由北向南穿境而过，长沙火车站位居其中。黄花国际机场毗邻东头。城区东西轴线五一大道与南北轴线芙蓉路交汇贯通，形成得天独厚的“金十字”枢纽。另有东西向的人民路、远大路和南北向的万家丽路、东二环、车站路、韶山路等主干道穿区而过。东片城区，隆平新区规划中已构建“五纵四横”的路网（连接南北的滨河路、京港澳高速、红旗路、合平路、长榔路，横贯东西的高家坡路、远大路、黄元路、人民路），正成为区域脉络通达的财富大道。交通便捷、人流密集，是商贸经济发展的良好环境。省委、省军区、省法院、省检察院等省、市领导机关和办事机构多驻区内。工商银行、农业银行、建设银行的湖南总部驻于区内。华天、通程、富丽华等知名大酒店驻于区内。

经济特色　芙蓉区经济结构以二、三产业为主。第一产业因城市建设的扩张，农用地面积逐年缩小，传统农业基本退出。第三产业主导地位凸显，完成增加值991.2亿元，占经济总量比重85.5%。省金融创新特色产业园完成平台建设并投入使用。成功举办中国金融科技峰会，创建省金融创新中心，金融业税收贡献率达42.6%。打造律政服务、文化创意等专业楼宇，湖南影像创客空间成为全市示范，楼宇经济税收贡献率突破60%。隆平高科技园加速转型升级，人民东路隆平现代产业园完成概念性规划设计，“中国种业硅谷”（中国种业硅谷：2016年11月24日，隆平高科技园正式发布《“中国种业硅谷”建设规划纲要》，提出要把隆平新区建设成中国一流的生物育种技术及产业聚集区。12月26日，国家发改委发布《促进中部地区崛起“十三五”规划》，明确提出要推广生物育种技术，建设长沙现代种业基地）建设上升为国家战略。全区完成高新技术产业增加值339.7亿元。实施精准招商，举办“浏河之芯·财富芙蓉”上海招商推介会，引进中国国旅、万和证券、华夏交易所等企业总部和金融机构。新引进投资过10亿元项目3个，新增商事主体1.5万家、“新三板”上市公司7家、楼宇企业550余家。实际到位外资6.4亿美元，省外境内到位资金98亿元，市外境内固定资产投资267亿元。

城建新貌 在2016“品质提升年”中，芙蓉区深入推进“最严城管”“最严环保”，打造品质城区，建设财富芙蓉、智慧芙蓉、魅力芙蓉、幸福芙蓉。2013—2016年，拆除各类违法建筑500米，实现全区违建基本清零；持续推进“三年大造绿”行动，率先启动机关大院拆墙透绿，新增和提质绿地188公顷，拆违覆绿220公顷，全区绿化覆盖率达43.9%；推行老旧、农安小区提质改造三年行动计划，投入近8亿元完成166个老旧、农安小区提质改造，惠及居民6.3万余户；启动东沙古井乡愁文化街、营盘路等26条特色街巷建设；实施道路交通微循环改造71处，新设社会停车位2.4万个。

城区管理 芙蓉区围绕“品质提升”主题，有针对性地开展了城乡接合部综合整治及城区立面、户外广告招牌、施工围挡、渣土扬尘、违规夜市、农贸市场及校园周边环境、人行道清障、桥下空间及河滩环境等多项专项整治行动。办结各类执法案件8576件，开展针对各类违章户外广告、招牌、电子屏等专项执法行动120余次，拆除各类违章门店招牌、发光字、大型广告招牌等1820处6.2255万平方米，拆除各类违法建筑1166处，总面积21.36万平方米。启动韶山路、芙蓉路、营盘路、解放路、五一大道5条主干道的路面、人行道、亮化、立面、公共空间等“六位一体”综合提质。投资1.5亿元，启动东沙古井、营盘路等26条特色街巷建设，提质改造小瀛洲、东茅街、东门捷径巷等20条支路街巷。亮化湘江东岸夜景（芙蓉区部分）及人民路、车站路、万家丽路、八一路（远大路）、二环线等新建175处楼宇夜景。铺排9大类绿化项目79个，新增（提质）绿地面积约62公顷，投资总额约7.2亿元。区环卫部门保证每日892.5万平方米面积清扫保洁到位，800余吨生活垃圾日产日清。出动人员10万余人次，开展“周末大清洗”40余次，完成农安小区招牌提质2508块，清理飞线215幢、立面整治491幢。建成全市首个“环卫作业车辆车载GPS综合管理系统”，新建改造垃圾站厕16座。改造居民家庭油烟净化设施2100余户，全面清零燃煤锅炉和散煤制销点，餐饮行业清洁能源改烧率94%。开展黄标车“百日清零”整治行动，淘汰黄标车2556辆。查处、清理、整治环保违规建设项目4124个。整治黑臭水体13处，关停污染企业334家。浏阳河芙蓉段11个排污口实现截污，空气质量优良率提升3.5个百分点。

社会事业 长郡芙蓉实验中学、大同瑞致小学等5所学校（幼儿园）建成开学，大同小学完成改扩建，新增学位7000余个。打造“幸福教育”特色品牌，发布“芙蓉教师宣言”，承办全省师德师风建设现场会，在学生艺术展演、社区全民教育等方面获得国家级奖项。科技成果专利申请量2788件，授权量1409件。产学研合作成效显著，获国家科技进步二等奖4项、省科技进步奖23项，获评全国科普日活动优秀组织单位和省先进集体。提质改造一批街道综合文化站和社区文化服务中心，湖南和平解放史事陈列馆授牌为民革中央党史教育基地。浏阳河文化旅游产业带建设取得重大突破，隆平文化园、龙舟文化馆、汉文化广场等核心项目基本竣工，婚庆园2期完成主体工程，世界首个以水稻为主题的隆平水稻博物馆建成开馆。成功承办首届浏阳河文化艺术节，浏阳河品牌影响力进一步扩大。完成区医院改革，东屯渡、文艺路社区卫生服务中心投入使用。中医药服务能力得到提升，健康管理家庭契约式服务签约1万余户。

社会民生 累计投入民生资金42.9亿元，占财政支出的79%。健全社会保障。成立全市首个失地农民创业就业服务指导中心。新增城镇就业1.7万人、创业主体9250户，发放创业担保贷款1461万元。区级社会保险费征缴15亿元，养老保险参保12.4万人。精准帮扶特殊困难群体，发放各类救助资金5586万元。慈善救助低保家庭覆盖范围全省最广，补贴标准高于全市平均水平。率先全省为80岁以上老人发放慰问金400余万元。新增街道日间照料中心5家，区社会福利中心启动建设。筹集保障性住房717套，新增经济适用房货币补贴保障529户。加强社会治理。打造“东湖夜话”“庭院理事会”等社区自治品牌，荷晏、马王堆、东沙、东宜等社区获得全国表彰。开展“六打六治”（六打六治：突出对危险化学品、烟花爆竹、交通运输、建筑施工、消防、粉尘防爆等重点行业领域，集中开展打非治违）专项行动，排查整改安全隐患1100余处，二环线以西烟花爆竹零售门店全面退出。开展“利剑整治”专项行动，20家农贸市场（生鲜超市）安全快检室建成并投入使用。率先全市成立物业纠纷调处中心。统筹抓好社会治安防控体系建设，创建零发案社区36个、平安社区22个，化解信访积案30件。获得全省社会管理综合治理先进区和安全生产先进区。开展道路交通堵点整治，区交警大队被评为全省规范执法示范单位并成功举办全省警务机制改革现场观摩会。

风景名胜 芙蓉区辖区自古以来就是长沙这座历史文化名城的中心，长沙的府治、县治均设其境，王都藩府遗迹随处可寻，商业老街故巷沿袭至今。辖区内马王堆汉墓发掘是中国乃至世界重大考古发现，走马楼出土的三国孙吴纪年简牍被誉为中国古代研究文献资料的五次大发现。芙蓉区还是黄兴、毛泽东、徐特立等早年从事革命活动的地方。毛泽东曾在辖区内修业小学创办《湘江评论》周刊，写出著名的《湖南农民运动考察报告》。辖区内有八路军驻湘通讯处、程潜公馆等湖南省重点文物保护遗址。辖区东部的浏阳河西岸风光带已建成，全长约9.5千米，长堤上的花草树木秀丽葱茏，风景别致。沿河的婚庆文化园是青年男女约会相亲、举办婚礼的理想场地。浏阳河东岸风光带已启动建设。位于长沙火车站西侧的晓园公园，是候车旅客短暂休闲的好去处。解放西路的酒吧一条街夜景宜人，游人可尽情品尝长沙风味的特色美食。

（年鉴编辑部）

国民经济与社会发展

【年度概述】 2016年，芙蓉区围绕“建设具有国际品质和湖湘文化特色的精品之区”总体目标，围绕“品质提升年”工作主题，真抓实干，锐意进取，奋勇争先，实现了“十三五”规划良好开局。

经济发展 全年实现地区生产总值1159.8亿元，增长10.4%；完成一般公共预算收入111.2亿元，增长9.1%；全社会固定资产投资501.5亿元，增长15.1%；社会消费品零售总额788.5亿元，增长10.7%；规模以上工业总产值454.4亿元，增长5.5%；城镇居民人均可支配收入4.6万元，增长8.6%。第三产业完成增加值991.2亿元，占经济总量比重85.5%。省金融创新特色产业园完成平台建设并投入使用，成功举办中国金融科技峰会，创建省金融创新中心，金融业税收贡献率42.6%。打造律政服务、文化创意等专业楼宇，湖南影像创客空间成为全市示范，楼宇经济税收贡献率突破60%。隆平高科技园加速转型升级，人民东路隆平现代产业园完成概念性规划设计，“中国种业硅谷”建设上升为国家战略。全区完成高新技术产业增加值339.7亿元。实施精准招商，举办“浏河之芯·财富芙蓉”上海招商推介会，引进中国国旅、万和证券、华夏交易所等企业总部和金融机构。引进投资过10亿元项目3个，新增商事主体1.5万家、“新三板”上市公司7家、楼宇企业550家。实际到位外资6.4亿美元，省外境内到位资金98亿元，市外境内固定资产投资267亿元。

项目建设 以“一带两区”为发展重心，实施各类重点项目173个，完成投资281亿元。推进楼宇项目建设，湖南第一高楼长沙国金中心顺利封顶并启动招商。世茂广场等城市综合体加快建设，新增商务楼宇面积152.3万平方米。推进浏阳河文化旅游产业带建设，隆平文化园、龙舟文化馆、汉文化广场等核心项目基本竣工，婚庆园二期完成主体工程，世界首个以水稻为主题的隆平水稻博物馆建成开馆。成功承办首届浏阳河文化艺术节。英氏孕婴童产品产业园建设年内实现投产，推进特格尔医药产业园、湘粤先进技术产业园等重大项目，申通快递、苏宁云商等物流中心投入运营。新建通车道路15.8千米，龟山北路、杉木南路等竣工通车，火炬路、嘉雨路等完成建设，白竹坡路、东湖路一期等加快建设。推进公交都市建设，建成港湾式公交站11个、公交专用道20余千米，新增停车位3380余个。提升园区品质，隆平高科技园投入5000万元，完成建成区11条道路提质改造，建成雨污分流系统及省内首个路灯共杆系统样板工程。推进辖区征拆工作，完成棚改3341户40万平方米，有序推进火星镇、蔡锷中路两厢、五里牌肉联厂等新增项目，加快扫尾黄土塘、友谊东、火炬村等项目。实施103号令征拆项目16个，征地88.5公顷。农科村、新桥村等城中村改造实现验收达标。团购、统购商品房安置被征地农民20批次，申购限价商品房133套，安置3015人。办结农民安置房栋证757幢，发放分户证4000户，完成国有土地房产证处遗3146户。东屯渡高层安置小区、芙蓉生态新城3号安置小区实现分房入住，2号安置小区被评为省安全生产示范工程。

城市品质 执行最严城管，开展城郊接合部环境综合整治“百日会战”“九路一环”立面斑点整治等攻坚行动，拆除违法建筑21.3万平方米、违章广告招牌1820处。常态化开展“周末看城管”行动，助推市容环境不断改善。完成首批14个社区提质提档，提质改造28个社区服务阵地。社区办公服务用房全面达标，平均面积731平方米。投入2.5亿元提质改造第三批老旧农安小区，整治立面151幢，亮化楼宇192幢，惠及居民群众4万户。燕山街等3个农贸市场完成改造并投入使用。基本完成芙蓉路、韶山路、解放路等5条主干道“六位一体”提质改造。打造营盘路、恒达路、凌霄路等26条特色街巷，形成“一街一品一特”的特色街巷。铺设修补路面和人行道7万平方米，疏浚下水管网107千米。“三年造绿大行动”新增提质绿地62公顷，拆违复绿220公顷。建成全市首个“环卫作业车辆车载GPS综合管理系统”，新建改造垃圾站厕16座。改造居民家庭油烟净化设施2100户，全面清零燃煤锅炉和散煤制销点，餐饮行业清洁能源改烧率94%。开展黄标车“百日清零”整治行动，淘汰黄标车2556辆。查处、清理、整治环保违规建设项目4124个。整治黑臭水体13处，关停污染企业334家，浏阳河芙蓉段11个排污口实现截污，空气质量优良率提升3.5个百分点。

社会民生 累计投入民生资金42.9亿元，占财政支出的79%。长郡芙蓉实验中学、大同瑞致小学等5所学校（幼儿园）建成开学，大同小学完成改扩建，增加学位7000余个。打造“幸福教育”特色品牌，发布《芙蓉教师宣言》，承办全省师德师风建设现场会，在学生艺术展演、社区全民教育等方面获得国家级荣誉。促进科技成果转化，专利申请量2788件、授权量1409件。产学研合作获得国家科技进步二等奖4项、省科技进步奖23项，芙蓉区被评为全国科普日活动优秀组织单位和省先进集体。提质改造一批街道综合文化站和社区文化服务中心，湖南和平解放史事陈列馆授牌为民革中央党史教育基地。完成区医院改革，东屯渡、文艺路社区卫生服务中心投入使用。中医药服务能力得到提升，健康管理家庭契约式服务签约1万余户。成立全市首个失地农民创业就业服务指导中心。增加城镇就业1.7万人、创业主体9250户，发放创业担保贷款1461万元。区级社会保险费征缴15亿元，养老保险参保12.4万人。精准帮扶特殊困难群体，发放各类救助资金5586万元。慈善救助低保家庭覆盖范围全省最广，补贴标准高于全市平均水平。率先全省为80岁以上老人发放春节慰问金400万元。新增街道日间照料中心5家，区社会福利中心启动建设。筹集保障性住房717套，新增经济适用房货币补贴保障529户。加强社区建设，打造“东湖夜话”“庭院理事会”等社区自治品牌，荷晏、马王堆、东沙、东宜等社区获得全国表彰。开展“六打六治”等专项行动，排查整改安全隐患1100处，二环线以西烟花爆竹零售门店全面退出。大力创建国家食品安全城市示范区，深入开展“利剑整治”专项行动，20家农贸市场（生鲜超市）安全快检室建成并投入使用。率先全市成立物业纠纷调处中心。统筹抓好社会治安防控体系建设，创建零发案社区36个、平安社区22个，化解信访积案超过30件。获得全省社会管理综合治理先进区和安全生产先进区。开展道路交通堵点整治，区交警大队获评全省规范执法示范单位并成功举办全省警务机制改革现场观摩会。（李永晟）

精神文明建设

【年度概述】2016年，芙蓉区文明创建工作紧扣中心、服务大局，强基础、补短板、亮特色，全民动员，全力推进，文明创建工作实现了制度化、规范化和常态化，城区经济社会发展和文明道德水准稳步提升。

坚持价值引领，培育和践行社会主义核心价值观。创新活动组织。成功承办湖南省2016年未成年人“我的中国梦·向国旗敬礼”主题教育实践活动、长沙市2016年“我们都来跳”社会主义核心价值观原创广场舞（曲）志愿推广展演、“孝德耀长沙 爱心暖星城”第三届“长沙十大孝星”颁奖典礼暨2016年孝文化节等省市活动，组织开展各类市级以上群众性创建活动200场次。在中央电视台、《人民日报》、中国文明网等中央媒体推稿160篇，营造崇德尚善、诚信文明的浓厚氛围。注重典型示范。宣传培育道德模范和身边好人，涌现叶小兰、刘头仔、池凤英等一批先进典型，产生广泛和良好的社会影响。开展崇德尚善、敬业奉献、诚实守信等形式多样的道德讲堂240场次，参与居民群众10万人次。打造品牌特色。开展“红袖章”党员志愿服务，培育推出“我是党员我带头”“慈娭驰乘务岗”等志愿服务品牌，群众工作“直通车”“东湖夜话”等群众工作经验获全国推介，“七色花志愿服务俱乐部”获评全省学雷锋志愿服务百强社团。在《精神文明报》《省精神文明建设简报》等报刊上推出经验材料15篇。

坚持民生需求，提质城市管理和社会治理。加快提质改造。推行老旧、农安小区提质改造三年行动计划，完成首批14个社区提质提档，芙蓉路、韶山路、人民路等主次干道完成提质改造。率先成立区环境保护委员会，推广油烟净化试点工程。整治黑臭水体13处，关停污染企业334家，生态环境持续改善。全面拆违建绿。实施城乡接合部综合整治、“九路一环”立面斑点整治等，拆除违法建设15万平方米，拆除违章户外广告4.4万平方米，实现全区违建基本清零。实施绿化项目9大类79个，“绿色城市”建设项目全部完工，新增和提质绿地61万平方米，拆违覆绿220万平方米。打造精品工程。加强社区阵地和窗口单位的提质提升，打造丰泉古井、德政园等一批精品社区，推出浏阳河婚庆文化园、小天鹅戴斯酒店、德政园农贸市场等一批省级文明单位。东湖乡愁古井文化街、汉文化主题街等26条特色街巷相继建成。

坚持建管并重，推进文明创建制度化、常态化、长效化。完善制度化管理机制。70名县级领导分别联系13个街道（局）、76个社区（村），一线指挥、调度和督察文明创建工作。推行网格化管理制度，各部门和街道班子成员分别包干重点区域和难点工作。实施常态化督察考评。建立“分层督察、分级负责、分块落实”的督察整改机制，公开讲评、力促整改、确保实效。全年迎接省、市级专项文明指数测评、督察72次，督察整改各类创建问题4000个；开展区级文明指数交叉测评、专项督察81次，督察整改各类创建问题3000个。推进长效化建设管理。将创建工作纳入绩效考核，制订完善“深化文明创建推进常态长效工作方案”及考核奖惩、举报奖励办法，落实奖优罚劣举措。全面推进“红袖章”党员志愿服务行动，动员全区各“红袖章”志愿者围绕保洁保序、文明行动、民情信息、社会事务等创建工作，定时、定段进行巡查、处置，确保城市管理人人参与、长治长效。

倡导志愿理念，推进党员志愿服务工作。2016年，芙蓉区积极倡导“奉献、友爱、互助、进步”志愿服务理念，大力推进“我是党员我带头”党员志愿服务工作，结合“两学一做”“志愿服务亮形象”等主题活动，教育引导党员树立党员意识，自觉奉献社会，示范引领志愿服务，涌现出全省最美志愿者老党员池凤英、“常青藤下的好女儿”叶小兰等一批先进典型。2016年以来，全区2800多名党员干部志愿者，走访群众家庭2万户次，解决群众诉求2200余件次，化解矛盾纠纷近600件次，为居民办实事230余件，办结率100%，群众满意度和获得感持续攀升。至年底，全区注册志愿者人数达到5.6万人，其中党员志愿者4万余人，设立党员志愿服务先锋工作室160余个，网格志愿服务团队约440个。党员学雷锋志愿服务工作在中央文明办赴长文明创建专题调研会上作经验推介。 （谭 颖）

领导人到芙蓉

【徐守盛、杜家毫率全省市县负责人到区考察】 5月8日，省委城市工作会议在长沙召开，全面学习贯彻中央城市工作会议精神，明确城市工作思路，部署城市工作任务。省委书记徐守盛、省长杜家毫率与会的全省市县主要负责人，实地察看了都正街历史文化街区和浏阳河文旅产业带东岸沿线，区领导梁仲、于新凡、谢进、欧干军、陈定佳等陪同。徐守盛和杜家毫在详细了解了老旧城区提质改造和浏阳河产业带建设情况后，徐守盛要求芙蓉区要进一步强化中心地位、龙头作用和集聚效应，在提升城市品质、发挥引领作用、提高宜居宜业水平上实现新作为。 （苏 洁）

【全国政协领导调研朝阳小学食品安全工作】 9月8日，由全国政协副主席卢展工率民盟中央和全国政协提案委员会联合调查组，到芙蓉区调研食品安全监管体系建设工作，全国政协常委、副秘书长徐辉，全国政协提案委员会副主任胡彪，省食药监局局长肖策群，市领导胡衡华、范小新、廖健，区领导于新凡、周春晖、许凡等陪同。卢展工一行考察了朝阳小学食堂食品采买、制作加工、厨余垃圾回收处理、师生用餐环境等方面情况，并与基层人大代表、政协委员、企业业主代表、行业协会代表、消费者代表、基层监管人员代表、协管员代表开展互动交流。他肯定了朝阳小学食品安全工作，并要求各级各部门时刻重视食品安全工作，完善食品安全监管体系和监管能力建设，保证师生吃得放心、吃得安全。 （黎银华）

【民革中央副主席修福金调研湖南和平解放史事陈列馆】5月19日，全国人大常委、民革中央副主席修福金、宣传部副部长蔡永华等一行调研湖南和平解放史事陈列馆，民革湖南省委副主委雷震宇、宣传处处长罗晓果，芙蓉区副区长张庆和陪同调研。修福金一行参观湖南和平解放历史陈列和程潜生平业绩主题陈列，详细了解民革前辈纪念场馆保护利用情况及陈列馆日常管理、人员编制、经费保障等问题。修福金要求，陈列馆面积虽小，但内容丰富、完整，展陈精致，要加强宣传，扩大影响，提高历史文化自信。他还就湖南和平解放史事陈列馆完善升级和解决长远发展问题做出指示。参观结束后，修福金题字“高山仰止”，以表达其对程潜将军及湖南和平解放事业的敬仰情。（刘　勇）

【张剑飞到隆平高科技园调研】2月18日，湖南省副省长张剑飞到隆平高科技园，实地走访湖南稀土金属材料研究院、长沙隆泰微波热工有限公司2家企业，副市长张迎春陪同。张剑飞参观了湖南稀土金属材料研究院的外设展台，并把稀土高纯金属、靶材、型材及稀土硼化物材料拿在手中，不时就材料的具体用途，企业近期发展状况与企业负责人互动交流。他还深入长沙隆泰微波热工有限公司，考察该企业的生产线、研发中心，对企业未来发展的思路、方向、核心技术等问题与企业家深度交流。在座谈会上，听取了2家企业负责人及与会人员的汇报。张剑飞要求，在激烈的市场竞争中，唯创新者进、唯创新者强、唯创新者胜。企业要积极寻求具有颠覆性的领域、技术和产品，对尚无同类产品、市场广阔、前景良好的项目，政府要给予大力支持。希冀所有与会企业要瞄准领域、精准定位、创新技术、聚焦发展，不仅要有致力研发的好点子，还要想出开拓市场的好路子，争取爆发出湖南新的经济增长点。省、市领导张值恒、安可、袁湘江、郑粟、宋建民、宁建业、涂文清，隆平高科技园党工委书记王曙光、管委会主任黄滔，长沙县政府副县长黄梁，华菱集团副总经理周应其参加调研。（苏　洁）

图3　芙蓉广场全景

大 事 记

1 月

5 日 中组部办公厅统计处郝志敏、金迪以及国家公务员局综合司调研统计处王洪强到区人社局巡检督察党内统计和公务员统计工作。

△ 区商务局向辖区新长福酒店管理有限公司发放首张新版“食品经营许可证”，实现“两证合一”。

△ 区环保局开展辖区混凝土公司执法督察，要求其中 1 家停产，并对存在裸露砂石未覆盖的单位，下达监察文书。

△ 东岸街道东岸村村部顺利搬迁至梅园小区 C7 栋一楼，正式对外接待办事群众。

6 日 区城管部门组织人员对马王堆汽配城新合七区 C4 幢违法建筑强制拆除。

6—7 日 区政府举行商务楼宇集中观摩及楼宇经济发展研讨会。副区长易新宇与相关职能部门负责人到中石油总部大楼、世茂广场 A 座、银华大厦及开福泊富广场，看变化、觅思路、话发展、找经验。

7 日 市政协主席范小新一行到区调研定王台街道都正街历史文化街区建设。市政协副主席石长松、秘书长彭志一，区长于新凡、区政协主席刘建新等陪同。

8 日 市民政局局长陈昌佳、副局长伍仁华一行到区调研民政工作并慰问困难群众。区领导于新凡、蔡冰陪同。

12 日 区四届人大常委会召开第二十三次会议。

湘湖街道西湖社区被评为“全国社区侨务工作明星社区”。

14 日 全国打击侵权假冒工作考核组到区督察“双打”工作，考核组重点检查国储电脑城卖场影像制品的经营情况。

18 日 省政法委书记李薇薇到区调研司法行政工作。

20 日 山东省济宁市任城区区委书记田卫东率考察团一行，到芙蓉区学习考察拆违复绿、棚户区改造等工作，区领导梁仲陪同。

25 日 长沙市“我们的中国梦——文化进万家”“名家春联送万家”大型文化公益活动，在东湖街道韶光社区文化广场举行。

26 日 市委常委、常务副市长陈泽珲率队到区检查安全生产工作，陈泽珲分别到汽车东站检查监控中心、安全检验站，并调阅大客车行驶记录。次日，又深入隆平高科技园检查春节前安全生产工作。

29 日 区委书记梁仲一行到马坡岭、东湖、东岸街道调研拆违复绿工作，区领导谢进、王曙光参加调研。

2 月

1 日 由省文明办指导，市文明办主办的“书香长沙，诗意芙蓉”新春诗会在定王台街道丰泉书房内举行。区委、宣传部部长伍艳飞出席活动并为丰泉书房揭牌。

△ 市委常委、统战部部长文树勋到区督察安全生产工作。文树勋实地查看隆平水稻博物馆工地、湖南省湘茶高科技有限公司、三湘南湖大市场家电城，详细检查建筑工地落实现场安全管理措施、企业整改重点安全隐患、安全生产投入、消防及用电安全等情况。

2 日 区金融办携手平安银行长沙分行开展“保平安 送温暖”新春慰问活动，并宣讲防范非法集资和金融欺诈知识。

6 日 市委书记易炼红、市长胡衡华到芙蓉广场看望慰问城管、环卫一线工作人员。区委书记梁仲、副区长许凡陪同。

14 日 区政府召开全区深入开展“品质提升年”

活动动员大会，并开展经济发展品质、建设管理品质、人民生活品质、发展环境品质提升系列主题活动。

15日 区委书记梁仲、区长于新凡一行调研定王台都正街历史文化街区建设。

17日 市委宣传部常务副部长赵柏林一行到定王台街道调研都正街剧场建设工作，实地查看都正街历史文化街区和新建成的都正街剧场。

18日 涟源市涟源经开区党工书记邓志旺率该区党政考察团一行7人到区隆平高科技园考察学习，并召开座谈会。

△ 东屯渡街道德政园社区"亲情E室"正式开通，通过信息手段，让居民足不出户就能与亲人"千里相思一线牵"。

22日 "金猴闹元宵欢乐喜乐会"主题庙会在定王台都正街历史文化街区举行。

23日 区政府召开造绿复绿工作调度会，研究部署2016年全区造绿复绿行动。区领导梁仲、于新凡、谢进、许凡出席。

△ "惠民资金用在哪、如何用、怎样用好"为主题的东湖夜话活动在东湖街道龙马社区举行。中科院亚热带农业生态研究所所长、全国人大代表吴金水，省农科院党委书记柏连阳、院长邹学校、副院长于应弘，区领导梁仲、周虔出席活动。

25日 东湖街道被评为"2015年全国社区教育示范街道"。

26日 副市长何寄华一行调研指导隆平水稻博物馆建设工作。

3月

1日 区委宣传部、区总工会、区人力资源和社会保障局、马坡岭街道与隆平高科技园工会联合主办2016年"春风行动"大型招聘会。

5日 区图书馆从馆藏杂志中优选出150余份少儿、时尚类和文学类杂志，在该馆一楼开展大派送活动，并启动新书采购读者推介活动。

7日 由区妇联、区人力资源和社会保障局主办，定王台街道承办的"最美半边天 巾帼湘女美"女性风采主题活动在都正街举行。

8日 北京经济贸易大学特大城市研究院常务副院长、北京市哲学社会科学中央商务区研究基地执行主任蒋三庚教授一行到区，召开楼宇经济发展情况包括中央商务区产业、金融业发展经验以及政府管理模式与经验座谈会。副区长易新宇、长沙芙蓉中央商务区管理办负责人出席。

△ 区委梁仲书记带队到东湖街道开展"如何落实全面从严治党要求，加强基层党的建设"调研，区领导廖铁成、周虔陪同。

△ 山东省济宁市任城区区委副书记、区下派工作团长张如勇一行到芙蓉区学习交流群众工作经验，区领导周虔陪同。

△ 区文体局召开隆平水稻博物馆展设计内审会。

△ 区长于新凡调研区级文体活动中心选址工作，并实地查勘马王堆街道火炬地块和东岸街道滨河路与黄元路交叉路口东北角地块。

11日 区委书记梁仲、区长于新凡率"四套班子"成员及机关干部200余人参加植树节活动，在浏阳河风光带西岸栽种樟树、柳树等400余株。

△ 区妇联、区人力资源和社会保障局、区总工会和湘湖街道在东湖社区上东印象前坪联合举办"春暖三湘大地，遍开创业之花"创新创业促就业大型招聘会。

15日 市委常委、组织部部长程水泉率队专题调研芙蓉区非公党建工作。程水泉考察银华大厦楼宇党群服务中心、景鹏集团和广发隆平创业园党建阵地建设情况。

17日 区史志档案局获得湖南省委党史研究室授予的"2013—2015年度'以史铸魂'先进集体"称号。

22日 省文联主席谭仲池到区调研定王台街道都正街、湖南和平解放史事陈列馆。

23日 副市长陈泽珲带领市直相关部门负责人到区调研棚改工作和项目建设情况。区领导梁仲、于新凡、严国益、彭尚松、潘宏、黄金国等参加调研。

24日 区委书记梁仲带队调研湖南投资大夏建设情况，副区长许凡陪同。

30日 天津市人大常委会代表联络室副主任展希春一行到区考察参观区情展示馆、万家丽国际购物中心，并召开如何做好加强和改进基层人大工作座谈会。

△ 芙蓉区律政服务大楼推介会暨授牌仪式活动在马王堆街道九道湾社区华泰尚都项目现场举行，湖南省首座律政服务大楼正式揭牌。省司法厅律管处处长刘昌松、区长于新凡出席该次活动，有80余家律政相关企业参加。

4月

5日 住房和城乡建设部住房保障司副司长李晓龙到区现场调研定王台街道都正街棚改项目。湖南省住建设厅副厅长宁艳芳、市住房保障局局长李志坚，副区长潘宏陪同。

6日 市国资委主任胡政旗一行到区调研五里牌肉联厂及周边棚户区改造工作。区领导梁仲、谢进、潘宏、谢志鹏等参加调研。

△ 区委召开第一季度党建工作例会暨2016年基层党建工作部署会。区直各部门党工委书记、组织专干、各街道分管组织工作的班子成员、组织专干40余人参会。

7日 市文化市场综合执法局局长谭旭、副局长李克强到区调研文化市场执法工作。

10日 湖南省第九届老年人运动会在长沙市实验中学田家炳体育馆举行。

12日 江苏省常州市天宁区考察团专程到区参观湖南和平解放陈列馆，并交流文物保护利用与开发的相关经验。

14日 民政部基层政权和社区建设司副司长刘勇、华中师范大学政治学研究院院长唐鸣、民政部政权司城市社区建设处副处长曹洪峰等一行到区调研湖南和平解放史事陈列馆建设情况。

△ 省纪委常委伍英到区调研纪检监察信访举报工作。

15日 广东省湛江市政协主席邓碧泉到区考察湖南和平解放史事陈列馆，长沙市政协副主席钟新莲陪同。

△ 芙蓉区第八届全民健身运动会羽毛球赛在曙光798宇凡羽毛球馆举行，该次比赛有16支代表队，近1000人参加。

△ 2016长沙首届浏阳河文化艺术节新闻发布会在区举行。该次文化艺术节包括实景情境开幕式、“浏阳河之恋”520花火音乐节等六大主题活动和芙蓉区购物消费节等七大系列活动。

21日 省政府副秘书长、省安监局党组书记、局长邓立佳到区调研安全生产“监管执法年”工作情况。

△ 市长胡衡华到区调研科佳影像和藩后街老干部宿舍工作。区长于新凡陪同。

25日 区人民政府与长郡中学合作签约暨长郡芙蓉实验中学成立授牌仪式在区政府会议室举行。

26日 市委组织部部长程水泉，市公安局局长唐向阳一行到区检查防汛备汛工作，检查组实地查看东片街道的防汛备汛情况。

27日 区委书记梁仲到火星街道调研基层党建工作，指导“两学一做”学习教育工作。

29日 芙蓉区第八届全民健身运动会集体跳绳赛在区机关大院前坪举行，该次比赛有67支代表队，800余人参赛。

△“芯动芙蓉 快乐购物”芙蓉区消费节活动启动。

5月

4日 副市长李蔚到韭菜园街道汤家岭社区调研他实地察看竹园公寓小区院内绿化区、居民休闲区、居民楼栋、物业办公室，并详细询问了解小区各项基础设施建设运转情况，并提出指导性意见。

8日 区政协主席刘建新带队，组织60余名政协委员赴复旦大学参加培训。

10日 副市长陈中到区调研城乡接合部环境整治“百日会战”工作。区长于新凡、副区长许凡陪同。

11日 市长胡衡华和副市长黎春秋、陈中、李蔚率市直相关部门负责人到区调研黑臭水体整治及浏阳河流域水环境综合整治工作。区长于新凡陪同。

12日 区委书记梁仲、区长于新凡调研隆平现代产业园项目规划设计工作。

△ 东湖街道在湖南农业大学校园内召开建设柳子明故居献计献策座谈会。

16日 楚怡学校举办110周年主题系列教育活动。市政协副主席钟新莲、市教育局局长卢鸿鸣、区委书记梁仲、区人大常委会副主任罗尔曼，副区长张庆和出席。

18日 省委组织部部长郭开朗、副部长蔡建和一行到区考察隆平文化园及博物馆。

19日 区史志档案局举办《湖南省乡镇（街道）简志》动员暨业务培训班，并组织各街道撰稿人员开展业务培训。

△“醉美浏阳河 神奇九道湾”美术、摄影作品展开幕式及系列图书首发仪式在隆平水稻博物馆举行，该次活动展出作品120幅。

△ 隆平水稻博物馆开馆试运行。省委书记、省人大常委会主任徐守盛到馆考察，并向袁隆平院士和杂交水稻科研团队表示祝贺。

20日 国家卫计委疾控局副局长夏刚一行到区调研艾滋病综合防治工作。副区长张庆和，区卫计局局长许平波陪同。

△ 区第八届全民健身运动会之趣味风火轮混合团体赛在东屯渡街道育才二小体育操场举行。

△ 市“公仆杯”篮球赛在长雅中学体育馆举行。各区县（市）9 支代表队，170 余名运动员参赛，芙蓉区代表队获得第 4 名。

21 日 湘湖街道车站北路社区承办的芙蓉区“创百岁健康示范社区”宣传活动举行。

△《人民日报》等新闻媒体集中采访全国侨务明星社区——湘湖街道西湖社区的侨务工作。

23 日 区禁毒委全会（扩大）暨全区禁毒工作会议召开。

24 日 市长胡衡华率市直相关部门到区接待信访群众。区领导梁仲、于新凡、蔡冰陪同。

30 日 省人大常委会副主任李友志到育才小学进行“六一”慰问，并听取了基层单位关于《湖南省学校学生人身伤害事故预防与处理条例（修订草案）》修改意见和建议。

6 月

1 日 市文化局副局长李克强带领市区“扫黄打非”工作人员联合开展定王台书市整治行动，检查门店 36 家，收缴非法出版物 178 份。

2 日 安徽省六安市政协副主席聂保国参观隆平水稻博物馆。

3 日 芙蓉区被教育部评为第四批全国社区教育示范区，其中定王台街道、湘湖街道、东湖街道被评为全国教育示范街道。

6 日 市长胡衡华率相关市直部门到区调研区棚改项目。市领导刘新程、黎春秋，区领导梁仲陪同。

7 日 由市文明办、区文明委主办，区委宣传部、区文明办、湘湖街道承办的“端午”志愿者主题文化活动在西湖社区花园广场举行。

8 日 市委副书记徐宏源带队督察区平安建设工作，实地查看了解定王台、朝阳、荷花园街道平安建设工作情况。

12 日 市食品安全宣传周启动仪式在芙蓉区浏阳河婚庆广场举行。

13 日 著名画家赵胜、雕塑家朱世郎，省美协会员陈伟把他们以袁隆平为原型创作的国画、油画雕塑 3 件作品捐赠给隆平水稻博物馆。

△ 区委中心组（扩大）“两学一做”专题学习暨芙蓉名家讲坛在区机关会议中心举行。

14 日 由区卫监所举办的学校卫生工作会议暨管理知识培训在新天宾馆开班，来自全区各中小学总务主任、校医和公立幼儿园负责人、保健医生约 120 人参加培训。

16 日 珠海市香洲区委常委、统战部部长谢树彪一行到区考察学习。考察团参观了区情展示馆，听取了区统战工作情况介绍，并交流座谈两地发挥统战优势、拓展港澳台联络联谊等工作。

△ 市长胡衡华到区督察防汛工作。区领导梁仲、于新凡、蔡冰陪同。

△ 市警备区司令员王忠斌一行分别到东岸、五里牌街道调研基层武装部建设和征兵工作。区人武部政委何元良陪同。

17 日 由区委宣传部、区文化体育新闻出版局主办，区文化馆承办“我们的中国梦”——文化进万家暨第五届芙蓉艺术节决赛举行。

21 日 省公安厅厅长黄关春到东屯渡派出所调研“三实”信息采集工作。

△ 市委书记易炼红率相关市直部门调研万家丽国际购物中心项目，市领导夏建平，区领导梁仲陪同。

△ 区审计局党支部联合火星街道曾家坪社区开展“两学一做”先锋行主题活动暨“微爱圆梦，情暖小候鸟”志愿服务项目启动。

23 日 区委书记梁仲检查东湖街道安全生产工作。区委常委、隆平高科技园党工委书记王曙光，副区长蔡冰，隆平高科技园总经济师易鹰，区安监局局长刘顺泉以及东湖街道相关负责人陪同。

24 日“无毒青春·快乐向上‘6·26’国际禁毒日”宣传活动暨芙蓉区蓝结行动第六季“万户家庭同承诺”活动在湖南农业大学举行。

△ 区委书记梁仲一行到韭菜园街道调研“落实从严治党 建设精品芙蓉”工作情况。

25 日 芙蓉区“扫黄打非·护苗 2016”“绿书签行动”集中宣传活动在定王台书市举行，并向该书市近 300 户经营者发放倡议书和宣传手册，筑起护助少年儿童健康成长“绿色防护墙”。

29 日 全国人大副委员长陈至立一行到区考察湖南杂交水稻研究中心、隆平水稻博物馆，并了解“梦想成真——袁隆平与杂交水稻”主题陈列展。

△ 区委书记梁仲到东湖街道东湖村看望慰问老

党员，并向他们送去党的关怀和温暖。

△ 湖南有色金属交易有限公司试营业暨“服务实体·共筑有色”庆典在芙蓉区举行。

△ 马王堆街道举行庆祝建党 95 周年暨“七一”表彰活动，区政协主席刘建新出席。

30 日 副市长陈泽珲到区看望慰问老党员和生活困难党员，并调研“两学一做”学习教育开展情况。

△ 芙蓉区 2016 年道路交通事故应急救援预案演练在浏阳河畔滨河路段举办。

7 月

1 日 区委举行纪念建党 95 周年暨庆“七一”总结表彰活动。会上，区委书记梁仲和区长于新凡共同启动芙蓉区党员教育管理 APP 系统上线，并表彰 205 个先进集体和个人。

4 日 区委书记梁仲、区长于新凡一行现场调度防汛排渍工作，并实地查看人民东路东岸建材等易积水路段、隆平水稻博物馆、浏阳河（芙蓉路段）河堤。

5 日 区长于新凡调度建设工程项目，实地察看嘉盛和园、长郡芙蓉实验中学和大同小学的建设工地，详细了解各工程进度及存在的困难和问题，

6 日 区委中心组专题学习习近平总书记在庆祝中国共产党成立 95 周年大会上的重要讲话精神。

△位于域内的湖南第一高层建筑长沙国金中心楼顺利封顶并启动招商。

7 日 副市长陈泽珲到区检查安全生产工作。陈泽珲分别到大润发超市、湖南稀土新能源材料有限责任公司等地，现场查看各项安全生产措施落实情况。

11 日 市委书记易炼红到区调研火星街道兴和社区提质改造情况。市领导徐宏源、区领导梁仲陪同。

14 日 市委秘书长夏建平率队到区督察万家丽路快速化改造项目地面辅道建设情况。

15 日 区金融办召开新三板上市企业交流座谈会。

18 日 市委副书记徐宏源调研隆平高科技园。徐宏源一行察看省茶业集团、稀土新能源、康通电子及张公岭项目工地，听取农业产业化、新能源材料、网络信息产业及项目建设等情况汇报。

21 日 芙蓉区“廉心连心”系列廉政主题实践活动在东屯渡街道白沙湾社区启动。市文明办副主任丁德喜出席。

△ 由芙蓉区金融创新特色产业园协办的“新金融助力中小微企业发展论坛”在北京国家会议中心举行。

25 日 区文化市场综合执法局依法取缔位于远大二路湖南信息工程学校附近安置房满哥茶楼 4 楼无证经营“黑网吧”。

28 日 区委召开负责干部会议，宣布省、市调整决定：于新凡任中共芙蓉区区委书记。

8 月

4 日 海南省三亚市副市长李劲松和湖南省农科院副院长邓华凤到区参观隆平水稻博物馆。

△ 湖南省金融办副主任张立东率小贷监管处、综合处等部门负责人调研辖区金融创新特色产业园建设工作。区委书记于新凡，副区长易新宇等陪同调研。

△ 区委书记于新凡一行调研湖南投资大厦项目，实地考察项目进展情况，详细了解招商意向及招商进展。

△ 副区长许凡到马王堆街道马王堆社区调研小区提质改造工作，区市政局、区园林局及马王堆街道相关负责人陪同。

5 日 公安部交通管理局局长刘钊到区调研交通管理情况，看望慰问芙蓉交警大队民警，听取汇报，并与民警座谈交流。

△ 区文体新局、区文化市场综合执法局查处红袖添香娱乐城、江南会娱乐城涉嫌在禁止营业时间内的营业行为，并立案调查。

8 日 省安监局局长李大剑率队到区督察。督察组一行实地查看汽车东站和翔天酒店，检查客运站场、新能源环保油使用及消防安全情况。

△ 区委副书记、代区长周春晖到韭菜园街道调研小区、企业及项目建设情况。

10 日 市审计局局长彭保刚到区调研金融工作。

△ 区委书记于新凡，区委副书记、代区长周春晖专程到湖南杂交水稻研究中心拜访袁隆平院士。

12 日 区委书记于新凡到五里牌、韭菜园街道调研大同小学建设工地、省委六区宿舍外围环境，仔细询问项目建设的困难和问题及宿舍改造事宜。

△ 区政法部门召开打击非法集资综合清理整治行动部署会议。

△ 区科学技术协会被评为全省“科学素质纲要”实施工作先进集体。

16 日 中国科协党组书记尚勇一行到区调研考察科普信息化工作，分别参观隆平博物馆和车站北路社

区“社区科普 e 站”时尚健康科技体验馆。

17 日 怀化市政协副主席黄雪鸿一行到隆平水稻博物馆参观考察。

19 日 市委组织部部长程水泉、市水务局局长李增加、市安监局副局长谭应球一行到五里牌街道检查安全生产工作。区领导于新凡陪同检查。

△ 市委副书记徐宏源带队督察区文明创建工作。市委副秘书长文方、市委宣传部副部长龙钢跃、市文明办主任郭润葵参加督察活动。

23 日 区委书记于新凡，区委副书记、代区长周春晖现场考察调度大同小学扩地重建项目。区教育局局长谢小红、五里牌街道相关负责人陪同调研。

25 日 省委书记徐守盛一行到区大同小学实地考察扩地重建工作。徐守盛分别考察田径场、学生教室、教师办公室，并与教师们亲切交谈，详细了解学校硬件设施、师资力量、教学水平等情况。

30 日 区委副书记、代区长周春晖、副区长练大智专题调研城市管理工作。

△ 区卫计局举办为期 3 天的卫计系统重点干部培训班。

9 月

9 日 辽宁省盘锦市商务局副局长马延东一行到区考察楼宇经济发展情况，长沙芙蓉中央商务区管理办负责人参加考察活动。

△ 市人大常委会主任袁观清带队到区调研社区卫生服务工作，市政府秘书长谭勇、市卫计委主任周敏陪同。袁观清一行实地察看了东屯渡、马王堆街道社区卫生服务中心。

12 日 共青团省委书记汤立斌调研区“青年之家”建设运行情况。共青团市委书记叶妙、区委副书记陈计伟陪同。

13 日 东岸街道安委会联合市质监局、区监分局、东岸派出所开展执法行动，取缔位于杉木村 9 组的 1 家黑棉芯加工厂。

18 日 区人大、常委会区政协换届工作推进会召开，区四套班子成员出席。

20 日 区委副书记、代区长周春晖分别到平安银行长沙分行、火星和朝阳街道调研走访，实地查看古汉国际广场、宇成朝阳广场、友阿总部及农安小区提质改造项目，并召开座谈会。

21 日 由区政府主办，区商务和旅游局承办的 2016 年“浏河之芯·财富芙蓉”芙蓉区招商推介会在上海举行，近 40 家企业和商会协会代表参会。

△ 市委组织部部长程水泉调研芙蓉区实施提质提档项目及基层党建工作。程水泉一行实地察看东屯渡街道提质改造情况，并召开座谈会。

26 日 市“扫黄打非”领导小组办公室主任李克强到定王台书市督察出版物市场管理工作。

△ 区文化市场综合执法局、市文化市场综合执法局执法四处联合开展国庆节前出版物市场集中整治行动。

28 日 区委副书记陈计伟到湘湖街道督导检查安全生产工作。

29 日 育英二小举行向国旗敬礼 做美德少年——湖南省 2016 年未成年人“我的中国梦·向国旗敬礼”主题教育实践活动。

△ 东湖街道东沙社区被国务院侨务办公室评为“全国社区侨务工作示范单位”。

10 月

10 日 区委书记于新凡，区委副书记陈计伟，区委办主任许凡及区委组织部、政府办、民政、园林、市政、环卫、城管等相关部门负责人一行到马王堆社区调研老旧小区提质提档等相关工作。

△ 区纪委书记袁伟洁到荷花园、火星和朝阳街道调研纪检监察工作，听取各街道工作情况、党风廉政建设主体责任、监督责任落实等情况汇报。

11 日 芙蓉区 2016 年中青年干部培训班开班，30 名学员参加培训。区委组织部部长周虔出席并作动员讲话。

△ 区委书记于新凡到五里牌街道调研晓园公园党建文化主题公园建设工作和佳兆业广场项目、友谊东旧城改造项目，详细询问了项目建设的进展情况，并召开座谈会。

13 日 市委常委、统战部部长谭小平率队到区调研湖南影像创客空间、湖南康通电子科技有限公司、湖南博航无人机技术有限公司等 4 家企业，并与各企业探讨交流创业创新方面情况。

17 日 区纪委书记袁伟洁专题调研全区城管系统纪检监察工作。

18 日 区委书记于新凡到湘湖、朝阳街道调研西南名苑小区、朝阳社区提质提档及大汉国际、宇成朝阳广场、友阿总部项目建设情况。

19日 由区委宣传部、区文体新局主办，区文化馆承办的“我们的中国梦”——文化进万家第五届芙蓉艺术节闭幕式暨优秀节目展演在区会议中心举行。

△ 芙蓉区卫生计生综合监督执法局挂牌，完成了卫生计生监督机构改革。

△ 市人大常委会主任袁观清率考察定王台街道都正街棚改项目。

△ 由区委党史联络组和区史志档案局联合编印的《致敬 长征》专辑发行。

△ 区文化市场综合执法局联合区公安分局、工商分局、环保局、城管局、火星街道联合开展整治行动，依法取缔涉嫌无证经营的友情歌厅。

21日 区委书记于新凡接受长沙电视台新闻频道记者专访，区委、宣传部部长伍艳飞陪同。

23日 国家文物局博物馆司司长段勇调研隆平水稻物馆冠名为“中国水稻博物馆”事宜。

24日 中国商务区联盟考察团到区考察交流中央商务区建设工作，并召开座谈会。北京商务中心区管理委员会、广州天河中央商务区等11家中国商务区成员单位参与考察。

△ 副市长陈中率队到区调研隆平水稻博物馆、隆平文化园和浏阳河风光带，详细了解隆平水稻博物馆及浏阳河风光带建设情况。

26日 区纪委书记袁伟洁调研教育系统党风廉政建设工作，参观芙蓉教师公寓，查看大同三小廉洁互动文化区，了解廉洁文化进校园情况，慰问一线教师，并听取党风廉政建设工作汇报。

△ 省粮食局局长张亦贤一行10人就粮食行业宣传展示工作考察隆平水稻博物馆。市粮食局局长陈旭，副局长易鹰，区委副书记、代区长周春晖陪同考察。

31日 芙蓉区人民政府与宁乡县人民政府“飞地产业园”战略合作暨项目签约仪式在宁乡举行，区领导于新凡及相关区直部门负责人出席。

△ 岳麓区委副书记周凡率队到区观摩交流社区全面提质提档工作，区领导陈计伟、练大智陪同。

11月

6日 芙蓉区代表队参加长沙市“羽协杯”区（县）市羽毛球友谊赛获得团体亚军。

8日 省委副秘书长魏旋君带队到区督察信访工作，市委副秘书长李建贵，市信访局局长喻志军，区领导于新凡陪同。

△ 荷花园街道荷晏社区防灾减灾工作获全国表彰。

10日 芙蓉区“勤俭节约 感恩惜福”主题道德讲堂活动在朝阳街道举行。

11日 市政协副主席刘明理、市政府副秘书长潘胜强、市城管执法局局长邓鹏宇到东屯渡街道芙蓉社区调研提质提档城管项目进展情况。

16日 北京大学创业训练营大连基地总经理伍彤一行到区考察，洽谈创新创业项目合作发展事宜。区政协副主席黄金国出席座谈会。

18日 市政府副秘书长卢兴映、市金融办副主任段永松到位于域内的北京同创九鼎集团管理股份有限公司总部考察。

21日 新南天·古汉国际广场“文化创意大楼”授牌仪式举行。区委副书记、代区长周春晖为文化创意楼宇授牌。区内80家文化企业代表参加。

23日 区委宣传部部长伍艳飞，副部长、文明办主任易利平一行到朝阳街道调研志愿服务工作。

24日 《隆平高科技园发展纲要》正式发布，提出要把隆平新区建设成中国一流的生物育种技术及产业聚集区。

25日 湖南省师德师风建设工作推进现场会在育才小学举行。

25—28日 政协长沙市芙蓉区第五届委员会第一次会议和长沙市芙蓉区第五届人民代表大会第一次会议召开。周春晖当选为区长。郑明当选为新一届区政协主席。

28日 药圣堂养生中药产业园项目开工典礼在隆平高科技园的隆园一路项目片区举行。隆平高科技园区党工委书记王曙光出席活动并致辞。

30日 省公安厅厅长黄关春率队到芙蓉公安分局现场观摩警务改革成果。黄关春一行听取芙蓉公安分局推进警务机制改革工作汇报，观看《数据引领 联合作战》专题片，观摩指挥作战中心、基础防控中心、执法保障与新闻舆情中心等。

△区政府召开公务用车制度改革大会。区领导谭雄伟、许凡、宋晋武、杨爱斌出席。

△“你我同心携手抗艾，重在预防宣传先行——让红丝带在社区飘起来”防控艾滋病宣传活动在马王堆街道举行。九三学社省委社会服务处处长熊英，区领导易新宇、罗尔曼出席。

12月

1日 区委组织部部长周虔率队到荷花园街道域内的重点单位开展安全生产大检查。

△ 区政法委书记刘文立带队到联点单位东岸街道东屯村检查安全生产工作情况。

△ 区文明办主办的 “五里牌新声音 芙蓉建功必有我”志愿服务活动在五里牌街道举行。

△ 区委统战部部长易新宇到五里牌街道建筑工地开展安全生产检查。

2日 湖南首届企业电子竞技大赛启动仪式在朝阳街道科佳电竞馆举行。副区长黄金国参加活动并致辞。

△ 区长周春晖、副区长黄金国、区政府办主任肖磊一行到区商务旅游局调研工作，并召开座谈会。

△ 火星街道凌霄社区举行“幸福凌霄送关爱 传承文明暖人心”助残志愿者活动。

5日 副区长谭雄伟率区安监局、区环保局、消防大队等相关部门负责人到马坡岭街道调研危化企业搬迁工作。

6日 副区长练大智辖区检查在建工地大气污染防治工作。

7日 区委书记于新凡到区委党校为2016年中青年干部培训班学员授课。

9—11日 副区长张庆和出席在湖北省宜昌市召开的全国妇联—联合国儿童基金会发展项目推介会。在会上张庆和介绍芙蓉区儿童早期发展项目实施成效及经验，受到大会的肯定并推广。

11日 区政府紧急召开重污染天气应急响应工作布置会。副区长练大智出席，区应急办、环保、经信、城管、环卫、公安及各街道（局、园）相关负责人参加会议。

12日 由区政府主办，湘湖街道承办的“三湘购”电子商务平台上线启动仪式在三湘南湖大市场汽配城举行。省商务厅副厅长周船、区领导于新凡等参加。

13日 市委宣传部部长黎春秋率队调研芙蓉区宣传思想文化工作，市委宣传部常务副部长赵柏林等参加调研。黎春秋一行实地考察湖南和平解放史事陈列馆、湖南众益文化传媒股份有限公司、隆平水稻博物馆，并召开座谈会。

14日 区长周春晖、副区长彭尚松、佘国宏，区政府副调研员张勇、尹上敏分别查看了合平村隆平科技园42公顷、望龙村马坡岭小学、新安村隆平科技园68.9亩项目指挥部，并听取区征地办、区国土分局负责人各村城中村改造项目实施情况汇报。

20日 省人大常委会副主任王柯敏到育才小学调研“如何培养更多名师”的相关工作。

22日 英氏孕婴童产品产业园作为芙蓉区观摩项目和隆平高科技园项目建设“百日冲刺”攻坚战核心项目，接受全市重点项目建设观摩，并在全市观摩项目中排名第九。

24—25日 副区长梁汝岚带队一行分别检查新大新店、新麦克、琴岛演艺、城市英雄电玩城、环游星级电玩城、紫东阁华天酒店、英皇娱乐城、太平洋酒店、等辖区内的文化娱乐场所安全状况。

27日 市委副书记、代市长陈文浩到区调研长沙国金中心项目。市政府秘书长谭勇、副秘书长张能峰等参加调研。区领导于新凡、周春晖、陈计伟、廖铁成、郑明、谭雄伟、许凡陪同。

△ 区委组织部部长周虔到五里牌、文艺路街道调研党建文化主题公园和韭菜园社区提质提档项目。

28日 区政协主席郑明率领区政协主席会议成员及部分委员考察区城市管理工作。

29日 市委组织部部长张宏益率队调研芙蓉区组织工作，分别到龙马社区服务阵地、东湖街道党员户外教育基地、古塔书吧及景鹏集团党委等单位了解情况，并召开座谈会。

（年鉴编辑部）

中共长沙市芙蓉区委员会

区委主要机构及领导人员

书　记　梁　仲（2016.07 免）
　　　　于新凡（2016.07 任）
副书记　于新凡（2016.07 免）
　　　　周春晖（2016.07 任）
　　　　谢　进（2016.07 免）
　　　　陈计伟（2016.08 任）
常　委　王曙光（挂职）
　　　　廖铁成（2016.08 免）
　　　　周　虔（女）
　　　　刘文立（2016.08 任）
　　　　伍艳飞（女）
　　　　袁伟洁（2016.08 任）
　　　　谭雄伟
　　　　欧干军（2016.08 免）
　　　　蔡　冰（2016.08 免）
　　　　彭　娟（女）(2016.08 免）
　　　　何元良
　　　　许　凡（2016.08 任）
　　　　易新宇（2016.08 任）
　　　　周治国（挂职，2016.12 任）

区委部门

区委办

主　任　彭　娟（女）(2016.08 免）
　　　　许　凡（2016.08 任）
常务副主任　张　亚
副 主 任　李启杰
　　　　尹　亮（2016.08 免）

区委组织部

部　　长　周　虔（女）
常务副部长　许琼山
副 部 长　唐宇平（兼）
　　　　周云丽（女）（兼）
　　　　彭良厚（女）（兼）
　　　　田松柏
　　　　邓春兰（女）（兼）
纪检委员　杨　芬（女）(2016.10 免）

区委宣传部

部　　长　伍艳飞（女）
常务副部长　李向华
副 部 长　易利平（女）
　　　　钟海荣（女）

区委统一战线工作部

部　　长　周　虔（女）(2016.08 免）
　　　　易新宇（2016.08 任）
常务副部长　易淑珍（女）
副 部 长　毛远强

区委政法委员会

书　　记　欧干军（2016.08 免）
　　　　刘文立（2016.08 任）
常务副书记　李　清
副 书 记　刘自军（兼）
　　　　凌　云（兼）(2016.08 免）
　　　　王均全（兼）(2016.08 任）
　　　　解支越
　　　　刘汉祥
　　　　李跃红
　　　　周　炫（兼）(2016.10 任）
　　　　刘建军（兼）(2016.10 免）
　　　　焦益民（兼）(2016.02 免）

区直机关工委

书　　记　宾雪丰（女）
副 书 记　王　琼（女）

区信访局

局　　长　周宏彬（2016.08 免）
　　　　张　敦（2016.08 任）
副 局 长　莫海平
　　　　陶长武
　　　　罗　迪（2016.10 免）
　　　　廖　攀（2016.10 任）
纪检组长　刘　烛

区编委办（事业单位管理登记局）

主　　任　江　红（女）
副 主 任　何　澜（2016.10 免）
　　　　娄志兰（2016.10 任）
　　　　胡永清
纪检委员　王　晶（女）(2016.10 免）

区老干局

局　　长　彭良厚（女）
副 局 长　江　平
　　　　　熊尚希（2016.10免）
　　　　　喻　华（女）
　　　　　杨　芬(女)(2016.10任)

区防范和处理邪教问题领导小组办公室

主　　任　刘建军（2016.10免）
　　　　　周　炫（2016.10任）
副 主 任　刘　颖（女）

区委直属事业单位

区史志档案局

局　　长　谭永华
副 局 长　鲁素爽（女）
　　　　　曾平江

区委党校

校　　长　谢　进（2016.08免）
　　　　　陈计伟（2016.08任）
常务副校长　贺达斌
副 校 长　熊曙光
　　　　　李春灵（女）

其他事业单位

区非公经济党工委

书　　记　周云丽（女）
专职委员　匡　艺（女）
纪工委书记　刘　佩（女）

重要会议

【“品质提升年”活动动员大会】 2月14日，芙蓉区“品质提升年”活动动员大会在区机关会议中心召开。全体县级干部，区直机关、垂直管理部门、各街道（园、局）、各社区（村）负责人近590人参会。区委副书记、区长于新凡作动员报告。区委书记梁仲要求：品质提升既要重建设，更要重管理；既要抓全面，更要抓重点；既要全面推进，又要重点突破；既要促发展，更要惠民生；既要抓谋划，更要抓落实。

【全区党务工作暨绩效考核工作会议】 3月11日，全区党务工作暨绩效考核工作会议在区机关会议中心召开。全体县级干部，区直机关、垂直管理部门、各街道（园、局）、各社区（村）主要负责人近400人参会。会上，区委组织部部长周虔通报区委常委班子民主生活会情况，区委副书记谢进作党务工作报告，区委副书记、区长于新凡通报绩效考核结果并讲话。区委书记梁仲要求，要找准着力点，追求高品质，务实创新做好2016年党务工作；要舞好指挥棒，树立正导向，科学有效地做好2016年绩效考核工作。

【严肃换届风气暨两个专项整治工作会议】 4月22日，严肃换届风气监督工作暨全区“雁过拔毛”式腐败问题和“纠‘四风’、治陋习”专项整治工作会议在区机关会议中心召开。全体县级干部，区直机关、垂直管理部门、各街道（园、局）、各社区（村）主要负责人近400人参会。会上，区委组织部部长周虔传达全省关于加强换届风气监督有关会议精神，副区长蔡冰宣读“芙蓉区‘雁过拔毛’式腐败问题专项整治工作方案”，区纪委书记廖铁成宣读“芙蓉区‘纠四风、治陋习’专项整治工作方案”。区委书记梁仲要求，正确看待形势、规矩、位子和责任，以铁一般的信仰、铁一般的信念、铁一般的纪律、铁一般的担当，凝聚成“铁一般的执行力。”

【全区“两学一做”学习教育工作座谈会】 4月26日，全区“两学一做”学习教育工作座谈会暨学习教育启动会召开，对全区“两学一做”学习教育工作进行动员部署。区属各党（工）委书记、分管组织工作的班子成员，区直机关各单位主要负责人，区委“两学一做”学习教育协调小组成员约110人参会，区委副书记、区长于新凡主持会议。区委组织部部长周虔传达习近平总书记关于“两学一做”学习教育的批示精神和中央、省、市相关会议精神，并部署全区开展“两学一做”工作。区委书记梁仲强调，要增强政治自觉，领会“两学一做”学习教育重大意义；要把握总体要求，推动“两学一做”学习教育深入开展；要加强组织领导，确保“两学一做”学习教育取得实效。

【中共长沙市芙蓉区第五次代表大会】 8月15—17日，中共长沙市芙蓉区第五次代表大会召开。15日大会开幕式在区会议中心举行，芙蓉区党代表、列席人员、邀请嘉宾300余人参加会议。大会听取审议并通过于新凡代表第四届区委所作的题为“践行‘五大理念’，打造‘四个芙蓉’，为加快建设具有国际品质和湖湘文化特色的精品之区而努力奋斗”的工作报告，审议并通过廖铁成代表区纪委所作的题为“坚持全面从严治党，认真履行党章职责，扎实推进党风廉政建设和反腐败斗争”的工作报告。大会明确芙蓉区未来五年的指导思想、发展战略、奋斗目标和工作重点。大会以无记名投票方式差额选举产生第五届区委委员35人、区委候补委员7人、区纪委委员17人，以及出席中共长沙市第十三次代表大会的代表。8月17日，召开区委五届一次全会。会议选举于新凡、周春晖、陈计伟、王曙光、周虔、刘文立、伍艳飞、袁伟洁、谭雄伟、何元良、许凡、易新宇为区委常委，选举于新凡为区委书记，选举周春晖、陈计伟为区委副书记。

【区委五届二次全体（扩大）会议】 8月24日，区委五届二次全体（扩大）会议在区机关会议中心召开。全体区委委员、区直单位主要负责人、各街道（局）党政主要负责人、垂直管理单位主要负责人约130人参加会议。会上，区委副书记、区长周春晖传达了省市经济工作会议精神，通报了当前财税工作、项目建设工作、市对区绩效考核工作情况。区委书记于新凡要求：要系统认识和深刻领会省市城市工作会议精神，总结盘点和充分肯定全区城市工作取得的成绩，科学谋划和精准把握全区城市工作的主要任务。

【基层党建工作重点任务推进会】 9月22日，街道（局）党（工）委书记履行党建工作责任暨落实基层党建工作重点任务推进会在区机关会议中心召开。各街道党（工）委书记、分管班子成员、社区（村）党组织书记约100人参加会议。会上，区委常委组织部部长周虔总结点评基层党建工作，安排部署基层党建工作重点任务，4位新任街道党工委书记做表态发言。区委书记于新凡要求，党委书记必须要抓方向、抓思想、抓队伍、抓作风。基层党建工作要抓学习、抓创新、抓平台、抓示范。 （彭　昭）

组　织

【概况】 2016年，区委组织部围绕“十三五”开局，统筹抓好换届工作、干部人才队伍建设、绩效考核、基层党组织建设和自身建设，全面提升组织工作科学化的水平。

四套班子集中换届。把握从严新动态，精准提名人选。以从严的标准和从实的措施把好“两代表一委员”人选质量关，落实“五好”（政治素质好、道德品行好、履职能力好、表率作用好、群众基础好）标准，把握人选结构比例要求。落实从严新动作，精心部署选举。科学划分选区，匡正换届风气选举。全区范围内依法有序选举出第五届区党代表242人，区人大代表213人，推选出区政协委员194人。引领从严新动向，精细组织会务。会务组织周密安排，超前运作，制定详细的工作流程及工作任务安排；因势利导，做到代表、委员思想高度统一。三个大会（党代会、人大一次会议、政协一次全会）顺利召开，分别选出中共芙蓉区第五届区委委员35人，区纪委委员17人，选出区五届人大常委会领导班子及常委29人，区人民政府领导班子8人，区五届政协领导班子及常委35人。该次换届正式提名人选均为全票或高票当选，实现了组织意图和人民意愿的高度统一。12月9日中央电视台新闻联播节目以芙蓉区为典型专题报道湖南从严推进换届选举工作。

干部工作。稳妥推进“超职数”治理工作。2016年分批调整干部188人次，深入整治“三超两乱”（超职数配备干部、超机构规格提拔干部、超审批权限设置机构，擅自提高干部职级待遇、擅自设置职务名称），消化副科职岗位9个，街道所有超配领导职数（包括军转安置副团职干部）全部得以消化。注重以基层为导向培养年轻干部，街道办事处主任中有80后6人，75后10人，各街道都有中层干部得到提拔重用。从严监督管理干部。严格落实“关于从严教育管理监督干部的实施意见”，完成干部档案专项审核，完成干部“三龄一历”（年龄、党龄、工龄和学历学位）认定1122本。完成副科级以上领导和后备干部报告个人有关事项工作，在干部提拔时抽查审核个人重大事项。到公安局备案新提拔的科级领导干部。出台“长沙市芙蓉区科级后备干部动态管理办法”。拓展干部教育培训。全年统筹组织各类培训班次98期，完成8205人次的教育培训任务。举办中青年干部培训班，培训后备干部30人。组织全区干部协力办好首届浏阳河文化艺术节。引进紧缺急需和战略型人才取得突破，引进和培育国家“千人计划”、省“百人计划”、市“3635人才计划”等33名。

组织建设。落实基层党建7项重点任务。召开会议传达省、市落实基层党建重点任务推进会精神。编印“两册两本”，即社区（村）和基层党支部工作纪实手册以及基层党建制度汇编和操作规程，组织全区党建专干进行专门培训。依托APP（手机应用软件）建立掌上课堂方便党员在线学习，运用“三维地图”对全区党建资源和党建品牌实行全景式展示，党建资讯栏目全天候为党员提供最新党建资讯和热点新闻。做好专题党课、专题学习讨论、边学边改等工作。制订区委、区属党（工）委和基层党支部3类任务清单，出台社区（村）党员、机关事业单位党员、窗口单位和服务行业党员、非公党员和离退休党员5种分类清单，在全区广泛开展“思想再入党、行动紧跟党、建设品质芙蓉”、万名党员“手抄党章100天”“百名党员讲师下基层、百堂精品党课进支部”、基层党组织书记“两学一做”党课大比拼等主题实践活动。出台“街道党（工）委基层党建工作考核体系”“各级党组织抓基层党建工作任务清单”和“基层党组织书记履行党建工作责任制述职评议考核办法”“三个制度”，全面推行“一考两评三纪实”，完善履行党建工作责任的部署调度、交流示范、督察点评、考核约束的“四步闭环”机制。开列区级、部门、街道和社区（村）4个层面三类清单，推动基层党建各项任务落实。构建基层党建工作巡回督察制度，对基层党建工作实行“一月一督查、一月一通报、一月一整改”。

绩效考核。科学制定考核目标，改进优化考核办法，进一步提高绩效考核的科学化水平。反馈考核结果，对2015年度班子绩效考核和个人量化考核的情况形成反馈报告。针对三等班子及个人，帮助其发现问题、诊断原因，提升绩效，增强绩效考核的有效性和权威性。不断改进考核办法。出台“芙蓉区党政领导干部绩效考核管理实施办法”和“芙蓉区科级领导干部德才绩量化考核管理实施办法”，优化区直部门的考核分类，增强部门之间的可比性。科学制定工作目标。对接省、市考核任务，将省建成小康社会考核、市对区绩效考核、区委政府中心工作、部门业务职能等指标任务纳入班子和领导干部个人工作实绩任务书，层层落实任务。分解市对区绩效考核指标，统筹做好对接工作。全年对13个街道（局）、62个区直部门、582名科级领导干部进行了绩效考核。街道（局）评定一等班子4个（火星街道、荷花园街道、文艺路街道、定王台街道）、二等班子8个（东屯渡街道、朝阳街道、马王堆街道、湘湖街道、韭菜园街道、东岸街道、马坡岭街道、五里牌街道）、三等班子1个（东湖街道）；区直部门评定一等班子24个、二等班子36个、三等班子6个；科级领导干部评出一等个人130名、二等个人446名、三等个人5名、四等个人1名；垂直管理部门评出一等班子4个（公安分局、交警大队、国税分局、地税分局）、二等班子7个（规划分局、公安城管大队、工商分局、质监分局、国土分局、消防大队、经侦支队一大队）。

年度存在的主要问题、困难：一是党建责任落实不够到位，即党（工）委和基层党组织的党建责任有待进一步夯实。部分街道没有把从严治党的新常态和管党治党的责任压力有效传导到社区（村），部分社区（村）履行党建工作责任没有上肩、工作推动不力、发展不够平衡。二是两项组织功能不够充分，即党组织的政治功能和服务功能有待进一步加强。个别党组织的组织生活不严肃、不认真，随意化和庸俗化倾向仍然存在。有的基层党组织发挥党的政治优势弱化，不会做、不愿做群众工作，联系群众的途径不宽、手段不足。三是两支队伍建设尚需时日，即合格党员队伍和高素质党务工作队伍有待进一步壮大。发生在群众身边的基层党员干部违纪违法问题仍然存在。组织专干流动性大，社区党建专干队伍不稳定，基层党务工作队伍的职业素养和积极性有待提高。四是两个基础存在薄弱环节，即基础工作和基础保障有待加强。个别街道和社区对党建月度督察发现的基础工作问题不主动整改、不查漏补缺，日常工作不够规范。社区阵地全面达标和服务功能普遍增强还没有真正同步。（苗津铭）

【区委换届选举工作】 6月21日，区委组织部下发“关于中共长沙市芙蓉区第五次代表大会代表选举工作的通知”，6月24日召开相关选举工作培训会议。根据“通知”要求，全区20个选举单位认真组织区第五次党代表大会代表的推荐、提名酝酿、公示和选举工作。区委组织部严格审核把关选举前的代表候选人推荐人选、初步人选、预备人选和选举程序，分别征求区纪委、信访办和区委防范和处理邪教办等17个部门的意见，切实保证代表的质量。8月9日，各选举单位全部完成出席区第五次党代表大会代表的选举工

·表1·　2016年芙蓉区党组织、党员基本情况统计表

党组织	数量（个）	党员	人数
党委	29	党员总数	17930
党组	39	新中国成立前入党	39
党总支	32	35岁以下	5811
—	—	2016年发展新党员	169

作，人选的各种比例构成符合要求，选举程序完全依法依规，区委提名的30名代表全部高票乃至全票当选，所选的242名代表全部落实组织意图。

中共长沙市芙蓉区第五次代表大会8月14—17日召开。经过充分酝酿和民主选举，差额推选出中共长沙市芙蓉区第五届委员会和纪律检查委员会，其中，中共长沙市芙蓉区第五届委员会委员35名，候补委员7名，常委11名，书记1名，副书记2名。区纪律检查委员会委员17名，常委9名，设书记1名，副书记2名。选举了出席中共长沙市第十三次代表大会代表。

【"两学一做"学习教育工作】2016年，全区各级党组织开展"两学一做"学习教育。4月26日，召开"两学一做"学习教育工作座谈会暨学习教育启动会，区委组织部部长周虔作具体部署。区委书记于新凡和区委常委到联系点调研指导，为基层党员讲党课，参加所在支部4次专题研讨和组织生活会。党委（党组）普遍开展中心组学习学党章党规、学系列讲话。继续开展"百名党员讲师下基层、百堂精品党课进支部"活动，开展"思想再入党、行动紧跟党、建设品质芙蓉"主题实践活动。结合纪念建党95周年，评选表彰一批先进党组织和优秀个人，营造比学赶超良好氛围。各级党组织结合年度民主生活会和专题组织生活会进行排查整改，推动解决一批难点问题。集中开展"纠'四风'、治陋习"和"雁过拔毛"式腐败问题专项整治，查处一批发生在群众身边的不正之风和腐败案件。落实基层党支部"三会一课"、组织生活会、民主评议党员、谈心谈话等基本制度，出台流动党员管理办法等，推动全区街道建立党员档案室，党员教育管理得到加强。

【区委常委班子召开"三严三实"专题民主生活会】1月26日，芙蓉区委常委班子召开"三严三实"专题民主生活会。市委常委、常务副市长陈泽珲、市委组织部副部长、市绩效办主任易敏华到会指导。会前，常委会围绕中央提出的"三个见实效"目标以及省、市委的具体要求，对"三严三实"专题教育开展情况逐项对标、查漏补缺、自查自纠；系统梳理群众路线教育实践活动及专题民主生活会整改方案落实情况。会上区委书记梁仲通报民主生活会的准备情况和教育实践活动以来后续整改工作落实情况，代表班子做对照检查并作自我批评。接受各位常委的批评意见。全体区委常委对照"不严不实"问题清单，对照"三严三实"标准，开展自我批评，每位常委开展自我批评后，其他常委分别对其进行批评。陈泽珲副市长肯定芙蓉区委常委班子专题民主生活会，认为该次民主生活会开门见山、直奔主题，对照检查问题摆得具体、查得深刻，体现整风精神。常委成员之间掏心见胆、推心置腹、坦诚相见，是一次高质量的民主生活会。他要求常委班子举一反三深入查摆问题，久久为功推进整改落实，心无旁骛推动事业发展，弛而不息加强自身建设。

【全区纪念建党95周年表彰大会】7月1日，纪念建党95周年表彰大会召开。会上党员们用微故事展现优秀共产党员的奉献情怀，微朗诵重温党旗下的誓言，还有微党课、情景剧等，激励党员们立足岗位创先争优。大会把"两学一做"学习教育工作与表彰先进有机结合，75个先进基层党组织和红旗党组织，60名优秀共产党员和60名优秀党务工作者、10名优秀社区（村）书记受到表彰。一批"最美党员"走上讲台，讲述他们的奉献与作为，传递红色正能量。

【党员教育管理系统APP上线】7月，芙蓉区党员教育管理系统APP正式上线。该系统由党建资讯、组织生活、支部在线、个人管理等多个板块组成。在"党建资讯"中有各种政策规定、党建

活动及时推送，分类明晰的志愿者服务岗位更可供党员自由认领，参与完成后可获得一定积分。党员身在外地，可通过“支部在线”板块，及时发回参加当地党员活动的视频、照片，以及编制“微党课”在线传递，实现与家乡党组织同频共振。APP还实现了党员积分制管理，将党员的思想作风、廉洁自律等问题与日常监督管理相结合，积极发挥预警平台作用。（苗津铭）

宣 传

【概况】 2016年，芙蓉区宣传思想文化工作围绕“多出精品力作、多出工作成果、多出优秀人才”的总体要求，坚持围绕中心、服务大局、立足实际、改革创新，实现各方面工作提质提升。

筑牢意识形态防线。将意识形态工作作为“一把手”工程，区委常委会3次专题研究意识形态工作。在全区绩效考核体系中单列意识形态工作指标，实行社科理论类论坛分级归口管理和申报备案制度。开展整治涉“台独”“港独”“文化大革命”等政治性违规出版物及信息等行动30余次，处理火车站违规户外广告、违规电梯广告，处置纪念“文化大革命”50周年集会、五里牌宗教活动非法聚会点等敏感事件，取缔文艺路街道城市花园、火星街道新湘国际大酒店基督教私设聚会点及非法宗教活动。

打牢思想理论基础。围绕“十三五”规划与供给侧改革、建设国家中心城市、学习和践行党的十八届六中全会精神等主题，结合“两学一做”，开展全区各级党委（党组）中心组学习超过200次，发放读本2万册。开设“网络微课堂”，组建“芙蓉百姓宣讲团”，开展“微理论·微宣讲”。挖掘200名“土秀才”“土专家”，开展“社区讲堂”“廉政大课堂”、微宣讲进社区、企业、学校、工地等活动500次。推出“淘书吧”、长沙首个“深夜阅读”公益众筹书房，推动“芙蓉讲坛”“书香芙蓉”全覆盖。开展“全民乐学”行动，打造定制式高端智库助推经济社会发展。在市级以上刊物发表调研文章60篇，舆情信息调研工作被评为全省先进单位，并推荐在全省大会上作典型发言。

营造社会舆论氛围。全年策划组织集中采访报道30次，推出浏阳河文旅产业带、浏阳河文化艺术节、民生工作、都正街有机棚改等一批重点报道，其中“东湖夜话——把话筒交给群众”获中宣部发文推介并全媒体报道。在各级各类新闻媒体发稿5000篇，其中《人民日报》、中央电视台、新华社等主流央媒70篇，《湖南日报》《长沙晚报》头版头条9个，专版59个。健全突发事件新闻发布应急预案、重点项目舆情风险管理等制度，强化落实舆情应急管理多级联动机制，落实节假日网上值班和24小时值守制度。共监测、交办各类重要网络舆情250起，编发《舆情摘要》《舆情周报》30期，完成重点网评任务160次，成功处置韭菜园派出所民警殴打医务人员、湘龙市场执行权回转纠纷等敏感舆情。建立“芙蓉发布”微信集群，区属平台“两微、一网、一报”影响进一步扩大。定制开发高度集成的自动化舆情管理系统，并与省网信办系统无缝对接，构建网络舆情工作一盘棋、一张网的工作格局。舆情监测、交办、反馈实现系统化、无纸化、移动化，

促进文化实力提升。举办长沙首届浏阳河文化艺术节、“浏河之恋”520花火音乐节。开展“欢乐潇湘 品质长沙 幸福芙蓉”、芙蓉艺术节等文化活动300场，编排文艺作品500余件，打造原创作品百余件，参与文艺团队百余支。涌现出一批优秀人才和获奖作品。200个区级公益性文化设施免费开放，浏阳河文旅产业带两岸风光带、隆平文化园、水稻博物馆等建成开放，都正街历史文化街区成为展示“老长沙”的休闲旅游消费街区。建成湖南和平解放史事陈列馆，实现区属博物馆零的突破，年接待量近4万人。出台文创楼宇发展规划和扶持政策，打造中国首个影像创客空间，助推众益传媒、天河艺术在新三板上市。成立芙蓉区文创协会，组织赴港澳台参展10次，获得国家标准认证（专利、奖励）20多项。

存在的主要问题：意识形态工作事关长治久安，党管意识形态工作责任有待进一步抓细落实。新闻宣传平台有待整合提质增效。芙蓉区无报纸、电视台、电台等传统媒体，新闻网站、新闻客户端等新媒体建设受人员编制、技术力量等方面的制约，迫切需要整合各方资源建设能适应新时期宣传工作的区级新媒体平台。文明创建工作有待进一步常态化长效化全民化。（寻红日 张 波）

【理论教育工作】 完善督学、述学、考学、带学、评学等制度，逐步形成完整的学习型党组织建

设考评体系。开出“全民学习清单”，邀请专家集中授课8次，带动全区各级党委（党组）中心组“跟学”200次。开展“微理论·微宣讲”300场。出台“长沙市芙蓉区党委（党组）意识形态工作责任制实施方案”和“长沙市芙蓉区党委（党组）意识形态工作责任制推进落实任务分解表”，落实意识形态工作责任。举行“微理论·微宣讲”芙蓉区总决赛。于新凡撰写的“论湖湘文化格局中的芙蓉文化自信”、区委组织部撰写的“凝聚党员干部坚定信念跟党走”分别获长沙市学习贯彻习近平总书记“七一”重要讲话精神理论征文一、二等奖。芙蓉区“草根讲堂”获2016年“特别受百姓喜爱的终身学习品牌项目”。与中国人民大学中国经济改革与发展研究院签约，联手打造定制式高端智库。（邓蓓莉）

【群众文化活动】 2016年，芙蓉区群众文化活动亮点纷呈。育才二小荣获全国少儿舞蹈展演“小荷新秀奖”，邬建美获评全国“文化名家”暨“四个一批”人才，原创舞蹈“守护蓝天”获全省展演一等奖。5月，在隆平水稻博物馆举办“醉美浏阳河 神奇九道弯”2016年长沙首届浏阳河文化艺术节开幕式，大型实景情景剧“浏阳河上”上演。同月，“音乐+焰火+楼宇投影+大型声光电花海造景”于一体的“浏河之恋”520花火音乐节在浏阳河婚庆公园上演。举行“我们的中国梦”——文化进万家暨“第五届芙蓉艺术节”活动，全区开展各类比赛20场次，参与群众5000人。选拔49支文艺团队、80个文艺节目进入总决赛，决出一、二、三等奖58个。举办“我们的中国梦——文化进万家”“欢乐潇湘 品质长沙”大型群众文艺展演——第五届芙蓉艺术节闭幕式暨优秀群众文艺节目展演。2016年长沙市校园文化进社区——梦想星声音社区争霸赛选拔赛第三场在芙蓉区汇一城广场举办，芙蓉区选手张琦进入市级总决赛。举办长沙市2016年“我们都来跳”社会主义核心价值观原创广场舞（曲）宣传推广展演，芙蓉区红袖章志愿者代表队获得一等奖。（蔡芳馨）

【“芙蓉发布”微信集群建立】 3月，“芙蓉发布”微信集群建立，全区各部门、街道32个政务微信公众号全部被纳入到微信集群中由区委宣传部网宣办进行统一管理。微信集群加强各公众号的联系，实现宣传资源互通共享、重大报道同步推送。年内，进行8次集中推送。（张　波）

【互联网舆情应急管理指挥平台建立】 12月，在已采购“网鹰”网络舆情预警平台的基础上，区委宣传部投入近50万元与湖南省罗杰信息科技有限公司合作开发高度集成的自动化舆情管理系统，建立芙蓉区互联网舆情应急管理指挥平台，实现舆情网上监测、交办、反馈“一条龙”处置。经测试、信息收集录入、账号开通等环节，系统建成使用。该系统实现纵向到底的舆情直报、横向到边的信息分享以及快速便捷的网上交办，提高舆情管控的效率和质量。（张　波）

【李鑫家庭被授予湖南省“书香之家”称号】 4月，马坡岭街道李鑫家庭被授予2015年湖南省“书香之家”称号。李鑫、肖英夫妇有藏书2万册，涉及法律、书画、文学、文艺、哲学、政治、经济、工艺编织、教育等门类，家庭成员每天的阅读时间平均为2小时，形成“爱读书、读好书、善读书”的良好氛围。为发挥全民阅读先进典型的引领示范作用，推进“书香湖南”全民阅读活动开展，2015年8月，湖南省新闻出版广电局与省妇联联合开展2015年湖南省“书香之家”推荐活动。经过市州文（体）广新局、市州妇联推荐，省新闻出版广电局、省妇联材料审核等程序，推出湖南省“书香之家”277个。（邓蓓莉）

【芙蓉区“微理论·微宣讲”总决赛举行】 5月10日，由区委宣传部主办的2016年芙蓉区“微理论·微宣讲”总决赛在区政府会议室举行。市委宣传部副部长李卫政，市委讲师团主任刘莉霞，市委讲师团副主任刘菊娥，宣传部部长伍艳飞，市委宣传部理教处处长王青等出席活动并为获奖者颁奖。该次决赛有10名参赛选手用小故事、身边事、百姓话，宣讲城乡同步发展、使人民群众更有获得感、让群众感受司法温度、融洽邻里亲情等内容。刘雄、张慧超获得一等奖，刘雯瑜、龙文珍、罗霞、粟思媛获得二等奖，张晶、林秀云、张定浙、赵莉娅、文斯一、甘宜灵、盘昱良获得三等奖。刘雄的2016长沙市“微理论·微宣讲”决赛暨“最美基层宣讲人”颁奖活动中被授予2016年长沙市“最美基层宣讲人”称号，刘雯瑜获得三等奖。（邓蓓莉）

【芙蓉区文化创意产业协会成立】 6月3日，芙蓉区文化创意产业协会成立暨第一次会员代表大会在曙光798城市体验馆召开，全区文化企事业单位代表60人参加会议。市委宣传部副部长陈海波，区委宣传部部长伍艳飞、副区长张庆和等领导出席会议并讲话。会议审议协会筹备工作报告，通过协会章程，选举产生第一届协会理事会成员和协会领导班子。湖南弘道文化传播有限公司董事长龙挺当选为协会会长，湖南北纬三十文旅股份有限公司副总经理王泽、长沙众益传媒有限公司董事长文高永权、湖南天河艺术传播股份有限公司董事长张舸、湖南弗彗影像文化传媒有限公司董事长周璟、湖南福寿堂文化传媒有限公司董事长谢建军当选为副会长，湖南曙光柒玖捌投资管理有限公司副总经理金勇当选为秘书长。该协会成立后，分别举办创客沙龙、模拟路演、艺术展览、音乐节会等活动30场次，为推动芙蓉文化发展繁荣做出贡献。（黄丹旭）

【芙蓉区与中国人民大学智库建设签署战略合作协定】 10月13日，芙蓉区政府以“融媒融智 智慧芙蓉”为主题举行与中国人民大学中国经济改革与发展研究院智库建设签约仪式。湖南师范大学教授、博导、湖南省政府参事朱翔，中国人民大学中国经济改革与发展研究院培训部主任付申，芙蓉区委副书记、区长周春晖等出席活动。该次活动，周春晖、付申分别代表芙蓉区政府和中国人民大学签署智库建设合作协议，即通过量身组建智库，为芙蓉区经济社会发展提供对策性研究、指导等定制化的智力资源。活动中，围绕“芙蓉智库建设”开展了芙蓉名家讲坛和直播访谈活动。朱翔作“把长沙建成国家中心城市”专题报告。周春晖在讲话中要求，利用国家顶尖高校资源打造芙蓉智库，通过定制式的智库研究，融媒融智，牵手国家级高端智库平台和媒体，引入创新“大脑”，以智引才、以智聚才、智慧发展，把脉芙蓉发展。付申指出，中国人民大学智库建设签约芙蓉区，看中的是中部崛起长沙的争先发展，在这片中部热土中选取“排头兵”芙蓉区，共谋发展，通过点对点定制式的智库支持，成为中国人民大学智库研究的试验田和样板，并定时定点为芙蓉区提供定制化的智力资源。该项活动展示了芙蓉区在创新发展、建设“智慧”芙蓉上的探索与实践，体现助力长沙建设国家中心城市的芙蓉担当。（刘　波）

【“文化创意大楼”授牌仪式举行】 11月21日，芙蓉区新南天古汉国际广场“文化创意大楼”授牌仪式举行。市委宣传部副部长龙钢跃，市发改委副主任缪晨光，芙蓉区区长周春晖，中国通信服务湖南公司总经理肖亚凡，芙蓉区伍艳飞、黄金国等领导出席。周春晖为文化创意楼宇授牌，湖南省新南天置业有限公司与湖南北纬三十文旅股份有限公司、长沙森派特电子科技发展有限公司等8家文创企业签订入驻协议。新南天·古汉国际广场“文化创意大楼”位于马王堆北路18号，是芙蓉区打造推出的特色专业楼宇，为马王堆区域的人文商务地标。该楼宇授牌旨在通过整合文化资源、促进产业融合，提升全区文创产业规模化、集约化、专业化水平。截至年底，“文化创意大楼”入驻或签署意向购买（租赁）协议文化企业18家，面积1.62万平方米，占比59.8%。项目引领带动作用逐步显现。（黄丹旭）

【芙蓉区社会科学界联合会成立】 12月23日，芙蓉区社会科学界联合会举行成立大会。在预备会议阶段，选举产生由主席钟海荣、副主席喻林、尹亮，秘书长邓蓓莉组成的区社科联常务委员会，审查确定符合《长沙芙蓉区社会科学界联合会章程（草案）》的委员40名，会员14名。委员构成包括区直机关单位、各街道(园、局)相关人员、重点社科类协会学会负责人等。行业包括科技、教育、文化、医疗，其中机关党员干部21人，教师1人，研究员3人，妇女委员占比40%。成立大会上，市社科联主席吴安定宣读《关于成立长沙市芙蓉区社会科学界联合会的批复》，长沙市委宣传部副部长李卫政、长沙市社科联主席吴安定共同为芙蓉区社科联揭牌。会议审议通过《长沙市芙蓉区社科联成立大会议程》以及《长沙市芙蓉区社科联章程》。区委宣传部部长伍艳飞、区人大常委会副主任罗尔曼、区政协副主席范伟民出席，芙蓉区相关单位分管领导和芙蓉区社科联第一届委员会委员及会员参加会议。（邓蓓莉）

【芙蓉区“红袖章”志愿服务工作推进会召开】 3月18日，由湖南省文明办、省志愿服务工作委员会办公室（简称志工办）、长沙市文明委指导，长沙市文明办、芙蓉区文明委主办，芙蓉区委宣传部、区文明办承办的芙蓉区“红袖章”志愿服务工作推进会在区机关会议室举行。湖南省委宣传部副部长、文明办主任、志工办主任刘进能，省文明办副主任、志工办副主任李力明，省志工办副主任、志愿服务处处长李仕铭，长沙市委宣传部副部长、文明办主任郑力虎，市文明办志愿服务处处长袁军，芙蓉区委书记梁仲，宣传部部长伍艳飞等领导及区直相关部门、街道主要负责人，优秀志愿者代表近百人参加会议。会上，荷花园街道、定王台街道、东湖街道、朝阳街道和文艺路街道作经验介绍。与会领导为优秀志愿者代表分别赠送人身意外保险、家政服务和医疗服务。

【区文明委全体（扩大）会议召开】 6月15日，芙蓉区召开文明委全体（扩大）会议。区委书记、区文明委主任梁仲，区长于新凡出席并讲话。区委宣传部部长伍艳飞向大会作区文明委工作情况报告。区领导谢进、王曙光、伍艳飞、谭雄伟、蔡冰、罗尔曼、张庆和、彭尚松、许凡、陈定佳、易新宇、李国开等出席会议。来自隆平高科技园、湘湖管理局，各街道及全体文明委成员单位主要负责人70人参加会议。会上，各街道、各部门递交文明创建工作责任书，重点街道、部门代表作了表态发言。会议讲评了文明创建工作情况，部署铺排全年工作。

【“我的中国梦 向国旗敬礼”主题教育实践活动举行】 9月29日，湖南省2016年未成年人“我的中国梦 向国旗敬礼”主题教育实践活动，在育英二小举行。湖南省委宣传部副部长、省文明办主任刘进能，省妇联副主席卢妹香，省关工委副主任兼秘书长龚健，省文明办、团省委、省教育厅和长沙市委宣传部、芙蓉区委等相关部门领导，以及省内9个市州文明办负责人、芙蓉区各小学师生代表300余人参加该次活动。整个活动以爱国主义教育为主题，升旗仪式是活动的中心环节。现场举行全省中小学生“向国旗敬礼”网上签名寄语活动，长沙市教育系统师生代表以“庄严的国徽”“鲜艳的国旗”“奋进的国歌”三个篇章献上文艺演出。

【第三届“长沙十大孝星”颁奖典礼】 11月22日，“孝德耀长沙 爱心暖星城”第三届“长沙十大孝星”颁奖典礼暨2016年孝文化节闭幕式在芙蓉区定王台街道都正街剧场举行。该次活动由长沙市文明委主办，市委宣传部、市文明办、市直机关工委、市民政局、市教育局、市妇联、长沙晚报报业集团、长沙市广播电视台、芙蓉区文明委承办，长沙晚报星恒传媒、定王台街道办事处执行承办。第四届全国道德模范廖月娥，湖南省文明办副主任熊科文，长沙市文明办主任郭润葵，市文明办副主任梁飞彩，市直机关宣传部长陈国胜，市教育局机关党委书记胡慎信，市妇联副主席赵景利，芙蓉区委宣传部部长伍艳飞等出席活动，来自辖区居民群众、道德模范、志愿者代表200余人参加活动。活动评选出“长沙十大孝星特别奖”2名、“长沙十大孝星”10名和“长沙十大孝星提名奖”10名，其中，芙蓉区楚怡学校学生刘文湘被评为“长沙十大孝星”。

【原创广场舞（曲）志愿推广展演活动】 11月25日，长沙市2016年“我们都来跳”社会主义核心价值观原创广场舞（曲）志愿推广展演活动在长沙生物机电职业技术学院（东湖校区）举行。该次活动由长沙市文明委主办，长沙市委宣传部、市文明办、市文广新局、芙蓉区文明委承办。省委宣传部副部长刘进能，市委文明委副主任黎春秋，省文明办副主任熊科文、李力明，省文明办志愿服务工作处处长李仕铭，市文明办主任郭润葵、副主任丁德喜，市文广新局党委委员贺平生，区领导陈计伟、伍艳飞、梁汝岚、杨爱斌等出席。该次活动，市直工委系统、市教育系统及高新区和各区县（市）的12支队伍参加原创社会主义核心价值观广场舞（曲）展演。最终评选出一等奖2个，二等奖4个，三等奖6个，芙蓉区文化志愿服务代表队获一等奖。 （谭 颖）

统 战

【概况】 2016年，芙蓉区委统战部坚持把握大势、聚焦中心、服务大局，凝聚意志，增添力量，各项工作取得新的成绩。

坚持认识统一，广泛凝聚共识。年内，采取办培训班、以会代训、调研指导、配合调训等方式，加强党外代表人士、党外干部和统战干部三支队伍培养。先后举办芙蓉区统一战线“十三五”

规划专题辅导讲座等主题培训班5期。依托自创“同心课堂”品牌，年内开讲统战部同心讲堂7讲，街道社区分课堂和民主党派、工商联等基层统战组织专门课堂40堂次。围绕“学系列讲话，学优良传统，助力新芙蓉”主题，引导区各民主党派、工商联、民族宗教外事侨务局、知联会（党外知识分子联谊会）等统战系统单位开展“两学一助”学习教育。举办党外代表人士“开展‘两学一助’争当党外先进”学习交流、“学习习近平关于统一战线系列重要讲话和《统战条例》知识竞赛”等活动。依托“部长谈心日”“集中走访月”“党外代表人士联谊交友”活动平台，拉近与统战人士距离。在换届工作中，对照《中国共产党统一战线工作条例（试行）》要求，依照政治规定，深入走访交流、协商考察，推选出一支德才兼备、代表性强、结构合理、服务人民、履职水平高的党外人大代表、政协委员队伍。

坚持行动统一，多方汇聚合力。推进民主协商，将“加强政党协商，建立健全协商民主制度”写进芙蓉区深化改革工作要点，明确年度推进目标，按月自评，分阶段推进。召开区“两学一助”协商座谈会5次，就“政府工作报告”“党代会工作报告”征求民主党派意见。部长带队组织换届后民主党派、工商联负责人赴重庆、遵义开展“凝聚行动”专题调研。建成4个社区“党派功能活动室”，免费为7个民主党派提供集中办公场地。出台“民主党派经费管理暂行办法”，将每个民主党派年度工作经费提升至5万元。支持民主党派履职尽责“十三五”，2016年形成党派调研成果14篇，开展社会服务活动182次。围绕芙蓉区“品质提升年”主题活动，提质增效“四好”合作共事示范岗、“党派服务综合体”“党外知识分子联系点”“台侨维权服务共建点”等工作品牌，创新打造同心协会、名家讲师团、同心广播站、盟员之家、阅读梦飞翔——同心公益读书会等统战品牌。开展“党派情深，同梦同行”“同心联盟”志愿服务和“最美同心人”表彰等活动。2016年，创建荷晏社区、古汉城社区2个省级“四同创建”示范点，授牌文艺新村、东沙2个市级“同心社区”，授牌丰泉古井、金沙里、汤家岭、五里牌、曾家坪5个区级“同心社区”。

存在的问题：统战力量还需进一步强化，基层阵地建设不够平衡，发挥统战力量在助推经济发展方面的作用还有更大的拓展空间。（黄　忠）

【台湾中小学教育考察团到育才学校考察交流】 1月27日，台湾新北市和桃园市中小学教育考察团一行44人，在团长台北市大观园国中校长颜学复率领到育才学校考察交流。该次活动由台湾文教协会组织，旨在促进两岸教育事业共同发展。考察团聆听育才学校“花儿与少年交响乐团”小型音乐会，实地参观学校德育实践基地——易纪均铜像花园、育婴堂、校史馆。育才学生代表为台湾友人赠送自制的书法、绘画、剪纸等作品。区委统战部部长周虔出席活动并致欢迎辞，市台办副主任袁湘鄂、宣传处处长欧阳鹏，区委统战部副部长毛远强、区教育局局长谢小红、区台办主任张德林等陪同考察。

【区委统战工作会议召开】 2月26日，区委召开全区统战工作会议，学习传达中央、省委和市委统战工作会议精神，部署全区统战工作。区委书记梁仲，区长于新凡，区委副书记谢进，区人大常委会主任罗树林，区政协主席刘建新，区委常委王曙光、廖铁成、周虔、伍艳飞、谭雄伟、蔡冰、何元良，及全体在职县级领导出席会议。区人大常委会、区政协各委办主任，区直机关各部门党政主要负责同志，隆平高科技园、湘湖管理局和街道党（工）委书记、分管统战工作负责人、统战专干，全区各社区（村）书记，区委统战部、区台办、区民宗外侨局、区工商联、区侨联等统战系统单位班子成员近300人参会。区委副书记谢进主持会议。区委组织部、东湖街道党工委、西湖社区党总支分别作大会交流发言。会上为第二批区级统一战线“四同创建”示范单位湖南广发隆平高科技园创业园、嘉雨社区、东郡社区、曙光社区、车站北路社区、文艺新村社区、新安村授牌。省委统战部副部长、省社会主义学院党组书记邓焕生应邀作区委中心组（扩大）理论学习专题辅导，区委书记梁仲作大会讲话。梁仲要求，要深刻认识新形势下统战工作的重要性；要凝人心，聚群力，准确把握新形势下统战工作的着力点；要重担当、强队伍，着力形成新形势下统战工作的大合力，共同为建设具有国际品质和湖湘文化特色的精品芙蓉做出新的更大贡献。

【台湾商统会交流团参访西湖社区】 4月8日，台湾商工统一促进会副主席、全方位云科技公司总经理张壁麟率台湾商统会参访团一行26人，到湘湖街道西湖社区开展两岸交流。国台办海峡两岸交流中心副主任苗京平，省台办副处长卢文君，市台办副主任王劲锋和区委统战部、区台办、湘湖街道相关负责人陪同参访。商统会交流团参观西湖社区政务大厅、金老师工作室、绿色网吧、图书阅览室、谊园议事厅，观看社区文艺队表演，详细了解社区居民自治、温馨服务等工作作法。在社区阅览室，张壁麟现场邀请写书法的居民张文慰共同挥毫书写“和谐”二字，彰显海峡两岸深厚友谊与美好愿景。双方就社区未成年教育，志愿者服务等内容进行座谈交流。张壁麟表示，通过参访活动，增加对长沙社区的了解，留下了美好难忘的印象，期待海峡两岸进一步加强交流。

【民建区工委非公经济会员座谈会】 4月9日，民建芙蓉区工委在湘湖街道三湘大市场会议室召开非公经济会员座谈会，学习习近平总书记4月3日在全国政协会议民建、工商联联组会上的重要讲话精神。民建市委专职副主委李丽雄，区委统战部部长周虔出席，民建区工委23名非公经济会员参会。民建会员就非公经济发展谈体会、提建议。周虔希冀全区民建会员要凝聚共识，统战部要提升服务水平，不遗余力支持民建区工委自身建设。

【绵阳市涪城区工商联领导到区考察交流】 6月1日，四川绵阳市涪城区工商联党组书记叶德礼一行14人到芙蓉区开展工商联(商会)学习交流活动。区政协副主席、区工商联主席联洪曙光，区委统战部常务副部长、区工商联党组书记易淑珍，区商会部分非公企业家代表7人参加两地座谈交流活动。会上双方介绍各自商会建设情况和经验，并交流讨论当前经济形势、项目对接洽谈等内容。在现场签约仪式上，双方正式结成友好商会，约定继续推动商会交流与合作，共同促进两地发展。

【王和平调研指导芙蓉区同心创建工作】 6月15日，省委统战部副巡视员王和平到芙蓉区调研指导省级“同心社区”创建工作。省委统战部政研室、省凝心聚力“十三五”行动办、市委统战部相关负责人陪同调研。王和平一行实地查看荷晏社区“同心工作室”“盟员之家工作室” “同心走廊”等基础设施建设，肯定芙蓉区同心创建工作。他要求社区创建工作要坚持‘同心’引领，确保创建实效；坚持锁定中心，强化力量支撑；坚持擦亮品牌，打造特色亮点；坚持人才保障，规范队伍建设；坚持改善民生，帮扶弱势群体。

【珠海香洲区委统战部领导到区考察交流】 6月16日，珠海市香洲区委常委、统战部部长谢树彪一行16人到芙蓉区考察统战工作。参访团由香洲区港澳政协委员、侨联委员组成。芙蓉区委统战部部长周虔，市委统战部联络处处长苏雯等陪同。参访团参观了芙蓉区情展示馆，双方座谈交流两地统战，特别是拓展港澳台联络联谊工作。周虔代表芙蓉区致欢迎辞，介绍长沙城市特点、消费理念、宜居建设和芙蓉区的区位优势、产业布局、发展质效等，邀请香洲区港澳委员们来芙蓉区居家生活、投资兴业。谢树彪代表香洲区向芙蓉区赠送珠海城市象征“珠海渔女像”。该次交流学习，促进了两地互动交流与新领域统战工作合作。

【党外代表人士“两学一助”动员部署会召开】 7月12日，芙蓉区贯彻省、市委统战相关工作精神，在区政协常委会议室召开全区党外代表人士“两学一助”（学系列讲话、学优良传统、助力新芙蓉）学习教育动员部署会议。辖区各民主党派、工商联、知联会负责人，区委统战部、区直相关部门、各街道分管统战工作负责人27人参加会议。区委统战部部长周虔出席会议并讲话，区委统战部常务副部长、工商联党组书记易淑珍主持会议，区委统战部副部长毛远强宣读《芙蓉区党外代表人士“两学一助”学习教育工作方案》，民建区工委主委潘向阳、火星街道党群书记易鑫、区民宗外侨局书记彭海燕分别代表区民主党派、街道和区直统战系统作表态发言。会议印发《全区党外代表人士“两学一助”学习教育工作方案》。

【台湾基隆基层民意代表团到区参访】 10月13日，台湾基隆市基层民意代表、社区理事长、台湾湖南同乡会联合总会秘书长罗忠成一行30余人到定王台街道丰泉古井社区开展两岸社区文化交流。长沙市台办刘小平处长、区委统战部、区台办、定王台街道相关负责人陪同参访。参访团实地参观社区丰泉书房、白果园历史文化街巷、社区服务活动阵地。基隆市社区大学原校长陈万成与长沙市老干书法协会主席陈国风互赠墨宝。丰泉古井京剧社为台湾朋友演唱京剧经典唱段“苏三起解”，用传统乐器二胡、琵琶等乐器演奏“阿里山的姑娘”“龙的传人”“茉莉花”等歌曲，引得参访团高声合唱。双方就社区建设与服务进行交流。丰泉古井社区为参访团准备了具有地域特色的湘绣、芝麻豆子茶和展现社区古城文化风貌的“社区明信片”。台湾参访团向社区赠送印有“友谊长存”的牌匾和社区志愿者手工自制的钥匙扣。

【芙蓉区“最美同心人”表彰活动】 11月3日，芙蓉区“凝心聚力促发展 同心共筑中国梦”创建活动在佳兆业时代广场举行。长沙市委统战部副部长饶福明，九三学社湖南省委社会服务处处长熊英，九三学社市委主委汤建尧，芙蓉区政协主席刘建新，区委统战部长易新宇，芙蓉区人大常委会副主任、九三学社区工委主任罗尔曼等领导出席活动。易新宇代表区委、区委统战部为活动致辞，九三学社省委熊英处长、九三学社市委刘有良副主委为社区同心协会负责人王秀贵发起成立的“沁园同心商会”揭牌，商会成员现场签订倡议书，作出了“不忘初心，诚信经营”的承诺。该次活动中，马王堆街道结合九三学社党派独特优势与创建统一战线“同心社区”的现实需要，引导支持党外人士为社区建设提供帮助，培育同心人物。活动现场，彭水林、王秀贵、袁理、郭斯斯4人被授予首批社区“最美同心人”称号。

【“同心讲堂”开讲】 11月5日，区委统战部在湖南省社会主义学院举行“开展‘两学一助’争当党外先进”同心讲堂活动。芙蓉区委常委、统战部长易新宇主持会议，长沙市委统战部常务副部长刘映群出席活动并讲话。民进湖南省委副主委、省社院院长雷鸣强作《党外人士的成长与成才》专题讲座。芙蓉区各民主党派、工商联班子成员，区党外知识分子联谊会会员代表、统战系统单位党外人士80人参加活动。

【“盟员之家”活动】 11月11日，芙蓉区“盟员之家”授牌仪式暨“同心联盟”志愿服务活动在荷花园街道荷晏社区举行。民盟市委主委、市政协副秘书长张庆和、市委统战部副部长饶福明，芙蓉区委常委、统战部部长易新宇等领导出席，芙蓉区“同心联盟”会员及各界统战人士等200人参加活动。2016年，区统一战线通过“民盟之家”载体，根据民主党派各自的教育、法律、医疗、文艺等特长结成同心联盟，发动各同心志愿服务队，开展各类志愿服务活动，为联点社区居民开展“结同心送知识”“结同心送法律”“结同心送健康”“结同心送欢乐”等服务活动。易新宇现场致辞，张庆和为荷晏社区“民盟之家”授牌。首支由民革、民盟、民建等民主党派人士组成的“党风廉洁民主监督团”受聘荷晏社区开展党外人士民主监督工作，区纪委为他们发放聘书。

【组织民主党派成员到贵州、重庆开展课题调研】 11月11—16日，区委统战部长易新宇率区各民主党派负责人一行11人到贵州、重庆开展为期6天的统一战线凝心聚力“十三五”行动课题调研周活动。该次活动由考察调研、参观学习和交流谈心3个部分组成。调研组实地考察贵州毕节统一战线主题项目——同心城市公园、中国民主党派历史陈列馆——重庆特园等。在调研期间组织开展“部长谈心周”“同心社区建设专题讨论”“凝心聚力‘十三五’研讨座谈”等活动。并与区各民主党派负责人交流工作情况和思想动态，探讨各民主党派自身建设，就推进“四同创建”活动等提出建议和意见。

【“民革党史教育基地”命名】 11月24日，位于长沙百果园的湖南和平解放史事陈列馆被民革中央正式命名为“民革党史教育基地”。该馆原为程潜公馆旧址，2015年10月被定为湖南和平解放史事陈列馆。程潜为湖南和平解放做出贡献，新中国成立后，曾任民革中央副主席、全国政协常委、全国人大常委会副委员长等职。该基地充分发挥陈列馆在加强民革自身建设中的作用，以程潜生平事迹和优良传统教育广大民革党员为实现中华民族伟大复兴的中国梦贡献力量。（黄　忠）

机构编制

【概况】 2016年，芙蓉区机构编制工作围绕全区中心工作，求真务实，开拓创新，完成各项工作任务。中国机构编制网、《湖南机构编制》、省市机构编制网专题介绍和推介芙蓉区机构编制和改革工作。

加强机构编制管理。执行中央、省市机构编制管理的制度规定，加大机构编制法规的宣传力度，按程序推进机构编制法制化进程；正确处理管理与服务的关系，盘活机构编制资源，建立机构编制资源动态调整机制，发挥机构编制效益；以机构编制实名制管理系统为基础，建立和完善中央编制核查系统，推动机构编制管理的规范化、科学化。芙蓉区总编制、行政编制、事业编制及开发区专项编制都控制在上级规定范围内。开展事业单位登记管理。增强与纪检、审计及事业单位主管部门联系，参与全区各单位的财务检查，掌握事业单位的运转情况，为事业单位提供政策帮助和工作支持；抓好事业单位年审，在年检过程中发现问题及时答疑解难，按时保质完成全区事业单位年检工作。推进统一社会信用代码赋码。增加机关、归编办管理的群团组织统一社会信用代码赋码职能。召开赋码工作部署和业务培训会，做好宣传指导及信息公开；发放全区统一社会信用代码证书，完成赋码工作。

统筹推进各项改革。推进隆平高科技园区行政审批制度改革。向隆平高科技园区下放11项区级行政职权及国地税、工商等垂管部门授权隆平高科技园区窗口实施的审批职权，整合隆平高科技园区涉企行政权力，做到“清单之外无权力、目录之外无审批”；按照“权责对等”原则，梳理隆平高科技园区管委会及涉企各部门的职能职责，明确责任部门91项具体事项，加强事中事后监管，落实监管责任；加快隆平高科技园区政务中心建设，推行园区行政审批“一口受理”“一站式服务”。推进公共服务事项目录清单编制。修改完善工作方案，突出便民利民、依法依规、公平可及的清单编制理念，明确主要任务及责任分工；协同区政务中心、区电子政务办，通过专题部署会和推进会的形式，培训全区32个涉改职能部门申报表和申报程序、编制方式；与区政务中心、知名律师所一起审核论证公共服务清单事项，保留公共服务事项166项。探索相对集中行政许可权改革。作为全省相对集中行政许可权改革首个试点城区，省市编办领导专程到区调研相并给予充分肯定；加强与省、市编办的衔接沟通，完善相对集中行政许可权改革方案。

提供机构编制服务。加强政策宣传。汇编中央、省市机构编制法规政策，呈送有关领导阅知；加强与区属单位的沟通交流，宣传机构编制的政策规定。发挥职能部门作用。深入街道、社区和城管、卫生、教育等基层调研，为基层单位提供支持指导；注重上下衔接，分别到中央、省、市部门汇报隆平水稻博物馆、金融创新特色产业园、程潜公馆等机构编制事宜；加强与组织、人力资源和社会保障局、发改局等部门协同配合，为干部人事调整、公务员（参照）登记、职级并行、机关事业单位养老保险改革、公车改革等工作提供数据资料。推进“互联网+服务”。依托全国网上名称管理平台系统，通过对党政机关、事业单位网上身份的认证与管理，构建网上身份证体系。年内，芙蓉区网上名称注册率117.48%；开通“芙蓉编办”公众号，安排专人管理，宣传机构编制和改革工作。（张　登）

信　访

【概况】 2016年，芙蓉区信访局完善信访工作机制，加大进京非正常上访治理、省内集访处置和区内积案化解工作力度，完成年度信访工作任务。进京非正常上访登记数在上两年连续下降的基础上，再次下降13.8%；全国“两会”特护期成功实现进京非正常上访“零登记”。全年无大规模进京集体上访、极端恶性事件和负面舆情事件。在全市信访工作季度讲评中，区信访局被评为“红旗单位”和“先进单位”各2次。在全市信访工作年度考核中，芙蓉区被评为“信访积案化解工作考核优秀单位”，4人被授予“优秀个人”称号。

统筹基础业务，控制信访增量。年内接待群众来访292批1474人次，其中初访165人次；办理各级转来信件347件、案件171件，办结率100%；县级领导坐班接访67天，接待来访群众83批177人次，上访群众反映的问题全部转交相关职能部门办理，未发生涉访极端恶性事件。发挥网上信访主渠道作用，组织实施“网信宣传日”活动，推行网上信访，网上流转所有信访事项，提升群众满意率，全年受理网上信访事项798件，同比上升420%。采用“日汇报、周通报”工作模式，把全区的访情态势和突出信访问题以手机短信形式向区领导汇报，使区领导实时了解访情动态，及时调度部署工作；以“信访情况通报”形式向全区责任单位一周一通报，使责任单位及时查漏补缺，优化信访工作措施。

解决信访事项，减少信访存量。依托省、市“千案攻坚”行动，在全区范围内开展“信访积案化解专项行动”。成立专项行动工作领导小组，设立督察督办、调度审核、依法处理3个工作组，按照省市“一件积案、一名领导、一套班子、一个方案、一抓到底”的要求，明确县级领导包案负责。化解信访积案6件，依法刑拘积案对象1名，采取措施稳控积案对象20名，甄别“三跨三分离”信访积案3件，省、市交办的30件信访积案全部按要求办结。健全区、街（部门）、村（社区）矛盾排查网络，深入街道（局）和各项目指挥部调研、召开协调会议70次。科学管理使用信访帮扶资金，解决涉及群众切身利益的突出信访问题13件。

依法处访治访，规范信访秩序。制定4个“实施办法”（信访积案化解工作实施办法、涉稳重点对象稳控工作实施办法、依法治访工作实施办法、信访维稳工作责任追究实施办法），建立全方位、立体式的信访维稳工作处置机制。召开全区信访工作调度会议11次，分阶段部署省、市、区“两会”、全国“两会”、建军节、国庆节、“十八届六中全会”“省党代会”“市党代会”等特护期和重点敏感时段进京非正常上访治理工作。省委常委、市委书记易炼红9月1日、9月23日批示的火炬村村民集体上访事件得到妥善处理，未发生一起涉访极端恶性事件。依法依规打击违法信访行为，全年依法刑事拘留2人、行政拘留46人次。

存在问题和困难：由于近年来城市开发力度较大，引发较多信访问题，导致信访问题基数较大，“存量”难去掉，“增量”难控制，信访总量仍在高位运行。（谭　怿）

【全省网上信访宣传日活动】 4月28日，由省、市、区信访局联合举办的全省网上信访集中宣传日“送宣传，推网信”活动在长沙火车站前坪举行，湖南省副省长、省公安厅厅长黄关春，省政府副秘书长、省信访局局长许忠建，市委政法委书记钟钢，副市长、市公安局局长唐向阳，市政府副秘书长、市信访局局长喻志军，区领导于新凡、欧干军、蔡冰出席。该次活动，发放资料6类2万余份，黄关春一行在现场与咨询的群众沟通交流，使群众了解网上信访的基本流程。黄关春要求，网上信访是便民举措，要在村组、居委会加大网上信访的宣传普及力度，加强平台建设，增强网上信访的公信力。（谭　怿）

党　校

【概况】 2016年，区委党校坚持党校姓党的原则，落实省、市党校工作会议精神，提高干部队伍综合素养，推进新一轮大规模干部培训工作。全年举办主体班15期，培训951人次；为区直各部门提供教学服务，协助办班74期，培训3869人。

深化教学改革，增强教学互动性实效性。探索情景模拟、体验互动等教学方式，组织学员演讲辩论等活动，发挥学员的主观能动性。组织学员到井冈山及延安开展党性教育活动，增强党性意识。针对基层干部的工作性质和特点，既开设必修的政治理论课，又根据条线设置业务技能课，以求理论与实践相结合。

优化教学管理，完善培训规范化系统化。安排班主任和辅导员全程跟班，实行请假报批程序和分次不定时考勤制度，每日通报并公示。加强课堂纪律，严格手机管理。实施学分考核，对培训情况逐项计分，并与干部年底绩效考核紧密挂钩。党校的经验做法获得市委党校的肯定，在全市党校工作会议上区党校作“从严治校”主题发言。

强化科研改革，发挥党校“智库”作用。年内完成市级课题结项2项，申报市级课题2项，完成6篇科研论文。其中，“网络意识形态安全建设的路径规范”获省、市党校行政学院系统理论研讨会二等奖，“新发展理念引领下的长沙公共法律服务体系构建探析”获省、市党校行政学院理论研讨会三等奖。完成长沙市市情研究会呈阅件1篇，该文为“加强基层党校培训　力促党员干部提高法治思维”。

加强作风建设，提高教学服务保障水平。以“两学一做”学习教育为契机，抓工作作风转变，抓任务落实。深化师资建设，分别派出1名教师到清华大学，2名教师到省委党校进修学习，为教师的发展提供学习机会和锻炼平台。服务基层群众，坚持定点联系马王街社区了解情况，走访困难群众，全年民情走访120户。

【组织干部到延安党性锻炼】 2016年，区委党校和延安市委党校合作办班，组织2015年度芙蓉区绩效考核优秀和近两年内没有参加高校培训的正科实职领导干部79名分2批到延安革命圣地开展党性锻炼学习。培训分专题教学、现场教学、体验式教学3个阶段。专题教学阶段，学员们听取“党中央在延安十三年”专题报告，系统了解延安十三年的历史、延安精神的科学内涵及其时代价值，加强党性修养。现场教学阶段，学员们参观延安革命纪念馆、王家坪革命旧址、枣园革命旧址、西北局革命纪念馆、南泥湾大生产展览馆，以及杨家岭等革命旧址。通过参观、专家点评等形式，学员在革命圣地实地感受中国革命斗争的艰辛。体验式教学中，学员们学唱“黄河大合唱”等歌曲，在参与、互动中感受陕北文化的深厚底蕴，唤起对历史的回忆、对革命的敬仰。在延安学习促使党员干部心灵深处受到深刻的思想教育和党性洗礼。（章　余）

政策研究

【概况】 2016年，政策研究工作工作立足为区委决策“参”点子、“谋”关键，增强以文辅政能力。完成区委1号文件、区委工作报告等重要文稿起草，完成各类讲话、汇报、文件等200余篇。围绕全区经济社会发展重点工作，调研深化改革、小康建设、浏阳河文化旅游产业带等领域，在新华社和省市党报党刊、内刊上发表署名文章20余篇。突出信息服务，全年编发《芙蓉月刊》7期、《芙蓉要情》24期，向省委和市委上报党委信息658条。改革工作全面推进，统筹推进辖区内103项改革任务，重点推进互联网金融创新、农民安置模式改革等7项支撑性改革项目，改革经验被《省委改革快讯》采用4篇，《省委改革简报》采用4篇，《市委改革简报》采用4篇。（彭　昭）

【芙蓉区获得省级“全面小康达标区”】 1月31日，湖南省委扶贫开发暨全面建成小康社会推进工作会议上，芙蓉区以95.4%的全面小康总体实现程度在一类县市区中排名第三，获得湖南省“全面小康达标县（市区）”称号。根据《湖南省县（市、区）全面建成小康社会考评指标体系（一类）》统计监测结果，芙蓉区2015年小康测评全部35项指标30项实现程度100%，较2014年小康未达标指标减少6个，总体实现程度提高6.6个百分点，排名在全省27个县市区上升4位。

2015年，芙蓉区GDP 1033亿元，财政总收入112.4亿元，增长双双超过10%；“城镇居民人均可支配收入”42697元，比上一年度增长10%；“基本医疗保险覆盖率”98.7%，“基本养老服务补贴覆盖率”100%，实现全覆盖；“城镇居委会和农村村委会依法自治达标率”持续保持100%，万人“刑事犯罪率”和“交通事故死亡率”大幅降低；“空气、地表水”等环境指数达标率97.5%，新增绿地33.6公顷，“城镇建成区绿化覆盖率”43.9%。（彭　昭）

史志档案

【概况】 2016年，芙蓉区史志档案局团结拼搏，扎实工作，完成全年工作任务，被评为全省档案工作先进集体、省委党史研究“以史铸魂”党史丛书工作先进集体。

党史工作。组织区金牌讲师团讲师自撰党史讲稿，开展宣讲12场次。编写《致敬长征》专辑，免费发给全区各机关、学校、街道、社区，党史教育“四进”重点单位——湘一芙蓉中学学生人手1册。党史联络组成员张定浙撰写的“革命理想高于天”一文，被《辅导员》杂志第7期采用。张定浙以文中的长征故事为讲授内容，分别到燕山小学、大同三小宣讲，听众2400人次。年内，完成芙蓉区人口与计生发展史、韭菜园街道发展史、芙蓉区民政发展史的编写工作，其中人口与计生发展史成书发行。完成“红色湘女之情”学术研讨会、“以史铸魂”热点话题征集、党史联络工作30年纪事等组稿统稿工作，撰写、上报稿件10篇。完成省党史办期刊《湘潮》的宣传发行任务，全年订阅360份，下发至全区各单位、社区。

地方志工作。完成《湖南年鉴》和《长沙年鉴》组稿工作。落实市年鉴组稿条目10篇、照片13张；省年鉴组稿条目3篇。完成《芙蓉年鉴（2016）》编纂工作并出版发行。5月，开展纪念《地方志工作条例》颁布10周年主题宣传活动，通过发放交流志书、悬挂横幅、标语宣传、电子显示屏等方式，宣传地方志工作。启动《湖南省乡镇（街道）简志》编撰工作。5月举办《乡镇（街道）简志》动员暨业务培训班，为全区各街道组稿人员培训业务知识。年底完成初稿编撰工作。

档案工作。提升档案馆公共服务能力。年内，史志档案局增设档案查阅窗口。截至年底，接待查档1400余人次，接收入馆档案资料1.21万件。参与全区重要会议、重大活动拍摄近90次，著录档案条目2.31万条，扫描档案原文31.69万页。增强档案基础业务建设。举办全区档案业务培训，受训专（兼）档案员90余人。协助湘湖街道、区委办开展企业档案业务培训和办公室主任业务培训，指导区国土局、区城管执法大队、荷花园街道办事处通过“档案工作规范化管理省一级”考评和复查验收。全年上门指导档案工作近60次。推进依法治档管档工作。开展档案执法督查。12月上旬，区委督查室、区史志档案局联合督察13家区直单位档案管理工作情况，指出各单位存在问题，在全区范围内通报督察情况。制定《芙蓉区档案馆档案查阅细则》，明确档案查阅利用手续及流程。做好群众工作。按照区“四联三为”包户明细，组织全局干部走访居民群众110户，联系帮扶家庭170次，及时和社区沟通落实收集到的建议和意见。（李文英）

【史志档案局被评为省党史系统先进集体】 3月17日，在全省党史工作会议、党史联络工作会上，区史志档案局作为全市唯一的区，被评为全省2013—2015年度“以史铸魂”党史工作先进集体。2013年，湖南省党史研究室启动“以史铸魂”湖南党史丛书编纂工作。区史志机构围绕中心，开门办史，组织指导3家单位（区人口计生局、区民政局、韭菜园街道）编写部门史。截至年底，2家完稿，1个单位成书。配合完成省市纪念征文活动，提交抗战胜利70周年征文15篇，抗灾救灾征文1篇，红色湘女之情研讨会文稿5篇。分别编印《追梦之路》《永恒的宗旨》《铭记历史》党史书籍。红袖章党史宣教志愿者每年开展到学校和机关、基层单位宣讲。在芙蓉月刊上开设纪念中国共产党成立92周年、“不能忘却的记忆”专栏。

【编著《致敬 长征》专辑】 10月17日，由区委党史联络组、区史志档案局联合编印的芙蓉区纪念长征胜利80周年专辑——《致敬 长征》成书发行。该书发放至区直机关各单位、街道、社区干部群众和在校学生。书中以重现长征历程、诠释长征精神为主题，收录毛泽东亲笔撰写的《七律·长征》，采访生活居住在芙蓉区的老红军讲述参与长征的经过，邀请原省军区副司令员、省第四届政协副主席何德全的孙女撰文介绍何德全长征经历，并整编出长征故事等相关史实资料。该书由区委书记于新凡作序。（温小慧）

【增设便民档案查阅窗口】 为方便社会各界查阅档案，芙蓉区史志档案局重新调整档案馆布局，在区政府办公大楼一楼东侧增设档案查阅窗口。副区长谭雄伟现场办公协调解决有关事宜，区政务中心、后勤中心为窗口改建提供支持。该查阅窗口配备有复印机、电脑。5月10日始对外服务。服务时间：9:00—12:00，13:00—17:00。区档案馆还免费提供档案查阅、咨询、出具证明、档案复印等服务。截至年底，接待查档市民1414人。

【馆藏档案数字化工作】 7—11月，区史志档案局实施第5期纸质档案数字化工作，处理2015年接收进馆的婚姻档案、文书档案等，完成条目录入2.31万条、原文扫描31.69万页。2013年，区史志档案局开展馆藏档案数字化工作，截至2016年完成5期档案数字化加工及验收工作，完成条目著录76.83万条、原文扫描390.38万页，馆藏档案数字化完成率：目录100%，原文61%。在全省各县市区国家综合档案馆中，“馆藏档案数字化”排名第二。

【档案工作省一级考评和复查验收】 11月，市档案局、区史志档案局组成档案工作规范化评估组，开展测评荷花园街道办事处、区城市管理综合执法大队档案工作。经评估，2家单位晋升“档案工作规范化管理省一级”（档案工作规范化管理分省特级、省一级、省二级）。该区原有区法院、区纪委、市工商行政管理局芙蓉区分局、市国土局芙蓉分局4家“档案工作规范化管理省一级”单位。2014年，区法院、区纪委通过复查考评。2016年12月，市国土局芙蓉分局通过“档案工作规范化管理省一级”复查，市工商行政管理局芙蓉区分局未通过复查，被摘牌。截至年底，芙蓉区有5家单位被评为“档案工作规范化管理省一级”。（李　霞）

老干部工作

【概况】 2016年，全区有直管离退休党总支2个，党支部27个，其中区直机关离退休党支部11个，街道离退休党支部10个，省属国有企业单位离休干部党支部6个。

区委老干部局加快老干部工作转型、加强老干部工作队伍建设，老干部工作迈上新台阶。年内，被评为长沙市“敬老文明号”先进单位、长沙市老干部工作红旗单位、区关工委被评为湖南省关心下一代工作先进集体；区直机关离退休党总支、定王台街道丰泉古井社区党总支一支部、区老干部大学临时党委被评为市级“五好”离退休党支部称号；3人被评为全市离退休干部优秀党支部书记， 7人被评为全市离退休干部优秀党员；3人被授予“全省关工委工作先进工作者”称号。

落实从严治党要求。离退休干部党建工作以思想建党、制度治党为主线，纳入区委党建工作整体规划。实行分层管理、分级负责、积分制考核模式。4月，调研全区13个街道离退休支部党建工作，开展离退休干部党员摸底，建立离退休干部党员信息库。在全区离退休党员中开展“思想再入党、行动紧跟党、建设品质芙蓉”主题实践活动，召开支部座谈会54场、专题讨论会108次。引导离退休党员“离岗不离党、退休不退学、退岗不退责”。举办全区离退休干部形势报告会，邀请国防科大彭忠秋教授作“两学一做”学习教育辅导报告。邀请6名专家、教授通过老干部大课堂，为离退休党员干部授课30余次。组织离退休党员召开以“我看从严治党新气象”为主题的座谈会。举办全区离退休党支部书记培训班，近50人参加培训。

创新服务管理思路。完善全区离退休干部服务管理相关制度。印发“关于规范完善区属离退休干部服务管理工作的通知”，规范活动、待遇、生病住院探视、生日慰问、丧事处理等事项。召开区情通报会，区委书记、区长等主要领导听取老干部的意见建议。建立离退休干部动态信息库，面向全区80个单位全面收集2753位离退休干部的家庭住址、联系电话、健康情况等基本信息。建立老干部短信服务平台。建立老干工作联席会议制度，成员单位包括区委办、政府办、组织部等16个区直部门。建立协会负责人联席会议制度，每半年召开协会负责人联席会议。建立局机关干部分片联点制度，局班子成员和科室干部分别联系4个片区70名离退休干部。建立 “五必访”工作制度。即每季度必访，生病住院必访，家中遇到困难必访，老干部寿辰必访，老干部辞世必访。节日期间区各级领导走访慰问老干部和老同志800人次。完善学习制度，坚持每季度组织老干部理论大课堂，每半年组织形势报告会和每月15日的阅文制度。完善困难帮扶制度。定期走访有特殊困难的老干部，列入困难帮扶专项资金5万元，慰问困难离休干部及遗孀43人次。接收企业离休干部12人，遗孀配偶2人，逐一上门走访慰问，并发放各项经费。处理老同志来信来访39件次，协调有关部门解决老干部医疗、生活、住房以及家庭纠纷等方面的实际困难或问题32件。

建设尽职履责队伍。抓好“两学一做”学习教育，提高工作人员的服务意识、担当意识和责任意识。在干部队伍中开展国学教育，开展“做老干部贴心人”活动，要求做到“五心”（即真心、诚心、耐心、细心、孝心）。加强对基层工作指导，采取以会代训和集中培训等形式，举办老干工作政策业务、社会工作实务、法律知识等培训班。完善局机关内部管理制度，优化科室职能职责，调整8名干部充实老干工作队伍。

存在的困难和问题：离退休干部队伍结构出现变化，老干部工作的转型和创新发展有待加强。离退休老同志思想观念陈旧，不能适应形势发展需要，需要引导更新。 （王　凯）

【老干部献余热工作】 2016年，发挥“五老”（老干部、老战士、老专家、老教师、老模范）作用。推荐6名优秀“五老”加入区委宣传部的“芙蓉百姓宣讲团”，深入街道社区、政府机关、企事业单位、农村、学校等地开展“微党课”宣讲160余场次，受众近3万人。团长张定浙撰写的“以史铸魂引导青少年听党话跟党走”被评为市关心下一代工作理论研讨论文征集比赛一等奖。讲师刘雄被评为区“微理论·微宣讲”总决赛一等奖和长沙市最美基层宣讲人。组建“裴翠英工作室”“七色花”“红袖章银龄管家”“志愿者联盟”“草根讲堂”等“五老”志愿服务队208支。开展寻找身边最美“五老”活动，历时近6个月在全区评选出宣讲之星、关爱之星、奉献之星等101名最美“五老”和26个优秀“五老”志愿团队。关心下一代组织围绕“宏图励志、创新图强”主题教育活动，打造一批有特色有亮点的项目。联合区文明办、教育局、团委举办以“志愿学雷锋 青春中国梦”为主题的手抄队报展览活动。引入社会公益机构，与社区、学校、家庭合力打造“小候鸟”流动儿童城市融入计划，该活动被列入长沙市关心下一代工作特色项目。文艺新村等社区探索和尝试利用“互联网+”模式，依托自媒体、QQ、微信、微博等新媒体平台，打造“五彩课堂”“亲情e室”，扶贫帮困“微捐赠”等特色品牌。邀请市关工委常务副主任、市“五老”金牌讲师团团长刘耀杰作“十年树木 百年树人”的专题辅导报告。春节、“六一”和暑假期间，区关工委慰问留守儿童、困境青少年，重点帮扶困难学生33人，捐资1万元。在“金秋助贫”活动中，对3名贫困大学生捐资助学近万元。省、市关工委成立30周年总结表彰大会上，芙蓉区关工委被评为全省关心下一代工作先进集体，3名“五老”被评为全省关心下一代先进工作者，韭菜园街道关工委等6个单位被评为市级先进集体，18名“五老”获评市级优秀关工委主任、优秀“五老”和爱心奖。101位“五老”被授予最美“五老”称号。

【老干部文化和老年教育工作】2016年，老干部局下辖的8个协会，开展各类活动近百场次。组织各协会参加市第四届老干部运动会。组织离退休干部到巴溪洲公园、龙头井现代农庄和长沙市“三馆一厅”、洋湖湿地公园等地参观，开展“我看芙蓉新变化”重阳节主题活动。为纪念中国共产党建党95周年和中国工农红军长征胜利80周年，联合区委组织部共同举办区老干部诗词书画展，有800余名群众、300余名中小学生参观。开展老年保健知识公益课堂讲座8次，编印《健康长寿大家谈征文汇编》，向居民发放《健康保健知识精粹》300余本。开展“阳光老人”评选推荐和故事征集活动，10人被推评为“长沙市阳光老人”称号、7个征文故事被评为优秀作品、5对夫妻评选为长沙市金婚家庭。发展老年教育事业，推进老年教育网络课堂建设。组织社区站点管理员培训，建立各站点工作台账，全区13个街道和区老干部大学建成41个老年教育收看点。老干部大学抓好教学管理、校园文化建设、学员队伍与师资队伍建设。年内开班98期，编班学员6032人次。举办建校15周年庆祝活动，编印《晚霞映芙蓉》专辑。位于浏阳河大道西岸的老年大学新址建设纳入区重点项目，占地2.71公顷，建筑面积3.2万平方米，总投资3.5亿元，计划2018年年底投入使用。老干大学芙蓉晚霞艺术团的合唱和舞蹈节目参加第五届全国老年大学文艺会演获得银奖。（王　凯）

区直属机关党的工作

【概况】2016年，芙蓉区直机关工委下属党组织93个（其中党委1个、党总支5个、党支部87个），党员1737名，其中发展党员7名。年内，区财政局党支部被评为区基层服务型红旗党组织；区纪委监察局党支部、检察院党总支、市政局党支部、园林局党支部被评为区先进基层党组织；1名区直机关离退休支部书记和2名离退休党员干部被市老干局评为优秀；芙蓉区离退休总支被市老干局评为“市‘五好’离退休干部党组织示范点”。

思想工作。开展“两学一做”学习教育。举办“芙蓉区区直机关基层党务工作者‘两学一做’学习教育暨党建工作培训班”，结合拓展培训集中授课，增强党务干部的活力和凝聚力。开展以“崇德明礼 勤政为民”为主题的道德讲堂，邀请省委党史办主任张志初及其团队以讲故事的方式授课。针对全体在职机关党员，开展以“学习讲话，芙蓉担当”为主题的“微理论微宣讲”征文活动，2名机关党员在全区比赛中获奖。开展“手抄党章100天”和优秀入党故事或感言评选活动。推荐优秀入党故事、感言至《芙蓉月刊》刊发。策划“红色礼包”发放至全体机关党员。定期组织召开离退休支部书记培训会，确保“两学一做”学习教育全覆盖。举办区直机关学习贯彻市第13次党代会精神专题宣讲会，区委常委、组织部部长周虔作专题宣讲。组织区直机关工委委员到湖南党史陈列馆开展党性教育。

组织工作。举办2016年区直机关入党积极分子培训班培训23人。组织区直机关7名发展对象参加区委组织部、党校培训，召开拟发展对象座谈会，组织区直机关预备党员到长沙市博物馆内毛主席像前入党宣誓。开展“在职党员进社区”、基层党组织“结对共建”等活动，28个机关党组织参加结对。完成区第五次党代会区直机关代表的选举工作，组织开展区第五届人大换届选举第83选区投票活动，完成市十九大代表候选人初步人选推荐提名工作。开展区直机关党员组织关系排查、党费收缴工作专项检查等7项工作，制定《区直机关党费收缴专项工作实施方案》，58 个在职党组织补缴党费 60.72 万元。建立健全党费收缴工作机制，全年收缴党费 75.13 万元，比上年增长 40%。摸底排查党组织换届情况，37 个支部按要求换届改选。开展 2015 年度区直机关党组织书记履行党建工作责任述职评议工作，71 名党组织书记参加评议。制订督察制度，采取查看资料和现场督察相结合的方式督导机关党支部开展“两学一做”学习教育情况，通报检查情况，强化各级党组织及负责人“两学一做”学习教育主体责任。工委书记带队走访调研区财政局党支部等 6 个区直机关党组织，了解各党组织结合实际开展党建工作过程中的特色亮点以及先进经验，推荐“七一”表彰优秀党组织候选名单。首次以支部为单位大范围开展区直机关建党 95 周年优秀共产党员、优秀党务工作者评选表彰活动。评选表彰优秀共产党员 123 名，优秀党务工作者 45 名，其中 4 名优秀党员和 5 名党务工作者受到区委表彰。

作风建设。加强宣传教育，营造清廉氛围。工委书记、纪工委书记与区直机关党组织负责人开展廉政谈话，及时提醒。利用端午、中秋重大节庆等节点，在机关电子屏滚动播出“两个专项”（“雁过拔毛”和“纠‘四风’、治陋习”专项整治）整治相关要求及省、市纪委发布的“禁令”。邀请专家教授给机关党务工作者辅导《中国共产党廉洁自律准则》《中国共产党纪律处分条例》，工委书记以“守纪律 讲规矩 做合格党员”为主题，带头上党课。组织开展机关党务工作者党纪条规考试。根据区纪委统一部署，专项督察区城建投、征收办、征地办、农林水局、国土局、工商分局、城管执法中队等单位，上报区纪委核实查处发现的线索和问题。按照干部管理权限，协调查处违纪违规机关干部，全年参与办理违纪违法案 4 件。

群团工作。开展乒乓球、羽毛球、摄影等“兴趣小组”活动，与区总工会、文体新局联合举办全区庆“五一”运动会。为区直机关 1294 名在职在编干部职工购买补充医疗保险，为 50 多名干部职工理赔补充医疗保险 10 万元。慰问干部职工及其直系亲属、离退休老同志、困难党员 80 人次。为机关在职干部职工独生子女发放保健费，购买儿童安康保险。区直机关团支部带领机关团员青年参加德政园社区“创益蜂巢”座谈沙龙活动，开展“朝夕相伴 情暖冬日”为敬老院老人送爱心活动。组织 1055 名在职及离退休妇女参加“‘三八’节芙蓉巾帼健步走”比赛，组织区直机关离退休老同志 395 人参观长沙市“三馆一厅”（博物馆、图书馆、规划展示馆和音乐厅）。年内，组织区直机关各部门 250 名干部职工分 2 批参与献血 8.34 万毫升。（邬凯文）

【向党员发放“红色礼包”】 6 月底，区直机关工委策划制作“红色礼包”发放给机关在职及离退休 1700 名党员，其创新做法在《长沙晚报》、新湖南、三湘风纪、长沙党建网等省、市媒体报道，并被确定为全市机关党建工作实践案例。“红色礼包”内装有 1 本《中国共产党章程》《中国共产党廉洁自律准则》《中国共产党纪律处分条例》合订本、1 枚党徽、1 张政治生日卡和 1 份倡议书。其中政治生日卡记载每位党员的入党日期，倡议书以“亮身份 树形象 当先锋”为主题，明确党员在“两学一做”学习教育中要做什么，该怎么做，激发党员的政治责任感、使命感。“红色礼包”由各党支部书记发送到党员手中。

【机关党建工作会议】 3 月 24 日，2016 年机关党建工作会议召开，会议总结 2015 年区直机关党建工作，安排部署 2016 年的区直机关党建工作。区直机关工委书记宾雪丰作工作报告，区委副书记谢进出席并讲话。该次会议由区直机关工委副书记王琼主持，区直机关各党组织书记 70 人参会。谢进对 2015 年区直机关党建工作取得的成绩给予肯定，他要求：坚持从严治党，强化从严治党新常态；坚持中心下移，汇聚服务基层新能量；坚持正风肃纪，巩固作风建设新成果；要坚持学法用法，提升依法治理新水平；要坚持想事干事，推动全区发展新作为。

【基层党务工作者党建培训班】 4 月 20—22 日，区直机关工委组织机关各党组织书记、党建专干 120 人举行为期 3 天的专题培训。该次培训采取集中授课与千龙湖拓展训练相结合形式。区委常委、组织部部长周虔出席并作动员报告。还邀请享受国务院政府特殊津贴专家、省委党校徐晨光教授作“两学一做”专题辅导，邀请市委党校龚永爱教授和市直机关工委常务副书记易冒讲授机关党建工作业务知识。培训中的拓展训练为首次安排。

【离退休党组织“两学一做”学习教育动员部署会】 4月26日，区直机关工委组织11个区直机关离退休支部召开“两学一做”学习教育动员部署会。区直机关工委书记宾雪丰，离退休党总支书记、总支委员、各离退休支部书记14人参加会议。会议传达中央、省市区关于“两学一做”学习教育有关精神、中组部“关于进一步加强和改进离退休干部工作的意见”和区委“关于规范完善区属离退休干部服务管理工作的通知”。会议下发《中国共产党章程》《中国共产党廉洁自律准则》《中国共产党纪律处分条例》《习近平关于严明党的纪律和规矩论述摘编》读本和《芙蓉区区直机关党支部党建工作记录本》。区直机关工委书记宾雪丰作工作部署。

【选举出席芙蓉区第五次党代会代表】 8月9日，召开区直机关党员代表会议。区直机关工委下属58个党组织112名代表出席会议。区委常委、组织部部长周虔出席会议并讲话，区委组织部常务副部长许琼山、区直机关宾雪丰参加会议。会议按照选举规程，通过选举办法和总监票人、监票人名单。与会代表在80名代表候选人预备人选中，采取无记名投票、直接差额选举的方式，选举产生区直机关出席区第五次党代会的党代表65名。其中，区委提名代表8人，党员领导干部代表48人，专业技术人员党员代表3人，先进模范人物党员代表6人。该次选举代表的素质和比例结构符合区委相关要求。

【承办“崇德明礼 勤政为民”道德讲堂主题活动】 9月13日，长沙市道德讲堂“崇德明礼 勤政为民”主题活动在区政府会议室举行。该次活动由市文明办、区文明委主办，区文明办、区直机关工委承办。市文明办副主任丁德喜，区委常委、宣传部部长伍艳飞，市文明办综合处处长刘爱梅出席活动。区直机关各党组织书记、部分党员160人参加活动。该次活动主题以“崇德明礼 勤政为民”，按照“九个一”（作一次自省、唱一首歌曲、学一个模范、诵一段经典、发一个善心、送一份吉祥、行一个大礼、做一件善事、学一些知识）流程进行。中共湖南省委宣传部原副部长、省委党史研究室主任张志初率领省委党史研究室宣讲员，通过展示历史图片、纪录片等党史资料及宣讲员的演讲，展现中共艰苦历程，缅怀先烈革命情怀，学习老一辈无私奉献精神。参加活动党员受到深刻的党课教育。

【市直机关易权吉一行到区调研】 10月20日，市直机关工委常务副书记易权吉率市直工委委员、办公室主任范建斌，研究室主任贺恒青等5人到芙蓉区开展调研。区委书记于新凡陪同。调研组实地查看区机关党建工作台账，听取了宾雪丰代表机关工委汇报工作。易权吉肯定芙蓉区机关党建工作，他要求：要把机关党员思想统一到市党代会精神上，行动统一到抓落实、敢担当上，精力用在工作创新上，行为统一到遵章守纪、依法行政上，推动芙蓉区经济社会发展实现新跨越。

【推荐市出席十九大代表候选人提名工作】 为做好长沙市出席党的十九大代表候选人推荐提名工作，12月20日区直机关工委发文部署。印发候选人宣传资料，利用电子显示屏、文件、网络等载体，通过组织学习、召开会议的方式，宣传代表选举工作的意义、政策要求等。各支部采取召开支部会议、电话沟通、上门通报等方式，组织区直机关党员参加推荐提名工作。区直87个党支部按时完成候选人推荐提名工作。（邬凯文）

非公经济党建

【概况】 芙蓉区有非公有制企业党组织418个，党员3670人。2016年，全区非公经济党建工作围绕从严治党的要求，按照省、市、区党建工作会议部署，以服务党员员工、服务企业发展为根本，提升非公企业和社会组织党建工作整体水平。

坚持学用结合，推进“两学一做”学习教育。抓好“两学一做”学习教育，促进企业健康发展。制订实施方案，安排部署全区非公和社会组织“两学一做”学习教育。召开动员部署会，培训全区所有非公党组织书记。组织专家教授送党课到企业，各非公党组织开展“魏则西事件”的反思等4次专题学习讨论“手抄党章100天”“两学一做”专题展板评选等活动。“两学一做”学习教育党组织覆盖率、走访指导率、党员参学率100%。

加强选育互动，激发党建队伍活力。以非公党组织换届为契机，选优配强党组织书记。举办非公和社会组织党组织书记岗位培训5期。选送部分党组织书记和党员出资人到清华大学进修、井冈山党性锻炼；组织重点非公企业书记到省、市先进基层党组织参观考察，学习交流。利用“党员舒心吧”“党员谈心室”开展“五必访六必谈”，增强党组织凝聚力、党员归属感。分批轮训街道、社区党建指导员，明确党建指导员全程指导非公和社会组织党组织“两学一做”学习教育，参与对非公和社会组织党组织年度积分制考核和书记履行党建责任述职等工作。严格党员发展标准要求，在发展党员上对非公和社会组织重点倾斜，年内发展非公组织党员80名。组织对新党员为期2天的学习培训，强化党员宗旨意识和理想信念教育。在全区非公党员、入党分子中开展“让优秀成为习惯”征文比赛、第二届“凝聚党旗下 奉献在芙蓉”演讲比赛。

注重示范引领，夯实非公党建基础。抓好党的组织和工作覆盖。党员组织关系排查和党费收缴清理与“两个覆盖”工作相结合，以“党组织找党员、党员找党组织”的“双找”形式，对全区非公和社会组织情况做到企业状况清、从业人员清、党员数量清、业主意愿清。全年全区组建非公和社会组织党组织41家。全区非公和社会组织“两个覆盖”工作在全市党建重点工作推进会上发言。开设芙蓉非公微信平台。发挥“互联网+”时代自媒体平台优势，优化升级“芙蓉区非公企业党建网”，开通“芙蓉非公”微信公众号，设立“微党建、微服务、微理财”栏目。结合“两学一做”学习教育，开设学习专题，全年发布信息160余条。微信和网站点击量分别为1.1万和51万人次。培养选树先进典型。以庆祝中国共产党建党95周年为契机，评比和表彰一批省、市、区优秀先进基层党组织和党务工作者。以党组织积分制考核为依据，评比表彰景鹏集团党委、华伦咨询党支部等6家“服务型红旗党组织”，湘贵实业党支部、华润湖南瑞格党支部等24家非公党组织获得区级先进基层党组织称号。

创新组织设置，提升服务企业实效。在工业园区、楼宇、市场商圈等非公企业集聚的地区设立党群服务中心和企业服务中心，整合辖区内的阵地、人才、信息、资金资源，实现共驻共建共享。成立党建联席会。整合区域党建资源，探索成立芙蓉区青春党建联盟、三湘南湖市场诚信联盟等6家非公党务工作者联系分会。以每周一课、企业发展月月问、每季一谈、年终展示等方式，开展“问计企业发展”、组织红色教育、党员志愿服务等活动凝聚合力，促进发展共商、资源共享。开展服务发展系列活动。坚持把党的建设与生产经营、优质服务等结合起来，在全区非公党员中开展系列主题实践活动，引导党员围绕生产经营、服务创新、降耗增效等工作开展科技攻关、岗位练兵、技能比武等活动，推动企业产品、质量、服务、品牌优化升级。

存在的问题：党组织基础较薄弱，党务工作者业务不熟悉，党员意识不强，党建与发展融入不够。 （李　超）

【积分制管理】 2016年，芙蓉区继续开展非公企业党组织积分制管理工作。年初，根据“芙蓉区非公企业党组织积分制管理办法”，制定下发年度非公企业党组织积分制管理考核细则。年底，由非公企业党组织对照考核细则自评，街道党工委考评，区非公党工委对积分审核排名、通报公示。以积分排名前5名的党组织奖励各5万元，并推荐为红旗党组织，党支部书记年度津补贴提高到4800元。推荐排名靠前的党组织及其书记为评先评优对象，优先安排到高校培训。集中整顿排名靠后的企业党组织。积分制管理促非公党建实现“四个转变”。指导党组织规范党员发展等流程，建立“党员舒心吧”“党支部博客”，落实“三会一课”制度，完善党员登记册等台账。通过精细化指导，夯实非公党建基础，非公企业党建工作由“粗放化”管理向“精细化”指导转变。按照“双向选择、交叉任职”等模式选优配强党组织书记，每年开展党组织书记参加区委党校的岗位培训，选送积分排名靠前的党组织书记到清华大学等高校学习。打造一支素质高、业务精、服务优的党组织书记队伍，非公企业党组织书记由“业余型”到“专业型”的转变。引导党组织开展“两学一做”学习教育和“党员一卡四制”“党员示范岗”“双优先三不准”等活动，党员真正做到学习上率先、工作中争先、提拔上优先，激发非公企业党员由“要我干”到“我要干”的转变。把党建工作与生产经营有机融合起来，开展“三学、三建、三讲”主题实践活动，引导非公企业做到诚信合法经营，正当有序竞争，释放党建“品牌”和“形象”效应，促进非公企业持续健康发展，非公企业党组织由“就党建抓党建”到“抓党建促发展”转变。

【程水泉一行到区调研非公党建工作】 3月15日，市委常委、组织部长程水泉一行8人到区专题调研非公党建工作。区领导梁仲、王曙光、周虔等陪同。程水泉一行实地考察银华大厦楼宇党群服务中心建设情况，景鹏集团党委党校、“党员舒心吧”、党员活动室等标准化党建阵地建设情况及广发隆平创业园党委工作开展情况，与华伦咨询、泉昇大酒店等非公企业书党支部记代表及韭菜园社区党支部书记交流座谈。程水泉详细了解芙蓉区非公党组织积分制管理、楼宇党建“125”（一融合、两孵化、五促进）工作法、服务发展“三学三建三讲”（学知识、学经验、学业务，建组织、建阵地、建机制，讲诚信、讲节约、讲业绩）等工作，非公党建工作与企业发展相互融合、相互促进，党员“传、帮、带”，社区“非公书记日”等做法。他肯定芙蓉区非公党建工作成效，要求非公党建工作要落实“两个覆盖”（党组织覆盖和党的工作覆盖）、推进改革创新，提升工作水平；要强化工作保障、优化服务，促进非公企业持续健康成长。

【非公经济组织和社会组织党支部书记培训班】 4月14日，区非公党工委在区委党校举办2016年非公企业和社会组织党支部书记培训班（第一期），隆平高科技园、东湖街道、马坡岭街道和东屯渡街道的非公和社会组织党支部书记、街道、社区组织专干110人参训。区委常委、组织部部长周虔作动员讲话，省委党校教授龚永爱解读新修订的《中国共产党纪律处分条例》和《中国共产党廉洁自律准则》，省委党校教授戴军以“积极稳妥推进‘一带一路’建设”为题授课，湖南湘军职业培训学校党支部书记唐正元介绍“青春党建联盟”的经验和做法。该次培训还组织学习非公党建业务知识，并采取集中学习和接受红色教育相结合的方式，组织学员参观红色教育基地“雷锋纪念馆”和“湖南党史陈列馆”。

【组织非公党组织书记到高新区考察交流】 6月22日，区非公党工委组织全区40余家非公企业党组织书记到高新区，考察学习先进基层党组织金杯电工党委、东方红建设集团党委和千龙湖集团党总支非公党建工作。在金杯电工党委驻地参观展示大厅、党员员工活动室、职工之家，听取公司党委负责人开展“讲党性、比奉献、树形象、促发展”党建工作经验介绍。在东方红建设集团参观集团荣誉展示厅，观看党委党建宣传片，该集团党委书记以公司党委成长和发展见证人的身份，介绍党委“支部建在项目上”“一线培养法”“三不让”等特色工作。

【庆祝建党95周年学党课暨文艺晚会活动】 7月26日，芙蓉区非公党务工作者联席会第一分会，在林子翔天酒店开展庆祝建党95周年学党课暨文艺晚会活动，有18个党支部代表200人参加活动。芙蓉区非公党务工作者联席会首批成立5个分会，第一分会由18个非公和社会组织党组织组成，会长由翔天酒店党支部书记易克勤担任。该次活动邀请国防科大教授徐佐林讲授《不忘初心，争做一名合格的共产党员》党课，泉昇大酒店党支部书记带领9名预备党员宣读入党誓词。晚会演出了诗朗诵《致敬！我心中敬爱的党》，翔天酒店、泉昇大酒店、华伦咨询、东岸建材、银华物业、上东印象、东方之子幼儿园、金镂实业等9个党支部分别表演歌曲、舞蹈、朗诵等演出队节目。

【第二届非公企业党员主题演讲比赛（决赛）】 11月18日，芙蓉区第二届非公企业党员“凝聚党旗下 奉献在芙蓉”主题演讲比赛（决赛）在区会议室举行。全区非公企业党组织和党员代表、各街道分管党建负责人近200人观摩比赛。区委组织部部长周虔、市委组织部组织指导处处长杨志强等出席。由13个非公企业和社会组织党组织的15名党员、入党积极分子参加决赛。参赛者配合图文演示，讲述自己或身边优秀党员群体或个体的先进事迹。第一轮演讲结束后，排名前3位的选手随机抽题即兴演讲。区、街道分管党建工作负责人及非公企业党组织书记、预赛选手代表作为大众评审。协雅美容有限公司党支部李静获得特等奖，航天信息党支部毕波、宇成酒店党支部张倩获得一等奖，决赛评选出二等奖5名，三等奖7名。演讲比赛持续1个月，全区61家非公企业和社会组织中77名党员、员工参与。该次比赛在全区非公企业和社会组织中形成“向优秀看齐、向先进学习”的氛围。

【中组部基层党建督察调研组到区调研】 10月17日，中组部基层党建督察调研组组长王军敏一行 4 人到芙蓉区银华大厦党支部调研基层党建工作。省委组织部基层办主任韩明镜、市委组织部副部长杨俊、区委书记于新凡、区委组织部部长周虔陪同。调研组参观银华大厦党群服务中心、“党员舒心吧”、企业文化长廊等党建阵地，观看手抄党章书法展览，听取银华大厦负责人汇报楼宇党建工作及在企业招商、项目落地等工作中所发挥的作用。王军敏肯定银华大厦党群服务中心、楼宇党建“125”工作法及非公企业党建基层工作成效，他要求创新工作方法和思路，落实基层党建责任，促进区域经济转型创新发展。

【全区非公有制经济组织、社会组织和园区党建工作大会】 12 月 16 日，芙蓉区非公有制经济组织、社会组织和隆平高科技园区党建工作大会在区会议中心召开。区领导于新凡、陈计伟、王曙光、周虔等出席。区民政局、工商局等相关部门党建工作负责人，各街道（园、局）党（工）委书记、分管非公党建工作的领导，各社区、村党组织负责人，部分非公经济和社会组织党组织负责人，非公党建指导员 300 余人参加。区委组织部部长周虔传达中央、省、市委关于加强非公经济和社会组织党建工作会议精神。区委常委、隆平高科技园党工委书记王曙光安排部署全区非公有制经济组织、社会组织和隆平高科技园区党建工作。会上，湖南广发隆平创业服务有限公司党委等 5 个党组织介绍了经验。区委书记于新凡在会上讲话指出，非公企业党组织要把党建工作融入企业生产经营，促进企业发展，不能成为“两张皮”；街道（园、局）党工委书记是抓好非公党建工作第一责任人，要认真履职，抓不好非公党建工作就是失职。

（李　超）

图 4　中国杂交水稻国际大厦

长沙市芙蓉区人民代表大会常务委员会

第四届区人大常委会机构及领导人员

主　任　罗树林
副主任　宋晋武
　　　　陈忍冬
　　　　严国益
　　　　马京沙（女）
　　　　罗尔曼（女）
委　员　张　军
　　　　赵文楷
　　　　任　剑
　　　　段向阳
　　　　许琼山
　　　　侯　建
　　　　莫昊锋
　　　　蔡健龙
　　　　尹国杰
　　　　易　琰（女）
　　　　陈明智
　　　　王秀贵
　　　　郭沫华
　　　　李　胜
　　　　熊伟红（女）

区人大常委会工作机构

办公室
主　任　张　军
副主任　胡尚德
　　　　周　率

内务司法工委
主　任　任　剑（女）
副主任　耿　铭

农业财经工委
主　任　王桂红（女）

教科文卫工委
主　任　孙立荣

城建环保工委
主　任　赵文楷
副主任　陈　旭（女）

选举任免联络工委
主　任　段向阳

第五届人大常委会机构及领导人员

主　任　廖铁成
副主任　宋晋武
　　　　陈忍冬
　　　　严国益
　　　　马京沙（女）
　　　　罗尔曼（女）
委　员　许琼山
　　　　张　军
　　　　刘建军
　　　　陈　蓉（女）
　　　　黄　萍（女）
　　　　孙立荣
　　　　赵文楷
　　　　段向阳
　　　　杨　兵
　　　　朱向东
　　　　侯　建
　　　　王秀贵
　　　　尹国杰
　　　　莫昊锋
　　　　易　琰（女）
　　　　朱金秀（女）
　　　　周彩霞（女）
　　　　孔伏军
　　　　张　宇
　　　　彭　坚
　　　　邓　龙
　　　　盛小芳（女）
　　　　柳沣原

区人大常委会工作机构

办公室
主　任　张　军
副主任　胡尚德
　　　　周　率

内务司法工委
主　任　黄　萍（女）

副主任　耿　铭

农业财经工委

主　任　陈　蓉（女）

财政经济委员会（2016年11月设立）

主　任　陈　蓉（女）

教科文卫工委

主　任　孙立荣

城建环保工委

主　任　赵文楷

副主任　陈　旭（女）

选举任免联络工委

主　任　段向阳

法治委员会（2016年11月设立）

主　任　刘建军

【概述】 2015年，区人大常委会依靠全区人民和全体代表，依法履职，积极作为，在推动全区民主法治建设和经济社会发展中，发挥地方国家权力机关的作用。

围绕全区发展大局，促推“四个芙蓉”建设。人大常委会坚持从全局的角度把握人大工作。围绕全区发展战略，依法民主决定重大事项。组织召开常委会议7次，主任会议16次，听取和审议“一府两院”工作汇报21项。把关发展、改革、财政和重点工程领域的一批重大事项，做出决议决定15项。坚持以督促区委重大决策任务落实为重点，深入园区、企业、项目单位和相关部门开展考察调研9次，向区委、区政府提出加快推进新型都市工业、现代服务业、“互联网+”和金融业发展多项建议。投身“品质提升年”活动，参与文明创建、城市管理、棚户区改造等工作，促使友谊东旧城改造、火星街道棚户区改造、火炬城中村改造等项目的顺利推进。贯彻区委意图，规范人事任免工作。坚持党管干部与人大任免有机统一的原则，坚持任前审查，规范任免程序，严把主任会议初审、法律考试、任前陈词和电子票决等关口。实施新任职人员向宪法宣誓制度，增强被任职人员的宪法意识和责任意识。重视任后监督，通过考察调研、执法检查、办理代表建议等形式，了解掌握被任命人员履职情况，督促其依法行使职权。年内，依法任免国家机关工作人员105人次。

围绕重点难点热点，发挥人大监督作用。督促“一府两院”解决全区改革发展稳定中的重大问题、人民群众普遍关心的热点难点问题。加强经济监督工作。关注经济运行质量，支持政府统筹推进稳增长、调结构、转方式，确保全区经济运行总体平稳。听取和审议2016年区国民经济社会发展计划与执行情况、区财政预算与执行情况、财政预算调整情况及财政“同级审”情况等工作报告。提出“提升财政收入质量、预算执行效力、资金使用绩效、审计工作水平”等审议意见。组织考察区财税工作，促进财政经济收入和使用绩效的同步提升。加强法律监督工作。开展“司法公正长沙行”活动，听取区法院执行情况、区司法局“六五”普法情况等工作汇报，督促司法部门开展“12·4国家宪法日暨全省法治宣传日”执法公开活动，配合省、市人大开展《中国人民共和国未成年人保护法》《长沙市湘江流域水污染防治条例》等立法调研活动和《中国人民共和国环境保护法》《中国人民共和国公路法》等法律执法检查活动。完成行政规范性文件备案审查。加强民生监督工作。组织对中小学和幼教工作开展考察调研，推促“幸福教育”工程的研究与实践；支持政府拆违复绿、扬尘防控、污水处理等举措，治理农大农科院片区、长善垸地区和杨家湾撇洪渠的污水问题。组织考察全区保障性住房建设和食品安全执法工作情况，促进保障性住房的规范管理和食品安全的加强。加大群众来信来访督办力度，全年接待和受理来信来访51件115人次。

围绕代表主体地位，加强代表履职保障。以支持、规范和保障代表依法履职为重点，加强和改进代表工作。完成换届选举。全区32万余选民分成102个选区，选举出芙蓉区五届人大代表213名。组织召开区五届人大一次会议，选举产生五届区人大常委会组成人员、区政府领导班子和法院院长及检察院检察长，选出出席长沙市第十五届人大代表，表决通过成立法制、财政经济委员会及组成人员名单。夯实代表依法履职基础。全年投入财政资金近130万元，支持街道人大阵地建设和代表小组活动，保障代表阵地规范化和代表活动经常化。推动建立“一府两院”向代表定期通报工作制度，完善人大常委会班子成员日常走访代表制度，组织邀请省、市、区代表68人次参加执法检查、听庭评议、考察调研等活动。市、区两级人大代表选举产生后，组织开展代表初任培训和会前考察活动，提升代表履职能力水平。增强代表建议办理实效。建立健全代表建议交办、承办、领办、督办等工作制度，推行主任会议成员牵头督办方式，主任会议、常委会会议专题听取和审议区政府、区法院办理代表建议情况。区四届人大五次会议的41件建议答复率100%。分类交办、督办五届人大一次会议期间收集的32件代表建议。

围绕强化自身建设，提高人大工作水平。适应新任务新要求，提高人大机关的政治素质、履职能力和服务水平。加强思想政治建设。开展“两学一做”学习教育，坚持常委会党组中心组学习制度，领导班子成员和机关干部职工定期、不定期开展集中学习，增强政治意识、大局意识、核心意识、看齐意识，提高了政治素质和理论水平。加强履职能力建设。坚持集体行权，贯彻落实民主集中制，主任会议成员经常开展集体调研，增强科学决策能力。坚持学法、守法、用法，充分运用法律手段推促经济建设和各项社会事业的和谐稳定发展，提高依法办事的能力。配合省、市人大开展“六行”（司法公正行、环保世纪行、三湘农民健康行、三湘农产品质量安全行、民族团结进步行、教育均衡芙蓉行）活动和执法检查行动，加强对常委会工作机构的领导和街道人大工委的指导，提升工作合力。加强工作作风建设。坚持以群众工作“直通车”工程为平台，帮助联点街道、社区和联系群众解决困难问题。

（谭　芳）

【区人大四届五次会议】 1月22—23日，芙蓉区第四届人民代表大会第五次会议召开。22日上午，在开幕式前召开的预备会上，推选产生区四届人大五次会议主席团和秘书长名单，表决通过区四届人大五次会议议程，表彰2015年度先进代表小组和优秀人大代表。大会开幕式在区政府会议中心举行。第四届区人大代表，全体县级领导、部分老同志代表，区直各部门、市垂直管理部门及各街道(局)主要负责人等400余人参加会议，全体政协委员200余人列席开幕式。会议期间，代表们和列席人员听取和审议区长于新凡所作的《政府工作报告》，听取和审议罗树林所做的《芙蓉区人民代表大会常委会工作报告》，听取和审议刘自军所作人民法院工作报告、凌云所作人民检察院工作报告。会议还分团审议《芙蓉区国民经济和社会发展第十三个五年规划纲要(草案)》，审议《芙蓉区2015年国民经济和社会发展计划执行情况与2016年国民经济和社会发展计划(草案)的报告》，审议《芙蓉区2015年财政预算执行情况和2016年财政预算安排(草案)的报告》。23日下午举行闭幕式，会议用电子表决方式通过关于上述7个报告的决议。区委书记梁仲在闭幕式上讲话。

【人大代表换届选举工作】 7—10月，区人大常委会在区委的统一部署和领导下，依法组织芙蓉区第五届人大代表换届选举。成立换届工作领导小组，由区委书记于新凡担任组长。设立选举委员会主持人大代表的选举工作，区人大常委会主任担任选举委员会主任。各街道设立换届选举工作领导小组，区委组织部门率先在全市推出区、街两级代表联审制度。召开全区换届工作动员大会和业务骨干培训，根据法律要求设置代表人数。全区登记选民总数为32.35万人，确定初步代表候选人为416名、正式代表候选人315名。10月28日选举日，全区29.77万名选民参选，参选率92%。102个选区一次性选出芙蓉区第五届人大代表213名。新一届代表中，党政干部50人，占23.47%；工人、农民、专业技术人员118人，占55.4%；企事业单位负责人、非公及新社会阶层44人，占20.66%；军人1人，占0.47%。综合结构比例为：非中共74人，占34.74%；妇女83人，占38.97%；连任代表69人，占32.39%。人大代表素质较上届有明显提高。本科及以上学历152人，占代表总数71.36%，其中，博士学历6人，研究生学历28人。换届选举中未出现违法违纪、贿赂贿选的重大失误，未发生群众集体上访情况，各电台、电视台、报纸、网络论坛等无负面报道。

【区人大五届一次会议】 11月26—29日，芙蓉区第五届人民代表大会召开。26日大会开幕式在区会议中心举行，213名人大代表实到208人，区委、区政府，区法院、检察院负责人，区委区政府各部门、人大各委办、各街道负责人，市垂直管理部门负责人，区人大离任老领导，区政协第五届领导等邀请列席人员202人参加会议，区政协第五届全体委员列席开幕式。在开幕式和全体会议上，代区长周春晖作《政府工作报告》，罗树林作《芙蓉区人民代表大会常务委员会工作报告》，刘自军作《芙蓉区人民法院工作报告》，代检察长王均全作《芙蓉区人民检察院工作报告》。

会议期间，与会代表分13个团进行小组审议讨论，邀请和列席人员参加分组讨论。代表们审议大会所作的4个报告，审议《芙蓉区2013—2016年国民经济和社会发展计划执行情况和2017—2021年计划的报告》《芙蓉区2013—2016年财政决算和2017—2021年财政预算的报告》。小组会还推荐和酝酿区人大常委会、区政府和“两院”（区法院、区检察院）正职领导候选人建议名单，推荐和酝酿区人大、区政府副职领导候选人建议名单，推荐和酝酿区人大常委会委员候选人和芙蓉区出席长沙市第十五届人大会代表候选人建议名单。在第三至第五次全体会上，代表们采用无记名投票方式等额选举选出区人大常委会主任，区人民政府区长，区人民法院院长，区人民检察院检察长；无记名投票方式差额选举选出人民政府副区长7名，人大常委会副主任5名；差额选举选出常委会委员23名，市人大代表47名。会议表决通过设立法制委员会和财经委员的决定，表决通过人大常委会各专门委员会主任委员、委员名单。选举结束后，包括人大正副主任、政府正副区长、法院院长、人大各专门委员会主任委员及委员在内的新当选人员举行向宪法宣誓仪式。29日下午大会举行闭幕式，全体代表和邀请列席人员400余人出席会议。大会通过了关于6个报告的决议，区委书记于新凡讲话。

【人大常委会会议】 2016年，区人大召开常委会议7次，其中四届6次，五届1次。1月12日，四届人大常委会第23次会议，听取四届人大五次会议筹备情况汇报，初步审议《区人大常委会工作报告（草案）》，审查确认先进代表小组、优秀人大代表名单。4月20日，四届人大常委会第24次会议，听取和审议芙蓉区开展法治宣传教育第六个五年规划（2011—2015年）贯彻执行情况报告，人事任免，行政诉讼法知识专题讲座。6月28日，四届人大常委会第25次会议，听取区政府贯彻落实《环境保护法》情况报告，人事任免，环境保护知识专题讲座。8月4日，四届人大常委会第26次会议，听取和审议关于任命周春晖为芙蓉区人民政府副区长的议案、关于提请接受于新凡辞去区长职务的议案、关于任命周春晖为代理区长的议案。8月30日，四届人大常委会第27次会议，听取和审议《区政府2016年1—6月国民经济和社会发展计划执行情况的报告》，听取和审议《区政府2015年财政决算（草案）及2016年1—6月财政预算执行情况的报告》，《关于2015年区财政预算执行情况和其他财政收支的审计结果报告》，听取和审议人大换届选举工作实施方案，审议区人大换届选举组织机构有关议案，听取区食品安全工作情况的报告，人事任免。10月26日，四届人大常委会第28次会议，审议《关于2016年1—9月财政预算执行和2016年财政预算调整（草案）的报告》，听取审议《四届人大五次会议代表建议办理情况的报告》，听取和审议《区五届人大一次会议筹备情况的报告》，审议人大常委会工作报告，人事任免。12月28日，五届人大常委会第1次会议，听取和审议《区政府关于2016年国民经济和社会发展计划执行情况和2017年计划（草案）的报告》，听取和审议《区政府关于2016年财政预算执行情况和2017年财政预算（草案）的报告》，听取和审议《区政府2015年财政预算执行情况“同级审”中提出问题的纠正情况和处理结果的报告》及被审计单位整改情况的报告，听取和审议区政府、区法院关于区人大常委会2016年审议意见、决定决议办理情况的汇报，听取区五届人大二次会议筹备工作情况汇报，人事任免。

【人大常委会主任会议】 3月22日，四届人大第66次主任会，听取区住房保障工作情况汇报。5月5日，四届人大第67次主任会议，听取区人民法院执行工作情况汇报。5月26日，四届人大第69次主任会议，听取区城投工作情况汇报。6月24日，四届人大第72次主任会议，听取区推进幸福教育工作汇报。8月10日，四届人大第73次主任会议，听取区重点项目建设进展情况汇报。8月19日，四届人大第74次主任会议，听取基本医疗和公共卫生工作情况汇报。（谭　芳）

长沙市芙蓉区人民政府

政府主要机构及领导人员

区　长　于新凡（2016.07免）
　　　　周春晖（2016.07代）
　　　　　　　（2016.11任）
副区长　谭雄伟
　　　　蔡　冰（2016.08免）
　　　　周治国（2016.12任）
　　　　张庆和（2016.08免）
　　　　彭尚松
　　　　许　凡（2016.11免）
　　　　陈定佳
　　　　潘　宏（挂职，2016.07免）
　　　　易新宇（2016.11免）
　　　　于志雷（挂职，2016.04任）
　　　　黄金国（2016.11任）
　　　　梁汝岚（女）(2016.11任)
　　　　佘国宏（2016.11任）
　　　　练大智（2016.11任）

政府工作部门

区政府办

主　任　肖　磊
副主任　徐乐斌（兼）(2016.08免)
　　　　吴康达（兼）
　　　　芮岸伟
　　　　尹　亮（2016.08任）
　　　　彭红珍（女）(2016.10任)
　　　　黄　斌
　　　　欧阳舒平（女）(2016.08免)
　　　　易　幸
　　　　舒志刚
　　　　周裕熊
纪检组长　姚亚博（女）

区发展和改革局

书记局长　周旭东
副局长　王海鹰（2016.02免）
　　　　熊小明（2016.02任）
　　　　欧阳解征
纪检组长　汪质彬
总经济师　陈　斌（女）

区教育局

书记局长　谢小红（女）
副局长　江　凌（女）
　　　　杨湘林
　　　　杨　红（女）
纪委书记　许　芳（女）

区科学技术局（知识产权局）

书记局长　吴立平
副局长　胡海云
　　　　蒋树华
　　　　彭晓斌
纪检组长　刘　婷（女）

区城乡建设局

书记局长　饶　诚
副局长　高利欢（女）
　　　　金元新
　　　　刘　艳（女）
纪委书记　余学武
总工程师　喻英杰（2016.10免）
　　　　赵雪梅（女）(2016.10任)

区民政局

书记局长　黄　萍（女）(2016.10免)
　　　　丁迎秋（2016.10任）
副局长　陈同舟
　　　　蔡日直
　　　　黄天明
　　　　唐　敏（女）
　　　　康拥军
纪检组长　刘俊成

区司法局

书记局长　焦益民
副局长　高云林
　　　　邓国平
　　　　唐　君（女）
纪检组长　陈　辉

区财政局

书记局长　刘孟乾
副局长　陈晓红（女）
　　　　陈　蓉（女）(2016.10免)

周德亮
杨　亮
纪检组长　罗振军
总经济师　黎书花

区人力资源和社会保障局

书记局长　唐宇平
副 局 长　卢　滔
周邦运
王伟京（女）
吴彩炼（女）
纪检组长　徐　军

区农业林业水利局

书　　记　胡再平（2016.10 免）
刘洪云（2016.10 任）
局　　长　胡再平（2016.10 免）
陈　庆（2016.10 任）
副 局 长　唐学勤
李　磊
纪检组长　唐国礼
总农艺师　黄　艳（女）
农办副主任　吴艳君（女）

区商务和旅游局

书记局长　戴　静（女）
副 局 长　李延安
邓志文
段　超
纪检组长　黄越富

区文化体育新闻出版局

书记局长　焦　英（女）
副 局 长　邓　勇
周先禄
纪检组长　刘益文

区卫生和计划生育局

书记局长　许平波
副 局 长　王卿松
王　冰（女）
苏　力（2016.10 免）
张长翊
刘金龙
周志成
纪委书记　屈沪军（女）(2016.03 免）
周　华（女）(2016.03 任）

区审计局

书记局长　吴　穗（女）
副 局 长　陈思兰（女）
姚天洋（女）
纪检组长　张　彤
总审计师　刘志云（女）

区城市管理局

书记局长　陈洪林
副 局 长　王永斌
龙月湘
彭亚军
康小红
施　伟
朱卫东（兼）(2016.02 免）
梁　卫（兼）(2016.02 免）
戴建林（兼）(2016.02 免）
纪委书记　张操巍

区环境保护局

书记局长　余新春
副 局 长　朱　玮
杨汉禄
许　杰
纪检组长　王国新

区安全生产监督管理局

书记局长　刘顺泉
副 局 长　刘青辉
周　伟
聂忠葵
纪检组长　彭国辉
总经济师　何　芳

区食品药品监督管理局

书　　记　危　勇（女）
局　　长　赵小午
副 局 长　易智勇
王洪明
叶新球
刘正军（女）(2016.02 任）
纪检组长　周国平

区人民防空办公室

书记主任　成良访（2016.10 免）
胡再平（2016.10 任）
副 主 任　李　典
陈纲要
赵德玉
纪检组长　刘　岳（女）

直属事业单位

区经济和信息化局

书记局长　孔　飙
副 局 长　周　文
贺辉可（女）
姚群峰
纪检组长　方建龙

区交通运输局

书　　记　杜国荣
局　　长　廖　斌
副 局 长　龙　勇
蒋　浩
杨　静（女）
汤　宇
纪检组长　赖建桦

区统计局

书记局长　陈　卓
副 局 长　娄志兰（女）(2016.10 免）
裘　可（女）
章　淦（女）
纪检组长　欧军柱

区民族宗教和外事侨务局

书　　记　彭海燕（女）(2016.08 免）

阳　颖（女）(2016.08 任)
局　长　张　璎（女）
副局长　邹　宏
纪检组长　肖　薇（女）

区住房保障局

书记局长　李远书
副局长　童建平（2016.10 免）
高国宏（2016.10 任）
廖奇文
谭晓世（女）
纪检组长　田　曼（女）

区政务服务中心

书记主任　徐乐斌
副主任　邓银华（2016.10 免）
童建平（2016.10 任）
周　巍（女）(2016.10 免)
戴湘军
纪检组长　龙群锋（女）

区工务局

书记局长　姜　舟
副局长　赵雪梅（女）(2016.10 免)
吴立峰
李　靖（女）
纪检组长　张　建

区机关后勤服务中心

书记主任　李小平（女）
副主任　熊　敏（女）
尹　程
纪检组长　龙婧予（女）

其他事业单位

芙蓉基础设施建设投资管理中心（芙蓉城建投）

书　记　魏运辉
董事长　王劲峰
总经理　许建红
副经理　谭江涛
黄　煌（女）
魏　芳（女）
纪检组长　喻守谦

区环卫公司

书记经理　梁　卫
副经理　解支胜（女）
喻茂良（2016.10 免）
蔡　进
邹海滨（2016.10 任）
纪委书记　张　弛（女）

区市政公司

书记经理　戴建林
副经理　郭　劼（女）
潘　宏（女）(2016.10 免)
邹晓斌
仇仁贤
汤岳泉（2016.10 任）
纪检组长　李正良

区园林公司

书记经理　朱卫东
副经理　周　瑾
范泽恩
张文博（2016.02 免）
郭　佳（女）(2016.02 任)
纪检组长　黄　芳（女）

长沙芙蓉中央商务区管理办公室

主　任　龙雅俐（女）(2016.08 免)
易　鑫（女）(2016.10 任)
副主任　易　姝（女）
张大帅（2016.10 免）
李　茂（2016.10 任）

区征地办

主　任　彭红珍（女）(2016.10 免)
高　鹏（2016.10 任）
副主任　彭水泉
周　颖
纪检组长　高　鹏（2016.10 免）
李德傅（2016.10 任）

区棚改办（棚改公司）

主　任　彭　斌
副主任　彭　涛
吴　畏
纪检组长　熊　伟（女）

金融办

主　任　肖　莉（女）
副主任　刘雅丽（女）(2016.10 免)
陈先征

火车站综管办

书记主任　李跃红
副主任　陈静安
张　杰（2016.10 免）
余　达（2016.10 任）
纪检组长　凤凌霄

区征收办

主　任　刘建刚
副主任　李　景（女）(2016.10 免)
湛俊军
刘建华（2016.10 任）

垂直管理机构

国土分局

党组书记局长　康哲新（2016.01 任）
党组成员副局长　张　杰（2016.04 免）
贺建帮（2016.03 免）
罗教论（2016.01 任）
张　震（2016.04 任）
党组成员、执法监察大队大队长
李良安（2016.05 任）
党组成员、纪检组长
孔娇鸿（女）(2016.01 任)

规划分局

书　记　陈联强
局　长　叶银权
副局长　杨亮月（女）

执法大队长　李　鹏
执法副大队长　段巧玲(女)(2016.08免)
　　纪金皓（2016.08任）

工商分局

书记局长　熊国华
副书记副局长　罗　铭
副局长　翁泽林
　　谭春生
　　朱　伟（2016.12免）
纪委书记　谭　斌（2016.05任）

国税分局

局　长　熊　玲（女）
副局长　范文超
　　李雪辉
　　陈焕新
　　王　创
　　黄　旭
　　伍建新（挂职锻炼）
副局长兼纪检组长
　　龙曙日

地税分局

局　长　马小平
副局长　易　强
　　雷艳双（女）
　　曾笔云（女）
　　葛　韧
　　朱立文
市局副调研员　邓雪平
工会主席　黄　劲

质监分局

局　长　张登波
副局长　卢义勇

政务纪要

【第四届区政府第48次常务会议研究事项】 1月15日，芙蓉区第四届政府第48次常务会议召开，区长于新凡主持会议。该次会议研究3个问题：一、落实市住建委职权下放会议精神的相关工作；二、道路交通管理及综合整治相关工作；三、《长沙市芙蓉区人民政府与北京中关村互联网金融信息服务中心有限公司合作协议。》

会议议定事项：

（一）会议听取建设局关于落实市住建委职权下放会议精神的相关情况汇报，研究了相关具体问题。同意建设局通过区内选调等形式增配行政执法人员，通过招聘形式增配具有中级以上职称的专业技术人员；关于升级副科级事业单位的问题，参照其他区县的做法操作；关于办公场所问题，由后勤中心予以调配。

（二）会议分别听取政府办关于道路交通管理工作、交警大队关于道路交通综合整治工作的情况汇报，研究了相关问题。会议明确：1. 成立区道路交通综合整治工作领导小组，由区委常委、政法委书记欧干军任组长，副区长许凡、陈定佳任副组长，政府办副主任周裕熊任联络员，各街道（局）及相关职能部门为成员单位。2. 火车站和湘雅附二医院两个区域的交通疏解问题由交警大队牵头，根据实际情况制定工作方案，经区道路交通综合整治工作领导小组审定后上报。3. 湘雅附二医院和火车站地下停车场建设问题，由副区长彭尚松负责整体督促、沟通、协调，湘雅附二医院停车场建设由文艺路街道牵头协助医院完成，火车站停车场建设由火车站综管办牵头协助轨道公司完成。南元宫路改造及相关整治工作由文艺路街道牵头，经信、交通、市政、交警等部门积极配合，在2016年3月31日前完成任务。4. 关于“错峰出行”问题，由政府办牵头组织摸底调查，按照市里要求及时上报。5. 道路交通整治考核督查由区委常委、政法委书记欧干军负责，两办督察室和综治办等部门参与，每周、每月、每阶段从严督察考评，奖惩兑现。6. 全区道路交通管理及综合整治相关资料和工作情况统一归口，由政府办审核后统一上报。

（三）会议听取金融办关于“长沙市芙蓉区人民政府与北京中关村互联网金融信息服务中心有限公司合作协议”的情况汇报，研究了协议具体内容。会议原则同意该合作协议，明确协议期限为3年。

【第四届区政府第49次常务会议研究事项】 2月1日，芙蓉区第四届政府第49次常务会议召开，区长于新凡主持会议。该次会议研究5个问题：一、全区造绿复绿工作相关问题；二、老旧、农安小区提质改造实施计划；三、全区2016年重点建设项目计划；四、产业发展基金方案；五、研究上年底相关工作。

会议议定事项：

（一）会议听取园林局关于全区造绿复绿工作情况汇报，研究了相关具体问题。会议明确：1. 成立专门机构。成立全区造绿复绿工作领导小组，区委副书记谢进任组长，统筹调度全区造绿复绿工作。2. 明确责任主体。打造特色街巷工作由城管局牵头，环卫局、市政局、园林局配合，以各街道为实施主体，负责特色街巷的整体设计和项目实施。3. 加快项目进度。各街道要在2016年2月17

日前上报特色街巷设计方案，并于6月1日前各自完成2条特色街巷的建设任务。4. 严格督察考核。造绿复绿工作纳入年底绩效考核，督察考核组要依据工作完成进度、效果等情况开展定期和不定期的督察，保证全区造绿复绿工作取得实效。

（二）会议听取城管局关于2016年全区老旧、农安小区提质改造工作情况汇报，研究了相关具体问题。会议明确，由城管局负责，严格按照程序，年内完成全区所有老旧、农安小区提质改造任务。

（三）会议听取发改局关于全区2016年重点建设项目计划编制说明的情况汇报，梳理项目铺排情况，明确建设内容和目标任务。项目办、重点办等加强对项目的调度，对连续2个月进度落后的单位启动追责程序。监察局、财政局、审计局要加强对项目的全程监管。

（四）会议听取财政局关于芙蓉区平安产业基金发展情况汇报，研究了基金成立、运转等问题。会议明确，设立基金投资管理委员会，由副区长谭雄伟任组长，隆平园、经信局、科技局、商务局、金融办和平安银行长沙分行等为成员单位，管委会办公室设在财政局。由长沙隆平科技创业投资有限公司作为出资主体，与平安银行长沙分行签订正式协议。

（五）会议听取人社局关于年底绩效考核奖励办法相关情况汇报。会议明确，人社局要根据会议意见把奖励办法修改完善后报区委常委会审定。

【第四届区政府第50次常务会议研究事项】 2月29日，芙蓉区第四届政府第50次常务会议召开，于新凡主持会议。该次会议研究8个问题：（一）《长沙市芙蓉区合并村工作实施方案》；（二）《芙蓉区道路命名方案》；（三）《芙蓉区慈善助困低保家庭实施办法》；（四）《金融业、股权投资业扶持政策办法》；（五）食品药品监督管理局有关工作情况；（六）打造华泰尚都为“律政服务大楼”的指导意见；（七）城建投购买相关资产的方案；（八）龙骧公司关于浏阳河水上娱乐项目投资合作营运的相关问题。

会议议定事项：

（一）会议听取民政局关于芙蓉区合并村工作相关情况汇报，研究了相关具体问题。会议明确，合并村工作要按照省、市总体要求，结合区情实际，掌握好时间节点，在6月1日前完成。民政局要根据会议讨论意见，把合并村工作实施方案修改后报区委常委会审定。

（二）会议听取民政局关于芙蓉区道路命名的有关情况汇报，研究了全区现有未命名的66条道路命名问题。会议明确，原则上同一条道路用同一个名称，道路名称既要体现特色，又要尊重历史。会议要求，道路名称基本确定后要在一定范围内公示，命名工作要在5月1日前完成。

（三）会议听取民政局关于《芙蓉区慈善助困低保家庭实施办法》的情况汇报，研究了扶助对象、项目内容与标准等问题。会议明确，扶贫对象为在辖区享受最低生活保障待遇的城乡居民，对生活困难的低保人员、特定低保贫困对象在端午、中秋、春节前分别发放临时生活补贴400元/人、800元/人；对因患重特大疾病致困的低保人员，年度扶助限额为4000元/人；对突发重大疾病、不可控因素、自然灾害等情况需要紧急救助的，由街道每月提出申请，经分管领导集体研究后决定；对集中救助供养丧失生活能力的特困人员，费用由政府足额保障。

（四）会议听取财政局关于“一事一议”政策中金融、股权投资等产业发展政策的情况汇报，研究了相关具体问题。会议明确，同意把银行、贡献大的证券公司个人所得税的区级部分全部用于补贴银行、证券公司在引进人才、培训教育等方面的支出；把重点股权投资企业特别是区外引进的股权投资企业所缴税收区级部分的50%左右用于扶持投资企业的发展；把新引进的年纳税3000万元以上的建筑业总部企业所缴税收区级部分的50%左右用于支持其办公场地租赁、人才培训教育等方面的支出。该产业发展政策年限为2年，2年后再根据实际情况重新议定。会议要求，金融、股权投资等产业发展政策需报区委常委会审定。

（五）会议听取食品药品监督管理局有关工作情况汇报，研究了相关问题。会议明确，要尽快启动辖区国家食品安全城市创建工作，并召开全区创建国家食品安全城市工作动员大会；同意在全省范围内公开选调选拔补齐食品药品监督管理局岗位和编制空缺问题；同意建立区级食品安全追溯平台和食品安全信息平台，在相关设施设备上予以保障；食品安全绩效考核分值增加至3分，提高分值的有效性；在高校、科研机构、监管部门及检验检测机构遴选食品安全专家，建立食品安全专家库。

（六）会议听取CBD办关于支持打造华泰尚都为“律政服务大楼”指导意见的情况汇报，研究了相关扶持政策。会议明确，根据“芙蓉区关于打造专业楼宇的工作方案”和区政府鼓励扶持楼宇经济的相关政策，同意把华泰尚都打造为“律政服务大楼”。

（七）会议听取城建投关于购买相关资产的情况汇报，研究了具体问题。会议明确，原则同意区城建投在红橡国际购买产权置换用房，以妥善做好棚户区拆迁对象的安置工作。会议要求，资产购买方案需报区委常委会审定。

（八）会议听取城建投关于浏阳河水上娱乐项目投资合作运营的情况汇报，讨论研究了项目经营具体问题。会议明确，签署浏阳河产业带旅游项目授权经营协议的主体（甲方）为城建投，授权协议与租赁合同必须保持一致，即租赁合同有效的前提是授权协议有效。会议强调，协议生效五年后，如协商不成，则解除协议；解除协议过程中，若出现乙方转租情况，乙方必须清理所有转租关系，解除转租费用由乙方全部承担。会议要求，该项目运营方案修改完善后需报区委常委会审定。

【第四届区政府第51次常务会议研究事项】 4月8日，芙蓉区第四届政府第51次常务会议召开，区长于新凡主持会议。该次会议研究5个问题：（一）2015年度经济奖励、两型创建奖及产业扶持“一事一议”等相关事项；（二）《2016年区义务教育阶段招生方案》《与长郡集团合作办学合同协议》；（三）卫生计生相关工作；（四）续签机关大院物业管理合同、机关大院立体停车场运营管理方案；（五）《芙蓉区“醉美浏阳河·神奇九道湾”2016长沙首届浏阳河文化艺术节（芯动芙蓉·快乐Shopping）购房置业补贴政策实施办法》。

会议议定事项：

（一）会议分别听取发改局、商务旅游局关于2015年度经济奖励、两型创建奖及产业扶持“一事一议”等事项的汇报，研究了具体奖励方案。会议认为，奖励的依据必须严格按照既定政策执行，维护政府公信力。获奖企业按照就高不就低的原则，不重复计奖，同意报区委常委会审定。

（二）会议听取教育局关于《芙蓉区2016年义务教育阶段招生工作方案》《长沙市芙蓉区人民政府、长沙市长郡中学合作办学协议书》的情况汇报，研究了具体问题。会议议定：1.关于招生方案问题。会议认为，入学生源排序要结合全市政策与芙蓉区实际，根据适龄儿童户籍和家庭住户情况，细化调整五种房户类型，界定要促进公平公正。会议强调，要加强工作纪律，严格控制班额（小学班额控制在50人以内，初中班额控制在55人以内）。要加大督察力度，凡学校违反招生政策一经查出，严肃追究责任。会议明确，成立区招生工作领导小组，由区委副书记、区长于新凡任组长，副区长张庆和、区政府副调研员汤孝泽、区纪委副书记、监察局局长谭利辉任副组长。2.关于合作办学问题。会议原则同意“长沙市芙蓉区人民政府、长沙市长郡中学合作办学协议”。会议要求，通过合作办学，学习先进的管理模式和机制，探索符合芙蓉实际、具有芙蓉特色的教育模式。

（三）会议听取卫计局有关工作情况汇报，对相关问题议定如下：1.关于工作力量问题。会议同意卫计局增加2名事业编制人员、2名政府雇员，增加人员必须符合岗位专业要求。2.关于工作经费问题。会议要求，根据各社区卫生服务中心运营情况，建立基层医务人员人头经费动态补助机制，原则上不超过2万元/人。会议明确，医政工作经费按照当前财政预算拨付，如有需要再做调整。疾控所需设备由卫计局列出清单，纳入政府采购。3.关于居民健康卡发放问题。会议明确，由分管副区长张庆和牵头，组织街道、社区在6月底前完成人口信息采集和健康卡制作、激活工作。4.关于修改计生工作考核方案问题。会议明确，由副区长张庆和牵头组织研究，科学制定新的考核方案。5.关于社区卫生服务中心房租问题。会议明确，从2016年起街道不再向社区卫生服务中心收取房租（房产公司产权除外）。6.关于召开卫生计生工作大会的问题。会议同意4月上旬召开全区2016年卫生计生工作会议。

（四）会议听取机关后勤服务中心关于机关物业管理、机关立体车库运营管理等工作情况汇报，对具体问题议定如下：1.关于机关物业管理的相关问题。会议原则同意与深圳锦峰物业管理有限公司续签3年物业管理服务合同（2016年6月1日至2019年

5月31日）。新签合同分为："物业管理服务合同"（合同金额为392万元/年），原"保安服务合同"（区委常委会议纪要"芙常会纪"〔2014〕5号文件明确，增加10名保安，每人4.6万元/年，服务费计46万元/年），2016年公卫大楼再增加1名保安，计11名保安，服务费50.60万元/年。总金额442.60万元/年，与上次合同金额保持不变。会议同意对机关大院消防设施进行整改，经费预算控制在90万元左右。2.关于机关大院立体停车库的运营管理问题。会议决定一次性收回立体停车库，由副区长谭雄伟组织议价谈判。会议明确，立体停车库收回后由机关后勤服务中心委托深圳锦峰物业管理有限公司管理，每年从财政划拨立体停车库管理工作人员的工资及维护费用。

（五）会议听取财政局关于芙蓉区《"醉美浏阳河·神奇九道湾"2016长沙首届浏阳河文化艺术节（芯动芙蓉·快乐购物）消费节购房置业补贴政策实施办法》的情况汇报，原则同意该实施办法。会议明确，补贴政策执行期内，优惠对象限定为购买新建商品住房（含别墅）的业主，不包括购买非住宅（指商铺）的业主。

【第四届区政府第52次常务会议研究事项】 4月27日，芙蓉区第四届政府第52次常务会议召开，区长于新凡主持会议。该次会议研究6个问题：（一）审议《芙蓉区教育局与长沙县教育局合作办学协议》；（二）法制办相关工作；（三）电子政务机房升级建设相关工作；（四）九道湾社区生产安置用地相关手续问题；（五）农科村两安用地的挂牌出让相关问题；（六）全区安全生产工作。

会议议定事项：

（一）审定《芙蓉区教育局与长沙县教育局合作办学协议》，原则同意芙蓉区大同小学与长沙县大同星沙小学（暂名）签订合作办学协议书。

（二）会议听取法制办相关工作情况汇报，对有关具体问题议定如下：1.审议通过《芙蓉区人民政府重大行政决策程序规定》《芙蓉区行政执法监督管理办法》《芙蓉区政府合同管理办法》等3个文件。2.会议明确，法制办负责对行政诉讼案件所需举证列出清单，由牵头实施部门提供证据，以应对可能引发的行政赔偿诉讼。由政府办牵头，清理和调整全区所有项目指挥部、领导小组等文件中与现实规定不相符的内容。3.会议强调，在拆控违过程中，必须坚持依法行政，特殊情况下，需报法制办把关研究后实施强制措施。要促进区政府依法行政行为的严肃性、正当性，避免造成不良社会影响。

（三）会议听取电子政务办关于全区电子政务机房升级改造及后续工作计划的汇报，认真研究具体问题。会议议定：1.关于机房建设的问题。同意按照B级机房标准在区机关大楼523会议室重建电子政务机房，改建原930机房，并作为电子政务软硬件系统运维团队的办公室。2.关于工作组织的问题。会议明确，由副区长谭雄伟牵头，区政府副调研员梁福才协助该机房的升级和后续工作，电子政务办具体实施。会议原则同意电子政务办提出的机房重建方案和软硬件升级方案，并安排专项预算予以保障。3.关于后续工作的问题。会议同意实施收拢汇聚点和把大楼硬件纳入整体运维，由电子政务办提出工作方案，报区领导审批同意后抓紧实施。4.关于经费保障的问题。由副区长谭雄伟负责，严格把关机房升级和后续工作的流程、预算。

（四）会议听取马王堆街道关于火炬村12~22组村民生产安置用地基本情况的汇报，研究了具体问题。会议明确，同意以区政府名义向市国土局去函，办理火炬村12~22组村民生产安置用地统征、挂牌出让手续。会议强调，要严格按程序办理用地手续，火炬村12~22组、火炬村和马王堆街道需联合向区政府出具承诺函，同意该生产安置用地统征挂牌。在办理土地手续前，区国土分局需向村民公示生产安置用地相关情况。

（五）会议听取东屯渡街道关于农科村生产安置用地申请挂牌工作情况的汇报，研究讨论了具体问题。会议认为，该宗土地的调规、变性及拆迁工作全部完成，手续齐全，符合政策要求，同意委托市国土局统征挂牌该宗土地。会议强调，该宗土地不能按原有协议价100万元/亩出让，必须按照当前市场价格挂牌出让。在统征挂牌前，东屯渡街道、财政局、雄天公司必须就原有财政资金往来签订还款承诺，同时由区国土分局负责公示该宗土地相关情况。

（六）会议听取安监局关于安全生产情况的汇报，研究了相关具体问题。会议原则同意安全生产"百日特护期"专项行动方案，要求加大工作力度，把行动抓具体、抓到位。关于充实安监人员队伍的问题，会议明确，安监局可根据现有空编人数在全区范围内调配人员，或在教育、城管系统中招考。

【第四届区政府第 53 次常务会议研究事项】 6 月 24 日，芙蓉区第四届区政府第53次常务会议召开，区长于新凡主持会议。该次会议研究 8 个问题：（一）审定省农科院丰裕、丰润小区提质改造相关问题；（二）《棚改项目货币补偿安置补贴暂定办法》；（三）关于政府投资项目中介机构库管理办法及中介服务收费标准的问题；（四）隆平高科技园责任清单和流程清单；（五）举办电竞比赛相关事宜；（六）退出芙蓉农合行股东身份相关问题；（七）《芙蓉区小微企业创新创业行动计划》；（八）设立湖南影像创客基金的问题。

会议议定事项：

（一）审定通过省农科院丰裕、丰润小区提质改造方案。会议明确，由省农科院作为该项目的实施主体，该小区的投资总金额应控制在 1500 万元以内，区政府和农科院各承担 50%。区政府的出资按照工程完成进度拨付给农科院，再由农科院拨付给施工单位。会议要求，年内要完成提质改造任务。

（二）会议听取棚改办关于《芙蓉区棚改项目货币补偿购房补贴操作办法（讨论稿）》的情况汇报，研究了该方案。会议明确：1. 原则同意实行棚改项目货币补偿购房补贴，棚改办、征收办负责按会议意见完善方案后报区政府会签。该方案作为工作操作依据，不予发文。2. 本操作办法适用于 2016 年 1 月 1 日后发公告的棚改项目内被征收私有住宅，其他项目或非住宅、公房不适用该补贴。3. 购房补贴标准按私有住宅合法产权面积每平方米补贴私有住宅评估裸价的 15% 左右。具体补贴标准由各项目指挥部根据评估综合单价制定统一补贴单价（取整到百元），经区政府确定后执行。4. 按照征收签约奖励期分 3 个阶段执行，购房补贴标准按每阶段递减 200 元 / 平方米。各项目指挥部根据征收的不同奖励期分阶段把关审核，并逐月统计签约明细情况上报区国有土地棚改征收工作领导小组。

（三）会议听取发改局关于政府投资项目中介机构库管理办法及中介服务收取费标准的汇报，并研究了相关问题。会议明确，对于投资追加及现场变更问题，不得组织发改局、财政局、审计局等部门到现场踏勘，重大变更必须报区招投标领导小组研究。会议强调，对各类机构库要实行动态管理，允许符合条件的中介机构进库，进入“黑名单”的中介机构永久不得再入库。会议要求，发改局根据会议精神对中介机构库管理办法进行修改。

（四）会议听取编委办关于隆平高科技园责任清单和流程清单编制工作情况说明，原则通过“长沙市芙蓉区隆平高科技园管委会部门责任清单”“长沙市芙蓉区隆平高科技园行政职权流程清单”。会议明确，电子政务办会后要公布隆平高科技园该清单内容，并在 6 月底前完成对外公布任务。隆平高科技园要接好权、用好权、管好权，履行好职责，提高办事效率，保证各项工作责任落实到位。

（五）会议听取商务旅游局关于“2016 湖南青之藤（国际）电竞文化交流节”项目情况汇报，研究了相关问题。会议同意由芙蓉区主办电竞年度总决赛活动，并明确区政府按实开支所补助的费用不超过总费用的 50% 且总额不超过 150 万元。

（六）会议听取城建投退出芙蓉农村合作银行股东身份相关情况汇报，研究了退出问题。会议明确，因城建投不符合长沙农村商业银行发起人条件，故同意其退出芙蓉农村合作银行股东身份。

（七）审定通过《长沙市芙蓉区小微企业创业创新行动计划》。

（八）会议听取经信局关于设立湖南影像创客基金相关事项汇报，研究了相关具体问题。会议原则同意湖南影像创客基金（一期）的设立方案，明确财政局按照 20% 的出资比例从芙蓉平安产业发展基金中筹资 1000 万元设立该基金。

【第四届区政府第 54 次常务会议研究事项】 8 月 26 日，芙蓉区第四届政府第 54 次常务会议召开，代区长周春晖主持会议。该次会议研究 5 个问题：（一）审议《芙蓉区 2015 年财政预算执行情况审计报告》；（二）审议《芙蓉区 2015 年财政决算和 2016 年 1—6 月预算执行情况的报告》；（三）审议《芙蓉区 2016 年 1—6 月国民经济和社会发展计划执行情况的报告》；（四）社区提质提档工作；（五）燕山街拆迁项目经费相关问题。

会议议定事项：

（一）会议听取审计局关于《芙蓉区2015年财政预算执行情况审计报告》的情况汇报，肯定审计局的“同级审”工作并原则通过该报告，同意把报告提交区人大常委会审议。会议明确，由财政局牵头，针对审计发现的问题提出整改方案，并列出时间节点保证整改到位。由审计局负责按照规范要求开展审计工作，全过程、全方位、全领域监管全区财政预算执行情况，并加强对相关部门的业务指导。

（二）会议听取财政局关于《芙蓉区2015年财政决算和2016年1—6月预算执行情况的报告》情况汇报，原则上通过该报告，同意把报告提交区人大常委会审议。

（三）会议听取发改局关于《芙蓉区2016年1—6月国民经济和社会发展计划执行情况的报告》情况汇报，会议原则通过该报告，同意把报告提交区人大常委会审议。会议明确，由发改局牵头，科学谋划发展战略，加强工作对接，及时掌握信息并争取有利政策，开展申报省、市重点项目工作。由政府办牵头，组织召开全区重点项目建设调度会，建立项目联席会议制度并定期召开联席会议，明确县级以上党政领导联项目、联楼宇、联企业，及时解决资金难题、破解项目瓶颈，以项目建设助推全区经济社会发展。

（四）会议听取城管局关于《芙蓉区十四个社区全面提质提档工作》情况汇报，并讨论了该方案。会议明确，以街道为主体，发改局、财政局、城管局、市政局、环卫局、园林局等部门配合，要对照市级考核要求，结合辖区特色街巷工作，按照“软件为主、硬件为辅，可持续、保长久”的原则，在11月15日之前完成14个社区提质提档工作，并着眼2017年重点打造2个社区。

（五）会议听取财政局《关于解决‘友谊东’旧城改造项目不可预计费、拆迁工作经费和困难补助的建议》相关情况汇报，并讨论了该方案。原则同意按照8月3日区委、区政府领导与友阿集团高层会谈时研究的意见，在项目不可预计费、拆迁工作经费和困难补助3个方面给予友阿集团一定支持。由副区长谭雄伟牵头，组织财政局、监察局、审计局、棚改办、“友谊东”项目指挥部等部门，按照会议精神并遵照相关程序和规定，完善和细化经费解决方案，制订具体实施意见，并报区委常委会审定。

【第四届区政府第55次常务会议研究事项】 9月29日，芙蓉区第四届政府第55次常务会议召开，代区长周春晖主持会议。该次会议研究蔡锷中路两厢棚改项目征收决定公告和风险评估报告。

会议议定事项：

会议听取征收办关于蔡锷中路两厢棚户区改造项目征收工作情况汇报，原则通过了该项目的房屋征收决定公告和社会稳定风险评估报告。

会议明确，蔡锷中路两厢棚改项目要在9月30日发布征收决定公告，10月1—7日公示评估结果，10月8日启动签约工作。该项目购房补贴标准按照全区统一政策定为1300元/平方米。会议要求：要保证资金到位，由副区长佘国宏牵头，棚改办负责协调项目所需资金；要降低风险，根据社会稳定风险评估报告指出的高风险环节有针对性地开展工作；要统一政策，在征收政策执行过程中必须坚持公平、公正、公开的原则，坚守政策底线；要做细工作，项目征收指挥部在加强动员和入户宣传的同时，要点对点、一对一把工作做细做实；要快速推进，按照8月26日全区棚改工作调度会议要求，在11月31日前完成80%的签约工作；要保证安全稳定，不出现群体性事件和负面舆情事件，对相关情况和信息应引起高度重视，妥善应对，切不可疏忽大意。

【第四届区政府第56次常务会议研究事项】 10月21日，芙蓉区第四届政府第56次常务会议召开，代区长周春晖主持会议。该次会议研究7个问题：（一）东屯村原60号令两安用地遗留问题；（二）长沙市“96366”电梯应急救援芙蓉分中心暨芙蓉区电梯数字化网络实时管理平台建设工作；（三）《芙蓉区关于进一步加快推进现代服务业发展实施意见》；（四）《2016年1—9月全区财政预算执行情况与2016年财政预算调整方案（草案）》；（五）公务用车制度改革整体方案；（六）社区办公服务用房建设；（七）绩效考核奖励相关问题。

会议议定事项：

（一）会议听取城建投、东岸街道关于东屯村60号令“两安用地”处置相关情况汇报，原则通过该解决方案和收购协议内容。会议明确，按照“要把好事办好，不让百姓吃亏”的原则，由城建投和东屯村依照相关法规和程序签订收购协议，妥善解决该遗留问题；由法制办负责全程把关协议内容和签订工作；由东岸街道和东屯村负责做好群众工作，保证全体村民支持该土地处置方案，杜绝发生后续遗留问题；由佘国宏牵头，东岸街道和东屯村负责，统筹安排、科学合理使用补偿资金，做到立足当前、着眼长远、科学分配、保持稳定。

（二）会议听取质监分局关于长沙市“96366”电梯应急救援芙蓉分中心暨芙蓉区电梯数字化网络实时管理平台建设工作情况汇报，并原则上通过该平台建设方案。会议明确，本着“实用、精简、节约”的原则，根据平台建设工作实际需要，由区财政据实核拨经费；由黄金国牵头，质监分局负责，年底前全面摸底辖区所有电梯（包括扶梯），分类统计存在安全隐患、急需改造升级或更换的电梯，并提出相应解决方案提请区政府研究；由副区长梁汝岚牵头，召集相关部门研究辖区综合信息指挥平台建设工作。

（三）会议听取 CBD 办关于《芙蓉区关于进一步加快推进现代服务业发展实施意见》情况汇报，并研究讨论了实施意见的内容。会议原则通过该实施意见，并明确由 CBD 办负责根据会议意见和建议修改完善，并提交区委常委会议审议。

（四）会议听取财政局关于《2016 年 1—9 月全区财政预算执行情况与 2016 年财政预算调整方案的报告（草案）》情况汇报，原则通过该方案，并同意提交人大常委会议审议。会议明确，由副区长谭雄伟牵头，财政局、国税局、地税局负责，加强财税工作调度，培植长效税源，保证完成年度目标任务。

（五）会议听取发改局关于芙蓉区公务用车制度改革工作情况汇报，并研究讨论了相关问题。会议认为，公车改革是大势所趋，全区各级各部门要适应新常态，坚决执行上级指示，保障工作运行，按部就班、依法依规、平稳推进全区公车改革工作。会议明确，关于城管执法大队车辆使用问题要另行专题研究；关于提请会议批准的其他有关问题，原则予以同意。发改局负责根据会议意见和建议，修改完善公车制度改革方案，并提请区委常委会议研究审议。会议要求，全区公车制度改革工作：要按照上级规定的参改范围、参改人员、车辆保留比例等政策要求，把公车改革工作落实到位；要统一标准，充分征求意见，做好思想工作，妥善安置司勤人员和相关临聘人员；要加强与相关领导和部门的沟通对接，做好政策解读工作，并把具体操作办法实施好。

（六）会议听取民政局关于全区社区办公服务用房相关情况汇报，并研究讨论了相关问题。会议明确：1. 由各街道负责，按照市级标准和要求在年内把 15 个未达标的社区办公用房建设到位。2. 由民政局牵头，监察局、财政局、审计局配合，到各社区现场核定社区办公用房改造实际所需资金额度，并报区政府审定。由财政局负责，本着“符合需求、节约实用”的原则据实保障社区办公用房改造所需经费。3. 各社区办公用房改造经费在 200 万元以内的项目执行简易审批程序，不符合简易程序条件的改造项目要按照相关规定和程序办理。4. 要结合市委市政府对芙蓉区“三年社区提质提档”工作要求，立足长远，提前谋划，统筹解决全区社区办公用房建设、运行、维护相关问题。

（七）会议研究了绩效考核奖励等相关问题。

【第四届区政府第 57 次常务会议研究事项】 10 月 25 日，芙蓉区第四届政府第 57 次常务会议召开，代区长周春晖主持会议。该次会议研究 5 个问题：（一）信访维稳有关工作；（二）2017 年市重点建设项目；（三）科技项目相关工作；（四）“新三年大造绿”行动项目计划；（五）安全生产相关工作。

会议议定事项：

（一）会议听取信访局关于信访维稳工作情况汇报，并研究讨论了具体问题。1. 会议原则通过《芙蓉区信访维稳工作追责实施办法》《芙蓉区信访积案化解工作实施办法》《芙蓉区涉稳重点对象稳控处置工作实施办法》《芙蓉区依法治访工作实施办法》4 个方案，并要求维稳办、信访局根据会议意见修改完善方案，并提请区委常委会议研究。2. 对于信访局要求加强队伍建设和人员配备的建议，会议原则予以支持，并明确由人社局负责该项工作。3. 原则同意信访局提出的“芙蓉区信访一屏通系统建设方案”，明确由信访局负责按照程序和规定办理相关手续，实施平台建设工作所需经费由财政局负责据实保障。

（二）会议听取发改局关于芙蓉区 2017 年市重大项目计划编制与申报相关情况汇报，并研究讨论了申报项目内容。原则通过

2017年市重大项目申报计划，要求发改局根据会议意见修改完善后，提交区委常委会议审议并上报市发改委。

（三）会议听取科技局关于科技项目相关工作汇报，并研究讨论了相关问题。通过《长沙市芙蓉区科技发展专项资金管理办法》《长沙市芙蓉区科技计划项目管理办法》《2016年芙蓉区科技计划项目申报指南》3个方案，原则同意按照程序报批并由相关部门会签后，以区政府办名义下发。

（四）会议听取园林局关于《新三年造绿计划》（2017年造绿计划）相关情况汇报，并研究讨论了项目内容。会议原则通过2017年造绿计划。会议明确，由园林局负责，结合全市新三年造绿工作要求，根据会议意见修改和完善该方案。

（五）会议听取安监局关于安全生产工作相关情况汇报，肯定全区安全生产工作所取得的成绩，并研究讨论了相关问题。会议明确：1.原则同意对在集中行动和专项整治期间（2016年7—10月）主动申请退出且承诺不再从事烟花爆竹经营的门店，给予每家不超过5000元的补助。2.原则同意辖区危险化学品应急救援工作采取政府购买专业服务方式，聘请长沙晟通化工贸易有限公司为危险化学品事故应急救援抢险工作专家咨询单位，为全区编制危险化学品应急抢险预案，开展危险化学品存储、使用单位日常培训和检查工作，指导相关单位开展危险化学品应急演练。

【第四届区政府第58次常务会议研究事项】 11月7日，芙蓉区第四届政府第58次常务会议召开，代区长周春晖主持会议。该次会议研究3个问题：（一）《政府工作报告》《芙蓉区2013—2016年国民经济和社会发展计划执行情况和2017—2021年国民经济和社会发展计划（草案）的报告》《芙蓉区2013—2016年财政工作情况和2017—2021年财政工作计划（草案）的报告》；（二）审议有关违纪案件；（三）部署区政府11月重点工作。

会议议定事项：

（一）会议分别听取区政府办关于《政府工作报告》、发改局关于《芙蓉区2013—2016年国民经济和社会发展计划执行情况和2017—2021年国民经济和社会发展计划（草案）的报告》和财政局关于《芙蓉区2013—2016年财政工作情况和2017—2021年财政工作计划（草案）的报告》相关情况汇报，讨论并原则通过3个报告的具体内容。会议明确，由政府办、发改局、财政局分别负责，按会议精神修改完善报告并提交区委常委会议审议。

（二）会议审议并通过监察局关于违规违纪案件相关责任人员的处理意见，原则同意提交区委常委会议审议。

（三）会议研究并部署了11月份区政府各项重点工作。

【区政府常务会议】 2016年，芙蓉区政府召开常务会议11次，主要研究事项如下：

1月15日，原则同意以区政府办公室名义出台《长沙市芙蓉区建设工程质安监督提前介入暂行管理办法》，监管对象限定为区投区建的项目。关于《加强物业管理工作的实施意见》的问题待市里相关文件出台后参照执行。

2月1日，研究全区造绿复绿工作相关问题；老旧、农安小区提质改造实施计划；全区2016年重点建设项目计划；产业发展基金方案；研究上年底相关工作。

2月29日，研究《长沙市芙蓉区合并村工作实施方案》《芙蓉区道路命名方案》《芙蓉区慈善助困低保家庭实施办法》《金融业、股权投资业扶持政策办法》、食品药品监督管理局有关工作情况；打造华泰尚都为“律政服务大楼”的指导意见；城建投购买相关资产的方案；龙骧公司关于浏阳河水上娱乐项目投资合作营运的相关问题。

4月8日，研究2015年度经济奖励、两型创建奖及产业扶持“一事一议”等相关事项；《2016年区义务教育阶段招生方案》《与长郡集团合作办学合同协议》，卫生计生相关工作；续签《机关大院物业管理合同》《机关大院立体停车场运营管理方案》；《芙蓉区“醉美浏阳河·神奇九道湾”2016长沙首届浏阳河文化艺术节（芯动芙蓉·快乐Shopping）购房置业补贴政策实施办法》。

4月27日，研究《芙蓉区教育局与长沙县教育局合作办学协议》；法制办相关工作；电子政务机房升级建设相关工作；九道湾生产安置用地相关手续问题；农科村两安用地的挂牌出让相关问题；全区安全生产工作。

6月24日，审定省农科院丰裕、丰润小区提质改造相关问题；棚改项目货币补偿安置补贴暂定办法；关于政府投资项目中介机构库管理办法及中介服务收费标准的问题；隆平高科技园责任清单和流程清单；举办电竞比赛相关事宜；退出芙蓉农合行股东身份相关问题；芙蓉区小微企业创新创业行动计划；设立湖南影像创客基金的问题。

8月26日，审议《芙蓉区2015年财政预算执行情况审计报告》；审议《芙蓉区2015年财政决算和2016年1—6月预算执行情况的报告》；审议《芙蓉区2016年1—6月国民经济和社会发展计划执行情况的报告》；研究社区提质提档工作；研究燕山街拆迁项目经费相关问题。

9月29日，研究蔡锷中路两厢棚改项目征收决定公告和风险评估报告。

10月21日，研究东屯村原60号令两安用地遗留问题；长沙市“96366”电梯应急救援芙蓉分中心暨芙蓉区电梯数字化网络实时管理平台建设工作；《芙蓉区关于进一步加快推进现代服务业发展实施意见》；《2016年1—9月全区财政预算执行情况与2016年财政预算调整方案（草案）》；《公务用车制度改革整体方案》；社区办公服务用房建设；绩效考核奖励相关问题。

10月25日，研究信访维稳有关工作；2017年市重点建设项目；科技项目相关工作；“新三年大造绿”行动项目计划；安全生产相关工作。

11月7日，研究《政府工作报告》《芙蓉区2013—2016年国民经济和社会发展计划执行情况和2017—2021年国民经济和社会发展计划（草案）的报告》《芙蓉区2013—2016年财政工作情况和2017—2021年财政工作计划（草案）的报告》；审议有关违纪案件；部署政府11月重点工作。（杨　冲）

·附·

长沙市芙蓉区人民政府
2016年文件目录

芙蓉区人民政府发文

◎芙政发〔2016〕1号关于印发修订后的《长沙市芙蓉区安全生产监督管理职责暂行规定》的通知

◎芙政发〔2016〕2号关于批准《长沙市芙蓉区安全生产监督管理局2016年度安全生产监督检查计划》的通知

◎芙政发〔2016〕3号关于清理规范37项政府部门行政审批中介服务事项的通知

◎芙政发〔2016〕4号关于下达《芙蓉区2016年重点项目建设计划》的通知

◎芙政发〔2016〕5号关于2015年度区政府系统建议提案办理工作考核情况的通报

◎芙政发〔2016〕6号关于印发《芙蓉区2016年国民经济和社会发展目标》的通知

◎芙政发〔2016〕7号关于公布隆平高科技园涉企行政职权清单的通知

◎芙政发〔2016〕8号关于长沙隆平科技创业投资有限公司与政府相关应收账款和其他应收款偿债计划以及资金支付安排的批复

◎芙政发〔2016〕9号关于印发《长沙市芙蓉区开展危险货物道路运输车辆路面专项整治的工作方案》的通知

◎芙政发〔2016〕10号关于取消一批行政审批事项的通知

◎芙政发〔2016〕11号关于对长沙众旺公交有限责任公司“8·13”道路运输事故调查报告的批复

◎芙政发〔2016〕12号关于印发《长沙市芙蓉区关于国务院安委会第三巡查组交办问题的整改实施方案》的通知

芙蓉区人民政府办公室发文

◎芙政办发〔2016〕1号关于印发《“文明出行、畅安长沙”芙蓉区道路交通综合整治工作方案》的通知

◎芙政办发〔2016〕2号关于2016年政务信息报送采编工作的通知

◎芙政办发〔2016〕3号关于印发《长沙市芙蓉区基金监管实施办法》的通知

◎芙政办发〔2016〕4号关于市、区2016年《政府工作报告》目标任务责任分解的通知

◎芙政办发〔2016〕5号关于印发《芙蓉区开展“进万户，访百企，优服务，促发展”企业大走访活动的实施方案》的通知

◎芙政办发〔2016〕6号关于印发《长沙市芙蓉区国有土地上房屋征收资金管理暂行办法》的通知

◎芙政办发〔2016〕7号关于印发《长沙市芙蓉区农村集体聚餐食品安全监督管理办法》的通知

◎芙政办发〔2016〕8号关于长沙市芙蓉区人民政府办公室政务服务人员分工的通知

◎芙政办发〔2016〕9号关于印发《长沙市芙蓉区人民政府办公室2016年工作要点》的通知

◎芙政办发〔2016〕10号关于认真做好2016年人大代表建议和政协委员提案办理工作的通知

◎芙政办发〔2016〕11号关于印发《芙蓉区企业安全生产标准化创建和复评换证奖励扶持办法》的通知

◎芙政办发〔2016〕12号关于印发《芙蓉区开展国地税联合税收征管工作的实施方案》的通知

◎芙政办发〔2016〕13号关于印发《2016年芙蓉区城中村改造工作方案》的通知

◎芙政办发〔2016〕14号关于印发《芙蓉区慈善助困低保家庭实施办法》的通知

◎芙政办发〔2016〕15号关于印发《长沙市芙蓉区食品药品违法行为举报奖励办法（试行）》的通知

◎芙政办发〔2016〕16号关于印发《长沙市芙蓉区居民健康卡信息采集工作实施方案》的通知

◎芙政办发〔2016〕17号关于印发《芙蓉区两型社会示范创建工作方案》的通知

◎芙政办发〔2016〕18号关于印发《芙蓉区突发事件新闻发布应急预案》的通知

◎芙政办发〔2016〕19号关于印发《长沙市芙蓉区安全生产举报奖励办法》的通知

◎芙政办发〔2016〕20号关于印发《长沙市芙蓉区简化优化公共服务流程方便基层群众办事创业工作方案》的通知

◎芙政办发〔2016〕21号关于下达长沙市芙蓉区最严格水资源管理制度工作任务的通知

◎芙政办发〔2016〕22号关于印发《芙蓉区人民政府重大行政决策程序规定（试行）》《芙蓉区人民政府行政执法监督办法（试行）》《芙蓉区政府合同审查管理 办法（试行）》的通知

◎芙政办发〔2016〕23号关于印发《长沙市芙蓉区小微企业创业创新行动计划》的通知

◎芙政办发〔2016〕24号关于印发《长沙市芙蓉区促进小微企业创业创新的扶持办法（试行）》的通知

◎芙政办发〔2016〕25号关于成立东岸街道隆平公园等6个社区的批复

◎芙政办发〔2016〕26号关于实施道路交通综合整治第三战役工作暨暑期交通安全隐患集中整治行动的通知

◎芙政办发〔2016〕27号关于进一步加强商贸、旅游场所和企业文明创建管理工作的通知

◎芙政办发〔2016〕28号关于印发《芙蓉区打击非法集资综合清理整治行动方案》的通知

◎芙政办发〔2016〕29号关于印发《长沙市芙蓉区交通系统财政资金“雁过拔毛”式腐败问题专项检查工作方案》的通知

◎芙政办发〔2016〕30号关于印发《芙蓉区街道国库集中支付制度改革的指导意见》的通知

◎芙政办发〔2016〕31号关于印发《2016年芙蓉区民族团结进步宣传教育月活动方案》的通知

◎芙政办发〔2016〕32号号关于印发《长沙市芙蓉区科技计划项目管理办法》的通知

◎芙政办发〔2016〕33号关于印发《长沙市芙蓉区科技发展专项资金管理办法》的通知

◎芙政办发〔2016〕34号关于推进城区餐厨垃圾收集运输处理全覆盖工作的通知

◎芙政办发〔2016〕35号关于开展生活垃圾分类试点工作的通知

◎芙政办发〔2016〕36号关于重新确定区级治安保卫重点单位的通知

◎芙政办发〔2016〕37号关于2016年度行政执法案卷评查工作的情况通报

◎芙政办发〔2016〕38号关于区政府领导成员分工的通知

◎芙政办发〔2016〕39号关于进一步做好市属企业办社会职能分离移交工作的通知

◎芙政办发〔2016〕40号关于对芙蓉区第五届人民代表大会第一次会议上《政府工作报告》目标责任分解的通知

◎芙政办发〔2016〕41号关于印发《芙蓉区政府法律顾问管理办法（试行）》的通知

◎芙政办发〔2016〕42号关于2016年财政支出绩效评价结果的通报

（杨　冲）

政务公开与政务服务

【概况】 2016年，区政务服务中心推进政策公开和解读，坚持管理规范和服务创新，提高政府信息公开各项工作水平。

窗口服务。推行“和谐大厅，快乐工作”理念，建立健全首问责任制、一次性告知、限时办结等制度，遵守“两立、三声、四一样、五不让”10字服务标准，修订和完善“窗口绩效考核实施办法”“窗口工作制度”“文明服务规范”“考勤制度”“领导值班制度”，规范和约束全体员工思想道德、工作作风、岗位职责、服务礼仪、政策执行和工作业绩。全年接待群众咨询5.8万人次，受理业务5.37万件，办结业务5.27万件，实现零投诉。

行政审批。通过重新裁减政府行政审批项目，全区行政许可保留41项，行政确认48项，行政备案78项。公布《长沙市芙蓉区区本级行政审批项目目录》，全区行政审批事项承诺办理时限由法定1109个工作日压缩为538个，压缩率51.5%。辖区所有行政审批、行政确认、行政备案全部对外公布并实现在线办理。全年行政审批系统受理各类审批3210件，办结3233件，业务超时发牌数据为零。

政务信息。全区各单位全部按照《政府信息公开条例》规定编制政务公开目录和指南，并发布“芙蓉区2015年政府信息公开工作年度报告”。通过政府门户网站“芙蓉之窗”“幸福芙蓉”微信公众平台、芙蓉手机报、政府公报、新闻发布会等方式公开相关政府信息。“芙蓉之窗”全年公开政务信息9450条，“芙蓉之窗”上网查阅访问量826余万人次。推进重点领域公开财政预算和决算、“三公”经费和行政经费信息316条，住房保障信息155条，征地拆迁信息237条，教育医疗信息75条，物价和收费信息25条，食品安全信息91条，环境保护信息146条，安全生产信息45条。落实“芙蓉区关于进一步加强政府信息依申请公开工作的意见”，全年依法受理政府信息依申请公开336件，答复率100%。

“12345”市民热线。坚持动态管理全区“12345”市民服务热线系统平台工单办理时限、工作质量指标、服务标准规范、群众满意率等方面工作，并规范各项工作。利用网络微信平台开展宣传，按“四步”跟单法（限时办、督察办、批示办、会商办）提高工单办结率。在受理群众诉求方面，做到“件件有答复，事事有回音”。区热线办工单群众满意率在市热线办组织的每月例行考核中，6月和9月的回访满意率位列全市内五区第一。全年签收工单4019件，办理工单3940件，结案工单3932件，退回855件，回访满意率96.38%。（周　原）

【市民服务热线工作业务培训】 10月13日，区政务服务中心召开芙蓉区“12345”市民服务热线工作业务培训会。全区各街道、隆平高科技园管委会、区直机关相关部门等62家热线成员单位参会。该次会议由区政务服务中心主任徐乐斌主持并总结“12345”市民服务热线自开通后取得的成绩，分析存在的问题，部署下阶段的工作重点。区热线办分管副主任周巍通报2016年芙蓉区“12345”热线运行情况。市政府热线管理处业务主管邹蔚分析对比并通报市、区两级“12345”热线运行情况。通过培训，与会人员熟悉“12345”市民热线的操作流程、办件时限及方式和方法。会议交流答疑工单实际操作难点、疑点。

【承办全市道德讲堂活动】 5月20日，区政务服务中心承办长沙市“文明举止 热忱服务”主题道德讲堂活动。敬业奉献类“中国好人”谭里和应邀出席活动并作主题演讲。活动中，与会100余人齐唱“市民公约歌”，学习谭里和爱岗敬业事迹。该活动还开展了文明创建和窗口服务知识有奖答题。通过道德讲堂活动，政务服务中心全体干部职工共同洗涤心灵，感悟道德，增强了为民服务意识。

【下放老年优待证办理工作】 8月24日，区政务服务中心联合区民政局培训辖区13个街道民政专干承接办理老年优待证工作。9月1日，全区各街道政务中心正式受理“老年优待证”办理工作。该项工作是根据芙蓉区“品质提升年”要求，由区政务服务中心协调区民政局，为方便全区老年群众而下放的权限。为促使这项便民措施落到实处，区政务中心负责人在会上要求：各街道民政专干要高度重视办证工作，做到把握政策、方便办理。区政务中心在辖区开展日常监管和考评工作。区民政局负责人解释老年优待证办理的政策和业务要求，并提出设备支撑以及工作安排。（周　原）

督察工作

【概况】 2016年，芙蓉区政府督察工作围绕全区中心工作、重大决策和重大部署，加强和改进专项督察及办理工作，推进全区决策部署的贯彻落实。全年发出督办通知18件，下发督办函20件，下发督察通报29期。

交办任务督察。芙蓉区配合由市组织的重大项目和重点工程开工情况、城市环境综合整治、防汛抗旱、大气污染防治、安全生产和消防安全等方面开展督察工作，承办上级交办专项督察22次。承接文明指数测评、政府工作报告任务落实、各类会议纪要议定事项以及市领导批示件办理落实情况等工作开展督导检查事项16件次。

政府事项督察。按照年初政府工作报告安排，制定全区年度重要工作责任分解表，明确责任单位和完成时限，并要求各责任单位定期反馈进展情况。内容涉及经济发展、项目建设、民生福祉、城市管理、社会服务等方面。围绕政府决策制订年度督察工作计划，落实政府议定事项并全程跟踪督办。年内开展专项督察区政府常务会议、区长办公会议纪要议定事项4次。

专项督促查办。围绕政府重点工作和区领导关注的重大项目建设、财税收入征管、安全生产、食品安全、防汛排渍等开展专项督察。年内，持续督促特色街巷建设、社区办公用房达标、城市管理斑点问题等工作，坚持棚改征收项目每半月例行通报，对蔡锷中路棚改项目涉及体制内区级未签约人员下发督办函13件。重点督促办理各级领导批示件20余件，办结率100%。督办并落实《长沙晚报》、红网等媒体反映的舆情问题，解决一批事关老百姓切身利益的问题。

建议提案办理。在国家、省、市、区各级人大、政协会议召开期间，芙蓉区收到建议提案134件，其中国家、省市建议提案16件，区建议40件，区提案78件。经征求各部门意见及召开承办单位协调会，确定主办和协办单位，在建议提案交办专题会议上交办，并纳入督察工作计划，全程跟踪督办和落实，保障建议提案办理的质量和时效，办结率、面商沟通率、满意率100%。

组织网络及信件办理工作。截至年底，收到“市长信箱”信件272件，“区长信箱”来信79件，办结率100%。（尹振声）

【启动“新三年造绿大行动”】 12月14日，芙蓉区召开“新三年造绿大行动”动员大会，区长周春晖讲话，区委副书记陈计伟作全区三年造绿行动工作报告。区领导廖铁成、郑明、谢志鹏、陈庆出席会议。副区长练大智主持会议，各相关部门、街道共计130余人参会。2014—2016年，全区新增绿化面积155.84公顷，完成拆违复绿220公顷，绿化覆盖率43.9%。周春晖要求，芙蓉区作为中心城区，要统一思想抓造绿，打造好精品之区，筑牢绿色发展的理念。要突出重点抓造绿。推进造绿工作有序进展，完成好市对区的绩效考核任务。造绿工作要做好结合文章，片区式整体推进，打造芙蓉亮点与看点。要凝聚合力抓造绿。从落实责任、创新机制、全民参与方面形成全区齐抓共管、同频共振的工作格局。陈计伟指出，实施新一轮造绿大行动，芙蓉区必须抓落实、保成效、走在前列。要着力构建绿色生态新格局，实现绿化建设的新提升，建立健全管养维护新机制。各部门要加强造绿统筹、夯实造绿责任、营造好造绿氛围。练大智指出，各相关部门、责任人要压实责任、明确要求，要形成声势、树立典型，要加大投入、整合资源。（黄　弋）

应急管理

【概况】 2016年，芙蓉区按照全市应急管理的总体安排和部署，从维护人民群众利益的高度出发，推进应急体系与机制建设，提高科学决策水平和现场处置能力。年内，开展预防和处置突发公共事件，减少重大突发事件的发生，最大限度地减轻重大突发事件的影响，保障人民群众生命财产安全，维护省会中心城区的公共安全、环境安全和社会稳定。

应急机构完善和基层基础工作。区应急办制订年度应急管理工作要点，部署安排全年工作。成立全区应急管理的指挥机构，由区长担任总指挥、分管副区长担任常务副总指挥，应急管理的办事机构设在区应急办，与区政府办公室合署办公。区应急办发挥在突发事件预防和处置工作中的综合协调和运转枢纽作用，推进基层应急管理规范化建设，在全区形成统一指挥、反应灵敏、协调有序、运转高效的应急管理体系。全区各相关部门、各街道按照部门管理职能和属地管理原则，建立应对突发事件的应急处置指挥机构，实行主管领导负责制，明确应急工作的职责和任务。

应急平台建设和应急工作机制。区应急办按照市应急办应急体系建设规划的总体要求，与全市应急联动指挥系统对接，实现统一平台下处置应急突发事件信息、指令、视频互联互通、资源共享。按照“统一领导、分级负责，综合协调、分类管理，条块结合、属地管理为主”的原则，建立辖区应急工作联络网。整合资源、明确任务和职责，缩短应急响应时间，提高应急处置工作效率，形成“政府统筹协调、社会广泛参与、防范严密到位、处置快捷高效”的应急管理工作机制。在防涝排渍、学校水痘疫情、东岸冰宇液化气爆炸等一般突发事件处置过程中，区应急办坚持“早发现、早报告、早处置”的原则，接到突发事件信息，及时查明、核实情况，迅速依次向有关领导报告，控制网络舆情，及时处置突发事件。年内未发生重大突发事件。开展专项隐患排查整治工作，打击各类非法违法和违规违章行为，消除安全隐患。年内，开展烟花爆竹、危险化学品、交通运输、建筑施工、消防安全、职业卫生、粉尘防爆、特种设备等专项整治行动667次，排查整治安全隐患1041处。查获危化品非法运输、储存案件20起，烟花爆竹案件18起；行政拘留5人，处罚18.4万元。

救援队伍建设和应急物资保障。坚持“专群结合”的原则。按照“一专多能、一队多用”的要求，以公安、消防、医疗、民兵预备役等队伍为骨干力量，以抗洪抢险、医疗救护、群体性事件处置等专业队伍为基本力量，以企事业单位专兼职队伍和应急救援志愿者队伍为辅助力量，建立统一高效、上下联动、协调一致、保障有力的应急抢险救援队伍。该区在民政局设立救灾物资库；在区卫生局设立公共卫生药品和疾控防疫物资库；在区农林水局设立防汛物资库。由区政府做出财政预算安排应急专项准备资金。如，信访维稳帮扶资金300万元、动物防疫80万元、疾病预防控制专项经费近200万元。全区应急保障后勤物资供应由区财政局、民政局和安监局负责。

应急值守和信息报送。完善值班值守工作制度，规范值班人员守则，保证值班电话24小时全天候畅通，做到值班值守有登记、有报告、有落实、有反馈。按照“关于进一步加强规范突发公共事件信息报告工作的通知”要求，区应急办明确信息报告要素、时限、渠道和责任主体，对重要值班信息的查询、研判、跟踪和汇总，并规范突发公共事件信息接收、采集和报送工作程序。年内收到区直各部门、各街道报送重大信息52条（不含续保信息），通过甄别向市应急办报送信息25条。按照程序和要求向区领导汇报或通报信息，向各相关应急处置部门或街道下达应急指令，保障了应急信息报送及时，传达迅速，处置到位。（黄　斌）

【应急法规和应急科普知识宣教活动】5月12日是全国第八个“防灾减灾日”，主题是“减少灾害风险，建设安全城市”。芙蓉区在大润发超市前坪开展防灾减灾日主题宣传活动。各相关单位通过播放防震减灾宣传片、宣传展板展示和设置咨询台、发放宣传资料等方式向群众宣传火灾、地震、洪涝、安全生产、食品药品安全、卫生防疫等方面的防灾减灾科普知识。活动中，辖区各宣传点制作宣传拱门12座，彩色气球188个，出动宣传车20余台次，展出宣传展板626张，悬挂横幅标语1080余条，发放《避灾自救知识》《手足口病防护知识》《地震与应急手册》《防震减灾应急常识》《泥石流灾害常识及脱险方法》《学生应学会的防火安全自救知识与技能》和其他公众应急知识手册1万余册，各类应急知识宣传资料20万份，接受群众咨询10万人次。（黄　斌）

【中央媒体到区开展采访活动】9月21日，由水利部新闻宣传中心、《人民日报》《人民日报海外版》《新华社》《光明日报》《经济日报》、中央人民广播电台、中央电视台等12家中央主流媒体和网络媒体到浏阳河风光带，开展“秋季美丽生态”之“秋水长天 水美中国”主题采访活动。市水务局总工程师王力新、副局长喻小丽，区领导于新凡、许凡、彭尚松陪同采访活动。采访团各媒体记者一行人参观浏阳河水生态风光带景观建设，听取区农林水利局浏阳河堤防建设与水生态文明建设、市住建局城市防洪排涝工程与污水管网建设情况介绍，参观隆平水稻博物馆并了解水稻文化和农业梯田及热泵节能减排项目展品。芙蓉区委书记于新凡接受各媒体记者集中采访，介绍了芙蓉区在改造建设浏阳河工程项目中做到防洪堤坝与路网建设、生态经济与民生效益、水体治理与总体环境、浏阳河与周边文化品牌4个方面相结合。各媒体记者肯定该区城市防洪堤防建设及浏阳河水生态风光带景观建设。（黄　弋）

电子政务

【概况】2016年，芙蓉区电子政务办稳步推进政务信息化进程，完成了各项工作任务。

政务网络。年内，科学规划和设计数据中心，建成辖区数据中心，包含主机房1间，保密机房2间。根据市委市政府推进智慧社区建设、规划搭建社区无线网络的要求，区电子政务办制订《芙蓉区无线网络建设概要设计方案》，梳理全区各街道、社区光纤线路和政务网接入点，年内完成无线网络全覆盖区政务大厅、13个街道和76个社区（村）政务大厅，全区13个街道卫生服务中心、芙蓉区妇幼保健院和芙蓉区红十字医院。

政府网站。年内，芙蓉区政府门户网站经改版升级后，页面设计简洁大方，交互技术突出目标主体，互动功能提升用户体验度。充实网站建设运维队伍，采取服务外包模式，聘请专业团队负责芙蓉区政府门户网站的日常运营工作。区门户网站有网站运营工作人员10名。6月始，长沙市人民政府办公厅开展全市政府网站常态化监测，该区政府门户网站8—12月连续5个月在全市（区）评比中排名第一。

队伍建设。区电子政务办出台“关于2016年政务信息报送采编工作的通知”“长沙市芙蓉区2016年度重点领域政府信息公开工作任务分解表”等文件，并制定保障网站内容。区委办和区政府办每季度督察并公开信息情况，保障各项政务信息及时、准确和公开。（李晓青）

人力资源和社会保障

【概述】2016年，芙蓉区坚持“以创业带动就业”的发展理念，落实机关事业单位养老保险制度改革工作，实施人才引进培养“235”工程，完善协调劳动关系三方机制，完成年度各项目标任务。10月，湖南广发隆平创业孵化基地、“K+影像创客空间”和长沙赛格数码广场被评为市级“创新创业带动就业示范基地”。湖南广发隆平创业孵化基地还被人力资源和社会保障部评为“创新创业带动就业示范基地”。年内，区人力资源和社会保障局被评为湖南省人社政策法规网络知识竞赛优秀组织单位、长沙市2016年度工资集体协商优秀单位。

就业创业。开展“春风行动”。全年举办专场招聘会13场，发放宣传材料5万份，进场招聘企业828家，提供岗位2.99万个，进场求职万余人，达成用工意向1912人。联合湖南农业大学开展“服务进校园，就业在身边”——公共就业服务进校园活动，帮助大学生提高应聘技能、择业能力和社会竞争力。活动邀请120余家用人单位参加，现场接收大学生简历1410份，初步达成就业意向562人。与湘西自治州保靖县迁陵镇起车村签订贫困人口劳务输出对接扶助协议，开展精准就业劳务对接先行试点工作。在区人力资源服务中心设立贫困劳动力就业服务“绿色窗口”，为登记湘西州求职的劳动者提供个性化服务。区人社局分别到岳阳市平江县、湘西自治州龙山县、保靖县开展精准脱贫转移就业专场招聘活动。年内，聘请专家教授举办创业培训班。指导创新创业平台建设及创新创业工作，有2家初创企业和4家个体户通过区级、市级评审工作。

社保惠民。开展“人社政策惠星城，便民服务进社区”宣传活动，并增强宣传的针对性和实效性，提高人社政策信息的覆盖率和知晓率。开展“征缴扩面”工作，按照五险统一征缴、一票征收的原则，做优社保日常工作。截至2016年11月，全区企业基本养老、城乡居民养老参保人数分别达到9.16万人、1.14万人，区级社会保险费征缴总额13.14亿元。全年企业退休人员行政审批、待遇核定806人次。为1.26万名企业退休人员发放基本养老金近2亿元；为3989名城镇居民发放基本养老金623.13万元；城乡医疗保险报销支付1621人次，医保基金（含生育保险）支出1174.11万元；城市居民医疗补助16人次，支付补助金9.3万元。落实社会保障卡发放和机关事业单位养老改革工作。成立芙蓉区社保卡服务中心，开展制卡申请、政策咨询以及特殊情况处理等业务；落实国家及省、市机关事业单位工作人员养老保险制度改革政策和工作部署，制定实施方案，核对和清理所有参保人员，11月上线运行，12月启动2016年度基金结算。

人事工作。全年完成5家事业单位（环保、安监、城管、人防、食安）转行政单位公务员集中登记工作。审批环卫局、工务局事业单位岗位设置方案，重新调整教育系统事业单位岗位设置方案。组织完成全区机关事业单位工勤人员工勤技能等级考试资格初审工作。组织开展2016年机关事业单位选调、招聘工作，分别选调29名、公开招聘32名工作人员。配合区委组织部贯彻实施人才培养“235”工程（五年内引进2000名人才，形成基层一线培养、高校择优引进和社会公开考选的3个人才来源主渠道，实施社会工作人才职业化计划、党政人才优化储备计划、科级领导干部广推优选计划、高端人才集聚计划和教育英才拓展计划5大人才培养子计划），引进文秘、会计、法律领域10名专业型人才作为政府雇员充实到各基层岗位上；开设博士专场招聘，组织15名博士参加集中面谈，引进博士9人。指导教育部门公开招聘教师66名。组织推荐外专引智省级项目7个、市级项目8个参与评选，获得省级项目6个，市级项目3个，争取到引智项目资金46.5万元。规范流动人员人事档案管理工作，开展公益性岗位业务管理培训，人员调研摸底、岗位人数核定、工资福利待遇核定等相关工作，完成公车改革公益性岗位司机的摸底、工作年限计算，起草社区专职工作者管理办法文件等工作。

劳资和谐。截至11月底，收到劳动争议案件455件，其中立案处理325件，不予受理54件，案外调解76件，涉及劳动者600余人，为劳动者追回经济损失1200万元，调解结案率60%。提升矛盾化解能力，接到来电、来信、来访的当事人咨询2000批次，涉及劳动者近2700人。其中仲裁集体案件11起，涉及劳动者358人。受理举报投诉案件186起，为劳动者追讨工资215.27万元，补缴社会保险费42.51万元。与街道、社区联动，组织专项执法检查和日常巡视工作，打击侵害劳动者合法权益的行为。检查用人单位60家，涉及劳动者超过4500人，下发限期改正指令书和建议整改函14份，整改通知10份。完善535名企业退休军转干部信息台账，保障医疗门诊补助和两节慰问资金及时落实到位，做好教育疏导和维稳工作。（黄锦堂）

【开展脱贫劳务交流试点工作】2016年，芙蓉区人社局与湘西自治州保靖县人社部门合作，开展劳务协作交流，推动保靖县劳动力向长沙转移就业。5月，与保靖县起车村签订劳务输出对接扶助协议，开展精准就业劳务对接先行试点工作，在岗位对接、信息交流、技能培训等方面提供点对点对口帮扶。在区人力资源服务中心设立贫困劳动力就业服务“绿色窗口”，为求职劳动者建档立卡。开展精准脱贫转移就业专场招聘活动，由区人社局领导带队走访全村建档立卡困难家庭126户。招聘活动达成就业意向82人，2人随车前往招聘企业上岗。该次精准脱贫就业试点工作，为探索劳务对接脱贫试点工作提供了有益经验。

【“乐业芙蓉”招聘会】10月，公共就业创业服务进校园活动在湖南农业大学举办，该次活动坚持服务前置理念，通过开展送企业岗位、职业指导、政策清单、服务手册的方式，实现供需的精准对接。区人社局邀请120家用人单位参加招聘会，带来3500余个工作岗位，涵盖计算机、电子商务、农业科技等50余个岗位类别。会场设立高校毕业生创业培训补贴、创业担保贷款、创业政策扶持等8个专门咨询台，帮助求职学生了解就业创业形势，熟悉就业创业政策，拓宽就业创业渠道。（曾　中）

【开展创业主体摸底】年内，区人社局开展辖区内新增创业主体摸底，并建立健全创新创业工作基础台账。截至年底，全区新增创业主体9250家，其中新增个体工商户5896家，企业3353家。新增创业主体的上户信息采集工作完成。

【出台创业指导文件】11月，区就业和农民工工作领导小组牵头制定，以区委办公室、区政府办公室名义印发《长沙市芙蓉区创新创业带动就业实施意见》。“意见”明确创新创业工作目标、工作任务和责任分工，将创新创业的工作任务细分到各个职能部门，并设立专项资金用于扶持创新创业各项工作的开展。

【青年创业创新比赛】5月31日，第二届“中国创翼”青年创业创新大赛——芙蓉区初赛在区委党校教室举行。由市人力资源和社会保障局就业促进处处长喻嘉，湖南农业大学动物科技学院教授、博士生导师黄兴国，湖南省湘学信息技术研究院院长、博士生导师吴家强等7名专家评委担任评委。该次大赛收到网络和实地报名参赛项目34个。经过专家团队初审，20个参赛项目列入初赛，比赛项目内容涵盖科技、农业、文化、电子商务等领域。参赛选手包括在校大学生、外企精英、科研人员、残疾人计150余人。他们采用PPT演示、讲解、实物展示的方式介绍各自的商业计划书，并现场回答了评委的提问。该区初赛，评选出优秀项目12个参加市级复赛，8个项目参加省级复赛。市人力资源和社会保障局副局长王河到场指导。湖南农业大学、湖南生物机电职业技术学院、湖南省商务厅人才交流中心、隆平高科技园区、区直相关单位、各街道负责人参加了大赛。

【财政部驻湖南省办事处派员到区检查工作】10月，财政部驻湖南省财政监察专员办事处负责人到芙蓉区检查就业专项资金管理情况。全年该区收入就业资金2203.32万元，使用资金1965.31万元，结余238.01万元。就业专项资金按照“湖南省就业专项资金使用管理办法”规定程序、范围支出。就业专项资金纳入财政社保资金管理，单独设立就业资金社保财政专户，实行专人、专户管理。严格资金拨付审批程序，并按照财政国库管理制度规定实行财政专户直接支付，资金使用依法合规，敏感项目重点把关，社会效益明显。就业专项资金使用管理的规范性、有效性和安全性得到财政部驻湖南省财政监察专员办事处负责人的肯定。（刘 菲）

【企业五险征缴再创新高】 2016年，全区企业五险征缴再创新高，在2014年首次突破10亿元大关、2015年达到13.11亿元的基础上，2016年全年基金征缴14.1亿元。企业养老保险基金累计结余36.52亿元。

【芙蓉区社保卡服务中心成立】 为全面推进社保卡的发放，做好社保卡使用后续服务，2016年4月成立芙蓉区社保卡服务中心。该中心位于远大路280号，长沙银行东城支行3楼，作为长沙市社保卡的一个服务网点，对外开展社保卡制卡申请、政策咨询以及特殊情况处理等业务。

【城乡居民养老保险参保缴费调研】 为了准确掌握辖区城乡居民养老保险参保缴费现状，查找工作中存在的不足及制度实施所面临的困难，推进城乡居民养老保险制度的可持续发展，4—6月，区城乡居民养老保险服务中心在全区范围内选择3个村、1个街道开展城乡居民养老保险参保缴费情况调研。发放书面问卷403份，召开座谈会3场。通过对问卷调查开展统计分析，结合座谈会收集的情况，形成书面调研报告并上报，为完善城乡居民养老保险政策提供参考。

【城镇职工基本养老保险参保户籍限制取消】 为落实市委、市政府《关于进一步推进户籍制度改革的实施意见》，从5月开始，长沙市行政区划内的本地户籍人员，不受户籍地域和性质的限制，均可按政策以灵活就业身份参加城镇职工基本养老保险。

【新机关事业养老保险系统正式上线运行】 芙蓉区于2015年11月启动机关事业单位工作人员养老保险制度改革，经过一年的制度完善、运行系统的建设以及基础数据的维护，于2016年11月正式开始上线运行，12月完成2016年度各参保单位机关养老保险基金结算，计划从2017年1月开始养老保险和职业年金的按月征缴和养老金待遇经办机构社会化发放。（丁文兵）

【中组部督察组到区巡检督察】 1月5日，中组部办公厅统计处副处长郝志敏、金迪及国家公务员局综合司调研统计处主任科员王洪强到区人社局巡检督察党内统计和公务员统计工作。市委组织部党管处处长何晓芳及区委组织部副部长田松柏等领导陪同。郝志敏一行重点检查基层报表准确性、真实性、统计口径规范性和统计数据库准确性等内容，指导数据库及报表填报的一些具体问题。通过现场检查，郝志敏一行肯定芙蓉区人社局党内统计和干部统计工作，要求芙蓉区人社局提高认识，做好基础工作，加强统计数据利用，服务组织人事工作，加强队伍建设，完善工作制度，保证统计工作的真实性和实用性。

【芙蓉区人社局被评为网络知识竞赛优秀组织单位】 自湖南省人力资源和社会保障厅人社政策法规网络知识竞赛活动开展以来，区人社局第一时间召开专题班子会，落实知识竞赛活动有关要求，组织召开全区人社系统网络知识竞赛动员会，人社局党组书记、局长唐宇平，副局长王伟京，局机关各科室负责人及各街道人社站副站长参会。会上，唐宇平对人社政策法规网络知识竞赛活动提出“全员参与、全员满分”工作要求。活动中，区人社局主动落实省厅、市局有关要求，制定活动方案，通过印发宣传资料、组织会议培训、设置工作QQ群、新闻媒体宣传等开展宣传活动，扩大人社政策的影响力，提升全区人社系统干部职工的政策法规水平和人民群众对政策的知晓度。芙蓉区人社局从准备工作细、重视程度高、组织力度大、参赛人员多、覆盖范围广、宣传声势大6个方面推动竞赛活动，截至2016年年底，芙蓉区人社系统局机关及各街道干部职工276名，完成293份网络知识竞赛答卷，满分率100%。通过该次活动，各参赛单位加深对人社工作政策法规的理解和掌握程度，更加深了基层工作人员间的交流，还有不少干部以此作为竞赛游戏，互学互助，促进社会良好学风的形成，产生了较好的社会效果。

【人社政策宣传首场活动在区举行】 11月18日，全市“人社政策惠星城、便民服务进社区”系列人社政策宣传活动首场活动在芙蓉区举行，市人社局党委副书记、副局长王河，市人社局党委委员、副局长李德清、谭明江，副区长谭雄伟等领导出席活动。该项活动扩大人社政策社会知晓度，促进人力资源和社会保障各项惠民政策落实到位，惠及民生。（黄锦堂）

·创新创业·

【概况】2016年，芙蓉区围绕创业工作重点，主动适应新常态，把握“双创”新机遇，从平台建设、优化服务、浓厚氛围等方面入手，创业服务工作迈上新台阶。张全军、蒋策勋、张爱花、阎列尧被评为自主创业就业先进个人；湖南易分销电子商务有限公司获评省创新创业带动就业优质初创企业。广发隆平创业基地获得“湖南省创新创业带动就业示范基地”，湖南惠农科技有限公司、湖南舒比奇生活用品有限公司、芙蓉区艾寇建材商行、芙蓉区佳泰电器商行获得省“双百资助工程”称号。

创业载体建设。年内，全区建成以区创业服务中心为核心，13个街道人社站为延伸，79个社区（行政村）人社中心为基点的创业组织网络，实现创业服务全区覆盖。组织开展业务培训，优化人员结构，提升基层平台服务创业的能力。融入“互联网+”时代，拓展线上服务，依托就业网络，芙蓉之窗、芙蓉就业微信平台渠道，整合创业培训、创业指导、创业贷款等各项工作的办事指南和政策咨询等功能，及时推送就业创业资讯，为广大服务对象搭建起便捷平台。

落实创业举措。该区把服务作为促进创业的重要内容，落实相关扶持政策，出台“长沙市芙蓉区创新创业带动就业实施意见”，制定《长沙市芙蓉区创新创业带动就业系列评选活动办法》，并作为开展区级各项补贴和创先争优活动的政策依据，激发人民群众创业活力。出台创业贷款新政策，扩大重点扶持对象，提升贷款额度，实行全民贴息贷款、二次贷款贴息等优惠政策并落实创业担保贷款政策。

浓厚创业氛围。该区把宣传“大众创业，万众创新”作为促进创业的手段，并利用赛事活动及新闻媒体扩大影响力，为创业者营造良好创业氛围。9月，在“长沙市首届创业博览会”上，该区制作10余张展览板，展示芙蓉区创业特色工作以及规划与设想，并精选辖区内5家优质孵化基地、5家优质企业在博览会期间现场解说和展示产品。做好线上线下就业创业宣传工作，与湖南都市频道合作开展创业典型报道工作；向长沙就业宣传平台报送就业创业工作动态；围绕大众创新创业需求，做好各项创业活动的宣传推广工作。举办第二届“中国创翼”青年创业创新大赛芙蓉区初赛，打造创新创业芙蓉品牌，在全区范围内营造起创新创业的浓厚氛围。（刘　菲）

【创新创业带动就业典型培树工作】1月，参与市级“创新创业带动就业示范单位”典型培树工作，经各街道、社区（村）自愿申报，组织人力资源和社会保障局相关负责人通过查看资料、实地考察，并采取逐项评分，推荐湘湖、火星街道及东宜、曾家坪、化龙池社区作为市级“创新创业带动就业示范单位”的候选单位。8月，湘湖街道、东岸街道东宜社区、定王台街道化龙池社区被评为湖南省创新创业带动就业示范单位。

【创业贷款“降门槛”】8月，芙蓉区小额贷款中心以全民创业、万众创新为契机，调整贷款政策：实行全民贴息贷款、二次贷款贴息，并推出7类重点扶持对象；贷款额度提升至个人贷款10万元，联合贷款50万元；毕业2年内大学生经专家评审可免除反担保。年内，该区发放贷款62笔，1461万元(其中企业贷款2笔，600万元；个人贷款60笔，861万元），到期还款率100%，贴息42.29万元。

【创新创业补贴】7—8月，区人力资源和社会保障局根据市局“关于组织开展2016年度长沙市创新创业带动就业示范项目申报工作的通知”“关于做好2016年度初创企业一次性开办费补贴发放工作的通知”和“关于做好2016年度初创企业经营场所租金补贴发放工作的通知”要求，结合全区工作实际，组织开展了3项补贴申报工作。该项申报工作收到各街道推荐示范项目36家，一次性开办费补贴项目和经营场所租金补贴项目各10家。区人力资源和社会保障局择优推荐示范项目20家，一次性开办费补贴项目和经营场所租金补贴项目各8家报送至市局参评。经审核评选15家企业获得市级“示范项目”，获得奖补资金130万元；申报的16家企业分别获一次性开办费补贴项目和经营场所租金补贴，获得补贴资金17.2万元。在市级路演评选中，由该区报送的项目“汽车之链”获得全市最高分。（刘　菲）

机关事务

【概况】 2016年，区机关后勤服务中心按照“服务、保障、管理”的要求，做好物业服务、工程维修、膳食管理、安全保卫、公共节能、公车管理等方面工作，为全区干部职工提供安全、舒适、规范、有序的办公环境。

物业服务。全年累计提供各类大小会议服务1250场次，完成区委、人大、政府、政协“四套班子”换届选举等大型会议保障工作。每天收发各类报刊79种，合计8960份，每月收发放包裹、快递、挂号信约2380件，投放准确率和及时率100%。加强区机关大院绿化养护、修剪、补种的力度，实行分类管理和定时跟踪等措施，提升院内绿化品质。坚持实行定人、定时、定量、定区域等“四定”保洁制度，加强区机关办公大楼重点楼层、重点时段的清扫频次，实现保洁服务“零投诉”。

工程维修。设立区机关办公区域“84683414”和“84683331”维修热线，坚持24小时值班制，实现“一站式”即时服务，全年实施小型零星维修1267次，中型维修35项，大型维修4项。实施了会议中心、214会议室音响设备改造、电梯空调安装、西侧停车场改造、喷泉池水泵更换、公卫配电间电路升级等项目，做到维修及时、服务优质，保障了区机关大院水、电、气正常供应，电梯、空调、消防、监控等设施设备正常运转。

膳食管理。办理食堂就餐卡1402张。其中在编人员854张、临聘人员548张。采用更换桌椅增加座位量、错时就餐分流、AB盒饭套餐等措施，保障干部职工有序就餐。坚持查验、随机抽样、微信测评等方式对食堂餐饮质量、就餐环境及食材原材料采购品种、数量、质量等日常监管，年内实施6次现场查验和随机抽查，并建立食堂工作交流微信群，开展食堂满意率微信季度测评。出台“关于改善食堂伙食的方案”，10月干部职工餐卡标准提高至330元/人月。

安全保卫。全年接待上访群众2300余人次，劝阻上访群众阻门、喊口号、拦车、游行等过激行为，实现冲突事件零发生，被区公安分局评为2016年度内保先进单位。建立健全“安全生产管理制度”“安全技术操作规程”等规章制度，坚持节假日和八小时以外轮流值班查勤制度和安保主管24小时日夜带班制。年内组织安全大排查10次，消除安全隐患21次，其中设备隐患4次。区机关大院新装高清监控镜头100个，实现院内公共区360度无死角、24小时不间断监控。全年更换干粉灭火器500个，组织消防演习培训4期，发现小型火灾事故隐患并及时处理3次，实现大院“零事故”。

公共节能。全区公共机构耗能用电量1515.89万千瓦时，水165.65万吨，汽油69.73万升。与上年相比，公共机构人均耗电量下降7.55%，人均耗水量下降22.7%，人均消耗汽油量下降6.8%。改建芙蓉实验中学、大汉瑞致小学、东风小学、双新小学等太阳能及雨水收集节能项目。区公共机构节能工作在市对区考核中被评为优秀。

公车改革。4月，全区启动公车改革工作，根据“长沙市机关公务用车制度改革实施方案”文件精神，出台“芙蓉区公车管理暂行办法”“芙蓉区公务用车平台使用管理方案”等相关制度及文件。全区拍卖公车108台，保留公车127台（含执法用车），聘用司机63名。公车改革后各部门保留的车辆统一由区后勤中心管理并纳入管理平台。（陈　静）

【优化门禁系统】 10月，区机关大院启用门禁、食堂餐卡“一卡通”。该卡片为实名制银行卡，具有机关大院门禁、食堂餐卡、公交、地铁及银行储蓄等功能，实现了“五卡合一”。“一卡通”的正式启用，方便了工作人员进出办事，保障了机关大院安全。

【物业合同续签】 区机关大院、公共卫生大楼、区武装部的物业服务由深圳锦峰物业管理公司承担，2016年5月31日合同到期。因深圳锦峰物业管理公司按合同约定完成物业服务且服务情况良好，在同等条件下，区机关后勤中心与深圳锦峰物业管理公司办理续约手续，合同期为3年（2016年6月1日至2019年5月31日），物业管理服务费用按合同实行年度包干（392万元/年）。

【立体车库由中电嘉旺委托管理】 2015年12月1日，区机关大院立体车库项目建成并投入使用。为加强立体智能车库车位有序管理，保证车库正常维护及运转，区机关后勤中心把立体智能车库（包括区域内地面车位）委托湖南中电嘉旺智能车库有限责任公司承包管理，委托期限从2016年1月7日至2017年1月7日，总承包价为60万元/年。（陈　静）

隆平高科技园管理委员会

①②③
④⑤⑥
⑦⑧

①2月18日 副省长张剑飞（前排中）调研湖南稀土金属材料研究院

②9月12日 省委常委、市委书记易炼红考察重点建设项目英氏孕婴童产品产业园

③11月22日 市委副书记徐宏源（前排中）与观摩团一行参观孕婴童产品产业园智能生产车间

④11月24日 生物育种产业政产学研研讨会暨长沙生物育种产业技术创新战略联盟成立

⑤11月24日 市委常委高山（图中）为长沙生物育种产业技术创新战略联盟授牌

⑥11月24日 袁隆平院士分别为芙蓉区和隆平园赠送“中国种业硅谷”题词

⑦11月28日 重点项目药圣堂养生中药饮片产业园开工

⑧芙蓉区委常委、隆平高科技园党工委书记王曙光（左三）与企业家协同创新联盟成员一行参观苏宁云商基地

芙蓉区人民武装部

①②③
④⑤⑥
⑦

①1月7日 区人武部领导慰问新兵家属
②3月16日 长沙警备区司令员王忠斌参观大汉集团
③5月10日 省军区抓建基层工作会议在区召开
④5月20日 2016年征兵宣传动员会召开
⑤7月26日 征兵工作专题会议
⑥8月31日 区委议军会
⑦区长周春晖到区人武部现场办公

中共长沙市芙蓉区纪律检查委员会

①4 月 14 日 省纪委常委伍英、市纪委书记李军一行调研芙蓉区纪检监察信访举报工作。

②“两会”期间 区委常委、纪委书记袁伟洁与市委督察组严查会风会纪。

③4 月 22 日 召开全区“雁过拔毛”式腐败问题和“纠‘四风’、治陋习”专项整治工作会议

④8 月 17 日，中共长沙市芙蓉区第五次代表大会胜利闭幕，会议产生了中共长沙市芙蓉区第五届委员会和纪律检查委员会。

⑤举办党纪党规知识竞赛

芙蓉区委组织部

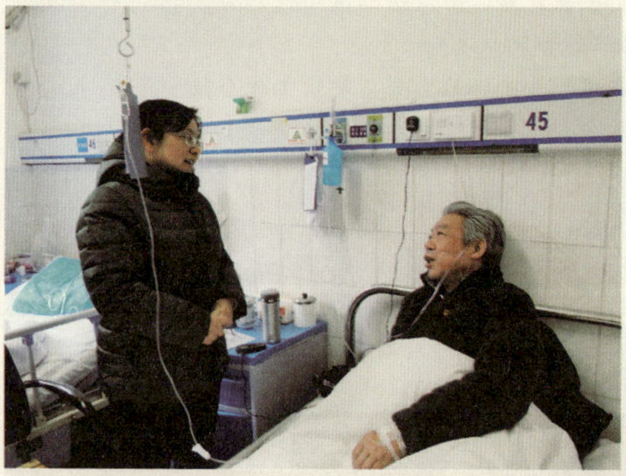

①②
③
④
⑤⑥

①1月8日 芙蓉区公推公选社区党组织书记情景模拟面试考场
②3月21日 浙江大学—芙蓉区“互联网+专题研修班集体照
③2016中青班赴井冈山开展党性锻炼
④区委常委、组织部部长周虔看望慰问生病住院的离退休干部
⑤4月26日 芙蓉区“两学一做”学习教育工作座谈会
⑥10月31日 清华大学—芙蓉区创新发展专题研修班合影

芙蓉区委宣传部

①②
③
④⑤

①3月18日 芙蓉区"红袖章"志愿服务工作推进会召开

②4月24日 芙蓉区"微理论·微宣讲"总决赛举行

③10月13日 芙蓉区牵手中国人民大学定制芙蓉区智库，区委副书记、区长周春晖（右）、中国人民大学中国经济改革与发展研究院培训部主任付申（左）分别代表芙蓉区政府和中国人民大学签署智库建设合作协议

④《浏阳河上》 实景情境演出

⑤12月23日 长沙市委宣传部副部长李卫政（左）、长沙市社科联主席吴安定（右）共同为芙蓉区社科联揭牌

芙蓉区统一战线工作部

①	⑥
②	
③	
④	⑤

①2月26日　区委统战工作会议召开

②4月9日　芙蓉区召开民建区工委非公经济会员座谈会

③5月19日　全国人大常委、民革中央副主席修福金一行考察调研湖南和平解放史事陈列馆

④6月15日　省委统战部副巡视员王和平调研指导芙蓉区省级“同心社区”创建工作

⑤11月5日　区委统战部在湖南省社会主义学院举行“开展‘两学一助’争当党外先进”同心讲堂活动

⑥11月11－16日　区委常委、统战部部长易新宇率区各民主党派负责人到贵州、重庆开展“十三五”行动课题调研

芙蓉区政法委员会

①②
③④
⑤

①6月24日 “无毒青春·快乐向上‘6·26’国际禁毒日宣传活动”宣誓现场

②6月24日 “6·26”国际禁毒日宣传暨芙蓉区蓝结行动第六季“万户家庭同承诺”活动启动仪式在湖南农业大学大礼堂举行

③9月21日 平安建设工作推进会暨“平安长沙”主题文化演出

④10月20日 举行全区政法系统专题宣讲活动

⑤区委常委、政法委书记刘文立调研朝阳街道平安建设工作

芙蓉区人民法院

①②
③
④⑤

①7月29日 为孩子们开展“我要当小法官”体验活动
②8月19日 召开全体80后青年法官座谈会
③庆祝建党95周年青年党员演讲比赛
④少年庭管奕锋庭长为燕山二小的学生上法治教育课
⑤为金融企业提供上门服务

芙蓉区人民检察院

①②
③
⑤④

①4月21日 知识产权进社区启动仪式
②7月23日 开展廉政教育培训
③8月10日 与社区开展未成年人关爱活动
④11月10日 新疆吐鲁番市检察机关到区考察案件管理工作
⑤12月28日 举办趣味运动会

芙蓉区区直机关工委

①	②
③	④
⑤	⑥

①3月24日 召开2016年党建工作会议
②8月9日 选举出席芙蓉区第五次党代会代表
③12月8日 组织全体工委委员到湖南党史陈列馆参观
④为不同年龄阶段的党员发放“红色礼包”
⑤机关团支部赴芙蓉区敬老院开展志愿服务活动
⑥组织党务工作者拓展培训

芙蓉区老干部局

①②
③④
⑤

①7月11日 芙蓉区举办纪念建党95周年暨红军长征胜利80周年老干部诗词书画展

②10月20日 芙蓉区召开纪念关工委成立30周年暨关心下一代工作总结表彰大会

③离退休干部参观浏阳河休闲风光带

④老干部大学开展教研活动

⑤老年大学举行校庆汇报演出

政协长沙市芙蓉区委员会

第四届区政协委员会机构及领导人员

主　席　刘建新
副主席　洪曙光（兼）
　　　　李国开
　　　　谢志鹏
　　　　黄金国
　　　　杨爱斌（女）
秘书长　成正良
常　委　邓　龙
　　　　田松柏
　　　　任质彬
　　　　孙心也
　　　　李凤英（女）
　　　　杨　力
　　　　杨相伟
　　　　何　伟
　　　　沈学军
　　　　张　璎（女）
　　　　张文军
　　　　张玉烛
　　　　张敬东
　　　　陆亚林（女）
　　　　罗　月（女）
　　　　赵小午
　　　　侯万里
　　　　姜雁菁（女）
　　　　徐　元
　　　　殷晓斌
　　　　唐强彪
　　　　黄　艳（女）
　　　　黄德君
　　　　慕　云
　　　　潘向阳
　　　　黎明星

工作部门

办公室
主　任　成正良
副主任　黄　海

提案法制委员会
主　任　刘碧君（女）

经济科技委员会
主　任　黄湘娟（女）

群团联络委员会
主　任　肖爱武（女）

人口资源环境委员会
主　任　王文杰

文教卫体委员会
主　任　周蔚三

第五届区政协委员会机构及领导人员

（2016 年 11 月换届选举）

主　席　郑　明
副主席　范伟民
　　　　洪曙光（兼）
　　　　谢志鹏
　　　　杨爱斌（女）
　　　　陈　庆
秘书长　成正良
常　委　田松柏
　　　　师　伟
　　　　朱元光
　　　　刘　妍（女）
　　　　刘　源
　　　　刘伟林（女）
　　　　孙心也
　　　　杨　红（女）
　　　　杨　斌
　　　　佘光辉
　　　　沈文强
　　　　张　璎（女）
　　　　张敬东
　　　　陆　战
　　　　陆亚林（女）
　　　　陈　谦
　　　　陈旭迪
　　　　欧　展
　　　　易淑珍（女）
　　　　金文泉
　　　　周习文
　　　　赵小午
　　　　黄　艳（女）
　　　　黄小利

梁伟杰
廖明辉
黎明星
潘向阳

工作部门

办公室
主　任　成正良
副主任　黄　海

提案法制委员会
主　任　成良访

经济科技委员会
主　任　黄湘娟（女）

群团联络委员会
主　任　肖爱武（女）

人口资源环境委员会
主　任　王文杰

文教卫体委员会
主　任　周蔚三

【概述】 2016年，芙蓉区政协把握团结、民主主题，按照“区委谋什么政协议什么，政府做什么政协帮什么，群众盼什么政协呼什么”的工作思路，履行职能，推进工作创新。

凝心聚力，在履行职能中务求实效。在政治协商实践中形成“全会协商、常委会协商、政府工作半年度协商、季度性协商及重点提案工作办理协商”的工作机制。拓宽民主监督渠道，促进职能部门效能提升。按照开展监督有计划、有题目、有成效的要求，紧盯重点追踪监督，提出批评性、建设性意见建议。对区民政局、区人社局、区国土分局、区审计局等职能部门在作风建设、办事规范化、政策执行及服务群众满意度等方面组织委员开展民主评议活动。

奋发有为，在服务发展中彰显担当。服务重点项目建设。区政协领导及机关干部参与“城中村”改造、棚改项目征收拆迁、城际铁路拆迁、市场升级改造、社区提质改造等项目中，协调解决征收拆迁、用地审批、规划设计、资金筹措等问题，促进火炬村、友谊东、黄土塘等项目加快拆迁扫尾并启动建设。助推城市品质提升，组织委员就加快隆平新区基础设施建设、完善核心功能布局、加强生态体系建设、打造浏阳河国际生态文化艺术走廊等课题开展专题调研、考察、咨询、论证等活动。为推进东片地区城市化进程、城区宜居品质进一步提升提供决策参考。

倾心为民，在奉献社会中展示风采。把壮大委员自身企业与帮扶群众增收相结合，依托所在行业优势为群众提供服务，以提案、调研报告、反映社情民意信息等有效途径表达民生诉求。开展各类特色活动。韭菜园、东屯渡、荷花园委员组开展“春风润民生”“创业促就业”“广场就业招聘会”等活动，为社会提供就业岗位2300余个；五里牌、马坡岭、火星发挥“委员工作室”排民忧、解民困的渠道作用，接待群众223人次，解决问题125件；定王台、东岸、朝阳开展“传承雷锋精神，展示委员风采”“东岸优品”“五个带头”等主题活动，为街道经济社会发展树形象；马王堆、文艺路搭建“爱心送清凉”平台，为一线工作人员免费赠送防暑物资；湘湖、东湖等地区组开展“捐资助学”公益活动，112名贫困学生得到资助。

内强素质，在自身建设中提升形象。开展党的群众路线教育实践活动、“三严三实”专题教育和“两学一做”学习教育，把服务大局、促进发展作为第一追求。落实中央八项规定和《党政机关厉行节约反对浪费条例》，严控“三公”消费，反对铺张奢侈。重点查摆“四风”方面存在的问题，抓好突出问题整改，各类会议明显减少，各类文件简报逐步规范。组织政协机关干部及政协委员开展“学习乐东经验大家谈”活动，把乐东经验传递的坦诚做人、勇于担当、甘于奉献的精神融入履职建言的理念中。

加强委员队伍建设。用活动凝聚委员，用制度管理委员，用真情关爱委员。健全“委员履职管理办法”等规章制度，强化学习培训教育。5月，组织委员到井冈山革命根据地接受教育。邀请知名专家学者为委员作专题辅导讲座，针对委员履职时遇到的困惑进行专项解读。鼓励委员坚持自学，编印发放《调研报告集》，为委员订阅《湘声报》《文史博览》《人民政协》等学习资料，编辑出版《芙蓉月刊“政协专刊”》展示委员履职典范。组织政协机关干部参与区委中心组（扩大）学习、“芙蓉讲坛”“道德讲坛”“直通车”大课堂等活动，提高政协机关的服务水平与能力。

存在的问题与困难。政协委员履职意识有待提高。委员间的相互交流不够，相互学习的机会太少。　　（张莉华）

【提案工作】 政协长沙市芙蓉区第四届委员会第五次全体会议期间，收到提案98件，其中委员个人提案81件，各民主党派团体和地区委员组集体提案17件。98件提案全部交办相关部门。至11月，提案办理完毕，其中问题解决的94件，占比96 %，列入计划将来解决的4件，占比4%。

【区政协第四届委员会第五次会议】 1月21—22日，政协长沙市芙蓉区第四届委员会第五次会议召开。21日在区机关会议中心举行开幕式，218位委员，实到216人。全体区委常委，区人大常委会全体副主任，区政府全体副区长，区人武部、区法院、区检察院、隆平高科技园主要负责人，区政协老领导及四届区政协常委在主席台就座。区直各部门、各街道(局)及市垂直管理部门主要负责人等400余人参加会议。区政协副主席李国开主持会议。会议听取和审议区政协主席刘建新所作的政协常委会工作报告，听取和审议副主席黄金国所作提案工作报告。听取来自法制、文化、环境等界别的4位委员作参政议政发言，内容涉及加强禁毒净化治安、公共文化设施建设、提升食品安全保障、创新民事纠纷化解机制等。大会表彰湘湖地区委员组等4个先进集体，区工商分局民主监督小组等3个先进民主监督小组；表彰43名优秀委员，14名优秀委派民主监督员；表彰四届四次会议以来21件优秀提案；3篇优秀社情民意信息和19篇优秀调研报告给予通报表彰。

在区政协22日全体会议上，全体委员列席区人大会议，听取区长于新凡所作的政府工作报告。大会于22日下午举行闭幕式，刘建新主持会议。大会听取区政协提案法制委员会主任刘碧君所作的《芙蓉区政协四届五次会议提案审查报告》，表决通过《政协长沙市芙蓉区第四届委员会第五次会议关于常务委员会工作报告的决定》《政协长沙市芙蓉区第四届委员会第五次会议关于四届四次以来提案工作情况报告的决议》《政协长沙市芙蓉区第四届委员会第五次会议政治决议》。区委书记梁仲在闭幕式上讲话。

【区政协委员换届工作】 6月，区第五届政协委员的换届工作在区委的统一领导下启动。区委组织部、统战部分别负责推荐和考察委员中共人选和非中共人选，区政协组织人员参与考察与推荐。最终确定第五届政协委员194名。新一届委员中，中共党员78名，占40.2%，民主党派和无党派人士116人，占59.8%。其中无党派61名，芙蓉区7个民主党派55名（民建13名，致公党8名，农工7名，民进7名，民盟7名，民革7名，九三学社6名）。为了发挥界别优势，拓宽委员履职途径，根据委员所从事的行业和工作性质，分设了9个界别组：科技组和经济组（对口经科委）、人资环组和城建组（对口人资环组）、法制组（对口提案委）、教育医卫组和文体新组（对口文教卫体委）、群团组和社会组（对口群团联络委）。11月11日区政协组织全体新委员集中培训，学习政协章程及委员履职知识。

【区政协第五届委员会第一次会议】 11月25—28日，政协长沙市芙蓉区第五届委员会第一次会议召开。25日在芙蓉区机关会议中心举行开幕式，政协副主席洪曙光主持，194名区政协委员出席会议。长沙市政协副主席王力力、长沙市委巡察一组组长黄静安出席会议。应邀出席大会的有区委、区人大、区政府、区人武部、隆平高科技园在职副县级以上领导，区政府副区长提名人选，区政协历届老领导，区公安分局、法院、检察院、湘湖管理局等副县职以上领导，各民主党派区基层组织主要负责人，区直各部门、各街道（局）、市垂直管理部门主要负责人近400余人出席会议。区政协主席刘建新向大会作四届政协常委会工作报告，副主席黄金国作提案工作报告。市政协副主席王力力在开幕式上讲话，

26日全体会议上，全体委员列席区五届人大第一次会议开幕式，听取代区长周春晖作政府工作报告。委员分13个组审议大会所作3个报告，审议国民经济和社会发展执行情况与计划的报告，审议财政预决算报告。小组会议还酝酿和推荐新一届政协班子人选。在全体会议上，委员通过无记名投票方式，选举产生中国人民政治协商会议长沙市芙蓉区第五届委员会主席1人，选举副主席5人、秘书长1人，常务委员28人。

28日上午，政协五届一次会议闭幕。会议由新当选的政协主席郑明主持。会议听取提案委主任作《关于五届一次会议提案审查报告》，表决通过《区政协第五届委员会第一次会议关于常务委员会工作报告的决议》《区政协第五届委员会第一次会议关于四届一次会议以来提案工作情况

报告的决议》《区政协第五届委员会第一次会议政治决议》。区委书记于新凡在闭幕式上讲话。

【区政协主席会议】 2016年，政协主席会议举行10次。其中四届6次，五届4次。

3月17日，四届政协第36次主席会议，讨论芙蓉区年初工作安排及外出学习计划。

6月17日，四届政协第37次主席会议，研究评选优秀党员及优秀党务工作者方案。

7月21日，四届政协第38次主席会议，讨论党代会组织工作及新一届政协委员推荐工作。

8月24日，四届政协第39次主席会议，研究11月举行区政协五届一次全会筹备工作。

9月9日，四届政协第40次主席会议，研究政协委员换届工作。

10月17日，四届政协第41次主席会议，讨论换届选举会议报告及大会方案。

12月2日，五届政协第1次主席会议，总结“两会”召开情况，新一届班子成员分工及公车改革相关工作。

12月9日，五届政协第2次主席会议，讨论考察项目。

12月19日，五届政协第3次主席会议，布置五届第一次常委会相关工作。

12月26日，五届政协第4次主席会议，讨论五届第二次会议方案。

【区政协常委会议】 2016年，区政协常委会举行5次。

3月25日，四届政协第19次常委会议，组织全体常委到委员所在企业的金井茶叶基地考察调研。

3月30日，四届政协第20次常委会议，组织全体常委到井冈山革命圣地参观学习。

9月26日，四届政协第21次常委会议，落实精准扶贫工作。

10月17日，四届政协第22次常委会议，讨论换届选举大会工作及资料准备。

12月22日，五届政协第1次常委会议，部署五届二次全会工作。（张莉华）

【市政协提案工作研讨会在区召开】 8月24日，长沙市政协提案工作研讨会议在芙蓉区626会议室召开。省政协提案委员会主任王剑平、市政协副主席唐志浩、市政协提案委主任陈伟建及各区县（市）政协分管提案工作的副主席、提案委员会主任等28人出席会议。会上，各区县（市）政协负责人围绕4年来提案工作取得的成绩和下一步做好提案工作的设想进行发言。区委副书记陈计伟在讲话谈到提案工作的重要意义和作用，区政协主席刘建新在发言时介绍芙蓉区提案工作的特点。王剑平认为：提案工作的重点在于提案的质量，不在于数量；提案工作的创新是生命，创新体现在方式方法上、机制制度上。市政协副秘书长朱世平作总结发言。他说：各区县（市）政协提案工作的特点一是重点突出，针对性强；二是锐意创新，善于探索新思路新方法；三是立足各地区发展实际，真实反映群众关切、事关全局发展的热点和难点。

【组织委员到复旦大学培训】 5月3—8日，区政协组织61名政协委员到复旦大学进行履职能力提升学习培训，区政协主席刘建新带队，主席会成员洪曙光、李国开、谢志鹏、黄金国参加。学习期间，讲授课程有“自由贸易区与中国新一轮‘走出去’开放贸易战略”“了解国情、了解政策、了解责任”“供给侧改革与经济发展动力转换”“传统文化与管理智慧”“全面走进‘互联网+’的中国”等。区政协委员们就各自所关心的问题与教授们沟通交流，教授

图5 全体常委及部分委员赴复旦大学培训

们从所在领域给出专业解答。结业仪式上，徐元委员代表全体学员发言，肯定区政协连续3年组织委员到高校培训学习，打造高水平的政协委员履职队伍的做法，表示回去后把所学知识认真消化，以高水平履职回馈区政协对委员的关心与支持。

【区政协常委考察金井茶叶基地】3月24日，刘建新主席率领全体机关干部、政协常委56人到区政协委员黎明星任总经理的金井茶业有限公司生产基地考察学习。湖南金井茶业有限公司位于长沙县“百里茶廊”中心地带，是种植、生产和销售有机绿茶、特种茶、名品绿茶及茶叶提取物的专业茶业公司。公司集科、工、贸于一体，其前身是湖南省长沙县金井茶厂，始建于20世纪60年代，2000年实现民营企业的改制。公司拥有厂房2.61万平方米，茶园面积2300余公顷，良种茶无性繁殖基地10公顷。公司下辖2个加工厂，3个分场，8个工区，年加工能力5000吨，为省级农业产业化龙头企业和湖南省优质品牌茶出口基地。2004年列入湖南省十大优势农产品标准化示范龙头企业、湖南省优质品牌茶出口基地、中国茶叶行业100强企业，2006年被长沙市人民政府评定为“利税过1000万元企业”。常委们与公司经理和工作人员相互交流，座谈会上刘建新讲话。他表示政协将加大力度支持芙蓉区名优企业，鼓励委员间增加交流，取长补短，做大做强。

【考察城市管理系统工作】12月28日，区政协党组书记、主席郑明率领区政协主席会议成员及城建界别组委员21人考察城市管理系统工作。郑明一行实地察看都正街特色街巷、东湖新寓新建垃圾站、马王堆社区提质改造情况，在区城管执法大队会议室召开座谈会，听取市政、园林、环卫公司及城管局的工作情况介绍。郑明要求：推动工作要有高的目标，要有新的理念，要有过硬的措施。围绕解决重点难点，积极打造特色亮点。着重解决体制机制运行、工程推进、绿化、人才保障等问题。围绕抓严、抓实、抓细，带出过硬工作队伍。要抓好班子建设、抓好学习提升、抓好制度建设、抓好廉政教育。（张莉华）

图6 联合国粮农组织官员参观隆平水稻博物馆

中共长沙市芙蓉区纪律检查委员会

区纪律检查委员会机构及领导人员

书　记　廖铁成（2016.08 免）
　　　　袁伟洁（2016.08 任）
副书记　谭利辉（女）(2016.08 免）
　　　　王跃斌
　　　　黄　革（2016.08 任）
常　委　阳　颖（女）(2016.08 免）
　　　　邹学斌
　　　　李雄文
　　　　黄传华
　　　　彭海燕（女）(2016.08 任）
　　　　陈律严
　　　　欧阳舒平(女)(2016.08任)
　　　　黄　革（2016.08 免）

监察局

局　长　谭利辉（女）(2016.08 免）
　　　　王跃斌（2016.08 任）
副局长　陈律严
　　　　唐子茹（女）

【概述】 2016 年，芙蓉区纪检监察工作围绕贯彻落实十八届中央纪委六次全会和省、市纪委全会精神，聚焦主业、强化主责，忠实履行党章赋予的职责，服务全面深化改革和全面建成小康社会，全区党风廉政建设和反腐败工作取得新进展新成效。

严明纪律规矩，推进“两个责任”（ 落实党风廉政建设责任制，党委负主体责任，纪委负监督责任）落实。抓好责任分解，制订责任清单。发放“两个责任”履责纪实手册，实行领导干部落实主体责任全程纪实。运用芙蓉区党风廉政建设信息系统，履责情况一月一报告，半年一总结。扎实开展述责述廉评议，强化检查考核。开展任前廉政谈话 19 人次，集体约谈 15 家单位班子成员。处理履责不力的单位和个人问题 8 个，并予以公开曝光。

运用“四种形态”，严肃执纪监督。全年立案 78 件，结案 78 件，给予党纪政纪处分 78 人，其中乡科级干部 12 人。准确运用监督执纪“四种形态”，重点运用第一种形态，开展各类谈话函询 20 件；失责问责成为常态，纪律轻处分成为大多数，给予党纪轻处分和组织处理 67 人次；给予党纪重处分和作出重大职务调整 15 人。为 20 名党员干部澄清反映不实的问题。处置重点难点信访问题 8 个，交办件“零积压”，信访总量同比下降 71%。坚守办案安全底线，执纪审查工作实现零事故、零违纪。

注重教育引导，突出源头防控。运用政务公开网、电子监察系统、廉政信息系统构建三位一体的防控网络。督促区属单位建立健全责任权力清单。监督重点领域、重点部门、重点事项和重点对象。组织学习中央新修订的《中国共产党廉洁自律准则》《中国共产党纪律处分条例》《中国共产党党内监督条例》等党内法规，加强宣传教育。分批组织全区县级干部、科级干部参观静园警示教育基地。在重大节假日制作发送廉政短信，定期敦促全区科级干部报告个人重大事项。2014 年廉政账户开通至 2016 年年底，有 237 人次向“5910”廉政账户上缴无法退还的红包礼金 244 万余元。建设“一街一品”的基层廉洁文化宣教阵地，涌现出“莲子精灵”校园行、东湖廉政文化生活圈等基层廉政文化品牌和廉政教育基地。坚持崇德重礼和遵纪守法相结合，连续 8 年开展“一家老小过廉关”等活动。全年中央、省级媒体宣传报道区党风廉政建设工作 50 余次，市级媒体宣传报道 290 余次。

深化体制改革，打造纪检铁

军。推进纪检监察工作一体化建设，实现全区纪检监察组织全覆盖，区直单位和街道均配备纪检负责人，实施专职专责，全区所有社区配备纪检委员。协助区委出台并落实纪检干部提名考察办法，完善纪检监察干部用人机制。在作风建设交叉检查、换届工作会纪会风督察、全区两个专项整治活动中推广片区协作联动机制，强化区纪委对区直单位、街道纪检组织力量的统一调度和使用。建立健全与有关单位信息共享、办案协作、案情通报、案件移送等制度。清理议事协调机构和调整内设机构。推进协作办案、提级办案、片区小课等创新实践。开展“两学一做”学习教育和纪检干部“五访五查”（“五访”包括基层走访、廉政家访、群众信访、办案回访和作风暗访，“五查”包括纪律审查、信息核查、案卷抽查、重点督查、责任倒查。）活动，批评教育和相应处理不作为、不善为、乱作为的纪检干部，防止自身人员违纪违法。

创新信访机制，推进规范化进程。 全区纪检监察信访工作创新“双向承诺”“阳光处访”机制，开展阳光处访、公开答复15场次，签署双向承诺书12份，有效化解处置重点难点信访8个，全年信访总量同比下降71%。发挥反腐败联动机制，破解重复信访、越级信访难题。发挥纪检监察信访举报在党风廉政建设和反腐败工作中“晴雨表”和“情报部”的作用。2016年度全市信访工作排名第一。（胡呈慧）

【第五届区纪委委员选举产生】 8月12—17日，中共长沙市芙蓉区第五次代表大会召开，经过充分酝酿和民主选举，产生中共长沙市芙蓉区第五届委员会和纪律检查委员会。第五届纪委班子成员：袁伟洁、王跃斌、黄革、邹学斌、李雄文、黄传华、彭海燕、陈律严、欧阳舒平。第五届纪委委员（按姓氏笔画）：王跃斌、文志雄、邓春兰、白涛、许芳、李向华、李雄文、邹学斌、陈律严、欧阳舒平、赵慧、姚今晖、袁伟洁、袁曦、黄传华、黄革、彭海燕。

【严明“两会”换届纪律】 2016年是区人大、区政协换届年。4月，区委召开严肃换届风气会议。为营造风清气正的换届环境，防止违纪违法事件发生，纪委采取联合督察、驻会监督、巡查督导和暗访等方式，严查会风会纪。考察人选期间发出“党风廉政意见回复”456人次。实施换届纪律责任约谈1000人次。11月“两会”召开期间，统一印制2000张换届纪律提醒卡和中央、省市区换届纪律规定汇编，统一装袋发放给每一名参会代表和委员。发出警示纪律提醒短信3000余条。设立6个联合监督组、27个会场监督小组和4支场外巡查队，有40名会风会纪监督员，采取市区纪委联合监督、人大、政协交叉检查、区纪委不间断循环监督的方式，分别对主会场、各代表团讨论室实行全程监督。发出会风会纪督察通报5期，通报问题19个，通报人数33人，约谈2名违反会风会纪政协委员。市、区两级会风会纪督察组开展巡查督导40次，指出和整改问题40个。开展会风会纪暗访督察8次。通过严明换届纪律，营造风清气正的换届环境。

【开展“两个专项整治”】 年内，各级纪检监察机构根据基层腐败问题的特点和规律，开展清查和整治。年内查出一批在民生资金、“三资”（农村集体资金、农村集体资产和农村集体资源）管理、为民服务等领域，基层党员干部吃拿卡要、办事不公、侵占挪用、贪污受贿等发生在群众身边的违纪违法问题。查处侵害群众利益腐败问题4个、组织处理35人，党政纪处分5人，移送司法1人。查处违反“四风”问题72个、处理人数72人。其中查处违反中央八项规定精神问题10个、组织处理11人、给予党纪政纪处分8人。查处参赌涉赌和吸毒涉毒党员干部16人。全年下发“四风”问题和侵害群众利益腐败问题典型案例通报13期。（胡呈慧）

社会团体·工商联

芙蓉区总工会

【概况】 2016年，芙蓉区总工会辖5个系统工会，13个街道工会联合会，1个园区工会联合会。全区有基层工会2387家（涵盖法人单位6335家），会员12.14万人。年内新建工会组织329家，涵盖法人单位573家，发展会员1.36万人，全年发展农民工会员2.11万人。年内80名优秀职工被评为市级优秀工会会员，6名基层工会主席被评为市级优秀工会娘家人。创建市级模范职工之家3家，模范职工小家3家，市级工人先锋号4家；2家企业获得第四届长沙市职工科技创新成果奖三等奖。区总工会实施建功立业、固本强基、依法维权、帮扶困难、素质提升5项工程，推动全区工会事业的全面发展。

实施建功立业。组织劳模参观省级示范点荷花园街道“朝辉劳模创新工作室”并召开座谈会，学习创新工作经验。“五一”期间，组织“最美劳动者”颁奖典礼暨“爱岗敬业，奋发有为”道德讲堂活动，宣传工作一线的基层干部、创业者、医护人员、教育工作者等先进人物事迹。通过视频演示、嘉宾推荐、现场访谈等形式，宣传了湖南优蜜食品科技有限公司技术中心主任李华丽“立足科研一线，结出累累硕果”，大同小学教师周赞军“身处幽谷处，孕育兰花香”，创业先锋周汉莲“莫道桑榆晚，创业亦当时”等巾帼英雄的事迹；展示了东湖村书记罗树强“扎根基层27载，甘当群众贴心人”，物业维修工叶湘林“干一行、爱一行、钻一行”，基层医生于辉滔“用小岗位成就大梦想”的事迹；宣传了德政园长者康复之家护理组“老吾老以及人之老”的无私奉献精神。

实施依法维权。开展工资集体协商，推动企业实行劳动合同制度。提高劳动合同签订率，把农民工、女职工在内的职工就业质量、工资支付情况、劳动保护状况等纳入劳动合同和工资集体协商的签订内容。召开工资集体协商推进会，培训全区50人以上规模企业开展工资集体协商工作。全年签订工资集体协商协议1501家，其中单签98家，区域性工资集体协商协议15份涵盖企业1398家，行业性工资集体协商协议1份（覆盖企业5家），覆盖职工人数3.57万人。泉昇大酒店工会委员会被评为市级工资集体协商典型企业。

普惠精准服务。构建“救助、维权、服务”三位一体新平台，在全区14个街道（园、局）工会设立帮扶服务站（点），为困难职工做好事、办实事。为困难职工建档立卡，全区建立健全1285个困难职工档案，其中有70人纳入精准帮扶数据库。举办以“创业星城 乐业星城”为主题的招聘会暨芙蓉区工会系统“春风行动就业援助月”活动，吸引了66家企业参加，提供技师、物流、行政、电子等就业岗位1000余个，吸引2000余名求职者，发放宣传资料8000余份。组织金秋助学活动，为45名品学兼优的学子发放助学金16万元（每人3000～4000元）。开展专项“送温暖”活动。春节期间，慰问困难职工272人，筹集发放帮扶解困资金33万元。为30名困难女职工给予每人一次性2000元的特别救助，为40名患病职工发放3000～10000元不等的一次性大病救助金总计20万元。中秋节、国庆节为50名环卫职工送去2万元的困难救助金。开展职工普惠服务。为全区机关、企事业单位2.15万名职工办理在职职工住院医疗互助。截至11月30日，为住院职工补助医疗费用自付部分816人次，42.37万元。

文化宣传活动。区总工会微信公众号“芙蓉工会”年内正式上线。该公众号聚焦职工关心的法律热点问题、最新工会动态，每天发送资讯，成为全区各级工会工作者与广大职工朋友共同参与、共同交流的信息共享平台。3家基层职工书屋被评为长沙市职工书屋示范点。组织职工参加市总工会开展的“我的工会记忆”征文比赛、“中国梦、劳动美”书画展、“安全隐患”随手拍、“微博送清凉”等活动。全年在《湖南工人报》发表通讯5篇，向长沙工会网站投稿20篇，在芙蓉之窗门户网站发表消息24篇。（彭玲娟）

芙蓉区总工会

党组书记主席　李凤英（女）

副　主　席　黄家旺

纪 检 组 长　熊卫俊（2016.02任）

【新任工会主席业务培训开班】 5月31日，芙蓉区总工会在翔天大酒店职工培训中心组织新任工会主席业务培训班。110余名2015年度新组建工会企业工会主席及全体社会化职业工会工作者参加培训。由区总工会主席李凤英主持。区总工会副主席黄家旺作“加强工会组织规范化建设，发挥职工之家作用”专题授课。湖南湘贵实业有限公司工会主席林丽作“用心服务，创建幸福企业”典型发言，全国优秀工会主席、湖南省劳动模范、湖南友阿集团工会主席龙建辉作工会工作经验介绍。该次培训，为进一步提高了工会主席和工会干事的基础业务能力。

【战高温慰问活动】 7月27日—8月5日，区总工会开展以“送清凉、送安全、送健康”为主题的慰问活动。8月5日下午，区委书记于新凡、区委副书记周春晖一行5人慰问区城管局、市政局、环卫局、园林局、交警大队、长沙火车站综管办、城管执法大队的一线工作人员。区领导彭娟、许凡、陈定佳等陪同。区总工会还走访建筑工地，生产企业、环卫所站、拆控违现场，区市政、园林、交警、城管执法等58家，慰问职工7000余人，并送上防暑慰问物资价值45余万元。

【第四届“芙蓉工运杯”篮球赛】 10月10日，区总工会在区政府机关大院球场举办芙蓉区第四届“芙蓉工运杯”篮球开幕式，市总工会副主席汪中会、区政府党组成员梁汝岚、区政协副主席李国开等领导出席。区总工会主席李凤英代表区总工会和大赛组委会致辞。该次篮球赛分别在区政府机关大院及育才三小篮球场举行。在随后的14个比赛日，有43支队伍举行112场比赛。中铝长勘设计院、湖南筑巢建材、宇成集团球队获得企业组前三名，区教育系统、区交警大队、芙蓉城管大队获得机关组前三名。“芙蓉工运杯”篮球赛每年举办1次，已连续举办四届。（彭玲娟）

共青团芙蓉区委员会

【概况】 2016年，共青团芙蓉区委以开展“品质提升年”主题活动为契机，结合全区中心工作，团结带领芙蓉青年开展工作，取得成效。

服务全区发展大局。举办“筑梦浏阳河”青春公益广场秀，拍摄《我与浏阳河共成长》微电影，成立“浏阳河青年志愿服务联盟”；组织志愿者为浏阳河文化艺术节、全市食品安全宣传周等活动提供服务，引领青年为浏阳河文化旅游产业带发展奉献力量。组织创业青年参与第二届中国创翼青年创新创业大赛芙蓉区初赛，为芙蓉青商会、青年社会组织提供免费办公场所和政策服务；发掘和培养创业典型，创业青年杨舸被评为省级2016年“湖湘青年英才”。动员社会力量参与扶贫攻坚，联系区法院立案庭等4家青年文明号创建集体对接宁乡流沙河镇4家贫困户家庭开展扶贫帮困工作。

提升团建工作整体水平。整合辖区内机关、企业、“两新”（新经济和新社会）组织的力量，扩宽组织覆盖，推选的文艺路街道获评全国首批区域化团建示范街道。在湖南影像创客空间等30家非公企业建立团组织，提升“两新”团组织活力。承办“传承垦荒精神 争做美德少年”省少先队建队日活动，活跃少先队工作。

推动青年服务提质升级。以德政园社区为试点，整合“心灵氧吧”、文体中心，开设“创益蜂巢”芙蓉区青年社会组织孵化中心。引进“家和源家庭关系指导中心”等青年社会组织常驻并输出青少年服务产品。在市委召开的“青年之家”工作推进会上，区团委作典型发言，区内3所“青年之家”获省级“青年之家”称号。成立浏阳河青年志愿服务者联盟，培育3家市级雷锋号志愿者工作站，开展“弘扬传统文化，传承中华文明”等主题活动，获得中央文明网首页推荐。在全区团员青年中开展希望工程“一元捐”活动，利用信息平台动态管理青少年群体，参与公检法未成年人庭审问讯，维护青少年合法权益。

深化共青团工作改革。建立区青少年服务供需对接体系，整理出10大类，33小类的青少年需求清单，形成13个特色服务项目。制订工作手册，建立精准服务模式。强化微信、微博、青年之声网站等宣传阵地，推送区党代会、文明旅游、都正街文化街区简介等专题网络产品。开展“志愿学雷锋，青春中国梦”手抄报网络评比活动，阅读量10万人次。区团委的官方微博被共青团省委评为2016年度最具影响力微博。撰写“芙蓉区创新三个思维 着力推进网上共青团建设”调研文章被《长沙改革》简报选登。建立东沙社区大学生社团活动中心，承办长沙市“高校社团进社区”活动。引进中南大学、湖南农业大学等13所高校社团资源对接社区，促进基层工作的同时为大学生提供展示自我的平台。

存在的问题和困难：基层团组织工作发展不平衡，基础工作不够扎实，团情统计工作不够到位。（丁　玲）

共青团芙蓉区委员会

书　记　金　甜（女）

副书记　周　南

【“志愿学雷锋 青春中国梦”主题队报评选活动】 3月2—10日，区文明办、共青团区委（区少工委）、区教育局联合举办芙蓉区“志愿学雷锋，青春中国梦”主题手抄队报评选活动。该活动面向芙蓉区各中小学广泛开展征集活动，线上线下同时铺开。最终选出35张优秀手抄队报在区政府机关大厅集中展出，由“芙蓉青年”微信公众号同步推送。在网上吸引10万余人投票，选出一等奖6名，二等奖12名，三等奖17名。

【“筑梦浏阳河”青春公益广场秀活动】 5月4日，由市文明办和区文明委主办，区委宣传部（文明办）、共青团区委、东屯渡街道办事处承办的“五四”纪念活动暨“筑梦浏阳河”青春公益广场秀活动在浏阳河婚庆园广场举行。辖区各街道分管共青团工作负责领导、区属各级团组织专干、社会公益组织青年志愿者、部分获奖代表近120余人参加活动。活动现场，与会人员观看团区委自制微电影《致青春——我与浏阳河共成长》，见证6名青年代表与浏阳河共同成长奋斗的经历与浏阳河近年来发生的变化。在活动中成立芙蓉区浏阳河青年志愿者联盟。表彰湖南省青年文明号、省级示范性青少年综合服务平台、长沙市青年文明号、青年岗位能手、雷锋号志愿者工作站，2015年度芙蓉区魅力团干、活力团组织，2015年度芙蓉区“学雷锋”手抄队报获奖单位及人员。活动会场周边设置14张展板展示“青少年服务供需对接体系建设项目”，提供辖区青少年一对一的精准服务。市文明办副主任丁德喜，团市委党组成员、市青少年宫主任苏启丰，市文明办志愿服务处处长袁军，区委区政府领导谢进、周虔、马京沙、张庆和等出席。《长沙晚报》、新湖南、长沙文明网等媒体专题报道了该次活动。

【青年志愿服务培训】 7月19日，“2016年芙蓉区青年志愿服务培训”在长沙市公共卫生服务中心举办，培训由市公共卫生服务中心、区团委、区火车站综管办主办。团市委副书记周坤以“弘扬志愿精神，共建美丽长沙”为主题，从志愿者定义、志愿服务背景、志愿服务法律依据、志愿服务发展方向四个部分向与会人员专题授课。全区区直各部门、各街道青年志愿者，市血液中心、区火车站综管办、湖南巴士等单位60余名青年志愿者参加培训。

【共青团省委领导到区开展“向基层服务对象报到”工作】 为引导机关干部常态化深入基层、深入青年，推动基层团组织建设和基层团的工作，团省委要求机关干部结合工作实际，实行“向基层报到”工作制度，2016年7月启动实施。8月19日，共青团省委联络部主任科员刘健、少年部主任科员曾壤分别到芙蓉区韭菜园街道蓉园社区、五里牌街道燕山街社区报到。8月24日，共青团湖南省委书记汤立斌到湘湖街道西湖社区报到。9月1日，汤立斌走访湖南影像创客空间，与来自创客空间的创客青年代表展开座谈，9月12日，汤立斌到荷花园街道德政园社区调研区“青年之家”建设运行情况。期间，团市委书记叶妙，团市委副书记周坤，区领导于新凡、周春晖、陈计伟、许凡、梁汝岚，湘湖街道书记李明权，荷花园街道书记唐益人及团区委机关干部陪同。社区负责人介绍了社区概况、团建品牌特色、团组织建设、青少年日常活动等基本情况。区领导希冀通过基层报到工作，提升基层社区团青工作能力和水平，把青少年服务阵地建设得更加健全完善。9月30日，共青团省委学校部部长王虹彬到文艺路街道文艺新村社区指导“五彩课堂”项目有关工作情况的开展。

【“创益蜂巢”青年社会组织孵化中心成立】 9月13日，“创益蜂巢”青年社会组织孵化中心在芙蓉区青年之家成立。共青团区委书记金甜及荷花园街道负责人为首批签约入驻的7家社会组织颁发证书。“创益蜂巢” 芙蓉区青年社会组织孵化中心是社会公益组织创业平台，由共青团芙蓉区委员会、荷花园街道德政园社区联合建设，共同管理的重要项目。旨在为社会组织发展和公益人士创业提供活动场地及规划指导，为青年和社会组织提供“初创期”孵化、“成长期”陪伴、“成熟期”合作服务。入驻的青年和社会组织可免费使用办公电脑、设备及耗材，免房租水电费用。

【澳门青年组团到区参观交流】 10月12日，“千人计划”——澳门青年2016（湖南）学习交流团一行30余人到朝阳街道湖南影像创客空间参观交流，共青团区委书记金甜陪同。湖南影像创客空间是2015年9月设立的中国首个以影像为主题，由政府授牌的创业创新示范基地，为在影像硬件和内容生产方面具有创新精神的“创客”搭建的创业平台。双方讨论了内地与澳门的文创产业发展现状，特别是针对影像传媒行业的运行机制、盈利模式、作品创作、人才培养方面情况开展了交流。“千人计划”是澳门特区政府推出的青年人才培养重要项目，该次参观活动由共青团省委组织，共青团区委协助完成。

【少先队主题队日活动】 10月13日，由共青团湖南省委、湖南省少工委主办，长沙市少工委、市教育局、市文明办、芙蓉区委宣传部（文明办）、区教育局、区少工委、文艺路街道、育才小学承办的湖南省纪念中国少年先锋队67周年——“红领巾相约中国梦·听党的话，做好少年”主题队日活动在育才小学举行。1100余名少先队员参加活动。省关工委副主任石玉珍，共青团省委书记汤立斌，省文明办主任刘进能，共青团省委少年部部长、省少工委副主任陈艳英，省少工委副主任张毅龙，省文明办未成年人工作处处长史锋，省关工委办公室副主任徐向东，团市委叶妙，市文明办副主任丁德喜，共青团市委副书记康然，区领导于新凡、陈计伟、伍艳飞、梁汝岚出席活动。国家一级作曲家、省戏剧家协会副主席刘振球，原长沙市市长张明泰，儿童文学作家、原长沙市文联主席李少白作为特邀嘉宾出席。该次活动以大队主题队会的形式开展，由三大篇章组成：第一篇章“光辉岁月、激情燃烧”；第二篇章“励志奋进、拼搏不息”；第三篇章“开拓创新、展望未来”。活动由大同小学号鼓队奏迎宾乐，育才学校“花儿与少年”交响乐团奏开场乐起始，内容包括：听“习爷爷的回信”，观“大陈岛的故事”，歌舞大联欢，微访谈“‘芙蓉魂’与‘育才精神’”，诗朗诵“传承垦荒精神 争做美德少年”，主题视频“执着追梦 幸福前行”，少先队入队仪式。该主题活动旨在引导广大少先队员坚定地听党的话，跟党走，践行“艰苦创业、奋发图强、无私奉献、开拓创新”垦荒精神，做有知识、有品德、有作为的新一代建设者，为实现中华民族伟大复兴的中国梦贡献力量。

【共青团广西区委到区“青年之家”考察】 10月19日，共青团广西区委书记白松涛，组织部部长、机关党委专职副书记刘宇红到荷花园街道德政园域内区“青年之家”考察，共青团湖南省委副书记罗琼，组织部部长冯子龙，共青团市委书记叶妙，区政府副区长梁汝岚，共青团区委负责人及街道相关负责人陪同。白松涛一行参观了“雷锋超市”“慈娭馳工作室”“青护中心启园心灵氧吧”“儿童早教发展中心”以及青年之家重点项目“创益蜂巢”芙蓉区青年社会组织孵化中心。白松涛对芙蓉区的青少年工作给予高度评价，建议青年工作开展不但要靠专业的社会组织从旁辅助，核心还是要打造一批共青团自己的工作队伍，要进一步培养一批热情专业、素质突出、甘于奉献的优秀团干部。

【全省首届社会工作与青少年性教育融合论坛举行】 10月22日，由湖南省文明办指导，长沙市文明办、长沙市民政局、共青团长沙市委、玛丽斯特普国际组织中国代表处主办，芙蓉区委宣传部、区文明办、区民政局、荷花园街道办事处承办的“湖南省首届社会工作与青少年性教育融合论坛”活动在荷花园街道德政园社区举行。湖南大学、中南大学、涉外学院等10余家大学及中学生志愿者参会。长沙市文明办副主任梁飞彩，市文明办未成年工作处处长朱治东，市民政局社工处处长喻莎，芙蓉区宣传部部长伍艳飞，副部长易利平，共青团区委金甜，区民政局副局长唐敏等出席活动。梁飞彩宣布论坛开幕。论坛以“守护青春，呵护成长”为主题，通过“湖南青少年性知识教育现状、青少年生殖健康知识、青少年性教育实践分享、青少年性教育工作坊”四大模块普及性教育知识。由中国艾滋基金会会长乌辛堃独创“青春解码”性教育安全实际应用知识，利用故事和游戏，引导大家分析性安全的要素。金甜在会上说，希冀通过论坛，使全社会对青少年社会教育的认识达到新的高度。中国文明网、中国未成年人网、《长沙晚报》等媒体专题报道了该活动。

【非遗文化走进市民道德讲堂】

10月26日，由市文明办、区文明委主办，区文明办、共青团芙蓉区委员会联合承办，湖南省湘绣研究所、燕山小学、五里牌街道办事处协办的长沙市“弘扬传统文化，传承中华文明”道德讲堂主题活动在五里牌街道举行。区委宣传部部长伍艳飞，区文明办主任易利平，共青团区委、街道相关人员和燕山小学百余名学生参加活动。该次活动按照“九个一”（作一次自省，唱一首歌曲，学一个模范，诵一段经典，学一些知识，送一份吉祥，发一个善心，行一个大礼，做一件善事）流程实施。活动从与会人员闭目自省开始，包含合唱歌曲，观看湘绣申遗视频，诵读国学经典，学习体验湘绣，虔诚鞠躬行礼等环节。该活动创新式引入了非遗文化元素，把传统文化与美德教育深度融合。

【“高校社团进社区”活动举行】

11月11日，长沙市“高校社团进社区”活动座谈会在东湖街道东沙社区召开。湖南农业大学团委、芙蓉区团委、东湖街道、文艺新村社区、引力波乐教社作典型经验发言。共青团省委书记汤立斌肯定长沙市做法，指出“高校社团进社区”活动是推进共青团改革的创新举措，是促进学生社团健康发展的有效载体。他希冀长沙要总结好经验、好做法，形成可以在全省复制推广的示范性活动范本。共青团市委书记叶妙、副书记康然，芙蓉区委陈计伟，中南大学、湖南大学、湖南师范大学、湖南农业大学和长沙市属高校团委负责人，芙蓉区团委、各街道有关负责人，部分高校社团组织代表参加会议。该次座谈会后，湖南大学、中南大学、湖南师范大学、长沙学院、湖南电子科技职业学院、湖南外国语职业学院、长沙职业技术学院、长沙卫生职业学院、湖南信息学院、长沙商贸旅游职业技术学院、湖南都市职业学院、湖南三一工业职业技术学院、湖南农业大学十三所大学分别与芙蓉区十三个街道对接，联合开展各类志愿服务活动。（丁　玲）

芙蓉区妇女联合会

【概况】 2016年，芙蓉区妇联以建设“坚强阵地”和“温暖之家”为目标，履行组织妇女、引导妇女、服务妇女和维护妇女儿童合法权益的职责，积极参与社会管理创新。年内，区妇联获评2016—2020年度实施中国妇女儿童发展纲要国家级示范区，湖南省妇联系统宣传工作表现突出单位，长沙市妇女工作考核红旗单位。家庭情景剧作品“回到你身边”荣获全市一等奖。12月，副区长梁汝岚代表芙蓉区作为区级项目点代表，参加全国妇联——联合国儿童基金会在北京召开“实施全面二孩政策对家庭教育的影响”调查研究发布会并在会上发言。

教育培训。开展社区妇女儿童工作示范创建活动。在农村妇女中开办反家暴法律知识培训讲座和维权接访实践操作讲座，提高农村妇女自我维权意识。开展安康保险培训会、农村适龄妇女“两癌”免费检查培训会，加强农村妇女对健康的重视。开办“春风送岗位”工作培训会、妇女干部培训会举办，促进了妇女自身技能的提高。开展“送温暖促共享”活动，给基层从事妇女工作的妇女工作者和省级以上“三八”红旗手、省级五好文明家庭代表送去节日的慰问。街道、社区每月举办基层妇女培训班，为妇女提供更多受教育机会。组织儿童早期发展社区家庭支持项目（简称ECD项目）培训，承办2016年ECD项目省级培训班。

就业推进。通过各种渠道，提升妇女创业就业技能。举办各类招聘活动50余场次，组织妇女、女大学生1318余人参加就业创业技能培训，223人享受培训补贴，介绍女性就业人数886人。推动城乡妇女小额担保贴息贷款工作，全年放款1451万，扶持创业人员97人，提供就业岗位321人。

主题活动。举办“三八”国际妇女节、“4·23”世界读书日、“5·15”国际家庭日、“6·1”国际儿童节、“6·26”国际禁毒日、“11·25”反家暴日、“12·1”艾滋病宣传日等主题活动，发放宣传资料12000余份。开展“维权意识深入人心、和谐社会魅力家庭”系列活动。

家庭建设。建立区、街道、社区三级家庭教育网络，举办“汉文化进家庭”“书香家庭”“优秀家庭教育案例大评选”“一家老小过廉关”等系列活动。在丰泉古井社区成立长沙市共享家社区发展中心，推出“小候鸟计划”；在马王堆社区推出“邻有爱”妇儿之家，获评市级先进妇儿之家品牌。依托基层社区组织整合资源，创新服务，深入推进ECD项目建设。推进“最美”系列创建活动。评选出市级最美家庭10户，最美创业者6人，最美女性4人。区级各类最美家庭120户，最美创业者16人，最美女性25人。罗际成家庭被评为全国五好文明家庭。开展家庭文明建设，组织“好家风、好家训”系列活动，提高广大家长的整体素质和文明水准。

扶贫帮困。组织“三八”红旗手慰问、“春蕾”爱心助学、单亲妈妈、重大疾病困难女性慰问等活动，在节日对困难户进行慰问走访。为市妇儿基金会捐助4万元，各方捐助资金8万元用于送温暖行动。开展农村适龄妇女“两癌”（宫颈癌、乳腺癌）免费检查工作。完成35～64岁农村妇女“两癌”检查3995人次。确诊53例，其中宫颈癌5例，乳腺癌1例，CIN Ⅲ 11例，CIN Ⅱ 10例，CIN Ⅰ 26例，确诊病例均到上级医疗机构进行了相应治疗。对查出的“两癌”妇女实施大病救助补贴报销，为3名贫困“两癌”患病妇女申报并发放“两癌”救助金9000元。

推广创新。开展“共建平安、共享和谐”集中宣传活动、多维度儿童阅读推广活动、“阅读引领成长”未成年人读书交流等活动。推进基层妇联组织改革创新，增强妇联组织的吸引力、凝聚力。整合资源，创新服务，开创妇女儿童工作新局面。（周　偲）

芙蓉区妇女联合会

主　　席　欧　转（女）

副 主 席　黄　蕾（女）

【承办ECD项目省级培训班】 9月27—29日，由省妇联主办、芙蓉区妇联承办的2016儿童早期发展社区家庭支持项目（简称ECD项目）省级培训班在长沙市海程酒店举行。重庆市、河北省保定市、长沙市芙蓉区、湘潭市湘潭县妇联及项目点妇女干部、志愿者80人参加培训。省妇联副主席鲁华、联合国儿童基金会官员赵颀、副区长梁汝岚在开班仪式上分别讲话。中国儿童中心学前教育部部长、副研究员杨彩霞，科研信息部副部长、副研究员朱晓宇，学前教育部项目管理、早教基地主管王慧等国家级、省级专家参与授课。参训人员到芙蓉区德政园社区、人民新村社区2个项目点实地调研考察。芙蓉区积极探索适合城市社区及农村地区的儿童早期发展社区家庭模式，取得良好成效。

【联合国儿童基金会官员到区考察项目】 11月8日。联合国基金会项目官员赵颀、中国儿童中心学前教育部项目官员罗娟，率泰国、马来西亚等4国宜家公司人员到芙蓉区考察督导ECD项目，湖南省妇联儿童部部长黄兰香、长沙市妇联党组书记、主席谭慧慧、芙蓉区副区长梁汝岚陪同。ECD项目是由联合国儿童基金会和全国妇联针对0～3岁儿童联合开展的一项公益事业。芙蓉区确立ECD 10个项目点，发展幼儿教育事业。各项目点以社区为依托、以家庭为抓手、以活动为契机，探索适合城市社区及农村地区的儿童早期发展社区家庭模式，取得良好成效。考察团在火星街道曾家坪社区查看场地建设，听取负责人的工作汇报，和早教中心的家长、儿童开展互动。座谈会上区妇联主席欧转汇报ECD项目开展以来的4个明显变化。考察团对芙蓉区项目点的建设情况表示非常满意，对湖南省ECD项目的发展前景充满信心，希望湖南各级妇联继续重视儿童工作，重视ECD项目，继续探索创新，积累经验并推广出去。

【芙蓉区儿童早期发展项目经验在全国推介交流】 12月22日，全国妇联——联合国儿童基金会在北京召开“实施全面二孩政策对家庭教育的影响”调查研究发布会。全国妇联主席、书记处书记邓丽出席会议并讲话。芙蓉区副区长梁汝岚在会上介绍项目实施情况。芙蓉区是2016—2020年度实施中国妇女儿童发展纲要国家级示范区，将儿童早期发展项目纳入区政府规划，2012年开始建立“以儿童为中心，以家庭为基础，以社区为依托”的早期儿童发展服务体系，打造10个各具特色的项目社区试点，为全区儿童全面和谐发展创造环境。会议肯定芙蓉区儿童早期发展项目实施取得的成效。（周　偲）

芙蓉区工商业联合会（商会）

【概况】 2016年，芙蓉区工商联以“两个健康”（非公有制经济健康发展和非公有制经济人士健康成长）为抓手，创新区级工商联工作，坚持服务会员的理念，在会员发展、组织建设、参政议政、光彩事业等方面积极作为，为区域经济和社会发展做出贡献。

以换届年为契机，夯实商会基础。区工商联按照市委统战部、市工商联换届工作会议精神，准确把握换届政策规定。由区委统战部牵头，成立换届工作领导小组，制订换届工作方案。调查走访各街道、部门推荐的非公经济人士，确定非公经济人士参与工商联、商会领导班子人选。加强与届满不再安排的非公有制经济代表人士的联系。在区工商联换届后，对火星、五里牌、朝阳、文艺路、东湖、东岸商会进行换届，挑选一部分优秀非公经济人士充实到商会组织。

会员发展“质、量”并重。年内发展企业会员数82家。推进“五好”商会创建活动。推荐东湖街道商会、车北社区商会、楼宇商会申报市级五好商会。区工商联在2015年被湖南省工商联授予“五好”县级工商联建设示范点后，2016年被中华全国工商业联合会授予全国“五好”县级工商联。区工商联（商会）副会长单位湖南新浪潮电脑有限责任公司获国家2014—2015年度全国工商企业“守合同、重信用”称号。

调研走访参政议政。分别开展规模民营企业调研、民营企业参与光彩事业调研、民营企业劳动关系状况监测试点调研、民营企业走出去服务需求调查、对外投资专项调查、“千户民营企业大走访”活动等调研工作。召开芙蓉区工商联执常委工作会议、商会座谈会，听取基层商会的意见建议，了解企业诉求。动员工商联会员中的人大代表、政协委员根据调研和了解的民情积极献言献策。全年工商联会员撰写提案、建议17份。

图7　芙蓉区工商联（商会）第六次会员代表大会现场

组织兼职副主席、副会长，街道、行业商会会长到哈尔滨、内蒙古等地实地调研，到万家丽、新振升集团、和毅文化、泉昇酒店汨罗生态基地学习交流。组织民营企业家参加省、市工商联举办的宣传工作讲座、法律和经济形势讲座及有关培训，拓宽区非公企业家发展思路。与四川涪陵区工商联结为友好商会。邀请市委党校经济学教研部副教授黄刚就企业发展中的难题讲授当前经济形势与企业转型升级的思考。组织企业参加市工商联“庆国庆强信心”文艺演出，获得一、二等奖各一个。（薛文辉）

芙蓉区工商业联合会（商会）

主　　席　洪曙光
党组书记　易淑珍（女）
副 主 席　易淑珍（女）
　　　　　沈向昕（女）
纪检组长　王勇松（2016.02任）

【工商联换届工作部署会】 1月27日，区工商联在区政协会议室召开换届工作部署会。区委统战部部长周虔，区政协副主席、区工商联主席洪曙光，区委统战部常务副部长、区工商联党组书记易淑珍出席，各街道统战委员、经济副主任，隆平高科技园、经信局、商务局、科技局、中央商务区等相关负责人40人参加会议。会议由洪曙光主持。易淑珍宣读换届工作领导小组成员文件，说明换届工作方案、执委会候选人名额构成建议等文件，提出换届要求。周虔在会上讲话。她要求：要认识工商联换届的意义，通过换届发现一批优秀的非公人士。要把握工作要求，坚持党的领导，协商推荐好的人选。要遵守换届纪律，不得出现任何违规行为，确保换届工作风清气正，力争把优秀的非公人士都推荐进工商联执常委会里来。

【区工商联（商会）第六次会员代表大会召开】 4月21日，芙蓉区工商联合会（商会）第六次会员代表大会在区会议中心召开。该次大会分为预备会、会员代表大会和第六届一次执委会三个阶段。市政协副主席、市工商联主席彭继球，市委统战部副部长、市工商联党组书记丁文，区领导梁仲、于新凡、罗树林、周虔、谭雄伟、易新宇、洪曙光出席。市委统战部、市工商联相关处室负责人，区各民主党派组织负责人及153名工商联会员代表参加会议。区委副书记于新凡致开幕词，民进芙蓉区工委主委张璎代表各民主党派致贺词，洪曙光代表区工商联（商会）第五届执委会做工作报告。会议选举产生区工商联第六届执行委员会委员，并发出“区工商联（商会）第六次会员代表大会倡议书”。区委书记梁仲和市工商联彭继球分别在会上讲话。工商联六届一次执委会，选举主席（会长）、副主席（副会长）、秘书长。第六次会员代表大会应到代表171人，实到代表153人，选举马文斌等135人为第六届执委。第六届一次执委会议实到执委122人，选举洪曙光为长沙市芙蓉区工商业联合会（商会）第六届执行委员会主席（会长），易淑珍、沈向昕为专职副主席（副会长），王静、王秀贵、朱辉（女）、刘建文、李志（女）、张灿宇、周璟（女）、周晓辉、段军如、贺立平、黄晓丹11人为兼职副主席，马文斌、刘晓、刘丰盛、刘艳辉（女）、孙湘晖、佘继红（女）、陈建新、袁强、焦成德、谢建军为兼职副会长，薛文辉为第六届工商联（商会）秘书长。会议通过出席市第十四次会员代表大会代表。

【区工商联第六届一次主席、会长会议】 5月16日，区工商联（商会）在万家丽国际购物中心9楼广州厅召开第六届一次主席、会长会议。区工商联党组书记易淑珍出席。区工商联（商会）新一届专兼职副主席（副会长）20人参加会议。该次会议由区工商联主席洪曙光主持。区工商联副主席沈向昕通报上一届商会财务收支、光彩事业等情况。新任副主席、副会长简要介绍各自企业，会议讨论确立新一届商会管理模式。洪曙光要求，民营企业要坚定信念，振奋精神、集中精力。他强调企业家要经常相聚交流，包括机关部门和各地商会，尤其是沿海发达城市商会乃至国外商会的联系，引导芙蓉区商会企业发展。

【涪城区工商联与区工商联结成友好商会】 6月1日，四川绵阳市涪城区工商联党组书记叶德礼一行14人到区工商联学习交流，并与区工商联结成友好商会。座谈会上双方介绍各自商会建设情况，讨论当前经济形势、项目对接洽谈等情况。会后，双方举行友好商会签约仪式。区统战部常务副部长、区工商联党组书记易淑珍，区工商联副主席沈向昕及工商联机关干部，区商会部分非公企业家代表参加活动。

【旺德府集团举办读书分享会】 7月1日，区工商联副会长单位——旺德府集团会议室举办“知识改变命运，学习成就未来”为主题的读书分享会。区工商联兼职副主席、旺德府控股集团董事长、家居建材集团联席总裁兼旺德府学院院长周晓辉，集团中心部分领导、公司副经理级以上人员参加分享会。该次活动分“知识改变命运，学习成就未来”“内部阅读和个人分享”“老师点评和我为你点赞” 3个环节。参加者分成4个团队，分享活动以团队展示、合唱诗歌、怀旧游戏、内部阅读、分享讨论、我为你点赞等形式进行。讨论话题从“汲取知识”到“交流心得”，从“如何读好书好读书”到“怎样做最好的中层”。评委老师从不同的角度点评分享人员，参与者以点赞的形式选出4位最佳分享队员，4人被选送到旺德府管理学院交流学习。该次读书分享会旨在构建员工知识、信息交流的平台，提升员工综合素质和专业素质，打造学习型组织。区工商联兼职副主席、旺德府控股集团董事长、家居建材集团联席总裁兼旺德府学院院长周晓辉，集团中心部分领导、木业公司副经理级以上人员参加分享会。

【企业经济活动培训班】 7月21日，区工商联在区政府会议室举办企业经济培训班。区工商联执常委、各基层商会、行业商会的会员企业代表近百人参加。区工商联纪检组长王勇松主持。市委党校经济学教研部副教授黄刚以“信用、汇率、利率对当前经济的影响”为主题授课。黄刚从市场经济中最常见的信用出发，结合国际国内案例，剖析主权信用、企业信用、汇率、利率对国内经济的影响，结合中共中央、国务院印发的《关于深化投融资体制改革的意见》，剖析国有企业改革和混合所有制机制创新特色，分析未来金融改革趋势。

【中秋联谊茶话会】 9月9日，区工商联（商会）2016年中秋联谊茶话会在副会长单位——湖南泉昇帮农生态发展有限公司养殖基地举行。区委统战部部长易新宇，区工商联主席洪曙光率区商会全体副主席、副会长一行20人出席。湖南泉昇帮农生态发展有限公司董事长周双全介绍公司发展状况，区工商联副主席沈向昕部署在非公经济组织中开展“两学一做”活动方案，湖南新振升集团公司董事长段军如、湖南旺德府投资有限公司董事长周晓辉、弗彗影像文化传媒有限公司周璟等副会长分别交流企业发展经验。易新宇部长在讲话中要求，企业家要有责任有担当，为国家兴旺做贡献。会后全体参会人员一同参观了湖南泉昇帮农生态发展有限公司养殖基地。此次联谊会旨在为区商会企业会员搭建平台，增强会员企业之间的交流与合作。

【“传递爱心 点燃希望”爱心助学公益活动】 10月18日，区工商联副主席单位——湘贵集团以“传递爱心 点燃希望”为主题的爱心助学第九季公益活动启动仪式在湖南商务职业技术学院举行。湖南商务职业技术学院副院长杨文涛、禹明华，区工商联副主席、长沙湘贵实业有限公司董事长王静，致公党湖南省委管理咨询委员会主任、香港致信国际管理咨询机构王继前教授等领导及湖南商务职业技术学院经贸学院教研室的教师出席。该活动以酒中酒霸产品销售技能竞赛为契机开展爱心助学，王静承诺，从竞赛销售回款中提取5%且不低于5万元助学金用于贫困落后山区教育建设。芙蓉区工商联执常委、湘贵实业有限公司副总经理邓美香寄语全体同学全力以赴，为爱心助学活动贡献最大的力量。

【基层商会工作推进会召开】 10月26日，2016年度基层商会工作推进暨培训会议在东湖街道金山会议中心会议室召开。市工商联副主席张明刚、刘立红，区工商联主席洪曙光、副主席沈向昕及区工商联全体机关干部，全区21个基层商会会长及秘书长50人参加会议。会上，区工商联纪检组长王勇松介绍基层商会新任会长，张明刚围绕成立商会的意义、如何开展商会工作、怎样做好商会会长进行授课。车站北路社区商会会长曾亚斌、东湖街道商会秘书长刘晓艳分别介绍商会建设和管理经验。区工商联秘书长薛文辉总结年度基层商会工作。副主席沈向昕通报2016年度工商联工作，安排部署2017年工作。 （罗伊凡）

芙蓉区残疾人联合会

【概况】 2016年，芙蓉区残疾人联合会（以下简称残联）遵循残疾人事业发展蓝图结合自身资源优势，围绕区委、区政府中心工作任务，履行“代表、服务、管理”职能，突出惠残助残举措，推进全区残疾人事业小康进程。

截至年底，全区持证残疾人3802人，其中视力类612人，听力类316人，言语类32人，肢体类1612人，智力类466人，精神类672人，多重残疾人92人。一户多残家庭182户。

文化宣传工作。举办首届“芙蓉之光”残疾人艺术作品评选活动。组织残疾人参加全市肢体残疾人“又唱浏阳河”歌咏比赛，2名选手获得二、三等奖；组织“盲人节”卡拉OK比赛，燕山街刘满平获得一等奖；选派3名运动员参加全市残疾人体育集训。在朝阳社区举行全国“爱耳日”大型主题宣传活动。在恒达社区组织“全国助残日”主题活动，现场发放辅具和《芙蓉区惠残政策汇编》资料并进行义诊救助，《中国文明网》进行专题报道，《湖南日报》专版报道扶残惠残工作。举办全区残疾人工作“明星社区”创建工作业务培训班，在全区实行“残疾人信息数据动态更新”核查工作。

教育就业工作。制定《芙蓉区托养机构考勤管理办法》，加强对3家社会托养机构日常监管，全年无安全生产事故。在荷花园街道卫生服务中心试点“盲人按摩师进社区”就业，为160户家庭实施残疾人居家托养和助残服务项目。委托“湖南成才职业培训学校”短期技能培训全区22名就业年龄段残疾人，委托晴天残疾人职业能力评估中心职业技能评估全区35名残疾人。扶持残疾人自主创业，2名残疾人享受扶持资金3.74万元。对符合条件的38名残疾人及其子女就学给予补贴10.9万元。

康复助残工作。组织实施“0～14岁儿童抢救性康复救助省重点民生实事”项目40例。市级项目66名救助对象参加康复训练，全部落实到位。采购250件辅助器具，办理公交“爱心卡”175张，通过“助残日及辅具适配进家庭”活动发放。会同区文明办在凌霄社区组织“幸福零距离”关爱残障弱能人士助残志愿服务活动，配合区文明创建工作，在德政园社区、月桂社区设立“助残服务站”。与司法局法律援助中心资源共享，成立芙蓉区残疾人法律救助工作站，为维护残疾人合法权益提供法律咨询服务，2016年获评“省级残疾人法律救助工作站”。在春节、端午节、中秋节、“国际残疾人日”多个重要节日由区残联领导班子带头逐一走访，全年走访慰问420人(户)投入资金、物资15万元。

维权工作。残疾人群众来信来访、解答诉求保持常态。每周三为专门接待日，全年“12345”热线工单5次，答复满意率100%，来电咨询500余次，来访对象106人次，集体接访70余人次。全年无到省、进京信访事件。 （李恩星）

芙蓉区残疾人联合会

理 事 长　聂帮府

副理事长　陈　莉（女）

【延伸购买“交通意外伤害险”】3月开始，通过政府采购程序，在办理交通“爱心卡”的基础上，为全区持证残疾人统一延伸购买“交通意外伤害险”，每人每年20元，最高赔付2万元，由湖南平安保险公司承保。2016年区残联为全区持证残疾人购买保险，支付保费7.8万元；有2例成功赔付，获赔2160.84元。

【实行鉴定费减免】1月1日始，实行鉴定费减免政策，为辖区具有芙蓉区户口、首次成功办理残疾证者减免残疾鉴定费用。全年有61名残疾人申请鉴定费减免，区财政支付费用1.25万元。

【无障碍改造】区残联继续在全区范围内实施无障碍改造，按平均每户6000元标准为60户残疾人家庭实施无障碍改造项目，其中施工改造26户，发放特殊辅助器具34户；对文艺新村社区、凌霄社区按每个社区20万元标准分别进行无障碍社区改造。

【为眼疾者提供服务】区残联继续与长沙爱尔眼科医院合作，开展“情暖芙蓉·共享光明”项目，免费为辖区138名眼疾患者实施康复救助。其中白内障22例，胬肉31例，青光眼、眼底病、泪道等5例，低弱视力配发助视器80例。该费用合计11.18万元，市残联负担2.7万元，区残联支付8.48万元。 （李恩星）

芙蓉区红十字会

【概况】2016年，芙蓉区红十字会履行各项职责，组织开展“红十字博爱送万家”“红十字友阿学雷锋公益项目”等扶贫帮困活动。通过省、市红会、小天使基金等项目和“互联网＋公益”筹资渠道，全年为困难群众申请或筹集救助金38.8万余元。2016年1月获市“红十字工作先进集体”，芙蓉区副区长、芙蓉区红十字会会长张庆和代表芙蓉区在颁奖会上做经验介绍。

深入落实市红会提出的“百千万工程”，在社区、学校、区直机关、素质教育基地、园区等开展急救知识普及培训120场次，参加培训人数1.6万人次。同时培训102名初级救护员，并与区教育局联合组织完成了152名教师的初级救护员培训。

年内，有32人登记成为遗体、器官捐献志愿者。联合爱尔眼库启动“角膜捐献公益合作项目”。组织社区专干参加造血干细胞无偿捐献协调员培训，建立完善“三献”(无偿献血、遗体和人体器官捐献，造血干细胞捐献)工作专兼职队伍。

芙蓉区红十字志愿服务队为抗战老兵和社区陪伴对象开展陪伴服务52人次，开展新春慰问活动、携手农大青年志愿者协会关爱老人活动等。增强与街道和社区红会的联系，开展红十字“救”在身边平安进社区、暑假青少年应急救护培训等活动。

存在问题：没有本区的公益项目，筹资渠道受到局限。 （袁丹丹）

芙蓉区红十字会

会　　长　张庆和（2016.08免）

梁汝岚(女)(2016.08任)

常务副会长　颜剑波

【“5·8”世界红十字日宣传活动】为纪念第69个“5·8”世界红十字日和第8个“5·12”防灾减灾日，提高居民群众对红十字事业的知晓率，普及防灾减灾和避险互救知识，5月10日，芙蓉区红十字会在荷花园街道杨家山社区和锦泰广场开展世界红十字日宣传活动。长沙市红十字会党组成员、秘书长黎跃刚，芙蓉区政府副区长、区红十字会会长张庆和，区红十字会常务副会长颜剑波，荷花园街道工委书记唐益人等领导到现场参加活动。在活动现场，红十字会工作人员、志愿者宣传无偿捐献眼角膜的目的、意义，捐献的操作过程和报名注意事项；在公交车站、地铁口发放红十字基本知识、应急救护基本知识等宣传册；救护培训老师和幼儿园小朋友在现场表演逃生游戏。为加强救灾备灾能力，社区和芙蓉区红十字志愿服务队与辖区 8 家单位签订救护培训、物资保障、医疗救助、避难场所保障等协议。

【企业爱心公益活动】 6 月 17 日，湖南天海国际文化发展有限公司邀请长沙市红十字会、芙蓉区红十字，联合《东方寻宝》栏目组委会举办的全国爱心公益《鉴藏知识名家讲堂》在长沙雅尊戴斯酒店开讲。讲座分享古董艺术品鉴藏与投资知识，现场设置 40 个爱心专席，募集爱心善款 4000 元，用以资助韭菜园街道汤家岭社区的 2 户贫困家庭。

【角膜捐献公益合作项目】 8 月 26 日，芙蓉区红十字会与长沙爱尔眼库共同发起的“角膜捐献公益合作项目”在芙蓉区红十字医院正式启动。芙蓉区红十字会常务副会长颜剑波、各街道(园、局)分管领导、红十字专干、长沙爱尔眼科医院 CEO 吴娜，以及众多角膜捐献志愿者出席启动仪式。近百位爱心人士现场表达身后捐献眼角膜的意愿，并签订角膜捐献志愿书。活动期间芙蓉区红十字会在辖区内街道、社区利用宣传栏、网站、宣传资料等形式，在全区各街道组织招募眼角膜捐献志愿服务者。

【暑假青少年应急救护培训】 为提高青少年的安全防范意识，学会在突发事件和紧急情况下避险逃生、紧急救护等知识和技能，安全度过一个快乐的暑假，芙蓉区红十字会联合芙蓉区红十字会志愿服务队在 2016 年暑假期间陆续在各社区为青少年开展应急救护普及培训系列活动。80 人次的红十字志愿者们先后在韭菜园、湘湖、德政园、东方新城、荷晏、东郡、火炬村、荷花园、火车站、九道湾、杨家山、五里牌 12 个社区开展儿童安全知识、应急救护知识普及培训，培训内容包括有防拐骗常识、溺水事故防范、防暑中暑的处理方法、烧烫伤应急处理、异物梗阻海姆立克急救法，用体验的方法学习心肺复苏、创伤包扎、户外安全知识、穴位按压止血等知识。12 场培训人数累计超过 700 人。

【参加市青少年救护技能大赛获奖】 红十字会与红新月会国际联合会将每年 9 月的第二个星期六定为“世界急救日”。2016 年世界急救日的主题是“儿童学急救，急救为儿童”。9 月 13 日，浏正街小学代表芙蓉区参加全市“儿童学急救，急救为儿童”青少年救护技能大赛，学生们现场演示了心肺复苏、头部止血包扎、左前臂中段闭合性骨折固定等救护技能，获得二等奖。浏正街小学是湖南省长沙市唯一的一所少年武警学校，于 2010 年组建警娃救护队。湖南省红十字会蓝天救援队、芙蓉区红十字会等专业师资进行培训，多次指导学校开展消防逃生演习、自救互救技能培训。警娃救护队自成立以来，每周定时培训，每学期军训周集中培训，结训仪式上进行头部帽式包扎、前臂止血包扎、前臂骨折固定、心肺复苏等技能展示，深入社区进行自救互救宣传和展示。潇湘晨报、红网多次予以报道。

【省红会到区复查冠名红十字医疗机构工作】 11 月 18 日，省红十字会党组书记、常务副会长陈丹萍一

图 8　暑假青少年应急救护培训

图 9　浏正街小学代表芙蓉区参加全市“儿童学急救，急救为儿童”青少年救护技能大赛获得二等奖

行 4 人到芙蓉区红十字医院复查冠名红十字医疗机构工作。市红十字会党组书记、专职副会长唐俊杰，秘书长黎跃刚以及芙蓉区红十字会会长梁汝岚，常务副会长颜剑波，区卫计局副局长张长翃等陪同。陈丹萍听取医院的汇报，肯定医院踏踏实实做红十字牌子的精神，也肯定医院在红十字工作方面做出的成绩。她希望医院建设医养结合基地，参与创办健康产业，开展交流与合作，使红十字医院的工作迈上新台阶。

【湖南首台 AED 落地长沙火车站】 11 月 19 日，心唤醒基金湖南·长沙 AED（自动体外除颤仪。便携式医疗设备，用于非医学专业人员抢救心脏骤停患者。）落地暨生命课堂系列公益项目启动仪式在阿波罗商业广场举行。湖南省志愿者工作办公室副主任李仕铭，中国社会福利基金会心唤醒基金发起人邓飞，湖南省志愿服务联合会协调中心总干事陈令奇，市文明办副主任丁德喜，市红十字会党组成员、副调研员肖容成，芙蓉区文明办、火车站地区综合管理办等领导出席启动仪式。心唤醒基金首批捐赠长沙的 2 台 AED 设备放置在长沙火车站和雨花区凯德广场。国际急救培训和生命救援机构第一反应对火车站综管办 5 位工作人员进行了 AHA（美国心脏协会）急救课程培训。“心唤醒”基金是著名公益人邓飞，联合天涯社区、新浪微博微公益、腾讯志愿者协会等机构和中国社会福利基金会发起成立，倡导公共场所配置心脏骤停救援设备并完善紧急救助培训的公益行动。“心唤醒”基金采取多种方式募集资金，推动在公共场所人流密集的地点配置 AED。长沙是心唤醒基金 AED 落地的第七个城市。

【区志愿服务队获荣誉称号】 12 月 25 日，长沙市红十字会在长沙市会议中心召开 2016 年度志愿服务工作总结表彰会，芙蓉区红十字会志愿服务队被授予“优秀志愿服务队”称号，李春等 5 名志愿者被授予“2015—2016 年度优秀志愿者”称号，11 名志愿者根据《中国红十字志愿服务管理办法》和《中国红十字志愿者表彰奖励办法》分别被授予“长沙市红十字五星级（四星级、三星级、二星级、一星级）志愿者”等称号。芙蓉区红十字会志愿服务队成立于 2012 年 6 月，队长李春，现有志愿者总人数 92 人。主要志愿服务涉及平安社区、平安校园志愿服务，清明、中秋、重阳等传统节日和“全国助残日”等敬老助老助残志愿服务，红十字知识宣传志愿服务，应急救护培训志愿服务、“抗战老兵陪伴”志愿服务、学雷锋社区陪伴服务等。2016 年志愿服务总工时 13301 小时。（袁丹丹）

法　治

政法委及综治

【概况】 2016年，全区政法工作深入推进平安芙蓉、法治芙蓉和过硬队伍建设，积极防控社会风险，主动服务发展大局，创新破解治理难题，努力夯实基层基础，为全区创造安全稳定的社会环境。年内，区政法综治工作在全市内城区绩效考核中排名第一，继2015年再次评为湖南省综治工作先进单位。全年芙蓉区综治民意调查总分84.67分，在全市中心城区排名第一。

化解矛盾纠纷。在全区范围内开展“信访积案化解”专项行动，成立专项行动工作领导小组，设立督察督办、调度审核、依法处理工作组，成功化解各类积案27件，依法处理信访积案1件，完成上级督办任务。完善人民调解网络，各级调解组织成功调处各类民间矛盾纠纷1724起。培育发展行业性、专业性调解组织4个，全年成功调处保险、医患、交通事故、征地拆迁矛盾纠纷801件，初步实现“行业内纠纷行业内化解、专业化纠纷专业化解决”。

维护社会大局稳定。按照“发现问题、找准症结、明确责任、强化调度、力促化解”的思路，灵活调度处置方式，协调解决涉稳工作问题，增强部门单位维稳工作合力。全年收集各类不稳定因素情报信息1566条，排查掌握不稳定问题1106个，出动维稳工作力量1.5万余人次，防范处置群体性事件69起，妥善处置意外死亡事件24起；把握维稳工作的主动权，确保全国、省、市、区“两会”期间，以及湖南“十三五”战略合作会议、十八届六中全会等重要时段区内的安全稳定。

基层信息平台建设。年内，全区各级政法综治组织将基础人口信息采集工作列为重点工作项目，与公安机关日常警务工作实行统筹结合，连调联动。深化治理创新，完善社区基层网格管理。全区13个街道（局）划分为77个大网格、328个中网格、3516个小网格。每个小网格配备街道、社区工作人员、楼栋长、志愿者和责任民警，动态管理和服务网格内居民。通过“定格、定人、定责、定序”，依托该网格管理工作平台，实现扁平化、精细化、高效化的社区治安管理和服务。

强化执法监督。全面开展案件评查工作，建立案件评查员队伍。全区成立评查员队伍4支共42人。出台《案件质量监督与评查规定》《案件质量评查办法》等规范性文件，将案件质量评查工作纳入绩效考核，记入干警执法档案，作为政法干警个人和政法单位领导班子业绩考评的重要内容。实行重点评查与专项评查相结合，年度评查与日常评查相结合，部门评查与区里抽查相结合。年内，全区评查各类案件30件，其中合格案件24件，程序有瑕疵案件6件，提出整改意见17条。加强案件协调，及时召开重大疑难案件协调会议，开拓思路，提出对策，形成共识。全年召开案件协调会议10次，火炬村86户拆迁户行政诉讼案二审以及全国同性恋婚姻登记行政诉讼第一案顺利开庭，未发生负面网络舆情。开展专项治理。落实执行《领导干部干预司法活动、插手具体案件处理的记录、通报和责任追究规定》和《司法机关内部人员过问案件的记录和责任追究规定》，做到如实记录、全面留痕、有据可查，确保党政领导干部不干预个案，确保政法部门依法独立办案。

政法队伍建设。做好优抚工作。为积劳成疾突然病故的社区民警黄亚旭申报认定因公殉职，落实相关待遇，宣传其先进事迹，号召全区政法系统向黄亚旭学习。开展“纠四风、治陋习”和“雁过拔毛”式腐败问题专项整治工作，区直政法各单位成立相关机构，制定整治方案，坚持边查边改，强化监督检查，注重整改成效。依法从严治警。政法各单位成立联合督察组，定期开展作风建设专项督察，包括干警着装及内务管理情况、公务用车和内部安全管理情况、严肃工作纪律等方面。向区纪委通报党员干部刑事（治安）案件查处情况，共通报4案4人；筛选、甄别出全区吸毒人员有党员身份的9人。及时查处党员民警（已退休）吸毒案件1起，对其呈报开除党籍和取消退休待遇处理。

服务区域经济。全年协助签订征收拆迁协议237户，依法组织各类综合整治140余场次，确保区内重点项目建设顺利推进。支持行政机关依法处理非法营运纠纷，判处交通行政执法类非诉执行和财产保全案件102件，促使31名当事人履行处罚义务，主动缴纳处罚款62万元。审结区城管执法大队、区环保局申请执行的非诉执行案件137件，执行到位金额21300元。开展“优化经济发展环境专项侦查监督活动”，打击各类破坏市场经济秩序犯罪，依法严惩非法吸收公众存款、集资诈骗、保险诈骗等犯罪35人，依法打击损害商业信誉、商品声誉、合同诈骗、组织传销活动、非法经营等犯罪16人。（黄　珣）

【社会治安重点整治工作】 2016年围绕社会治安防控体系建设要求，严密治安防控，强化打击整治，发挥社会治安综合治理作用。全区立治安案件7518起，查处798起，查处违法1734人。查处涉黄涉赌案件147起。刑事拘留111人，行政拘留526人，罚款429人，捕诉133人。开展涉爆、涉危单位排查整治。全年检查涉危涉爆单位10家次，出动警力30人次，发现各类隐患5处，当场提出整改意见4条，下发整改通知书4份；查处案件10起，刑事拘留5人，行政拘留6人，移送起诉4人，追逃1人；收缴杀伤力枪支56支，仿真枪155支，子弹1746发，管制刀具301把。加大对列管场所、特种行业的规范化管理力度。完善落实登记备案制度，建立管理档案及基础台账。全年开展检查行动90余次，出动警力近400人次，检查宾馆、KTV、洗浴休闲场所、酒吧350家，下发整改通知书56份，提出整改意见65条；整治旅馆业无证经营、违规登记住宿现象，下发责令整改通知419份，查处违法经营旅馆111家。推进“打击食品药品犯罪和环境污染犯罪”专项行动。全年查处食、药、环、烟及其他制售假劣产品案件16起，刑事拘留29人，捕诉23人，行政拘留1人，摧毁制假、售假生产线20条，查缴假冒伪劣商品价值384万元。2016年，群众报警总数同比下降13.5%、刑事发案总量同比下降19.9%、8类恶性案件发案同比下降0.8%、多发性侵财案件发案同比下降20.8%、“两抢”案件发案同比下降17.6%、入室盗窃发案同比下降37.4%；破获刑事发案总数同比上升76.4%、现行刑事案件破获率同比上升120%、破获电信诈骗案件同比上升266.7%、破获多发性侵财犯罪案件同比上升78.7%、破获入室盗窃案件同比上升15.6%、破获经济犯罪案件同比上升263.6%。

【“三实”信息采集专项工作】 2016年，全区以做实做优社区警务工作为基础，开展“三实（实有人口、实有房屋、实有车辆）”信息采集。区政府安排150万元专项奖励经费，将283名流动人口协管员移交公安派出所管理使用，确保社区民警、辅警、协管员足额配备。4月29日，组织召开全区“三实”信息集中采集专项行动再动员、再部署大会，制定《在全区范围内深入开展“三实”信息采集专项行动实施方案》，明确专项行动为区年度综治工作中心任务并纳入综治考评。5月4日、区委书记梁仲、区长于新凡率相关部门负责人到公安分局调研，听取有关“三实”信息采集的工作汇报，落实专项工作经费。10月27日，区委副书记周春晖和政法委书记刘文立一行调研芙蓉公安工作，推动“三实”信息采集工作的深入开展。年内全区采集“三实”信息78.44万条：其中实有人口32.47万人，实有房屋3104幢（14.7万户），实有单位1.8万家、从业人员18.8万人，车辆信息10.32万辆。全区所有实体建筑均建立工作台账，初步实现一栋一册、一户一表。通过“三实”信息采集抓获网上逃犯23人，“两抢”案件发案同比下降17.6%、入室盗窃发案同比下降37.4%。

【社会组织清理专项工作】 2016年，按照《社会团体登记管理条例》和《民办非企业单位登记管理暂行条例》规定以及相关政策，依法开展“清理整顿社会组织”专项行动。结合教育部门、卫生部门提供的登记注册资料，摸底排查辖区内未经主管部门审批设立、未经民政部门登记的社会托幼机构、卫生服务机构，并登记造册。全区依法登记的社会组织249家，其中社会团体24家，民办非企业单位225家。全区有幼儿园93家、教育培训机构46家，卫生服务中心56家。依法督促18家符合登记条件的社会托幼机构限期到民政部门进行登记注册；要求达不到登记条件的限期整改，整改验收合格后依法登记。

【特殊人群管理专项工作】 2016年，现有社区矫正在册人员235人，全部监管到位。刑满释放在册人员568人，核实率100%，衔接率100%，实现出监所有人接、档案有人建、社会有人帮、就业有人管的“四有”目标。加强对司法所GPS手机定位和电子腕带在线率的监管力度，防止社区矫正人员脱管、漏管的现象发生。联合区检察院、区公安局等职能部门，分别开展对全区社区服刑人员的护照、港澳通行证的收缴及禁毒查毒尿检工作，查出7名尿检结果呈阳性的社区服刑人员及给予行政拘留、训诫、警告等处理。6月，安排8万元专项资金购置尿检器材，经查验“社区戒毒”人员符合规定尿检率超过90%。9月，在街道的配合下成功将1名潜逃到缅甸的社区服刑人员追捕归案。组织社区服刑人员定期上法制课、到监狱实地参观开展警示教育，开展各类主题教育活动，形成分阶段、多层次的教育矫正帮扶工作模式。10月，区社区矫正中心的建设完成。全区3年有效期间内的“社区戒毒”人员全部列入动态管控范畴，从严管控力度均达到司法线“社区矫正”水平。强戒2年处罚12名拒绝接受社区戒毒人员和3名严重违反社区戒毒协议人员。为171户涉毒人员和家庭办理低保，解决生活困难问题；为291名吸毒人员联系或妥排就业，慰问困难社区戒毒人员30人。

【校园及周边治安综合治理】 2016年，全区各学校开展平安创建工作，20%的学校获评省级安全文明校园，50%的学校获评市级安全文明校园，80%的学校通过市级“平安校园”评估。校园及周边治安综合治理专项组分别开展以“护校安园”为重点的治安环境整治；以监管学校食堂、商店、周边饮食店和清除流动摊贩为重点的食品安全隐患整治；以“扫黄打非·护苗2016”专项行动为重点的文化娱乐市场整治；以校车安全监管和城区学校周边交通治堵为重点的交通安全隐患整治；以学生宿舍等要害部位为重点的消防安全隐患整治。年内，排查整改学校安全隐患37个，排查整改维稳隐患15条。查处周边无证经营门店25家，取缔黑作坊6家，收缴老虎机2台，整顿网吧4家，疏导清理流动摊贩35个，发整改通知书22份。管理教育游离校园周边一批不法人员，打击处理违法人员3人，化解不稳定、不安全因素4起，处置扰乱学校正常秩序的事件2起，查处违规校车4台，清查处理“黑校车”2台，清理房屋出租户36户，流动人口1620人。全年未发生一起安全责任事故和涉校案件。运营校车在全市率先实行公司化管理，校车专业管理经验得到省市相关部门领导的肯定和表扬，湖南经视、湖南都市、政法频道等媒体进行专题报道。

【国际禁毒日宣传活动】 6月24日，“6·26”国际禁毒日宣传活动暨芙蓉区蓝结行动第六季“万户家庭同承诺”活动启动仪式在湖南农业大学举行。该次活动的主题是“无毒青春·快乐向上”。区直各部门、各街道（园局）相关工作人员、禁毒志愿者、农业大学学生、“禁毒妈妈”联盟成员及戒毒(康复）人员1000余人在现场共同宣誓。省禁毒办副主任、省禁毒总队政委刘湘奇，省妇联权益部部长邱梦丹，市妇联权益部部长李万峰，市禁毒办副主任、市禁毒支队副支队长欧建平，市社会禁毒协会副秘书长马伯雄等省市领导出席。刘湘奇、邱梦丹为各街道代表发送“万户家庭同承诺”宣传资料，号召大家努力扩大禁毒宣传教育面，增强全民禁毒意识，万户家庭同承诺，让“无毒青春·快乐向上”的观念深入人心。活动现场，芙蓉区新风艺术团演出自创自编自演快板舞“打响禁毒的人民战争”“远离毒品”等以禁毒为主题的文艺节目，志愿者们就新型毒品的危害、如何预防艾滋病等相关知识向群众答疑，解读《中华人民共和国禁毒法》、国务院《戒毒条例》和《湖南省实施〈中华人民共和国禁毒法〉办法》等法律知识。该次活动由省禁毒办、省妇联、湖南农业大学、芙蓉区政府联合举办，旨在通过开展禁毒宣传活动，让在校学生和居民群众了解毒品知识，提高全民识毒、防毒、拒毒、禁毒意识，最大限度地减少毒品危害，为构建平安芙蓉夯实基础。

【芙蓉区平安建设工作推进会】9月21日，平安建设工作推进会暨“平安长沙”主题文化演出在区会议中心举行。市委政法委副书记、市综治办主任谭学军，区政法委书记刘文立，区政府副区长、区公安分局局长陈定佳，区法院院长刘自军，区检察院检察长王均全，52个综治委成员单位负责人、各街道（园、局）工委书记、分管政法副书记、综治办主任，各派出所所长，省、市驻区单位代表及社区（村）的负责人300余人参加。该次会上，刘文立分析总结全区政法综治工作情况，围绕“平安芙蓉”总体目标，从抓好社会治安综合治理、矛盾纠纷排查化解、服务区域项目建设、政法综治队伍建设、年度综治绩效考评5个方面提出政法综治工作要求。荷花园街道、朝阳街道、区教育局、区公安分局入境大队分别作平安建设单位代表发言。推进会结束后，长沙平安大使大兵（任军，相声表演艺术家）率队首场演出芙蓉平安主题文化宣传节目。节目中融入平安小知识，有长沙弹词“平安颂”、快板“防范电信诈骗保平安”等。（黄　珣）

政府法治建设

【概况】 2016年，芙蓉区政府法治工作聚焦“四化四统筹”（推进产业高端化，统筹发展传统产业和新兴产业。实现全面城市化，统筹建设中心城区和隆平新区。紧扣品质国际化，统筹推进城市建设和城市管理。突出服务精准化，统筹对接公共供给和群众需求）发展战略和“四个芙蓉”（建设转型升级的财富芙蓉，打造高端产业引领区。建设创新驱动的智慧芙蓉，打造智慧理念先行区。建设精致秀美的魅力芙蓉，打造城市品质示范区。建设全面共享的幸福芙蓉，打造公共服务样板区）战略目标，推进依法行政工作和“法治芙蓉”建设。

依法行政工作。修订《芙蓉区人民政府重大行政决策程序规定》《芙蓉区行政执法监督管理办法》《芙蓉区政府合同审查管理办法》，提高文件执行时的可行性、操作性。完善全区行政决策程序，提高行政执法监督力度，规范政府经济活动。制订《芙蓉区政府法律顾问管理办法（试行）》，提高政府法律顾问在依法行政、建设法治政府中的作用。

征地项目服务。年内，区法制办参与辖区黄土塘、燕山街、火炬村、火星镇、五里牌肉联厂、蔡锷路两厢等6个棚改、城中村改造项目。在参与征地项目中，坚持法律指导、把关征拆各个环节，开展征拆法律业务培训，解决征拆过程中的继承公证、权属纠纷等法律问题与历史遗留问题。办理征拆项目行政复议、行政诉讼、司法强制执行等法律事务，促进征拆项目程序完备，适用法律准确，保障被征收人的合法权益。

行政复议工作。年内，区法制办应对行政诉讼案件150件，非诉行政执行案件90件，无败诉案件；应对区政府作为被申请人的行政复议案件49件全被维持，受理行政复议申请17件，其中2件确认违法。组织召开司法互动会，与法院、上级法制部门沟通、探讨依法行政过程中遇到的难点问题，提高政府依法行政水平。指导、协助全区各部门处理诉讼案件20余件，协助财政部门清理追收欠款1.3亿元，参与辖区历史遗留问题、重大物业矛盾纠纷处理，及时化解行政及相关矛盾纠纷。

政府网站建设。年内，在政府门户网站设立行政执法监督管理平台，公示全区行政执法部门的执法范围、执法依据、流程及执法人员等信息，并公布按一般程序作出的行政处罚文书，加强监督行政执法活动。在政府门户网站建立规范性文件数据库及动态管理系统，清理、审查由区政府和各部门及各街道的规范性文件。从源头上加强规范性文件管理，对于达到或接近有效期的文件，通知各单位及时修改、废止、重新公布；对于现存有效的文件，采取动态管理文件，并全部纳入系统管理。

参谋助手作用。区法制办通过参加政府常务会议，法律把关政府各项重大决策，做好区领导的法律参谋助手。年内，审查全区重大政府合同368份，提出法律意见109份。开展规范性文件清查工作2次。制订重大、复杂规范性文件时，区法制办提前介入，全程参与文件起草工作。全年审查备案规范性文件5份；审查把关政府信息公开，审查信息公开回复211份，对其中125件提出审查意见，保证了公民知情权，降低政府信息公开案件败诉风险。（黄轶岚）

公　安

【概况】 长沙市公安局芙蓉分局下设指挥中心（办公室）、政治工作办公室、纪委（监察室）、后勤保障科、警卫科5个科室；辖法制大队、人口与出入境管理大队、网络安全保卫大队、单位内部安全保卫大队、国内安全保卫大队、刑事侦查大队、经济犯罪侦查大队、禁毒大队、第一治安管理大队、第二治安管理大队、第三治安管理大队、巡警大队、城管大队13个大队和定王台、文艺路、韭菜园、蓉园、五里牌、朝阳街、湘湖、马王堆、火星、荷花园、东屯渡、马坡岭、东岸、东湖14个派出所。2016年，芙蓉分局坚持民意导向，坚持警务创新，促进警务模式转型升级，被评为"全省队伍建设先进集体"。

坚持掌控在前，维护社会稳定。树立"底线思维、主动思维、法治思维"，坚持谋划在前，预防在先，确保全区政治大局持续稳定。强化情报预警。落实动态排查、动态管控责任，全年搜集上报各类情报信息1360条。抓好源头治理。加强派出所矛盾纠纷调解，在基层解决群众关注的热点问题和影响社会稳定的难点问题。2016年，全局接受和处理人民群众来信来访346件，办结329起，办结率99.13%。突出应急处置。加强对省委、长沙火车站等重点部位的预警防控处置工作，健全3级响应机制，依托现代化的指挥作战大厅，实时跟踪事态发展，及时调整警力部署。处置各类群体性事件近900起，确保省委、省政府机关二院等机关的安全稳定。成功处置省委"9·5"群体性事件的，得到省委书记杜家毫肯定。

坚持流程再造，推动警务改革。坚持问题导向，创新引领，建立大数据支撑下的联合作战模式。芙蓉分局改革成果得到黄关春、唐向阳等省市领导的肯定，也得到公安部改革办的典型推介，有40批次兄弟单位近500人到局考察交流。搭建改革框架。成立指挥作战中心、基础防控中心、执法保障与新闻舆情中心，上连省厅"四大中心"、市局"六大中心"，下接派出所"一室三队"，实现互联互通、体系作战，实现"业务流、信息流、管理流"融合。构建指挥体系。建成现代化指挥中心大厅，健全芙蓉分局三级响应机制，明晰七大扁平指挥流程，在PGIS地图上实时展示警力、警车等信息，与现场无缝对接。打造省委安保工作防务圈，启动省委涉访事件处置平台建设，提升处置省委集访事件的能力和水平。在重点单位和区域派驻警用无人机中队，与分局指挥中心进行数据链接，实现可视调度、扁平指挥。突出数据支撑。自主研发"芙蓉大数据实战应用平台"，归集内外部资源数据37亿条，实现对重点人员、车辆、物品、区域的精准研判和对重点警情的甄别侦查。大数据平台成立以来，协助破获各类刑事案件277起，抓获各类违法犯罪嫌疑人327人。推行"四色预警六类勤务"考核新机制，即时评估各项工作并发布"四色预警"评估通报，通过精准评估、实时预警，实现"谁得病谁吃药"的精准控制。优化资源配置。引进中南大学专业人力资源咨询团队，开展岗位分析，设置数据模型，优化资源配置，科学匹配警力。综合评估和科学安排每一起警务行动，避免"人海战""疲劳战""消耗战"。有效引导舆情。与新浪网战略合作，搭建"微舆情互联网大数据平台"，定制监测方案及搜索关键词，实施全网络、不间断监测，实现实时、高效、全面的舆情监控，为舆情应对赢得先机。

坚持忠诚履职，深化平安创建。通过刑侦机制改革，实现数据、警力、科技等资源的无缝对接和有机融合，提升整体实战水平。联合作战提升打击效能。以指挥作战中心为龙头，运用大数据开展精准研判，健全"刑侦大队—片区刑侦中队—责任区侦查队"侦查机制，推行大案机制破小案，强化刑侦基础信息采集，提升打击效能。全年刑事拘留1263人，同比上升7.86%；移诉处理1232人，同比上升8.2%；案件破获数1724起，案件破获率29.41%，同比上升6%。坚持命案必破，现行命案发10起破10起，破案率100%。坚持破大除恶，打掉各类犯罪团伙70个，同比上升9.4%。加强网上追逃工作，抓获逃犯268人，同比上升22.4%。打击多发性侵财犯罪，刑事拘留740人，移诉686人。10月，刑侦大队联合火星、荷花园、马王堆、马坡岭、五里牌、朝阳街6个派出所，经过5个月的专案侦查，侦破代号为"浏阳河"的"5·3"专案，抓获犯罪嫌疑人28名，依法刑事拘留17人，行政拘留5人。加强毒品查缉工作，年内破获毒品刑事案件113起，移送起诉犯罪嫌疑人155人，抓获吸毒人员863人，其中强戒216人，缴获毒品折合海洛因36632.7克，破获公安部督办案件2起。开展“猎狐行动”，经侦大队被省公安厅评为2016年度“猎狐行动”先进单位。推进“扫黄禁赌”专项行动，全年刑事拘留135人，同比上升92.9%，治安拘留606人，同比上升3.9%。立体防控提升安全指数。通过数据分析准确把握社会治安基本态势和突出动向，及时调整警力部署，科学配置，圈层布警，网格巡防。推出“四色”预警机制，装好“遥控器”。每天汇集归并全区110报警、刑事警情、治安警情等各项数据资源，开展数据模块分析。根据社会治安状况分色预警，给社会治安装上“预警机”，促进各实战单位有针对性地开展巡逻防控。全年110报警数7万余起，同比下降12.8%；110刑事警情近9000起，同比下降24.9%。搭建网格防控平台。建立“区、派出所、社区”三级网格巡防机制，以巡警大队巡防为作战主力，以机关民警夜巡为补充，将全区划分为5个网格进行巡逻防控；以派出所为作战单位，按所辖区域划分14个网格进行巡逻防控，以社区警务室为作战单元，划分65个网格进行巡逻防控，与路口卡点、天网视频、单位自防、群众联防等相互融合，实现“空中有监控、地上有巡逻、路口有卡点、社区有群防、单位有自防”的立体化社会防控格局。实施动态巡防布警，打好“运动战”。“芙蓉大数据实战应用平台”每日将警情初步加工数据推送至基础防控中心，中心在进行系统深度研判后，每日将巡防重点和巡防指令信息推送到基层所队，指导开展精准防范，实现“警力围绕警情走、警力同步警情防”，动态布警，运动布防，全力控压刑事治安警情的发生。年内刑事发案6163起，同比下降21.1%。常态管控提升治理能力。加强重点管控，加大对全区列管场所、特种行业的规范化管理，确保重点单位和行业场所检查率100%。开展缉枪治爆专项行动，查处涉枪涉爆案件14起，刑事拘留6人，行政拘留10人，收缴各类枪支301支，子弹4995发。着重抓好旅馆业实名登记工作，全年检查宾馆、酒店、小旅馆1000余家，处罚310家，行政拘留13人，取缔13家。加强物流寄递业渠道治安管理，开展物流寄递安全检查283家次，发现并督促整改隐患88起。严格消防监督执法，开展各类消防检查专项行动。全年出动警力2万人次，检查单位1.3万处，发现、督促整改火灾隐患2.4万处，下发责令改正通知书1万份。全年发生火灾302起，比2015年同期下降7.9%。

坚持集约高效，夯实基层基础。整合入境、治安、国保等基础职能，实现职能归位，合并归集，推进管理升级。强化信息采录。推进“三实”信息采集社会化，区政府投资150余万元用作设备和人员奖励资金，推进“长沙市公民及车辆信息申报与服务平台”的应用，确保“三实”信息采录到位。年内全局录入“三实”及车辆信息90余万条，实时传输至“芙蓉大数据实战应用平台”，采集率、准确率100%。统一归并管控。归并“反恐、刑侦、治安、国保、禁毒”等7类重点人员信息至基础防控中心，统一归口，统一研判，统一调度，并通过重点人员一体化管控系统，精准管控实际掌控的1982名重点人员，实现全局维稳、反恐、防控和处突等工作高效集约和行动一致。推进服务提质。开展窗口争先创优活动，人口与出入境管理大队被市局推介为省厅户政部门优秀服务窗口。投入300万元新建接待大厅，划分24小时自助办理、社会化服务等5个功能区，实现“让数据多跑腿，让群众少跑路”。全年办理出国境证照7万余本、同比上升24.5%，办理居民身份证近5万张、同比上升94.7%，办理户籍业务9万余人次、同比上升20.3%。

坚持阳光运行，促进执法规范。贯彻落实《关于深化公安执法规范化建设的意见》，提升全局执法规范化建设水平，增强公安机关执法公信力。案件审核统一管理。加强和改进刑事执法办案工作，实行“统一入口、统一审核、统一出口”的“三统一”工作机制。坚持执法办案“四级审核审批”原则，明确案件审核责任，发挥法制员“质量检测员”的作用，全年下发52期《执法工作通报》。执法行为全程记录。采购配发执法记录仪500余台，完成“出警必携带、处警必记录、信息必完整、资料必保存”工作目标，构建“全程留痕、全程可溯”执法办案“黑匣子”，实现对民警现场执法活动全过程实时记录，确保所有现场执法活动都有据可查。办案程序公正公开。依托执法办案信息系统，实现案情信息和证据材料网上记载、审核审批网上进行、卷宗和执法档案网上生成、执法问题网上预警、执法情况网上统计。依托“湖南阳光警务执法公开系统”，及时向案件当事人和社会公众公开案件办理情况、行政处罚文书、涉案财物措施及照片、法律法规、办案办事流程和服务监督电话等，把执法活动置于阳光之下。全年阳光警务投诉417条，同比下降10.1%，办结率100%。提升执法素质。组织开展法制员培训讲座、法制专题调研会，组织旁听法院庭审，邀请检察院、法院专家进行座谈研讨，提升执法办案能力。强化执法资格考试结果运用，以此作为民警提拔任用、评优评先以及派出所等级评定的前置条件。全局科所队中层干部通过中级执法资格考试的比例为96.8%。

坚持严管厚爱，打造过硬队伍。开展“两学一做”学习教育，制定《芙蓉分局2016年度思想政治工作考评实施细则》和《芙蓉分局队伍管理实施细则》等规章制度。创新党建形式与载体，开展“思想再入党、行动紧跟党、建设品质芙蓉”主题实践和“手抄党章一百天”活动。建党95周年之际，发出“事事尽心尽责，人人争先创优”倡议书。每季度开展基本体能与健康指数检测工作，2016年第四季度达标率80.2%，比第一季度提升近30%。新建分局机关自助餐厅。组织开展民警生日“四个一”（一张生日贺卡、一束鲜花、一个蛋糕、一天假期）活动。选树省级“十佳社区民警”刘头仔、省级“破案能手”曾海、“长沙警星”杨曙光等先进典型，因公殉职的社区民警黄亚旭先进事迹被《人民公安报》头版头条报道。组建文艺、足球、摄影等7个文体协会，组织开展丰富多彩的文体活动。在芙蓉区政府组织的全民健身运动会上，芙蓉分局获得团体第一名。在市局组织的“庆‘七一’·警心向党”大型合唱比赛中，芙蓉分局获一等奖。建立党委主导、部门主抓、所队科室落实的队伍监管责任体系。年内，芙蓉分局督察部门开展督察、暗访70余次，编发督察通报53期。（王泽洲）

长沙市公安局芙蓉分局

党委书记局长	陈定佳
党委副书记政委	周习文
党委委员副局长	杨　方（2016.9免）
	杨　忠
	成劲林
	姜　伟
	周斌胜
	杨海军
	文志雄
	李　忠（2016.9任）
副政委兼纪委书记	文志雄
政工室主任	杨海军（2016.9免）
	李　忠（2016.9任）

【打掉一涉恶涉枪贩毒犯罪团伙】 2016年3月26日晚，火星派出所接到受害人报警：因经济纠纷被甘某和刘某持枪威胁，并被甘某打伤，抢走财物。案发后，刑侦大队立即启动重大案件响应机制，打黑除恶中队主动介入，与火星派出所办案民警迅速对接。经初步调查，犯罪嫌疑人为甘某权，湖南长沙人，有涉枪、涉毒、寻衅滋事、非法拘禁等6次前科。在市局网技部门的支持下，甘某权涉嫌武装贩毒的重大线索浮出水面。刑侦大队成立专案组。经查，该案犯罪嫌疑人20余人。经秘密侦查，5月10日查明几名犯罪嫌疑人住处。民警迅速开展摸排，掌握嫌疑人的生活规律及社会面等情况。5月24日，专案组获悉：犯罪嫌疑人甘某权将于当晚在芙蓉区某酒店从上线进货。指挥部指挥专案民警在酒店设伏，并调集警力兵分4路赶往圭塘、裕南街等地抓捕。5月24日凌晨，专案组成员在酒店抓获甘某权及其上线徐某明等4名犯罪嫌疑人。芙蓉分局设伏人员经过10小时的蹲守，分别抓获张某等6名犯罪嫌疑人。审讯组立即审讯犯罪嫌疑人，将有价值的信息反馈到情报中心进行分析、研判。抓捕组收到情报后，经连续两天的艰苦奋战，5月26日抓获违法犯罪嫌疑人24人，收缴枪支2把（一把仿六四式手枪、一把长管猎枪），子弹12发，冰毒245克、麻古87.36克、大麻5.41克。该涉恶、涉枪、寻衅滋事、贩毒犯罪团伙被成功打掉。

【区领导调研指导公安工作】 5月4日，区委书记梁仲，区长于新凡，常务副区长谭雄伟，副区长彭尚松，分局党委书记、局长陈定佳等率区委办、区委政法委、区政府办、发改局、财政局、审计局、工务局、建设局、城建投等单位负责人一行十余人到芙蓉公安分局专题调研。调研内容为公安基础设施建设、反恐维稳、指挥调度、经费保障等。芙蓉分局全体党委成员，相关科室队“一把手”参加会议。副区长、分局党委书记、局长陈定佳汇报芙蓉公安工作情况。会议对分局警务改革和基层基础建设进行具体研究，并形成一致意见。区委副书记、区长于新凡讲话。于新凡希冀芙蓉公安敢于担当，主动作为，加强反恐防暴工作，扎实基础防控工作，强化信访维稳工作，服务芙蓉经济社会发展。区委书记梁仲在讲话中要求，在下步的工作中，要系统思维，顺势而为；要深度融合，展现作为；要精准发力，保障有为。

【黄关春到芙蓉分局调研】 6月21日，省委政法委书记、副省长、省公安厅厅长黄关春到东屯渡派出所调研指导基层基础工作。省公安厅副厅长谭和平，市公安局局长唐向阳及省厅、市局、芙蓉分局相关领导陪同参与调研活动。黄关春一行首先调研东屯渡派出所“三实”信息采集工作，考察综合警务室，看望慰问一等功获得者、东屯渡派出所社区民警刘头仔，勉励广大民警要立足本职岗位，奋发有为、斗志昂扬、敢于担当，以饱满的精神状态投入到各项公安工作中。11月30日，黄关春率领全省公安机关深化警务机制改革现场推进会与会代表近300人到芙蓉分局现场观摩警务改革成果。省公安厅全体厅党委成员、副巡视员、副厅级干部参加，副市长、市公安局党委书记、局长唐向阳，区领导于新凡、周春晖、刘文立、陈定佳、周刁文及分局全体局党委成员陪同。黄关春一行听取分局推进警务机制改革工作汇报，观看《数据引领，联合作战——芙蓉分局处置‘11·10’集访事件回放》专题片，观摩指挥作战中心、基础防控中心、执法保障与新闻舆情中心等，对芙蓉分局警务改革成果给予高度评价。

【赵炜一行到芙蓉分局考察指导工作】 8月6日，公安部改革办副主任赵炜一行4人到芙蓉分局考察指导工作。市公安局局长唐向阳、省厅警令部主任潘小松等陪同考察。副区长、分局党委书记、局长陈定佳，分局全体局党委成员及相关科室所队负责人参加考察座谈。在座谈会上，陈定佳副区长汇报芙蓉分局推进公安改革工作的情况和实绩，唐向阳肯定了芙蓉分局警务改革的工作成效。赵炜指出，芙蓉分局作为“三湘第一区”的城区分局，在湖南具有典型性和代表性。芙蓉分局改革力度大、理念新、成效好，希望能继续保持改革创新的良好势头，推进警务改革向前发展，做出新的成绩。

【周春晖调研指导芙蓉公安工作】 10月27日，区委副书记、代区长周春晖一行调研芙蓉公安工作。区委政法委书记刘文立陪同。周春晖一行先后考察了人口与出入境管理大队办证大厅、指挥作战中心、基础防控中心和执法保障与新闻舆情中心，与分局人员座谈交流。周春晖肯定芙蓉公安的工作成效。他要求，要突出稳定职责，务求打击有力、治理有序。强化自身建设，务求素质过硬、形象更优。

【举办全国十城区公安分局警务协作会议】 11月7—9日，第二十九届全国十城区公安分局警务协作会议在芙蓉分局举行。年会主题是：深化公安改革创新，推进警务转型升级。广州越秀分局、武汉江汉分局、上海黄浦分局、西安莲湖分局、北京东城分局、天津和平分局、温州鹿城分局、沈阳和平分局、南宁兴宁分局、哈尔滨道里分局、昆明五华分局、乌鲁木齐水磨沟分局和长沙芙蓉分局13个友好分局代表团参加会议。市公安局局长唐向阳，市委政法委常务副书记任安良，区委书记于新凡，区委政法委书记刘文立，芙蓉分局中层正职负责干部等200余人参加会议。会议由芙蓉分局党委副书记、政委周刁文主持。芙蓉区委书记于新凡在开幕式讲话，他要求加大与兄弟城区公安机关的协作、沟通、交流力度，学习借鉴友好分局的好经验、好做法，积极探索、锐意进取，提升警务协作的整体效能。市公安局局长唐向阳在讲话中指出，警务协作机制不仅是公安机关的优良传统，更是新时期公安工作齐头并进的源头活水。十城区公安分局辖区都是重点城市的核心区域，跨区域违法犯罪活动的种类和方式层出不穷，社会管理难度与日俱增。城区公安分局更应形成警务协作新常态，拓宽警务协作新领域，丰富警务协作新模式，将“互联网+警务”的思维融入警务协作之中，实现全方位、深层次的资源共享。会议期间，与会人员参观考察了芙蓉分局指挥作战、基础稳控和执法保障中心以及东岸派出所。座谈会上，与会代表围绕“加强警务协作、推进公安改革、优化警力资源”主题，畅所欲言，讨论提升警务实战技能和水平、打造基层前端实战体、推进立体化治安防控体系建设、公安“微信警务室”建设、稳妥处置群体性事件、大力深化城区分局警务改革等新课题，达成许多共识。会议认为：要开辟警务协作新平台，除每年定期年会交流之外，要在各友好分局网站设置“十城区警务协作”网页或专栏，以此作为重要的协

作平台和载体。通过开展协作查询，实现资源共享更为高效，侦破打击更为精准。（王泽洲）

·交　警·

【概况】 芙蓉区交警大队是长沙市交警支队下辖的勤务大队。下辖综合管理中队、处罚教育中队、秩序管理中队、122事故处理中队、停车场管理中队、路面勤务14个中队、机动3个中队，负责维护芙蓉区东起长棚路，西至黄兴路，南始人民路，北达八一路、浏阳河一线的交通安全与交通秩序管理。辖区内50条城市主次干道、24个警务岗亭，109个灯控路口、192个路面电子监控抓拍探头，道路里程长约410公里。2016年该大队践行长沙交警“真诚尚法，敬业为民”工作理念，抓牢队伍建设与勤务管理，规范执勤执法，完成各项工作任务，保障辖区交通管理秩序和交通运行安全。年内，大队被评为全省公安思想政治工作成绩突出集体及全省公安交警系统规范执法示范单位。1人获评2016年度全省公安队伍建设工作成绩突出个人，1人获评湖南省优秀共产党员。

提升警队素质。大队“以党风建设促进队伍建设”为工作目标，开展“两学一做”学习教育。宣传省优秀共产党员三中队中队长刘辉的先进事迹，营造崇尚荣誉的良好氛围，提升警队政治素质。支部组织参观“红色遗址”——黄兴纪念馆。各中队加强班前学习“五条禁令”“六条警规”“七不准”和“人民警察内务条令”。全体新警、辅警入职参加培训学习，考核合格上岗。以中队为单位，对照区方案中的“重点治理内容”逐条自查自纠。

优化交通设施。年初，大队与区政府、支队相关单位对接，清理规范、更新交通标志、标线，科学配时信号灯，消除辖区内人民路、东二环、万家丽等路段事故、拥堵黑点。全年，交通管理设施安置标志657块、标线18765平方。增加电子警察60个，增加高清抓拍探头37个，后台上线2个点位。推出“潮汐车道”，缓解湘雅二医院周边交通压力；推进交通“微循环”，完成芙蓉中路片区、湘雅附二医院片区、省人民医院片区等9个交通组织优化方案。在湘雅附二医院由院方以“交通补贴”形式，让医院职工主动腾让院内车位给就诊患者停车；联系协调周边社会停车场调整收费标准，利用分时段差额收费的“杠杆”作用提高车位流转速度；主动摸排附近停车场车位空余数，在重要路口设置停车引导标志牌、发放便民引导服务卡。采取综合措施使湘雅二医院片区道路交通拥堵指数全年下降5个百分点。韭菜园路和识字岭路口交通优化取得明显效果。引导街道和社区加大公共停车场建设，建成停车诱导系统与停车场信息化管理平台。按计划建成14个公共停车场并投入使用，增加停车位1795个，有效缓解辖区停车困难。着重排查人民路、远大路交通隐患，重新安装高位护栏56米，并施画人行横道线34平方米，设立交通警示牌17块、减速带29平方米，减少该路段交通事故发生。

提升管理效能。利用警务通、数字对讲机、执法记录仪的定位功能，智能交通的实时监测功能，结合勤务布警，高效互动前端的交通疏导与后台的指挥调度，发挥错时勤务、弹性勤务、自主勤务的管理效能，提升动态用警效率。结合“智能三期”（公安警务处理平台）建设，优化现有勤务模式。坚持高峰时段职守点位与巡逻线路点位结合，减少平峰段路口执守警力，利用拥堵预警、监控路口抓拍等功能管控路口，把路口警力分散延伸到路段中巡逻管控，实现以点到线、以线为主、由线及面的勤务管理机制。把相对稳定的网格布警变为数据支撑的动态布警，推动勤务布局由注重“定点、定岗、定责”向“守点、巡线、扩面”方向的转变。

严格勤务执法。大队依托“智能三期”“大交管中心”（在政府主导下的全方位覆盖交通管理体系）建设，利用大数据助推实战，打击辖区交通违法犯罪。针对辖区乱源，结合日常执法，开展百日行动、春季攻势、夏季攻势、酒驾专项治理、无牌驾驶专项整治等各类交通专项整治行动812次，出动警力1.61万人次。查处交通违法行为48.56万起，其中机动车乱停乱放35万起，机动车闯灯占道12万起，渣土车交通违法行为4245起，客运车交通违法1.1万起，酒驾402起。122事故中队侦破交通肇事逃逸案件14起，轻微案件90起；交通肇事案件9起，刑事拘留9人，行政拘留7人。

宣传交通安全。全年大队“五进办”（交通安全宣传进社区、进企业、进农村、进学校、进家庭）深入社区、学校、企业等单位开展交通安全授课900场次，受教育人数7万人次。利用车站、集市发放宣传材料8万份，制作事故展板30块，电视台新闻周刊报道活动300场次。与区教育局、区交通局、区安监局开展校车、客旅运车辆、危险化学品运输车辆的交通安全联合整治与宣传工作，全年开展大型道路交通事故应急救援演练5次，各类联合整治48次，检查各类重点车辆3200台，下达整改通知书620份，从源头上杜绝重点车辆交通事故的发生。全年重大交通事故立案22起，死亡22人，较上年同期下降35.29%；伤132人，较上年同期下降21.89%。

存在的困难和问题。科技设备投入有待进一步增加，以加大非现场执法力度；机动车驾驶人的准确信息有待及时更新，以便有关违法信息准确及时告知机动车当事人。根据需求增加交通设施设备的审批流程不够简化。（张湘闽）

芙蓉区交警大队

大 队 长　胡海民
教 导 员　陶理新
副大队长　秦　杰
　　　　　李　乐
　　　　　全　浩
　　　　　孟献军

【芙蓉区交警大队被评为全省交警系统执法示范单位】 芙蓉交警以培训为抓手，促进交警执法能力的提升。制订全年培训计划，开展执法办案区规范管理培训、酒驾（醉驾）案件办理流程培训、刑法修正案九的法律适用培训、行政诉讼法、行政强制法修正后等学习培训，制作培训资料20余种，参训民警1000余人次，并自编试卷组织交警考试。按照《湖南省停车场管理办法》的要求，在办理案件中培养交警执法能力。如停车管理中队开展辖区停车场违法处理，成功办结“宇成大酒店私自将停车场挪作他用”案，并为全省交警部门办理该类案件提供借鉴。围绕交警依法执法、规范执法和执法形象，制定《芙蓉交警大队执法质量考核评议办法》《芙蓉交警大队事故处理绩效考核评议办法》，开展随机或定期考评。开展警务调查工作，提升文明规范、依法履职意识。该大队成立由教导员主抓，由法制办牵头的警务调查中心，调查拨打122报警（含求助、投诉）的群众满意度。在派警10分钟后开设首轮电话回访，及时了解报警人在个案中对交警工作的需求。对于法律法规或处理流程不清楚的投诉，由警务调查中心人员细致说明并解释；对于处警不规范、不到位的，及时通知民警改正。年内，警务回访量日均超过300件，实行每月《警务调查通报》考核，分值计入综合考评。6月，经省厅和交警总队的严格审评和考核，芙蓉交警大队被评为湖南省交警系统优秀执法示范单位。

【设置辖区首条“潮汐车道”】 3月29日，正式启用人民路湘雅二医院至地质中学路段设置域内首条可变车道（又称“潮汐车道”）。取消该路段原西往东方向的一条非机动车道，并为机动车道，选择西往东方向最左的车道，作为可灵活变化的“潮汐车道”。该车道根据不同时段车流量的变化，确定车道通行方向。车道两头用信号灯控制。在“潮汐车道”两端设置龙门架，上面设7股道指示灯。东往西方向龙门架上安装LED电子显示屏，方便司机在行经到该路段时，明确了解“潮汐车道”当前的使用情况。“潮汐车道”启用后，缓解了人民路芙蓉路口至梓园路口路段及地质中学和湘雅二医院地段车流高峰时段的车辆交通拥堵问题。

【开办违法电动车驾驶人学习班】 年初，大队创新电动车违法处罚模式，开办违法电动车驾驶人学习班，变以往单纯的罚款处罚为以宣传教育为主要手段。学习每期3小时，采取观看交通事故视频以及听民警讲座方式。内容包括：长沙市的电动车交通现状，电动车在安全防护、操控性能等驾驶安全方面的先天不足，电动车闯红灯越线、逆向行驶、占道乱停、搭载多人、走机动车道、非法改装等交通违法行为的危害。课堂结束后，学员参加体验式劝导员站岗2小时，强化按章行驶遵守交通法规的观念。全年举办电动车违法驾驶人培训学习班525期，培训电动车违法驾驶人2.58万人。该举措实现辖区电动车交通违法现象的根本好转。（张湘闽）

·公安消防·

【概况】 2016年，芙蓉区公安消防大队坚持“预防为主，防消结合”的方针，依法强化单位防火意识，落实消防安全责任制，推进全员消防安全普训，提高社会防御火灾能力和增强消防监督和执法能力，遏制群死群伤火灾事故的发生。

深化执勤岗位练兵，加强部队安全管理教育。辖区5个中队深入1586家社会单位熟悉辖区情况，在542家单位进行灭火救援演练。开展执勤岗位练兵活动，在全市消防部队成建制中队实战化比武竞赛中，该大队现役官兵获得灭火编队登高强攻操合成项目第一名、团体总分第三名；政府专职消防员在比武中获得单干线2支水枪操第一名、团体总分第二名。坚持从严治警，全年无官兵发生违法违纪事件。

开展消防行政执法工作，营造良好社会消防安全环境。加强重点单位、重点区域的监管。全年出动检查5388人次，检查单位2643家，发现火灾隐患2740处，督促整改火灾隐患2714处。下发责令改正通知书1705份，行政处罚决定书89份，临时查封决定书50份，责令三停（停止施工、停止使用、停产停业）35家，罚款108.7万元，拘留15人。推动重大火灾隐患整改工作。全区12家重大火灾隐患单位中，1家整改到位并摘牌销案，11家单位在大队的指导下开展整改工作。严把审批关口，杜绝先天性火灾隐患的出现。全年，受理审核项目29个，受理验收项目24个，消防设计备案83起，建设工程竣工验收备案62起，消防安全检查120起。

开展消防宣传活动，提高公众消防安全意识。推动政府购买消防服务，13个街道分别与人人居安消防安全公司签订政府购买消防宣传服务。推进消防宣传“进社区、进学校、进企业、进农村、进家庭、进机关、进网站”工作，推动落实政府及行业、系统、单位的消防工作责任。建设、人社、安监、公安等部门将消防培训纳入行业培训内容，加强对电工、焊工、保安等特种作业人员的消防培训。开展消防控制室值班操作人员职业技能培训工作，落实消防控制室值班人员持证上岗制度。利用QQ群、微信公众号、火线追踪栏目、消信通、手机彩印等媒体，宣传消防安全知识，普及逃生自救常识。年内，开展三小场所（小档口、小作坊、小娱乐场所）上门宣传培训3759家，专场消防安全培训513场，灭火及疏散逃生演练243场，入户宣传1.9万户，发放消防教材4523本，发放消防试卷2.34万份，张贴消防安全海报1.47万张，发放消防安全手册7.64万份，发放消防安全隐患整改意见书1.03万份，建立消防安全台账1.47万份，放映消防安全电影109场。

提高灭火救援能力。消防大队把灭火执勤能力放在首要位置，根据每个中队的管区，分配重点单位，要求中队每周开展不少于2次灭火演练；倡导“大兴全员练兵，打造过硬队伍”的练兵口号，规范官兵完成火灾扑救和抢险救援任务。年内接警出动1459起，出动消防车2192辆次，出动警力1.51万人次，抢救被困人员257人，疏散人员606人，抢救财产价值395.5万元。

2016年，全区发生火灾300起，占全市火灾起数的10.8%，直接财产损失175.42万元，占全市直接财产损失的2.87%，火灾死亡1人。未发生较大以上火灾事故。

存在的问题：消防安全责任制未全面落实。街道办和社区居委会普遍存在消防组织机构的作用发挥不明显，消防安全责任制落实不到位，逐级消防安全责任人不明确，消防安全管理制度流于形式。一些街道居委会无人抓消防管理工作。社区居民消防安全意识淡薄，自防自救能力差。一些中小或私营企业，只顾眼前利益，忽视消防安全，违章违法作业时有发生，致使隐患酿成大灾。（戴玲玲）

区公安消防大队

大队长　伍　灿（2016.11免）
　　　　陈　健（2016.11任）
教导员　陈　鹏（2016.11免）
　　　　姜柏红（2016.11任）
副大队长　黄　磊
副教导员　胡逸舒

【区域联防工作会议召开】 1月4日，芙蓉大队在宇成国际大酒店召开重点单位第六片组区域联防工作会议，部署区域联防相关工作。太平洋娱乐城等8家单位负责人出席会议。会上，大队副教导员胡逸舒介绍消防区域联防工作的目标与工作内容。会议要求：各片组单位建立单位每日巡查、每月自查，片组每季互查的工作机制。建立联防工作台账，对检查发现的火灾隐患提出整改措施并督促整改，定期开展联合灭火演练和疏散演练，开展经常性消防宣传教育，普及防火、灭火和自救逃生知识。截至年底，辖区有消防重点单位297家，片组32个。

【芙蓉大队官兵慰问辖区贫困家庭】 2月19日，芙蓉大队官兵组织春节慰问辖区贫困家庭，教导员陈鹏带领5名官兵和八一桥社区书记一起到社区困难户家庭走访慰问。慰问组走访6户社区低保户及残疾人家庭，询问其家庭生活情况，鼓励他们树立信心、克服困难，送去米、油等慰问品和慰问金，送去节日的祝福和问候。芙蓉大队深入社区开展“一对一”帮扶工作，密切警民关系，树立消防部队“人民消防为人民”的良好形象。

【依法查封金苹果大市场四楼仓库】 2月22日，芙蓉大队依法临时查封存在较大火灾隐患的金苹果大市场四楼仓库。金苹果大市场位于长沙市车站中路，是一个大型小商品服装交易市场，市场位于火车站附近，流动人口众多，属人员密集场所。春节前，区委书记梁仲带队检查金苹果大市场，发现该市场四楼仓库存在堆放大量货物，且使用易燃材料做隔断的安全隐患。该大队决定对市场负责人履行告知义务后，临时查封该市场四楼仓库。大队监督员根据现场的问题和隐患，制订整改方案，要求该场所负责人落实隐患整改工作，落实整改期间的安全防范措施，预防火灾事故发生。经过1个月整改及申请复查合格后，该市场于3月23日解除临时查封。

【“3·15”消防产品专项检查】3月14日，芙蓉大队联合辖区质监、工商等部门成立联合检查组，专项检查辖区部分销售场所的消防产品，省市媒体集中报道。检查组先后检查长沙市邮星消防器材经营部、湖南联城消防设备制造有限公司等销售场所，利用UD笔（消防器材身份识别的一种电子笔）、手提电脑等移动执法终端，分别抽样检查消防水枪水带、应急照明灯、防火门、灭火器等消防产品。检查内容包括，产品质量是否存在“以次充好、以假乱真”现象；产品标识是否明确规范；销售领域流通渠道是否公开正规，市场准入证明是否真实相符。该次行动检查3家消防产品销售门市，未发现有假冒伪劣产品行为，对未按要求加贴标识的，依法督促相关单位更换为具有身份标识的产品。

【消防安全工作会议】4月28日，芙蓉大队组织的消防安全工作会议在大队召开。年内辖区新增的31家消防安全重点单位法人代表及消防安全负责人参加会议。会上，宣读重点单位及单位消防安全责任人、管理人应履行的消防安全职责，芙蓉区关于推进社区和消防安全重点单位微型消防站建设工作的通知；培训参会人员学习使用“户籍化”管理系统，采取现场教学、现场操作以及现场提问等方式，讲解户籍化管理系统的操作流程，介绍主要功能和基本使用要求。该次会议旨在提高消防安全重点单位责任人消防意识，增强消防安全工作积极性和主动性，落实各单位“自我管理、自我检查、自我整改”的消防工作机制。

【取缔五家无证经营液化气点】6月11日，由区政府牵头，消防大队联合区安监、建设、工商、税务、公安等部门，依法强制取缔位于马坡岭街道内的西龙村、张公岭村、新安村5家无证经营液化气点。5家液化气经营点位于城乡接合部，无任何手续，生活与经营混为一体，电气线路未采取保护措施，其中2家为临时建筑，存在较大安全隐患。行动小组在不打招呼的情况下，依法收缴违规液化气钢瓶275个。批评教育违法经营者，使他们签收了处理决定。

【“浏河之恋520花火音乐节”安全保障】 5月20日晚，由长沙市委、市政府主办，市委宣传部、芙蓉区委区政府承办的“浏河之恋520花火音乐节”在浏阳河畔婚庆公园举行。为做好现场执勤安全保卫工作，芙蓉大队调派消防车2辆、指战员14名。音乐节彩排期间，消防官兵提前介入，排除隐患，检查安全出口、疏散通道是否畅通，了解用火、用电、用气等情况。演出期间，执勤官兵定点防守会场重要部位和消防设施，针对可能发生的突发事件及灾害，做好灭火救援准备工作，保障音乐节安全顺利进行。

【区领导考察夏季消防安全工作】6月23日，副区长、区公安分局局长陈定佳、区政府副调研员梁福才及区消防大队相关人员，深入辖区开展夏季消防安全考察工作。陈定佳一行分别查看三湘南湖市场家电城、都正街历史文化商业街区消防提质改造工程，还查看化龙池社区微型消防站建设情况，观摩定王台街道专职消防队灭火演练，听取定王台街道消防安全普训工作情况汇报。考察中，陈定佳肯定了定王台街道区域性火灾隐患整改、微型消防站建设及消防安全普训成果。他要求：各街道、社区要加大微型消防站建设，消防部门要指导各微型消防站定期开展联合作战、战斗支援等方面演练，建立区域联防机制，提高区域联防协作能力，强化区域消防安全保障。

【查处非法罐装液化气窝点】 10月12日，消防大队联合马王堆街道查处重大非法罐装液化气窝点。消防大队、马王堆街道安监站、城建办在此前针对液化气专项整治行动的排查中，发现位于营盘东路北面火炬村一片生产安置地拆迁后的空地上有3辆汽车、1辆面包车和4台电动三轮车在转运瓶装液化气，当即控制车辆和人员。大队联合街道安委办组织区住建局、交通局、交警中队、城管办、综治办、派出所等部门80人开展联合执法行动。现场收缴瓶装液化气瓶298个（其中报废瓶40个），液化气3741千克。治安拘留两人，暂扣汽车3台，电动三轮车4台。依法取缔该非法罐装液化气窝点。

【微型消防站建设】 消防大队以救早、灭小和“3分钟到场”扑救初起火灾为目标，2015年12月起推进社区和消防安全重点单位微型消防站建设工作。大队按照“资源整合、标准统一、响应快速”的工作思路，开展微型消防站建设工作。依托重点单位消防责任人、社区工作人员、社区物业保安等成立志愿消防队伍，制定消防安全制度、火灾隐患排查整治工作流程等15项规章制度，要求消防站配备战斗服、灭火器、急救箱、对讲机等消防装备器材和通信设备。截至2016年年底，推动辖区建成“有人员，有器材，有战斗力”的微型消防站225个，其中街道社区76个，重点单位149个，总面积1300平方米。配备小型消防车4辆、灭火器材1677件、防护装备424套、外线电话145部、对讲机671台、其他器材933件。微型消防站的建成，使社会单位和社区做到第一时间掌握火情，第一时间控制火情，最大限度降低和减少生命财产损失，为全区火灾防控工作奠定基础。

【处置1起高层建筑电缆井火灾】 12月8日17时27分，位于万家丽中路百纳广场3C栋楼层中部电线井起火并蔓延至顶楼，楼内有大量人员被困。17时34分，五里牌中队紧急出动2台消防车17名消防官兵赶赴现场实施搜救行动。中队指战员分为2个搜救组和1个灭火攻坚组进入小区迅速灭火和搜救居民，并联系小区物业加压消防栓和开启排风系统。17时50分，支队全勤指挥部和增援中队陆续到场。在全勤指挥部的统一指挥下，增援中队分别派出搜救组协助搜救人员，保障组向中队攻坚搜救人员输送空呼和备用气瓶；中队灭火攻坚组逐层对电缆井灭火，并破拆紧闭的窗户排烟，搜救组利用携带的他救面罩和防毒面具保护搜救人员，引导群众至安全区域。经过2个小时的扑救，火势得到控制，被困40名群众成功营救，无人员伤亡。为防止可燃物复燃，中队官兵再次清理火灾现场。该次电缆井火灾扑救过程中，全体消防官兵们出动迅速、英勇顽强、处置及时，在初期阶段控制火灾，最大限度保护群众的生命财产安全。

（戴玲玲　刘田瑶）

检　察

【概况】 2016年，芙蓉区人民检察院围绕经济社会发展大局，以促进社会公平正义为出发点和落脚点，以司法办案为中心，全面履行检察职能。

依法惩治刑事犯罪，维护社会和谐稳定。全年受理各类提请批准逮捕刑事案件878件1236人，其中批准逮捕689件911人，不批准逮捕189件325人；受理各类移送审查起诉案件923件1355人，其中提起公诉810件1164人，不起诉71件127人，其他42件64人。打击严重暴力犯罪，依法批准逮捕该类犯罪嫌疑人87件116人。引导侦查涉嫌非法持有枪支弹药、贩卖、运输、制造毒品等多个罪名的犯罪团伙案，依法批准逮捕78名犯罪嫌疑人。坚持宽严相济刑事政策，减少社会对立面。对涉嫌犯罪但无社会危险性的，决定不批捕136人；对犯罪情节轻微、依法不需要判处刑罚的，决定不起诉39人。加强未成年人检察工作，落实专人办理、合适成年人到场、犯罪记录封存等制度。办理未成年犯罪嫌疑人相对不起诉案件8件19人。以刑事速裁程序审结案件44件51人。运用刑事和解，对29名轻微刑事犯罪嫌疑人决定不起诉。做好社会治安综合治理。发挥全国检察机关文明接待示范窗口作用，落实首办责任制和“一站式”服务制，妥善处理来访群众98件185人。推进反腐倡廉建设，促进社会清正廉洁。立案查处涉嫌职务犯罪11件12人，大案率100%，其中处级干部要案5人。融入侦查一体化机制，继续深化对中石油湖南分公司系列贪贿案件、湖南日报系列贪贿案件的侦查工作，依法对相关犯罪嫌疑人立案侦查。开展职务犯罪预防工作。向企业提供预防职务犯罪咨询意见百余次。完善行贿犯罪档案查询制度，在检务接待大厅提供查询一站式服务，受理各行业、单位行贿犯罪记录查询。检察机关预防职务犯罪的公益宣传片正式在各地铁站点广告终端上线。强化诉讼监督，加大审查力度。对侦查机关不应当立案而立案的，督促撤案4件，纠正漏捕6人，追诉漏罪34条，追诉漏犯5人。对违法取证等侦查活动违法情形，提出纠正意见8件次。对2件认定事实与适用法律错误的刑事判决提出抗诉。办理的“周某等人涉嫌寻衅滋事案损害未成年人诉讼参与人合法权益监督案件”被评为“全国检察机关优秀侦查活动监督案件”，“张某某骗取票据承兑案”获全省侦查监督部门优案。严格对民事行政裁判的审查程序，按照修订后的《中华人民共和国民事诉讼法》《中华人民共和国行政诉讼法》的要求，办结裁判结果监督案件6件、督促履职案件9件、执行监督案件6件。开展“优化经济环境专项侦查监督”活动，纠正漏捕6人、监督侦查机关撤案3人。按照2016年高检院新修订完善的羁押必要性审查要求，全年受理羁押必要性审查61件，发出建议60件，采纳60件。实施指定居所监视居住检察3人次，发出财产刑执行监督检察建议书24件。打击各类破坏市场经济秩序犯罪。批准逮捕涉嫌非法吸收公众存款、生产销售伪劣商品、破坏金融管理秩序、金融诈骗、侵犯知识产权、扰乱市场秩序等犯罪嫌疑人36人，提起公诉26人。针对非法集资类案件被害人集体上访、集会等情况，坚持检察长一线接待来访群众，做好释法说理工作，妥善回应合法诉求。（舒　慧）

芙蓉区人民检察院

党组书记、检察长
　　凌　云（2016.8免）
　　王均全（2016.8任）
党组副书记、副检察长
　　师　伟
　　吉更生（挂职）
党组成员、副检察长
　　白　涛
　　金灿照（挂职2016.10免）
副检察长　戴新时
党组成员、政工室主任
　　蔡　铃（女）
党组成员、纪检组长
　　柳戈青
党组成员、反贪污贿赂局局长
　　舒序松
党组成员、反渎职侵权局局长
　　李长松

【案件管理工作】 区检察院案件管理围绕“管理、监督、服务、参谋”四大职能开展工作。全年受理审查逮捕案件878件1236人，受理审查起诉案件923件1355人，不予受理案件共3件3人。接收赃证物入库管理7案、赃款92.6万元、赃物9件，出库管理15案赃款144.2万元、赃物9件。依托全国检察机关统一业务应用系统和案件信息公开系统，加强流程监控，创新监控方式，对执法办案行为和案件质量进行全过程跟踪、预警、评查。率先开展辩护与代理事项网上预约工作，向律师宣传案件网上查询、辩护与代理网上预约的工作举措。对于通过身份材料审核认证的律师实行案件绑定，提供网上查询、预约账号。全年接待律师阅卷338人次，辩护人与代理人网上预约案件数269件。设立律师接待窗口，指导律师和当事人操作高检院开发的“人民检察院案件信息公开网”微信平台。6月7日，在全省检察机关案件管理暨检务督察工作推进会上，区检察院案件管理科作为基层检察院唯一代表发言，其案件流程监控和案件质量管理工作经验获全省推介，湖南长安网、正义网、湘检网等媒体予以报道。

【监所检察工作】 全年监外执行人员229人，其中：管制2人、缓刑195人、假释19人、暂予监外执行13人。提出书面社区矫正检察建议书和纠正违法通知书64件，其中建议收监并被执行到位4人。无超期羁押现象。推进新增检察业务，完成羁押必要性审查案件60件60人，全部采纳；财产刑监督案件24件，全部得到回复；指定居所监视居住案件4件，提出完善指定居所监视居住建议8份；开展渎职行为调查3件，发出纠正违法通知书13份，全部得到回复。实行社区矫正人员检察，对未及时入矫、监管档案材料不全、帮教组织建立不及时的提出书面纠正检察建议24份。1月，联合区司法局社区矫正科对辖区13个街道司法所进行专项检查工作，采取节前教育、严格请销假制度、进行矫正工作动态分析、重点人员实地走访四项措施，加强矫正人员教育管控，确保“两节”期间社会安全稳定。5月，集中清理判处实刑罪犯未执行刑罚2人，及时监督收监执行。其中周某由追逃小组在缅甸被抓获，周某收监执行一案被评为全省2016年刑事执行检察部门优秀案件。6月，开展社区矫正人员出入境证件专项检察，发现有51人持有82本出入境证件，其中6人存在未经报告多次出入境情况。向司法行政机关发出对出入境证件予以收缴集中保管检察建议书，向公安机关出入境管理部门通报社区矫正人员名单，从源头防止发生违反规定出入境情况。检察机关开展的此次专项检察在《检察日报》、高检院网站、正义网、网易网、省院《刑事执行检察工作情况》进行报道。

【反贪污贿赂工作】 反贪污贿赂局全年立案8件8人，其中处级干部4人，本辖区人员5人，所立案件中要案4件4人，要案率50%，大案8件8人，大案率100%。全年起诉9件10人，全年判决17件18人。承办长沙市检察院立案的中石油系列案交办芙蓉区检察院2件2人。区检察院自行发现增加立案1件1人，3名涉案人员均由法院做出有罪判决。3月，协助参与市检察院的《湖南日报》系列案取证、突审等工作，完成重要案犯的立案侦查。参与湖南省委新湘评论杂志社“双规”对象的调查及犯罪嫌疑人的立案侦查。2016年全省检察机关反贪业务竞赛中，芙蓉区检察院反贪污贿赂局干警黄子皿获全省检察机关反贪侦查业务竞赛“侦查业务标兵”。

【反渎职侵权工作】 反渎职侵权局全年立案5案6人，其中，正处级干部2人，副处级干部1人，大要案4案4人，侦结4案5人；起诉3案4人；判决1案1人。参与查办湖南省纪委、湖南省人民检察院、长沙市人民检察院统一指挥的湘煤集团系列窝案，该案系中纪委交办。依法对有关人员立案侦查，得到省纪委书面发函表彰。受理长沙市人民检察院交办的芙蓉区某局副局长许某、东岸街道城管办副主任蒋某某、任某滥用职权以及贪污问题线索，依法对犯罪嫌疑人蒋某某、任某以涉嫌滥用职权、贪污立案侦查，同日对其刑事拘留。参与长沙市人民检察院牵头成立的畜禽养殖专项资金系列渎职案件专案小组，查明东岸街道下属村相关人员逾越职权，违规发放生猪退养补贴专项资金，致使国家遭受重大经济损失的事实。

【刑事检察工作】 打击重特大刑事犯罪、维护社会大局稳定。2016年，批准逮捕涉嫌故意杀人罪的犯罪嫌疑人3人，批准逮捕涉嫌强奸罪的犯罪嫌疑人8人，批准逮捕涉嫌抢劫罪的犯罪嫌疑人31人。严格执行非法证据审查制度，依法排除非法证据。对于重特大案件、毒品案件、强奸案件，建议公安机关依法采取两录措施并在报捕时提交检察机关。贯彻宽严相济刑事政策，注重矛盾化解与评估。年内对161人作出构罪不捕决定。探索侦监队伍建设机制。加强纪律作风、执法能力建设，开展岗位练兵，提升职员业务能力。刘桁获得第四届全国检察机关侦查监督业务能手称号。

打击危害公共安全和个人人身、财产安全的严重暴力犯罪和多发型犯罪。通过审查“彭某敲诈勒索案”“甘某某等五人非法持有枪支、非法持有毒品、贩卖毒品案”等一批严重暴力犯罪76件81人，打击犯罪分子，震慑其他潜在犯罪分子。办好常规型、多发型案件。全年办理（受理）“两抢一盗”案件527件556人，毒品犯罪案件140件189人。针对多人犯罪案件，综合结伙作案、群体作案、流窜作案类案件继续高发的社会背景，制订有效的审查起诉机制，追诉漏犯漏罪。针对一些社会影响重大的破坏市场经济秩序和社会秩序类案件，建立相对完善的审查起诉机制，履行司法服务社会经济和环境发展大局的重要职能。办理一批已审结或正在审结的涉众型金融类犯罪案件，继续进行风险预警和控制，根据被害人集体上访、请愿等情况制定全面、有效的处理办法。依法审查“周某等12人通过非法获取中国电信计算机信息系统数据盗窃案”等社会影响重大的案件。立足于以审判为中心的诉讼制度改革，完善检察机关在审前程序和庭审程序中的职能发挥。贯彻证据裁判原则，加大证据复核力度，落实全面审查侦查环节讯问（询问）录音录像制度，防止审查活动案卷化、形式化。排除非法证据和补强瑕疵证据，决不允许降低证据标准让案件“带病”进入审判程序，确保公诉案件证据经得起法律检验。以未成年人特别程序为立足点，明确短板，强化弱项，不断完善未成年人办案配套制度。年内未检工作加强附条件不起诉和变更强制措施2个指标相关工作。针对未成年人犯罪的特殊性，在法律规定的范围内，能不起诉就不起诉，能不羁押就不羁押。惩罚与教育结合。全年公诉部门办理未成年刑事案件24件30人，未成年人附条件不起诉案件1件1人。不断提高出庭公诉水平，提升出庭能力。上半年开展5个示范公开庭，其庭审工作进行网络同步直播。组织公诉部门干警参加长沙县院公开庭审的旁听工作。

【民事行政检察工作】 全年受理民事行政检察案件30件。受理10件不服法院裁判结果监督案中，3件发出再审检察建议，1件提请市检察院抗诉，2件作出不支持监督申请决定，4件在审查处理中。1件2015年受理的裁判结果监督案于2016年作出不支持监督申请决定。受理10件执行监督案中，2件作出不支持监督申请决定，4件发出检察建议，4件在审查处理中。受理的审判程序违法行为监督案1件，发出检察建议1份并获法院回复。受理的督促履行职责案9件，发出检察建议9份，得到行政机关的回复9份。跟班办理市院裁判结果监督案件6件，其中4件作出不支持监督申请决定，1件提请省院抗诉，1件中止审查。年内继续与芙蓉区环保局协作，发挥打击环境违法犯罪联席会议机制的作用，强力治理浏阳河流域环境污染问题。通过走访马坡岭街道、东湖街道，证实长沙某混凝土有限公司和湖南某混凝土有限公司废气废水直排，某猪皮加工部使用高污染的木材作燃料，均对周边的生态环境已经造成不良的影响。区检察院向区环保局发出了3份检察建议书。区环境监察大队调查核实后立案查处，下达责令改正文书，予以2家混凝土公司罚款处罚，对拒不执行停止排污决定的猪皮加工部移送公安分局，直至停产搬迁。10月，长沙某混凝土公司和湖南某混凝土公司投资环保设施升级改造完成，涉案环境问题都得到圆满的解决。加强对无证行医法律监督力度。11月，受理督促区卫生和计划生育局履职2案，经调查发出检察建议书2份。区卫生和计划生育局依法取缔黑诊所2家。

【控告申诉检察工作】 控告申诉科全年接待各类来信81件，各类来访98件185人。受理并办结阻碍辩护人依法行使诉讼权利的控告1件，受理刑事赔偿案件2件，办结1件。受理不服法院生效判决刑事申诉案件3件，办结2件。受理刑事申诉案件5件，办结2件。受理并办结国家司法救助案件3件，共救助3人，发放司法救助款1.6万元。受理举报线索12件，初核线索4件，其中移送本院反贪局7件，移送本院反渎局4件，移送其他院1件。受理民事诉讼监督案件19件，移送本院民行科办理19件。受理控告申诉类信访5件，移送侦监科办理5件，其中2件系市院交办。组织检察长接待24次，接待来访群众29人，办理检察长批办案件12件。依托检务公开平台，开展刑事申诉案件受理相关宣传，引导信访人通过正当渠道寻求司法救济。6月，开展第十八个“举报宣传周”活动。以“加强举报人保护，惩治群众身边腐败”为主题，通过网上宣传、检察长接待、单位座谈、社区宣传等多种方式，发放宣传资料200余份100余人次，接受群众咨询65人次，接待举报案件1件2人次，接待来信控告案件1件，开展带案下访3次，深入重点企业、社区等单位开展法制宣传教育6次。

【职务犯罪预防工作】 全年完成预防调查2件，犯罪分析2件，开展警示教育宣传活动5次，行贿犯罪档案查询5684次，涉及被查询单位5677个，个人2.11万人，提出检察建议3件。强化服务意识支持企业发展。针对部分国有企业制度滞后、管理漏洞、监督缺位的情况，向发案企业及其上级管理部门发出检察建议，督促整改落实。12月，在中石油湖南销售分公司召开职务犯罪分析会，剖析案发的原因，用身边事警示身边人，提升警示教育的效果。立足检察职能，预防职务犯罪。针对畜禽养殖业退出补贴政策实施过程中职务犯罪案件多发高发的实际情况，组织开展查办该领域职务犯罪案件专项预防调查行动，2名干部在预防调查的压力下主动到办案机关自首并上交赃款。提升检察建议的实效，登门回访芙蓉区教育局教育服务中心，了解检察建议落实情况，听取单位关于检察建议的反馈。（舒 慧）

法 院

【概况】 2016年，芙蓉区人民法院（以下简称“区法院”）受理各类案件18563件（含旧存），审（执）结13935件，同比分别增长35.28%、36.34%。

刑事审判。区法院全年受理刑事案件933件，审结868件，依法判处被告人1165人，其中判处十年以上有期徒刑23人，对310人依法适用缓刑、判处拘役或单处罚金刑。依法审结“两抢一盗”等犯罪案件447件，打击社会危害性大、群众反映强烈的多发性犯罪。审结合同诈骗、非法经营、信用卡诈骗等犯罪案件15件，打击破坏市场经济秩序犯罪。审结贪污、贿赂等犯罪案件14件，打击职务犯罪。审结诈骗犯罪案件21件，打击电信诈骗犯罪，依法判处利用伪基站发送诈骗短信骗取钱财的被告人梁玲灿有期徒刑3年6个月。发挥“未成年人综合审判庭”职能，对24名未成年被告人依法从轻、减刑处罚。

民事审判。区法院全年受理民事案件1.2万件，审结8258件。审结婚姻、继承等家庭纠纷案件395件，促进家庭和睦。审结劳动争议、医疗纠纷等案件1076件，依法维护人民群众就业、就医等合法权益。审结金融借款类案件1437件，维护金融安全。审结房屋买卖纠纷案件206件，处理“一房二卖”行为，促进社会诚信。审结买卖、运输等合同纠纷案件5017件，营造良好的经营环境。

行政审判。区法院全年共受理行政诉讼案件384件，审结371件。判决撤销行政机关作出的具体行政行为27起，监督行政机关依法行政。审结工伤认定类行政案件108件，支持劳动者诉求21件，维护劳动者合法权益。审结涉火炬村民限期腾地决定系列行政诉讼案105件，支持重点工程项目建设。审理群体性、敏感性案件，依法审结社会、媒体广泛关注的同性恋者孙某某、胡某某诉区民政局婚姻登记行政行为案，当庭判决驳回原告诉讼请求，取得案件实体处理、舆论引导、社会面掌控“三优”的良好效果。

执行工作。区法院全年共受理各类执行案件4545件，执结3908件。继续开展“小额”民生案件集中执行专项行动，执结857件，执行到位标的1253万元。开展金融案件专项执行行动，执结涉金融机构案件1231件，执兑标的8000余万元。打击各种规避执行的行为，加大强制执行力度，采取拘留、罚款、公开曝光、限制出境、纳入征信系统等法律赋予的强制措施，依法对3926名失信被执行人实行公开曝光，拘留19人，促使326件案件执行或取得重大进展。

司法便民。升级诉讼服务中心，配备自助查询设备2台、POS（刷卡）机2台，开通公共WIFI、“12368”服务热线，为群众提供方便、快捷的“一站式”服务。坚持法官值班和首问责任制度，坚持对特殊困难的当事人提供网上预约立案、邮寄立案、上门立案服务，便民诉讼。开展“党员做义工，服务当先锋”为主题的法律进社区、进企业、进学校活动，组织优秀法官在浏阳河风光带等地开设“法律夜市”4场次，在“六一”儿童节前夕走进燕山二小引导小学生从小树立守法意识，深入新桥村建筑工地指导农民工依法维权，为群众、诉讼当事人免费提供法律咨询、代拟诉状等法律服务1000人次，发放普法宣传资料400份，解决法律问题51个，化解矛盾纠纷27起。开展司法救助，开辟特困群众和弱势群体“立案绿色通道”，为609件劳动争议案件当事人免交诉讼费6090元，为其他暂无力缴纳诉讼费的113件案件当事人缓交诉讼费446万余元，惠及722名当事人。

服务大局。加大司法保障力度，支持重点项目建设，先后派出254人次进驻火炬村、友阿、黄土塘、火星棚改，五里牌肉联厂棚改、蔡锷路两厢棚改、2号安置点扩征，隆平园42公顷、东湖3.67公顷、东岸望龙村安置用地等10个项目上户协调，协助签订征收拆迁协议237户，强制执行司法征收案件33件。主动延伸服务触角，深入友阿小额贷款公司等企业走访调研，促进企业健康持续发展。支持行政机关依法处理非法营运行为，审结交通行政执法类非诉执行和财产保全案件102件，促使31名当事人履行处罚义务，主动缴纳处罚款62万元。审结区城管执法大队、区环保局申请执行的非诉执行案件137件，执行到位金额2.13万元。以案说法，深入开展城市管理法治宣传与教育活动8场次，提升城市文明水平。

司法公开。坚持以公开为常态、以不公开为例外，依托审判流程、执行信息、裁判文书、庭审直播4大公开平台，全面公开办案信息。除法定不公开审理的案件外，全部公开审理，视频直播庭审36场，上网发布裁判文书1.01万份，推进“阳光审判”，提升司法公信。

队伍建设。以改革创新为突破口，精准考核，管人、管案并重，督促干警廉洁自律，探索建立“全线防范、部门为主”的廉政预防机制，开展纪律作风检查40次，审务督查30次，连续10年未出现违纪违法情况。组织干警观看《不可触碰的底线—衡阳破坏选举案警示录》专题教育片和反腐题材电影“黑瞳”，开展“纠四风、治陋习”“雁过拔毛”式腐败问题专项整治活动。确立“全员、全面、全程”的管理理念，建立案件催办和定期通报制度，每10天出1期《案件预警提示》，每两个月出1期《审判管理简报》，每季度出1期《审判态势分析报告》。发挥纪检监督职能，提高案件督办督查力度，办结来信来访信件14件、违法违纪网络举报中心接收举报信件5件，督办上级法院交办、转办案件11件。

存在的问题：一是存案较多，案多人少的矛盾进一步加剧；二是书记员流动频繁、不稳定，成为影响司法质效的短板；三是纪律作风需要加强。（谢　丹）

芙蓉区人民法院

党组书记、院　长	刘自军
党组成员、副院长	赖　忠
	何正良
副　院　长	曾梦佳（女）
党组成员、政工室主任	张立民
党组成员、执行局局长	颜　斌
党组成员、纪检组组长	姚今晖

【法官员额制改革】“法官员额制”是法院系统按照案件数量和辖区人口、经济发展水平等因素确定法官人数，集中行使国家审判权的法院司法改革。2016年，区法院按照中央、省委文件精神和上级法院的总体要求，制定《长沙市芙蓉区人民法院法官首批法官入额遴选工作实施方案》，经深入动员、细致审查、公正考核、统一考试，49名优秀法官入额。初步形成一支以中年法官为主体、青年法官作生力军、经验丰富老法官压阵、梯次配置合理的法官队伍。

【依法审结同性恋维权案】男同性恋者孙某某、胡某某不服长沙市芙蓉区民政局不予婚姻登记行政行为，2016年1月5日向区法院提起行政诉讼，请求法院判令区民政局为2人办理结婚登记手续。4月13日区法院依法组成合议庭公开开庭审理，认为孙某某、胡某某2人申请结婚登记不符合我国婚姻法律、法规的规定，2人的诉称理由不能成立，依法驳回原告孙某某、胡某某的诉讼请求。此案被澎湃新闻、人民网、搜狐网、《纽约时报》、路透社、《每日电讯报》等国内外媒体冠以“中国同性恋婚姻维权第一案”广泛报道。

【依法审结运输、出售珍贵、濒危野生动物案】被告人吴旭丰为长沙市“娟娟鸟语林”宠物店的店主，经常在广西中越边境收购珍贵猴类动物并出卖，2014年11月29日—2015年1月8日，王泓尹等人从吴旭丰等处收购猴类动物，通过不同的运输方式将珍贵猴类动物运至各地。2015年1月初，吴旭丰等人从广西龙州县将113只食蟹猴运至“娟娟鸟语林”宠物店时被公安机关当场抓获。经查吴旭丰等27名被告人涉及9个省14个地市，利用QQ、微信等网络平台非法收购、运输、出售126只猕猴、豚尾猴、食蟹猴等猴类动物，造成恶劣社会影响。区法院经依法审理，2016年7月8日上午依法公开宣判吴旭丰等27名被告人构成非法收购、运输、出售珍贵、濒危野生动物罪，判处11年至1年不等的有期徒刑，并判处10万到1万元不等的罚金。（谢　丹）

司法行政

【概况】芙蓉区司法局下设13个街道司法所及管辖翰轩、耀银、泰宗3个律师事务所和正星、长清、三湘、东岸4个法律服务所。2016年，全区司法行政工作以“强化基层基础工作，争创一流业绩”为目标，突出重点，创新管理，定王台司法所被评为全省司法行政工作先进集体，法宣科王明华被评为全省“六五”普法工作先进个人。

人民调解。健全人民调解网络，拥有街、社区（村）人民调解组织99个，全年成功调处各类民间矛盾纠纷2090起，为群众挽回经济损失5934万元。构筑多元化“大调解”体系，专业性、行业性人民调解委员会在各自领域内发挥作用。调解交通事故纠纷701件，涉案金额1011万元；调解保险行业纠纷24件，涉案金额近139万元；调解征地拆迁纠纷11起、涉案金额50万元；调解医患纠纷16起，涉案金额225万元。减少不稳定因素，遏制群体性事件的发生。

普法宣传。全年结合“3·15”国际消费者权益保护日、“农村法制宣传月”、“6·26”国际禁毒日、“12·4”宪法宣传日等主题活动组织开展法制文艺汇演16场，发放各类宣传资料2万余册，组织全区4256名公职人员参加年度网上学法及考试，参考率99.5%，合格率99.8%。评选东岸街道东宜社区、火星街道凌霄社区2个市级民主法治社区。

特殊人群管理。辖区有社区矫正在册人员235人。全年开展社区矫正审前社会调查153件，实行佩戴电子腕带监管所有严管级社区服刑人员。联合区检察院、区公安局开展对全区社区服刑人员的护照、港澳通行证的收缴及禁毒查毒尿检工作。9月，在公安、街道等部门的配合下将潜逃到缅甸的社区服刑人员周某追捕归案。辖区刑满释放在册人员568人，核实率、衔接率100%。10月，完成区社区矫正中心的建设工作。

公共法律服务体系建设。构建并完善区公共法律服务中心、街道公共法律服务站、社区法律服务点三级网络。打造公共法律服务网络平台，依托“如法网”，创建“互联网+公共法律服务”模式，拓展网站、微信服务模板和功能，实行公共法律服务全流程、全地域网上提供。建设火星街道及14个社区的公共法律服务示范站点。招募具有法律专业知识的社会各界热心人士组建芙蓉区“法润三湘”志愿者大队。全年完成法律援助案件和其他法律援助事项273件，接待来访咨询1100件　（刘　歆）

【司法部督察组到定王台司法所调研】 4月7日，中央综治委特殊人群专项组办公室副主任、司法部基层司副司长王学泽一行5人到定王台司法所专题调研刑释人员安置帮教工作。省司法厅副厅长傅莉娟、省司法厅基层工作处处长孙浩波、省司法厅社区矫正处处长候迁广、市司法局副局长孙美秀、区委政法委书记欧干军陪同调研。督察组领导察看定王台司法所的建设、运行情况，与基层人员座谈交流，了解司法所在开展刑释人员安置帮教工作中存在的困难及建议，他们肯定定王台司法所安置帮教工作所取得的成绩，特别是引进社工机构开展刑释人员心理建设的创新工作理念。

【办结首例涉外刑事法律援助案件】 2015年年底，越南籍被告人裴某、阮某、何某从越南偷渡至长沙市境内，预谋盗窃衣物，分别在市内天心区、雨花区、芙蓉区流窜作案3次，盗窃衣物160件，价值人民币4.79万元。2016年6月，芙蓉区人民检察院以盗窃罪对其提起公诉。因对中国法律不熟悉，裴某、阮某、何某一直没有委托辩护人。接到区人民法院通知后，依据相关规定区法援中心指派办案经验丰富的律师担任辩护人，免费为3个被告提供法律援助，保护被告人在审判中应有的诉讼权利。区人民法院采纳承办律师的相关辩护意见。

【全省青少年法治宣传教育周活动启动】9月18日，由省委法治办、省司法厅、省教育厅主办，市委法治办、市司法局、市教育局协办，区委法治办、区司法局和长沙市第六中学承办的以“拒绝校园暴力，共建和谐校园”为主题的青少年法治宣传教育活动启动仪式在长沙市第六中学体艺馆举行。省委法治办副主任、省司法厅副厅长傅莉娟，长沙市委法治办、教育局、司法局及相关负责人30人出席，现场800名师生参加活动。启动式上，省司法厅领导进行活动动员部署，芙蓉区政府党组成员、副区长提名人选梁汝岚代表区政府在会上讲话，学校校长和学生代表分别发言。启动式后，省未成年犯管教所警察蒋维给现场800余名学生作法治宣传讲座，同时穿插法律知识抢答。法治宣传教育周活动采取线上线下共同推进方式，线下活动为期1周，线上活动持续到9月底。该次活动提升青少年法治理念和法律素质，加强对未成年人的法律保护，具有积极的现实作用。

【公共法律服务志愿者活动】 11月4日，由区司法局主办、五里牌街道办事处承办的“法润三湘，情系芙蓉”芙蓉区公共法律服务进社区宣传活动在火车站阿波罗商业广场举行，并举行公共法律服务志愿者大队成立仪式，100余名公共法律服务志愿者参加。该活动现场举行法治文艺节目演出、芙蓉区公共法律服务志愿者大队成立授旗、志愿者代表宣誓等仪式。发放法制宣传资料1000份，解答群众法律咨询70人次。芙蓉区公共法律服务志愿者大队的成立，为广大有爱心、有热情、有相应专业知识和技能的人士提供了服务群众、奉献社会的平台，成为推动公共法律服务体系建设的重要力量。　（刘　歆）

图10　9月18日　举办全省法治宣传教育活动启动仪式

军　事

国防教育与征兵

【概况】 2016年，芙蓉区国防后备力量建设聚焦强军目标，贯彻党中央、中央军委指示精神和决策部署，精心谋划，狠抓落实，各项工作稳步推进。

爱民拥军。深化军民融合，推动国防军队建设与经济社会协调发展。开展“双带双促”（带头建设家乡，促进经济发展；带头维护稳定，促进社会和谐）“群众工作直通车”和“四联三为”（联企业、连项目、联社区、联家庭，为群众、起基层、为企业）活动，密切军民关系，支援地方经济社会建设。芙蓉区人民政府主抓国防动员工作，加大支持基层武装工作力度。区领导带头参与和指导部队建设，发挥党管武装协助作用。区人武部探索基层武装工作创新发展，依法履职合力抓建，融合推动调整转型。每年安排专项经费5万元，打造浏正街少年军校国防教育品牌，并在全区学校推广。（杨　冲）

【科学征兵】 针对“当兵冷”“征兵难”的问题，芙蓉区立足于早准备、早动员、早筹划、早宣传，召开全区征兵工作会议，并到湖南生物机电职业技术学院举行2016年度夏秋季征兵宣传动员大会。为实现科学、规范、廉洁征兵，在征兵政审环节，建立领导负责制和岗位责任制，签订政治考核工作责任状，对全体参加政治考核人员一律执行“征兵政治考核工作规定”，落实横向交叉联审、入户走访等制度。在体检环节，统一编号管理全体应征青年，实现过程全封闭，严格检查把关，防止徇私舞弊。还组织辖区内年满18周岁男性青年实行网上兵役登记，兵役登记率92.4%。完成2016年度征兵任务数以及新兵起运、交接工作。（杨　冲）

思想政治建设与军事斗争准备

【概况】 2016年，芙蓉区人民武装部按照“围绕改革主线、落实改革要求、持续整风整改、推动建设发展”的工作思路，抓工作谋划和展开落实，稳步推进思想政治建设工作。6月，区人武部党委被省军区评为“先进团级党委”。（吴宏瞻）

【思想政治建设】 把准听党指挥最高政治要求，学习贯彻习主席系列讲话精神与两项重大教育统筹安排，先后组织专题学习3次，体会交流2次。利用“两学一做”教育契机，运用多种教育手段，解决官兵的思想和心理问题。观看警示教育片，参观文家市秋收起义纪念馆和何叔衡故居等红色教育基地，利用徐才厚、郭伯雄、杨金山、叶万勇等违纪违法反面典型，开展党风党纪警示教育。组织党员干部开展“改革怎么看、我该怎么办”专题讨论与体会交流。3月，组织开展“向雷锋塑像献花”宣誓仪式、“春风送暖”慰问联点困难群众、“清扫汽车东站”美化街区和“保护湘江母亲河”等活动，树立“雷锋家乡学雷锋，芙蓉民兵当先锋”的形象。

【军事斗争准备】 把“能打仗、支援保障打胜仗”作为部队建设发展的根本目标，贯彻省军区“一季度主抓整组，二季度主抓集训，三季度主抓征兵，四季度主抓考核”的工作部署。战备工作。修订完善应急作战保障、维稳处突、国防动员、抢险救灾等12类战备方案，改造并规范器材管理仓库，增强节日和重要时期战备防护工作。开展形势战备和职能使命教育5次，2次邀请国防科大知名专家解读国际国内形势。结合“拆违控违”行动，组织常驻民兵分队现场维护秩序，提高民兵应急分队处突维稳指挥和行动能力。2月，召开全区民兵预备役工作会议，部署军事训练工作。抓专武干部普训和民兵骨干集训，分期分批组织专武干部59名，组织训练民兵应急连普训、冲锋舟操舟机手集训，指导基层武装部“三支队伍”（民兵、基层专职武装干部、人武部职工）建设，提高民兵遂行多样化军事任务的能力。突出警棍、盾牌操、军体拳、队列等基本技能课目的训练，开展常驻民兵应急分队训练，增强“双应能力”。

【民兵整组工作】 区人武部按照省军区“时间上不能推，标准上不能降，内容上不能少，要求上不能低”的要求，采取拓宽编组范围，区分编组对象、优化兵员结构等方法，面对面帮助基层解决整组工作中遇到的问题，完成了民兵整组工作任务。制订民兵编组方案。按照“就地就近、建用一致”要求，合理区分整组任务，优化力量布局，结合平时应急与战时应战可能担负的任务科学部署安排。采取分片包干、责任到人，分3个组3次下基层检查督导，帮助基层解决整组工作遇到的问题。5月，新编民兵开始接受军事训练，顺利通过警备区检查验收。（吴宏瞻）

基层及双拥工作

【概况】 2016年，坚持富民强区与拥军兴武有机统一，推动国防后备力量建设与经济社会协调发展。年内组织常驻民兵应急分队和民兵近3000人次参与拆违控违、应急救援、文明创建、维护社会稳定等任务。区领导参与和指导部队建设，在人员、物资、经费上给予武装工作以重点倾斜和支持。上半年，区人武部承担省军区基层建设现场观摩任务，书记、区长亲临指导，为完成现场观摩任务提供组织保障。开展走访慰问驻区部队活动，关心关注复转退军人。春节、“八一”期间部队领导走访慰问8户联点困难群众及20位复退军人，上门入户送去粮油和慰问金。在转业干部安排、随军家属安置、军人子女入学入托、军事设施保护、涉军维权工作等方面发挥牵头协调作用，为驻区部队做好服务保障，经费上给予重点倾斜和支持。

推进基层抓建水平。历经5个多月，为全省基层武装工作制定建设标准，规范工作流程，总结经验做法，提供观摩现场，夯实基层基础，促进基层抓建水平的整体跃升。（吴宏瞻）

区人民武装部

部　　长　方学文
政　　委　何元良

【省军区抓建基层工作会议在区召开】 5月10—11日，省军区围绕强军目标抓建基层工作会议在区人武部召开。会议采取现场考察、课目展示、视频汇报、经验介绍等形式，展示抓建基层成果。中央军委国防动员部政治工作局副主任卢玉杰，省委常委、常务副省长陈向群，省委常委、省军区司令员黄跃进，省军区副政委刘建新，各市州分管领导等120余人出席考察指导。军委国防动员部和省军区领导肯定区人武部基层抓建工作成效。

【黄跃进到区考察】 4月29日，省委常委、省军区司令员黄跃进到区指导基层武装工作，省军区副参谋长胡代松，警备区司令员王忠斌，区领导于新凡、何元良、方学文等陪同。黄跃进一行观摩了湖南农业大学民兵分队的动态演示，查看该校静态成果展示区，并就基层武装工作召开座谈会。黄跃进认为湖南农大党委班子强军兴武有担当、师生国防教育有主调、学生教官训练有兵味。

【开展拥军优属慰问活动】“八一”前夕，区领导梁仲、于新凡、何元良、方学文带队到省军区、市警备区、市公安消防支队、区武装部，为子弟兵送去节日祝福和慰问金。省军区领导黄跃进、郭辑山、蔡德益，市警备区、市公安消防支队等领导出席活动。芙蓉区安排专项资金100万元，“八一”前夕上门走访辖区的驻区部队、军队离休干部、困难优抚对象等，送去慰问金和物资。同时，结合该次慰问，开展“爱心献功臣”活动，由区直部门点对点帮扶10余名老复员军人，上门了解需求，及时解帮难题。（吴宏瞻）

人民防空

【概况】 2016年，人民防空办公室以改革创新、务实求精的精神，推进人防工程管理、人防指挥通信和人防宣传教育工作，夯实工作基础。

人防宣传教育。区人防办联合区民政局、区应急办、区卫计局在大润发超市前坪宣传“5·12”防震减灾活动，发放人防宣传资料2700余册，绘制展板12张，在全区各人防示范点展示。1幅摄影作品获得全省人防宣传摄影一等奖。在定王台街道走马楼社区举行“不忘初心，砥砺前行——贯彻长沙市第十三次党代会精神暨人防知识进社区”活动，开展人防知识现场抢答，现场510名市民参与，发放人防宣传资料1420册，《湖南日报》《长沙晚报》、长沙人防动态等媒体做专题报道。东湖社区、军区社区人防宣教示范点全年接待外单位人员学习3批27人次，接待社区居民500人次。发挥人防素质教育基地的作用，定期轮训全区中小学生，开展亲子活动，全年参加轮训的中小学生超8000人次，参加亲子活动的学生家长近400人次。参加省、市人防培训、演练，先后参加全省人防执法培训、省跨市人防指挥通信训练、市人防指挥通信野外训练。在全区中、小学举行应急疏散演练3场次。

人防工程管理。7月始，按照长沙市人防办的统一部署，普查全区人防工程，填写普查表784份，汇总数据3784条，拍摄影像资料102份。区人防办分4组巡查已建人防工程，发出整改意见书128份督促整改，年内全部整改到位。验收辖区内新建人防工程，要求1家单位整改。培训各单位人防工程管理专干312人。全年接受市办移交结建工程12家，全部安装编号牌，签订责任状，落实管理人员。制订《芙蓉区人防工程防汛抢险预案》，确保人防工程安全度汛。

人防指挥通信。“15017工程”启动建设，走在全省前列。截至年底，该项目一期土建部分基本竣工，二期信息化系统集成建设稳步推进。一期土建工程由区工务局负责代建，区人防办在工程前期手续办理、工程设计把关、工程保密管理、工程质量监督等方面履行职能。全年配合市人防通信站检查测试全区防空警报设施，升级改造部分警报器线路，拆除报废老旧警报器1台，安装警报器2台。组织全区警报器管理员业务培训，“11·1”警报试鸣鸣响率100%。坚持每周一同市人防办通信中心进行超短波通信联络，保持人防通信畅通。

存在的主要困难：早期公共人防工程和困难企业人防工程存在着安全隐患，由于设计、建设标准低，普遍存在结构性缺陷，很难适应新技术条件下的人防防护要求。困难企业人防工程经费投入少，年久失修，存在受自然灾害侵袭的可能。定期开展安全检查和防护评估，改造和维护存在隐患的工程，困难很大。全民防空防灾意识薄弱，人防宣传教育工作和防空警报设施安装工作得不到基层有力支持。（陈纲要）

【防空警报试鸣业务培训会召开】 10月27日，区人防办在景天大酒店召开全区防空警报试鸣业务培训暨工作布置会，部署11月1日全区防空警报试鸣工作。全区防空警报器维护管理责任单位和市人防通信站负责人参加会议。市人防通信站相关负责人现场培训、答疑警报器日常维护要点和试鸣操作要领。区人防办副主任陈纲要宣传讲解“11·1”全省防空警报试鸣日的由来和开展防空警报试鸣的意义。区人防办主任胡再平要求，防空警报器的管理是法律赋予各管理单位和管理员的重大责任，各单位要保证设备的运行环境，定期将设备运行程度以及试鸣给周边受众的影响程度及时上报；区人防工作人员要加强监管，准确掌握全区警报器运行状况。

【戴中平到区检查人防工程维护管理工作】 8月10日，市人防办副主任戴中平一行7人到区检查人防工程维护管理工作。区人防办主任成良访汇报区人防工程管理工作的基本做法，副主任赵德玉汇报全区人防工程维护管理工作开展情况。市人防办处室负责人查阅相关资料，提出指导意见。戴中平肯定芙蓉区人防工作取得的成绩，对人防工程维护管理工作提出要求。

【人防宣传管理工作业务培训】 3月29日，区人防办在位于东湖街道东湖渔场的金山中心会议室举行全区人防宣传五进（进学校、进机关、进媒体、进社区、进企业）、人防工程管理工作业务培训会议。全区13个街道的人防专干、66个社区的人防基干、185个人防工程单位的管理人员近200人参加会议。人防办主任成良访做会议动员，市普消中心教官陈富沅讲解消防知识和实践经验，全体参会人员参观东岸城邦人防工程和人防宣传素质教育基地。区人防办副主任赵德玉讲授人防法律法规、工程管理标准和人防工程检查验收工作；副主任李典部署人防宣传“五进”工作。（陈纲要）

经 济 管 理

宏观经济管理

【概述】 2016年，芙蓉区发展和改革局谋划经济发展思路，履行部门工作职能，服务经济社会发展大局，完成各项工作任务。年内，全区实现地区生产总值1159.8亿元，增长10.4%，完成年计划的105.4%；实现固定资产投资501.54亿元，增长15.1%，完成年度目标任务的100.1%；城镇居民人均可支配收入4.64万元，增长8.6%。

区域经济研究。《长沙市芙蓉区国民经济和社会发展第十三个五年规划纲要（草案）》，经区人大常委会审议通过正式实施。围绕“十三五”总规纲要部署安排15个发展专项规划任务，按时间节点稳步推进。制订并下达《2016年芙蓉区国民经济和社会发展计划》，加强对计划执行情况和经济运行状态的监测、分析与落实，按季度形成全区经济运行情况分析材料，完成上半年度及全年国民经济计划执行情况报告，提交人大常委会审议通过。以全区产业升级和经济发展战略为目标，结合区域经济发展实际，对区域经济发展奖励政策进行修订。根据形势发展微调部分内容，收集征求全区各部门意见，形成扶持办法及细则初稿。组织开展2015年度的经济奖励评审，按照2013年《关于促进经济发展的奖励办法》和《关于促进经济发展的奖励办法实施细则（2014年修订版）》的规定，牵头组织财政、审计、统计、监察联合复审，提交经济奖励领导小组会议审核。实施2015年度经济奖励，设奖项21个，奖励188家单位，奖励金额1689万元。

力推项目建设。下达芙蓉区2016年重点项目计划，年内全区铺排重点建设项目126个（其中续建项目36个，新建项目90个），年度计划投资249.17亿元；铺排各类预备项目47个。2017年市重大项目计划申报116个，其中续建项目30个，新建项目56个，预备项目30个，年度计划投资为223.24亿元。省重大与省重点项目申报工作。英氏产业园项目纳入省重点项目，重点推介广发隆平创新创业产业园等5个项目进入省重大项目。完善项目月报表制度，全年发布项目通报12期。项目考核在全市内五区考核中获得第一，为芙蓉区获得2.4分加分。

优化政务服务。全年收到立项及可行性研究审批申请报告181份，按程序审查每个项目，在规定期限内完成批复和上报，对31个达到规模的项目进行可行性研究评审，全部依规办结并下发可研批复。全年完成65个项目的概算审查，送审金额22亿元，审定金额19亿元，审减金额2.4亿元，全年综合核减率11.22%。社会投资项目备案，依规对辖区内的“苏宁易购线上线下融合工程”等23个社会投资项目办理投资备案。指导苏宁云商、广发隆平、惠农科技等单位申报中央预算物流专项、国家电子商务重大工程等，为企业和项目搭建平台。争取中央预算内资金，其中沁坤股份有限公司获得省服务业发展专项扶持资金80万元，全区获得中央预算内投资保障性安居工程专项建设资金2453万元。组织区城建投与区棚改公司争取低息且不计入政府负债的国家专项建设基金，保障政府投资项目顺利建成，减轻区级财政压力。争取到152万元全省创新创业园区“135”工程专项资金。 （曹祎婧）

【“两型社会”建设】 开展餐厨油烟净化治理试点，形成“芙蓉模式”。率先全省开展餐厨油烟净化综合治理试点工作，安装家庭型净化设备2100余台，取得阶段性成效。10月底承办各区县参加的全市现场观摩会。以“净化空气、拥抱蓝天”为主题开展两型社会建设宣传月活动，在各类媒体报道相关文章100余篇。修订《芙蓉区“两型社会”建设示范单位创建工作方案》，在全区开展机关、企业、学校等8类“两型社会”创建活动。率先探索幼儿园两型创建工作，培育并推荐汤家岭社区、马王堆社区等7家单位开展省、市级“两型社会”创建；组织隆平高科技园区开展双创园区建设；在龙马社区打造市级两型宣教基地等。12家单位获得省、市资金184万元。开展“两型社会”建设认证工作，组织区检察院、隆平高科技园等单位开展认证的对标贯标工作。

节能降耗。节能指标完成情况：农业、工业和第三产业的单位GDP能耗下降率分别是73.91%、1.8%、和-5.27%。重点用能单位的考核。芙蓉区30家市重点用能单位参加长沙市节能目标责任考核，考核结果超额完成率53.33%。新振升、湖南农大等8家“全国节能低碳行动万家企业”顺利完成能源审计工作。排查电力系统安全隐患，摸底清查全区发电企业、电网配电、新能源发电和燃气分布式能源4个类别的在建电力项目。组织开展安全检查。对存在重大安全隐患的东盈商业广场电力下地项目下发整改停工通知。

图11　立面外墙旧貌新

【物价管理】 联合财政、审计、监察、优化办等部门组成优化环境检查组，对全区各单位进行实地检查，宣讲价费政策，减轻企业负担，集中治理和解决乱收费、乱罚款、乱摊派等现象；回复价格举报，受理社会价格投诉举报件226起，件件有答复，事事有回音。开展涉案物的认证，办理各类刑事案件价格公证396起，标的金额793万元。做好价格监测工作，加强春节、“五一”、端午节等节假日期间市场消费品价格巡视检查工作。

【招投标管理】 把关招标核准，年内收到招标核准请示81份，全部严格按程序完成批复，所有达到公开招标限额的55个项目全部依法核定为委托公开招标，对26个可行性研究审查的项目在可研批复中对招标事项一并进行了核准。对辖区有重大影响的特殊项目（如浏阳河人行景观桥‘汉桥’建设项目），委托招标代理库中的甲级单位的业务骨干对招标文件进行审查，确保招标文件全部内容合法合规，各项条件制订公平公正。招投标领导小组日常工作，年内组织召开领导小组会议7次，研究解决13个相关事项。简化程序，节省时间，对比较简单的事项直接由领导小组办公室出具意见报批，全年通过书面呈文为项目单位解决相关问题31个。就政府投资项目管理相关事项下发通知单2件，理顺相关工作程序，加快项目建设。

【公务用车改革工作】 在完成全区参改单位、人员、车辆、司勤人员摸底和车改节油率数据测算基础上，制定《芙蓉区党政机关公务用车制度改革实施方案》及相关子方案，就公车改革的车辆处置、司勤人员安置、执法执勤车辆改革、公车改革纪律进行全面部署。11 月 30 日，车改工作动员大会召开，全面启动公务用车制度改革。完成全区 326 台公车封存入库。（曹祎婧）

·专记·

开展餐厨油烟净化试点工作

2016 年，为治理餐厨油烟污染、推进“两型社会”建设，根据市政府工作部署，在市两型办牵头组织指导下，芙蓉区承接全市餐厨油烟净化治理试点工作。该试点项目以居民家庭为重点，通过引进高效油烟净化设备实现空气净化。截至 10 月中旬，市、区共同投入 400 万元，改造安装居民家庭油烟净化设施 2100 户。试点工作取得阶段性成效。

芙蓉区作为老城区，有 2 个鲜明特点：老旧小区多，油烟低空直排的现象普遍；作为全市娱乐消费中心，餐饮门店集中。由此导致的油烟扰民投诉占环保投诉 40% 以上。居民家庭餐厨油烟基本上未经净化处理直接排出；高层建筑通过烟道高空排放，油污管道存在火灾隐患；换气扇直排导致楼栋外墙立面污染现象十分普遍。芙蓉区该次试点的重点，主要是解决居民家庭油烟污染问题。

成立专项小组。由区委常委、常务副区长谭雄伟牵头，区政府副调研员徐德进担任常务副组长，区“两型”办、环保、城管、食药监、工商等部门及各街道共同参与，成立餐厨油烟净化综合治理试点专项工作小组。建立工作调度制度，组长每周召集工作组统一调度宣传策划、统筹推进、试点安装、治理实施等事宜，及时解决工作中遇到的问题和困难，确保试点工作高效率推进。专项小组先后召开调度会议超过 10 次，赴社区考察调研 100 次，入社区居民家中了解情况 30 次，到企业门店上门调研 10 次。

确定技术路线。工作组了解到武汉市餐厨油烟净化治理的一项先进技术后，与市两型办组成联合调研组，进入武汉市邀请有关方面座谈听取意见，到武汉市的试点社区实地了解情况；两型办、环保、城管等部门组成调研组，与武汉市青山区等试点区对接交流信息；组织芙蓉区试点街道及居民，到武汉市试点的紫阳湖、花桥等社区居民家庭实地考察。初定技术方案后，聘请湖南大学、长沙环保职业技术学院等多位该领域的专家，组织召开技术论证会，听取专家组详细解析论证技术方案。

制定实施方案。出台《芙蓉区 2016 年餐厨油烟净化综合治

图 12 居民家中体验

图 13 技术人员现场演示

理试点工作方案》，提出试点家庭住户所用家庭餐厨油烟净化设备费用，在企业让利后，由市、区两级财政实施补贴。即市场价2400元每台的油烟净化设备，企业让利600元、市财政补贴500元、区财政补贴1300元，居民家庭暂时不增加经济负担。对经营性餐饮单位，按要求如期整改到位，经验收合格后给予适当补贴。经5次摸底，选定荷花园街道恒达社区、荷晏社区和马王堆街道马王堆社区为该次家庭餐厨油烟净化的集中试点区域。2016年特色街巷建设的两厢临街家庭纳入试点范围；对马王堆街道古汉街两厢的餐饮门店，集中开展单位油烟净化设施改造。

抓住舆论宣传。6月初，举办"2016年两型宣传月暨餐厨油烟净化综合治理试点项目启动仪式"，在集中试点社区连续举行10多次油烟治理主题活动，印发宣传册5000余份。在荷花园街道恒达社区教师一村，选择50户家庭试点安装产品，打造样板体验间，用实效宣传净化效果，提升居民对产品技术的认知度。组织志愿者现身说法，排练餐厨油烟治理情景剧，在集中试点小区开展现场技术演示。与《长沙晚报》合作，开辟餐厨油烟治理宣传阵地，策划系列报道，连续7期报道试点工作进展及居民反馈等。6月底，餐厨油烟治理试点初见成效后，通过湖南卫视、《潇湘晨报》等媒体持续开展系列深度报道。

治理效果显现。经第三方专业机构权威检测，改造后油烟排放值为1.82毫克/立方米，（家用传统抽油烟机为7.21毫克/立方米），低于现行国家饮食业规定排放标准（2.0毫克/立方米）。居民家中和小区的空气质量明显改善，排烟口外墙立面污染问题得到解决。社区算过一笔账，以往社区每年至少清洗一次外墙立面，成本约100元/户。改造后，仅恒达社区教师一村208户，一年就可节约"洗脸打粉"费用超2万元。由于效果良好，试点从最初500户增至2100户。

省委常委、市委书记易炼红专门批示给予肯定，省两型委、市委改革办把芙蓉区试点作为重要改革经验进行推介，部分区县到芙蓉区考察。10月下旬在芙蓉区召开有长沙市相关部门及市所有县区参加的现场观摩会及座谈会，推广餐厨油烟净化工作。

（谭瑞英）

统　计

【概况】 2016年，芙蓉区统计局被评为全省城镇住户调查工作表彰单位，全市统计工作综合评比优秀单位，全市规模以下服务业抽样调查工作、规模以下工业抽样调查工作先进单位。

推进统计服务。开展统计优质服务主体活动，加强数据的收集和分析，为区委区政府提供翔实的社会经济发展情况和统计数据分析，当好参谋助手。全年报送统计信息65条，分别被省、市、区相关网站采用。改版各类统计产品，重新设计产品封面和格式，完成《经济参考》10期，发布《2015年芙蓉区国民经济和社会发展统计公报》和《统计提要》，改版《芙蓉统计综合月报》，更名为《芙蓉经济月度快报》，增加辖区经济指标内容。配合做好市对区绩效考核和全区职能部门数据绩效考核工作。统计监测全区小康社会建设的各项指标，及时预警涉及相关职能部门的小康指标变动并提供统计服务。完善统计方法。年内，开展非公有制企业（单位）人才资源状况调查、规模以下服务业单位核查、新设小微企业单位核查，涉及各类调查对象约260家。结合区情实际提出合理化建议，参与全区现代服务业发现情况调研，了解各街道服务业发展现状与潜力、问题和机遇。10月11日，区统计局召开街道（园、局）统计业务会议，代表区政府主持全区绩效考核及现代服务业相关指标调度。组织调查监测。精心组织并监控GDP各组成行业的统计数据运行并进行分析，向发改、财政、商务部门提供预警预报。完成农业、工业、能源、高新、建筑业、固定资产投资、房地产、批发零售贸易、服务业、劳动工资、人口社会、城乡住户调查、国民经济核算、单位名录库的年度报表和定期报表。做好节能减排调查、劳动力抽样调查、两纲监测、畜禽监测、采购经理调查等工作。（胡　柯）

【基层基础建设】 2016年组织基层人员培训2000人次10场次，有121人参加统计继续教育培训。11月28—30日，区统计局在长沙理工大学组织开办基层统计人员岗位知识培训班，委托长沙理工大学教授授课。培训班结合统计岗位的知识需求，专题讲授统计方法、分析统计数据、介绍最新发展趋势，提高参训人员综合素质和技能。清理统计从业资格（上岗培训）的人员基本情况，掌握全区统计人员从业资格与继续教育培训情况，建立健全统计教育培训档案资料。构筑与重点企业（单位）“相互信任、相互支持、相互配合、相互帮助”的新型统计关系，提升现代化统计服务能力和经济预警能力，出台《长沙市芙蓉区重点企业（单位）统计联系和统计服务制度》。从业务培训、统计监测、交流讨论、走访调研、年底总结表彰等方面开展为重点企业统计服务。规范统计服务基本原则：专业对口、定点联系、专人负责。区统计局全体干部都有联点街道和重点企业（单位），企业（单位）联系人一般为该企业统计负责人和企业统计员。出台《芙蓉区统计局街道统计站基层基础工作目标管理办法》。以基层统计规范化建设为重点，通过综合考评，促进街道统计站建设，保障街道统计站组织领导有力、统计队伍稳定、人员素质优良、经费保障到位、基础工作扎实、综合职能健全、业务水平达标、服务水平一流。

【法治建设】 开展“数据造假、以数谋私”专项治理工作。落实中央全面从严治党和党风廉政建设各项要求，把依法统计、不出假数据作为政治纪律和政治规矩。实行持证上岗，亮证执法。采取参加上级统计业务部门培训和利用召开年报会、季度专题培训的形式，集中培训行政企事业单位和街道（园、局）统计人员。依据“先入库、后报数”原则，开展基本单位名录库工作。工业、商贸、房地产、建筑、名录库专业人员联合对照查看企业上报的营业执照、税务登记证、财务报表，并要求资料提供不完整的企业补充材料、暂不符合标准的企业不进行申报、不符合“四上”（规模以上工业企业、资质等级建筑业企业、限额以上批发零售住宿餐饮企业、规模以上服务业企业）标准的企业申请退出。全年增加入库149家“四上”企业，比上年增加57家。

【普查工作】 2016年，成立芙蓉区第三次全国农业普查领导小组，该机构由区政府分管领导任组长，统计局负责日常工作的组织和协调，宣传部、监察局、政府办、发改局、民政局、司法局、财政局、农林水局、文体新局、国土分局和各街道（园、局）共同参与。区农普办设立在区统计局。年内区财政下拨20万元专项资金用于普查日常工作及支付普查指导员和普查员的劳动报酬，PDA采购和大项支出由区领导批示专项申请予以解决，普查工作经费实报实销。在全区14个街道（园、局）成立普查机构，负责组织本街道农业普查工作，每个社区有1名专门负责农普工作的统计员。在全区9个村委会成立农普工作组，每组有3名工作人员负责村辖区的农普工作。区农普办工作人员27人，选聘“两员”（普查指导员和普查员）113人。区农普办配备电脑30台、激光打印机27台；街道配备电脑30台、激光打印机10台，申请用于农普的PDA 100台。普查袋制作完成并下发，其他普查资料按照上级文件要求下发。区委宣传部负责涉及宣传方面统筹，相关部门做好普查宣传的策划和组织工作。区农普办分别在6个涉农街道悬挂20条农业普查宣传标语，引导广大普查对象依法配合普查，教育普查人员依法开展工作。按照进度依次分为街道农普业务骨干培训、街道社区农普机构领导及业务骨干培训、全区农普两员清查摸底培训、全区农普两员普查登记培训（含PDA培训）、普查指导员普查数据质量及汇总培训等。5—11月，清查摸底全区涉农街道和社区。把4个地区分成68个普查小区。清查原户籍为农业户的9348户，其中非本乡镇户籍户数为2507户，全家外出为393户，确定为普查户的有1452户，规模经营户4家，基本完成清查摸底的入户工作。2015年，辖区的涉农土地较多为农科院和农大的实验土地，部分为居民自留菜地，养殖业已经退出。入户落实市农普办下发120家反馈涉农企业，确定涉农企业有2家，属东湖街道。按照清查摸底等有关数据资料，2017年1月正式普查上户，根据各个村实际情况，精确定位普查对象，与普查对象上户沟通，保证普查表的内容填写和数据上报，汇总各普查数据，保证数据质量。

【第七届“中国统计开放日”活动】 9月，区统计局开展了第七届“中国统计开放日”系列宣传活动。精心策划，制定方案。根据该区域实际，围绕“农业普查，福到农家”活动主题，突出第三次全国农业普查和统计法制改革等中心工作，成立芙蓉区第七届“中国统计开放日”宣传活动领导小组，制订详细可行的活动方案。落实制度，加强服务。以开放日活动为契机，加强基层数据报送、审核以及新增单位申报工作。9月9日，区统计局在联点社区举办统计知识讲座，为社区统计专干讲授“坚持依法统计 服务科学发展”专题报告。利用传统媒体和网络媒体，用好统计政务微博、微信、客户端等新媒体平台，增强统计农业普查亲和性、趣味性、实用性，提升统计宣传的吸引力和感染力。户外宣传，营造气氛。9月20日“中国统计开放日”，在湖南省农业科学院龙马社区文体广场开展以“农业普查，福到农家”为主题的宣传活动。结合“第三次全国农业普查”工作，活动现场悬挂宣传横幅，发放宣传资料，现场解答了群众咨询的问题，营造和谐的宣传氛围。

【联网直报指挥调度中心投入运行】 1月29日，区统计局联网直报指挥调度中心正式投入运行。该中心实现全省各级统计机构的上下联动、相互配合、实时监控和及时响应，集中各相关行业和部门在联网直报数据报送和处理期间及时进行指挥、协调、催报和应急处理。年内，更换计算设备（24台电脑），实现软硬件升级换代；开展联网直报数据在线审核，提升了统计工作效率。 （胡 柯）

审 计

【概况】 2016年，区审计局以服务经济发展为主线，履行审计监督职责，以创新审计管理为抓手，探索政府投资审计内控机制。全年完成审计项目401个，其中上级交办项目3个，预算执行、专项资金、财务收支审计8个，领导干部经济责任审计13人，审计调查12项，政府投资工程预结算项目365个。预结算政府工程造价审计核减资金3.39亿元，核减率14.26%，查出违规资金685.67万元，损失浪费资金103.81万元，管理不规范资金100.46亿元，罚款7万元，收缴17.5万元，上缴财政1254.59万元。年内，该局被评为长沙市审计局年度考核先进单位、长沙市巾帼文明岗，连续4年被评为长沙市建设工程造价管理先进单位；连续3年被评为区绩效考核一类班子。

财政财务收支审计。在年度本级预算执行审计中，揭示出某些部门预算编制不科学、应缴未及时解缴非税收入、土地资金专户未归口财政管理等问题。开展社保基金、卫生、教育、民政专项资金审计项目和审计调查。完成东岸街道办事处和发改局部门预算执行情况审计，区残联专项资金审计，大同二小、教师进修学校、素质教育基地、东屯渡街道卫生服务中心、文艺路街道社区卫生服务中心的财务收支审计，查出违规资金634.13万元、管理不规范资金99.81亿元。

经济责任审计。加大领导干部经济责任审计与预算执行、专项资金、“三公”经费审计融合力度，提高经济责任审计效率。抓重点对象审计，发现违法违纪问题及时移送区纪委并立案处理。年内，完成任期经济责任审计项目13个，审计查出违规资金51.54万元，管理不规范资金6537.07万元，提出审计建议38条。

政府投资审计。按照“程序办事、制度管人”原则，完成芙蓉生态新城、浏阳河文旅产业带、黑臭水体整治、社区办公用房改造、社区提质提档等项目招投标控制价格审计。全年完成政府投资工程预结算项目365个，预结算政府工程造价审计核减资金3.39亿元，核减率14.26%（其中：结算项目179个，核减金额1.53亿元，核减率16.96%；预算项目186个，核减金额1.86亿元，核减率12.6%）。

农村征地拆迁审计。全年完成浏阳河大桥、C2E3、C3E4、农院路2期等12个征地补偿安置项目审核调查，出具审计调查报告12份，查出问题资金6553.62万元，纠正差错2256.29万元，指出问题45条，提出审计建议41条。

审计机制和量化考核。健全内部审核操作规程，实施项目负责人制、审核信息反馈制、重大项目专家会审制、专家绩效管理制度等机制，推进建设项目审计工作规范、有序。出台“芙蓉区政府投资项目造价咨询机构库管理办法”，跟踪管理中介机构审计效率，实施“末位淘汰”和“黑名单”动态管理机制。定期组织专业人员开展市场调查、网站查询、电话询价，通过分析、筛选、汇总材料调查结果，完善和统一区内政府投资审计业务数据标准，合理确定和有效控制工程造价。制订“优秀审计项目考核评比办法”“信息报送管理及奖励办法”，组织知识竞赛和开展业务评估等活动。年内，完成审计移送处理书10份，编辑《审计要情》8期，并提出审计建议102条。辖区被审计单位采纳审计建议制订内控制度8项。全年获得2个省级优秀计算机审计成果奖和1个市级优秀审计项目奖，并获得市审计局交办长沙县公安局长审计项目

质量评比第一名和经济责任审计项目二等奖。《中国审计报》推介了芙蓉区政府投资审计中心的内控管理经验。 （刘丽君）

【开展基层内审人员业务指导工作】 2015年12月，区审计局增设内部审计指导科，加强内部审计管理，保障改革措施和财经法纪的贯彻执行。年内，分别于11月18日、12月16日开办2期基层内审人员集中业务培训会，参训66人次。组织辖区各部门、企事业单位开展内部审计工作，建立审计档案、审计质量和人员培训等分项管理制度，调动内审人员的工作积极性，推进全区审计工作规范和有序。 （刘丽君）

工商行政管理

【概况】 2016年，芙蓉区市场主体总量12.16万户，其中企业4.95万户，个体工商户7.21万户；处于吊销未注销状态市场主体（僵尸市场主体）3.47万户，正常活跃市场主体8.68万户。全年，区工商局围绕政府中心工作，发挥工商职能，推进商事登记制度改革和信用约束，规范行政执法，化解基层消费纠纷，促进就业、队伍建设和维护社会稳定，各项工作取得成效。在全市工商系统绩效考核中，芙蓉区工商局被评为优秀等次，有34名干部职工获得市级表彰。

商事登记改革。组织实施“多证合一、一照一码”和个体工商户“三证合一”试点，全面实施个体“两证合一”改革。年内，全区新登记市场主体1.45万户，其中企业5999户，同比增长12.9%，个体工商户7076户，同比增长20.5%。推出简易登记工作制、预约服务等便民措施，减少群众往返办事次数，把企业办理证照申请表格由5张减少至1张，审批时限由15个工作日压缩到2.5个工作日。

引导企业升级。围绕政府“四个芙蓉”“四个提升”战略主线，综合运用登记监管职能，淘汰产能过剩、技术落后、环境污染严重的企业17户。支持企业改制重组、产业升级，开展无照经营治理，引导和责令办理营业执照971份，清除“僵尸”企业2133户；试行企业简易注销登记改革，构建便捷的市场退出机制；为辖区金融创新、创客创意、节能环保、生物育种和文化信息等战略性新兴产业开辟绿色通道，对接金融创新产业园和政府重点倾斜产业及招商项目，增设隆平园区工商窗口并派专人值守。截至年底，全区公司制企业在新登记企业中占比81.98%，第三产业占比89.75%，信息软件等“互联网+”产业同比增长2.4倍。

扶持创牌企业。推进“商标服务年”活动，指导扶持辖区市场主体申报注册商标1.4万件。引导帮助企业争创中国驰名商标、湖南省著名商标。截至年底，全区新申请注册马德里国际商标4件，总数9件；新认定驰名商标3件，总数16件；新增著名商标34件，总数89件。加强重点培育和后续管理，推荐辖区85家企业获得省、市级“守合同、重信用”单位；推荐9家企业参加湖南省私营企业100强评选活动，巩固商标与品牌强区势头。加强融资服务，推动融资活企。开展股权质押、股权出资、动产抵押工作，办理股权出质登记31户，出质股权数额1.2亿元，被担保债权数额3.76亿元；办理动产抵押登记12件、抵押物价值2.35亿元、主债权金额11.57亿元。

行政指导服务。坚持“教育为主，处罚为辅”。除涉及安全生产、环境保护、假冒伪劣商品及其他危害人民生命财产安全的违法行为外，开展对辖区市场主体违法事项无主观故意、无同类违法行为记录、无社会危害后果的一般违法行为一律按照法律规定的最低限额处罚。通过建议、辅导、提醒、规劝、约谈、责令整改等形式，对企业经营期限、出资期限、前置或后置许可等到期及企业年报逾期、投诉集中等行为和其他轻微违法违规行为及时予以行政指导，引导企业守法、规范经营。引导具有一定规模的个体工商户“转型升级”，力推企业做大做强。年内16户个体户升级为企业。

市场主体监管。推进全区市场主体监管电子化，新标注市场主体1.31万户，实地回访1.3万户；做好市场主体年度报告工作，全区企业年报率88.44%，个体工商户年报率91.63%。落实国务院企业信用公示条例，采用“双随机”（根据监管任务采用随机抽取被检查对象、随机选派检查人员的‘双随机’抽查监管方式）方式抽查企业2702户，采集相关信息按规范录入全国企业信用公示系统1460条。落实回访核查，对不在原址经营的2655户企业和农民专业合作社纳入经营异常名录管理，对5094户个体工商户作出经营异常状态标记。网络公示企业违法信息141条，把82户严重违法企业列入信用公示系统黑名单，协助上传司法冻结信息19条。通过全市商事服务登记管理平台，向协同监管部门推送登记信息1.02万条，抄告后置审批监管信息（全国“商事登记制度改革”推行以来，工商部门将众多前置审批改为“先照后证”，即除从事“银行业、证券业、保险业”等少量行业仍需要先办理前置审批手续外，其他行业部门审批一律改为后置许可，工商部门在办理营业执照后，根据市场主体经营范围将需要办理后置许可的市场主体信息抄送相关后置审批部门）6903条，协助相关部门办理许可审批5507项，推进全区监管联动。年内，全区后置许可办证率79.6%。

商品质量执法。落实流通领域商品质量监管，开展打击制售假冒伪劣商品和商标侵权违法行为。查扣不合格汽车窗膜211卷、不合格电缆1377卷，查办各类商标侵权案件38件，没收侵权锥柄麻花钻517支及假茅台、假五粮液等名酒219瓶，没收冒牌卷烟175条及大批假冒电脑耗材。4月，根据厂家投诉在长沙国金中心建筑工地查扣假冒“超前”牌金属排水管516件，价值4.26万元，罚款当事人6万元，没收并销毁了全部金属水管。加强重点商品监管，抽检板材、实木地板、消防器材、电热毯、手机、儿童服装等各类商品37批次，立案查处产品质量案件29起，案值3700余万元。开展违法虚假广告整治。受理核准合法户外广告登记申请41份。重点开展对医药及保健品等虚假广告查处，立案25起，罚没资金38万元。开展“红盾网剑”专项行动：巡查网站3.5万户，网上监测商品48组，删除网上违法经营信息513条，责令整改网站68家，提请关闭网站1家；受理并办结各类涉网投诉237起，立案查处网络违法经营案件24件。开展打击商业贿赂、傍名牌、扫黄打非等专项整治，立案查处不正当竞争案件43件、案值9,168元，其中查处商业贿赂、傍名牌等案件14件，案值5300万元。重点查办某学院电信宽带商业贿赂案，罚没资金22万元；查办某装饰公司商业贿赂案，罚没资金22万元。牵头打击传销群防群治工作，开展无传销校园、无传销社区创建活动。在湖南农业大学和湘湖管理局南湖社区分别启动“打击传销宣传月”活动，开展打击传销整治行动6次，清查涉传窝点73处，查获并遣返涉传人员196人。

消费维权服务。在全区新建12315消费维权服务站15家，总数88家。三湘南湖市场消费维权投诉站获得省、市局肯定。全年受理消费者申诉3470起、举报508起，处结率100%，为消费者挽回经济损失651万余元，消费者满意率98.6%。协同食药、质监等部门开展维权合作9次，协助杭州市市场监管局、北京市工商局处理天猫、京东等平台移送投诉149件，查处“诉转案”案件15件。行政约谈投诉集中的大型商场、超市负责人18人次、品牌售后负责人35人次。联合区金融办、移动通信、银行等单位在湖南农业大学开展金融消费安全进校园大型宣传活动；举办消费教育活动14场次，发布消费警示4期，接受消费指导2790人。办结各类信访33件，信息公开申请29件、12345市民热线投诉转办单418件；办理人大建议2件，政协提案4件。区工商局被评为人大建议政协提案办理工作先进单位。

服务中心工作。落实文明创建工作，职责包括：主次干道及背街小巷工商户营业执照办理，校园周边环境、农贸市场整治，全区户外媒介公益广告发布与监管，商业街及商业广场经营秩序、窗口秩序等的创建；按照工作要求，完善方案，细化责任，创建分工到点、到岗、到人，保障各次测评与各项创建指标达标到位。支持政府重点项目的征收棚改。配合抓好火炬村、友谊东片地块、黄土塘、燕山街、蔡锷路两厢、火星街道等重点项目的征收拆迁和棚改工作，总计派出干部2800人次。开展税源清查，摸底调查重点税源5000户，通报最新登记数据，动员、接收外地、外区迁入企业489户，协调税源重点企业安心在区内办公经营。支持街道、社区工作。工商所设置与街道无缝对接，支持街道中心工作任务和相关整治工作，融入街道执法体系，形成合力。年内，完成了社会综合治理、人口与计划生育管理、信访与维稳、水上餐饮综合治理、安全生产排查、环保专项清查、扫黄打非、高考静音（中高考临近，为了给广大考生营造良好的备考环境，每年5月底至6月中旬，各行政执法部门在政府统一领导下联合开展“静音”行动，着重对娱乐场所、施工工地、夜宵摊点、小区内KTV茶座等噪声污染源加强沟通监测，督促其在高考前及高考期间采取自律、停工等措施，确保不超标排放噪声）、托管机构专项清查等16项专项工作。

工商队伍建设。开展“两学一做”学习教育活动，开展专题讨论56场次，党员教育活动17场次，查摆问题315个。开展竞争上岗，出台“机关部门负责人竞争上岗实施方案”，择优选拔8名中青年干部到机关部门正职岗位。按“精简机关、充实基层”原则，实行合理调配，一线人员配比67%。加强监督执纪问责力度：开展警示教育3次，明察暗访25次，发布督察通报5期，整改纠正问题17个；严查违纪违规行为，党内警告处分1人，通报批评5人，诫勉谈话4人，告诫1人。

基层基础工作。区工商部门全额纳入区财政预算管理，实行国库集中支付。工作经费得到保障，收支更加规范，基层办公、群众办事条件得到改善。全年完成东岸、马坡岭、五里牌、马王堆4个工商所提质改造项目，提升全局11个基层工商所的办公条件和群众办事环境。增强设备保障水平，计算机等信息化硬件设备做到人手1台。在全局推广“工商E通”移动执法终端设备，新增取证拍照设备14台。完成公车改革任务。参加全市市直机关长跑马拉松比赛，有11名干部职工获得全市男子、女子组前100名。开展工会活动5场、老干活动5次，慰问干部职工98人次，并为身患重病干部捐款4万余元。对口帮扶特困家庭4户，投入扶贫资金2万余元。（张　涛）

【查处某超市无理拒绝消费者退货和赔偿要求案】 7月16日，某超市涉嫌无理拒绝消费者提出的退货和赔偿要求被区工商局立案调查。经查明：2016年4月30日，某消费者以每台299元的价格购买少儿版智能手表手机2台，后消费者发现该手表无中文标明的厂名厂址，提出退货及赔偿要求。区工商局受理投诉后，依据《中华人民共和国产品质量法》第五十四条的规定，6月16日对某超市下达“责令整改通知书”。至7月16日，该超市仍未履行退货赔偿义务。根据《中华人民共和国消费者权益保护法》第五十六条“对消费者提出的修理、重作、更换、退货、补足商品数量、退还货款和服务费用或者赔偿损失的要求，故意拖延或者无理拒绝的”的规定，区工商局对该超市做出责令改正违法行为，罚款2000元的行政处罚。

【查处某电器有限公司不正当竞争案】 2月4日，某电器有限公司销售贴牌电视机，涉嫌不正当竞争被区工商局立案调查。经查明：某电器有限公司委托公司业务员印制不干胶标识，分别在电视机机身、包装箱、说明书等处遮盖，修改产品型号后，供货给长沙市岳麓区某单位，合同履行后，谋取利润8300元。该经营者在商品上对商品的安全标准、使用性能、用途、规格、等级、主要成分和含量、生产日期、有效期限、保质期等与商品质量相关的内容作虚假表示，误导公众，扰乱市场竞争秩序。依据《中华人民共和国反不正当竞争法》的规定，区工商局对当事人做出罚款9.17万元，没收违法所得8300元，合计10万元的行政处罚。

【查处某铸管有限公司销售侵权金属水管案】 4月21日，武汉某公司销往长沙国金中心工地的球墨铸铁管涉嫌商标侵权，被区工商局立案调查。经查明：2016年4月8日，武汉某铸管公司向长沙国金中心工地运送了45根球墨铸铁管（金属水管），其中205毫米口径18根，300毫米口径27根，价值42595元。在该批球墨铸铁管（金属水管）上标有“超前○牌铸管”的白色标识。超前○牌商标所有人——上海杰缘管业有限公司鉴定后认为该批球墨铸铁管（金属水管）非其生产与销售。武汉某铸管公司在类似商品上使用与他人注册商标相同或近似商标的行为违反了《中华人民共和国商标法》第五十七条第（三）项的规定，属于销售侵犯注册商标专用权的商品的违法行为。根据《中华人民共和国商标法》第六十条第二款的规定，区工商局对当事人做出责令停止侵权行为，没收侵权球墨铸铁管205毫米口径18根、300毫米口径27根，罚款6万元的行政处罚。

【查处某装饰有限责任公司商业贿赂案】 6月13日，某装饰有限责任公司涉嫌商业贿赂被区工商局立案调查。经查明：某装饰有限责任公司自2014年1月1日起与某建材经营部建立合作关系，销售其店内系列建材产品。为获得更大利润，该装饰有限责任公司在2014—2016年合作期间分别收取某建材经营部进场费5万元、3万元、10万元，共计18万元，同时收取某建材经营部返利金额2.13万元，上述进场费及返利20.13万元未列入公司法定账册。其行为违反《中华人民共和国反不正当竞争法》第八条第一款“经营者不得采用财物或者其他手段进行贿赂以销售或者购买商品。在账外暗中给予对方单位或者个人回扣的，以行贿论处；对方单位或者个人在账外暗中收受回扣的，以受贿论处”的规定，区工商局对当事人做出处罚款2万元，没收违法所得20.13万元，合计22.13万元的行政处罚。（张　涛）

·个体劳动者私营企业协会·

【概况】 2016年，芙蓉区个体劳动者私营企业协会（以下简称“协会”）以“非公党建、团建夯实年”为工作目标，抓好规模较大、影响较强的非公企业团建工作，培养非公团建骨干力量，年内，成立非公团支部119个，指导22家企业成立关工委组织。区个协与各分会全年走访会员企业2871户次，及时了解企业情况和困难，征求企业与会员对协会工作的建议和要求，为会员提供优惠便利服务。区协会组织协调解决企业困难47次。组织慰问贫困会员和遭遇重病及火灾等不幸的特困会员574人，捐赠慰问资金与物资18万元。以3月5日“学雷锋纪念日”为契机，组织共青团员走进基层、走进青年，带头参与志愿服务、带头弘扬雷锋精神、带头传播正能量，带动社会各方力量特别是广大青少年共同参与学雷锋志愿服务。区个协依托注册登记、商标广告、公平交易、合同、12315等工商行政管理职能，开展法律法规宣传，免费提供有关法律事务咨询，积极反映会员诉求，帮助解决矛盾纠纷，维护会员合法权益。全年受理并解答会员咨询641人次，帮助会员解决实际问题8件，为会员挽回直接经济损失近400万元。开展银企融资服务，帮助辖区个体私营企业解决融资难问题。年内联系帮助大型企业9家，在邮政银行、农村合作银行等金融机构融资6152万元。年内，区个协组织11个分会在所属辖区重要商业门店、车站及人流大的地方设置11个活动点，通过法律知识宣讲、发放宣传材料、知识竞赛等形式，为现场群众免费提供法律、政策咨询900余人次，发放资料4000份。开展“诚信经营，不制假不售假”承诺、签名、倡议活动，动员辖区60家大型商场、超市、专业市场利用电子屏围绕“遵法守信，创业兴业”的主题内容开展宣传教育活动，组织100家有规模的商场开展优惠让利等便民、利民服务活动。区个协还出资4.7万元采购慰问物资，并组成12个慰问小组分别看望174名困难群众、困难个体户，慰问老人、病人和残障儿童。（张　涛）

·表2·

2016年芙蓉区私营企业基本情况统计表

项　目	户数（户）	投资者（人）	注册资本金（万元）	户数占总数的比例（%）	比上年增减（%）	
					户数	人数
合计	49457	78958	18823288	100	18.29	12.35
农、林、牧、渔业	262	226	776958	0.53	–0.6	–1.5
采矿业	18	35	21880	0.04	0	0
制造业	1152	2229	1283501	2.33	0.24	–0.93
电力、燃气及水的生产和供应业	44	48	195397	0.09	0	–0.62
建筑业	1777	3588	2350417	3.59	0.89	1.61
交通运输、计算机服务和软件业	559	950	319818	1.13	0.45	1.4
信息传输、计算机服务和软件业	2282	3790	1229933	4.61	3.63	4.66
批发和零售业	12601	20974	3292909	25.48	2.21	1.57
住宿和餐饮业	426	565	247465	0.86	1.05	0.12

·续表2·

项　　目	户数（户）	投资者（人）	注册资本金（万元）	户数占总数的比例（%）	比上年增减（%）	
					户数	人数
金融业	1248	1143	1208444	2.52	1.88	1.31
房地产业	1053	1430	397904	2.13	0.2	0
租赁和商务服务业	8196	15560	3130550	16.57	1.76	0.4
科学研究、技术服务和地质勘察业	6003	13167	2523178	12.14	1.45	0.75
水利、环境和公共设施管理业	120	232	98031	0.24	0	0
居民服务、修理和其他服务业	635	969	921408	1.28	0	0
文化、体育和娱乐业	759	1033	681103	1.53	1.6	1.54
教育	71	126	103156	0.14	0.94	0.4
卫生、社会保障和社会福利业	67	1077	41236	0.14	0.58	–0.12
吊销未注销（僵尸市场主体）	12184	10388	667241	24.64	2.01	1.76

·表3·　2016年芙蓉区个体工商户分行业统计表

项　　目	户数（户）	从业人员	注册资金（万元）	户数占总数的比例（%）	比上年增减（%）	
					户数	人数
合计	72093	147429	2313784.13	100	17.75	11.24
农、林、牧、渔业	9	29	89	0.01	0	0
采矿业	2	8	70.2	0.003	0	0
制造业	613	2090	5073.88	0.85	1.82	1.17
建筑业	27	1045	184.3	0.04	–1.2	0
交通运输、仓储和邮政业	2527	1954	17903	3.51	3.42	2.54
信息传输、计算机服务和软件业	122	417	982.42	0.17	0.8	0.3
批发和零售	34978	79090	190104.88	48.52	1.83	2.01
住宿和餐饮业	6961	22334	50296.84	9.66	1.44	1.9
房地产业	117	1156	552.08	0.16	0	0
租赁和商务服务业	1227	5207	38	1.7	2.77	0.51
教育	6	9	50	0.008	0	0
卫生、社会保障和社会福利业	170	662	2385.21	0.24	0.7	0
文化、教育和娱乐业	283	4834	3458.32	0.39	0	0
其他行业	2501		2042596	3.47	3.68	1.69
吊销未注销经营户（僵尸市场主体）	22550	16582	56963	31.28	2.44	1.12

（肖　蓉）

安全生产监督管理

【概况】 2016年，芙蓉区安监局以全面履责、严格执法、科学管理、务实创新为全区安全生产工作的切入点，立足“创一流工作业绩、建平安品质城区”的工作目标，落实上级工作部署，推进安全生产各项工作，保障全区的安全稳定。全年未发生较大及以上生产安全事故。年内，安全生产绩效考核获评全市内五区第一名，并被湖南省委省政府评为“2016年度安全生产工作先进单位”。

队伍建设。配优配强安监队伍，全年引进2位博士学历政府雇员。开展大规模轮训，实现区、街道和社区安全生产监管人员持证上岗率100%。按照安全生产有单设机构、有专职人员、有办公场所、有工作制度、有设施装备、有资金保障的“六有”标准，全区14个街道（园、局）全部通过市级标准安监站验收。有7个街道创建成为省级安全生产示范街道，13个街道创建成为市级安全生产示范街道。

制度建设。出台《长沙市芙蓉区安全生产监管职责暂行规定》文件，明确安全生产行业管理职责、属地管理职责和党政领导干部的安全生产监管责任，并落实监管责任、加强队伍建设和工作保障等方面完善安全生产监管体系，构建辖区“大安委”工作格局。

打非治违。把打非治违办案作为安全生产监管执法工作的重要手段，全区各级各部门联合办案加大案件查办力度，推动企业落实安全生产主体责任。年内，区安监局持续开展烟花爆竹“清剿行动”和危险化学品“零点行动”，查办案件56起，其中查获危化品非法运输、储存案件18起，烟花爆竹案件18起，工贸行业案件20起，较上年增长55%。实施行政处罚48.7万元，较上年增长142%，行政拘留4人。重点查处中农立华有限公司、湖南安盛能源化工有限公司等违法危化单位和长沙知行教学设备有限公司、长沙金苹果饲料有限公司等有代表性的工业企业。

创新工作机制。该局推出“安全生产特护期”专项工作机制，从重大活动举行到节假日，领导干部带队安全检查和带队值班值守成为常态。年内，全区部署“安全生产特护期”6次，开展全区范围的领导干部带队安全生产检查7次。两办督查室联合监察局、区安委办9次暗访特护期工作落实情况，下发督察通报7次，通报批评1次；针对督察中发现的问题，提出整改要求，提升了特护期工作成效。

宣传教育。区安监局发动群众参与安全生产工作，鼓励人民群众参与监督、举报非法违法行为，推进安全生产宣传教育和培训工作。组建安全生产信息员队伍，上报各类信息线索约280条，协助查处案件30起，消除隐患80处。全年发放重大事故隐患及安全生产非法违法行为举报奖金超过20万元。加大安全生产在主流媒体上的宣传力度，投入安全生产宣传教育工作经费超过300万元，在省级以上主流媒体专题报道27篇，在《长沙晚报》“安全生产看长沙”专栏上稿65篇，市级电视媒体报道11条。

存在的主要问题和困难：全区安全生产基层队伍薄弱，专业素养有待加强，安全生产从业人员的安全意识亟待提高；安全生产投入仍未落实，安全隐患整改推进缓慢。各负有安全监管职责的部门需要协调合作，形成安全生产监管的合力。 （周　艺）

【检查危险化学品“零点行动”】 为加强辖区醇基燃料经营、运输、使用单位的安全监管工作，严厉打击非法违法经营、运输、使用醇基燃料不规范的行为，区安委办制定《芙蓉区醇基燃料‘零点’行动实施方案》。由区安监局、公安、交警、商务、工商、质监、环保、交通和各街道（园、局）组成联合执法队伍，8—11月，开展“零点行动”查获危化品非法运输案件15起，行政拘留4人，查扣非法运输醇基燃料近4吨、非法运输油漆近5吨。

【查处长沙金苹果饲料公司安全隐患】 7月6日，区安监局联合区经信局、隆平高科技园管委会开展对长沙金苹果饲料有限公司存在的生产车间电机等电气设备不防爆等安全隐患整改复查。在检查中发现该企业依然未按责令限期整改要求整改存在的安全隐患，区安监局做出责令企业暂时停产停业，立即从生产车间撤出作业人员，停止使用不防爆电机等电气设备的现场处理决定。按照《中华人民共和国安全生产法》的规定，责令长沙金苹果饲料有限公司停产停业整顿并书面送达停电通知书，罚款10万元。

【安全生产监管年活动】 为实现安全生产监管方式的“三个转变”，

即由行政管理模式向依法治理机制转变，由运动式集中整治向常态化监管执法转变，由主要代替企业排查隐患向通过执法督促企业自觉排查隐患转变，推动安全生产步入法治化、规范化、常态化轨道，在全区开展安全生产“监管执法年”活动。通过严格执法，严厉处罚，严肃问责，落实安全生产监管责任。芙蓉区安委办还分别下发《长沙市芙蓉区安全生产行政执法质量考核评议暂行办法》《关于开展2016年安全生产行政执法案卷“双月讲评”活动的通知》《长沙市芙蓉区安全生产监管执法六项制度》，防范和坚决遏制较大及以上事故发生，实现辖区安全生产形式的根本好转。

【安全生产行政执法管理系统启用】 1月17日、4月20日，区安监局举办2期安全生产行政执法管理系统培训班，区安监局机关全体干部及各街道（园、局）安监员60人参加培训。培训内容包括：安全生产行政执法管理系统使用，现场检查记录、询问笔录等文书制作，行政执法操作流程，案件跟踪执法等方面。2016年二季度开始全面推行该执法系统，区安监局还购置与该行政执法管理系统配套的硬件设备，促使辖区安全生产行政执法工作向规范化、便捷化、科学化迈进。

【实行安全生产举报】 5月27日，区安监局发布“长沙市芙蓉区安全生产举报奖励办法”。该办法鼓励群众举报生产安全事故、重大事故隐患和非法违法行为，并根据安全生产隐患严重程度给予200～5000元的奖励。制定《芙蓉区开展“身边隐患随手拍”活动方案》，活动中接到居民群众信息举报5起，奖励信息举报人2500元。年内，发放重大事故隐患及安全生产非法违法行为举报奖金超过20万元。

【“安全生产月”宣传活动】 6月16日，芙蓉区“安全生产月”宣传活动在火星街道陶瓷建材城举行。该次宣传活动主题为“强化安全发展观念、提升全民安全素质”，开展了安全生产宣传演出、安全生产图板展览、安全生产事故警示教育、安全知识有奖竞答赛、消防演练等系列活动。发布了首个“安全生产”卡通形象代言人“安安”。安全生产宣传月活动期间，区安监局购买2016版《生产安全事故典型案例盘点》14套，组织巡回播放43场次，2895人观看了警示教育片。在辖区设立咨询点14个，悬挂宣传横幅275条，放置宣传展板265张，发放安全生产宣传资料3.15万份，有3020人参加活动。

【职业病防治宣传活动】 4月27日，由芙蓉区承办2016年湖南省《中华人民共和国职业病防治法》宣传周主题活动在双扬石材园举行。在活动中举办了湖南省首部尘肺病防治公益宣传片《凡“尘”大爱》揭机仪式，并为园内27家企业统一制作的操作规章标牌和操作规章上墙公布，还为企业统一制作职业病防治档案，聘请省有色金属劳保专业人员为企业检测作业场所。

【启动安全生产事前问责】 9月7日，针对长沙市道路运输安全监管工作专项督察中指出定王台街道和马王堆街道存在的问题，区委领导要求区纪委、区安委办开展核查。根据该次核查结果和区领导批示精神，9月23日区安委办向全区通报处理决定：责成定王台街道办事处、马王堆街道办事处向区委、区政府作出深刻检查；由区纪委、区安委办开展责任约谈定王台街道、马王堆街道党政主要负责人；分别对定王台、马王堆街道分管交通运输安全的副主任实行诫勉谈话。

【国家安监总局领导到区督导安全生产宣传教育工作】 12月7日，由国家安监总局宣教中心副部长袁丽慧带队到芙蓉区督导安全生产宣传教育工作。袁丽慧分别到隆平高科技园企业嘉吉饲料（长沙）有限公司，荷花园街道、荷花园社区等单位，现场察看安全生产宣传教育进机关、进社区、进企业、进家庭、进公共场所等活动的开展情况，听取了相关工作情况汇报，并对该区的安全生产宣传教育工作成效和创新举措给予肯定。

【清零辖区二环线内烟花爆竹零售门店工作】 根据《长沙市人民政府办公厅关于印发〈危险化学品全程安全管理整治三年行动方案〉的通知》要求和芙蓉区第三季度安全生产工作例会上由区委、区政府提出的在年底前二环线内烟花爆竹零售门店清零的工作目标，区安监局联合相关单位，有步骤有规划地引导企业退出，并对主动申请退出经营的烟花爆竹零售门店进行5000元的补助。全年辖区退出危化经营企业29家，位于二环线内的9家烟花爆竹零售门店已全部完成注销手续。

（周　艺）

质量技术监督管理

【概况】 2016年，长沙市质量技术监督局芙蓉分局以提高产品质量、保障人民生命健康安全、促进地方经济发展为目标，发挥职能优势，紧贴品质提升，保障质量安全，助推辖区质量发展。年内，新振升集团、颐而康被省质监局列入省长质量奖三年培育计划名录，袁隆平农业高科技股份有限公司被列入省长质量奖考察名单，长沙健峰彩印实业有限公司被评为省级名牌。

提升质量。开展工业产品获证企业、农资企业及危险化学品等生产企业检查及建档工作，并与企业签订“企业产品质量安全主体责任承诺书”。全年抽检食品相关产品30批次，合格率100%。抽检重点工业产品、日用消费品61批次，合格率95%。长沙新振升集团有限公司、湖南经阁投资控股集团有限公司和长沙市潇湘玻璃实业有限公司上榜省级以上监督抽查“连续五年合格企业”名单。开展国家食品安全城市创建工作，约谈5家获证塑包、纸包加工企业，巡查企业30家次，下达责令整改文书20份。查处质量违法行为，处理投诉14起，查处假冒他人厂名厂址水泥窝点、黑心棉及竹筷加工窝点，立案处罚质量违法行为2起，移送区安监局和区农林水局查办案件2起。参与完善区政府关于质量提升扶持政策制度修订，会同区发改局等部门制定关于获得国家质量奖、省长质量奖、湖南名牌等相关质量奖项，主导和参与国家、行业、地方标准制订企业扶持政策，引导企业开展品牌创建和标准创新活动。推进中小微企业标准化战略工程，指导试点企业推行标准化管理体系，有5家企业的5个项目获标准化战略项目资金扶持35万元。联合区财政局推荐8家企业获市级标准创新奖励资金27万元。落实区委深化体制改革任务，推进标准等级备案制度向自我声明公开制度转变。查处农贸市场、商场及加油站计量器具计量不规范、作弊等不良行为10起，落实农贸市场计量器具免费检定不合格报告8份，督促农贸市场落实主体责任，销毁不合格计量器具。处理定量包装计量监督抽查不合格报告20份。开展大润发、精彩生活超市等商场计量检查，保障消费者权益。开展锅炉用燃气报警器和压力表检定情况排查登记并建档40家。开展车检机构检查4次。检查3C强制性产品认证企业12家，质量管理体系认证企业14家。

保障安全。为落实安全管理责任，区政府向14个街道（园、局）下达特种设备安全管理责任书，区安委办把特种设备安全工作纳入区政府对街道季度、年度安全工作考核重要内容。区政府召开常务会议，专题研究加强电梯安全工作，建立长沙市“96366”电梯应急救援芙蓉分中心暨芙蓉区电梯数字化网络实时管理平台。区质监分局组织14个街道、77个社区的特种设备安全协管员开展专题培训，分6批组织电梯使用单位开展电梯安全管理专题培训1000人。检查特种设备使用单位82家，特种设备1486台（件），下达执法文书79份。对全省召开“两会”接待单位，国务院安全生产督察巡视组接待单位使用的特种设备开展专项检查，并对新世界百货、友谊商店等人口密集区域特种设备开展节前专项检查。开展特种设备安全隐患排查治理、打非治违、安全生产大排查大管控大整治，全年收到投诉举报53起，全部及时处置到位。年内，立案查处观澜湖物业公司、新物产物业公司违反特种设备安全法行为。发挥特种设备应急储备资金作用，申请拨付9万元救济资金，消除鸿富大厦、环卫公寓、天心丽城久拖未解决的电梯安全隐患，解决群众安全出行问题。推进为民办实事工程，为梦泽园、先锋东外滩、瑞丰苑、金竹苑、紫薇公寓、中天广场公寓楼居民小区41台老旧电梯开展免费安全技术评估。开展特种设备宣传教育，印制宣传资料1万册。在马王堆陶瓷市场、韶光社区开展安全生产月宣传活动，为提升特种设备使用单位应对紧急情况处置能力，在中燃汽车东站加气站、东岸梅园小区开展安全知识宣传暨事故应急救援演练。

存在的主要问题和困难：高新产业发展快，传统产业更新升级，对监管人员的业务能力提出较高要求，由于基层监管人员充电学习时间少，经常出现监管困难或难以履职的情况。企业质量安全主体责任意识不够，监管人员将监管与服务本末倒置，安全成为政府部门的责任，缺少经常性的舆论引导和法律法规的宣传。

（刘　义）

【特种设备安全进社区宣传活动】 4月14日，区质监分局联合文艺路街道在乔庄社区开展特种设备安全知识进社区专题培训。乔庄社区18家特种设备使用单位负责人及部分社区居民参训。该次宣讲活动，由特种设备安全监察科工作人员讲解如何落实特种设备使用单位安全管理主体责任，介绍了特种设备使用环节常见违法行为，过期未检设备、未配备持证电梯安全管理员、未委托维保单位日常安全管理工作。培训中发放《中华人民共和国特种设备安全法》《长沙市电梯安全管理办法》《电梯使用与维护保养规则》等宣传资料110份。

【电梯安全管理人员培训】 8月18日，辖区电梯使用单位负责人和电梯安全管理员培训班在景天大酒店举行，隆平高科技园、东岸街道、东湖街道、马坡岭街道电梯使用单位122人参训。该次电梯安全管理员培训班采用多媒体讲解、图片展示、案例分析、现场互动等方式，由特种设备专家讲解电梯安全法律法规及《电梯使用管理与维护保养规则》等安全技术规范。在培训中向企业发放湖南省地方标准《特种设备使用单位安全管理要求》资料。湖南盈城信息科技有限公司、中通阳光保险经纪有限公司分别宣讲了长沙市“96366”电梯应急救援指挥管理平台应用及电梯安全责任保险相关知识。

【电梯安全进校园宣传活动】 6月3日，以“安全乘梯，幸福相随”为主题的“电梯安全进校园”活动在五一中路小学举行，由区质监分局联合文艺路街道、乔庄社区举办。该次宣传活动，以电梯安全知识为主，组织学生观看《电梯侠》等动画片，学习电梯安全乘坐知识，开展电梯安全知识抢答赛。在活动中，同学们在湖南崇友电梯科技有限公司车间参观电梯的生产制造流程，直观了解自动扶梯和直梯的基本构造、工作原理、安全装置的作用、应急按钮的使用。通过知识学习和现场参观，让孩子们用更乐于接受、易于记忆的形式，帮助他们从小养成良好的乘梯习惯和礼仪，增强防范乘梯事故能力。区质监分局还发放《中小学生特种设备安全知识》《儿童用品消费安全手册》以及特种设备安全法律法规宣传资料。

【企业标准化知识培训】 7月28—29日，区质监分局举办企业标准化知识培训班。市质监局副局长耿良安，副区长易新宇出席开班仪式，并做重要讲话。企业150名标准化工作人员，各县（市、区）标准化管理领导参加培训。省、市质监局标准化处的领导及标准化专家授课，内容包含政策解读、实例讲解、标准编写、体系建立等方面。易新宇在开班仪式上指出，标准备案制度改革是芙蓉区全面深化改革措施中重要一环。芙蓉区第三产业占比全市最高，如何把体量优势上升为质量优势进而转变成为发展优势，标准化是其必由之路。该次培训为全区有序开展“企业标准自我公开声明”工作夯实了基础。 （刘　义）

食品药品监督管理

【概况】 2016年，芙蓉区食品药品监督管理局围绕“食药安全状况良好、群众认可、社会满意”目标任务，以创建国家食品安全示范城市为抓手，实现食品药品集中整合监管。年内，食品安全示范城市创建绩效考核获得全市第1名。辖区食品安全工作被《长沙晚报》专版推介，校园食品安全监管工作被推荐至长沙市创建国家食品安全示范城市第二次新闻发布会作典型发言。

完善食药监管机构。区食品药品监督局设科室7个、辖二级机构食品药品稽查大队1个，各街道分设食药监所13个。现有编制71个，食品药品监督机构有在编在职人员66人，13个街道食药监所各配置3人。年内，各街道（园、局）设立食安办和食安专干，社区（村）、楼栋设立协管员、食安信息员等专兼职监管人员，全区形成横向到边、纵向到底的区、街道（园、局）、社区（村）三级监管网络。配强创建力量，成立创建国家食品安全示范城市领导小组和创建办公室。建立全区食品安全创建绩效考核机制，实行食品安全“党政同责”。

加强食药品日常监管。开展“四查”（食品药品主体大普查、风险大排查、执法大检查、问题大清查行动）工作，加强生产经营企业（门店）巡查和监管，日常监管覆盖率100%。创新监管手段，推行“明厨亮灶”，完善产销对接，开展示范创建引领，健全动物无害化体系。完善检验检测体系，科学铺排检验检测工作，预防和排查食品安全风险和隐患。结合“利剑整治”行动，针对公众消费量大、发现问题多、风险隐患大的品种和项目开展抽检工作，全年抽检食品5610批次，抽检总合格率98.4%。依法立案查处抽检不合格的产品，立案21起。在各街道（园、局）配备快速检测箱，按月汇报检测台账。为辖区所有公立中小学、幼儿园配备食品安全快速检测箱，建成快检室门店20个。开展药品、化妆品(医疗器械)不良反应(事件)监测，上报不良反应229例，医疗器械不良事件43例。推广餐厨垃圾回收。辖区餐饮门店实行统一餐厨垃圾回收，餐厨垃圾由联合餐厨公司处理。每周组织开展联合执法行动，全年收运餐厨垃圾2.02万吨，责令整改120家，立案查处并处罚私自出售和非法处置餐厨垃圾案件118起。规范行政审批工作，全年受理“食品经营许可证”申请3774家，核发3240家。核发“长沙市制售分离食品小作坊生产许可证”7家。办理单体零售药店行政许可29家，注销3家；办理第三类医疗器械经营许可4家，第二类医疗器械经营备案10家、备案变更1家。商事平台系统数据70.4%(在长沙市商事登记管理信息平台上，工商局推送的需要办理食品药品经营许可信息登记的经营户中，有70.4%经营户申请并办理了许可登记)。

稽查打假。开展十大对象“利剑整治”行动，涵盖农村集体聚餐、学校(幼儿园)食堂、小餐馆，豆制品、米粉、湿面，乳制品、婴幼儿配方奶粉，食用槟榔等休闲食品、保健食品，肉及肉制品，蔬菜水果，食品批发市场、农贸市场、大型超市、集中交易市场与经营场所以及食品仓储物流，食品小摊贩(夜宵)和“地沟油”、食用盐，酒类食品。检查单位2.58万家，查处问题1170起；责令整改732家，取缔无证单位116家(含黑窝点、黑作坊83家)。打击违法犯罪。全年立案查处食品药品经营单位违法违规行为202起，结案98起，罚没金额45.58万元。查办食品安全典型违法案10件，食品药品涉刑案10起，罚没金额327万元，移交涉刑案件100%。

推进综合协调和社会共治。定期发布食品药品安全抽检及监管信息8期、行政处罚案件信息109条，公布红黑榜3期55家。年内，办理投诉举报460件，依时办结率、回复率、反馈满意率100%。举办食品经营负责人及食品安全管理员培训班98期，培训人员5495人次。开展宣传教育，各媒体发布食药监管方面动态信息357条；有500多家企业LED电子显示屏、宣传橱窗滚动播放食品安全知识；悬挂大型标语(横幅)825条；承办“2016年长沙市食品安全宣传周启动仪式”。开展食品安全知识“四进活动”(食品安全进家庭；进社区、楼栋、门店；进学校、幼儿园；进超市、市场)，发放宣传资料33.6万册(张)，设计并发放芙蓉食安吉祥娃娃和动漫宣传画册1200份，发放创建国家食品安全城市倡议书10万份；举办“东湖夜话”之食安活动校园行、“道德讲堂”之“共建诚信家园 同铸食药安全”特色活动。第三方测评民众支持率98.90%，知晓率49.55%，满意率68.02%。根据长沙市“关于深入开展2016年食品安全示范创建工作的通知”要求，申报市级示范创建项目14个(东屯渡示范街道、都正街示范商业街、东湖和东宜示范社区、精彩生活超市和冰火楼等10家示范单位)。按照示范创建项目标准，点对点指导改建，由区创建办现场初核、打分评定示范点。（唐　敏）

【创建国家食品安全示范城市会议】 3月10日，芙蓉区召开创建国家食品安全城市工作动员大会，辖区部分食安委成员单位和各街道（园、局）负责人向区政府递交了责任状，与会180人。会议回顾总结2015年完成食品药品监督机构改革，并初步实现了食品药品从分段监督向集中统一监管的转变，全区年内未发生一起食品安全事故。会议部署创建国家食品安全示范城市相关工作，成立创建国家食品安全示范城市领导小组和创建办公室。建立全区食品安全创建绩效考核机制，形成横向到边、纵向到底的区、街道（园、局）、社区（村）三级监管网络。会议要求，规范日常监管，创新监管手段，推行“明厨亮灶”，完善检验检测体系，促进快检日常化，完善产销对接，开展示范创建引领，推广餐厨垃圾回收，健全动物无害化体系，开展“利剑整治”行动，严打违法犯罪，多措并举开展示范创建宣传教育活动，提升公众对创建工作的知晓率、支持率和满意率。

【首张“食品经营许可证”发放】 1月5日，区食药监局副局长易智勇向长沙市新长福酒店管理有限公司负责人发放芙蓉区首张“食品经营许可证”，实现“两证合一”，原“食品流通许可证”和“餐饮服务许可证”退出市场。新“食品经营许可证”是食品经营监管走向全环节、全链条、无缝隙、科学监管的重要标志。与原两证相比，新证明确特殊食品的内容，规范食品网络销售行为；增加日常监管机构、日常监管责任人、监管举报电话等内容，编印许可证二维码，强化食品经营监管。

【街道食品药品监管所成立】 2月2日，五里牌街道食品药品监督管理所揭牌，标志着芙蓉区街道食品药品监督管理所成立。街道食品药品监督管理所属区食品药品监督管理局派出机构，担负辖内食品、药品、医疗器械、保健食品、化妆品监管相关业务工作。组建街道食品药品监督管理机构，是辖区食品药品监管体制改革的重要成果，对推进食品药品安全综合监管水平、保障人民群众饮食用药安全发挥重要作用。

【创建国家食品安全示范城市】 3月，芙蓉区全面部署创建国家食品安全示范城市相关工作，成立创建国家食品安全示范城市领导小组和创建办公室。创建国家食品安全示范城市计划2017年年底接受终期考核验收。开展食品安全城市创建，实现辖区内食品安全监管到位、食品安全状况良好、食品产业健康发展、增强群众认可，食品安全指标综合指标进入全国先进行列。

【食品安全宣传周活动】 6月12号，长沙市食品安全宣传周启动仪式暨“东湖夜话”之“尚德守法、共建食安，我们在行动”现场主题话吧在浏阳河婚庆公园广场举行。省食药监局副局长李赤群，副市长廖健，副秘书长王体泽，市食安办主任、市食药监局局长郭墉，区领导梁仲、于新凡、张庆和等出席。长沙市食安委成员单位相关负责人，六区、三县（市）食药监局及高新分局负责人，芙蓉区食安委成员单位相关负责人，各街道（园、局）主要负责人，来自全区260名居民代表和108位企业代表约600人参加活动。该次活动，张庆和代表芙蓉区致辞，李赤群总结了长沙市食品安全工作的成果，对全市食品安全工作的开展作出指示。在活动中，播放了《创建进行时，利剑在行动》纪录片，展示小学生集体朗诵、沙画表演，另有专家咨询、食品鉴别、尚德守法宣誓、群众提问、有奖问答等活动形式。

【建立食品药品安全管理专家库】 9月28日，芙蓉区食品药品安全管理专家库建立。该专家库聘用食品药品安全管理专家7名，涉及动物疾病防控、临床医学、检验、食品相关产品、餐饮消费、食品生产加工和药品等领域，负责参与全区食品药品安全事件的现场调查和应急处置等工作。区食药监局对专家库实行动态管理，适时补充和调整专家库人选。

【推行“明厨亮灶”工程】 年内，芙蓉区推进“明厨亮灶”（餐饮服务单位包括餐饮服务经营者及单位食堂，通过采用透明玻璃幕墙、隔断矮墙或参观窗口以及视频显示、网络展示等方式，公开展示进货查验、后厨加工、凉菜制作、清洗消毒等重点区域、重要环节，实现阳光操作，主动接受公众监督）工程。辖区4400家餐饮服务单位有546家完成“明厨亮灶”标准化改造，其中所有学校（幼儿园）、大型以上餐饮单位有344家落实视频厨房，中小型餐饮单位有202家实行透明厨房，还有56家接入市局远程监控平台。朝阳小学“明厨亮灶”建设情况得到全国政协副主席卢展工的肯定。

【完善海鲜水产品产销对接】 2016年，芙蓉区开展海鲜水产品市场的准入工作。区食药监局开展调研，摸清马王堆海鲜水产市场从业人员的本底、经营品种、进货来源。组织市场开办方和经营者代表到广东省的供应大户实地考察，签订广东海鲜水产养殖基地8个品种海鲜水产品的产销对接购买合同，完成全市70%以上海鲜水产品准入的对接，保证了海鲜水产品来源可溯。

【无害化处理病死动物】 芙蓉区执行病死动物无害化处理采取服务外包模式。年内，区食药监局查处银港农贸市场家禽点、马王堆海鲜市场狗店、湖南生物机电学校、中科院亚热带农业生态研究所相关案例4起，无害化处理病死动物248只（头）。

【韩永文到区检查食品安全工作】 6月13日，省人大常委会党组书记、副主任韩永文率执法检查组一行30人，到区检查食品安全“一法一条例”落实情况，区领导梁仲、于新凡、罗树林等陪同检查。检查组分别实地检查和随机暗访了朝阳小学、大润发超市、小天鹅国际公馆、浏阳河婚庆公园食品安全示范一条街等，查看餐饮企业“明厨亮灶”、原材料采购、索证索票等情况。检查组详细检查生鲜超市肉制品“两证两章”及食用油、大米、奶制品、酒类标签标识，查看现场制售糕点、熟食、油炸食品的卫生条件和食品添加剂使用情况。韩永文肯定了芙蓉区规范食品经营许可、加强特殊食品监管、加强风险评估、“明厨亮灶”等工作。并希冀继续从严落实“四有两责”，实现监管无漏洞、无死角、无盲区，保障“人民群众舌尖上的安全”。（唐　敏）

楼宇经济管理

【概况】 2016年，长沙芙蓉中央商务区管理办公室（以下简称“芙蓉CBD”）围绕打造“四个芙蓉”总体目标，坚持招商一批、管理一批、更新一批、建设一批、规划一批，做大规模、做强特色、做优布局、做精服务，促进楼宇经济质量、速度和效益协调发展。

楼宇体量。随着长沙国金中心、宇成朝阳广场、湖南投资大厦、百纳广场二期等商务楼（综合体）实现结构封顶，全年完成商务楼宇建设152.3万平方米。全区有商务楼宇217幢，建筑面积737.1万平方米，占全市总量1/3以上。全年楼宇新入驻企业478家。其中现代服务业企业283家、批发贸易类企业144家、房地产开发企业4家、其他企业47家。注册资金逾千万元的企业66家。在建商务地产项目16个，总建筑面积近200万平方米。

楼宇品质。芙蓉CBD通过培育引导，提升新建楼宇品质，辖区内投入使用的中石油长沙大厦、旺德府国际、红橡国际、亚大时代、中天广场等楼宇达到甲级写字楼标准。长沙国金中心、世茂广场、湖南投资大厦等超高层商务楼（综合体）达到AAAAA级甲级写字楼标准，计划2017—2019年投入使用。

楼宇管理。芙蓉CBD加强成熟楼宇招商引导和服务，培育亿元楼宇7幢，楼宇经济对全区经济总量贡献率突破60%。年内，借鉴重庆、宁波、福州等城市老旧楼宇提质改造经验，在走访京广线以西投入使用超过8年重点商务楼宇基础上，组织撰写“芙蓉区老旧楼宇发展现状及提质策略”调研报告。在修订芙蓉楼宇地图基础上，运用“互联网+”思维开发芙蓉楼宇H5页面（第5代HTML，指用H5语言制作的一切数字产品）。举办全区商务楼宇集中观摩及楼宇经济发展研讨会，邀请省政府参事柳思维、戴德梁行长沙分公司副总经理文学，观摩中石油长沙大厦、世茂广场A座、银华大厦及泊富广场，为全区楼宇经济发展建言献策。年内，楼宇商会举办“楼宇管理服务暗访活动”“物业公司标准化建设研讨会”等。

楼宇业态。3月、11月芙蓉CBD分别举行“律政服务大楼”“文化创意大楼”推介会暨授牌仪式，授牌专业楼宇5幢。依据“一事一议”的原则，出台“关于支持和打造律政服务大楼的指导意见”。楼宇经济以商务楼、功能性板块和区域性设施为主要载体。CBD核心区集聚世界五百强企业办事机构21家，省级金融监管机构4家，省级金融创新特色产业园区1个；银行、保险、证券等省级金融机构60家，银行、证券、保险省级总部分别有13家、33家、27家，占全省总量44.8%、44.6%、65%；高端商贸企业3家（乐和城、新世界、友阿集团），三星级以上酒店70余家。金融服务和批发零售企业分别占楼宇入驻企业总数3.4%和29.6%。

推介宣传。年内，芙蓉CBD参与北京市哲学社会科学CBD发展研究基地组织的“第五届全国中央商务区发展高层研讨会”征文活动，副区长易新宇撰写“提振楼宇经济 打造经济转型升级新引擎”和芙蓉CBD办撰写的“长沙芙蓉CBD建设回顾与思考”文章被采用，收编在《中国中央商务区建设与治理研究》一书中。在市商务局主办的《2016年长沙楼宇招商推介会》中，芙蓉CBD参与编制《2016长沙楼宇经济发展白皮书》，印制《芙蓉区楼宇推介手册》，在《长沙晚报》刊发题为《全域CBD锻造芙蓉新引擎》专题报道。

存在的主要问题和困难：楼宇品质还需提高。随着城市的开发建设，城市边界不断扩大，城市新区日益增加，标准更高、配套更全、服务更智能、外观更新颖的高端商务楼宇大量出现，区早期建设的商务楼宇普遍档次不高，配套不完善，不同程度地存在设施设备老化、功能单一、外观陈旧、能耗严重、停车位不足、电梯容量不够等诸多问题，难以满足现代企业对楼宇品质及周边环境的需求。（李　姣）

【湖南首座律政服务大楼授牌】 3月30日，由芙蓉区商务旅游局、长沙芙蓉中央商务区管理办、区司法局和马王堆街道办事处联合举行律政服务大楼推介会暨授牌仪式在律政服务大楼广场举行，省司法厅律管处处长刘昌松，区长于新凡、区政协主席刘建新、副区长易新宇出席授牌仪式，长沙市60家律师事务所、会计师事务所等律政企业负责人参与活动。律政服务大楼案名“华泰尚都”，位于芙蓉区紫薇路与火炬路交汇处，东临贯通南北的万家丽高架桥，西临南二环交通要道，南临城市主干道晚报大道，北临芙蓉浏阳河文化旅游产业带。该项目由湘煤集团、涟邵实业、湖南华泰广厦地产有限公司联合打造，投资3.5亿元，建筑面积6.8万平方米，停车位345个，楼高33层。律政服务大楼紧邻省检察院、省高院、省审计厅、市公安局芙蓉分局等公检法单位，具有发展律政相关产业地理优势。芙蓉区政府为律政服务大楼量身定制扶持举措。截至2016年年底，进驻有中兴华会计师事务所、上海市海华永泰（产沙）律师事务所、阿里律师法律服务有限公司等律政企业20家，入驻面积17135平方米。律政服务大楼是全省首座以律师事务所、会计事务所、评估咨询等现代服务行业于一体的专业律政大楼。

【商务楼宇集中观摩及楼宇经济发展研讨会】 1月6—7日，由芙蓉CBD办牵头举行区商务楼宇集中观摩及楼宇经济发展研讨会。副区长易新宇、副调研员虢中华出席。区政府办、商务旅游局、经信局、长沙芙蓉中央商务区管理办、定王台街道、韭菜园街道、文艺路街道、朝阳街道、五里牌街道等单位负责人参会。6日，易新宇一行分别到中石油大厦、世茂广场A座了解楼宇配套设施和项目建设基本情况。7日，易新宇一行考察银华大厦楼宇提质改造成果，在大厦物业会议室召开楼宇经济发展研讨会。会议邀请到中国市场学会副会长、湖南省政府参事柳思维，戴德梁行房地产顾问（武汉）有限公司长沙分公司副总经理文学参加。区楼宇商会会长黄德君和部分企业代表参与讨论。在座谈会上，与会人员围绕芙蓉区楼宇经济发展存在的问题，芙蓉区如何加强招商引资、稳住优质税源、打造专业楼宇、楼宇提质升级和提升管理服务等相关话题展开讨论。柳思维从宏观角度分析楼宇经济所面临的新挑战，提出发展楼宇经济要成为“十三五”规划、区域经济转型、打造城市名片的重点。文学介绍了国际上有关楼宇办公场所创新解决方案等前沿理念。易新宇要求：精准定位，实行点对点支持，打造专业楼宇；加快在建楼宇建设进度，完成老旧楼宇提质改造，促进楼宇载体提升；创新政府管理模式，优化楼宇经济管理软环境。

【北京市CBD发展研究基地专家到区交流】 3月8日，首都经济贸易大学特大城市研究院常务副院长、北京市哲学社会科学CBD研究基地执行主任蒋三庚一行到区交流座谈。副区长易新宇、芙蓉CBD主要负责人陪同出席。蒋三庚一行主要调研芙蓉区楼宇经济发展情况，包括CBD产业、金融业发展经验以及政府管理模式与经验等相关情况。易新宇针对区楼宇经济发展存在的突出问题，与蒋三庚交换如何突破发展瓶颈以及把“互联网+”的概念融入楼宇经济发展等方面意见。蒋三庚肯定长沙芙蓉CBD所取得的成就和楼宇经济品质提升相关举措，介绍国内外CBD所反映的共性问题以及值得借鉴的经验。

【中国商务区联盟考察团到区考察】 10月24日，中国商务区联盟考察团专家到区考察交流CBD建设工作。北京商务中心区管理委员会、广州天河CBD等11家中国商务区成员单位参加考察。区政府副区长黄金国和芙蓉CBD办负责人陪同考察。考察团专家一行实地走访中石油大厦和湖南金融创新特色产业园。就CBD建设与发展经验开展交流，区发改局、区财政局、区商务旅游局、区金融办等相关单位负责人参加座谈。在该次座谈会上，双方探讨CBD发展所遇到的共性问题。黄金国表示，希望中国商务区联盟成员单位加强工作交流，推进中央商务区健康有序发展。　（李　姣）

芙蓉区金融工作办公室

①9月12日 省委常委长沙市委书记易炼红考察湖南省金融新特色产业园
②9月13日 市委常委、副市长付胜华一行参观金融展示馆并体验科技金融互动平台
③芙蓉互联网金融服务中心
④区委书记于新凡接受湖南卫视采访
⑤12月6日 芙蓉区防范和处置非法集资宣传活动暨创建“金融安全示范街”活动启动仪式
⑥12月11日 中国金融科技峰会参会领导及嘉宾共同启动湖南省金融创新中心

芙蓉区教育局

①③
②
④⑤

①2月18日 区教育局在育才小学举行《芙蓉教师宣言》发布会

②8月24日 省委书记、省人大常委会主任徐守盛考察芙蓉区大同小学新校园

③9月8日 芙蓉区举行“践行《芙蓉教师宣言》做党和人民满意的好老师”庆祝第32个教师节暨师德师风建设主题教育大会，现场颁发“夫妻双方从教三十年纪念奖”

④11月13日始 芙蓉区推出“芙蓉教育开放周”活动

⑤11月25日 芙蓉区育才小学承办湖南省师德师风建设工作推进现场会

芙蓉区科学技术局

① ③
②
④
⑤ ⑥

①5 月 18 日　副区长张庆和出席大同二小科普进校园宣传活动
②8 月 16 日　中国科协书记尚勇参观袁院士实验田
③8 月 16 日　中国科协书记尚勇调研车站北路社区
④10 月 14 日　市委常委高山调研芙蓉区政产学研金合作工作
⑤2016 全国科普日活动之科普嘉年华
⑥2016 年芙蓉区科技活动周主题宣传活动

芙蓉区商务和旅游局

①	②
③	④
⑤	⑥

①4月29日 “芯动芙蓉 快乐Shopping”芙蓉区消费节开幕

②6月15日 中国500强企业中国国旅集团湖南分公司落户芙蓉区

③9月2日 “快乐旅游·文明服务”道德讲堂活动

④9月5日 区委书记于新凡带队赴深圳考察平安集团总部

⑤9月5日 于新凡考察平安集团总部项目

⑥9月22日 区委常委周春晖带队考察上海红星美凯龙

芙蓉区文化体育新闻出版局

①5月19日　湖南省委书记徐守盛及袁隆平院士等参观隆平水稻博物馆

②第八届全民健身运动会气排球比赛

③芙蓉区图书馆开展中小学生暑期社会实践活动

④2016年芙蓉区文体工作暨“扫黄打非”工作大会

⑤浏阳河婚庆园——国内首个婚庆文化园

芙蓉区卫生和计划生育局

①②
③④
⑤

①“关注饮用水 共享健康生活”宣传活动
②开展“两癌”筛查
③芙蓉区 2016 年度寨卡病毒疫情防控和诊疗培训班
④预防艾滋病宣传活动
⑤长沙市芙蓉区卫生计生综合监督执法局揭牌

芙蓉区食品药品监督管理局

①3 月 10 日　芙蓉区动员部署创建国家食品安全城市工作
②3 月 31 日　食品安全宣传活动
③食品利剑整治行动
④6 月 23 日　“东湖夜话”把话筒交给群众系列活动之——食安东湖校园行活动
⑤市场利剑整治行动
⑥食品药品监督管理所成立

芙蓉区城市管理和行政执法局

①拆除破损广告
②拆违现场
③朝阳中队城管进社区活动
④老旧小区改造前期工作
⑤芙蓉区拆控违“百日竞赛”六月份工作讲评会

芙蓉区交通运输局

①“治超”执法行动

②班线车整治现场

③ 2016 年春运工作部署会

④汽车东站督察道路运输安全

芙蓉区统计局

①②
③④
⑤⑥

①党组书记、局长陈卓慰问困难户
②农业普查宣传
③召开支部会议
④联网直报指挥调度中心
⑤现代服务业专题会
⑥开展工会活动

芙蓉区民族宗教和外事侨务局

①9月1日 芙蓉区民族团结进步宣传教育月启动仪式
②9月8日 英国华侨Rita女士爱心捐款仪式
③宗教工作业务培训
④农大两家清真餐饮门店行业竞争调解会
⑤中央媒体采访芙蓉区社区侨务工作
⑥9月29日“全国社区侨务工作明星社区、示范单位”授牌仪式

芙蓉区安全生产监督管理局

①	②
③	④
⑤	⑥

①2016 年第 4 次安全生产工作例会

②国家安监总局调研督导芙蓉区安全生产宣传教育工作

③职业病防治主题宣传活动

④2016 年安全宣传月警示教育活动

⑤2016 年芙蓉区危险化学品泄漏应急预案演练

⑥芙蓉区"安全生产月"宣传活动发布全市首个"安全生产"卡通形象代言人"安安"

芙蓉区政务服务中心

①5月20日 承办长沙市“文明举止 热忱服务”主题道德讲堂活动

②7月8日 长沙市政务服务中心“优质服务”宣讲团到芙蓉区开展主题宣讲

③赴浏阳文家市开展“两学一做”学习教育活动

④敬业奉献类“中国好人”谭里和在长沙市“文明举止 热忱服务”主题道德讲堂活动上进行宣讲

⑤政务中心办事大厅

⑥10月13日 举办芙蓉区“12345”市民服务热线工作暨业务培训会

长沙芙蓉中央商务区管理办公室

①	②
	③
⑤	④

①3月8日　北京市哲学社会科学CBD研究基地执行主任、教授蒋三庚一行到区交流

②3月30日　芙蓉区举办律政服务大楼推介会暨授牌仪式

③10月24日　中国商务区联盟考察团到区考察并参加“CBD建设与发展经验交流会”

④11月21日　芙蓉区委副书记、代区长周春晖为文化创意大楼授牌

⑤律政服务大楼外景

芙蓉区市容环境卫生管理局

①降尘作业
②双车作业
③周末大清洗
④大清洗
⑤4 月 14 日 长沙市“美洁城市 爱我长沙”主题道德讲堂
⑥清洗路名牌

芙蓉区市政工程管理局

①市委常委、宣传部部长、副市长黎春秋在东岸建材堵点考察

②人民路浏阳河大桥公沟管网下井作业

③农安小区改造后

④区长周春晖调研农安老旧小区改造情况

⑤夜间防汛现场动员

⑥“蛙人”准备下井检查作业

⑦防汛抢险现场

⑧学雷锋誓师行动

芙蓉区园林管理局

①②③④

①拆墙透绿——荷花园街道（改造前、改造后）
②3月4日 九道湾植树
③立体绿化——芙蓉广场立交桥
④浏阳河西岸风光带

芙蓉区棚户区改造办公室

①②
③
④⑤

①3月18日 市人大常委会副主任、市安居工程和棚户区改造工作领导小组常务副组长刘新程调研

②6月6日 长沙市委副书记、市长胡衡华调研

③7月12日 市政府督查室、市征收办等一行督察芙蓉区棚改征收项目

④10月19日 市人大常委会组成人员考察

⑤11月4日 长沙市委常委、市人民政府常务副市长陈泽珲调研蔡锷中路两厢项目

长沙市公安局芙蓉分局

①②
③
④⑤

①省委常委、省委政法委书记、副省长、省公安厅厅长黄关春指导芙蓉分局警务改革

②11 月 30 日　黄关春率湖南省公安厅警务改革现场推进会代表考察芙蓉分局警务改革工作

③11 月 7—9 日　第 29 届全国十城区公安分局警务协作会议在芙蓉区召开

④7 月 15 日　芙蓉公安分局召开半年度公安工作会议

⑤1 月 29 日　芙蓉分局举行“使命·责任·奉献”主题演讲比赛

芙蓉区交警大队

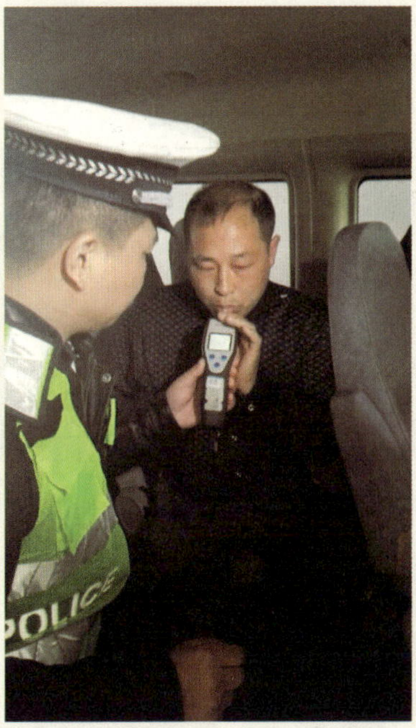

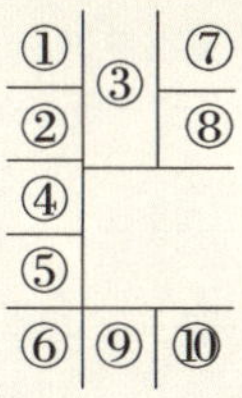

①1月24日 春运临时检查岗检查过往客车
②2月1日 民警雪中执守
③2月18日 芙蓉交警开展酒驾专项整治
④2月23日 开展校车专项整治行动
⑤3月23日 芙蓉交警深入泰联危化运输公司浏阳基地检查车辆
⑥3月25日 火星二小交通安全宣传活动
⑦4月19日 星城世家幼儿园交通安全宣传活动
⑧6月16日 安全生产月咨询日在马王堆陶瓷城的宣传活动
⑨6月30日 芙蓉区事故应急救援演练
⑩7月1日 检查新干线客旅运车辆应急逃生出口

芙蓉区经济和信息化局

①②
③④
⑤

①3月15日 副区长易新宇考察南方压铸厂
②9月28日 开展安全生产检查
③11月22日 两型示范工信企业初审
④12月15日 安全生产和环保违规项目督察
⑤12月29日 环保违规建设项目督察

长沙市工商行政管理局芙蓉分局

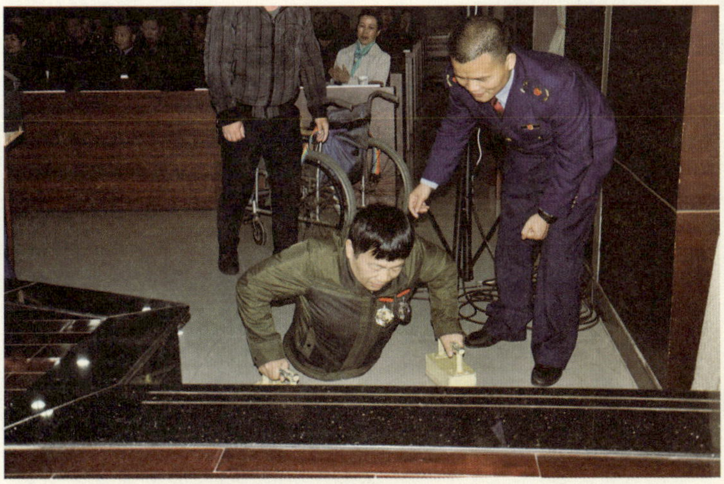

① ② ③ ④ ⑥ ⑤

①1月21日 集思广益，征求全年工作思路

②2月17日 开展年初全局干部大练兵培训活动

③3月15日 工商分局联合东岸街道开展大规模户外诚信宣传活动

④6月20日 开展全区广告业主约谈及培训

⑤7月14日 组织全局干部赴星沙党风廉政警示基地开展警示教育活动

⑥7月23日 邀请“半截人”彭水林与全局干部一道开展道德讲堂活动

芙蓉区红十字会

①	②
③	④
⑤	⑥

①湖南省首台AED落地长沙火车站
②火炬村红十字应急救护培训
③红十字“救”在身边——暑假青少年应急救护培训
④《鉴藏知识名家讲堂》募集爱心善款
⑤长沙市红十字青少年救护技能培训
⑥暑假青少年应急救护培训

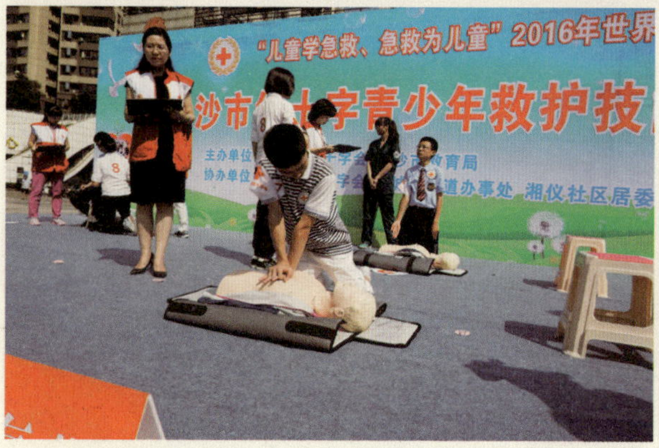

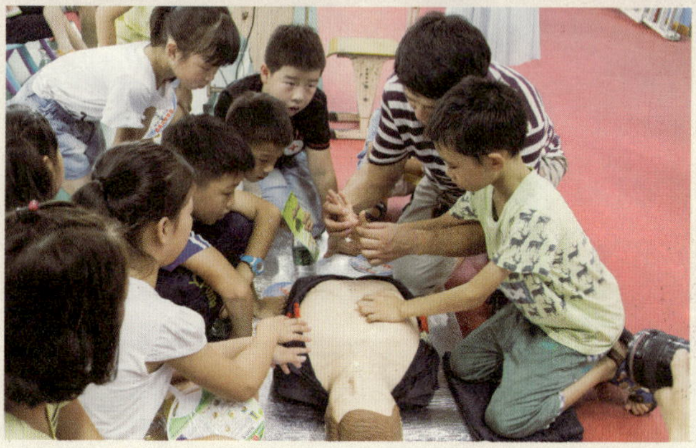

工 业·园 区

工 业

【概述】 2016年，全区有规模以上工业企业106家，全年实现规模以上工业产值454.4亿元，增长5.5%；实现规模以上工业增加值101.13亿元，增长7.8%，增速居长沙市内五区首位。

工业经济平稳运行。区工业经济运行总体平稳，规模工业经济指标向合理区间回归。园区工业成为中心城区发展新型工业的主要载体，2016年隆平高科技园完成规模工业总产值411.59亿元，增长7.1%，占全区规模工业总产值比重达90%。在全区106家工业企业中，工业产值增速超过12%以上的有52家企业，占总数的49%。工业企业利润持续增加，经营效益向好。在规模以上工业所涉及的22个行业大类中，17个行业利润总额实现正增长，工业经济规模与效益同步增长。创新能力增强。全区工业新产品产值占规模工业产值的9.1%，高新技术产业增加值在GDP的比重持续上升，达29.29%，经济发展的含金量提高。全年工业投资累计48.24亿元，增长7.6%。

信息产业快速增长。截至2016年12月底，在芙蓉区注册的信息消费类企业共计2096家，其中年营业收入1000万元以上的限额以上企业39家。2016年限额以上企业营业收入合计11.93亿元，同比增长29.67%。区经济和信息化局（以下简称经信局）对全区企业情况摸底调研，查清全区限额以上信息消费类企业情况，每月调度限额以上企业基础数据，动态掌握企业发展状况。 加快培育发展互联网产业，为互联网企业做好政策解读、资金申报等服务工作，指导苏宁云商入选省2016年移动互联重点企业名录，组织康通电子和引擎信息申报省产业基金重点支持项目。为50家企业成功申报省市区互联网扶持资金2214万元。推进“企企通”〔指将各类园区、企业接入高带宽互联网，加快信息基础设施建设和各类信息服务应用推广，构建服务企业智能制造和互联网化的“网＋云＋端”（宽带网络、工业云、智能终端）三级工业信息基础设施框架体系〕信息化建设。组织街道开展业务培训，与联通公司合作举办3场企业宣讲会。收集131家企业的基本情况和诉求，联合走访55家企业。签约项目20个，包括中拓电子EFP（电子现场制作）系统、大汉建材合作平台，惠农网办公WIFI，教师一村光纤接入等。开展2015年信息化和移动互联网专项资金绩效评价。配合省经委考核区内23家企业2015年信息化和移动互联网资金的使用情况，包括资料审查和现场走访，所有企业通过审核。

小微企业创业创新稳步推进。区经信局牵头拟制并以区政府办名义下发《芙蓉区小微企业创业创新行动计划》和《芙蓉区关于促进小微企业创业创新的扶持办法》，以推进“大众创业、万众创新”为主线，体现“企业主导、政府服务、政策集成、机制创新”的原则，推进可持续发展的芙蓉区两创新局面。成立长沙市芙蓉区小微企业创业创新工作领导小组。区长任组长，常务副区长、分管副区长任副组长，科技局、财政局、人社局、商务旅游局、经信局、工商分局、金融办为成员单位，全面统筹和协调推动小微企业创业创新工作。实施众创空间星火工程、企业孵化器强基工程、创业基地提升工程、商贸企业聚集发展工程等载体工程，形成以湖南影像创客空间为代表的示范创客空间，以湖南金丹科技创业大厦和广发隆平为代表小微企业孵化器和创业基地，以湖南省金融创新特色产业园为代表创新高地，以省电子研究所、省塑料研究所等省中小微企业核心服务机构为代表公共服务机构。为小微企业创业创新项目申请上级资金支持，2016年申请拨付省市小微企业创业创新资金1433万元。

工业节能工作有序开展。完成3家规模以上工业企业的清洁生产审核验收。经信局走访规模以上工业企业，宣讲清洁生产审核工作相关政策，引导企业开展自愿性清洁生产申报审核工作。3月，经信局组织长沙健峰彩印实业有限公司和长沙新振升集团有限公司申报省清洁生产审核计划，组织长沙市南方新精零部件制造有限公司申报市清洁生产审核计划。4—11月，定期走访联系三家企业，做好相关的对接服务工作，确保企业按照省市的要求开展清洁生产审核工作。3家企业通过省市清洁生产审核验收工作。组织两型示范工信企业创建活动。为开展好两型示范工信企业的申报工作，经信局会同隆平园经贸局全面调查摸底辖区内工业企业，召开有关企业的“两型示范”创建动员会，下发申报两型示范工信企业创建工作的通知。7—8月，通过比对创建标准，区创建工作小组初步审核申报企业的软硬件设施、基本档案资料、创建积极性等各个方面，确定8家单位申报区级“两型示范”试点企业。11—12月，经信局联合区两型办对8家企业进行复审，授予湖南国祯环保有限公司和湖南康通电子科技有限公司2016年芙蓉区“两型示范工信企业”称号。

存在的问题：受限于市场环境和发展空间，工业经济上升动力和下行压力相持，新旧发展动能转换仍在继续，增长趋势延续压力较大。　（王先冰　文程遥）

【企业办社会职能分离工作】

2016年，芙蓉区中央在长企业职工小区“三供一业”（供水、供电、供热供气，物业管理）分离移交，省属企业职工小区水电分离推进，市属企业办社会职能分离移交各项工作有序展开。市企改办督查部、市国资委产权处到区东湖街道韶光社区指导社会职能分离移交工作。市国资委、市企改办等相关部门到区参加芙蓉区市属企业小区分离移交协调会，与街道、社区、市属企业及企业主管部门协调解决有关问题。年底，接受市政府督察室考核验收。

中央在长企业职工小区“三供一业”分离移交。中国兵工物资中南公司人民新村宿舍“两水”（生活用水，生产用水）“两电”（工业用电，民用电）及天然气的分离改造完成，小区提质改造计划预算和物业管理移交协议报上级批准，物业移交协议签署，小区提质改造待上级资金到位后启动。石长铁路天心公寓为11月市企改办追加分离移交任务。在对接协调过程中，企业与区紧密配合，双方达成两电分离、小区改造、物业移交意向，签署物业管理分离移交框架协议。

省属在长企业小区“两水、两电”分离改造工作。全区有省属企业小区“两水、两电”分离改造推进项目14个。截至12月，实现棚改3个（湖南轻盐集团轻工大院宿舍、湖南潇湘实业发展宝南街宿舍、湖南新物产集团有限公司所属湖南汽车城宿舍），“两水、两电”分离改造2个（长沙汽车厂西龙村宿舍、湖南新物产集团有限公司所属湖南省金属回收有限责任公司紫薇路宿舍），完成年度推进任务。

市属企业办社会职能分离移交。协议签署及物业管理接收。截至12月，完成全部64个小区移交协议签订（含棚改），完成率100%，内五区排名第一。市属企业各小区分离移交协议签署后，区分离办组织各街道（局）社区与各市属企业对接协商，签署物业管理接收单，接收各市属企业小区物业管理。截至12月14日，除商改办所属长沙恒泰五金有限公司外，其他移交市属企业小区完成物业管理接收任务。（市企改办和市商改办同意恒泰五金完成电改后，再签署物业交接单）。散居退休人员移交协议签订。9月，市企改办下达市属企业散居退休人员移交社区管理工作任务。经过共同3个月的对接、协调，截至12月14日，芙蓉区与集体工业联社、市粮食局、市福利行办、市商改办、市工改办、市交通局、市供销社、市住建委、市农委共9个企业主管部门签署散居退休人员移交社区管理协议。完成率100%。市属企业小区棚改、提质改造。落实企业办社会职能分离移交和城市提质提档、棚户区改造工作要求，按轻重缓急将市属企业小区纳入棚户区改造计划。截至2016年12月，长沙旭华仪表厂燕山街宿舍等11个市属企业小区启动棚改，5个小区纳入2017年棚改计划；长沙港务局宿舍小区等19个市属企业小区提质提档改造已经完成，11个市属企业小区纳入2017年老旧小区提质提档计划。棚改、提质提档市属企业小区46家，占芙蓉区接收市属企业小区总数的71%。（王先冰）

【考察学习雨花区中小企业服务中心】 3月1日下午，区经信局局长孔飙、副局长姚群峰等一行4人到雨花区中小企业服务中心，学习雨花区开展中小企业服务工作经验做法。雨花区中小企业服务中心主任易伟为考察团介绍进驻该中心的中小企业生产经营情况，中心开展服务工作的成效、新年度工作计划。双方交流探讨关于开展工业经济运行调度、企业办社会职能分离、工业企业安全生产、提高服务企业质量等问题。

【调研湖南农业大学创业创新工作】 3月22日，区经信局实地考察湖南农业大学的大学生孵化中心和创客吧。大学生孵化中心已运营三年时间，总办公面积1000平方米，有20个孵化成功的项目注册成立公司，打出一定知名度，包括长沙林地益生农业科技有限公司、百效联盟长沙分公司、湖南烟村生物农牧科技股份有限公司等。

【电子信息制造业企业走访活动】 为鼓励芙蓉区的电子信息制造业做大做强，4月4—6日，区经信局开展重点企业走访活动。分别走访湖南康通电子科技有限公司、长沙韶光铬版有限公司等6家电子制造公司，主动上门为企业出谋划策、排忧解难，成功将康通电子入驻隆平高科技园并提供了高新技术企业评审的相关意见，为韶光铬版答疑解惑，指导企业如何申报省市政策资金。

【省节能监察中心到区开展专项督察】 9月21日，为强化重点耗能行业、重点企业及重点耗能设备的节能监管，提高工业企业能源利用效率，省工业通信业节能监察中心到芙蓉区的湖南经阁投资控股集团有限公司和长沙新振升集团有限公司开展落后机电设备淘汰专项监察。督察组重点查看企业的能耗台账、机电设备台账和落后机电设备更换淘汰计划，同时现场查勘了厂区内设备的使用情况，对存在的问题提出整改意见。

【大型骨干企业精准帮扶活动】 10月28日，副区长黄金国、区经信局局长孔飙、副局长姚群峰一行先后到长沙新振升集团公司、湖南稀土新能源材料有限公司、湖南经阁投资控股集团走访帮扶，三个企业负责人分别介绍各自企业生产经营状况以及遇到的困难和问题。孔飙解答企业提出的部分问题。黄金国指出大型骨干企业是区工业经济的中坚力量，为区域经济作出巨大的贡献，要尽力为企业排忧解难。本次帮扶活动旨在解决大型骨干企业在生产经营过程中的困难和问题，提高企业的经营效益，促进企业和区域经济发展。

【市局到区调研2016年小微两创工作】 12月9日，市商务局副局长黄立斌、市商务局副局长陈国礼、市工商局注册分局局长刘桂军等到芙蓉区调研2016年小微企业创业创新情况，副区长黄金国陪同调研。区经信局汇报了2016年芙蓉区小微两创工作开展情况。黄立斌肯定芙蓉区小微两创工作所取得的成效，希冀芙蓉区进一步发挥自身优势，整合各类资源，总结经验，完善小微企业服务体系，开创两创工作新局面。

【市政府督察室督察考核企业办社会职能分离移交工作】 12月14日，市政府督查室副主任欧小康、市国资委、企改办督查部部长彭亚辉、市国资委法规处副处长肖丹等一行到区督察考核企业办社会职能分离移交及国资国企改革工作。区政府副调研员虢中华陪同，区财政局、区人社局、区城管局、区民政局、区建设局、区棚改办、区经信局等主要部门参加迎检考核。考核组一行对芙蓉区企业社会职能分离移交及国资国企改革工作给予肯定，认为芙蓉区已圆满完成2016年度相关工作任务，取得良好成效。希冀芙蓉区继续加强上下联动，全面推进市属企业办社会职能分离移交后的社会化管理工作，逐步介入中央在长企业和省属企业分离移交的相关工作，进一步加快国资国企改革工作开展，各相关部门切实担责、履责和尽责，保证相关工作落实到位。

【环保违规建设项目督察】 12月27—29日，区经信局开展环保违章建设项目督察工作，由局长孔飙、副局长贺辉可、副局长姚群峰等领导带队分别走访10家列入区环保违规建设项目清单的工业企业。通过初步了解企业运营情况、查看车间生产情况、与企业负责人谈话等形式，全面督察该10家企业。（文程遥）

·供电管理·

【概况】 2016年，经信局积极协调电力部门，确保企业、居民、项目有序用电。“专改公”电力改造。

经过广泛征求社区意见和与电力部门现场实地查勘，确定申报东南雅苑等17个小区为2017年专变改造小区。部分小区的电改设计方案完成，各项工作有序进行。城市道路交通整治和社区改造。配合城管部门，实地勘察辖区内44处存在交通安全隐患的道路，制定迁改方案。远大路合平路口、人民东路科教路口电力、通信杆线迁移下地。湖南花鼓戏传承保护中心配电设施的改造工程和汽配城农贸市场杆迁改造的前期工作完成。参与芙蓉区12处港湾式公交车站改造，参与14个小区提质提档的现场查勘技术改造方案制定工作。

办理代表建议。马坡岭地区人大代表提出将新安小区路灯电费并入市政路网的建议，东屯渡地区人大代表提出解决农安小区路灯、楼栋灯不亮的问题。经信局组织街道、社区对辖区内主次干道所有路灯进行摸底核查，形成专题报告，向代表解释，并通过人大代表向市人大提出寻求解决办法。

处理涉电纠纷。先后处理世嘉国际华城、天心丽城、省农资公司宿舍小区欠费纠纷，避免国有资产流失；配合处理“华泉置业”在建项目重大涉电安全隐患事件，确保安全，维护社会的稳定。

重大活动保障用电。做好楚怡小学校庆110周年、长沙市小升初微机派位和“浏阳河文化艺术节”的保电工作，保证活动的正常进行。（陈佳豪）

隆平高科技园

【概况】 2016年隆平高科技园完成技工贸总收入605亿元，同比增长15.5%；完成工业总产值425亿元，增长6.8%；完成规模工业总产值405亿元，增长7%；实现规模工业增加值90亿元，增长10%；完成高新技术产值361亿元，增长13%；完成固定资产投资额46亿元，增长34.7%。全年纳税总额突破6亿元，较上年增长16.5%，为全市省级园区第一。新增规模以上企业32家。纳税过千万元企业12家，过500万元的13家，过100万元的68家。其中，恒德置业、爱尔眼科纳税超过5000万元，税收过千万的有英氏集团、苏宁云商、隆平高科、邮电规划院、新振升集团、顺丰速运等企业。在全市年度绩效考核中名列省级园区第三、中心城区园区第一。

实施高效招商。引进种业硅谷生物育种产业联盟产业园、长沙现代服务业产业园等投资过10亿元项目3个，引进药圣堂养生中药产业园等过5亿元项目3个，引进凯德工业自动化产业园、银通科技智能燃气表研发生产总部基地、和捷实业研发生产基地等过亿元项目9个。聚焦结算经济、连锁经济、商品交易所等高端业态，引进年税收过千万的华夏商品交易市场、永诚财产保险公司。签约引进中苋生态、春云农业、卡拉玛生物、香他她连锁等高成长型企业124家。融入全区大招商格局，与宁乡金玉工业集中区达成飞地招商战略合作。连续3年获评长沙市开放型经济、现代服务业考核双优秀单位。

培育高端产业。快递物流、电子商务、服务外包、通信服务产业规模和现代服务业总量超过200亿元，增长23.5%。实现重点服务业产值20亿元，增长51%。电商企业超过180家，交易额40亿元。引进服务外包企业31家，服务外包在岸执行额近1亿元。依托品牌优势、科研优势和产业基础，举办长沙生物育种产业政产学研研讨会，组建长沙生物育种产业技术创新战略联盟。发布“中国种业硅谷”建设规划纲要。推动精准医疗、新材料、农用无人机、机器人等战略性新兴产业发展。博航无人机、七夕新材、腾远智能等一批先进制造企业发展平稳。

推进项目建设。2014—2016年，连续推进“项目建设年”计划，市级认定的21个产业项目全部履约，全年在建和报建的产业项目25个，总建筑面积150万平方米。其中，英氏孕婴童产品产业园一期实现当年开工、投产、达效，排名全市30个观摩评分项目第九。苏宁云商一期、东湖一号总部基地、佳信佰生物、金茶科技园竣工并投入使用，特格尔药业、隆平高科项目基本完工。湘粤先进技术产业园、药圣堂养生中药饮片产业园开工。华智水稻、和捷实业、凯德隆盛、银通科技、琴海数码项目完成土地挂牌出让。投资过50亿元、占地约72公顷的人民东路产业园项目，由中国建筑技术集团有限公司中标，并完成概念性规划设计。

实施创新驱动。年内，引进国家“千人计划”1人，省“团队百人计划”5人，市“3635人才”3人。推进创新平台建设，省稀土院获评国家技术创新示范企业，省有色院获批省博士后科研工作站，华智水稻获批省博士后科研流动站协作研发中心，爱尔眼科建立院士工作站，隆平高科、省有色院获批省级技术中心。经阁铝业、德人牧业、中苋生态、绿叶生物、烟村生态、七夕新材、森美思环保等企业与科研院校对接，实现产学研深度合作。其中，湖南农业大学、省农科院、湘茶集团、怡清源茶业、华升集团等单位的4项产学研合作成果获国家科技进步二等奖。天牌茶业、艾格里生物、光大牧业、春云农业、佳信佰生物等获省、市科技进步奖8项。全年新增高新技术企业15家，高新技术企业总数为50家。申请专利180件，专利授权109件。其中，发明专利申请78件，同比增长14.7%。盘活低效用地和闲置厂房，广发隆平成功受让中科本安地块并启动建设，惠瑞生物收购华星称重，佳信佰生物改建旧厂房扩大生产等。新增今升股份、康通电子2家上市公司。爱尔眼科、掌钱电子、隆科农资等企业完成并购重组。

实施“品质提升年”计划。全年投入5000万元，建成区一期、二期11条道路，绿化提质改造基本完成，建成全省智慧路灯共杆系统样板路示范工程，完成二期雨污分流管网改造。推进行政审批制度改革，承接芙蓉区下放权力22项，成立隆平高科技园区政务中心，设立办事窗口9个。推进“平安园区”建设，特格尔医药、大汉集团、湘茶高科获评全市行业平安创建优秀单位。隆平高科技园区获评全市安全生产先进单位，嘉吉饲料获评全市安全文化示范企业。（王　勇　罗　萍）

隆平高科技园党工委、管委会领导人员

书　　记　王曙光
副书记、主任　黄　滔
副 主 任　曾　理
纪工委书记　汤季平
党工委委员　吴清斌
总经济师　易　鹰（2016.08免）
副 主 任　陈　庆（2016.08免）
　　　　　谭利辉（女）（2016.08任）
工会联合会主席
　　　　　阳林艳（女）

办公室

主　　任　李　毅
副 主 任　李　军

招商合作局

局　　长　吴正华（2016.02任）
副 局 长　吴正华（2016.02免）
　　　　　刘雅俐（女）（2016.10任）

经济贸易局

局　　长　徐勐龙（女）
副 局 长　马　捷

规划建设局

局　　长　邹远征

社会发展局

局　　长　邹建国
副 局 长　张青山
　　　　　罗俊辉

财政分局

局　　长　陈　蓉（女）（2016.10免）
　　　　　陈晓红（女）（2016.10任）

【“中国种业硅谷”建设规划纲要发布】 11月24日，由芙蓉区人民政府主办，隆平高科技园管委会承办，长沙生物育种产业政产学研研讨会暨“长沙生物育种产业技术创新战略联盟”授牌仪式在隆华国际酒店举行，与会120余人。中国工程院院士袁隆平，中共长沙市委常委高山，芙蓉区委书记于新凡，区委常委、区委副书记、代区长周春晖，区委常委、隆平高科技园党工委书记王曙光出席。会上，由袁隆平农业高科技股份有限公司、华智水稻生物技术有限公司发起，湖南农业大学、湖南省农业科学院等37家科研院所、高校、国家知名种业企业组成的长沙生物育种产业技术创新战略联盟宣布成立。会议正式发布《“中国种业硅谷”建设规划纲要》，提出“四个一”“六个一百”的“十三五”发展目标。“四个一”即：高举袁隆平院士这一面旗帜；隆平高科建设成世界一流生物育种企业；华智生物打造成世界一流生物育种协同研发平台；“隆平新区·种业硅谷”建设成中国一流的生物育种技术及产业聚集区。“六个一百”即：建成100万平方米产业发展平台；吸引和撬动100亿元社会资本投入生物育种产业发展和种业硅谷建设；引进100名国内外一流的生物育种高端人才；培育引进集聚100家高素质的生物育种企业、研发机构；研发100个由国家审定的新品种；实现生物育种产业产值超过100亿元。（王　勇　罗　萍）

【园区4家企业入选全省民营企业百强】 11月29日，《湖南日报》发布2016湖南省民营企业100强名单（每两年评选一次）。隆平高科技园4家企业入选百强，分别是大汉控股集团有限公司、长沙新振升集团有限公司、爱尔眼科医院集团有限公司、袁隆平农业高科技股份有限公司。其中，大汉集团位列商贸服务业10强榜首，隆平高科排名农业产业化10强第二。该次“湖南省民营企业100强”发布活动经省政府批准，由省工商联(总商会)牵头，联合省委宣传部、省委统战部、省发改委、省经信委、省财政厅等15个部门实施。开展评选民营企业百强活动，旨在树立民企标杆、提振发展信心。

图14　12月22日　英氏孕婴童产品产业园项目亮相全市重点项目观摩

【英氏孕婴童产品产业园接受全市重点项目观摩】　12月22日，英氏孕婴童产品产业园作为芙蓉区观摩项目和隆平高科技园项目建设“百日冲刺”攻坚战核心项目，接受全市重点项目建设观摩。全市重点项目建设观摩团由长沙市委副书记徐宏源带队，市委、市人大、市政府、市政协在职副市级以上领导，湖南湘江新区、相关市直部门、国家级和省级园区、各区县（市）党政主要负责人120人参加观摩活动。英氏孕婴童产品产业园占地4.67公顷，总投资超过11亿元，建设面积15万平方米，致力建成中部最大的孕婴童智能制造基地。该项目是当年开工、投产、达效的重点产业项目。2016年英氏集团实现销售额10亿元，税收4300万元。全市重点项目建设观摩团一行听取了芙蓉区委书记于新凡关于英氏孕婴童产品产业园项目建设总体情况及芙蓉区人大代表、英氏集团董事长马文斌关于企业发展、项目建设、科技创新等情况介绍，参观了三楼生产车间智能化生产线。徐宏源鼓励英氏集团加强创新，加快发展，尽快上市，为长沙建设智能制造中心做出贡献。区领导周春晖、陈计伟、王曙光、谭雄伟、许凡、黄滔、黄金国等陪同观摩。

【隆平高科技园企业家协同创新联盟成立】　12月28日，隆平高科技园企业家协同创新联盟成立仪式暨迎新茶话会在湘茶集团举行。该活动由隆平高科技园管委会主办，湘茶集团、湖南苏宁云商承办。园区党工委委员、管委会副主任曾理主持。芙蓉区委常委、园区党工委书记王曙光，党工委副书记、管委会主任黄滔，工会联合会主席阳林艳等出席，40家企业负责人与会。会前组织企业家参观了苏宁云商现代产业园物流中心、英氏孕婴童产品产业园新投产的生产线、湘茶集团茶叶博物馆。在座谈会上，黄滔向与会企业家发出产业平台共建、发展资源共享、科技创新协同的倡议。与会人员围绕协同创新、共谋发展广泛交流和深入探讨，对园区未来发展建言献策。王曙光向园区协同创新联盟的成立表示祝贺。他说，园区企业数量众多，产业资源丰富，涉及生产经营各个环节，协同创新有良好基础。希冀协同创新联盟各单位积极参与、精准发力，经常、实质性开展对接活动，促进互动、交流、协作，实现合作共赢、创新发展，助力“千亿园区”建设。

【袁隆平农业高科技股份有限公司】　袁隆平农业高科技股份有限公司（简称“隆平高科”）是以“杂交水稻之父”袁隆平院士的名字命名并由袁隆平院士担任名誉董事长的中国种业龙头企业。该公司于1999年由湖南省农业科学院、湖南杂交水稻研究中心、袁隆平院士等发起设立，2000年在深圳证券交易所上市（股票代码：000998）；2004年，长沙新大新集团成为大股东，公司步入快速发展通道；2016年中信集团成为控股股东，公司跻身种业国家队。该公司已成长为“中国种业信用明星企业”中排名第一的现代种业集团，注册资本 12.56 亿元，总资产 79.24 亿元。2016 年实现主营业务收入 22.99 亿元，同比增长 13.5%，实现归属于上市公司股东的净利润 5.01 亿元，同比增长 2.05%。该公司以杂交水稻、玉米、蔬菜、小麦种业为核心，以棉花、油菜等种业为延伸，率先在国内建立起以企业为主体、市场为导向的商业化育种创新体系。杂交水稻种子市场份额全球第一，杂交玉米种子位列全国第一梯队，杂交辣椒种子推广面积全国第一，黄瓜育种规模世界领先。该公司不断扩大农业服务价值链，业务涵盖新型职业农民培训、耕地修复与开发、种业互联网 +（隆商通、粮田易）等，并规划将农户、经销商和其他农资、金融等合作伙伴纳入整体服务“生态圈”，打造农业综合服务平台。该公司在菲律宾、巴基斯坦、印度等国建立研发机构，在菲律宾、印度、东帝汶等国设立海外子公司，并与 40 余个国家和地区建立了贸易关系。2009 年，被商务部定为“中国杂交水稻技术援外培训基地”；2016 年，被商务部授予“对外援助项目实施企业”资格。该公司为亚非拉 60 个发展中国家培训了 5000 名农业技术人才，并分别承担国家 10 余个援外技术合作项目。

【湖南今升新媒体购物有限公司】

2011 年，湖南今升新媒体购物有限公司成立，注册资金 7500 万元。该公司下辖湖南今升传媒有限公司、长沙誉天贸易有限公司、长沙雨墨服饰有限公司、湖南鸿升之贸易有限公司、北京爱欧维亿贸易公司、海宁今升时装有限公司。该公司主要从事电视购物渠道的服装类商品销售，合作的电视购物平台有湖南快乐购、江苏好享购、北京中视、长沙嘉丽购、安徽家家购、深圳宜和、江西风尚 38 等，并签订二级代理商 5 家。经营的服装种类有皮草，裙子，上衣，裤子，保暖内衣，内衣内裤，裤袜、床上用品、家居用品、湘绣、灯饰等，通过直接向工厂采购货物销售获得利润。该公司在全国电视购物服装行业竞争优势明显：品牌优势，拥有国内外一线品牌电购总代理权，如“波司登”“南极人”“雪中飞”“梦洁”“北极绒”“凯瑞摩”等品牌；价格优势，在保证产品质量的情况下销售价比其他任何一家都低；团队优势，有专业的电视购物经营团队等。湖南今升新媒体购物有限公司获“2014—2015 年度通信营销行业十佳畅销产品供应商奖”“嘉丽购和好享购五星级供应商奖”“2014 年度皮草风尚奖”等。2016 年 11 月 17 日，该公司实现新三板挂牌上市，年营业收入约 2.5 亿元。（王　勇　罗　萍）

图 15　位于隆平高科技园内的金丹科技创业大厦

农业·水利

农　业

【概述】 2016年，全区13个行政村分属5个涉农街道。农村人口3.36万人，耕地面积172公顷。全年重点扶持重大现代农业建设项目2个，完成投资5412万元。随着城市化快速推进，农业生产逐步缩减，传统农业基本退出。（高铭阳）

• 种植业 •

【概况】 2016年，蔬菜播种面积140公顷，同比下降55%；蔬菜总产量0.37万吨，同比下降63%。发放乡村医生岗位津贴、水库移民补贴等各项惠农补贴资金10.68万元。辖区惠农补贴政策“明白卡”和补贴存折全部发放到位，补贴发放相关情况张榜公布。根据城郊种植业发展特点，引导农民发展食用菌和速生叶类菜，提高蔬菜品质。加强农产品生产环节的安全监管，开展多种形式宣传活动，引导种植户高温季节在蔬菜生产上正确合理使用农药，禁止使用高毒高残留农药。建立和完善蔬菜农药残留检测室。全年完成蔬菜水果农药残留检测472批次，合格率100%。（高铭阳）

• 养殖业 •

【概况】 2016年，组织开展免疫生猪口蹄疫0.4万头、高致病性猪蓝耳病0.4万头，新城疫、禽流感免疫15.65万羽，犬只免疫1509只，发放消毒药品925千克。为突发动物疫情做好应急准备工作，储备了防护服200套、防疫冷藏包10个、套鞋20双、防护眼罩100个、防护手套200双等一系列防控物资。辖区强制免疫病种畜禽群体常年免疫密度100%，实现了“疫情零发生、人员零感染”的工作目标。

理顺管理机制。5月13日，在长沙市动物卫生监督所的协调见证下，将湖南省畜牧兽医研究所内养殖场（包括种猪场、种公牛场、奶牛场）和兽医微生物实验室一并移交由长沙县管理。

动物检疫。全年共计检疫实验动物22.93万只，开出动物检疫证明A证1009张、动物B证60张，动物产品A证7张。7月在辖区正式实行全省动物卫生监督信息平台电子化出证，使用由电子出证开出动物A证450张，动物B证26张，动物产品A证3张，检疫实验动物9.62万只。

动物监督执法。配合市农委、市动物卫生监督所，联合区食药监局、公安分局等部门展开联合执法行动，开展上门宣传教育和重拳联合打击处理辖区内非法屠宰点。该次行动劝离4家，行政处罚3家，案件移送4家，刑事拘留3人；没收处理生猪42头，猪肉产品2814.5千克；出动执法人员80人次。6月17日，配合市动监所开展东大门兽药市场经营假冒伪劣兽药专项整治行动，立案查处长沙湘龙诺诚宠物药械贸易商行；没收兽药341盒（瓶），没收违法所得509元，处以罚款1.33万元。

动物疫情监测与流行病学调查。全年采鸡血清样40份、试子样120份、环境样40份、猪血清样20份、牛血清30份，牛奶样2份、猪尿样20份、猪肝样4份、猪肉样4份、牛肉样4份、鸡蛋样6个、鸡肉样6个，犬血清样50份，是检测结果全部合格。根据《长沙市城区动物卫生监督体制改革实施方案》的精神，宠物诊疗机构管理权限由市里下放到各区动物卫生监督机构。该区严格落实属地管理原则，做好交接工作。广泛动员，开展了辖区内7家申报犬类动物免疫点宠物医院书面材料审查、现场审核和整改复查工作。按照“方便群众、合理布局”

的要求，为其中5家授权辖区犬类动物免疫点，分别签订了授权协议书和服务承诺书并予以授牌。

动物微生物实验室建设。年内，芙蓉区快速检测实验室及病死动物无害化处理暂存点建设项目列为重点建设项目。至年底，该项目土建及内部装修工作全部完成，实验室仪器设备采购到位。该项目总投资200万元，建成无害化处理收集冷冻库30立方米，实验室及配套用房200平方米。

（谢　琦）

• 加工业 •

【概况】 2016年，隆平高科技园区已成为湖南省农业产业化龙头企业、农业科研资源、涉农中国驰名商标高度密集区，先后被国家农业部评定为“农产品加工示范基地”“农业产业化示范基地”。

龙头企业。年内，监测的16家企业发展规模和主要经济效益指标都达到市级龙头企业的认定标准。湖南利诚种业有限公司、湖南活力种业科技有限公司、湖南金健种业科技有限公司、长沙中科晶博生物科技有限公司、长沙金田种业有限公司等5家企业增加成为2016年农业产业化市级龙头企业。在21家市级龙头企业中，主营业务以种业为主有11家，以农产品加工为主有8家，流通类有2家。全年总资产规模200万元～1000万元的2家，2000万元～5000万元的6家，5000万元～1亿元的9家，1亿元以上的4家。从事农产品加工专业技术人员499人。资产总额14.72亿元，固定资产总额3.9亿元。

种植基地。农产品种业基地遍布全国，主要分布在湖南、海南、江西、新疆、广西等省自治区境内；年销售收入12.12亿元，上缴税金1031万元。全年重点扶持博航智能无人机研发与推广应用项目和农业电商沁坤社区为O2O电子商务项目2个，完成投资5412万元。

（高铭阳）

• 林业 •

【概况】 2016年，全区有林地33公顷，活立木总蓄积21089立方米，林木绿化率27.22%，林业总产值3.339亿元，同比增长4.04%。

林业生态管护。辖区森林防火各项工作措施落实到位，全年森林火灾零发生。主要工作措施有：市、区、街道签订林业生态管护责任状；修订完善《森林火灾应急预案》；开展森林防火的宣传教育；实行24小时森林防火值班；排查隐患，做好林业生态管护防范工作。

林业有害生物防治。年内，重点排查东岸地区林地、花卉苗木基地、东湖湿地、浏阳河河滩、高速公路两旁等重要区域，提升生态景观效果，严控“加拿大一枝黄花”的生长和种植。

野生动物保护。加大宣传力度，规范野生动物经营行为。在爱鸟周期间，发放宣传图册80余份，张贴到街道、社区、学校等公共场所。2016年9月—2017年4月，在全区各湿地范围内开展候鸟保护巡查。加大执法力度，严厉打击破坏野生动物资源的行为。做好对野生动物病源疫病（禽流感）的监测，配合市林业执法大队和区工商部门，加大对区所辖农贸市场、宾馆、饭店野生动物保护宣传和检查力度，严厉查处乱捕滥猎、非法贩运的行为。

（高铭阳）

水　利

【概况】 浏阳河及其支流圭塘河是流经芙蓉区的主要河流，属城市防洪排涝的重点区位。浏阳河由南向北穿区而过，河段长约13千米。辖区内有长善垸和东岸垸万亩堤垸，两垸一线防洪大堤全长15.3千米。其中，长善垸防洪保护面积21.85平方千米，保护人口约40万人，设计防洪能力达到200年一遇水平。东岸垸防洪保护面积7.2平方千米，保护人口10万人，设计防洪能力达到100年一遇水平。长善和东岸垸大堤均为土堤，吴淞标高41.5米左右。浏阳河芙蓉区段保证水位为38.31米，警戒水位为36米，2010年最高水位为37.99米。年内防洪形势保持稳定，未发生较大险情。2012—2016年，随着城市开发建设的加快，芙蓉区浏阳河长善垸和东岸垸的排渍泵站，由原来的农业排涝标准提高到按城市排涝标准建设，辖内7处泵站装机数量及容量由原来的37台、14875千瓦，提高到现有的55台、25925千瓦，总投资4.3亿元。为提高排渍能力和满足城区建设及湘江库区蓄水的需要，该区排渍泵站的供电线路全部采用双电源进行供电，增加了泵站运行的可靠性。

（钱　磊）

【防汛排涝】 7月1—5日，辖区出现了最大强降雨过程。浏阳河东岸垸水位从7月2日32.27米开始迅速上涨，7月5日9时峰值

36.77米。该区亭子港、东屯渡、中心、三角塘、砂咀子、杉木港、罗溪港7处泵站运行正常，各处险情按照预案处置完毕。重点堤段、危险区域实行24小时全天候值守，防汛情况正常。在防汛期间县级领导带队巡查63次，出动防汛抗灾人员5380余人次，出动抽水设备58台，抢险车辆50台，投入防汛资金147.324万元，累计巡查浏阳河芙蓉段东西两岸大堤74轮次。

图16　9月21日　中央主流媒体在芙蓉区浏阳河东岸风光带开展主题采访活动

【水利部巡查组到区检查工作】 7月30日，以水利部建安中心副主任吴春良为组长的水利部巡查考核组到区巡查考核水利安全生产工作。省水利厅副厅长陈绍金，市水务局副局长王佳良，区领导周春晖、蔡冰全程陪同巡查。巡查考核组一行7名专家实地察看了浏阳河东岸垸大堤及防洪设施建设，检查中心泵站安全运行情况，对该区水利安全工作给予肯定。巡查考核组专家要求，各级各部门要落实好安全生产责任制，按照“党政同责、一岗双责”的要求层层分解细化责任；要健全安全生产工作机制，实行分类分级管理，重点开展日常安全隐患排查；要做好安全培训教育，做到安全生产警钟长鸣。

【媒体“秋水长天 水美中国”主题采访活动】 9月21日，水利部新闻宣传中心、《人民日报》《人民日报》(海外版)、新华社、《光明日报》《经济日报》、中央人民广播电台、中央电视台等12家中央主流媒体和网络新媒体齐聚芙蓉区浏阳河东岸风光带，开展“秋季美丽生态”之“秋水长天 水美中国”主题采访活动。市水务局总工程师王力新、副局长喻小丽、区委领导于新凡、许凡、彭尚松全程陪同。采访团一行人参观东岸风光带，听取区农林水利局浏阳河堤防建设与水生态文明建设、市住建局城市防洪排涝工程与污水管网建设情况。采访团一行还到隆平水稻博物馆参观水稻文化和农业梯田及热泵节能减排展览。区委书记于新凡接受媒体采访，他介绍浏阳河防洪堤坝与路网改建、生态经济与民生效益、水体治理与总体环境、浏阳河与周边诸多文化品牌建设情况。该区改善浏阳河水生态环境的做法受到各主流媒体肯定。（钱　磊）

城 市 建 设

规划管理

【概况】 2016年，长沙市城乡规划局芙蓉分局围绕“提效能，树形象”改进工作方式，坚持科学规划引领，推进廉洁、务实、高效的品质芙蓉建设。

工程审批。全年核发建设工程规划许可证13项，面积11.04万平方米。其中农民安置房2项，面积8.85万平方米；私房许可8项，面积648.72平方米；临时建筑许可3项，面积2.13万平方米。补办火炬村规划手续32幢，面积8.85万平方米。协同区政府城中村改造工作办公室完成东岸村、望龙村、新安村的摸底调查、现状图册、规划论证等工作。参与蔡锷中路两厢棚户区改造、黄土塘棚户区改造、燕山街棚户区改造、五里牌肉联厂及周边棚户区改造、火星镇棚户区改造、火炬村棚户区改造6个项目规划服务工作。参与长沙九龙仓国金中心、隆平水稻博物馆、芙蓉生态新城安置小区、双新小学、新桥小区3期棚改安置房、世茂广场、宇成朝阳广场金朝阳大厦、楚晟公馆、大汉IM时代、长城·万悦汇、浏阳河休闲带、社会福利中心等项目规划审批工作。

批后管理。全年完成建设项目验收11个，面积45.78万平方米；项目放线26处；建设项目验收13次；下达违法建设停工通知书13份；移送城管案4件；完成规划公示62处；批后公布1处；违法建设立案上报7件。出具专业咨询意见复函2052项，面积45.26万平方米。在第12期、13期、14期卫星图斑的核查工作中，发现违法建筑11处，并核实情况及时上报区政府处理。

政务公开、信访工作。全年办理来信来访22件（其中回复“12345”市民服务热线3个，政务公开6项），回复率、办结率100%。

人大建议和政协提案办理工作。办理人大建议4件， 政协提案3件。召开专题会议，明确分管领导和责任人，开展走访、调研、实地考察及规划对接每一个问题，形成答复意见后与代表和委员面对面交流，听取意见，正点率、见面率、答复率100%。

存在的困难。在规划批后管理中开展工作通常横向涉及多个部门，处理问题时还需要多方协调和沟通。分局人员较少，工作压力大，存在与部门沟通、反馈不及时的情况，需要建立有效的部门互动机制。 （庞　听）

建设管理

·建筑业管理·

【概况】 2016年，全区建安企业总数225家，其中一级资质企业17家，二级资质企业20家，三级资质企120家。年内，通过完善制度建设，强化质量安全监管，落实监督执法检查，全区建筑施工安全生产形势持续好转，区管工程连续11年未出现质量安全责任事故。

质量安全管理。年内办理施工许可证10本，质安监管10个项目，未发生一起质量安全责任事故。提升区管工地文明施工水平，推动全区建筑工地施工围挡集中整治，整治项目82处（含省市工地），施工围挡8280米。针对建设工程项目定期或不定期进行问题排查。执法队加大“打非治违”力度，联合市住建委执法局芙蓉大队、区安委、街道及社区开展联合执法28次，出动执法人员237人次，排查违法建设类项目27个，立案5个。先后开展冬季建筑施工安全检查、节后复工专项检查、“安全生产月”、高温季节建筑施工作业人员劳动保护工作专项检查、建筑行业大气污染防治“冬病夏治”等专项检查13次。联合公安、城管、安监等部门，开展打击黑站点联合行动7次，关闭黑站点17家，收缴气瓶490个。区液化气站点安全无事故。排查摸底全区老楼危楼25幢3.2万余平方米。经鉴定达到C级危房标准13幢，D级危险房标准20幢。协助产权人进行维修改造或重建。产权人无能力改造或重建的危险房屋，协调区棚改办征收拆除，消除安全隐患。确定征收拆除危房4幢。

施工许可证办理。完善相关审查制度，引导优秀设计、施工、监理单位参与辖区项目建设。重新梳理施工许可办证流程，压缩办事期限，实现一次性告知。依法监督建筑工地，阶段性评价区管项目，相关情况录入省建设项目监管平台。市场管理把好进场关、信息公开关、开标评标关、备案关。全年下发建筑工程施工许可证43本，施工、监理合同备案34户。

招投标监管。全区监管招标投标项目70个。招标率达到100%，无一例投诉。按要求备案招投标资料，备案率100%。招标公告、招标文件的备案及中标通知书的发放实行各级领导层层把关。对200万元以上的公开招标项目，按照相关要求进入市公共资源交易中心交易，进场交易率100%。规范全区政府性投资项目的招投标监管及后续管理。区招标办联合区监察局、区财政局、局质安站，跟踪检查项目开工后进展，定期检查合同签订情况，项目经理、技术负责人、施工员、安全员到位情况，确保工程项目质量安全。

等级评定和技能培训。制定芙蓉区建筑施工企业资质动态考核方案，动态复核全区52多家建安企业资质。合格48家，基本合格4家。申报长沙市建筑企业信用等级，参与企业14家，其中，4家企业获得AAA称号，8家企业获得AA称号。全年培训技能鉴定人员2732人，培训率100%。

治理工程款、农民工工资拖欠问题。建立“清欠”工资长效机制，制定“清欠”案件受理表、调查笔录表、结案审批表和结案书。下达督办函，召开协调会，督促拖欠款支付到位。开展“两个拖欠”治理工作，受理25起农民工工资清欠问题投诉，涉及金额720余万元，全部处理到位。

（哈倩妮　贺俊姣）

【考察芙蓉生态新城二号安置小区】 10月28日，区建设局副局长金元新率芙蓉区质安站全体人员到芙蓉生态新城二号安置小区项目现场考察。该项目是芙蓉区政府安置原东岸乡拆迁户而建设的集中高层安置小区。位于马坡岭街道，双杨路以东、桐西路以南、京珠高速以西、浏京路以北。芙蓉生态新城二号安置小区项目计划总投资约19亿元，安置3736户。2015年8月启动，由湖南高岭建设集团股份有限公司等八家单位施工，计划总周期两年半。该次考察包含南区地下室、A1栋、A5栋共2栋住宅，分别为33层和29层，框架+剪力墙结构，总建筑面积为4.86万平方米，建筑构件耐火等级为一级，抗震设防烈度为6度，屋面防水等级为Ⅰ级。考察时，工程进入主体扫尾。金元新一行实地察看芙蓉生态新城二号安置点九个标段的项目建设工作，同施工单位的负责人以及项目负责人进行交流，要求施工单位坚持国家、省、市保障性住房的建设标准，精细化施工，规范施工，把芙蓉区生态新城二号安置小区建设成为湖南省保障性住房的样板工程。　（李　高）

·房地产市场管理·

【概况】 2016年，继续开展集体土地房屋集中确权发证、国有土地处理房产遗留问题、房屋租赁市场的管理工作，坚持依法行政、文明优质服务，完成全年各项目标任务。

推进集体土地上房屋产权发证工作。在2015年栋证办理完毕的基础上，实施分户证办理，区别对待不同类别的安置对象，对涉及的公示问题、代为询问问题等以会议纪要形式予以明确。督促各村完成消防设计备案和竣工验收备案工作。全年完成3200本分户证办理，大部分村完成消防验收工作。

处理国有土地房产遗留问题。2016年芙蓉区国有土地房产遗留处置任务23个项目、3711户。区长专项调度，明确万顺家园南北栋、浏城桥商贸城、颐美会现代城、湘聚大厦、科星购物中心、新世纪商贸城、融都公寓7个重难点项目工作进展。区房产办证遗留问题协调领导小组根据处遗目标制定任务倒排计划，各街道、部门层层落实。区政府下拨1500

万元的专项经费用于处遗项目前期工作，确保处遗工作顺利推进。全区已办结项目15个，完成审查项目8个。

规范房屋租赁市场管理。依法依规完成辖区内房屋租赁登记备案，建立业务台账。全年备案登记辖区范围内25家单位房屋租赁，面积14.95万平方米。与各职能部门联手签订《人口与计划生育2015年度综合管理目标责任书》，维护租赁市场秩序。

加强房屋信息资料应用。完善全区集体土地上房屋管理信息库，查阅核实被拆迁房屋产权档案资料，联合国土、规划、征地办及街道认定拆迁项目中的违章、临时建筑性质，为城中村改造、征地拆迁提供产权依据。协助火星、蔡锷中路两厢、五里牌肉联厂等棚户区改造，认定未登建筑合法性及合理性。建立辖区内商品房销售情况统计与分析的信息应用工作机制，明确专人与市住建委房产信息中心对接，按月上报商品房预售信息，为区政府宏观决策提供参考。（彭新艳）

·物业服务行业管理·

【概况】 2016年，芙蓉区有物业服务企业171家，其中一级资质企业6家，二级资质企业18家，三级资质企业113家，外地驻芙蓉区企业19家，暂定三级资质企业15家。管理物业项目324个，总面积累计2568万平方米。新建商品房住宅全部实现专业化物业管理。

文明创建行业规范。以《全国城市文明程度指数测评体系》为依据，按照《长沙市物业行业文明创建督查要点》督察辖区内物业项目。分管领导总负责，全区13个街道划为5个片区专人负责。片区负责人每月暗访抽查片区物业项目文明创建指数，针对存在问题，要求企业整改并上报整改结果。对于多次整改不到位的物业项目，结合社区、街道，齐抓共管。根据测评结果，2016年发布8期全区督察情况，在主流媒体上公布红黑榜，形成惩戒和责任追究制度。

物业行业资质监管。2016年受理审核197家物业公司企业资质年检资料，审核公司专业技术人员、项目管理等情况，同时要求物业公司提供计划生育责任书、消防安全自查自改承诺书以及街道社区打分表。社区、街道、区建设局及时沟通、协调配合、资源共享，建立由区建设局组织协调、各街道及社区参与的物业管理“三级联动”新格局。组织物业企业安全知识培训，召开2016年物业管理工作推进会，推进物业管理工作上新台阶。

物业矛盾投诉处理。在处理日常投诉过程中发挥主观能动性，兼顾时效性和方式方法两个重点，为业主解决实际需求。全区按街道划分片区由专人负责，加强片长与所属片区的街道、社区和物业公司的沟通了解。通过“12345”派工单、电话来访投诉、网络问政、市长区长信箱等多种渠道，片长能够及时了解到投诉情况，从专业角度为业主提供意见，给业主满意答复。通过实地查看、居民调查、电话回访、召开协调会等多种途径解决业主、物业服务企业、开发商的相关诉求和问题。成立物业纠纷调解中心，明确街道社区和区级调节中心各自管理职责。全年受理关于收费、停车、业委会选举、房屋质量、设备维护、限制买水买电、破坏房屋结构等投诉207件。组织召开矛盾协调会议40余次。

业委会成立业务指导。协调、指导业主委员会开展小区管理工作。规范业委会的选举和备案。参加业委会筹备组首次会议，一对一进行指导，现场解答业主疑问。实行成立全过程指导，避免成立流程不合法而引发矛盾。允许业主以短信、微信等方式投票。全年为46个准备成立业委会的小区发放了选举资料并进行业务指导，参与30个筹备业委会的小区会议60余次，调解因成立业委会产生的矛盾40次，审批成立业委会资料并备案11个。

维修资金申报审批。2016年度累计受理261笔，办结193笔，其中一般维修62笔，应急维修131笔，拨付金额844万元。应急处理小区停电2次，停水5次，停电梯20次。（陈　婷）

·专记·

黑臭水体综合治理

2016年，牵头整治全区13处黑臭水体，包括11处黑臭水体排渠（罗溪港、双杨渠、沙咀子港、细垅托、龟山港、围山圳、姚托撇洪渠、农科院排渠、杉木港、毛坪港、杨家湾撇洪渠），两处浏阳河圭塘河清淤，至年底全部完工。按照长沙市对黑臭水体整治的要求，实现雨污分流，污水不下河。比市要求提前一年完成整治任务。

注重综合治理。控制面源污染。取缔非法石材加工、非法屠宰，整治乱倒垃圾。加强内源治理。彻底清淤每条渠道，及时清理打捞河道、渠道内的漂浮物和杂物。实施生态修复。修建生态边坡、种植具有净化功能的植物。注重常态维护。加强制度建设、日常巡查，确保各项治理措施到位。

推进生态修复。采取植草沟、生态护岸、透水砖等形式，改造原有驳岸，恢复岸线和水体的自然净化功能，强化水体污染治理效果。采用水生植物种植、人工增氧、投加工程菌等技术方法，利用土壤—微生物—植物生态系统去除水体中的有机物、氮、磷等污染物。通过加投药剂，提高水体自身净化能力，改造黑臭水体成小游园、小景观。

建立健全长效机制。制定印发《芙蓉区截污工程长效管理暂行办法》，明确黑臭水体整治完成后期的维护工作由街道负责，包括渠道日常清捞、养护等。牵头组织相关部门，不定期检查，发现问题及时交办责任单位整改，杜绝已整治到位的黑臭水体出现反弹。引入海绵城市建设理念系统整治黑臭水体。（韩晓文）

重点工程

【概况】 2016年，芙蓉区重点工程紧扣发展脉搏，紧系民生需求，以“品质提升年”活动为契机，参与民生提升和宜居城区建设，以标准化统领管理、用精细化夯实基础，推进政府投资项目建设。年内，完成投资14.5亿元，铺排项目52个，其中教育项目24个，支路项目17个，其他项目11个。全年建成隆平水稻博物馆、隆平公园、东岸风光带、滨河路20米绿带、西岸绿道、龙舟文化馆、汉文化广场、产业带二期（主体）、婚庆园与汉文化广场两座人行天桥等项目，按计划推进汉文化街区立面改造、汉桥、马楚文化园、两岸灯光秀等项目，完善隆平新区基础设施约1万平方米。铺排安置房建设项目4个约110万平方米。办理远大路（芙蓉区段）、龟山路绿带、滨河路五标、合平路二期、三号安置小区B地块（二期）等预备库项目手续；完成白果园化龙池有机棚改及历史步道建设项目设计工作。（彭　项　邓雪晴）

【隆平水稻博物馆】 位于隆平新区隆平公园东北角，地块整体呈三角形，北临人民东路浏阳河引桥，东接京珠高速，南接浏阳河东岸风光带，毗邻浏阳河。该项目用地面积2公顷，总建筑面积1.89万平方米，地上建筑面积1.26万平方米，配套建设道路及广场7000平方米，建成停车位91个，绿化及景观工程2400平方米。隆平水稻博物馆由主体建筑、配套用房、独立车库组成。该博物馆主体建筑由临时展厅1134.2平方米、水稻展厅911.89平方米、科技展厅1060.23平方米、历史展厅1371.54平方米和博物馆主入口865.45平方米6个分区构成。隆平水稻博物馆与北侧人民东路之间的隆平广场，是博物馆的主入口广场；西南侧为隆平公园核心景观区；西侧靠近人民东路的区域为地面集中停车场；西南侧靠近长农路的区域为独立配套服务性的地下车库及机房；东南侧沿京珠高速公路的区域是配建服务用房。2015年6月17日启动该项目建设，2016年建成并对外开放。（彭　项）

【隆平公园】 位于浏阳河东岸人民东路、京港澳高速和滨河路的合围区域。该项目占地面积14.94公顷，工程总投资额3.86亿元；其中隆平水稻博物馆位于隆平中央公园的东北角，占地面积2.67公顷。隆平公园由滨河休闲区、儿童活动区、水稻梯田区、田园生活区、森林区、滨水休闲娱乐区6个区域组成，规划净用地面积9.78公顷，规划公园配套建筑计容面积1.93万平方米。规划绿地面积7.84万平方米，建成停车位138个。

【浏阳河东岸风光带】 位于浏阳河东岸芙蓉区段，南起长榔路，北至西龙路，全长9.4千米，宽80米，包括（含河堤临水面）约98.4万平方米景观风光带施工建设以及1.65万平方米的配套服务用房建设，总投资7.68亿元。浏阳河东岸风光带项目按照风光带与城市、道路及滨水关系的综合设计，并根据沿线地块的用地性质和特点，体现出活力宜居、时尚商业、主题文化、生态湿地、校园风光五大特色，由北向南划分为生态公园区、城市风貌区、城市运动区、稻米公园区、新城商业区、零售公园区、大学校园区、湿地公园区、高新基地及居住区9个分区。该项目绿道长16175米，自动自行车租赁桩400个，堤顶电瓶车游径长9669米，亲水游径长7723米，停车位1903个。2014年11月7日该项目开工建设，2016年5月基本建成。

【东驿公园】 位于三号安置小区（东驿竹园）东侧，远大路以南、人民路以北、杉木路以西。该项目占地面积7.66公顷，南北长930米，东西宽70 ~ 120米，绿地面积5.84万平方米，绿地率76.23%。依照地块的原始形态分为商务娱乐区、运动观赏区和生态休憩区。其中，杉木路绿带项目为芙蓉区“海绵城市”建设示范点，主要包括雨水湿地、雨水花园、生态植草沟、植被缓冲带、透水铺装等，低影响开发设施与传统城市管网灰色基础设施及超标雨水排放系统结合构成水系循环。该项目绿带中建成联通南北的主园路，宽2 ~ 3米，兼顾绿道功能，并以主园路串联各大节点空间和次级园路，形成完善的交通体系。2016年3月该项目开工，12月完成预验收。

【火炬村整村改造】 位于马王堆街道王家湖路、营盘路、浏阳河大道的合围区域，是长沙市城中村改造重点项目和重点区域。火炬村改造包括用地征地拆迁、安置、改造、安置房建设、小区内外道路以及其他配套基础设施建设。该项目征用土地面积50.19公顷，拆除房屋面积53.6万平方米。其中，住宅13.6万平方米、生产用房6.2万平方米、原违章仓库33.8万平方米，涉及620户、2500人。建成新安置房总用地面积9.33公顷，总建筑面积30.2万平方米。其中，住宅24.2万平方米、商业2.6万平方米，配套物业用房、社区用房、幼儿园0.3万平方米，地下人防及车库3.1万平方米，建成停车位1325个，配套景观、道路绿地等面积6万平方米；在项目占地范围内配套建设道路5条，总长2663米，规划道路用地6.41公顷，可出让土地34.45公顷，项目总投资26.59亿元。建成中学、小学校园各1所。

【芙蓉生态新城三号安置小区】 位于东岸街道杉木村白竹坡路与京珠辅道东南角，规划建设高层安置房6幢，用地面积5.6公顷，总建筑面积约16.8万平方米，建成安置房1363套，安置拆迁农民1572人。该安置小区商业面积8429平方米，物管用房面积587平方米，幼儿园1800平方米，总投资6.73亿元。建成地下车库面积2.66万平方米，停车位838个，项目容积率2.79，绿化率41.20%。该住宅房选择简化欧式建筑立面，外墙采用浅黄灰色面砖和深咖啡色涂料。2014年6月该项目开工，2016年6月完成施工任务，2016年12月竣工交付并分房入住。 （彭　项）

【大同小学扩地重建项目】 位于八一路与韶山路交汇处东南角，南临燕山街，用地面积6912平方米，约0.69公顷，总建筑面积1.32万平方米，办学规模18个班，建设总投资2.35亿元。大同小学由南侧教学楼、东侧办公楼、北侧科教楼以及西侧的风雨平台合围而成，呈“井”字形布置，楼高23.8米，单体建筑均为五层，地下室一层，整体建筑造型为民国风格。2015年10月15日该项目开工建设，2016年8月竣工，9月1日正式开学投入使用。建成后改善原有的教学环境，为该校师生们营造了环境优良的工作学习场所。

【东风小学项目】 位于远大路与京珠高速西辅道交汇处，占地1.93公顷，建筑面积1.5万平方米，办学规模36个班，总投资1.2亿元。建成该校教学楼、体艺综合楼、食堂、风雨操场、行政综合楼、地下车库，以及室外道路、围墙、绿化等项目。2015年7月启动该项目建设，2016年8月竣工，9月交付使用，东风小学的建成缓解了该区域学生的就学压力。

【长郡芙蓉实验中学】 位于远大路与京港澳高速东辅道交汇处，规划用地6.33公顷，建筑面积4.6万平方米，办学规模54个班，工程项目总投资2.8亿元。建成该校教学楼、综合楼、体艺楼、教师宿舍、学生宿舍、食堂等8栋单体建筑项目，配套有体育运动场、道路、景观绿化等设施。2013年启动该项目一期工程，2016年7月建成，9月交付使用，成为东岸片区第一所现代化初级中学。

【东岸派出所】 位于东岸街道，浏阳河以东，望龙路以西，人民路东路与大河路交叉路口。该所占地0.36公顷，建筑面积3500平方米，总投资1700万元。2015年8月该项目开工建设，2016年7月交付使用。 （邓雪晴）

·表4·

芙蓉区2016年部分重点建设项目一览表

单位：万元

序号	项目名称	建设性质	建设规模和内容	起止年限（年）	总投资	2016年计划
1	嘉雨路	续建	长善路—营盘路长583米，宽26米	2015—2016	4775	4275
2	浏阳河东岸风光带	续建	西垅路至长榔路，沿滨河路，长约9400米，宽约80米	2014—2016	76800	24622
3	芙蓉生态新城一号安置小区二期AD地块	续建	占地5.27公顷，建筑面积150871平方米，建设农民高层安置小区	2014—2017	58920	15000
4	芙蓉生态新城三号安置小区B地块（一期）	续建	占地8公顷，建筑面积168930平方米，建设农民高层安置小区	2014—2016	67255	17255
5	芙蓉生态新城二号安置小区（一期）	续建	占地20.67公顷，建筑面积487627平方米，建设农民高层安置小区	2014—2016	198746	100000
6	隆平水稻博物馆	续建	建筑面积约1万平方米，包括陈列区、库藏区、公共服务区等	2015—2016	37708	10708
7	火炬村整村改造项目	新建	总用地面积51.33公顷的拆迁安置补偿以及安置房（共计14栋，建筑面积32.3万平方米）的建设	2016—2018	220000	120000
8	隆平公园	新建	用地面积约13.67万平方米，主要包括绿化景观及配套用房建设	2016—2017	48069	36000
9	白竹坡路	新建	京珠东辅道——红旗路，长1730米，宽26米	2016—2017	22584	20000
10	滨河路20米绿化带	新建	位于滨河路东侧20米范围，面积约10万平方米	2016	14100	14100
11	杉木路绿带	新建	远大路——人民路，长970米，平均宽约90米	2016	13600	13600
12	汉街外立面改造项目	新建	沿古汉路两侧东起浏阳河大道西至万家丽路范围内改造，长约1200米	2016—2017	10000	5000
13	跨浏阳河人行天桥A（汉桥）	新建	连接浏阳河古汉路路口堤顶及对岸佳亨路堤顶，桥长约220米，桥宽10米	2016—2017	5000	3000
14	浏阳河产业带二期	新建	建筑面积4.2万平方米，拟建婚庆、休闲、娱乐、旅游等特色产业集群	2016—2017	50500	44000
15	芙蓉区交巡警业务用房	新建	占地7333平方米，地上建筑面积1.3万平方米，地下建筑面积1万平方米	2016—2017	12349	12349

·续表 4·

单位：万元

序号	项目名称	建设性质	建设规模和内容	起止年限(年)	总投资	2016 年计划
16	十六中重建	续建	占地 6.33 公顷，建筑面积 46000 平方米，规模 54 个班	2014—2016	26000	6000
17	东风小学	续建	占地 1.93 公顷，建筑面积 15000 平方米，规模为 36 个班	2015—2016	12000	2400
18	大同小学扩地重建	新建	占地 8933.33 平方米，建筑面积 12000 平方米，规模 24 个班	2016—2017	24500	22000
19	双新小学	新建	占地 2 公顷，建筑面积 16000 平方米，规模 30 个班	2016—2017	13000	9000
20	滨河小学	新建	占地 3.33 公顷，建筑面积 19923 平方米，规模 36 个班	2016—2017	20000	13500
21	火炬中学	新建	占地 5.07 公顷，建筑面积 30096 平方米，规模 60 个班	2016—2017	29500	20500
22	马坡岭小学	新建	占地 2.5 公顷，建筑面积 21000 平方米，规模为 48 个班	2016—2017	18000	9600
23	芙蓉区社会福利中心	新建	建筑面积 33000 平方米，建设养老床位 500 张，社会救助管理床位 100 床	2016—2017	30000	13500
24	都正街停车场	新建	建设地下车位 178 个	2016	13600	13600
25	九如巷地下停车库	新建	建设地下机械智能式车位 268 个	2016	16200	16200
26	燕山街旧城改造项目（友谊商店东边地块）	续建	占地 2.13 公顷，改造房屋约 7.66 万平方米，涉及住户 516 户	2015—2017	182000	70000
27	黄土塘棚改项目	续建	占地 6.87 公顷，需征收房屋面积 12.3 万平方米，涉及 1004 户及 20 家单位	2015—2017	212000	80000
28	五里牌肉联厂及周边棚改项目	新建	占地约 3 公顷，需征收房屋面积 3.6 万平方米，涉及住户 222 户	2016—2018	46100	5000
29	蔡锷中路两厢棚改项目（一期宝南街地块）	新建	占地 11.53 公顷，需要改造房屋 21.1 万平方米，涉及改造住户 1612 户	2016—2017	71000	15000
30	火星镇棚改项目	新建	占地 4 公顷，改造房屋 2.9 万平方米，涉及住户 268 户	2016—2018	40000	2000

·续表 4·

单位：万元

序号	项目名称	建设性质	建设规模和内容	起止年限(年)	总投资	2016 年计划
31	芙蓉区 2016 年学校提质及校园文化建设	新建	对大同小学、东风小学、长郡芙蓉实验中学、大同瑞致小学、鑫科明珠幼儿园及芙蓉公寓幼儿园等学校进行全面装修改造及校园文化建设；对区属学校进行暑期维零星修改造及校园文化建设	2016	6000	6000
32	芙蓉区 2016 年老旧社区、农安小区提质改造	新建	主要为沥青路面铺设、下水及化粪池改造、绿化提质、明沟改暗沟、停车位施划等	2016	25000	25000
33	2016 年芙蓉区城区景观亮化设施建设项目	新建	主要为五一路、芙蓉路、韶山路、解放路等 9 路 1 环周边亮化设施建设	2016	10000	10000
34	芙蓉区 2016 年“绿色城市”建设项目	新建	营盘东路及双杨路等主次干道绿化提质；长善路浏阳河生态林景观游园建设（总面积 5 万平方米）；五一广场立交桥等 10 处桥梁立体绿化建设；浏阳河西岸景观带提质改造	2016	10000	10000
35	国金中心	续建	占地约 9.4 公顷，总建筑面积 99 万平方米，集大型高端商场、甲级写字楼、酒店式公寓及国际五星级酒店于一体的城市综合体，共两栋塔楼	2012—2017	1660000	300000
36	世茂广场 C 座(泰贞国际金融中心)	续建	占地约 1 公顷，建筑高度 150 米，地上 36 层，地下 4 层，总建筑面积 10.3 万平方米，其中地下约 3 万平方米，地上约 7.3 万平方米	2014—2016	100000	40000
37	新楚·擎天广场	续建	占地约 2.27 公顷，总建筑面积近 37 万平方米，双塔建筑，拟建国际 AAAAA 超甲级写字楼、精品地铁商业及国际超五星级酒店	2015—2017	390000	180000
38	佳兆业广场	新建	占地约 1.44 公顷，规划建设一栋高层办公楼和一栋高层商务楼，总建筑面积 22.92 万平方米	2016—2020	250000	150000
39	友谊阿波罗总部大楼	续建	占地约 0.67 公顷，建筑面积约为 4.3 万平方米，拟建友阿集团总部大楼，大楼由东西两侧主楼及中间裙楼组成	2015—2017	32000	10000

·续表 4·

单位：万元

序号	项目名称	建设性质	建设规模和内容	起止年限(年)	总投资	2016 年计划
40	宇成朝阳广场	续建	占地约 3.12 公顷，总建筑面积为 29 万平方米，共 4 栋，拟建集高端酒店、写字楼、酒店式公寓及大型商场于一体的城市综合体	2015—2017	220000	50000
41	湘湖污水处理厂提质改造暨中水回用项目示范工程	续建	提质改造 14 万吨 / 日污水厂，并建设中水回用系统。污水处理工艺由原氧化沟工艺改为 MBR 膜处理工艺，出水水质由一级 B 提至四类标准	2013—2016	30000	6000
42	“东湖壹号”企业总部基地项目	续建	总建筑面积 7.7 万平方米，共 22 栋，21 栋为四层企业总部楼，1 栋为高层办公楼	2014—2016	100000	50000
43	苏宁云商现代产业园基地	续建	占地约 10.67 公顷，主要建设建设企业办公大楼，研发中心，仓储中心，物流配送中心等。分两期建设。一期总建筑面积 4.5 万平方米	2014—2017	110000	30000
44	袁隆平农业高科总部基地	续建	占地 1.75 公顷，一期研发中心 2.7 万平方米，二期企业办公楼 2.6 万平方米	2015—2017	30000	20000
45	英氏孕婴童健康产品产业园	续建	占地约 4.83 公顷，建设研发中心和厂房，倒班楼，总建筑面积 15.1 万平方米，分两期建设	2015—2017	100000	70000
46	特格尔医药产业园	续建	占地约 2.88 公顷，建设研发中心和厂房，配套用房，总建筑面积 6.8 万平方米，分两期建设	2015—2017	40000	30000
47	糖尿病检测仪及肿瘤三维检测项目	新建	便携式糖化血红蛋白监测仪及其配套的试剂盒、血糖仪试剂盒和检测试纸的研发与生产，以及针对癌症患者研究开发的三维立体生物模型研发生产	2016	5000	5000
48	康通电子总部及贴片生产线基地项目	新建	专业从事 IP 网络广播产品研发、生产与销售，集研发、生产、销售、系统集成、服务于一体的高新技术企业，年产值 1 亿元	2016	8000	8000
49	佳信佰隆平高科技产业园基地	新建	项目用地面积 6151 平方米，建设面积 12537 平方米，建设内容为生产厂房及相关设备采购安装	2016	9000	9000
50	湖南有色金属交易平台项目	新建	有色金属交易平台控制、整合、融资、电子贸易等四大解决方案，建设集电子交易、金融管理、质量检测、仓储安保、物流服务功能为一体的平台	2016	2000	2000

（区发改局）

棚户改造

【概况】 2016年，芙蓉区持续推进棚改项目建设，提升城市居民住房和环境品质。年内，由市政府下达芙蓉区棚改任务2640户，面积33.14万平方米、投资31.24亿元。截至年底，完成棚改3341户（征收签约1870户、有机棚改1471户）、建筑面积约40万平方米、投入资金约35.81亿元，完成改造户数占总任务126.6%。年内，蔡锷中路两厢棚户区改造项目被市政府评为年度棚户区改造优秀项目。芙蓉棚改投资有限责任公司、火星镇棚改项目指挥部、黄土塘项目指挥部、五里牌肉联厂及周边棚改项目指挥部被市政府评为年度棚户区改造工作优秀集体。

推进棚改项目建设。办理蔡锷中路两厢、火星镇、五里牌肉联厂及周边等棚改项目前期手续，完成项目房屋拆除施工、监理招标工作，落实项目征收资金，保证项目按时发布征收公告和启动征收。截至12月底，火星镇项目完成总征收任务96%，五里牌肉联厂及周边项目完成总任务超过80%，蔡锷中路两厢项目完成征收总任务62%。黄土塘、友谊东、火炬村项目征收扫尾并启动部分建设。都正街项目一期竣工开街，都正街二期、九如巷地下车库建设启动。

筹措资金和房源。通过国家开发银行专项贷款、落实棚改基金、争取上级专项补助资金等多种渠道筹措资金，全年筹集资金34.6亿元（含贷款金额和预授信金额）。多方筹措房源，预购安置房源854套、经济适用房源180套，全年向各项目提供产权调换房、周转房201套，审核棚改安置补贴1100余户，为项目征拆服务。（廖　薇）

【刘新程调研棚改工作】 市人大常委会副主任、市安居棚改领导小组常务副组长刘新程一行分别于3月18日、3月21日、10月20日到区调研棚改工作。他实地走访蔡锷中路两厢、黄土塘、友谊商店东边地块等棚改项目，听取项目指挥部负责人汇报情况，并为项目解决征拆过程的难点、重点问题。刘新程肯定了芙蓉区棚改工作，希冀继续保持良好势头，持续推进芙蓉区棚改项目进程。

【陈泽珲调研棚改和项目建设工作】 3月23日，常务副市长陈泽珲，副市长黎春秋率市住保局、规划局等相关职能部门负责人到区调研棚改和项目建设工作。区委书记梁仲汇报了该区重大项目建设情况，介绍了黄土塘、友谊东、蔡锷中路两厢、火星镇等棚改项目进展情况。陈泽珲肯定了芙蓉区的棚改工作，希冀加大工作力度，把棚改工作和项目建设工作摆到更加突出的位置，推进各棚改项目如期实施。区委副书记、区长于新凡参加调研。

【胡衡华调研棚改项目】 6月6日，市委副书记、市长胡衡华一行到区调研棚改工作。胡衡华一行实地走访了蔡锷中路两厢、火星镇、五里牌肉联厂及周边棚改项目，听取了芙蓉区领导关于棚改项目工作汇报。胡衡华要求，芙蓉区要把棚改工作与旧城改造相结合，与历史街区、历史步道建设相结合，与解决企业改革改制等历史遗留问题相结合，下大力推进有机棚改。区委书记梁仲，区长于新凡，副书记谢进等陪同调研。

【国家发改委派员到区开展“十二五”棚改项目后评】 9月19日，国家发展和改革委员会委托专业评估公司工作人员到区开展“十二五”规划期间棚改项目后评工作。棚改项目后评组工作人员实地走访了黄土塘棚改项目、文艺路街道地块棚改项目、都正街棚改项目，听取区“十二五”规划期间棚改工作情况汇报及自评报告。他们还现场检查项目，查阅资料，开展座谈，邀请居民群众参加交流和问卷调查。棚改项目后评组负责人肯定了芙蓉区“十二五”规划期间棚改工作。认为该区在统筹规划的基础上探索城区棚改项目新模式，发挥政府职能，把棚改作为改善民生的主要抓手，适应棚改项目运营、资金筹措等方面的要求，盘活了城区土地资源，形成了棚改工作的新经验、新做法，值得总结和推介。

【市人大常委会组成人员考察都正街棚改项目】 10月19日，市人大常委会主任袁观清率市人大常委会组成人员、市人大常委会办公厅、市人民政府及相关市直部门代表等一行实地考察都正街棚改项目。袁观清听取相关工作情况汇报，肯定芙蓉区将棚户区改造与建设宜居宜业街区、优化城市功能、恢复城市历史记忆、改善民生福祉相结合的“有机棚改”。区委书记于新凡，区委副书记、代区长周春晖等陪同调研。

【陈泽珲调研蔡锷中路两厢棚改项目】 11月4日，常务副市长陈泽珲，市政府副秘书长廖建华率市政府相关部门负责人一行现场走访蔡锷中路两厢棚改项目。陈泽珲在听取汇报后认为，芙蓉区新建和续建棚改项目都取得了成效，希冀芙蓉区加大工作力度、加快项目扫尾工作。各市直部门要全力支持，形成合力。区领导于新凡、谭雄伟、许凡参加调研。（廖　薇）

征地拆迁

【概况】 2016年，芙蓉区实施集体土地征地项目24宗(其中：跨年度拆迁和扫尾项目13宗、新启动项目11宗)，完成征地项目9宗，腾地68.15公顷，拆迁房屋376幢，房屋面积10.6万平方米，动迁人口1538人。办理转业转户纳入社会保障人员2860人，发放过渡费7509万元；受理团购商品房安置申请11批次1740人；发放补贴资金4.8亿元；办理统购商品房安置9批次，签约商品房133套，安置被征地农民161人；东驿竹园保障住房回迁842.5人，分配保障住房694套。

推进征地拆迁项目实施。启动芙蓉区社会福利中心、望龙南路、大河南路、马坡岭小学、新安小学、新安村21号地块、合平村城中村改造、望龙村城中村改造等项目。推进嘉雨路、火炬中学、火炬路、隆平水稻博物馆、芙蓉区社会福利中心等省、市、区重点项目开工建设。

规范征地补偿安置工作。落实隆平高科技园18.2公顷、3号安置点及隆平高科技园8.8公顷、东业地产、合平路、合平小学5个项目在东驿竹园的安置回迁工作。该区保障住房建设情况在10月28日全省各地州市住房建设、施工、监理企业负责人和项目总监、经理等近2000人参加的“安全标准化生产”学习观摩活动中获得好评。市委副书记、市长胡衡华对该区货币安置方式作出“可组织研究借鉴推广”批示。市政府研究室《调研参考》第10期、省委《改革简报》第19期、新华社《湖南领导专供》第32期上，专题刊载和推介芙蓉区征地拆迁安置创新模式。

维护被征地农民合法权益。出台《芙蓉区农村集体经济组织成员认定办法》，完成辖区未安置6803人集体经济组织成员身份初始认定；年内分2批发放43个项目拆迁待安置人员过渡费用；及时办理被征地农民社会保障待遇，缴纳社保资金3.55亿元。全年分2次拨付“租地复绿”租金3200万元，为拆违农民提供生活保障。（陈　苗）

城市管理

城市管理

【概述】 2016年，芙蓉区城市管理工作以实行最严城管工作部署为主线，贯彻“品质提升年”工作主题，坚持以人为本原则，大力开展市容环境、拆违控违综合整治，统筹实施景观亮化、道路街巷、居民小区提质改造、造绿复绿等工作，构建“建管并重”工作格局，创造“城在绿中”的优美意境。年内通过省级蚊蝇密度控制C级达标复查，成功创建2个市级示范街道，获得全市城市管理工作考评第一、拆违控违一类单位。

以体制改革为核心，明确城市管理层级职责。以中央、省、市城市工作会议精神为指导，完善管理体制，明确城管委核心管理职能。形成日督察、周调度、月讲评工作机制。年内，区城市管理委员会组织召开城管工作讲评会30余次。提升每周工作调度会议规格，要求各街道办事处主任统一参加会议。区主要领导以“周末看城管”的形式，督察辖区市容环境。下发整改问题1.2万个，督办函7份，违法建设督办函50份。针对全市户外广告招牌拆除等工作，由区城管委牵头成立专项整治领导小组，形成城管、街道、工商、规划等部门联动的工作合力，拆除芙蓉路等地段大型户外广告牌。完善“三级政府四级网络”城管责任体系，加大城管执法队伍人、财、物等资源向街道倾斜的力度，实现城市管理执法工作前移。严格奖优罚劣，发挥考核的杠杆作用，建立健全考核办法和奖惩细则。全年评选“五佳五差”社区（村）12次，奖励“五佳”社区120万元。建立“社区、社团、社工”联动机制，提升社区城管工作的群众性、自治性、服务性和公益性。

以综合管理为基础，促进城市管理常态长效。升级改造辖区数字化平台督察考核系统、PDA（移动终端数据采集器）监控系统、电子地图，构筑多元化的城市管理工作考核评价体系。全年数字化平台接收派遣案件11.3万件，督办各类违法建设案卷53起。完善立体网格，以77个社区（村）为单位设置块状网格，管理小区和居民楼栋。推进“门前三包”责任制工作，沿街门店“门前三包”责任书签订率100%。印发倡议书、宣传手册等12万份，组织“门前三包”大纠违专项行动28场次，责令整改1.1万次。全年投入970万元提升39个社区物业服务项目，创建市级城管精品社区10个，示范街道2个。投入160万元，建成11个病媒生物防护设施建设示范社区。与区市政、环卫、园林等部门联手提升城区精细化维护水平和环境品质。区市政投入市政维护经费8944.55万元，全年修补沥青路面4.12万平方米，修复盲道、人行道2.95万平方米，清掏各类窨井6.65万座，更换、调整各类井座（井盖）601套，清运淤泥5151立方米。区环卫建成全市首个“车载GPS综合管理系统”平台，动态管理作业车辆，保障每日892.5万平方米面积清扫保洁到位，800余吨生活垃圾日产日清。区园林补栽行道树（乔木）9969株，绿篱（灌木）59.3万株，麦冬草14.3万吨，草皮3.8万平方米；树木修剪2.1万株，平剪绿篱100万平方米。设施修复1.3万处，清洗设施32万平方米。

以整治执法为重点，开展“清洁城市”行动。以“最严城管”态势，推进专项整治行动。开展“三考”（高中学业水平考试，中考，高考）静音、打击“三黑”（黑加工，黑食品、黑流通）、砂石车偷运等扬尘治理专项行动190余次，出动执法人员3260人次；教育整改餐厨垃圾产生单位120家，办理案件126起，实现辖区大中小型餐饮单位餐厨垃圾收运处理全覆盖目标。加强对“门前三包”、占道停车等违法行为的执法力度，全年办理各类执法案件8576件，处罚金额198.2万元。推进户外广告整治，开展各类违章户外广告、招牌、电子屏等整治行动120余次，拆除违章门店招牌、在建楼宇大型布幅广告、违章电子显示屏等1820处，面积6.22万平方米。区城管执法大队、街道、派出所、安监等部门联手拆除定王台书香街、火车站蓝天大酒店等10处，面积近5000平方米的大型违章户外广告招牌。按照“严控新增，逐步消化存量”原则，以“区城管委组织、街道牵头、社区（村、组）实施的上下联动”的模式，建立控违监管巡查、卫星遥感图片图斑对比、举报奖励机制，保持整治、拆除各类违法建（构）筑物高压态势，全年拆除各类违章建筑1166处，面积21.36万平方米。优化城乡接合部环境，以“周末大清洗”“1+X”（立体执法体系。由街道牵头，城管、建设、规划、公安等13家部门联动，多主体执法，多渠道宣传教育，加大对非法经营、生产行为的打击整治力度）综合执法为依托，开展城乡接合部集中综合整治行动。全区出动人员10万人次，开展“周末大清洗”40余次，整改突出问题2200个（含市级督办72个），完成农安小区招牌提质2508块，清理灰线215幢、立面整治491幢。

以城区提质建设为基础，提升城区环境品质。实施提质改造项目工程：投入1亿元，综合提质改造辖区韶山路等五条主干道路面、人行道，绿化、亮化建筑立面和公共空间；投资1500万元建成人行立体天桥2座；投入4200万元改建人民路等7条城市干道两侧175幢楼宇亮化设施；投入120万元完成市级湘江两岸夜景亮化项目建设。由区领导把关设计方案，结合长沙市老城区底蕴和历史文化资源，按照一街一品的模式打造支路街巷特色。投资1亿元改造辖区20余条支路街巷路面、人行道及立面、绿化、强电、弱电等，打造都正街、东沙古井特色文化街等一批具有芙蓉特色的街巷景致。投入2.5亿元提质改造辖区13个街道85个小区（点）的综合环境、基础设施、社区服务等项目。完成27个小区，1.21万户居民户改工作。打造新合小区、马王堆社区等样板示范小区，惠及居民6万户。

存在的困难和问题：市容环境整治任务艰巨。网格化城市管理落实不够，各种城市顽疾反复出现，长效化、常态化管理有待加强。城市管理资金投入不足。老旧开放式小区配套的社区物业服务经费配套不足。市民参与城市管理积极性不高。城管系统难以形成有影响力的正面宣传态势，市民对城市管理认同度和参与度不高，市民参与管理方式有限。（孙 业）

【整治辖区出入城口美化亮化项目】 1月12日，市城管局副局长张胜祥带队验收芙蓉区出入城口美化亮化整治项目，副区长许凡、区城管局局长陈洪林、副局长施伟陪同参加。为改善出入城口环境，提升城市品质，芙蓉区根据市城管委的部署，综合整治人民东路和远大路，拆除违章设置的广告招牌56块，近500平方米。整治乱张乱贴、乱牵乱挂、乱摆乱堆等各类市容问题近600处。投资7500万元，对人民东路实施拆违透绿、增绿添景工程，并安置极具现代感灯具，以其独特的韵律构成一道风景线。市城管委考核验收组经实地考察后验收通过芙蓉区出入城口美化亮化整治项目。

【第28个爱国卫生月活动】 4月19日，芙蓉区以长沙市第28个爱国卫生月为契机，在长沙阿波罗商业广场举行以“灭蚊防病，健康你我”的公益主题路演活动。该项活动现场设置爱卫知识展板20张，专业防治咨询展台4处。路演过程中邀请病媒防治专家黄谊博士现场讲授除积水灭蚊的方法和小技巧。在演出节目中还穿插6个现场观众有奖问答。通过活动促使居民群众在互动中享受教育过程，并增强爱国卫生运动宣传效果。省爱卫办主任倪友新，市政府副秘书长、市爱卫办主任厉江华，芙蓉区副区长许凡，市爱卫办常务副主任袁湘，市文明办副主任丁德喜等出席活动。

【爱卫专干培训】 10月3日，区爱卫办组织全区街道（局）、社区爱卫负责人及重点单位爱卫工作人员在区政府会议室开展相关业务培训。该次培训，针对“2016年迎接省级卫生城市复查暨鼠蟑密度控制水平C级评估”相关事项。由市爱卫专家讲解省级卫生城市复查暨鼠蟑密度控制水平C级评估注意事项。专业公司技术负责人与参训人员交流基础设施施工及施工后维护监管问题。区爱卫办通报部分模拟检查单位存在的问题并就工作资料、本底单位准备及专业技术报告撰写提出要求。区城管局副书记王永斌作迎检工作动员部署，他要求各街道（局）要收集、整理和完善好各类迎检工作资料，配合专业公司做好基础设施施工和受检点各项准备工作。（孙　业）

•城管执法•

【概况】 2016年，芙蓉区城市管理综合执法大队（以下简称“区城管执法大队”）按照“法制化、网格化、精细化”要求，推进全区“品质提升年”建设，提升城市品质，创造洁净城区环境。全年办理行政执法案件8576件，处罚金额198.22万元。日常执法纠违工作中，教育劝导1.74万件，责令整改1712起。全年在中国文明网、湖南卫视等媒体发稿141篇（条）。该大队直属二中队中队长鲁劲被评为长沙市第二届“最美城管人”。

行政执法。推进最严城管执法工作部署，把执法力量铺排到具体区域、路段和时段，实行全员上路，抓好日常执法整治。全年办理“门前三包”案件1252件，罚金32.764万元，机动车抄牌3888台次，锁车拖车4134台次，处罚5435台次，罚金54.35万元。加强违法提供、收集、运输、处置餐厨垃圾行为立案查处，办理非法收集运输和处置餐厨垃圾案件126起，罚金4.85万元。加强地沟油窝点整治，配合街道对马坡岭两处窝点整改处罚，教育整改存在问题的餐厨垃圾产生单位120家。落实群众投诉案件的首问负责制、按时办结制，做好受理、查处、回复、回访工作，全年接警5710条，办结回复率100%。

拆违执法。坚持依法拆、严格控、高效建工作思路，推进辖区拆违控违，保障马王堆火炬村改造、火星街道征收、韭菜园黄土塘、五里牌友阿、黄兴南路棚改等重点项目顺利推进。组织专项行动394次，出动人员2.49万人次。配合项目开展司法强制行动88次，市容整治行动83次，应急处突维稳行动37次。全年拆除违法建设1166处，拆除面积21.36万平方米。其中拆除新增违法建设59处，拆除面积8890.9平方米。成立控违巡查队伍，对全区新增违法建设全地域、全天候日常巡查，发现新增违法建设，立即向街道下达督办函，向驻街中队下达函告单，并要求2日内回复处置情况。全年下达督办函38份，函告单38份，防止违法建设新增、转移、反弹。

法治建设。抓牢执法基础工作，严把法制案件监管审批关口，落实执法案卷审查、考评、责任追究等制度，保证行政执法案件合理合法合程序，提升执法办案质量。全年办理行政复议案件5起，全部维持大队行政决定，胜诉行政诉讼案件33起。巡回法庭开展行政非诉案件立案187件，结案187件，执行到位金额2.34万元。搭建“微执法”平台，采用先进的信息化管理平台，实现文书追溯管理、电子签名、电子签章、案件评查、审批权限分级分类管理等功能。编辑1.2万份宣传资料，开展法律服务进社区活动，全面促推依法行政，提升普法意识。

存在的困难和问题：在推进城市管理体制改革的进程中，职能职责界定和执法管理权限需要理顺厘清，城管执法队伍创先争优的意识需要加强，执法方式和工作措施需要改进提高，破解难题的能力和执法效能需要完善提升，辖区群众反映较多的噪音扰民、违章建筑、流动摊担、占道停车等热点难点问题还没有彻底解决。（徐　跃）

【专项整治】 区城管执法大队坚持聚焦主业，服务全区经济建设发展大局，实施史上最严城市管理，推进“十大专项整治”。违规户外广告招牌整治。开展辖区“九路一环”439处和所有主次干道766处违章户外广告、招牌摸底，建立台账。开展整治行动120次，拆除违章门店招牌、楼顶发光字、在建楼宇大型布幅广告1820处6.23万平方米。其中拆除违章大型广告9块4370平方米。拆除违章电子显示屏6处575平方米，整改五一路、芙蓉路等重要路段63处亮化建设公告牌。人行道清障整治。组织人员动用吊车、叉车、货车等搬离邮政报刊亭22处，民政信息亭5处，环卫工作亭2处，城管执法亭1处，其他类设施6处。办理违规占用人行道案件27起，处罚3.59万元。农贸市场及校园周边环境秩序整治。实行错时执法，安排值勤队员早上6点半上班，晚上6点半下班，在农贸市场周边定岗管控，开展市场外违章搭建、乱拉乱挂、乱堆乱放、乱贴乱画等现象集中整治。开展校园周边占道经营摊点、流动摊点清理取缔，保障交通安全及道路畅通。全年开展农贸市场及校园周边整治245次，教育劝导2927起，处罚案件287起，罚款

3.45万元。渣土专项整治。督促渣土运输工地履行清扫保洁责任，规范渣土车辆运输管理，加强对主次干道渣土运输车辆执法检查，重点查处不按规定路线、时间运输的车辆，管控路面渣土污染，防控乱倒乱卸，在各类地块上设立宣传警示牌100余块，辖区内没有大规模非法卸土情况。组织开展“三考”（高中学业水平考试、中考、高考）静音、打击“三黑”（黑加工、黑食品、黑流通）、扬尘治理、“前四后八”（货运）砂石车偷运等专项行动180次，办案279件，罚金71.37万元。年内，在全市渣土执法评比中，获第一名5次、第二名3次。违规夜市整治。坚持疏堵结合，严格监控主次干道，完善晚间值班巡查制度，定期进行拉网式集中整治。各中队和街道组织整治87次，出动人员1110人次，出动执法车辆218台次，劝导教育1221起，处罚案件90起，罚款1.67万元。桥下空间整治。集中整治立交桥、高架桥下市政、园林、环卫部门存放物品、停车场，以及不规范管理用房、工人房、治安房6处，拆除1180平方米。在二环线以外的立交桥、高架桥下空间拆违4800平方米，辖区所有立交桥、高架桥下的违章全部拆除。取缔二环线以外桥下商业用途建筑物2处。城乡接合部整治。集中整治城乡接合部乱搭乱建和废旧物资乱堆乱放等突出问题，处理群众反映强烈的“脏、乱、差”现象，组织整治行动50余次，拆除违章招牌26处面积2484平方米，拆除违法建筑2.05万平方米。乱吐乱扔整治。配合环卫部门对市民、门店的乱扔垃圾、乱倒污水、随地吐痰等行为开展文明劝导和卫生宣讲，采取定人定岗全天候严控商业中心、重要交通路口、医院和学校等重点部位。教育劝导3311次，处罚373起，罚款7520元。河滩环境整治。组织牵头综合整治辖内浏阳河河滩，开展天天巡查，通报情况。杜绝河滩非法种菜、非法设立摊点茶市等现象。组织专项整治行动4次，出动执法队员400人次，民工80人次，车辆8台次，取缔非法摆摊设点60处，较集中的夜宵茶市2处，取缔河滩种菜20处。围挡整治。督促辖区各施工工地按照围挡标准整改落实到位。对整改落实不积极、不到位的施工单位联合执法，责令整改，办理违规占道设置施工围挡案件54起，处罚4.14万元。

【档案规范化管理】 落实《中华人民共和国档案法》《湖南省档案管理条例》，对照《湖南省机关档案工作规范化管理评估内容及评分细则》相关规定，建立健全该大队档案保密、库房管理、查询、利用、移交等11项制度。规范档案及资料1.08万件（卷），包括文书档案6494件，会计档案829卷，执法案卷620卷，荣誉档案119件，照片档案2册，声像档案2册。设置档案用房3间，档案密集架8列，档案柜6个，配备去湿机、温湿度自动控制仪、防磁柜、消毒柜、专用装订等设备，并采取防火防盗、防虫防尘、防光防霉、防潮防高温、防有害气体等措施。12月，该大队档案工作验收达标，被评为湖南省“档案工作规范化管理一级”单位。

【执法干部队伍建设】 3月，区城管执法大队完成17个党支部换届选举工作，选出新一届支部委员，并明确委员分工。在“七一”建党节，表彰优秀党员23名、慰问困难党员11名。发展中共预备党员1名，有2名中共预备党员经培养考察按期转正。8月，该大队开办培训班，分别组织234名执法人员开展综合素质培训，学习内容包括政治理论、法律法规、执法办案、心理健康、廉政作风建设等方面。配合人力资源和社会保障、组织等部门在全省公开选调16名公务员充实到执法队伍，该大队有14名优秀干部交流到区直部门工作。10月，统筹安排执法队员集中参加行政执法资格考试，全队有213人取得湖南省行政执法证。 （徐　跃）

市容卫生

【概况】 2016年，芙蓉区环卫局以建设“清洁城市”为主线，推进精细化管理，提升环卫管理能力和服务水平。在长沙市渣土管理月排名中该局获评5个第一。

“清洁城市”建设。年内，区环卫局更新作业设备，投入300余万元采购水车21台，更换保洁车233台，小灰桶628个，收集桶203个，果皮桶内胆2175个，翻新果皮桶960个，更换垃圾斗6个、路桥5付，提升机械作业率和作业质量。抽调精干力量充实督察队伍，采取平时普查，专项徒步检查，定期交叉检查相结合的方式，督察人员和班次每周轮换，实现督察力量全覆盖、无盲区。集中力量开展“周末大清洗”活动，主动配合各街道，动员市民群众参与，在辖区实行清洗作业，形成了“大清洗”工作的长效机制。

基础设施建设。全年投入1100万元建成高标准站厕6座，升级改造垃圾站10座。采用环保密闭式垃圾压缩设备，垃圾收运能力增强，提高运输效率，杜绝了漏洒和二次污染，全年清运生活垃圾近30万吨。年内完成设计高标准、功能齐全的五星级公厕万家丽一号厕。

渣土、扬尘治理。区环卫局联合运输、环保、交通、城管等部门开展联合执法，全路段、全天候监管辖区渣土工地、卸区及渣土运输车辆，年内组织联合整治行动184次，出动人员近3260人次，罚款金额65.6万元。推行渣土处理“双责互动”（在渣土办和环卫所之间建立协作制度，一旦发现新的渣土污染，渣土办和属地环卫所均承担相应责任，必须第一时间予以处理，确保区域卫生质量达标）机制，环卫所和渣管办相互配合，快速处置突发污染，定期进行洒水降尘作业，空气质量优良率全面达标。

环卫绩效考核。修订完善了《芙蓉区环卫工作考核评比办法》《环卫业务考核实施细则》等制度。区环卫局把社区物业等纳入到日常督察中，建立了绩效考核、调度讲评、督促检查、问题交办4项推进机制，实现过程监督、效果量化考核，用图片、数据等证据说话，形成“大环卫”的督察模式。年内开展社区督察问题8476个，扣业务考核分8936分。还采取每月召开绩效考核讲评会，实行绩效考核评比，及时通报典型个案，增强了职工的责任感、紧迫感。该局全年开展绩效考核扣分2183分，加分1706分。（廖贵连）

【实现辖区环卫工作车辆综合管理】 9月，为推进高效低耗的“科技环卫”建设，芙蓉区环卫局引进“车载GPS综合管理系统”，通过调试及试运行，11月“车载GPS综合管理系统”正式上线运行。GPS车辆监控系统是基于GIS平台、GPS和GSM网的GPS动态车辆管理监控软件，通过网络设备实现对车辆进行实时监控的一体化系统。通过信息化网络平台，详细记录环卫作业车辆的行车轨迹、出车时间、作业次数等情况，实现机械作业“信息化”、垃圾清运“数字化”。该系统为量化绩效考核、车辆违章责任追责、车辆综合运营成本统计，如维修费、保养费、油耗等提供资料数据。年内，该局完成107台作业车辆统一安装GPS油料监控设备，加装3G视频传输系统，推进服务平台和监控中心系统，实现辖区作业车辆的全程定位和科学调度，实时监控设备状态、作业质量及油料，降低机械化设备的单位能耗，提升了环卫作业车辆的管理水平和效率。

【“美洁城市 爱我长沙”道德讲堂活动】 4月14日，“美洁城市 爱我长沙”主题道德讲堂活动举行，区委宣传部部长伍艳飞，宣传部副部长、文明办主任易利平，区环卫局班子成员，各街道相关人员，环卫系统各单位工作人员，市民群众代表80余人参加活动。在主持人的带领下，与会人员同唱“长沙市文明公约歌”；学习了身边的道德楷模——“芙蓉环卫标兵”段建军的先进事迹；诵读《道德经》经典语录。区环卫局发出爱护市容环境卫生“十不”倡议，邀请了环境保护部国家财政投资评审固废专家王自立讲授垃圾分类与垃圾焚烧发电知识。与会人员还填写了“遵德守礼承诺卡”，并承诺参加“美洁城市”建设，保护市容环境卫生，以自己的行动带动他人、影响他人，为“美洁城市”建设添砖加瓦。

【环卫技能“大比武”】 10月23日，芙蓉区环卫技能“大比武”活动在红旗南路开展，来自十三个街道环卫所的环卫工人代表和机械化作业队、垃圾运输汽车队代表200人参赛。该次比赛有人工普扫、人机配合清洗、果皮桶设施洗抹等项目。副区长练大智，副调研员李跃进到场指导。经过角逐，决出团体一、二、三等奖6个以及单项技术能手4名。

【压缩密闭式垃圾站投入使用】 10月26日，全区首座升级改造后的新型压缩密闭式垃圾站投入使用。该站位于龟山北路张公岭安置房19幢旁，并加装了环保密闭式垃圾压缩设备，使用机械把垃圾压缩成块，每台垃圾转运车载量从原来2.6吨提升到近6吨，降低了运输成本，也减少了污水滴漏、垃圾抛洒等“二次污染”问题，提升了运输效率和站点形象。

【东湖新寓站厕投入使用】 9月，位于东湖社区五金市场旁的东湖新寓高标准站厕建成。该站厕建筑面积为201平方米，采用环保密闭式垃圾压缩设备，增强了垃圾收运能力，并节约了运输成本，杜绝了漏洒和二次污染，方便了市民的生活。

【餐厨垃圾收集运输处理全覆盖试点】 12月，餐厨垃圾收集运输处理全覆盖工作在文艺路街道试点。辖区内165家餐饮企业签订了餐厨垃圾无害化处理承诺书，并按要求悬挂于店外。该次试点工作发放收集桶172个，并由联合餐厨公司定时定点上门收运，做到日产日清。

【城区生活垃圾分类试点】12月，该区在东岸街道东宜社区梅园小区开展生活垃圾分类试点。梅园小区有12幢楼房1400户居民，有300多户签订了自愿参与生活垃圾分类的承诺书。该次试点工作发放家庭湿垃圾收集桶300个，放置“2+N”分类容器2个，湿垃圾收集桶82个，干垃圾收集桶74个，可回收、有害垃圾收集容器2个，道路废物箱8个。开展生活垃圾分类试点后，居民垃圾分类知晓率达70%，参与率60%，分类准确率50%。

【安装车辆油料监控设备“科技助廉”】区环卫局依托数字环卫监管平台强化廉政建设，努力打造具有环卫特色的廉政文化。该局通过引进“车载GPS综合管理系统”平台，为辖区107台作业车辆及54台垃圾运输车辆统一安装了GPS油料监控设备和3G视频传输系统，建成服务平台和监控中心，实时定位作业车辆、油料监控和科学调度，监管作业设备状态、质量以提高效率。并通过对作业车辆的行驶路线、速度、交通违规与车辆耗油等情况实行监控。一旦出现异常情况系统就会自动报警，促使驾驶人员依法、规范操作，保障了机械化作业的优质高效，构筑了“不能腐”的预防体系。

【市党代表宣讲长沙市党代会精神】9月30日，区环卫局邀请市党代表戴建新传达中共长沙市第十三次代表大会会议精神。作为芙蓉区的党代表，戴建新介绍了市第十三次党代会召开的盛况，传达学习了市委书记易炼红关于“践行发展新理念 彰显省会新作为 为建设国家中心城市实现基本现代化而努力奋斗”报告精神，并结合市容卫生工作实际及长沙的发展变化谈了他的体会。该局全体人员参加宣讲活动。

【市城管执法局负责人到区调研】3月15日，市城管执法局副局长胡刚一行调研区环卫工作，区环卫局班子成员参加了调研。区环卫局局长梁卫汇报了该局机构设置、人员情况、环卫设施设备、作业情况和存在的问题。胡刚高度评价该区渣土扬尘治理工作、作业方式创新探索以及“车载GPS综合管理系统”平台的运用。他要求：市容卫生工作要抓体制、抓项目、抓创新，希冀芙蓉环卫再接再厉，走在前列。

【“三严三实”专题民主生活会】2月4日，区环卫局党委在会议室召开“三严三实”专题民主生活会，区委组织部副部长田松柏、区纪委常委黄革到会指导。区环卫局党委书记、局长梁卫通报了会议准备情况和民主生活会及教育实践活动后续整改工作落实情况，并代表环卫局班子作对照检查发言。田松柏要求，各班子成员要依次开展批评与自我批评，勇于亮剑不护短，真正践行“三严三实”要求。黄革点评了该局民主生活会：区环卫局领导班子和个人对照检查剖析深刻，批评与自我批评敢于较真，整改方案措施有力。要继续找准问题、推进整改。践行“三严三实”要求，要内化于心，外化于形。梁卫代表领导班子作了表态发言。（廖贵连）

市政管理

【概况】2016年，芙蓉区市政局围绕“品质提升年”活动主题，以“两学一做”活动要求为抓手，推进市政基础设施精细化维护和管理，抓好防涝排渍攻坚工作和农安小区、老旧社区提质改造，解决影响群众生产生活的民生问题，促进了辖区内“路平、沟通、市政设施完好”和品质提升。

坚持开展市政设施日常维护管理。区市政局始终把日常维护工作作为主线和重点，保障辖区道路路面平整无坑洞，排水畅通无堵塞。截至12月底，修补沥青路面4.12万平方米，修整侧平石8812套米，安装麻石球、U形柱3680个，修复盲道、人行道2.95万平方米，清掏各类窨井6.65万座，更换、调整各类井座（井盖）601套，清运淤泥5151立方米。开展辖区道路巡查检查和联合执法，加强对无证占道、擅自挖掘道路违法行为的治理。全年完成受理、办结道路临时占用、挖掘申请许可425件。

处置化粪池、社会化路口等民生问题。区市政局年内接待处置群众来电、城管110案件等市政类问题923条，并及时组织人员抓紧整改和修复群众反映的化粪池爆棚、排水管道堵塞、人行道板损坏、井盖损坏和被盗等问题，群众满意率100%。开展对全区13个街道1.28万座化粪池数量摸底统计造册，其中急需清理的老旧、农安小区和辖区单位小区化粪池为9755座。完成东岸片区社会化路口近1.28万平方米沥青摊铺工作，改变了由于年久失修大型车辆碾压而造成路面坑洼不平、下雨天泥泞不堪的状况。

开展文明创建工作。区市政局组织成立文明创建应急小分队，加强辖区内市政设施补损工作，全面清掏重点区域、主要道路泄水井。开展文明创建应急小分队“进社区”活动，集中整治东屯渡街道芙蓉、扬帆2个社区市政基础设施。开展“清洁城市”活动，定期组织30名职工全方位立体清洗五一大道、营盘路人行道及附属设施，并保证人行道见“底色”。

推进农安老旧小区改造。按照区政府提质提档农安小区、老旧小区建设的要求，该项目改造主要涉及小区道路、地坪采用“白+黑”罩面；人行道、台阶整治；化粪池清淘、新建；检查井、排水管道的疏浚与改造；路灯、标线等附属设施改造。年内，根据区政府统一安排部署，在朝阳社区、韭菜园社区、凌霄社区示范性建设，总投资约1486万元。全年申报农安小区、老旧小区项目104项，其中归属年度计划内62项，下单56项，实施造价6910.19万元，竣工项目24项；计划外新增项目42项，下单27项，实施造价3637.35万元，竣工项目27项。（邓子军）

【市级重点项目建设】 按年度计划组织实施市级重点项目4处（东二环线道路、人行道改造项目，五一路匝道改造项目，朝阳路道路、人行道改造项目，二环线高架桥下停车坪改造项目）。该市级重点项目总计投资金额约5634.28万元。11月28日，东二环线道路、人行道改造项目开工，计划2017年3月完工。五一路匝道改造项目：采用改性玄武石SMA-13沥青砼罩面，年底全部完成包括韶山路等处12条匝道的整体改造任务。朝阳路道路、人行道改造：全面整治空间线网，强、弱电下地，各类箱柜集中隐蔽规划设置；人行道、花围、围墙、非机动车到采用立体分层面设计，优化功能分区；路面采用“白+黑”改造，面层采用改性玄武石SMA沥青罩面，项目于11月15日完工。二环线高架桥下停车坪改造：该项目利用桥下排水管涵并结合东二环提质改造，规划、规范桥下雨水收集与排放；总体采用沥青“白+黑”罩面，项目计划2017年8月底完工。

【港湾式公交车站改造】 年内，由区市政局负责具体实施锦泰广场（东二环由南往北）站、晚报大道车站北路站、韶山路唯一新城站等11处港湾式公交站改造，缓解交通压力和公交车辆停靠，保证行车和行人的安全。年底，完成杨家山西、火炬村、省人民医院西等8处公交站港湾式改造任务。

【综合整治马王堆社区项目】 年内，区市政局提质改造马王堆社区零星项目，包括紫薇路、龙柏路及对马王堆社区各楼栋间道路铺设沥青路面。其中，紫薇路改造路段（纬二路至晚报大道），全长688.7米；龙柏路改造路段（晚报大道至紫薇路），全长216米；各楼栋间道路铺设沥青路面500平方米。在该次改造过程中，区市政局还在紫薇路、龙柏路道路旁设置麻石凳94把，提升了路面景观和方便社区居民休憩休闲。

【“六位一体”项目建设】 年内，区市政局按照路面、人行道、立面、绿化、亮化、管线统一整治的“六位一体”的主题内容，打破传统路网平面感观，把芙蓉路、解放路、营盘路，打造建成集功能分区、层次分明、立面融入文化思维的区域性主题路网。该次整治路段总造价约4000万元，解放路于12月25日完工，营盘路计划2017年4月完工，芙蓉路计划2017年7月底完工。

【道路排水管网疏浚】 年内，区市政局完成辖区内12处积水点改造、疏通管网9.31万米，清掏各类窨井1.68万座、清运淤泥994立方米。重点改造东岸建材易积水点540米，投入经费850万元，彻底解除东岸建材道路排水管网长期易积水问题。

【防汛应急值守行动】 为落实防汛责任制，区市政局在辖区易渍水点悬挂责任公示牌，开通防涝排渍处置值班电话，实行24小时电话值班；设置水文监测系统，利用电子信息技术搭建数字化防涝排渍平台。在强降雨期间，安排巡查人员60人，巡查车辆13台，应急抢险人员120人，抢险车辆17台和1台龙吸水车、3套迪沃排水系统、7台抽水泵及设备值守韶山路省委九所等5个点，并实行24小时“实时对讲”，保障通信畅通，人员设备在岗在位。

【城区防内涝排渍】 7月，为使城区防内涝工作形成合力，区市政局为13个街道配备2台排水泵，并组织各街道相关人员开展防内涝排渍工作培训。通过培训，在遇到中小型汛情时，各街道就可以在辖区范围内自行及时处置积水，提高了芙蓉区整体防汛效果。

（邓子军）

园林绿化

【概况】 2016年，芙蓉区园林局在“三年造绿大行动”的工作总框架下，完成全年绿化任务，全面落实精细绿化维护管理，新增绿地面积41.7公顷。年内，在全市绿化维护考核中综合排名第一，被评为芙蓉区先进基层党组织。

园林工程建设。年内，完成高家坡路、双杨路绿化提质改造项目：绿化改造面积3.5公顷，投资2245.53万元，对高家坡路两侧10米绿线实行增绿添景，并通过加植乔木、丰富地被等方式提质高家坡路、双杨路原有中央分车带及道路两侧花坛绿地景观。在该项目中，栽植银杏、香樟等大乔木2494株，红枫、紫薇等亚乔木1624株，茶梅球、海桐球等球灌木3041株，杜鹃、马尼拉等地被草皮3.1万余平方米。提质改造浏阳河西岸风光带绿化景观：该项目范围北起车站北路开福区界，南至朝晖路雨花区界，全长8.4千米，面积37.5公顷，提质改造面积9.6公顷，投资3960.78万元。在该项目中，栽植银杏、栾树等大乔木2600株，樱花、红枫等亚乔木1700株，海桐球、金叶女贞球等球灌木4500株，地被8万余平方米。推进桥梁立体绿化建设项目，全年投资2481.75万元完成车站北路万象新天前人行天桥、车站北路步步高前人行天桥、东二环锦泰广场人行天桥、晚报大道精彩生活人行天桥、人民东路德政园人行天桥等5座人行天桥及二环线立交桥（人民路—浏阳河大道）、营盘路跨浏阳河大桥、远大路跨浏阳河大桥、人民路跨浏阳河大桥、五一广场立交桥等5座立交桥的立体绿化工程，栽植观叶地瓜、络石、紫藤等藤蔓植物以及时令花卉3900平方米，新增立面绿化面积1.9万平方米。建成浏阳河九道湾生态林景观游园，改造面积近6.3公顷，栽植八月桂、银杏等大乔木123株，红枫、花石榴、木槿等亚乔木、球灌木2202株，金边黄杨、洒金珊瑚等地被5.4万余平方米。在长郡芙蓉中学教学楼及综合楼和湖南农业大学图书馆打造屋顶绿化示范建设项目，该项目绿化面积8910.76平方米。

绿线管理工作。全年在辖区内主次干道、社区公园、立交桥花箱等处补栽春鹃、红叶石楠、月月桂、常春藤、红檵木、金叶女贞、海栀子等模纹灌木58.9万株、麦冬草14.3吨、草皮3.5万平方米、茶花球、月月桂球、女贞球等4600株、樟树1469株。在日常维护中，清除杂草98万多平方米、除杂出渣3800余吨，更新、回缩修剪1.2万平方米、平剪100余万平方米、设施修复8100余处、冬春两季施肥45吨、修剪草坪23万余平方米、整形修剪行道树2.1万株、砍伐死危树268株、清洗花箱、树箱、花坛边32万平方米。防虫防病喷洒药水1200余吨，防治面积500余万平方米。抗旱保苗浇水35万余吨，防寒防冻刷白行道树2.1万株。3月，配合全市主次干道覆土过高路段整改工作，在荷花路、嘉雨路、火炬路、人民东路等严重覆土过高路段实行了全面整改，下降处理绿带种植土，整合新栽长势差的植物，并在绿化带中人性化地铺设人行通道，绿带花坛边抽沟、植物密植补栽。还邀请省、市园林专家教授指导并修剪示范芙蓉路、五一路、芙蓉广场、晚报大道、龙柏社区公园、红旗路等路段。

绿化督察管理。年内，办结绿化行政许可事项29笔，依法收取绿地占用、绿化植物移栽补偿费和绿化损坏赔偿收费等36笔62.62万元，办件办结率100%。处理城管“110”突发事件58起，“12345”市民热线工单231件，整改回复225件，市民满意率100%。及时办理万家丽路地铁五号线建设、迎宾路地铁六号线建设、红湖路和营盘路公交场建设、火炬路等13处港湾式公交站改造等重点工程树木迁移审批服务和绿化移植工作。查处人民路电力施工、东二环线移动施工等各类绿化违章事件，清理了蔡锷路、荷花路、远大路、人民路、浏阳河大道、望龙路、远大二路等单位在主次干道行道树上挂彩灯、缠彩条布及各类钉挂物32次。全面排查主干道、公园、广场、居民区绿地中的死危树，全年清理死危树60余株。加强古树名木资源普查工作，对分布在省委和省政府大院、农科院、湖南农大等14家单位196株树木实行了有效保护。

绿色城市建设。全年新增绿地面积41.7公顷，新增公园绿地面积20.5公顷。新增立体绿化3.196万平方米（10座立交桥、2个屋顶绿化），林荫道路2条（营盘东路、双杨路），林荫景观广场1个（隆平公园），林荫停车场5个（浏阳河东岸风光带、浏阳河景观生态林）。建成5个绿色示范社区、50家绿色庭院。围绕“3·12义务植树活动”。向市民开放义务植树基地，在浏阳河西岸风光带栽种樟树400多株，超过400人参加义务植树活动。以“绿色城市建设”为主题，结合“城市绿化周”“植树月”等重要时间节点，宣传绿色发展、精细化管理、“两型”园林等理念，印发告市民书3万份，绿色城市建设倡议书5000份，在主要街道、广场、公园悬挂大幅标语150条，在各个小区刊出绿化专栏，劝导和查处破坏绿化的行为，市民的爱绿、植绿、护绿意识不断增强。

园林队伍管理。全区绿化维护管理总面积340万平方米，所辖主次干道51条，社区公园25个，3个广场和浏阳河风光带西岸。辖区内维护工作实施8个片区网格化管理，每个片区负责1～2个街道的维护工作，养护划分区域与各街道社区行政区域相匹配，各方责任网格清晰，与街道社区协作和配合，工作效率得到提高。该局一线临聘员工253名按照核定编制招聘，在员工体检合格后试用三个月，试用期满后签订劳务合同并办理“五险”。区园林局以网格化精细化管理模式布置维护人员工作事项，做到任务到人并每日汇报工作进度。加强各维护片区交叉自查并成立督察科，组建了一支以职工为主的督察队伍，分片包干辖区范围内日常绿化维护工作。采取以步行督察为主，坚持一日一督察，一周一会，一月一小结，发现问题拍下照片，并及时要求相关责任人整改问题，实现动态督查常态化。制定《绿化维护管理和督察工作手册》，规范工作制度与奖罚制度，实行一线维护人员在工作中有规可循，奖惩有度。为提高员工技能水平，定期组织一线维护人员进行业务学习，包括安全生产、机械使用、专业维护等技术培训，促使一线维护人员懂技术、守规矩、作风过硬。在工资待遇上设定基本工资与绩效工资，每月对人员的工作情况进行综合考核后，决定绩效工资的高低，调动了一线维护队伍工作的积极性，提高了园林绿化维护工作质量。

存在的问题和困难：在“新三年造绿大行动”中，芙蓉区绿化面积增加，由区园林局承担维护新增绿化面积任务重，但市级财政未拨付费用，区财政根据每年财力情况酌情安排之后维护经费缺口仍然较大。（陈　慧）

【浏阳河生态林景观游园建成】 浏阳河生态林景观游园项目位于浏阳河大道南侧，西起车站北路，东至王家湖路，改造面积近6.3公顷，投资1492.25万元。该项目于2016年6月1日开工，9月28日竣工。该园运用现代滨水区景观设计“自然、生态、文化”的手法，打造“海绵”城市公园，注重风光带的生态特质、功能性、文化性、市民性以及区域环境的生态融合。栽植八月桂、银杏大乔木123株，红枫、花石榴、木槿等亚乔木、球灌木2202株，金边黄杨、洒金珊瑚地被5.4万平方米。开园后，市民可在河畔乐游风光带，体验生态氧吧，感受鸟语花香。

【辖区路口节点景观绿化】 年内，区园林局运用新技术新材料，以小而精的绿化理念，打造路口节点微雕景观。辖区路口花坛内植物采用名贵花球灌木搭配，如中华蚊母古桩、红继木古桩、罗汉松古桩、红枫、茶花球、女贞、海桐球、枸骨球、苏铁，四季花草地被搭配黄蜡景石，空坪隙地利用鲜花、花架打造卡通造型、模纹立体绿化，提升道路新颜值，使绿化景观节点有特色、有档次，为市民忙碌、紧张的生活送上一抹新绿。该项目投资814.82万元，摆放盆景鲜花22.5万盆，重要节点绿地提质1.2公顷，新增绿化面积720平方米。

【蓉园宾馆被评为全国绿化模范单位】 蓉园，长沙古城名园，建于民国23年（1934年）秋，初名曰容园，为长沙最大城市花园。20世纪50年代，容园更名为蓉园，建为蓉园宾馆。院内绿化面积近11.5万平方米，占总面积的75%，绿化覆盖率达82%，义务植树尽责率100%。该宾馆精心培育和打造，科学养护和严格管理的有效机制，使园林植物得到保护。院内园林绿化布局合理，古树名木保护得当，自然环境优美，植被全覆盖，无坑洼积水，乔、灌、草、花生长健壮。蓉园宾馆现有长沙市政府挂牌登记的百年古树9株，各类珍稀精美植物，各类时令花卉，为宾客和市民提供了天然的绿色氧吧。2月，由全国绿化委员会评为全国绿化模范单位。

【提质浏阳河西岸风光带景观】该项目范围北起车站北路开福区界，南至朝晖路雨花区界，全长8.4千米，总面积37.5公顷，提质改造面积9.6公顷，投资3960.78万元。2016年3—8月，浏阳河西岸风光带景观项目完工，栽植银杏、栾树等大乔木2600株，樱花、红枫等亚乔木1700株，海桐球、金叶女贞球等球灌木4500株，地被8万平方米。该项目提质改变了“遇水则洼”的状况，营造出四季分明的生态景观。

【桥梁立体绿化建设】 年内，完成辖区内5座人行天桥及二环线立交桥（人民路—浏阳河大道）、营盘路跨浏阳河大桥、远大路跨浏阳河大桥、人民路跨浏阳河大桥、五一广场立交桥等5座立交桥的立体绿化，投资2481.75万元。通过在桥上安装耐用耐磨的种植槽悬挂绿色植物和增加桥墩下种植槽、攀爬植物网、安装喷淋给水装置等方法，把常绿牛马腾等常绿植物与四季海棠、紫藤等时令花卉结合，栽种植物3900平方米，新增立面绿化面积1.9万平方米，形成密集覆盖、错落有致的立体景观。

【农安小区、老旧社区绿化改造】全年开展提质改造33处农安小区、老旧社区绿化工作。该次农安小区和老旧社区改造以因地制宜为原则，科学补栽、合理整治，并把绿化提质与拓增停车位同步实施。截至年底，通过植草砖间植草皮，车位间适当栽植乔木和增加林荫停车位，打开小区封闭绿地，增设游路与健身广场释放林下活动空间，总绿化提质改造面积近4.6公顷，投资2453万元。

【拆墙透绿增绿项目】 根据《长沙市拆墙透绿增绿工作实施方案》，区园林局启动改造东岸垸堤委会、曾家坪社区、芙蓉区疾控中心、东岸街道办事处东屯村委会、马王堆街道办事处、东岸街道办事处、文艺路街道办事处、荷花园街道办事处、东屯渡街道办事处、火星街道办事处、望龙村村委会11处单位围墙拆除工作。通过拆除原有各单位围墙、新砌花坛边、新栽冬青绿篱，整理原有绿地、补植麦冬地被等方式实施提质改造。全年总改造面积近3000平方米，投资226.17万元。

【“扮靓城市 绿化家园”主题讲堂】 7月25日，区园林局在五里牌街道举行“扮靓城市 绿化家园”为主题的道德讲堂，区委宣传部领导、区园林局班子成员、区园林局干部职工及街道群众100人出席活动。该次道德讲堂邀请全国先进工作者刘朝辉分享她在基层工作中的经历与感悟，湖南农业大学教授吴铁明作“城市园林建设中的若干问题探讨”专题讲课。区园林局局长朱卫东为湘湖街道西湖、湘湖社区“直通车”4名帮扶对象送上慰问金，并号召大家在生活和工作中提高家园保护意识，参与城市绿化行动，做文明城市的践行者和推动者。

【集中处理死危树】 6月，区园林局组建专业危树砍伐和修枝队伍，展开辖区内死危树砍伐和修枝工作。年内，清理五里牌、朝阳一村、顺心桥社区内病死危树198株，砍伐遮挡“天网工程”影像治安监控摄像头和路口信号灯的行道树50株。实施危树砍伐和修枝排除了安全隐患问题。

（陈　慧）

国土管理·环境保护

国土资源管理

【概况】 2016年，芙蓉国土资源管理工作以全市“品质提升年”活动为契机，执行土地用途管制，做好征地拆迁、土地巡查执法工作，维护群众利益。年内，区国土局有关工作通过省、市评审验收，被评为湖南省“档案工作规范化管理一级”单位。全年办理土地划拨前期调查8宗27.24公顷，办理农用地转征11宗43.79公顷，上报用地计划项目38个121.85公顷，上报供地计划项目36个237.68公顷，批回项目11个38.08公顷。

用地服务与管理。坚持严控规划“节”地、盘活存量“腾”地、立体开发“省”地的原则，修订芙蓉区年度用地计划，积极支持和配合辖区城中村、棚户区改造。完成芙蓉区5个城中村改造的摸底调查，配合区直有关部门上报新安村、东岸村、望龙村、合平村“城中村”4个改造项目33.96公顷；提供燕山街、黄土塘、蔡锷路两厢和五里牌肉联厂棚改项目用地资料40宗，完成历史建筑合法性认定60宗，发布预征土地公告8项，用地面积13.53公顷。发出约定指界通知书5份，违约缺席定界通知书4份，上报批而未供项目6个6.52公顷、拨用地项目3个52.64公顷，完成划拨用地办回项目3个36.74公顷。清理涉嫌闲置土地3宗14.32公顷（其中杉木村保障住房用地督促开工建设，火炬村长城投资有限公司、合平村省食品药品检验研究院用地由政府收回），土地供应率为97%。

土地巡查与执法监察。推进土地执法监察网络、巡查制度、督查考核机制。全年开展土地利用动态巡查113次，发现涉嫌违法用地3起，违法用地面积约15亩，下发“责令停止土地违法行为通知书”3份。组织开展国土资源领域“打非治违”、打击违章建筑专项行动23次，鉴定复核违章建筑1200余处，涉及面积14万平方米。

地质灾害巡查与预防。落实地质灾害灾情速报、险情巡查、汛期值班和应急调查制度，全年组织地质灾害巡查和隐患排查120次，对西龙村杨家湾组滑坡险情隐患发放明白卡4份，协同街、村设立警示牌2处、安全围档200米。

依法维护人民群众权益。全年接待群众上访19批43人次，受理和办理省厅、市局和区委、区政府转办信访事项13件，受理并回复信访事项18件，接待登记和回复率100%。坚持为民办事，依托市局政务服务窗口，接待单位和群众来访咨询300人次，通过业务窗口办理个人土地变更登记2015宗。严格政务公开，通过网络信息平台，公开政务信息58条，办理依申请公开事项120件，无不满意引发的行政诉讼事件；承办“12345”市民热线工单16件、区人大议提案1件、协办件1件，回复满意率100%。规范档案管理，全年立卷300卷，接受档案查询590人次。

存在的困难与问题。芙蓉区辖区面积小，可开发利用土地不足300公顷，且为零星地块，开发利用难度较大，发展后劲不足；征地拆迁历史遗留问题多，信访维稳处理难度大，在征地拆迁过程中部分拆迁群众认为补偿标准太低，对征地拆迁补偿标准不接受、不支持、不配合，加大了征地拆迁工作难度，延长了拆迁腾地时限。（毛　劢）

【征地拆迁】 年内，分别发布《征地补偿安置方案征求意见公告》9项、《征地补偿安置方案实施公告》

10项，实施103号令征地拆迁项目24项。其中启动芙蓉区社会福利中心项目、望龙路南延线（长农路—滨河路）、大河南路南延线（长农路—滨河路）、马坡岭小学、4号保障住房、河山小学、新安小学、新安保障住房21号地块（补征）、长沙市2004年第二批次城市建设项目（本次腾地4.63公顷）、长沙市统征地（望龙村城中村改造）、长沙市统征地（合平村城中村改造）等项目11个，跨年度拆迁扫尾项目10个，跨年度实施项目3个；基本完成项目10个，拆除房屋376幢，拆除房屋面积10.6万平方米，动迁人口1538人，实现腾地68.15公顷，拨付补偿款11.17亿元。

【征地拆迁行政应诉】 火炬村统征用地、湖南省检察官学院、长沙市2001年第三批次芙蓉区统征地、浏阳河风光带7号、8号配套用地和浏阳河风光带9号地等6个项目2014年9月启动征地拆迁，截至2015年7月20日，共签订房屋拆迁补偿安置通知书193份，拆迁率65%。针对火炬村“城中村”改造项目遗留问题多、拆迁腾地难的情况，成立火炬项目征地拆迁行政应诉工作领导小组，制订行政应诉工作方案，全年分别下发和送达限期腾地告知书、决定书、催告书56份的基础上，移交法院案卷137宗。其中：完成行政诉讼结案117宗、待裁判1宗、非诉执行19宗，平均每个工作日完成一宗一审或二审的行政应诉。

【土地卫片执法检查】 国土资源部和省厅下发卫片图斑25个，面积20.51公顷，耕地9.19公顷。合法用地图斑22个，面积18.06公顷，耕地8.5公顷，违法用地图斑4个，面积2.45公顷，耕地0.69公顷。全年完成拆除覆绿图斑1个，非立案办理2个，立案查处结案1个，共没收地面上违法建（构）筑物7115平方米，罚款13.91万元，履职到位率、基本整改到位率100%，2015年度土地卫片执法检查问责比3.15%，为历年最低。 （毛 劭）

环境保护

【概况】 芙蓉区环委会以改善区域环境质量为总体目标，坚持项目建设和能力建设“两手抓”，执法监管和宣传教育“两手硬”，在环境质量改善、污染防治和打击违法排污方面取得成效。2016年在市对区环保工作考核中获得一等排名。

大气污染防治。全年辖区大气$PM_{2.5}$平均浓度为55微克/立方米，比上年下降4微克/立方米，PM_{10}为70微克/立方米，比上年下降5微克/立方米，重污染天数为4天，比上年下降12天，各项空气污染因子浓度都有不同程度的下降。制定出台烟花禁限放通告，联合安监部门检查烟花销售点225家，查处非法销售点79家，制止非法燃放行为34起；完成国合快车等2家汽车4S店VOC（挥发性有机化合物）整治工作，实现废气达标排放；组织执法行动47次，拆除燃煤锅炉、窑炉数量占全市2/3，收缴燃煤炉灶2785个，督促864家单位自行改烧清洁能源，燃煤锅炉和散煤制销点“清零”，餐饮行业清洁能源改烧率94%。全市环保工作推进会在芙蓉区召开。年内，每个街道定期开展“回头看”执法，控制反弹。开展黄标车百日“清零”行动，年内淘汰黄标车2556辆，淘汰量为全市第一。开展油烟治理试点工作，创建无烟楼栋60余栋，沁园夜市、婚庆公园创建无烟餐饮示范街。投入600余万元，在3个街道6个社区开展家庭油烟治理试点，免费为居民安装油烟净化器2100余台，接受观摩、交流70余次。全区道路清扫冲洗实现全覆盖，机械清扫率超过65%，在大气污染防治特护期期间，增加冲洗频率，尤其是对工地周边安排专人监控，实时调整冲洗时间，抑制道路扬尘。清理整治环保违规建设项目4124个，占全市总量1/3。

水污染防治。隆平高科技园雨污分流二期工程完工并通过验收；湖南农业大学、湖南农科院片区污水实现全截污处理，制定片区雨污分流改造五年实施方案，已报市环委会和市政府审定并原则同意；结合黑臭水体治理工程，合平路一期、红旗路南段、姚托撇洪渠、农科院排渠、司法警官学校和亚热带研究所基本实现雨污分流，全面清淤人民路等管网。完善浏阳河排口维护长效机制，明确责任主体，所有排口设置监督公示牌，河岸保洁纳入沿岸各街道日常清洁范围。提前完成13处黑臭水体整治工作，改善辖区水环境质量。投入近1亿元治理黑臭水体，实施浏阳河大范围清淤工程，10千米河堤河岸实现全面复绿和生态修复，提质建设完成浏阳河生态林。组织开展执法行动18次，依法强制关停“十小”

等非法排污企业35家，巡查发现并退出反弹的畜禽养殖户3家。

噪声污染整治。创建嘉雨社区噪声治理示范区并通过验收。指导隆科苑建筑工地选用低噪声设备，改进施工工艺，调整施工时间，创建低噪声施工示范工地，创建后周边居民无投诉。开展联合执法，取缔噪声扰民的非法石材加工店16家。

监管执法。按照上级部署，制订环境监察网格化和精细化管理实施方案和双随机抽查工作方案，建立和完善118家单位的日常监管随机抽查机制，开展双随机抽查。开展建筑工地、医疗机构、餐饮油烟、散煤禁烧、涉VOC、噪声等单位现场监察5798家次。针对环境违法行为，实施行政处罚立案20件，处罚金额48万元，移送公安机关立案查处3件，行政拘留2人，征收超标排污费143万余元。针对大气、水、噪声等污染源，联合全区执法部门力量开展综合执法。开展涉气行为联合执法行动107次，出动执法人员2987人次，责令建筑工地停工整治23家次；检查渣土车辆615台，查扣教育115台；收缴烧烤炉189个，查处反弹摊点61家，及时扑灭垃圾焚烧火源68次；实施行政处罚7万元。开展全区涉水企业排查，建立台账。增强涉水企业日常监督，检查监测各类涉水单位126家次，出具监测报告45份，及时对问题企业下达整改通知书，实施行政处罚27万元。开展“三考”（高考、中考、高中学业水平考试）静音行动，清查考点学校周边单位103家，针对市场门店开张、端午节划龙舟等行为，提前上门做好告知工作，做到考试期间不发生噪声扰民事件；查处群众反映强烈的娱乐场所（飞镖主题酒吧、KK酒吧和圣都KTV等）噪声超标环境违法行为，实施行政处罚14万元，并督促其完成整改。处理信访投诉，区环境监察大队采取上门查勘、现场监测、督促整改等措施，缩短解决问题处理时间；对暂时无法解决的问题，得到投诉人理解后，开展定期回访，减少重复投诉。年内受理环境投诉1050起，处理率和回复率100%，12345抽查满意率居全市第一。全年调处环境纠纷1063起，其中“12345”投诉处理抽查满意率94%。

宣传教育。落实浏阳河环保活动的志愿者组织、后勤、医疗保障工作，联合湖南农业大学举办环保艺术晚会，并穿插开展环保辩论赛等公益活动，参与人数超过5000人。推行环保课堂“五进”（街道、社区、学校、企业、机关）活动，借助区人大常委会平台举行环保知识专家讲座，引入环保公益组织，在街道、社区举办环保讲座13期；各街道通过歌舞、小品、茶艺表演、环保骑行等宣传形式，开展两型环保宣传月主题活动8场，省、市、区领导出席指导观摩。邀请市级专家到隆平高科技园警示教育50余家企业，提升企业环保意识，自觉履行环保主体责任。辖区群众对第二届环保文化节的知晓人数超过10万人，参与超过2万人。安排专人负责关注红网、市长信箱等网站，做到舆情第一时间掌握和处置。对于短期内无法解决的问题，及时解释安抚，分步处理，处理网络投诉10起，满意率100%；加强媒体对接，在各类媒体正面报道50篇次，其中《湖南日报》专版报道2次，《长沙晚报》专版及头版各1次。安排专项经费请专业公司设计生态文明建设公益广告，印制面积736平方米，张贴于主次干道、街道社区的公益宣传栏；加大宣传投入，与广告公司签订合同，租用100平方米以上的电子显示屏2处，滚动播放环保公益广告；利用街道、社区政务电子屏，结合阶段性环保重点工作，循环播放环保标语6万余次。（张　校）

【周春晖调研环境保护工作】 10月8日，区长周春晖，副区长练大智一行，专题调研环保工作。相关部门和街道的主要负责人陪同调研。周春晖一行到三角塘泵站、龟山港黑臭水体治理项目和东湖街道，现场查看项目进展情况，并布置相关工作，还组织召开了专题座谈会。会上区环保局汇报近期工作开展情况，各相关区直部门、街道介绍承接区环委会工作任务说明进展情况。周春晖肯定了全区的环保工作，他要求：全区要统一思想，重视环保工作，坚持贯彻五大发展理念，关注民生需要。要做好规划明确责任，对突出问题开展专项治理，整体部署，分步推进，持之以恒抓好环保。

11月23日，全区召开危险废物管理培训会。该次会上，区环境监察大队队长陈国良为参会的40余家医疗、汽修单位管理人员进行培训，解读《国家危险废物名录》（2016版），并从管理、贮存、转运、应急等方面讲解危险废物管理的要点，深入分析典型案例，解答相关专业问题。区环保局副局长许杰要求，各单位要提高危险废物从业人员的管理处置工作能力，加强对危险废物的贮存、转移、处理等日常管理，保障危险废物得到安全处置。推进规范贮存处置危险废物工作，自觉遵守法律法规。

【市督察组到区检查环保工作】11月29日，市环保局局长付旭明、市委督查室常务副主任吴登峰到区督察生态环境保护工作，重点检查农业大学片区黑臭水体治理、隆平高科技园雨污分流管网建设和京港澳高速隔声屏建设情况。区环保局党组书记、局长余新春陪同。督察组领导察看完所有检查项目后，肯定了该区的环保工作。他们认为，芙蓉区的环保工作做得实，做得精，走在了前列，解决了群众的问题和困难。希冀芙蓉区继续增强环境执法和监管，建设好环境保护重点项目，为人民群众做好服务工作。

【“低碳环保、保护生态”道德讲堂开讲】 12月28日，由市文明办、区文明委主办，区环保局承办的长沙市道德模范巡讲暨“低碳环保、保护生态”道德讲堂在荷花园街道举行。市文明办副主任丁德喜，市文明办综合处处长刘爱梅，区委宣传部部长伍艳飞等出席活动。全区环保条线干部与市民代表参加活动。与会人员在同唱长沙市民文明公约歌后，共同学习了环保模范张运如的先进事迹，并听取了张运如的专题讲座。该次道德讲堂，提升了参会人员生态建设重于行、环境保护利在未来的意识。

【环境保护工作会议】 5月18日，市环委会召集市直相关部门以及九区县（市）环保局负责人在芙蓉区召开全市散煤集中整治工作调度会，市环保局副局长李中秋，副区长许凡参加会议。该次会上由区环委会汇报了全区散煤整治基本情况：2—5月，芙蓉区出动执法人员1000余人次，组织联合执法行动31次，取缔散煤制作点8处，关闭燃煤锅炉、土灶11台，没收燃煤炉具1635个，全区清洁能源改烧率63.73%。许凡总结芙蓉区的基本做法和经验。李中秋要求，全市相关部门和县（市）区要集中开展燃煤整治行动，保障散煤禁烧行动取得实效，改善城市空气质量，提升环境品质。与会人员还参观了火星街道紫薇路餐饮门店散煤整治成果。

10月25日，全区召开黄标车及老旧车辆“百日清零”行动第一次专题调度会。副区长练大智，副调研员何磊出席，区环保局、交警大队、交通局和各街道负责人参会。该次会上成立了芙蓉区黄标车和老旧车辆的“百日清零”行动工作指挥小组，由练大智任组长，何磊任副组长，成员单位有区环保局、交警大队、交管局、后勤中心等，采取脱岗专职、集中办公的工作形式，推进“清零”工作。年内，各街道、园（局）摸底排查出黄标车及老旧车辆2920台，督促符合黄标车提前淘汰补贴政策的车主主动提前淘汰车辆，领取补贴，并由交警部门查处还在上路行驶的黄标车。10月28日和11月2日晚，“百日清零”工作小组协调交警、环保、交管等部门开展专项执法行动2次，并取得实效。

9月20日，全区召开打击涉危废环境违法犯罪行为专项行动会议。省公安厅治安大队队长张小兵带领督察组一行10人，副区长练大智，区环保局、区公安分局负责人出席会议。该次会上，由区环保局局长余新春汇报联合开展打击涉危险废物环境违法犯罪行为专项行动工作的进展情况。练大智提出要求：要全面排查辖区内所有涉危单位底数，建立基础台账，做到数据全掌握；要建立健全危险废物长效管理制度，提升危险废物管理水平，做到专业化处置；要加强部门联动，形成合力，做到高压性执法。督察组领导点评了该区开展打击危废环境违法犯罪行为专项行动情况，分析工作短板，并提出建议：要加强医疗废物的依法管理，增强医疗卫生机构的监管，完善医疗废物的无害化处置，杜绝医疗废物流向社会、造成危害；要增强涉危企业行动轨迹跟踪，以大数据创新打法，联合省、市及其他区县打击涉危废物环境违法犯罪行为；要加大非法转移、处置和倾倒危险废物环境违法行为的打击力度，查办典型违法案件。　（张　校）

财政·税务·金融

财　政

【概况】 2016年，芙蓉区完成辖内一般公共预算收入111.22亿元，同比增长9.1%；完成地方一般公共预算收入37.06亿元，同比下降7.3%（受“营改增”因素影响）。其中，区级税收收入19.84亿元，同比下降14.15%（受“营改增”因素影响）；非税收入完成17.23亿元，同比增长2.21%。2016年完成公共财政预算支出53.98亿元，其中由区本级支出46.74亿元，上级转移支付收入安排到相关单位的支出为7.24亿元。年内，芙蓉区财政预算绩效管理被湖南省财政厅评为A类。

支持地方经济发展。年内，芙蓉区与长沙市平安银行签订产业发展基金框架合作协议，推进区域经济结构调整和产业转型升级。发挥中心城区区域优势，借助楼宇经济发展模式，实施精准招商，激发经济活力，壮大后备税源。举办“浏河之芯·财富芙蓉”上海招商推介会，引进中国国旅、万和证券、华夏交易所等企业总部和金融机构。落实“进万户，访百企，优服务，促发展”企业大走访活动，帮助企业解决困难，营造良好的经济发展环境。科学统筹，合理调度，增加财政资金供给，推动产业结构转型升级。全年安排9000万元用于支持符合“大众创业、万众创新”政策的创业创新项目，投入6000万元用于支持现代服务业、旅游业发展，投入600万元扶持工业企业改革和“两型”能源普及。

收入征管。面对宏观经济增速放缓、经济结构调整阵痛加剧、“营改增”带来政策性减收等不利因素，芙蓉区财政局科学调度，抓好收入征管工作，促进全区财政收入实现平稳增长。科学分派税收任务，加强部门协调。从省、市、区3个层次，分5个征管部门分别下达收入任务，明晰每个部门的任务。形成每月3次走访税务部门制度，月初制定目标、月中督促完成进度、月底保证收入入库，并及时沟通信息。调动各单位组织收入、协税护税的积极性，出台“财源建设及协税护税工作考核奖励办法”，拓展财政收入增长空间。开展监控分析，利用综合治税平台数据，不定期比对纳税异常企业，核查原因，保证足额入库。发挥综合治税优势，监控和检查重点行业、重点税源、重点税种。

民生保障。坚持把保障和改善民生作为一切工作的出发点和落脚点。全年辖区民生和各项社会事业发展支出占地方一般公共预算支出84%，支持了教育、文化、城市建设等民生事业发展，保障了安置小区建设、棚改、拆违、老旧社区提质改造、浏阳河产业带等一批重点民生项目的建设实施，解决了一批与群众生活密切相关的热点、难点问题，促进人民群众同步共享开发建设成果。在社会公共福利方面：率先全省实行城乡居民最低生活保障一体化试点，试点地区统一按450元/人月标准执行；率先全省实行社区惠民项目资金补助，推进居家养老、残疾人与农民工技能培训；安排7000万元用于计划生育奖励扶助，基本公共卫生服务、基本药物零差率销售补助、社区卫生服务中心人员经费补助和校医补助；还安排1000万元用于区医院转型改制和13家社区卫生服务中心发展。促进了城乡社会保障体系、社会救助体系、公共卫生体系的建设。社会事业发展方面，优先支持科学、教育、文体事业发展：安排1000万元用于推动科技惠民、基层科普行动计划实施；安排5000万元用于培育隆平高科技园智能制造、新材料等战略性新兴产业；安排1400余万元用于图书馆免费开放、农家书屋打造、火星全民健身中心建设以及暑期游泳场馆免费开放等；还安排758万元用于湖南和平解放史事陈列馆、水稻博物馆、柳子明故居、程潜公馆等文物征集及维护。城市管理建设方面，继续加大投入推动城市发展：安排4.28亿元用于城市管理维护、拆违控违；安排10.23亿元用于棚户区改造、社区公园建设、租地复绿、道路建设及提质改造；还安排4200万元用于污水处理等工作。

财政管理。推进财政管理工作创新创优，细化预算编制，提高部门预算占比，年内部门预算占比70%，比上年提高了30%。预算支出倾斜民生。年内全区民生和各项社会事业发展支出安排占地方一般公共预算支出的84%，支持了教育、文化、城市建设等民生事业发展和服务民生水平的提高。严格预算执行。严格一般性支出审核，严控追加，全区“三公”经费同比下降近5%。规范资金拨付。推进国库集中支付改革，辖内各街道纳入国库集中支付体系。绩效管理资金使用。实行50万元以上专项资金绩效目标管理，涉及全区162个项目，资金约16.22亿元。精细预算管理。出台“芙蓉区预算支出指标文件管理办法”，细化预算公开。区级和部门预决算公开细至末级科目，细化说明“三公”经费数据发生及变动原因，并接受了财政部和省财政厅的专项检查。科学管控债务。年内，累计利用21.56亿元置换债券对存量政府债务实行置换，降低了芙蓉区融资成本和集中还本付息的压力，促进了政府债务良性循环及国资家底明晰。根据中央、省市统一部署，开展清查辖区行政事业单位国有资产，摸清资产底数；推进产权管理，办理产权登记证85家单位，规范了国有资产管理；推进公车改革，做好公车改革前车辆评估工作和改革后车辆处置工作。推进采购信息化建设。采购管理使用电子采购平台，理顺采购环节、缩短采购时间，促进政府采购效率提高。加强监管，专项检查定点加油站、公车维修点，开展花卉苗木市场实地调研，建立花卉苗木价格数据库。健全采购内控制度。在政府集中采购目录以外且未达到政府采购限额标准货物、工程或服务，由采购人健全内部采购管理制度，按内部控制制度自行采购，采购办不再实行备案。（章宁致）

【芙蓉区财政局被评为“全国实施妇儿发展纲要先进集体”】 11月18日，第六次全国妇女儿童工作会议在北京召开。芙蓉区财政局被国务院妇女儿童工作委员会评为“2011—2015年度全国实施妇儿发展纲要先进集体”。《全国妇女儿童发展纲要》（以下简称《纲要》）包括妇女发展纲要和儿童发展纲要两部分。2011—2015年，芙蓉区财政局贯彻落实《纲要》，履行促进妇女儿童发展的责任，把做好各项妇女儿童保障工作、维护妇女儿童权益融入财政工作的各个环节。发挥财政职能部门主体作用，逐年加大财政资金投入，安排专项支出累计3000余万元。搭建起妇女就业对接平台，免费为女性求职人员提供政策咨询、职业指导、职业介绍服务。组织1863家企业参与现场招聘；落实妇女小额担保贷款财政贴息，引导广大女性大胆创业。投入治理环境污染专项经费，为区域内妇女儿童营造学习和生活环境。该局党组关注女性干部发展，成立了芙蓉区财政局妇代会，优先保障工作经费，定期组织丰富多彩的活动，先后涌现出一大批优秀妇女集体和个人：国库集中支付局被授予2016年湖南省被授予“巾帼文明岗”称号；副局长陈晓红被评为2015年度湖南省财政系统先进个人；局工会主席唐红被评为2015年度长沙市雷锋式公仆。

【区财政局国库集中支付局被评为“湖南省巾帼文明岗”】 2016年，芙蓉区财政局国库集中支付局被省妇联评为“湖南省巾帼文明岗”。区国库集中支付局作为区财政的重要服务窗口，承担着全区136家预算单位的支付业务、25家区直单位的代理记账业务、6家重点城建及城管单位的委派会计业务。该局全体干部经过自主学习和不懈努力，通过注册会计师考试1人、研究生考试2人，获得中级会计师职称7人。该局形成了“比服务”“比学习”“比业务”的良好氛围，有一支业务素质高、服务能力强的队伍。

【国库集中支付】 2016年，芙蓉区国库集中支付局开展了街道集中支付改革工作，增强审核监督，严把支出关，提升了支付效率和服务水平。该局承担120家区直单位及二级机构和13家街道的支付业务。全年国库集中支付5.73万笔，支付资金30.21亿元，同比增长4.22%。其中直接支付4.87万笔，支付金额29.79亿元，占总支出98.62%。授权支付8610笔，支付金额4176.82万元，公务卡结算金额2127.31万元，占授权支付50.93%。加强“双控”管理，控制建设成本，提高资金使用效率，全年支付金额34.1亿元，同比增长173%，保障了全区项目建设和资金安全。（孙金益）

【政府采购】 2016年，完成政府采购项目579项，其中：公开招标36次，竞争性谈判95次，竞争性磋商9次，网络竞价430次，单一来源9次。实际采购金额1.6亿元，资金节约率5.4%。年内，政府采购办开展了定点加油站、定点维修点专项检查，并把检查结果形成了分析报告。实地考察了长沙市周边的花卉苗木生产基地，了解花卉苗木的价格行情，根据询价情况建立花卉苗木价格数据库，并作为花卉苗木采购价格参考依据。根据《中华人民共和国政府采购法》第六十一条的规定，通过印发文件，要求并指导各单位建立政府采购工作制度，成立政府采购工作小组和验收小组。做到没有采购领导小组、验收领导小组签字认可，支付局可以不予支付；规范政府采购实施过程。对采购金额大、涉及面广采购项目实行绩效评价，并对政府采购项目实行事后评估，确定采购项目成效。为了提高采购效率，方便采购单位办理采购业务，编制了采购流程及采购定点单位的《采购指导手册》。

【财政统发工资】 2016年，芙蓉区有统发工资单位124家，其中：区直单位74家、教育部门50家；工资统发人数6342人（在职4136人，离退休2206人），其中：区直机关总人数2518人（在职1761人，离退休757人），教育系统总人数3824人（在职2375人，离退休1449人）；全年累计发放工资3.94亿元。财政统发工资中心开展了在职人员住房公积金和个人所得税代扣代缴工作及每月各类异动资料整理归档及工资册打印装订工作，保证在职人员办理公积金购建房、还贷、离退休销户等手续。建立“芙蓉区财政统发工资中心内控制度”，把住审核关，规范运作并从内部制度管理上完善了工资发放管理。该中心工资统发人员严格以“人员编制”为源头，通过编制实行总量控制。实行送件登记制度，每张异动单要求单位登记，避免遗失、遗漏等情况发生。统发工资中心按照省、市文件精神及政策要求，在涉及人员广、时间紧、任务重的情况下，配合区直各单位、部门和软件公司，在规定的时间内完成了全区在职在编人员的工资调标工作，兑现了调标后工资标准，做到“零差错”。

【非税收入征管】 2016年，芙蓉区非税收入管理工作推进非税收入管理的制度化、规范化、科学化和效能化，全年完成区级非税收入共17.23亿元，完成行政事业性收费收入7225万元，完成罚没收入1854万元，完成国有资源（资产）有偿使用收入12.55亿元，完成其他非税收入3.7亿元。完成纳入财政教育专户管理收入2647万元。为提高办事效率，非税收入管理局调整简化了非税收入资金使用申报程序。实行按月对账制，国库资金的划解依进度按月划解，特殊情况随时划解，保证了资金及时入库。该局建立与预算国库科按月对账制度，降低资金风险，保证非税收入完整和安全。非税票据管理。发挥财政票据管收控收作用，实行了非税收入票据电子化管理。做好财政票据年检工作，完成了辖区100余家领票单位年度财政票据年检工作，年检合格率100%；坚持“专人凭证、限量供票、缴旧领新、收入稽核”原则，规范领票工作。年内向用票单位发放财政票据72.42万份，并通过票据系统对已使用过的票据实行了比对、核查、核销。完善和代理银行沟通机制。该局要求代理银行每天必须及时传递核对后的数据，区非税局及时做好接收、比对、审核工作，保证非税收入及时缴库，往来资金及时拨付。开展清理待查收入，全年累计手工确认待查收入3701条，减少了汇缴专户的沉淀资金。及时办理资金退付，提高服务效率，随到随办当事人提交的退付申请，年内办理退付2626笔，金额4.75亿元。（章宁致）

税　务

·国家税务·

【概况】 2016年，长沙市芙蓉区国家税务局下设五一中路、八一中路、湘湖、浏阳河4个税务分局，负责全区税收征管服务工作。年内，芙蓉国家税务局被评为“2016—2018全省依法办事示范窗口单位”，全省“营改增工作先进基层单位”，湖南省保牌验收文明单位。五一中路分局党支部被评为市直工委“优秀党支部”。

国税收入。2016年，区国税局各项税收累计入库40.36亿元，其中增加“四行业”（建筑业、房地产业、金融业、生活服务业）营改增入库7.72亿元，剔除“四行业”后完成32.64亿元，同比增加2.23亿元，增幅7.33%；区级税收累计入库36.12亿元，剔除“四行业”后完成28.4亿元，同比增加2.34亿元，增幅9.25%。

税收征管。整合国、地税办税资源，开辟“营改增”（原来按营业税征收的部分行业，现改为按增值税征收）专项办税服务区，改造税务分局大厅并增设窗口；针对“营改增”企业组织集中培训、上门培训等，该局被湖南省国税局评为“湖南省全面推开营改增工作先进区县单位”。加强与地税、财政部门的联系衔接，开展“营改增”效应分析；依托企业所得税风险指标、行业风险监控模型及第三方信息等管理所得税风险；加强专票后续监控管理工作，打击虚开虚抵行为。

纳税服务。整合区政府政务中心、办税服务厅、税务分局、委托代征点国税、地税办税资源，实现联合办税共赢、涉税信息共享、个体定税共评、业务知识共学，探索国、地税合作的经验材料被长沙市国税局编入《长沙国税通讯原件呈阅》。开展“需求大征集 服务大走访”活动，走访4326户企业，收到企业提出的问题86条，解决77条，上报市局9条。通过税企座谈会、纳税人学校等形式，收集纳税意见和建议。在办税服务厅引进自助售票终端机，方便纳税人快速办理发票业务；探索试运行微信机器人税官，为纳税人提供全年无休的业务咨询和服务。

税收宣传。在第25个税收宣传月，区国税局结合“朝晖芙蓉”理念，围绕国地税合作、全面推开“营改增”试点、小微企业优惠政策等税收热点问题开展宣传活动。承办全省国、地税税收宣传月启动仪式和全市国税系统“营改增”媒体通气会；开展“光辉税月 与您同行”户外宣传活动、“税收宣传进市场”以及“需求大征集 服务大走访”活动；自制“营改增”H5动画——《我和你的营改增》在微信朋友圈等自媒体上宣传。截至12月底，区国税局在各类媒体刊发稿件35篇。

队伍建设。该局成立作风建设督查小组，每周巡查干部遵守劳动纪律情况、上班时间着装情况、部门内部管理情况。开展党建“结对共建”活动，与结对党支部一起走访慰问，送温暖到最基层和最困难的人手中。增强“三员”（共产党员、公务员、税务人员）身份意识教育，组织全体干部分3批到省委党校开展“三员”意识培训。科学设置绩效考评指标，绩效责任分解落实到每个干部身上。开展趣味运动会、环湖竞走等活动，增强集体荣誉感和凝聚力。（区国税局）

【推进国地税合作】 2016年，区国税局升级芙蓉区政府政务中心的两个窗口，采取国、地税各派人员的方式，把过去简单的咨询辅导窗口升级为办理国地税即办业务事项窗口；在国地税局办税服务厅分别设立国地税综合办税服务窗口，探索“一人一窗一机办两家事”的模式；在各税务分局互开窗口，开展分局层面的试点；把委托代征点升级为国地税联合办税点，扩大“家门口的税务局”的业务受理范围。3月31日，区国税局承办全省国、地税联合办税启动仪式，《中国税务报》要闻版、湖南卫视新闻联播、湖南经视、《潇湘晨报》、《长沙晚报》等媒体专题报道该活动。

【开展“营改增”试点】 区国税局全面推开“营改增”试点。开辟“营改增”专项办税服务区，开设咨询窗口、数据录入、税控器具置换等窗口，方便“营改增”纳税人一次性办结所有业务。该局改建4个税务分局的大厅，分别设置2～3个窗口，缓解区局大厅办税压力。采取“请进来、走出去、手把手、一起学”的方式，在国、地税“营改增”办税专区提供滚动式业务培训，组织人员到企业面对面辅导纳税人，促使纳税人懂政策、能开票、会申报。全年组织“营改增”大型培训26期，培训纳税人1.2万户次。与地税合作成立联合评税工作办公室，共同完成个体联合评税工作，提早介入、重点关注“营改增”的纳税人的评税，保障纳税人在改征增值税后保持税负基本稳定。

（区国税局）

·地方税务·

【概况】 芙蓉区地方税务局芙蓉区地方税务局下设职能科室11个、税源管理科4个、税务分局7个。全局干部职工281人，其中，在职干部职工234人，退休人员47人。在职党员172人，占在职干部职工人数的73.5%。2016年，芙蓉区局入库各项收入309635万元，同比减收51961万元，下降14%（剔除营业税后，入库247362万元，同比增收18588万元，增长8%）。其中，完成计划口径收入300447万元，同比减收55435万元，下降16%，收入进度与任务序时进度保持一致（剔除营业税后，入库241810万元，同比增收18751万元，增长8%）；完成财政口径收入255115万元，同比减少58865万元，下降19%（剔除营业税后，入库195278万元，同比增收14121万元，增长8%）。分级次看，完成中央级收入92779万元，增长9%，完成省级收入38207万元，增长-26%；完成市级收入88114万元，增长-15%，完成区级收入67036万元，增长-31%。区地税局团总支被评为共青团长沙市委颁发的“最具活力团组织”；第二税务分局被评为全省地税系统“三基”建设示范单位和全市系统支部标准化建设优秀党支部；第三税务分局被评为“四星级”税务分局及市总工会“长沙模范职工小家”。芙蓉区地方税务局通过省级文明单位验收，被评为省级文明单位。

税收征管。区地方税务局依托现有资源，发挥国地税协同互助效应，深化综合治税信息平台，推进税收征管转型。针对税源分布及产业布局特性，通过调研，完成征管机构和范围的调整。全局征管机构调整后设3个税源管理科、5个征收分局、1个行业管理分局、1个重点税源管理局、1个风险管理部门。该次调整涉及纳税人和项目3.47万户，其中需调整科局的有2.32万户，调整面66.64%，税管员岗管户调整面95%以上。作为全省国地合作示范区，融合步伐务求更进一步，向国税移交营改增纳税人1.27万户。开展联合导税、AB岗服务，首设“代开个人房租发票一次性告知”事项，实现国地税建安项目统一征收、后台漏征漏管问题统一处理、纳税信用评价统一评定、办税厅岗位统一管理等工作，全年实现“征”“服”质效1+1>2。通过“五个突出”，即政府主导、部门配合、“金三”（金税工程分别经历了一期、二期和三期，建成了“增值税发票防伪税控”“增值税交叉稽核”等关键业务系统）支撑、群众参与，营造诚信纳税环境和加强综合治税管理机制。通过与国税的各类信息交换，补办登记3137户，其中个体1262户，单位纳税人1875户；发现纳税人瞒报土地增值税350万元；筛选出疑点户1347户，评估383户，补缴地方税费76.7万元。

纳税服务。区地方税务局以“便民办税春风行动”为主题，以深化国、地税合作为主线，通过整合办税资源，推行窗口实时动态调整，开辟绿色办税通道，落实先办后审、扩大办事项覆盖面等措施，解决纳税人等候时间长、办事流程繁琐等问题。推行“一窗一人办税”服务模式，提升服务质效。结合全国第25个税收宣传月，联合国税开展税收宣传活动。在长沙火车站广场电子屏滚动播放国地合作信息，组织“营改增”专题辅导讲座12次，利用微信、QQ群和办税厅电子屏重点宣传办税业务网上申报和老项目、新项目账务处理及申报等税收业务知识等。结合纳税人的办税需求开展在线服务、电话预约服务等，降低企业涉税风险。通过实地走访、纳税人学校、微信、QQ等方式宣传税收优惠政策，发放《小微企业税收优惠政策汇编》宣传手册4300份，促使优惠政策应知尽知。落实研发费用加计扣除税收优惠，2015年1月—2016年7月，有541户纳税单位享受小微企业所得税优惠，减税389.13万元；有7079户小微企业享受免征营业税税收优惠，减税237.3万元。有39户纳税单位因困难减免房产税和土地使用税税收优惠，减税2192.72万元。（蔡　强）

【队伍建设】 区地方税务局针对年龄结构老化、人才结构失衡等现状，抓好人才队伍建设，激发全局干部的精气神。组织“岗位大练兵、业务大比武”活动，制定实施方案，组织业务骨干集训。举办干部素质提升暨业务比武培训班，培训内容涵盖税收业务、廉政自律、心理健康等方面。启动中层干部选拔和普通干部人事调整。公开选拔中层正职干部3名和副职干部8名。调整部门正职21人、副职30人、普通干部71人，正职轮换面96%，副职轮换面76.74%。开展“身边的共产党员”评选演讲、组织青年干部观看青春励志电影“向日葵女孩”，倡导自强不息的精神风貌。通过“寻找最美青年卫士”“长沙好人——雷锋式服务明星”“长沙市青年岗位能手”“五星级税务分局”等争优创先活动，打造以“花”文化为主题的文化品牌，并提出“叶上芙蓉，相生共荣”的文化建设理念，引导全局干部树立“奉献责任、价值创新、阳光幸福”的核心价值观。该局参加芙蓉区第八届全民健身运动会获全体总分二等奖。

【依法行政】 区地方税务局规范依法行政，提升税务人员依法办事能力。加强普法教育。该局结合“七五”普法活动，采取集中辅导与自学相结合、自主宣传与媒体宣传相结合、集中学习与典型案件教育相结合、开展普法教育与加强收税执法相结合等方式开展普法宣传教育，把法治教育作为党组中心组学习的必要内容，把法治教育作为干部职工年度培训计划的必要课程在绩效考核指标体系中加以固定，提升干部法治意识。规范税收执法。贯彻执行《湖南地税系统税务行政处罚裁量权实施办法》，落实审核审批规定，做好税务行政处罚统计报送工作。年内，税务行政处罚一般程序案件16起，处罚金额106.73万元；抓好税务行政自由裁量权管理和下放行政审批权限后续管理工作，防范执法风险。规范税务稽查案源管理，加强与风险防控部门的联系，增强选案的科学性、准确性，提升稽查精准能力。全年立案检查户数28户，查补入库税款、滞纳金、罚款464.80万元。依法监管、规范内部管理。承接由市局制定《经费管理办法》，梳理、归集和优化各项财务审批项目的内容、权限、程序；明确公务卡报账制度，杜绝现金支出；规范差旅费、协税护税费、工会经费等重点经费，明确规定报销凭据和列支标准，所有费用实行一支笔审批。落实经费预算管理，加强厉行节约绩效考评。每月对实际支出总额超过年度预算平均进度3%和“三公”经费开支额度超过规定标准的情况实施预警，严格控制支出总规模。成立政府采购项目领导小组，规范采购运行机制，防范采购风险。该局办税服务中心被评为“2016—2018年全省依法办事示范窗口”。

【党的建设】 区地方税务局围绕“抓党建、促发展、保稳定”的工作思路，实现党建工作与中心工作的互促共赢。思想引领夯基础。树立“抓好党建是履职，不抓是失职，抓不好是渎职”理念，按照“以党建工作引领税收工作，让税收工作检验党建工作成效”要求，全年党组召开党组会2次，专题研究党建工作并定期向市局专题汇报党建工作。以新改选的14个党支部为主要阵地，结合工会活动、兴趣小组活动开展理想信念教育和革命传统教育。组织开展向荷花园社区2户困难居民家庭和2名老党员送温暖献爱心活动；到乔口镇日照中心看望慰问养老院老人；为长沙市青少年发展基金会筹款6195元。坚持开展“两学一做”树新风活动。该局成立了领导机构，制定实施方案，明晰各级责任和任务，把学习成效纳入绩效考核，责任层层落实到人。学习期间，全体党员全程参与，态度认真，讨论热烈，笔记工整。修订和完善《党组议事制度》，明确党组议事范围、程序和方式，规范权力运行。制定《芙蓉区地方税务局党风廉政建设责任体系》文件，按照人岗一体、权责对等原则，明确每个责任主体的具体责任。完善作风制度，下发“关于深化作风建设严格考勤制度的通知”“关于建立每周巡查制度的通知”“关于开展作风建设强化推进月行动的通知”文件，明确每日考勤、每周巡查、每月通报。开展为期2个月的“作风建设强化推进月”行动，由该局班子成员带队，组成5个巡查组，以每星期不少于3次的巡查频率负责该局机关和各分局作风建设的巡查和督导，实行“三个一律”和“三个延伸”，整治红包礼金、公款吃喝、公车私用或私车公养、参赌涉毒、大操大办、违规经商办企业等问题。该局参加市局党纪条规知识抢答赛获第三名。芙蓉区地方税务局领导班子被评为芙蓉区委、区政府绩效考核一等。 （蔡 强）

金 融

【概述】 截至2016年年底，芙蓉区内驻有金融监管一级总部机构3家，省级银行业总部机构12家；省级证券分公司8家；省级保险分公司14家；德盛期货、金信期货法人机构2家；友阿融担、联保担保集团等融资性担保公司19家；友阿小贷、旺德府小贷等小额贷款公司5家；中国长城、中国信达资产管理公司2家。年内，新入驻万和证券湖南分公司。

打造金融创新特色产业园。芙蓉区投入专项经费升级改造金融机构办公大楼外墙和内饰装修，专项采购多媒体设备等。5月，区金融办和金融创新特色产业园管委会正式入驻。该办公楼具备区域金融大数据运用和动态演示的承载能力与需求。区金融办完善金融产业奖励办法与扶持政策，参照其他区县金融产业政策，修订《金融产业奖励办法》与实施细则，提升金融企业入驻奖励力度，新增金融企业税收贡献奖励，并推出“芙蓉金融管家”品牌服务。

建设产业园公共服务平台。年内，芙蓉区互联网金融监测平台，完成区内32家互联网金融企业的登记备案以及7家总部平台数据对接，发现拆标、期限错配等问题1000余条，得到省金融办的认可。在区发改局立项备案“湖南省互联网金融监管及金融大数据服务平台”项目，并申报了长沙市现代服务业引导专项资金。第三方信用信息服务平台以企业信用信息查询系统为基础，创新打造“互联网+信用信息众包服务”模式，连接信用信息需求、信用模型、实地尽调、信用评级各个环节，通过互联网中介平台“华夏信用网”，实现移动互联网信用信息实时采集与传输。完成国家审计署中央企业财务分析与预警系统、中央企业行业分析与预警系统建设。协助湖南中机联新能源发展有限公司完成湖南新能源汽车综合服务平台建设。开展10余家小贷、担保公司以及上百家企业提供信用评级服务。融创咖啡产融共享公益服务平台以及政府搭桥，平台运营和金融机构共同参与模式，整合政府资源、区域金融资源、计算机应用与开发技术资源及互联网金融资源，开展“中小微企业金融服务系列活动”，并为中小企业提供金融解决方案。全年举办专场活动4次，并为隆平科技园拟上市企业琴海数码对接华夏银行专项贷款3000万元。

加强芙蓉金融安全区建设。区金融办创新线上+线下，互联网全面监控模式。年内芙蓉互联网金融服务中心开展监测平台实时监测预警，与区“打非办”联合相关执法部门上门检查，处置违法问题，规避风险。通过辖内各街道摸排检查，发现某林业投资公司存在违法经营行为，区“打非办”第一时间组织工商、公安部门联合检查，及时制止违规行为，责令其停止集资行为，并清退全部集资款。创建金融安全示范街，在荷花园街道建成“金融安全示范街”和辖区“金融安全示范区”。开展非法集资综合清理整治专项行动，普查了全区23家网货平台、4790家金融企业。在全市“打非”工作年度考评中芙蓉区被评为“优秀”。（徐梦妍）

【中国金融科技峰会在区举行】 12月11日，“2016中国金融科技峰会”在芙蓉区举行，与会200余人。该次峰会由金融创新特色产业园、中关村互联网金融服务中心主办，芙蓉区加速推进现代服务业发展领导小组办公室与芙蓉互联网金融中心承办。全国政协委员、华夏新供给经济学研究院首席经济学家贾康，中国人民银行金融研究所互联网金融研究中心副主任兼秘书长伍旭川，中国互联网金融协会惩戒委员会主任委员、中国人寿（集团）公司法律总监杨帆，省工商联，省、市、区发改委和金融办及金融机构等领导出席会议。峰会以“金融科技”为主题，与会专家分别从金融改革创新、智能投顾、互联网小贷、金融大数据等层面分析金融科技的应用领域、潜在风险以及发展趋势，对话新经济格局下金融科技的创新发展之路。会上，与会领导共同启动水晶球，标志着“湖南省金融创新中心”正式成立。贾康以加快金融改革创新，推动实体经济转型升级为主题作主旨演讲。杨帆指出，互联网金融的核心是科技金融创新，其成功的关键是必须立足于“综合平台化”的业务流程和技术框架创新。中关村互联网金融服务中心和芙蓉区互联网金融服务中心共同发布《2016中国金融科技(Fintech)报告》，阐释并分析金融科技的总体状况、发展趋势、主要特点，互联网、云计划、大数据等科技领域深入融合，金融科技在银行支付转账、资产交易等领域的应用问题。区委副书记、区长周春晖在致辞中要求，芙蓉区要充分吸收借鉴峰会的成功经验、前沿理论和有益成果，推进金融创新发展，打造具有中心城市发展水平、国际品质和湖湘文化特色的精品之区。

【联合举办亚洲文化旅游投资峰会】 10月30日，2016年亚洲文化旅游投资峰会在长沙举行。该次峰会由芙蓉区金融创新特色产业园携手湖南顺为资本联合主办，芙蓉区副区长黄金国作为峰会联合主办方嘉宾活动致辞。量子基金创始人，国际著名投资家、金融家吉姆·罗杰斯作主题演讲。31日，在峰会上，有9位文化旅游领域初创公司企业代表向投资界代表们演说各自企业产品、发展规划、融资计划。赞美文化、大巴网、湖南山猫吉咪等企业还登台展示了项目。

【芙蓉“金创园”举办首届互联网金融交流会】 10月19日，由芙蓉区金融创新特色产业园联合芙蓉互联网金融服务中心举办“湖南首届互联网金融机构交流会”。在会上，中关村互联网金融研究院执行院长、国培机构董事长刘勇演讲作了主旨，他分析了互联网金融的发展和趋势，互联网银行、互联网保险、P2P 网络借贷、网络小贷等互联网金融机构总体特点和发展现状，并解读了“网络借贷信息中介机构业务活动管理暂行办法”。在现场交流环节，刘勇与参会人员探讨 P2P 网络借贷的发展趋势及湖南省互联网金融行业发展遇到的问题、发展和期望。该次会上，平安普惠、吉盟财富、满满贷、看看钱包、万利金融、创世[illegible]贷、国金所、久融金融、火火金[illegible]、你我贷、佰仟金融等 11 家金[illegible]机构代表参加了交流会。

【[illegible]动“长沙 2016 年度金融服务[illegible]行”】 3 月 31 日，由长沙[illegible]联合会主办的“长沙 2016[illegible]度[illegible]融服务社区行”首站活动[illegible]芙[illegible]区主办，区金融办承办。[illegible]区长[illegible]新宇、市金融办副主任[illegible]永松[illegible]动员讲话。辖区 130 余名[illegible]道[illegible]干部和党员参加了“金融[illegible]识培[illegible]班”，并学习了金融知[illegible]培[illegible]中，邀请湖南大学金融与[illegible]计学[illegible]副院长龙海明、湖南商[illegible]院财政[illegible]融学院总支书记刘赛[illegible]湖南大[illegible]金融与统计学院院长[illegible]理段进[illegible]湖南和润律师事务所主[illegible]李斌全[illegible]省内学术和实操专家[illegible]课。该[illegible]培训，旨在应对当前金融[illegible]和非法集资案件高发的形势。

【全市打击非法集资案件情况通报会召开】 7 月 20 日，全市首场非法集资案件情况通报会在芙蓉区召开。副区长易新宇，市、区两级打非办、公安及区信访、维稳、工商、涉案区域的街道等单位分管负责人，部分投资受损代表参加会议。该次会上，由易新宇总结了全区打非工作情况。区公安分局办案人员通报湖南宇达投资担保有限公司等 5 起涉嫌非法集资案件查办情况。投资受损人代表表达了诉求意愿，与会各单位给予了详细解答。该通报会旨在加强部门协作和信息互通，增加案件查办透明度，促使案件能够定期通报并在投资人与政府相关部门之间搭建起沟通平台。

【金融创新特色产业园投融资湘亲会】 9 月 1 日，辖内金融创新特色产业园投融资湘亲会在产业园融·创咖啡举行，芙蓉区金融办，芙蓉互联网金融服务中心、平安银行、长沙银行等单位负责人出席活动。该次会上，由平安银行、平安普惠等金融机构分别介绍各自产品特点及要求。天河艺术、启慧教育等企业也介绍了各自公司的基本情况及融资需求。融·创咖啡是由金融创新特色产业园和芙蓉互联网金融信息服务中心通过“政府主导，企业运营”的方式合作搭建的产融共享服务平台，旨在加强银企之间信息交流，打通金融机构、孵化器、创投机构以及各企业之间联动渠道，增强产业园对实体经济服务力度，实现银企互利互赢。

【清理非法集资整治行动】 8 月 26 日，区打非办、区工商分局、区公安分局和文艺路街道联合组成打击非法集资整治检查组，展开拉网式排查华美欧大厦非法集资风险工作。该次检查行动，重点对从事投资咨询、投资管理、电子商务、第三方理财等金融业务公司，开展入户走访、法律宣讲、警示提示，年报抽查和日常重点检查。该次突击排查企业 10 家，其中发现位于大厦 20 楼的某林业开发有限公司存在以林权转让为名义，以 20% 高额利息回报为诱饵向社会不特定对象吸收公众存款，集资对象大多是老年人，涉嫌非法集资。区工商分局检查人员下达了询问通知责任令，并收集材料分别向市打非办和区公安经侦大队报告。开展打击非法集资综合清理整治行动，旨在管控非法集资犯罪高危人群、高危行业、高危楼宇，构筑起防范和打击非法集资“防火墙”。

【省、市领导考察辖区金融创新特色产业园】 9 月 12 日，省委常委、长沙市委书记易炼红、副市长黎春秋到芙蓉区考察金融创新特色产业园，区领导于新凡、周春晖、陈计伟等陪同。易炼红一行参观了金融展示馆，并了解园区金融产业优势、创新路径、智库专家等情况，他还体验了科技金融互动平台。在园区公共服务平台，易炼红听取了芙蓉互联网金融服务中心、华夏信用标准平台运行情况汇报，观看产业园投融资相亲会——艺术嫁金融项目演出。易炼红要求，中小企业融资难、融资贵是困扰经济社会发展的重要问题，要从信用管理做起，做好解决问题的基础工作，让金融服务湖南经济发展。金融创新特色产业园要突出金融产业创新发展，打造园区创新点。6 月 2 日，省金融办金融稳定处处长喻楚其一行调研辖内金融创新特色产业园。喻楚其肯定了该区金融创新特色产业园在风险防范方面做出的探索和 P2P 平台防范非法集资的作用。他要求，根据国务院发布的《互联网金融风险专项整治工作实施方案》，要开展整治行动，提高平台自律性。要完善行业规范和监管，保障社会资金运营安全，维护人民群众的利益。10月13日，省编办、审改办副主任廖跃贵、基层机构编制处处长郑江红、行政审批制度改革处处长熊世丰一行考察金融创新特色产业园。廖跃贵一行分别参观了金融展示馆，了解金融产业优势、创新路径、智库专家等情况，体验了科技金融互动平台和询问工作人员科技金融互动平台上入驻金融机构数量和产品种类，他肯定了该园区采取高新科技多样化手段展示传统金融机构的创新产品。廖跃贵一行还走访了园区公共服务平台，听取了芙蓉互联网金融服务中心、华夏信用标准平台的情况汇报，并与企业进行沟通交流，了解平台业务特色、日常维护、监管动态等情况。8月4日，省金融办党组副书记、副主任张立东率小额贷款监管处、金融稳定处及信息中心等负责人调研金融创新特色产业园建设工作。张立东一行在金融展示馆了解园区情况，调研辖区金融创新特色产业园在金融创新，互联网金融监管、私募基金份额转让及股权转让以及公共服务平台建设等情况。张立东要求，金融创新特色产业园建设要结合芙蓉区区情，理顺工作机制；统筹规划，分步实施；贵在创新，重在特色，省金融办支持园区发展，推进区域性金融中心承载地建设。9月13日，副市长付胜华，副秘书长卢兴映，市金融办主任李晓斌一行调研芙蓉区金融产业发展。付胜华一行参观了金融创新特色产业园展示馆，并召集园区公共服务企业召开座谈调研会。付胜华要求，芙蓉区应精准发展，高起点高规格编制金融产业规划；完善金融服务体系和配套政策，提升金融机构服务水平；加强风险防控预警，做好打击和处置非法集资工作。

【区领导走访各银行】 8月29日，区委书记于新凡，区委副书记、区长周春晖一行走访中国农业银行湖南省分行。中国农业银行湖南省分行副行长陈干清介绍了农业银行湖南省分行历史沿革、业务发展等情况。双方还交流中国农业银行省分行湖南省分行营业部征收补偿安置过程中的问题，在拆迁补偿安置方案、工作对接机制、项目选址上达成基本共识。9月18日，区委书记于新凡，区委副书记、区长周春晖，区政协副主席黄金国走访招商银行长沙分行。招商银行长沙分行行长曾盾介绍了招行长沙分行的发展情况。他表示，招行的改革转型以客户为中心，发展供应链金融、智慧城市、跨境业务等。双方还交流探讨区域经济建设、产业投融资、分行选址等项目。9月20日，区委副书记、区长周春晖，区政协副主席黄金国带队走访平安银行长沙分行。平安银行长沙分行行长陈守中介绍了银行运行状况及业务量，并与省、市、区各部门在国企改革、城中村改造、创投方面开展合作等情况。他表示，平安银行愿意与芙蓉区在盘活存量资产、发展金融创新特色产业园方面加强对接交流。双方还交流探讨棚户区改造、周边环境改造等具体项目。

【金融消费教育进校园活动】 10月27日，由长沙市消费者委员会主办，湖南农业大学，长沙市工商行政管理局芙蓉分局，芙蓉区消费者委员会，芙蓉区金融办联合承办的长沙市金融消费教育进校园活动在湖南农业大学举行。该次活动采取线上线下相结合的方式，发放海报、宣传单、金融消费教育手册等金融知识宣传资料，还邀请工商、金融专家以案说法，宣传避免金融诈骗、金融犯罪的相关知识。指导各高校大学生关注中国消协官方微信号和长沙市金融办打击和处置非法集资专线公众号，宣扬长沙市打击和处置非法集资“12345”举报电话，鼓励同学们参加“大学生金融消费有奖知识竞赛”活动，树立理性消费观念，提高风险防范意识和自我保护能力。

【打击非法集资宣传活动】 12月6日，由区金融办、区公安分局、区工商分局联合主办，荷花园街道承办的芙蓉区打击和处置非法集资宣传活动暨“金融安全示范街”启动仪式在大润发广场举行。省政府金融办金融稳定处处长喻楚其，市政府金融办副主任易红，区领导刘文立、陈定佳、黄金国等出席活动，有500余人参加活动。该次活动，邀请招商银行、平安银行、万和证券等金融机构通过设立咨询摊位、互动讲解，采取填写问卷、有奖问答等方式，并结合视频案例，引导群众提高自我保护能力，理性投资、合法融资。在活动中省市区领导共同上台为荷花园街道创建“金融安全示范街”授牌。该活动旨在打造“以防为主，加强宣教，维护稳定”的金融安全示范街。

【参加2016年长沙国际马拉松赛】 10月30日，以“爱长沙，辣就跑”为主题的2016年长沙国际马拉松赛在贺龙体育场南广场开跑。芙蓉区金融创新特色产业园组织30余人的“金创园跑团”参加了比赛，该队伍由园区风采团队、重量级嘉宾团队、平台企业团队组成。其中：园区风采团队由金融创新特色产业园管委会工作人员组成；平台企业团队由长沙芙蓉互联网金融信息服务有限公司和华夏标准信用管理有限公司组成；嘉宾团队还邀请到了麦格理集团中国区主席孙启蒙；融360联合创始人、首席执行官叶大清；前奥运冠军、王者传奇创始人王丽萍等金融代表参赛。选手们通过参赛，欣赏到专业比赛，强身健体，领略了长沙城市的优美景色与城市风貌。（徐梦妍）

·融资性担保公司·

【概况】 2016年，芙蓉区有融资性担保公司20家，业务遍布全省，覆盖各个市（州）县。年度担保业务总收入5446.25万元，实现净利润710.32万元。

辖区内20家公司注册资本金20亿元，净资产30.6亿元。注册资本2亿元（含）以上的为友阿担保1家，注册资本1亿元（含）以上公司15家，注册资本5000万（含）以上公司4家。在20家公司中国有控股公司为联保、长银2家；国有参股的公司为金港、金苹果、天信和谐、华通基础4家。其他为民营担保公司，无国资或国资背景公司参股。20家公司授信总额超过百亿元，平均放大倍数近5倍。年内有金港、友阿、联保、中融、立信、芙蓉中小等6家担保公司获得长沙市金融业发展专项资金扶持。（赵超斌）

·表5·

2016年各小额贷款公司经营情况汇总表

机构名称	资产总计（万元）	负债总计（万元）	从业人员数	12月末贷款余额（万元）	1—12月累计发放贷款（万元）	12月不良率（%）
长沙市芙蓉区和生小额贷款有限责任公司	8187	181	10	8124.60	770.00	0.3
长沙市芙蓉区崇格小额贷款有限责任公司	9635	144	12	9481.00	1780.00	18.81
长沙市芙蓉区旺德府小额贷款有限公司	19930	22	12	16645.00	2460	3.1
长沙市芙蓉区友阿小额贷款有限公司	42458.21	12010.62	22	43053.41	26513.00	0.0
长沙市芙蓉区山水小额贷款有限责任公司	9303.09	4.97	19	9567.91	9669.00	8.10

说明：统计日期为2016年1月1日至12月31日。（徐梦妍）

商贸服务·旅游

【概述】 2016年，芙蓉区商务和旅游完成各项工作任务。实现社会消费品零售总额788.54亿元，同比增长10.7%，其中限额以上企业零售总额335.13亿元，增长9.8%。实际到位外资6.37亿美元。引进市外境内资金固定资产投资267.4亿元，实际引进省外境内资金99.5亿元。外贸进出口额12.14亿美元，加工贸易352.2万美元。境外投资合同中方投资额7939万美元。（戴　颖）

招商引资

【概况】 2016年，引进平安银行长沙分公司、中国国旅湖南分公司。通过小分队招商、上门招商和专场招商会等方式在北京、上海、广州等地外出招商。9月在上海召开“浏河之芯·财富芙蓉”芙蓉区专场推介会，邀请50家知名企业和协会参会。区长周春晖带队走访华夏商品交易、红星美凯龙、新城控股和中南集团总部。帮扶辖区九龙仓、世茂广场、浏阳河产业带等重点企业和项目，为项目后续招商提供信息和服务。美的集团副总裁和中国铁建长沙分公司副总经理分别到区考察浏阳河产业带周边地块项目。邀请万通集团董事长冯仑、门里集团董事长陈冬以及中南集团、恒隆地产考察擎天广场项目，为该项目牵线搭桥、出谋划策。通过宣传手册、招商PPT、宣传片等形式包装CBD（中央商务区）、隆平新区、浏阳河文旅产业带等重点区域20余个招商项目，打造2座专业楼宇：华泰尚都成为湖南首座律政服务大楼，古汉新南天大厦成为首座文化创意大楼。内、外资项目分别为300个、12个，其中引进重大招商引资项目5个，分别是平安银行、渤海商品交易所、中泰证券和太平洋财产保险有限公司、中国国旅湖南分公司，并落户芙蓉区。（戴　颖）

【红星美凯龙集团高层商议与旺德府投资集团合作】 1月12日，红星美凯龙家居集团股份有限公司纪委书记、执行总裁助理李成华等一行到芙蓉区商议合作开发旺德府种业交易中心项目事宜，副区长易新宇、区商务旅游局相关负责人及旺德府投资集团所有高层出席。湖南旺德府投资有限公司董事长周晓辉介绍集团发展历程、发展战略及旺德府种业交易中心项目规划情况。红星美凯龙意向将旗下家居市场、购物中心品牌与旺德府合作，合资共建种业交易中心。

【易新宇拜访戴德梁行及仲量联行】 3月24日，副区长易新宇带领区商务旅游局相关负责人一行走访戴德梁行以及仲量联行设立在武汉的华中区总部。戴德梁行和仲量联行是国际房地产咨询机构“五大行”其中的2家。易新宇与戴德梁行及仲量联行负责人交流解决芙蓉区楼宇经济发展瓶颈，打造专业楼宇，做到精准招商，以及武汉市各区在招商引资工作上的举措及区县间竞争利弊等问题。

【湖南智慧城市建设和大数据运用会议召开】 3月25日，由区商务和旅游局主办，市电子商务协会、阿里巴巴集团阿里云计算有限公司、长沙海商网络技术有限公司、湖南易分销电子商务有限公司承办的“2016湖南智慧城市建设和大数据运用会议”在戴斯酒店召开。易新宇副区长、虢中华调研员、长沙市电子商务协会相关领导出席。有50家企业负责人参加会议。该次会议邀请阿里巴巴集团资深讲师讲解杭州、北京、武汉等城市运用互联网思维，创新政府管理，在智慧城市及政务云应用方面的特色工作，并指导企业利用大数据、云服务平台实现线上线下交易销售，促使传统商贸企业转型升级，增强市场竞争力。

【韩国城签约万家丽国际购物广场】 3月28日，韩国城签约万家丽国际购物广场仪式暨新闻发布会在万家丽国际购物广场举办。湖南省商务厅副厅长罗双锋，省商务厅贸促会副会长黄芳，长沙市人民政府副市长廖健，全国人大代表、万家丽集团董事长黄志明，芙蓉区副区长易新宇，区商务和旅游局局长戴静及韩国GLOBAL AGENCY公司的相关代表出席。GLOBAL AGENCY公司社长尹喆焕介绍现场的来宾并说明万家丽国际购物广场韩国城的打造理念和经营模式，旨在通过韩国护肤品、服饰、美食等产品，结合特色的装修设计和风格，向大众呈现韩国的传统和现代文化，让湖南人民足不出户感受到韩国的最新流行趋势和本土文化。副市长廖健评价万家丽国际购物广场是集文化型、创新型、科技型于一体的购物标志，向全国乃至全世界展现购物广场的新形象，带动了周边经济发展。

【九龙仓中国置业有限公司负责人到区走访】 6月3日，九龙仓中国置业有限公司租务总经理何蔡宁玲、办公楼助理董事兼总经理邵永官、九龙仓中国地产发展有限公司工程部高级经理袁宝雄等一行3人就长沙国金中心写字楼招商租赁项目走访芙蓉区领导。区长于新凡，副区长易新宇，区商务旅游局、金融办、CBD办部门相关负责人出席。长沙国金中心项目是九龙仓集团的超高层城市综合体项目，是集团在内地的旗舰商业地产品牌，在成都、重庆、长沙、苏州、无锡5座城市的国际金融中心（IFS）项目。长沙国金中心，占地面积近7万平方米，总建筑面积近104万平方米，包括地标性的452米主塔楼（建成后它将成为湖南第一高楼）和310米子塔楼以及近25.4万平方米的超级大型商场。该中心提供高档次商场、甲级写字楼及五星级天际酒店服务，为市区最大单一商业综合地标。何蔡宁玲介绍长沙国金中心项目计划在2017年9月投入使用，其中商场部分完成招商，届时有近40万平方米的写字楼需要招商引资，香港九龙仓希冀与芙蓉区政府合作，推进写字楼租赁项目。于新凡表示，长沙国金中心是芙蓉区重点关注项目，项目未来的发展对区域乃至长沙市经济发展产生直接影响，区政府将全力支持，对成长性优、财税贡献大的总部企业给予政策支持，确保优质总部企业入驻。

【中国国旅集团湖南分公司落户芙蓉区】 6月15日，国资委下属央企、中国500强企业中唯一的旅游企业——中国国旅集团在长沙温德姆豪庭大酒店召开新闻发布会，宣布该集团在湖南唯一的控股旅行社（湖南国旅国际旅行社有限公司）成立并落户芙蓉区。中国国际旅行社总社有限公司成立于1954年，是国内规模最大、实力最强的旅行社企业集团——中国国旅集团有限公司下属上市公司，中国国旅集团股份有限公司旗下两大企业之一。在全国设有42家子公司和90家理事会成员社，在美国、日本、澳大利亚、法国、丹麦等国家和中国香港、澳门地区设立子公司。与世界上100余个国家和地区的1000余家旅行商建立业务合作关系。湖南国旅的正式落户，有助于提升芙蓉区旅游行业的运营质量，促进芙蓉区旅游业同国际接轨。中国国际旅行社总社有限公司董事于宁宁、长沙市旅游局副局长陈威、芙蓉区人民政府副区长易新宇，区商务和旅游局局长戴静出席发布会。

【于新凡调研湖南投资大厦项目】 8月4日，区委书记于新凡一行调研位于五一大道的湖南投资大厦项目，区商务旅游局、定王台街道、平安银行长沙分行等相关负责人陪同调研。湖南投资大厦是湖南投资集团股份有限公司的全资子公司——湖南现代投资置业发展有限公司投资开发的一个高端房地产项目。该项目位于长沙芙蓉中央商务区的核心地段芙蓉广场西南角，北临五一大道、东连芙蓉南路，与地铁2号线芙蓉广场站相连。项目用地面积1.1万平方米，总建筑面积10.3万平方米，其中地上7.7万平方米，地下2.6万平方米。地上36层，地下4层，车位520个，建筑高度149.9米，项目总投资11亿元，项目计划2016年12月底竣工收房。湖南投资集团股份有限公司董事长刘林平介绍项目招商的意向定位、招商进展及项目建设中遇到的问题。于新凡要求与会各方竭力为企业提供优质服务，加强周边环境整治和配套建设，实行点对点精准招商，力争将湖南投资大厦项目打造成“金十字”商务核心区域地标性建筑。

【九龙仓长沙分公司总经理到访】8月31日，九龙仓中国地产发展有限公司长沙分公司总经理袁宝雄一行7人到区走访，代区长周春晖，区政府党组成员练大智，区政协副主席黄金国，区商务旅游局、交警大队、街道办事处等相关部门负责人出席接待。袁宝雄介绍长沙国金中心项目进展情况、招商进度和面临的困难，香港九龙仓公司方希冀能在项目改造的外部交通、周边设施的微循环和外部建筑设施的配套等方面得到区政府的支持。周春晖表示，九龙仓项目是芙蓉区重点关注项目，项目的发展直接影响区域乃至长沙市经济发展，区政府全力支持。他建议公司方及时和区政府相关部门沟通，分阶段解决困难，推进项目建设。

【于新凡率团到深圳考察】9月5日，区委书记于新凡，区政协副主席黄金国，区财政局、区商务旅游局、金融办、城建投等部门负责人一行10人到深圳考察金融行业发展与合作。考察团实地参观考察平安金融总部大楼、深圳前海金融资产交易所、平安银行，与相关人员座谈交流。于新凡与平安集团副总经理曹实凡探讨湖南金融市场监管体系，平安集团后续金融项目开发等问题。前海金融资产交易所副总经理杨学连介绍前海交易所业务，于新凡表示交易所前景广阔，与芙蓉区发展金融产业战略不谋而合，后期应加强对接，创造发展商机。于新凡与平安银行副行长胡跃飞座谈，表示平安银行长沙分行总部落户芙蓉区是共赢的选择，他希冀深入合作，为平安银行打造优良工作环境。截至年底，该项目成功签署落地。

【黄金国会见香港地产商】9月9日，区政协副主席黄金国，区商务旅游局局长戴静应邀参加大连恒隆广场开幕庆典。黄金国与香港恒隆地产董事总经理陈南禄、助理董事陈文博会面，双方洽谈未来合作。戴静向恒隆高层介绍芙蓉区的发展规划，推荐新楚擎天广场项目，并探讨项目意向合作方案。黄金国表示期待日后双方携手创造合作契机，达成互利双赢。

【“浏河之芯·财富芙蓉”（上海）招商推介会举行】9月21日，由区政府主办，区商务和旅游局承办，长沙市人民政府驻上海联络处特别支持的2016年“浏河之芯·财富芙蓉”（上海）芙蓉区招商推介会在上海大酒店举行。长沙市人民政府驻上海联络处主任苏准，代区长周春晖，区政协党组第一副书记郑明，隆平高科技园管委会主任黄滔等区领导及区商务旅游局、区金融办、区CBD办、隆平高科技园招商局负责人出席。该次会议由隆平管委会副主任谭利辉主持。亿万豪剑桥商业经营管理（上海）有限公司、旭辉控股集团、安诺九通公司、上海市各地在沪企业（商会）联合会、上海市湖南商会、上海市文化创意产业资源联盟等近40家企业和商会协会代表50人应邀参会。周春晖致欢迎词并介绍芙蓉区历史文化、区位交通、经济发展和政务服务的基本情况。苏准发表讲话。会议播放《浏阳文化旅游产业带》招商宣传片。戴静重点推介芙蓉区楼宇、地产招商、产业招商等方面项目，发布包括香港九龙仓国金中心、世茂广场、擎天广场等地标建筑及浏阳河文化旅游产业带、隆平新区等项目和地块。黄金国解读区招商引资相关优惠政策，涉及金融、文化创意、商业等产业。上海旭辉集团总经理何燕飞、百联亿万豪购物广场高级财务经理吴宜裘、安九通汽车租赁有限公司总裁莫薇在会上发言介绍企业成长经验。区领导及主要部门负责人还同与会企业人员面对面沟通交流。

【周春晖带队在上海考察】9月22—23日，区委副书记、代区长周春晖带队，区政协党组第一副书记郑明，副区长于志雷、政协副主席黄金国、杨爱斌等参与上海实地考察推介重点项目。周春晖介绍芙蓉区区情及区位优势，推荐旺德府国际种业大楼等招商项目。参观考察上海新城控股旗下吾悦广场项目，新城控股副总裁杨年接待。黄金国重点推荐新城置业3号地块，双方合作意向强烈。23日，于志雷、黄金国、杨爱斌一行考察中南置地（上海）总部并与中南置地总裁陈小平会谈。黄金国推荐浏阳河东岸沿线地块项目及隆平新区土地项目、CBD楼宇项目，中南置地副总裁周平平表示投资意愿，希冀能到长沙实地考察。

【门里集团董事长一行到区考察】9月30日，中国西部知名的多元化控股企业门里集团董事长陈冬一行2人，到芙蓉区考察浏阳河文化旅游产业带和新楚擎天广场项目。座谈会上，区委书记于新凡、区商务旅游局、湖南新楚置业有限公司等相关负责人出席。双方探讨项目发展前景与发展模式，陈冬结合在成都开发的宽窄巷子、阿玛尼公寓等项目的经验，提出建议。于新凡表示芙蓉区是长沙湖湘文化和经济发展的核心之地，地区品质的提升离不开优质企业和精品项目的支撑，希冀加强多方面的交流与合作。区委区政府也将全力为企业提供优质政务服务，营造无忧投资环境。

【新加坡盛裕控股集团中国西区总裁一行到区考察】 11月9日，新加坡盛裕控股集团中国西区总裁郑龙泉一行到区洽谈合作发展事宜。区委书记于新凡，隆平高科技园党工委书记王曙光，区商务旅游局、隆平园招商合作局相关负责人出席座谈。双方交流和探讨合作模式、产业定位和产业招商等。郑龙泉表示加强项目对接，推进双方深层合作。于新凡希冀与新加坡盛裕集团在规划设计理念、运营经验、招商资源等方面加强交流合作，推动项目实质性进展。

【北京大学创业训练营到区考察】 11月16日，北京大学创业训练营大连基地总经理伍彤一行到区洽谈创新创业项目合作发展事宜。区政协副主席黄金国、区商务旅游局负责人出席洽谈。双方结合芙蓉区实际，讨论与交流运用创业孵化器推动经济发展。黄金国要求要运用北大平台招商引智，服务芙蓉区中小企业和广大青年创业者，为芙蓉区双创工作开拓新思维，开创新局面。

【美国华侨进出口商会副会长到访】 12月9日，美国华侨进出口商会副会长宋湘、美国雷神科技公司投资部副总经理王晨阳一行3人到芙蓉区洽谈合作事宜。副区长黄金国及区商务旅游局、民宗局相关负责人出席。双方探讨芙蓉区经济发展优势和制约因素，宋湘结合芙蓉区楼宇发展和国内大数据发展情况，建议芙蓉区可以借鉴贵州大数据发展模式，建立适合芙蓉区经济发展的数据平台。黄金国表示宋湘的建议非常中肯，期待双方能加强合作，希冀宋湘的大数据和湖南情结能为芙蓉区的经济发展带来新契机。

【区直部门负责人到福建平潭综合实验区考察】 12月28日，芙蓉区统战部、台办、商务旅游局及三湘南湖大市场相关负责人一行6人，应长沙东裕实业有限公司（台资）的邀请，到福建平潭综合实验区考察该公司旗下101跨境电商项目。101跨境电商是一个针对海外和台湾优质品牌商品，采用“3+1”运营模式专业从事全球跨境电子商务的平台。考察团成员与101跨境电商项目负责人就长沙东裕实业有限公司在三湘南湖大市场家电城开设跨境电商直购中心的想法，宣传区政府的招商政策，分析探讨长沙电子商务发展情况以及该电商项目入驻三相南湖大市场的可行性等。

（戴　颖）

商贸流通

【概况】 2016年，芙蓉区实现社会消费品零售总额788.54亿元，同比增速10.7%，其中限额以上企业零售总额完成335.13亿元，增长9.8%。年内，批发业实现销售额156.03亿元，同比增长12.9%；零售业实现销售额474.96亿元，同比增长9.4%；住宿业实现营业额11.65亿元，同比下降5.2%；餐饮业实现营业额69.93亿元，同比增长13.3%。全年销售额10亿以上的商品类别中，累计增速前三位的是：通信器材类增长22.5%；饮料类增长19.2%；汽车类增长18.0%。累计增速后三位的是：石油及制品类销售额增长–19.1%；其他类销售额增长–9.3%；文化办公用品类销售额增长–6.3%。全年亿元以上商品交易市场14个，完成商品成交额480.12亿元，排名前三位的是三湘南湖大市场、马王堆蔬菜批发市场、马王堆海鲜水产批发市场，分别实现交易额238.55亿元、66.6亿元、48.47亿元。亿元以下商品交易市场47个，完成商品成交额13.79亿元，排名前三位的是长沙宝南通信器材批发市场、长沙市瑞祥建筑陶瓷批发市场、湖南东岸装饰建材批发大市场有限公司，分别实现交易额9722万元、9012万元、8643万元。

依托“芯动芙蓉·快乐Shopping”芙蓉区消费节，分别举行地产、餐饮、家居建材等行业促销活动，发放购房补贴980万元，惠民百万余人。制定《促进小微企业创新创业的扶持办法》，打造朝阳科技电子街商贸集聚区小微企业服务平台，创立长沙市电脑经商商会，举办“DIY装机比赛”，从政策资金、平台服务、活动技能全方位助力小微企业。实施“芙蓉区加快互联网产业发展的扶持办法”奖补企业83万元，引进中国邮政长沙分公司、农人公社、易分销等电商，鼓励传统商贸业三湘购、觅茶会、友阿集团探索线上、线下相融合的O2O新型销售渠道模式。完成马王堆蔬菜批发市场搬迁和燕山街农贸市场提质改造工作。调研并制订2017年11个农贸市场的提质改造计划，筹划推动三湘南湖大市场、国储电脑城和马王堆海鲜市场3个专业市场转型升级。申通快递物流园、苏宁电器湖南地区管理总部及物流中心项目竣工。推进肉菜追溯建设，追加14个节点建设工作年底全部完成。（戴　颖）

【“芙蓉区消费节”开幕】 4月29日，“芯动芙蓉·快乐Shopping”芙蓉区消费节开幕式在浏阳河婚庆园举行，市政府副秘书长王体泽，市商务局党委书记、局长高伟，市委宣传部副部长陈海波，区委书记梁仲，区委副书记谢进，区委宣传部部长伍艳飞，副区长谭雄伟以及隆平高科技园、各相关部门、各街道相关负责人出席，居民群众近200人参加。芙蓉区消费节设有六大主题活动，分别是消费节开幕式暨乐活跑活动、“宜居浏阳河 为爱筑巢520”地产促销活动、餐饮行业联盟论坛、浏阳河婚庆文化园3周年庆推广活动、美团和大众点评互联网促销互动活动、消费节线下促销系列活动。该消费节是“醉美浏阳河 神奇九道湾”2016长沙首届浏阳河文化艺术节的组成部分，也是芙蓉区举办的第四届消费节活动。

【“老字号”企业招商对接会召开】 2月25日，“老字号”企业招商对接会在万家丽国际购物中心召开，市商务局副局长毛鹏程主持会议，区商务旅游局局长戴静、副局长邓志文、万家丽国际购物中心董事长黄志明及火宫殿、玉楼东等21家“老字号”企业的负责人参加会议。黄志明介绍万家丽国际购物中心的建设和招商情况，区商务旅游局说明芙蓉区经济发展状况并邀请老字号企业入驻芙蓉区、入驻万家丽国际购物中心，“老字号”企业负责人分别结合自身企业情况和万家丽国际购物中心的发展现状提出想法和意见。毛鹏程指出，万家丽国际购物中心是长沙市和芙蓉区重点扶持的项目，与辖区内其他商业市场共同形成了一个大型新商圈，欢迎各“老字号”企业入驻，共同推动和见证经济新商圈的发展。

【易新宇调研区农贸市场提质改造工作】 1月11日，副区长易新宇调研燕山街农贸市场提质改造工作，区商务旅游局、五里牌街道和设计单位相关负责人参加。原燕山街农贸市场因属于燕山街拆迁项目范围，已被拆除，导致周边居民买菜困难，区政府计划对燕山街246号一楼进行提质改造开设过渡性农贸市场。会上，设计单位株洲蓝海农超公司结合燕山街农贸市场的现状和特点，提出改造方案初稿。易新宇肯定区商务旅游局前期做出的工作，指出：燕山街农贸市场涉及周边近万人的日常蔬菜供应，设计公司要按照高品质建设标准，尽快拿出设计方案、图纸，报区政府审批。4月17日市场改造完毕，投入使用。

【天伦农贸市场提质改造工作调度会】 4月15日，副区长易新宇就天伦农贸市场提质改造工作在区政府520会议室召开专题调度会。区政府办、商务旅游局、经信局、城管局、工商分局、环卫所、交警大队、马王堆街道办事处及天伦农贸市场相关负责人出席。天伦农贸市场位于芙蓉区嘉雨路110号，为填补马王堆蔬菜批发市场搬迁后的市场空白启动提质改造。会上市场负责人汇报提质改造情况；相关职能局发言回答市场方提出的问题，探讨解决市场提质过程中出现问题的方案。易新宇要求：天伦农贸市场在承接马王堆蔬菜批发市场搬迁滞留零售摊贩的同时，又承担了周边老百姓的“菜篮子”需求。市场方要加快改造速度，相关职能部门要配合市场提质，落实市场方提出的问题并拿出解决方案，做好服务工作，确保市场如期开业。（戴　颖）

【地产促销活动】 5月14日，由区委、区政府主办，区商务和旅游局、浏阳河婚庆文化园承办的“宜居浏阳河 为爱筑巢520”地产促销活动在浏阳河婚庆园喷泉广场举行。在持续2天活动中，有16家辖区地产企业和搜房网参展，线上线下同时宣传。为方便市民看房，市民们在晚饭后可以逛“房产夜市”，还开启了优步“一键去看房”免费乘车，吸引大批有意向的购房者参加。区领导于新凡、谢进、谭雄伟、易新宇到现场，了解项目位置、销售情况、库存情况，并鼓励企业开展促销手段，加强配套服务。该活动以房企代表插入象征房产大卖的麦穗开幕，有展示企业形象、互动问答、集章领礼品、节目表演等活动。场面热闹欢快。参展企业和购房者都表示，这是政府做的一件大实事，真正的让利于民，实惠于民，也推进了辖区房地产企业去库存、促销售。针对该次活动，芙蓉区政府专门出台了购房置业补贴政策：凡在2016年5月1—31日期间，在芙蓉区购买参加消费节活动新建商品住房（含别墅，但限价商品住房和保障性住房除外）的个人业主，按购房面积给予补贴。购买90平方米以下的补贴4000元每套；90（含）~144平方米的补贴8000元每套；144平方米（含）及以上的补贴10000元每套。（黄　弋）

【"华海杯"DIY装机大赛】5月16日，"华海杯"DIY电脑装机大赛决赛在解放东路的华海3C广场举行。长沙市商务局副局长陈国礼、芙蓉区副区长易新宇、湖南省中小商贸流通业服务中心主任王海梅、长沙市中小商贸流通企业服务中心主任颜权、芙蓉区商务和旅游局、朝阳街道、长沙市电脑经销商商会相关负责人出席。该次活动由长沙市商务局、长沙市中小企业服务中心和芙蓉区商务和旅游局共同举办。从5月7日预赛到决赛，来自70多家企业的90多名选手，以及来自长沙高等职业学院的12名学生选手参赛，按照预赛的成绩排名选出20名选手参加决赛。最终，来自新浪潮的汤尊民取得第一名，获得奖金5000元。赛后易新宇表示政府举办这样的活动就是要借DIY装机比赛来推广长沙市电脑经销商商会的影响，搭建商会平台为企业开展包括集创立、注册、培训、评价、交易、合作和法律咨询等"企业集群注册托管"服务，带动IT业等周边相关产业的快速发展。

【湘鄂闽粤琼优质餐饮商户论坛】6月22日，由区商务和旅游局、美团·大众点评、上海七彩小镇文旅企业管理有限公司长沙分公司共同举办的湘鄂闽粤琼5省优质餐饮商户论坛在浏阳河婚庆园举行。副区长易新宇、区商务和旅游局局长戴静以及来自5省的150余家有代表性的餐饮企业出席。该次餐饮论坛是芙蓉区"芯动芙蓉·快乐Shopping"消费节的系列活动之一，通过美团大众点评和七彩小镇进行线上线下资源整合，提供餐饮精英相互交流学习的机会，展示芙蓉区的良好投资氛围，促进餐饮行业的发展。

【大唐网络有限公司和湖南科佳商业股份有限公司负责人到访】7月25日，大唐网络有限公司副总裁邓欣海和湖南科佳商业股份有限公司董事长窦晓昆一行3人到区商议合作产业园投资事宜。座谈会在区政府520会议室举行，副区长易新宇、区商务旅游局等相关部门负责人出席洽谈。邓欣海介绍大唐电信及大唐网络的相关情况和科技孵化园经营管理模式。窦晓昆结合芙蓉区朝阳街道电脑城现状，希冀通过与大唐网络公司的产业园合作的方式，实现朝阳电子科技产业街的转型。易新宇肯定大唐网络和科佳公司的方案，认为该方案符合朝阳电子街的情况，要以市场为导向，做好前期调研和准备工作，区政府支持区内老旧市场的转型升级。

【区领导调研友阿集团】8月3日，区委书记、区长于新凡，区委副书记周春晖一行到湖南友谊阿波罗商业股份有限公司（以下简称"友阿集团"）开展调研，副区长谭雄伟、区人大常委会副主任严国益、区政府办、区财政局、区商务旅游局、五里牌街道相关负责人等陪同。友阿集团董事长胡子敬介绍了企业的发展情况和经营理念，提出友谊商店东边地块旧城改造项目及企业总部建设中遇到的问题。双方交流探讨推进项目建设及改进、提升传统零售业的经营模式等问题。周春晖要求与会各部门负责人要为企业提供优质服务。于新凡指出将加大对扎根芙蓉企业的扶持力度，优化经济发展环境，促进区域经济迈上新台阶。

【重点企业安全生产约谈会】9月19日，区领导与重点企业负责人安全生产约谈会在区政府626会议室举行。区政协副主席黄金国，区政府副调研员虢中华出席，区商务旅游局、经济和信息化局，重点工贸企业、大型市场和大型旅行社的主要负责人参会。会上学习中央及省委、省政府领导关于安全生产系列讲话和指示精神，各单位负责人表态发言落实安全生产主体责任。黄金国要求安全生产工作必须放在首位，安全生产意识要时时紧绷，安全生产责任要牢牢上肩。企业要吸取教训，排查安全生产隐患，预防和遏制重特大事故发生。

【肉菜追溯体系建设工作调度会】10月25日，在区政府520会议室，区政协副主席黄金国主持召开肉菜追溯体系建设工作专题调度会。区政府副调研员虢中华，区政府办、财政局、商务旅游局、教育局、食药监局相关负责人出席。区商务旅游局汇报前期工作进展情况及后段工作计划，与会部门根据各自职责提出意见。黄金国要求：各部门要按照职责分工，相互配合，稳步推进，完成市肉菜追溯办下达的工作任务。区商务旅游局负责督促亿盛科技公司在11月15日前完成项目建设，协调市、区相关部门验收并做好宣传、培训等工作。

【湖南第二届黄金珠宝文化节启动仪式暨黄金之城三周年庆典】 11月13日，湖南第二届黄金珠宝文化节启动仪式暨黄金之城三周年庆典在万家丽世贸酒店举行。该活动由湖南省宝协黄金首饰专业委员会主办，湖南黄金之城有限公司、长沙银行贸金支行等承办。市委宣传部副部长龙钢跃，区委常委宣传部部长伍艳飞，政协副主席黄金国，区商务旅游局及湖南省宝协会、长沙银行等商协会负责人，黄金之城董事长郭雷等企业负责人出席。位于芙蓉区建湘南路的黄金之城，总面积3万多平方米，2013年10月开业，吸引各大黄金珠宝品牌如“中国黄金”“周六福珠宝”“张万福珠宝”等商户进驻。年内，黄金之城成为湖南全省乃至中南地区最大的黄金珠宝系列产品集散地，范围辐射湖北、江西、贵州三省。启动仪式上，有五大冠军名模和世界旅游文化小姐15强齐亮相，“汉唐”珠宝文化头饰服饰及配饰展示，以“网红直播+珠宝”方式的营销活动，华声TV对活动现场的全程直播。湖南第二届黄金珠宝文化节于11月28日正式开幕，活动持续至年底。（戴　颖）

·专业市场·

【概况】 朝阳电子科技街由长沙市芙蓉区人民政府规划建设，2001年4月由湖南省科技厅，长沙市人民政府批准命名正式授牌成立。芙蓉区电子科技街位于长沙市中心城区火车站商圈之内，以解放路为轴心，东起车站路，西至韶山路，北接五一路，南至人民路，由4条主干道构成的半封闭区，占地面积约2平方千米。街域内汇聚国储电脑城、华海3C数码广场、科佳数码汇、科佳电脑城、合峰电脑城、赛格电子市场、科佳朝阳数码街等7大电脑市场。经营总面积近20万平方米，驻街商户2000余家，从业人员2万余名。经过17年的市场运作，朝阳电子科技街已成为湖南省最大的电脑、电子产品集散地和IT企业的聚集地。2016年，根据中央和省、市、区创新驱动发展战略，朝阳电子科技街整合IT产业资源和创新创业服务平台，推动该商圈内产业转型提质，打造特色街市。（苏　洁）

【长沙国储电脑城】 国储电脑城成立于1998年，位于长沙市车站中路193号（长沙市火车站西南侧），是芙蓉区朝阳电子科技街的国有龙头市场和湖南电脑产品集散中心。国储电脑城现有经营面积31000平方米，经营厂商500多家，为社会提供了8000余个就业岗位。国储电脑城是由发改委国家储备物资管理局下属全资注册的国有企业。国储秉承“全心全意服务三湘人民”的核心价值观，率先在全省实施“购物零风险——先行赔付制”经营举措，成为长沙芙蓉区诚信经营的典范。

图17　国储电脑城

专业媒体和权威机构发布国储市场竞争力和影响力居华中地区第一位，中南5省知名的IT卖场集散地，并享有“北海龙，南赛格，中国储”之美誉。该电脑城功能完善，布局合理：负一楼为数码广场，一至五楼电脑市场设有品牌区、笔记本专卖区、耗材区、配件区、DIY区、网络产品区、软件区、维修区、安防设备区、渠道专区，六楼以上为写字楼，一楼前后修建有免费停车场和立体停车库。是湖南电脑市场的风向标和晴雨表，多次被评为中国独立电脑城十强，2009年销售额超过70亿元。2016年，长沙国储电脑城市场销售额18.7亿元。

【华海3C电脑数码广场】 华海3C电脑数码广场位于芙蓉区朝阳电子科技街的中心位置，经营面积2万平方米，是华海股份公司继南京华海3C广场取得成功之后于2005年出巨资打造的第2家全国连锁IT商城，现成为规模最大、产品最全、价格最低、服务最好——华中最大3C时尚购物中心。该商城秉承南京华海之优势，集规模、时尚、娱乐休闲于一体，吸引了国内外众多主流专业IT厂商入驻。华海3C广场拥有一支优秀的管理团队和营销队伍，拥有雄厚的厂商资源，华海开到哪里，国内外顶尖品牌的旗舰店和体验中心就能很快在当地形成IT的销售中心。华海3C电脑数码广场还长期面向顾客朋友们开展各类优惠促销活动，让消费者进来就能把所有想要的IT产品添齐，真正做到“一站式消费”，有机地把科技与生活享受巧妙结合。商城凭借突出的销售业绩分别被评为“中国电子市场经营知名品牌”“中国电子专业市场十大明星市场”“中国电子市场经营十强”“中国明星市场”。2016年，长沙市华海3C电脑数码广场市场销售额1.72亿元。

【长沙科佳·QQ电脑城】 长沙科佳·QQ电脑城位于长沙车站中路21号凯旋国际大厦（长沙火车站广场斜对面），是科佳和腾讯合作打造的全国首家QQ主题电脑商城，卖场总投资1.3亿元，总建筑面积近6万平方米。2006年4月，深圳科佳科技集团与腾讯联手打造的科佳·QQ电脑城正式开业。长沙科佳·QQ电脑城定位为年轻的、时尚的、前沿的IT卖场。QQ电脑城是腾讯业务拓展的一项新尝试，开创了腾讯主题商城品牌授权之先河，是腾讯线上落地活动的重要组成部分，双方运用各自优势打造全国最具个性特色的卡通主题形象IT卖场。科佳与腾讯合作后，QQ电脑城在卖场首推“电脑城＋专卖店”模式，鼓励商家和厂家设立品牌形象店，把握行业高端客户，提供整合本土消费特征和厂商优势资源的交易平台。长沙科佳·QQ电脑城全程提供“七心”服务（信心、放心、随心、称心、开心、舒心），卖场内还设置了新品体验区、阅读吧、休闲吧、餐饮等配套功能，全方位地满足了顾客和商家的要求。长沙科佳·QQ电脑城还投资数十万元，打造华中地区第一个上万平方米的室内全免费开放无线体验局域网，在卖场内提供免费百兆无线上网的服务项目，实现让消费者在体验中消费，把体验营销贯穿在卖场的所有营销之中，让消费者和入场商家在卖场内可以全方位、不限时的享受无线网络所带来的即时沟通与资源共享的高速快感。长沙科佳·QQ电脑城分别被评为湖南省十强IT卖场，“湖南省消费者信得过单位”，中南电脑商100强之前8强，湖南省首批保护消费者权益示范单位，中部地区优秀电子卖场。

【长沙赛格电子市场】 长沙赛格电子市场项目所属区域为长沙芙蓉区IT核心商圈，是由赛格股份有限公司与香港金弘集团有限公司、香港华亚管理有限公司联合收购长沙新兴大酒店整体改造后，并由深圳赛格电子市场全程经营和管理的专业电子市场，是深圳赛格集团、深圳赛格股份有限公司2009年发展赛格电子市场主业，巩固赛格在全国IT行业领先优势的重点项目。位于五一大道1号，整体项目面积近3万平方米，2010年1月1日正式开业。长沙赛格电子市场地下1层为停车场，1层至4层为商场，5层为食街，6层以上为商务酒店。该市场定位于中高档IT产品购物商场，卖场内汇聚了众多电子行业一线品牌厂商，以完善的市场管理与贴心的售后服务，并引入百货经营理念，同步配套银行、物流、金融服务、餐饮食街、酒店等配套设施，打造长沙首个综合性的IT商业物业，为消费者提供打造具有全新概念的IT购物卖场。长沙赛格建立起了严格的质量保证体系、理赔体系和售后服务体系，约束每一位商户在市场内规范经营，让每一位消费者放心购物，还为商户和消费者提供完善的金融服务平台、物流平台和电子商务平台。 （苏 洁）

·表6·

年销售亿元以上专业市场销售情况表

单位：万元

	摊位出租数（个）	销售额（万元）	营业面积（平方米）	摊位出租率(%)
合计	10462	4312948	800865	97.3
长沙市华海电脑数码广场有限责任公司	346	17271	20000	67.7
长沙国储电脑城	467	187036	14000	93.4
长沙鼎星投资咨询有限公司合峰电脑城	566	85476	14000	87.1
长沙金苹果大市场	2000	60029	22000	100
马王堆陶瓷建材新城新合区	496	53914	71220	100
马王堆陶瓷建材城新大宇区	205	36060	26000	100
长沙市马王堆陶瓷建材城恒广区	1017	277520	21357	100
马王堆蔬菜批发市场	305	508970	13340	97.4
湖南省三湘南湖大市场	4014	2389362	464062	100
长沙市宝新通信器材批发市场	82	23761	1786	100
长沙文化广场定王台书市	419	129255	13100	100
湖南黄金之城珠宝有限公司（黄金之城珠宝交易中心）	46	279053	20000	92
湖南万家丽家居建材市场	499	265241	100000	99.8

旅游服务

【概况】 2016年芙蓉区内有星级饭店20家，其中五星级饭店3家、四星级饭店7家，三星级饭店10家，其他宾馆、旅社、招待所1161家，床位3.82万张（2012年普查数据）。旅行社109家，其中具有出境游资质社15家，具有台湾游资质的旅行社4家，旅行社分社、网点180家。五星级餐馆4家，五星级农家乐1家（东湖金山休闲度假村）。长沙市特色旅游示范点2家（颐而康、锦东红瓷），AAA级旅游景区1处（浏阳河婚庆文化园）。全年完成85家旅游服务单位的申报工作，组织开展银华大酒店、晚报大酒店等单位的年度星级复核。全年增加旅行社分社9家，网点65家；变更分设1家，网点14家；撤销分设2家，网点10家。

改善各旅游企业内部环境，印制《社会主义核心价值观》《中国公民出境旅游文明行为指南》等宣传资料发放到辖区星级饭店、旅行社、景区。组织开展“安全生产打非治违集中行动”“全省旅游质监执法异地交叉检查”“五一”小长假旅游市场规范检查、“5·19”旅游日宣传、长沙火车站及周边旅游市场联合执法检查、旅行社合同专项整治检查等活动，出动检查人员100余人次，发现和制止多起安全生产隐患。《长沙晚报》刊文报道“浏阳河畔·盛世芙蓉经验绽放”“华美芙蓉·浪漫绽放迎宾朋”等活动。通过“5·19”旅游日宣传、中俄红色旅游合作交流系列活动、“中国湖南旅游商品大赛”等活动，推介区域旅游资源。

【廖健到区调研韩国游客精品旅游线路】 6月8日，长沙市副市长廖健、副秘书长王体泽，市旅游局副局长曾卫军等一行5人到芙蓉区调研“韩国游客精品旅游线路”。副区长易新宇，区商务旅游局、定王台街道、东湖街道相关负责人陪同。廖健一行首先考察都正街历史文化街，肯定棚户区改造模式及将历史文化和旅游景点充分结合的做法。在考察都正街在建立体停车库项目时，廖健要求，必须在保证安全的情况下，完成立体车库的建设。廖健副一行还到湖南农业大学校园内的柳子明故居。该故居系柳子明在湖南农大工作期间的住宅，建于20世纪50年代，经维修后开辟为柳子明故居陈列室。2012年，被确定为芙蓉区不可移动文物。廖健要求，市旅游局、芙蓉区政府、湖南农业大学要加强联系，加快柳子明故居的保护修缮与外围建设。

【“快乐旅游·文明服务”道德讲堂活动】 9月2日，由市文明办、区文明委主办，区文明办、区商务和旅游局承办的以“快乐旅游 文明服务”为主题的道德讲堂专场活动在芙蓉区会议室举办。市旅游局副局长廖双寅，市文明办综合处处长刘爱梅，区委宣传部部长伍艳飞等领导，区宣传部、区商务和旅游局相关负责人出席。辖区各街道、星级饭店、大型商场超市、旅行社、旅游景区、星级农庄、特色旅游示范点180余人参加活动。该次活动将“快乐旅游·文明服务”主题贯穿在“九个一”（作一次自省、唱一首歌曲、学一个模范、诵一段经典、发一个善心、行一个大礼、做一件善事、送一份吉祥、学一些知识）流程中：主持人在音乐声中带领大家静心自省；全体齐唱“长沙市民文明公约歌”；学一个模范环节，友谊商店护卫队班长方拥军分享了他们在平凡岗位上热情服务广大游客的故事；全场齐诵道德经典《荀子·修身》中的节选；主持人带领与会人员一起说出善愿，引领大家面向“德”字行遵德礼；工作人员向与会人员赠送了道德讲堂小礼物和善行卡，主持人号召大家“做一个承诺”，引导大家今后将把道德植根于心、在自己的言行中践行道德。由湖南华天大酒店总经理余小良作了“文明服务、安全生产”专题报告。

【2016年度星级饭店复核工作】 11月24日，银华大酒店2016年度复核通报会召开。区商务旅游局成立由局长戴静为主任，芙蓉区旅游饭店星级评定委员会。复核工作依据《旅游饭店星级的划分和评定》国家标准和《星级饭店访查规范》行业标准，检查星级饭店的必备项目、设施设备更新维护、节能减排、服务质量、管理制度等内容。复核工作采取饭店自查、复核小组明察与暗访相结合的方式。

【市旅游局到区督察旅游行业安全生产和文明创建工作】 12月21—22日，长沙市旅游局局长易冒、副局长余岚率市旅游局行业管理处全体成员，检查芙蓉区旅游行业安全生产和文明创建工作，区商务旅游局副局长李延安陪同检查。该次检查按照现场抽查辖区重点旅游企业及查阅区旅游局相应资料相结合的方式。督查组一行查看富丽华大酒店、紫东阁大酒店、浏阳河婚庆文化园、湖南光大国际旅行社等10余家旅游企业，了解被检单位的营业场所环境、消防设备配置、监控设备运行、供水供电安全及各项规章制度、应急预案、培训记录、巡查记录、合同档案等情况。对照旅游行业文明创建标准，逐一检查各单位公益广告发布、文明旅游引导提示、雷锋志愿服务工作站、文明餐桌、投诉机制及服务承诺等工作。易冒要求：加大对旅游企业的指导和服务力度，对照各项标准，督促企业将旅游安全生产和文明创建工作做实做细。

（戴　颖）

交通·邮电

交通运输

【概况】 2016年，芙蓉区交通运输局以绩效管理为抓手，坚持改革创新、交通先行、安全发展，推进港湾式公交中途站改造，满足公众出行便捷、舒适，维护辖区道路运输安全有序。

运输安全监管。开展“监管执法年”行动，全年辖区未发生道路运输安全生产责任事故。区交通局联合各街道开展辖区范围内货运站场和货运代理企业专项执法检查，有33家未报备地址变更、停止经营、不符合安全要求的货运代理企业，在《长沙晚报》上登报注销其经营备案证。该局联合交警、消防、城管、各街道开展道路运输安全“大排查、大整治、大管控”行动，全年在《长沙晚报》上登报注销599台超过180天未年检的货运车辆。在高温、汛期等重点时段和中秋节、国庆节等重大节日以及“两会”期间、辖区换届期、G20峰会、党代会等特殊时节，区交通局安排部署特护期道路运输安全工作，采取每天安排领导干部带队检查、加强应急值班值守和建立日报平安、周报动态的工作机制，保证了全区道路运输安全稳定。

路政执法。加强辖区道路运输路面执法，通过分析非法营运车辆出没规律，在长沙火车站、汽车东站及其周边重点区域，采取定点不定时、流动性巡查等方式，对非法从事运输经营活动车辆开展全方位、立体式打击治理工作。并联合交警、巡警等部门每月开展4～8次夜间联合执法，全年查扣各种非法营运车辆462台。开展对违规长途客运车辆整治力度，组织益阳线、邵阳线、常德线专项联合执法行动，通过举报、蹲守等方式取缔了辖区重点路段“黑站点”7处。区交通局采取“源头控、路面管、后续打”方式，加强协调联动、严肃治超纪律。开展专项行动打击非法改拼装车辆和超载超限货运车辆，以人民东路、双杨路定点检查为主，东岸建材城、瑞祥陶瓷市场周边巡查为辅，全年检查车辆2696台，教育处罚车辆315台。该局采取联动宣传，在辖区各街道设立集中宣传点，组织宣传车出动巡回宣讲，发挥街道交通站优势，促进治超工作进街道、进社区、进企业，形成全社会关注、重视、支持的舆论氛围。区交通局在交通事故处罚中心窗口、政务中心窗口和局机关设立纪检监察廉政举报信箱，对外公布监督举报电话，接受执法对象和人民群众的监督。（陈玄灿）

图18 开展酒驾专项整治现场

图 19　春运临时检查岗对过往客车进行检查

【“公交都市建设年”活动】 区交通局按照“文明出行 畅安长沙”重点交通拥堵区域疏通工作需要，开展对辖内12处公交中途站港湾式改造，缓解了人民路、蔡锷路、红旗路、人民医院周边的交通通行压力。全年新建20.1千米大客车专用道，并完善相关标识标线和禁止标牌，实现了公交路权优先。

【部署2016年春运工作】 1月23日，芙蓉区召开2016年春运工作领导小组会议，安排部署2016年芙蓉区春运工作。副区长蔡冰参加会议。该次会议由区政府副调研员尹上敏主持。辖区2016年春运工作领导小组成员单位负责人参加会议。在会上，区交通局负责人宣读了《芙蓉区2016年春运工作领导小组关于认真做好2016年春运工作的通知》。蔡冰明确要求，全区各单位要遵循“安全第一、保障有力、方便快捷、服务至上”的原则，让人民群众过上一个平安、欢乐、祥和的春节。

【运输安全集中约谈】 9月22日，芙蓉区召开道路运输安全生产约谈会议。副区长彭尚松集中约谈辖区重点道路旅客运输、道路危险货物运输、维修、改装、校车、客运站、物流等22家企业负责人。该次约谈会由区政府副调研员尹上敏主持。区交通局负责人传达习近平、李克强等中央领导和省委书记杜家毫关于安全生产的重要批示。副区长彭尚松要求，各企业要吸取事故教训，落实主体责任和日常管理，加强安全投入，保障人民群众生命财产的安全。

（陈玄灿）

邮　政

【概况】 中国邮政集团公司长沙市芙蓉区分公司（以下简称芙蓉区分公司），下辖车站中路、朝阳路、曙光路、五一中路、蔡锷中路、定王台、八一路、南湖市场、火星大道、省委大院、东岸新桥11个邮政营业网点。2016年5月10日，新建车站路、火星、荷花园、韶山路、五一路5个营揽投站，该分公司有员工101人。年内，完成业务收入1688万元，完成年度计划91.60%。完成函件收入523.3万元，完成年度计划113.47%。与上年同期相比增长10.66%。剔除集邮专卖店以外完成集邮收入312万元，完成年度计划86.25%，比上年同期增长24.1%。营销车险业务361台，代办收入123.3万元。芙蓉区分公司工会在开展扶贫帮困活动中，为望城区患病员工捐款4450元。

（李　祥）

【把控营揽投站分网运营启动】 5月10日，芙蓉区分公司营揽投站正式运营，该分公司领导在维护队伍的稳定同时，建章建制，推动揽投站业务的良性发展，邮件妥投率等逐步上升，小包揽收从零逐步上升到日均揽收300余件。

【快递包裹亮剑行动】 在省公司领导及各级兄弟单位的全力支持下，采取“走访＋宣传＋试邮”相结合的方式，加强对中小电商的走访，从散件入手打造揽收平台。9—12月走访客户418户，意向客户75户，试邮39户，揽收18.99万件，收入151.41万元，比上年增长11.43万件，增长151.06%。在亮剑行动中，开展5个揽投站点“快递包裹营销技巧培训”，做到了“既亮剑又练兵”。每个揽投员全程跟踪所在段道内的2幢写字楼揽收，并采用“多说一名句话，说好每句话”的方式蹲点揽收。通过试邮渗透，吸引客户、赢得客户。

【推进普通邮件与快递包裹分网运作】根据中国邮政集团公司“一体两翼”（“一体”就是要打造适应现代电子商务发展模式线上线下为一体的综合便民服务平台。

“两翼”就是金融翼和寄递翼）战略发展目标及省公司相关工作要求，为增强市场拓展能力和包裹快递业务发展，提高邮政包裹快递市场占有率，整合原有投递局和区分公司资源，实施普邮与快递包裹分网运作；营揽投站由区分公司直接经营管理，实行专业化经营；引进深圳快递包裹综合服务系统，加强各环节实时管控调度；优化机制，以投促揽，以揽带营。年内，区分公司组建营揽投网格平台，推动专业化经营，增强市场拓展能力。芙蓉区分公司新建5个营揽投站，每个营揽投站按照站长1名、客服1名、日投50件配1名揽投员的标准配置人员，并根据业务量情况对揽投员实行动态管理。全面实现分网分投，推行快递包裹营揽投合一的运行模式，正向引导揽投员建设和使用社会揽投点，提升快递包裹首日妥投率。（李　祥）

移动通信

【概况】 中国移动通信集团湖南有限公司长沙城北分公司（以下简称“城北移动”）是中国移动长沙分公司的下辖机构，位于芙蓉区五一大道800号。截至2016年底，城北移动有员工280人，下设综合部、市场部、网络部3个部门和政企客户中心、宽带运营中心2个中心，共同为芙蓉区80余万移动用户提升网络质量，做好各项通信保障工作。2016年在各服务接触界面实施“客户满意行动”，塑造服务形象和传播服务优势，打造卓越服务品牌，实现了服务品质倍增。

客户服务。年内，长沙移动城北分公司持续推进实现全面服务质量管理，提升服务能力和服务价值。聚焦客户沟通、客户投诉、服务触点、服务产品和服务质量等重点工作，以客户需求为导向，通过多维度监测、数据分析、策略制定、活动实施、效果评估，建立全方位满意度闭环管理机制。对资费满意度等短板服务项目制定针对性的服务措施；对不满意客户实施差异化服务关怀及服务修复，确保客户满意度持续提升。加强投诉管理，提升投诉防范力，从源头上减少客户不满意的形成，控制投诉产生。紧抓对客户感知影响最大的问题，聚焦解决服务热点问题。严格落实实名制工作要求，保证移动电话用户实名登记率100%。全年城北分公司客户满意度完成值80.21，同比提升4.02PP；NPS完成值30.55，同比提升11.3PP。

网络建设。城北移动公司持续加大辖区移动通信网基础建设，重点关注信号弱覆盖盲区，加强网络优化工作，改善用户感知。全年新建LTE（4G）基站100余个，截至年底2G/3G/4G基站累计2000个，实现区域内道路及所有写字楼、住宅小区的2G/3G/4G移动通信网络无缝覆盖。年内，持续开展网络质量提升活动，对全网的信号覆盖进行整体优化提升，4G信号MR覆盖率提升93.8%，4G网络平均下载速率42Mbps，4G高清通话接通率99.2%。

业务经营。年内，推进全民4G业务发展，实现4G用户超过40万户。响应国家“提速降费”政策，推出流量共享、流量不清零、假日流量、闲时流量、降低国际及港澳台漫游资费等举措，手机流量单价降幅率30%以上。打造高品质、超安全手机终端，推动超级4G业务，提供高清语音通话和高清视频通信，做好各项重大活动、重大突发事件通信保障工作。提升家庭宽带品质，实现全光纤接入，用户接入速度100Mbps以上。打造“魔百合”、“智能网关”等数字家庭产业，为客户提供丰富多彩的数字家庭服务。在智能物联与行业信息化方面，面向“家居、医疗、公安、酒店、滴滴出行”等提供移动物联网服务，推动互联网与传统行业的深度融合。（李方方）

教　　育

【概述】 2016年，芙蓉区有区属中小学校37所（含完全中学1所，初级中学3所，小学33所），在职教师2300人，在校中小学生4.3万人。辖区内幼儿园107所，其中公办园22所（区属9所），民办园85所，在园幼儿20019人。民办培训学校65所。年内获市级以上奖励20余项：全国社区教育示范区、全国全民终身学习活动周先进单位、全国第五届中小学艺术展演优秀组织奖、省教育学会“十二五”教育科研课题管理先进单位、省科技创新大赛优秀组织奖、省DI创新思维大赛优秀组织奖等荣誉，被评为省级学前教育改革发展实验区和省级教育信息化试点项目单位。分别在全国教师培训机构发展研讨会、省市州教育局长暑期研讨培训班、省师德师风建设工作现场推进会、市暑期教育工作会、市“两型”学校示范校创建动员暨经验交流会现场推介工作经验。组织师生参加各级各类比赛，教师获市级以上荣誉（奖项）2607项，其中国家级226项、省级864项；学生获市级以上荣誉（奖项）2603项，其中国家级265项、省级1357项。

教育改革。“区域推进幸福教育的路径与机制研究”课题立项为国家级教育科研规划课题，15所学校申报23个“幸福教育”子课题。汇编《芙蓉区幸福教育研究论文优秀成果推广专辑》和《区域推进幸福教育的理论与实践研究》参考文献选辑。贯彻阳光招生政策，规范、公正推进学校招生工作，中小学起始年级班额得到控制。制定《关于推进区域内义务教育学校校长教师轮岗交流工作的意见》，全区中小学干部教师实际交流167人次，占应交流总数的40%。其中各级骨干教师交流64人，占实际交流人数的38.3%。区域内教师均衡配置工作制度建设获市级优秀成果奖。制定《芙蓉区教育信息化“智慧课堂”工程实施方案》，试点开展基于平板的个性化教学实验，大同古汉城小学成为“全国中小学校长教育信息化人人通专题培训基地学校”。

素质教育。推进“体验式公民教育”德育项目，举办校园文化艺术节闭幕式、阳光体育项目竞赛、科技活动周、创新思维竞赛等活动。3所学校被评为长沙市青少年科学工作室，区域全国青少年校园足球特色学校由2所增至4所，育英小学校被评为首批全国学校体育工作示范校。

队伍建设。面向社会公开发布《芙蓉教师宣言》，举行“宣言大家诵”“宣言大家谈”“宣言我践行”系列活动。举办“践行芙蓉教师宣言、做党和人民满意的好老师”主题师德教育活动。《芙蓉教师宣言》主题教育活动获评教育部师德建设优秀工作案例，并在湖南省师德师风建设工作现场推进会上推介。成立首个区级校长工作室，大同小学校长龙继红担任主持人，遴选5名团队骨干和10名学员。建立学前教育院校合作实习机制，第一批实习生到芙蓉区幼儿园任教。挂牌成立区首个学前教育师资培训基地，首届民办学前教育管理干部培训班开班。落实新任教师“导师工程”和骨干教师与新教师区域结对活动，开办新任教师培训班和学科培训班。开展“夫妻双方从教三十年”“优秀教师”“尊师重教先进单位（个人）等评比表彰活动。其中设立的“夫妻双方从教30年纪念奖”，被基层群众誉为“最有温度”的奖项。逐步落实教师餐补及临聘教师待遇，临聘教师与在编教师同等享受工会、教师节待遇。

督学管理。推行责任督学挂牌督导，成立区教育督导委员会，选聘新一届督学，建立区挂牌督导信息平台。为全区公立在校就餐学生购买校园食品安全责任险，免费为全区所有学生食堂配备食品安全快速检测仪。建立学校“爱心家长志愿者护学岗”，实行校车公司化管理。举办“芙蓉教育开放周”，区属37所学校集体展示，体现“开放办学、开门治教”的教育理念。

党建工作。年内发展党员18名，转正预备党员21名；举办入党积极分子培训班，26名入党积极分子培训结业。该局组织6次中心组学习，开展“党徽，在讲台上闪光”党员教师教学竞赛、纪念建党95周年暨“以党带团”、“党史党规党纪知识知多少”测试等活动。实施党建项目化管理，全区学校申报项目18个。

学园改建。全年建成6所学校（幼儿园）。即：长郡芙蓉实验中学、大同小学、大同瑞致小学、白沙湾幼儿园、东湖路幼儿园、芙蓉公寓幼儿园，增加学位超7000个。投入1200万元提质改造34所学校。14个学校完成市级标准化学校建设评估验收。5所学校、幼儿园创建为两型示范单位，其中市级2所（育英西垅小学、育才二小），区级3所（育英小学、育才三小、星城世家幼儿园）。由政府出资200万元，建成教师公租房，并统一装修并配足配齐生活必需基础设施，有120余名教师“拎包入住”公租房。（黎银华）

【推进“幸福教育”工程】芙蓉区教育系统以“打造幸福教育，办老百姓家门口好学校”的目标，围绕“学校”“教师”“学生”，开展教育改革，推进芙蓉教育均衡优质发展，被评为全国社区教育示范区、全国全民终身学习活动周先进单位，并获得全国第五届中小学艺术展演优秀组织奖。年内，建成长郡芙蓉实验中学、大同小学、大同瑞致小学、白沙湾幼儿园等学校（幼儿园）。投入1200万元提质改造34所学校，完成市级标准化学校建设14所。“区域推进幸福教育的理论与实践研究”课题立项为中国教育学会“十三五”教育科研规划课题。芙蓉区教育局、育英西垅小学分别获批“省教育信息化试点项目单位”的试点区域和试点学校。向社会公开发布《芙蓉教师宣言》，举行“宣言大家诵”“宣言大家谈”“宣言我践行”系列活动。12月，《芙蓉教师宣言》主题教育活动被教育部评为全国师德教育创新案例。成立区级校长工作室，教师培训、课题管理等工作先后在全国教师培训机构研讨会、湖南省教育科学规划课题管理交流会上推介。全面实行校长教师定期交流轮岗工作，推出“提供教师公租房”“提高临聘教师工资待遇”等举措。推行“体验式公民教育”德育项目化管理，30所学校开展德育子项目试点。实施阳光招生和学生“体育艺术‘2+1’项目”，建成特色项目培训基地，培养学生综合素质与特长爱好，满足学生个性发展需求。

【教育主题活动】3月17日，“微志愿·微文明”长沙市中小学生学雷锋志愿服务活动暨文明校园创建活动在育英二小举行。该活动由市文明办、市教育局、区文明委主办。市文明办副主任梁飞彩，市文明办未成处处长朱治东，区委宣传部部长伍艳飞参加活动并师生互动。在活动中演出“学习雷锋好榜样”“我该怎么办”情景剧，学雷锋班队课活动视频、“雷锋，你在哪里”诗歌朗诵。全体学生现场立誓：从严律己，以身示范，争当文明小先锋。

4月22日，长沙市第21个世界读书日教育宣传活动在马王堆小学举行。该活动由省文明办指导，市文明委主办，市文明办、市妇联，区文明委承办。在活动现场，师生表演了童话剧“翻开奥秘之书”；马王堆小学、火星小学、双星小学现场联合挂牌成立“小小图书管理员”校外实践基地；长沙市家庭教育学会会长、市妇联副主席赵景利作《我们的第二次成长》主题报告。世界读书日活动旨在用“悦读+”理念为未成年人开启绿色阅读、创意阅读、实践阅读的书香好生活。

4月22日，湖南省第三届“绿草地”阅读行动在大同小学开展。该活动由湖南省儿童文学学会和湖南少年儿童出版社共同举办。评论家方卫平，作家汤素兰、皮朝晖、毛云尔、唐樱、谢乐军等出席活动。在活动中，公布了第三届“绿草地”阅读行动阅读推广大使名单，正式启动湖南省儿童文学学会推动的“驻校作家计划”，并由第一批驻校作家和入驻学校签署了正式协议。“绿草地”阅读行动已连续举办三届，该届首次走进校园。

5月5日，道德模范进校园暨青春励志主题电影《向日葵女孩》校园首映式在马王堆小学举行。市文明办副主任梁飞彩，市教育局副局长缪雅琴，区领导伍艳飞、张庆和等出席。该电影以全国道德模范提名奖获得者何平为原型，讲述她孝老爱亲、乐观进取、勇敢担当的感人故事。何平到场发言并与马王堆小学孩子现场互动。

5月16日，楚怡小学举行建校110周年主题教育活动。市政协副主席钟新莲，市教育局局长卢鸿鸣，区委书记梁仲等出席。该次活动播放了学校110周年教育主题活动宣传片；由师生创作的“东方曙光”“储英百年”“再续华章”篇章，以表演唱、话剧、老歌联唱、故事讲述、师生齐诵等形式，展现学校发展的历史和体操办学特色。楚怡学校是芙蓉区建校历史最长的学校之一，于1906年创办，毛泽东、何叔衡、邓中夏等仁人志士曾在该校发起民族抗争运动；“五四”演讲、“驱张”会议、文化书社等曾在该校举行；朱镕基、李锐、茅于轼等国家政要、文化学者曾在该校就学，先后培育了陆莉、陈翠婷、周晶等体操世界冠军。

5月30日，芙蓉区“童心筑梦 幸福成长”主题庆“六一”活动在育英小学举行。省文明办副主任熊科文，省文明办未成处处长史锋，省政府文管会顾问王林，市文明办副主任梁飞彩等领导及芙蓉区各学校师生家长代表参加。该次活动中，学生表演了歌舞“红领巾相约中国梦”、合唱“中国少年先锋队队歌”、韵律操“我们爱音乐”等节目，现场拍卖了学生创作的社会主义核心价值观特等奖作品5幅，筹得爱心款7100元，该款项用于捐助邵阳新宁县贫困儿童。在“六一”活动中，还表彰了一批优秀少先队员、优秀少先队辅导员、优秀少先队集体。

7月9日—8月4日，芙蓉区少年宫主办“艺术与生活”暑假公益教育活动。该次活动设置14个项目，涉及国学、电影欣赏、音乐素养、摄影等方面。“艺术与生活”暑假公益活动，首日接待各中小学学生和家长超过600人。该活动还对全市其他区域的贫困、残障儿童免费开放。

9月8日，芙蓉区举行“践行《芙蓉教师宣言》做党和人民满意的好老师”庆祝第32个教师节暨师德师风建设主题教育大会。省教育厅领导唐亚武，市政协领导张庆和，市教育局领导缪雅琴，区领导陈计伟、罗尔曼、梁汝岚、汤孝泽等参加。在活动中，表彰了5个尊师重教先进单位、10名尊师重教先进个人、10个“师德师风建设先进集体”、10位“十佳师德标兵”、227位优秀教育工作者以及13对“从教三十年的夫妻”。其中设立的“夫妻从教三十年纪念奖”被基层誉为“最有温度的奖项”。

11月8日，由长沙市文明办、芙蓉区文明委主办，区文明办、区教育局、大同古汉城小学承办的“青春无悔，敬业奉献”主题道德讲堂活动举行。该次活动分为唱一首歌、学一个模范、送一份吉祥、学一些知识等9个环节。由2013年度“中国好人”伍英到场分享敬业奉献故事。参加活动的师生现场聆听道德故事，感受道德力量。

11月14—18日，芙蓉区启动“芙蓉教育开放周”活动。区内37所学校集体亮相，面向全体家长朋友开放。该次开放周体现芙蓉区“开放办学、开门治教”的教育理念，旨在通过展示、体验、互动等形式，展现学校特色、教师风采和学生风貌，促进家校交流，让家长智慧助力芙蓉教育发展。

11月18日，芙蓉区第七届校园文化节闭幕式在大同瑞致小学举行，市教育局副局长缪雅琴，副区长提名人选梁汝岚参加。该活动以“阳光少年 幸福成长”为主题，展出学生作品，开展了文化活动“微体验”，并颁发最佳实践创新活动奖、最佳人文艺术活动奖、最佳锻炼价值活动奖、最受学生欢迎活动奖等集体奖，以及十佳阳光少年奖、十佳优秀指导教师奖等奖项。

【学校招生动态】 4月25日，长郡芙蓉实验中学成立授牌仪式在芙蓉区政府举行。该仪式上，区教育局党委书记、局长谢小红发布长郡芙蓉实验中学托管办学情况；区长于新凡和长郡中学校长李素洁代表双方正式签约，市教育局党委书记、局长卢鸿鸣作为见证方代表见证；李素洁、谢小红共同为长郡芙蓉实验中学授牌，该校校长吴晓峰接牌。长郡芙蓉实验中学占地面积约6万平方米，建筑面积约4.6万平方米，为公办初级中学，设计规模54个班，可容纳寄宿学生900名。2016年秋季开设初一18个班招收920名学生。

6月30日，2016年长沙市城区小学毕业生升初中城区联合微机派位在马王堆小学举行。市政府秘书长谭勇出席。来自市内五区各小学的教师、家长代表超300人参加。2016年全市城区有小学毕业生36871人，其中残障儿童、公办特色学校提前招收特长生、子弟学校和民办学校自主招生共招收6162人，高新区实行划片招生1707人。五区派位总数29002人，其中乡镇（场）学校对口升学、配套学校配套入学以及志愿录取人数为10716人，多校派位人数为18286人。2016年首次实行双（多）胞胎捆绑派位政策，有166对双胞胎，3对三胞胎参与捆绑派位。

8月29日，大同瑞致小学新校区举行开学典礼。该校区占地近3.33公顷，建筑面积2万平方米，可容纳常规教学班48个。建成了羽毛球馆、足球场、篮球场、计算机室、心理咨询室、书法教室、图书阅览室等场地和功能室。2016年，该校开设17个教学班级，招收学生超过700名。

【教师招聘和支教】 4月2日，芙蓉区2016年度公开招聘教师笔试在湘一芙蓉二中举行。该次笔试考生3000余人，安排在39个考场，分上午、下午考试。计划招聘中小学教师74名，其中小学49名，中学25名，涉及小学语文、数学、体育、信息和中学语文、数学、英语、历史、地理、生物、政治11门学科。区教育局组织150人承担考务工作，并设置准考证打印点、医务室和饮水点，保障考生参考环境。

8月30日，区教育局选派25名教师到新宁县支教。局长谢小红作了临行动员，她希冀支教老师们要展示芙蓉教师形象，尽快融入岗位，发挥自身优势和特长，与受援学校教师相互学习，共同进步。2014—2016年芙蓉区教育局选派了75名教师到新宁县农村学校支教，2016年还有2位教师到怀化溆浦农村学校支教。

10月28日，长沙市洪霞科学名师工作室一行4人到张家界市开展送教、送研活动。张家界全市科学专职及兼职教师200多人参加活动。活动中，大同小学王文、慈利县金慈实验小学熊涛分别执教示范课；工作室首席名师洪霞组织互动研讨，并围绕学生发展核心素养，做“基于核心素养下的小学科学教学思考”主题微型讲座，工作室顾问、特级教师谭菜花做“用智慧构建灵动的生本课堂”专题讲座。

【省、市领导关注芙蓉教育】 1月14日，省党代表、省教育厅党组书记、厅长王柯敏走访芙蓉区教育局党代表工作室。原省人大常委会副主任、省文化艺术基金会主席肖雅瑜，副市长何寄华，市教育局局长卢鸿鸣，区委副书记、区长于新凡等陪同。王柯敏听取了芙蓉区教育工作汇报，观看了五一中路小学合唱队训练、葫芦丝班级表演，参观范小平名师工作室，他肯定了芙蓉教育的快速发展，并指出芙蓉教育是湖南基础教育的典范，社会认可度高，品牌特色鲜明。要继续加大宣传力度，弘扬正能量，充分运用信息化媒介，宣传身边的好学校、好老师。

3月4日，省公安厅厅长黄关春到大同二小检查安保工作。市公安局局长唐向阳等陪同。黄关春在听取学校汇报，实地检查、了解学校安全保卫工作。他要求各级各部门要加强各项安全管理措施，加强社会面防控，健全警校共建和工作联动机制，指导校园增强安全防范意识，着力人防、技防、物防设施建设，强化群防群治工作，筑牢校园安全屏障。

5月31日，省人大常委会副主任李友志一行慰问育才小学。省教育厅副厅长王建华，市人大常委会副主任芮英姿，市教育局局长卢鸿鸣及区领导梁仲、罗尔曼、张庆和等陪同。李友志观看了学校庆祝“六一”交响合唱音乐会，听取了《湖南省学校学生人身伤害事故预防与处理条例（修订草案）》基层单位意见和建议，他要求：重新修订该《条例》符合现实需要，是党和政府对下一代健康成长高度重视的生动体现。教育行政部门、广大教育工作者要结合实际，积极建言献策，出台新条例，造福广大人民群众。

8月24日，省委书记、省人大常委会主任徐守盛考察芙蓉区大同小学新校园，许又声、易炼红、胡衡华、夏建平、于新凡、周春晖等省、市、区领导陪同。徐守盛考察了校园环境，了解学校硬件设施、师资力量、教学水平等情况，看望一线教师，并勉励教师们始终坚持立身立教、厚爱育人，努力成为业务精湛、学生喜爱的高素质教师。他要求，全省中小学校要贯彻党的教育方针，落实立德树人根本任务，规范办学行为，尊重教育规律，促进学生全面发展。要重视中小学安全工作，坚持以人为本，生命至上，抓好校车安全管理、饮食卫生安全、校园设施设备安全、防学生溺水、防校园欺凌等学生安全工作。徐守盛希冀芙蓉区坚持教育优先发展，使每一所学校成为老百姓家门口的优质学校，每一位老师成为名师，每一位学生成人成才，使芙蓉教育、长沙教育走在全省的前列；希望大同小学继续发挥老牌名校优势，打造湖南一流的教育品牌，为社会培养更多的人才。

12月8日，市教育局党委书记、局长卢鸿鸣到芙蓉区调研城区学校提质改造与小学生减负工作，区委副书记、区长周春晖陪同。卢鸿鸣现场考察了湘一芙蓉中学和燕山小学计划提质改造项目。他指出：芙蓉教育底子厚、站位高，应在推进学校标准化建设、促进教育优质均衡发展、“校校成优校”上发挥示范作用；在教师培养培训、推进校长教师交流、“校校有优师”上发挥示范作用；在深化教育信息化、课程教学改革、教育治理现代化上发挥示范作用。

12月15日，国务院教育督导委员会专家组到芙蓉区督察校园欺凌专项治理工作，副区长梁汝岚陪同。督导专家组督察了朝阳小学、曙光路小学、燕山第二小学、湘一芙蓉第二中学等学校，听取芙蓉区教育工作情况汇报，肯定芙蓉区校园欺凌专项治理工作，希冀加强教育和联动，形成齐抓共管的工作合力，培养遵规守纪、品学兼优的社会主义接班人。

12月20日，省党代表、省人大常委会副主任王柯敏到芙蓉区调研教育工作，省党代表、省教育厅党组成员、工委副书记夏智伦，市教育局党委书记、局长卢鸿鸣，区领导周春晖、周虔、梁汝岚等陪同。王柯敏观摩了长沙市第四届“魅力教师”、长沙市小学语文名师工作室首席名师朱爱朝语文课堂“冬至”，座谈“幸福教育——如何培养更多名师”主题。他要求：弘扬教育正能量，加强教育正面宣传，芙蓉教育开放周、名师工作室等活动就是最好的宣传载体；要提供名师成长环境，有做好老师的信念，争做习总书记提出的“四有”好老师；要遵循教育规律，尊重教育周期，培养学生的好奇心。

【区领导调研教育工作】 6月24日，区人大常委会主任罗树林一行调研芙蓉区幸福教育推进工作，区领导宋晋武、陈忍冬、严国益、马京沙、罗尔曼、张庆和等参加调研。其间，罗树林一行实地走访湘一芙蓉中学和大同古汉城小学，听取教育局关于幸福教育推进工作的情况汇报和区人大教科文卫工委的调研情况汇报。张庆和要求，芙蓉区推进幸福教育有机制、有构想、有路径、有成效和有空间，还要做到“五更”，即：尊师重教氛围要更浓、学生负担要更轻、教师待遇要更好、育人环境要更优、校际差距要更小。罗树林肯定了教育发展取得的成绩，并提出建议：把人民群众是否满意作为幸福教育的第一标准；把提升教育教学水平作为幸福教育的核心内容；把推进教育工作创新作为幸福教育的龙头工程。

8月28日，芙蓉区教师公寓揭牌入住仪式在教师公寓举行。副区长梁汝岚，市住房保障局党组成员苏自立，区总工会主席李凤英参加。芙蓉区教师公寓地处东湖街道合鑫苑小区3栋3单元，整个单元10层楼69套房。租赁价格300元/月/套，两人合租150元/月/人。该公寓由区政府投入近200万元，基础装修69套公租房，开通水、电、气，配备空调、燃气灶、抽烟机、床铺、书桌、餐桌椅等基本生活设施，窗帘、浴镜、毛巾杆、晾衣架等细节也配置齐全。首批入住的121名教师中，隆平新区学校教师79人，占65%。芙蓉区教师公寓是长沙市城区集中安排教师入住的、限定租赁价格的保障性住房。

9月6日，区委副书记、代区长周春晖调研教育工作，他实地考察湘一芙蓉中学、东屯小学以及河山小学建设工地，听取学校工作汇报，了解学校建设及发展情况。周春晖肯定了芙蓉教育近年来的快速发展，认可“幸福教育”的战略主题、发展定位及推进举措。他要求，教育工作要以办好人民满意教育为根本、以面向全体学生为核心、以坚持问题导向为引领，打造省市优质教育品牌，助推区域经济社会发展。

【教育工作会】 1月21日，区教育局召开寒假教育工作会。该次会议总结上年全局教育系统取得的各项工作成绩，分析教育发展形势，提出务实、创新、开放、多元四大理念，明确2016年工作总体思路和举措：紧扣“一个主题”（幸福教育），做到“两个提质”（中学教育、学前教育）；“三个提速”（基础建设、教育信息化、特色发展）、“四个强化”（党的建设、素质教育、师资培训、安全管理）和“五个优化”（师德教育、教育科研、课程建设、教育评价、后勤保障）。分管教育副区长张庆和提出：要以务实的作风推动芙蓉教育全面发展；以创新的理念促进芙蓉教育协调发展；以宽广的视野推动芙蓉教育共享发展；以多元的理念推动促进芙蓉教育特色发展，让师生、家长有更大的获得感。

6月28日，区教育局举办2016年党委中心组（扩大）第三次集中学习之“两学一做”专题党课暨纪念建党95周年表彰大会。会上，教育局局长谢小红以“做有教育理想的教育人、过有滋有味的教育生活”为题讲授“两学一做”党课。会议期间表彰了优秀党务工作者、青春活力团组织、共产党员示范岗、“四型”党组织、先进基层党组织等先进集体和优秀个人；18位新发展党员举行入党宣誓活动。

8月21日，区教育局在大同瑞致小学举行首届校长工作室授牌仪式。该次仪式上宣读了《关于公布首批芙蓉区中小学校长工作室及主持人名单的通知》和《关于公布首批芙蓉区中小学校长工作室成员的通知》，并由首届校长工作室主持人龙继红接牌，工作室全体成员上台合影。

10月28日，区域推进幸福教育工作专家指导会在芙蓉区教科中心举行。该次会议邀请了专家王沛清、刘建琼、丁文平和余年初等指导。区教育局领导成员、各科室负责人和部分教研员，以及部分中小学校长和幼儿园园长代表出席。会上汇报了芙蓉区幸福教育课题研究方案和实施进展情况。专家们认为，该课题具有前瞻性、科学性和引导性，层次分明，操作规范，意义重大。并指出要继续围绕“回本源，理思路，接地气，谋发展”方面开展幸福教育课题研究，办学生、教师和家长称心如意的教育。

11月5—6日，由亲近母语研究院主办，道禾教育基金会协办，浙江敦和慈善基金会支持的第二届儿童传统文化教育论坛在南京开幕，来自海峡两岸的专家学者，与社会各界关心儿童传统文化教育的教师、家长们，共同分享和探讨适合儿童的传统文化教育。芙蓉区育才小学校长朱爱朝在论坛上讲授了古诗教学内容。

11月25日，全省师德师风建设工作推进现场会在育才小学举行，省教育厅副厅长王建华，市教育局局长卢鸿鸣，芙蓉区副区长梁汝岚等出席。会上，王建华要求：要注重立德树人，提升教书育人质量，在全省造就一支忠于教育事业、让人民满意的教师队伍。芙蓉区作为全市区县代表做经验介绍，推介了该区开展《芙蓉教师宣言》师德主题教育活动的举措和成效。

12月19日，“2017——幸福教育大家谈”主题务虚会在区政府举行。区教育局全体班子成员，局机关科室长，二级机构主任、书记，各小组推荐发言代表，教研员、校长（园长）、书记及名优骨干教师代表40余人参加。会上，由务虚会各片区组长反馈小组前期研讨情况；区教育局分管领导结合分管条线工作，报告2017年工作思路；应邀参加的教研员、校长（园长）、书记及名优骨干教师代表发言。在会上局长谢小红总结2016年亮点特色工作，提出2017年工作重点工作：推进“幸福教育”的研究与实践、师生减负工作、中学教育、教育信息化等工作。副区长梁汝岚肯定该次务虚会的效果，她希冀各学校校长、书记及教师们履行本职办好学、因地制宜要创新、从严要求把好关；局党委坚持问题导向、推动教育优质均衡发展；树立争优意识，做出幸福教育品牌。

【中小学阳光体育运动会】 5月13日，中小学阳光体育运动会在育英西垅小学举行。运动会设有50米迎面接力与集体长绳两个项目，全区37支队伍参加。湘一芙蓉中学、农大子弟学校、育英二小获50米迎面接力比赛冠军；湘一芙蓉二中、大同二小、育华小学获集体长绳比赛冠军；育才二小、朝阳小学、育英西垅小学、火星二小、楚怡小学、浏正街小学获50米迎面接力比赛特等奖；大同小学、育英小学、育英二小、蓉园小学、东屯小学、八一路小学、楚怡小学获集体长绳比赛特等奖；其他学校分获一、二等奖。

【全国教育研讨班学员到长郡芙蓉中学考察】 9月21日，全国中小学知识产权教育研讨班参训学员考察长郡芙蓉中学，国家知识产权局副局长廖涛参加考察活动。全国中小学知识产权教育研讨班参训学员参观了该学校催化科技创新工作室，观摩教师陈美执教课例《保护版权，给文学创作一个无忧的世界》，并与工作室首席名师陈水章交流分享会。自2009年开展知识产权和科技创新教育以来，长郡芙蓉中学学生在国内外发明大赛中多次获奖，分别被评为长沙市知识产权教育示范学校、全国创造教育先进集体，也成为湖南省入选首批全国中小学知识产权教育试点学校。

【红十字救护员培训班开班】 12月3日，芙蓉区教育系统红十字救护员培训班在东郡小学开班。该次培训由区教育局、区红十字会、中国人寿保险公司芙蓉区分公司联合举办，芙蓉区科普艺体中心承办，东郡小学协办。培训从局属各中小学遴选152名有爱心和责任心、身体健康、热心社会公益的在职在编教师参加，旨在提高学校应急救护水平，有效应对校园突发事件。

【朱爱朝当选市第四届“感动星城十大魅力教师”】 12月9日，长沙市第四届“感动星城 十大魅力教师”现场决选暨颁奖典礼在长郡双语实验中学举行，20位来自长沙市教育一线的优秀教师参与评选。经过现场专家评审和400余位大众评委现场投票打分，育才学校校长朱爱朝作为长沙市芙蓉区的代表与另外9位教师当选长沙市第四届“感动星城 十大魅力教师”。 （黎银华）

·表7·

芙蓉区教育系统参加竞赛活动获奖情况统计表

日期	活动内容	参加单位（个人）	所获奖项
5月21—22日	2016年CCTV“希望之星”英语风采大赛湖南赛区（大学成人组）总决赛	湘一芙蓉二中教师童朝辉 湘一芙蓉中学教师刘颖娴	冠军 亚军
5月28—29日	湖南省少年儿童国际象棋比赛	燕山二小	团体第一名
5月31日	湖南省“身边的好学校”“身边的好老师”主题征文活动	大同古汉城小学 五一中路小学	入选湖南省“身边的好学校”
	湖南省学生阳光体操节	火星二小 东屯小学	小学组全民健身操规定二级轻器械、技巧啦啦操二级、花球自选无级别三项冠军 交互绳绕八字集体冠军、表演赛集体冠军
7月16—17日	第四届中国啦啦操国际公开赛	楚怡小学	小学组混合技巧类亚军
7月20—22日	全国体育传统项目学校田径联赛（南方赛区）	长郡芙蓉中学学生李婉怡 长郡芙蓉中学 湘一芙蓉中学学生邓子迪 湘一芙蓉中学	全国女子乙组1500米、3000米两项金牌 女子乙组团体总分第二名 全国男子乙组三级跳远金牌 4×400米接力银牌 男子乙组团体总分第三名
8月22日	2016年中国中学生健美操比赛	罗子欣 刘琦琳 易笑笑 常 乐 罗子欣 刘琦琳 李梦欣 易笑笑 常 乐 黄紫萱 龚颖婕 杨奕璇 刘俊懿 李梦欣 黄紫萱 彭玺颖 龚颖婕	初中甲组混合双人操第一名 初中甲组三人操第一名 初中甲组男子单人操第一名 初中甲组五人操第一名 初中甲组有氧舞蹈规定操第一名
9月24—25日	湖南省第七届“体彩杯”全民健身节排舞/广场舞联赛	火星小学	单人舞、双人舞、串烧舞蹈、规定舞蹈四项一等奖 “团体金奖”
10月13日	全国“CCTV海陆空模型争霸赛”	大同二小	季军
10月15日	长沙市小学生田径运动会	朝阳小学	综合团体总分第一名
10月17—21日	全国首届室内体育课技能教学比赛	育才二小教师蔡昕	一等奖
10月15—16日	长沙市中小学生排球赛	育英西垅小学	男子组冠军 女子组亚军
10月22—23日	长沙市“体彩杯”击剑锦标赛	育才小学	女子甲组花剑团体冠军 男子乙组佩剑冠军
10月29日	湖南省首届校园段位制武术比赛（决赛）	育华小学	一等奖

（黎银华）

科　　技

【概述】 2016年，芙蓉区实施“科技兴区”和“知识产权强区”战略，发挥科技引领作用，推动经济发展由要素驱动向创新驱动，科技成为全区适应新常态、实现新发展的动力和引擎。年内，芙蓉区科技局（科协）获评湖南省“十二五”《科学素质纲要》实施工作先进集体、中国科协“2016年全国科普日活动优胜组织单位”，在迎接全市“双打办”（打击侵犯知识产权和制售假冒伪劣商品工作领导小组办公室，简称“双打办”）年度考核获评优秀，并代表湖南省接受国家“双打办”专项检查。（姚源记）

科技管理

【概况】 2016年，芙蓉区科技工作以实施高新技术企业强基工程为契机，通过培育重点、加大投入、招商引资、加强协作、精心指导等方式，促进高新技术产业发展。年内实行科技型企业备案321家，有18家企业入选长沙市科技小巨人企业；组织49家企业申报高新技术企业认定工作，新增高新技术企业43家（其中重新认定6家）；获评市级以上科技计划立项项目61个，立项经费达2124.8万元。全年高新技术产业增加值339.7亿元，高新技术产业增加值占地区生产总值比重达29.3%。

科技成果转化。引导辖区企业参加科交会、产学研对接会，参与科技成果交流与对接，构架企业与国内知名高校、研究院所合作研发和成果转化的桥梁。组织企业开展科技型中小企业备案，征集到技术需求11项、成果需求12项、人才需求8项、融资需求6项，拟签约项目5项，落实拟签约金额达20.4亿元。辖区企业获评国家、省、市科技进步奖10项，湖南农业大学和湖南省茶业集团股份有限公司、湖南怡清源茶业有限公司合作研发的“黑茶提质增效关键技术创新与产业化应用”项目入选2016年度“国家科学技术进步奖二等奖”。长沙艾格里生物肥料技术开发有限公司的“防治作物重要线虫病害的新型微生物农药与应用”项目获得湖南省科技进步一等奖。华智水稻生物技术有限公司与国家杂交水稻工程技术研究中心、湖南省农科院签署战略合作协议；湖南森美思环保科技有限公司与湖南省农科院签订功能单分子多孔环保材料应用工程技术研究中心战略合作协议；中国兵器工业集团兵器科学研究院与七夕新材料关于石墨烯项目进行技术对接与中国核动力研究设计院等院校共建重点实验室。

创新平台建设。以实施科技企业孵化器强基工程为切入点，推进科技创新平台建设。引导湖南豪丹科技园创业服务有限公司等12家企业申报全市“双创”（大众创业、万众创新）专项资金（科技项目类）获取扶持资金774.8万元。营造科技创新创业环境。在科技活动周期间，全区围绕“创新引领　共享发展”为主题举办区级以上宣传活动5场次。

人才队伍建设。组织区科技经济顾问开展对经济社会发展工作中热点、难点问题考察调研，发挥他们在决策参谋、论证把关等方面的作用。全年组织考察、调研会议、活动6次。加大创新型人才培育工作。贯彻落实省、市、区相关人才政策，根据企业人才情况及时做好人才服务工作。湖南希望种业科技有限公司首席专家教授唐文帮入围2016年度长沙市科技创新创业领军人才，湖南希望种业科技有限公司创新创业团队成功入围2016年度湖南省企业科技创新创业团队支持计划，依照湖南省企业科技创新创业团队支持计划实施办法，该团队将获得100万元经费专项支持

（三年滚动支持）。

困难与问题：辖区高校及科研院所科技成果转化率偏低。中小微企业科技存在资本实力相对较弱，难以引进创新性人才，融资能力有限，抵御风险能力差等因素，成为制约中小微企业创新发展的瓶颈，导致中小微企业创新能力不足。科技创新平台建设过于单一，参差不齐，覆盖面不广；并且对政府的主导依赖性过大，建设机制不够灵活，创新平台建设远远满足不了全区科技型企业的发展需要。（姚源记）

【举办科技活动周】5月16日，由区政府主办，区科技局、区文明办和东湖街道办事处联合承办的2016年度芙蓉区科技活动周启动仪式暨“大众创业、万众创新”政策问诊宣讲会，在东湖街道社会创新空间举行。区政协主席刘建新、长沙市科技局副局长宋新和、副区长张庆和、区科技领导小组成员单位负责人及部分驻区企业负责人、大学生代表200余人出席启动仪式。该次科技活动周安排有“点燃创业创新星火，建设魅力芙蓉”双创主题宣传、芙蓉区科普进校园宣传活动暨大同二小科技节、“科学大讲堂”巡讲（第一站）、“食品安全进社区”科普宣传和“科技场馆免费开放活动”主题宣传活动；隆平高科技园，区直各部门、各街道、社区、学校、企业参加活动人数超过2000人次。（姚源记）

科技普及

【概况】芙蓉区科学技术协会（以下简称区科协）围绕“创新创业 科技惠民”主题推动科协工作不断创新发展。年内，区科协被评为“湖南省‘十二五’《科学素质纲要》实施工作先进集体”。年初区科协在13个街道、77个社区开展了全面的科普调查研究，了解、掌握科普工作开展情况和基层科普设施分布及使用情况，为全年科普工作的谋篇布局奠定了基础。组织全区各街道、社区科普专干近百人开展“2016年芙蓉区科普工作培训”，邀请省科协、市科协科普部门的领导现场授课，重点解读如何开展社区科普工作、如何更好地与其他工作做好结合文章。完成芙蓉区自然科学研究会换届选举工作，理顺学会管理体制关系，并加入市自然科学研究会。打造精品科普阵地，拓宽居民接受科普教育渠道。全年区级立项科普特色项目9个，立项资金86万元，支持和帮助街道、社区申报省、市科普项目5个，立项资金37万元。指导湘湖街道西湖社区、东岸街道东宜社区、东湖街道韶光社区申报省基层科普计划项目，指导湘湖街道车站北路社区申报省级科普信息化社区，从项目资料、总结和计划等特色工作着手，成功入围省科协的项目库，并获“省基层科普计划”项目奖励。整合教育、文体、卫计等职能部门资源，围绕居民关注的热点问题，全年举办区级以上科普宣传活动10场次。布点实施车站北路、西湖、韶光等社区“社区科普E站”工作，在车站北路社区安放了全媒体科普阅览屏，由社区固定专人负责系统操作，每天固定时间滚动播放内置固定宣传内容，包括宣传消防知识、食品安全常识、健康小知识等科普知识。开启精准科普的服务模式，实现社区新闻、服务信息的自助发布，还可以随时监测、跟踪、发现互联网科普类热点话题，帮助科协有预见性地介入科普教育，为市民学习科普知识开辟新渠道。年内，车站北路社区被评为“省级科普信息化示范社区”。

存在的困难与问题：科普工作方式的单一，目前主要还是靠一些传统的方式宣教，受众是被动接受，而不是主动的自觉的，况且，效果也不理想。科普信息化工作势在必行。基层科普工作队伍人员少、不稳定的现象。街道是由经济线副主任负责科普工作，兼职干部更换频繁，短期很难熟悉业务和创新开展科普工作。（姚源记）

【中国科协领导考察科普工作】8月16日，中国科协党组书记、常务副主席、书记处第一书记尚勇一行到芙蓉区考察科普工作。副省长、省政府秘书长向力力，省科协党组书记刘小明，副市长张迎春，市科协党组书记李范坤，芙蓉区领导周春晖、陈计伟等考察调研陪同。尚勇一行分别参观袁隆平院士水稻实验田和隆平水稻博物馆。在湖南杂交水稻研究中心，尚勇看望慰问了袁隆平院士，向他老骥伏枥的精神致敬，并祝福袁隆平院士身体健康。尚勇还参观了芙蓉区车站北路社区科普信息化建设情况，体验社区科普E站——“时尚健康科技体验馆”。尚勇充分肯定了芙蓉区利用现代化科普仪器开展形式多样的社区科普活动和科普信息化方面所取得的成绩，并高度评价芙蓉区政府投入资金建设高规格、高标准的水稻科普场馆。（姚源记）

【全国科普日活动】 9月19日，芙蓉区2016年全国科普日启动式在东宜社区梅园前坪举行。长沙市科协党组书记、副主席李范坤，副区长梁汝岚等为启动式致辞讲话。该次活动包括流动科技馆、“魔幻科学秀”、创意脱口秀等内容，把科技创新与日常生活以情景剧的表演形式展现出来，体现创新融汇生活的场景与感悟，营造科技创新氛围。科普日活动期间还重点开展科普进社区之“科普嘉年华”、机器人培训讲座、“小小机器人创客体验”、机器人DIY制作体验、科普场馆开放活动等，涉及科技创新、3D智能等体验活动，涵盖展示、表演、竞技和DIY制作等内容。各项活动参与互动的居民群众2600人次。

知识产权

【概况】 2016年，芙蓉区知识产权局启动知识产权三权合一改革，理顺工作机制，深化改革落地成效。把版权管理纳入区知识产权局统管，市知识产权局和区编办完成对接，区知识产权局调整责任清单；成立区知识产权行政执法大队，持证人员6名，全年开展专利执法8次，开展校园周边复印市场、电脑市场、书市等版权联合执法行动5次。加强校企合作，全年专利申请量2788件，专利授权量1049件。除开展常规的“4·26”知识产权宣传活动以外，还把知识产权维权援助的平台搬到市场、社区百姓身边，年内联系市知识产权局执法处、市知识产权维权援助中心到万家丽国际购物中心、国储电脑城等地开展维权援助宣传推介活动2次，吸引了近1500民市民参加。完善知识产权维权援助分中心组织机构，健全中心工作机制，建立工作制度并上墙，集中整理好分中心的工作资料，做到电话来访及时登记，及时受理。全年区知识产权维权中心接到咨询类电话50起，直接来访群众20人，登记记录咨询、维权业务100余条，成为全区受理知识产权侵权、维权咨询、受理工作的主阵地。开展版权宣传活动和学校周边复印店、文化市场等执法行动，提醒经营方尊重版权，提高正版化意识，辖区市场行业风气进一步净化，城乡市场经营秩序更加井然。（姚源记）

【专利行政执法】 年内，区科技局（知识产权局）联合市“双打”办开展城乡接合部假冒伪劣产品整治、劣质水泥生产产品专项整治、版权市场侵权专项整治等行动，重点覆盖全区零售、出版、医药、建材、水泥、生鲜及日用品市场。开展了联合执法行动50次，出动执法人员800人次，涉案金额400万元，立案140起，结案74起，公开案件74起，按规定处理假冒侵权产品200件，清缴盗版侵权书籍、碟片200册，下达整改通知书120次。开展4批次专利行政执法行动，出动专利行政执法人员30人次，排查商品超1000件，登记涉嫌假冒伪劣产品250件，最终立案涉嫌专利侵权产品41件，责令5家涉事单位全部整改到位并全部按时结案。

【全国打击侵权假冒工作考核组到区督察】 1月14日，全国打击侵权假冒工作考核组到区督察“双打”（打击侵犯知识产权和制售假冒伪劣商品）工作。省政府副秘书长陈小春，省知识产权局局长肖祥清，市政府副秘书长厉江华，市知识产权局局长彭民安，芙蓉区副区长张庆和及科技、工商、文体、街道等部门负责人参与陪同检查。该考核组由公安部、工业和信息化部、工商总局牵头，重点检查长沙地区建材、家居、农资、服装、药品、食品、图书、音像、软件、五金、家电等专业市场产品假冒伪劣及侵权情况。国储电脑城作为迎检首站。检查考核组领导专家分别查看了电脑城的品牌电脑区、电脑耗材及配件区，深入手机专卖区详细查验，在检查过程中卖场负责人及商户都回答了考核组专家提出的问题。检查考核组还查看了该市场投诉记录、商户的质检报告、商品市场准入制度、商户招商制度等文件。检查考核组领导要求：长沙市是知识产权示范城区，是湖南开创创新城区建设的领头羊，政府要加强营造诚信经营环境，加大对专业市场经营规范化管理，坚决打击侵犯知识产权和制售假冒伪劣商品行为，最大程度保护消费者合法权益，不断提升长沙形象，提高市场信誉，为实现“中部崛起、全国一流” 打下坚实的根基。

【知识产权宣传周】 4月26日是第16个世界知识产权日，芙蓉区知识产权宣传周暨“崇尚创新 乐享生活”知识产权进社区活动在锦泰广场举行。在启动仪式上，由杨家山社区域内企业单位联合组成的“家欣知识产权维权联盟”正式授牌成立。该联盟以知识产权保护和维权为宗旨，融合法律咨询、创业帮扶、就业指导等开展志愿服务。现场宣读了知识产权保护倡议书，首发“互联网+”知识产权宣传微杂志。在知识产权宣传周期间，芙蓉区举办主题活动内容包括：知识产权进市场、进园区、进协会、进校园系列宣传活动。各街道、区直相关部门也相继开展了宣传活动，直接参与人数超过5500人。 （姚源记）

·表8·

2016年新认定复审高新技术企业名单

序 号	企业名称	证书编号	所处区域
一、新认定高新技术企业（37家）			
1	湖南红橡冷热联供有限公司	GR201643000604	马王堆
2	长沙中联泵业有限公司	GR201643000566	荷花园
3	湖南万维信息网络服务有限公司	GR201643000563	湘湖
4	湖南三浦信息技术有限公司	GR201643000443	湘湖
5	长沙金天鹅软件科技有限公司	GR201643000283	朝阳
6	湖南天河艺术传播股份有限公司	GR201643000637	朝阳
7	湖南通远网络科技有限公司	GR201643000850	荷花园
8	湖南云之翼软件有限公司	GR201643000270	火星
9	湖南美帮网络科技有限公司	GR201643000040	朝阳
10	湖南艾博特机器人系统开发有限公司	GR201643000166	定王台
11	湖南年丰种业科技有限公司	GR201643000663	荷花园
12	湖南新宇装饰设计工程有限公司	GR201643000323	韭菜园
13	长沙智汛通环保科技有限公司	GR201643000340	韭菜园
14	湖南原生生物科技股份有限公司	GR201643000747	韭菜园
15	湖南省骁睿铁路科技发展有限公司	GR201643000432	荷花园
16	湖南盛鼎科技发展有限责任公司	GR201643000486	湘湖
17	长沙市吉盾安防科技有限公司	GR201643000048	荷花园
18	长沙佳锋科技有限公司	GR201643000368	东岸
19	湖南省湘绣研究所	GR201643000084	韭菜园
20	湖南光韵科技有限公司	GR201643000801	朝阳
21	湖南省建筑科学研究院	GR201643000650	文艺路

·续表 8·

序 号	企业名称	证书编号	所处区域
22	湖南中雄生物工程股份有限公司	GR201643000644	韭菜园
23	湖南活力种业科技股份有限公司	GR201643000291	火星
24	长沙乐远化工科技有限公司	GR201643000352	文艺路
25	湖南省园林建设有限公司	GR201643000098	荷花园
26	中机国际环保科技有限公司	GR201643000177	文艺路
27	中铁二十五局集团第三工程有限公司	GR201643000788	荷花园
28	湖南志宏科技有限公司	GR201643000444	东岸
29	长沙中科晶博生物科技有限公司	GR201643000771	隆平园
30	湖南金旅环保股份有限公司	GR201643000299	隆平园
31	湖南英氏营养品股份有限公司	GR201643000279	隆平园
32	长沙道勤生物科技有限公司	GR201643000154	隆平园
33	湖南百博电子科技有限公司	GR201643000159	隆平园
34	长沙飞斯特机械制造有限公司	GR201643000759	隆平园
35	湖南腾远智能有限公司	GR201643000732	隆平园
36	湖南博航无人机技术有限公司	GR201643000133	隆平园
37	凯德自控技术长沙股份有限公司	GR201643000781	隆平园
	二、复审通过高新技术企业（6 家）		
1	长沙飞波通信技术有限公司	GR201643000848	马王堆
2	长沙经阁门窗幕墙工程有限公司	GR201643000073	隆平园
3	城光（湖南）节能环保服务股份有限公司	GR201643000271	隆平园
4	湖南本安亚大新材料有限公司	GR201643000305	隆平园
5	经阁铝业科技股份有限公司	GR201643000265	隆平园
6	长沙韶光铬版有限公司	GR201643000079	隆平园

·表9 ·

2016年科技进步奖获奖企业汇总表

序号	项目名称	单 位	备 注
1	黑茶提质增效关键技术创新与产业化应用	湖南省茶业集团股份有限公司 湖南省怡清源茶业有限公司	国家二等奖
2	特异茶树种质资源黄金茶创新与利用	湖南天牌茶业有限公司	省一等奖
3	防治作物重要线虫病害的新型微生物农药与应用	长沙艾格里生物肥料技术开发有限公司	省一等奖
4	广谱恢复系怀恢210及其系列组合选育与应用	湖南省春云农业科技股份有限公司	省三等奖
5	奶牛热应激综合防控技术研究与应用	湖南德人牧业有限公司	省三等奖
6	鸡精液稀释与冷冻保存技术研究	湖南光大牧业科技有限公司	市一等奖
7	杂交水稻制种母本机插技术研究与应用	袁隆平农业高科技有限公司	市二等奖
8	畜禽骨肽高效提取与综合利用	湖南佳信佰生物技术有限公司	市三等奖
9	超级稻专用多抗药肥的研究与应用	湖南神隆超级稻丰产工程有限公司	市三等奖
10	超高产两系迟熟中籼杂交水稻 荆两优1198选育与应用	湖南活力种业科技有限公司	市三等奖

（姚源记）

图20 历史古街巷白果园新貌

文化·体育

文 化

【概述】 2016年，芙蓉区文化体育新闻出版局紧抓“品质提升”活动主线，推进改革创新和文化建设科学发展。全年获省、市各项奖励近20次，中央、省、市主流媒体宣传报道区文体新局18次，其中《湖南日报》重点推荐以《文化绽开“芙蓉花”》《废厂变剧场 闲地搭舞台——芙蓉区群众文化活动场所见缝插针》为题的创新举措，新湖南客户端也在《建设精致精美的魅力芙蓉》系列报道中以“文化之厚”为题宣传推广芙蓉区文化发展取得的成绩。

公共文化服务。年内，完成提质改造街道综合文化站1所和示范性社区（村）综合文化服务中心12所；建立图书馆分馆1家和自助式图书馆1家。设立成人形体瑜伽、青少年舞蹈、青少年民乐培训基地3个，开设合唱、瑜伽、形体舞、民族舞等课程，免费送课近600节；图书馆采购新书约4000册，办理借阅证1014张，接待读者超过5万人次。成立区文化创意产业协会，举办芙蓉文化创意产业银企对接交流会，扶持文化产业链发展，促进产业市场竞争力和企业健康稳步发展。

文化市场管理。开展办理网吧年检工作，有204家网吧、280家定王台书市经营户接受年检审查，50家娱乐场所接受换证检查。巡查网吧约3600家次，娱乐场所240家次，出版物经营单位1280家次。约谈部分业主代表，签订安全责任书约300份。推行定王台书市“审读”机制，报备书目近2万本。开展“阳光暑假”网吧整治、娱乐场所“春雷行动”、“大排查、大管控、大整治”等专项行动13次，立案查处违规经营单位60家，其中网吧44家，出版物11家，娱乐场所5家。

文博事业展陈。隆平水稻博物馆开馆试运行，该场馆建设与陈列布展得到原国务委员陈至立、中国工程院院士袁隆平、省委原书记徐守盛、市委书记易炼红等领导专家的肯定。湖南和平史事陈列馆挂牌为民革中央党史教育基地、湖南省统战实践教学基地和芙蓉区爱国主义教育基地。开展辖区内28处不可移动文物保护单位划定保护区、保护范围和建设控制地带，并对11处市级保护单位安装保护说明牌。开展“5·18”国际博物馆日活动，参加首届湖南文物价值解读与传播大赛，有3篇解说词入围决赛。年内向长沙文化遗产网、湖南文化遗产网等媒体报送信息34篇。（刘 翀）

·公共文化建设·

【概况】 2016年，芙蓉区文体新局在构建现代公共文化服务体系过程中，突出文化惠民工作理念，提质文化设施，拓展文化阵地，提高服务水平，全区群众文化活动呈现勃勃生机。承办长沙市首届浏阳河艺术节开幕式，举办“我们的中国梦——文化进万家”暨第五届芙蓉艺术节、“探寻文化足迹、珍藏文明人生”非物质文化遗产保护主题展演、“醉美浏阳河，神奇九道湾”群众文艺展演和“红心向党，芙蓉筑梦”第五届芙蓉艺术节优秀节目巡演等群众文化活动。开展“欢闹元宵 乐猜灯谜”、“书香芙蓉 全民悦读”刊物大派送、“缅怀先烈 放飞理想”诗歌诵读比赛、圈圈故事会、“开启阅读+共享书生活”等活动，服务群众超过8000人次。南泥湾艺术团代表芙蓉区参加长沙市庆祝中国共产党成立95周年“红旗颂”大型群众合唱比赛，获得优秀组织奖和银奖。木芙蓉艺术团的原创舞蹈“守护蓝天”参加全

省“欢乐潇湘”系列文化活动决赛，并获得湖南省金奖。（刘　翀）

【杨长江到区调研公共文化服务中心】 4月16日，市文广新局党委书记、局长杨长江率队调研芙蓉区街道综合文化站和社区综合文化服务中心建设情况。区文体新局局长焦英及相关街道负责人陪同。杨长江在实地察看东湖街道综合文化站和湘湖街道车站北路社区、马王堆街道古汉城社区综合文化服务中心建设情况后，肯定了该区公共文化服务中心建设工作。当他了解到该区开展提质改造1个示范性街道综合文化站和新建12个示范性社区综合文化服务中心情况后，还察看了马王堆街道综合文化站拟建点，听取文化站规划构想并提出指导意见。他强调，公共文化服务中心在建设过程中要讲究合理布局、突出特色，要以切合人民群众的需求为出发点，为老百姓做实事、办好事。（刘佳宜）

【区图书馆增加3家社会实践合作单位】 4月22日，长沙市“阅读引领成长”未成年人读书交流活动暨第21个世界读书日主题教育宣传活动在马王堆小学举行。区文体新局局长焦英向火星街道辖区内马王堆小学、火星小学、双新小学颁授“小小图书管理员社会实践活动合作单位”铜牌。该区图书馆也为3所学校学生提供社会实践岗位，提高学生自主阅读的能力。区图书馆还把流动图书车开进校园，为参加活动的家长、学生免费办理在全市图书馆总分馆体系中的76家图书馆实现图书通借通还的图书借阅证。

·表10·

2016年芙蓉区举办文化活动汇总表

日期	主办单位	主题活动内容/地点	观众人数
2月20—22日	区图书馆	2016年“欢闹元宵·乐猜灯谜”活动在区图书馆一楼大厅举行	近400人次
5月12日	区委宣传部 区文体新局 五里牌街道 区文化馆	“醉美浏阳河 神奇九道湾”群众文艺展演在阿波罗商业广场举行	近300人次
5月24日	市委宣传部 市文联 区委 区政府 市摄影家协会 区委宣传部 区文体新局	“醉美浏阳河 神奇九道湾”美术摄影作品展在隆平水稻博物馆举行	5000人次
6月6日	区文体新局 区教育局 曙光路小学	2016年“文化遗产日”芙蓉区非物质文化遗产保护主题活动暨曙光路小学第2届校园戏曲文化艺术节在曙光路小学举行	近1000人次
6月17—18日	区委宣传部 区文体新局 区文化馆	“我们的中国梦”——文化进万家暨第五届芙蓉艺术节决赛在区政府会议中心举行	近1000人次
9月11日	区图书馆	“迎中秋·庆国庆”暨纪念建党95周年和红军长征胜利80周年知识竞赛在图书馆一楼大厅举行	近300人次
9月26日	区文体新局	“红心向党 芙蓉筑梦”第五届芙蓉艺术节优秀节目进社区巡演在定王台街道都正街剧场举行	近500人次
10月19日	区委宣传部 区文体新局 区文化馆	“我们的中国梦”——文化进万家第五届芙蓉艺术节闭幕式暨优秀节目展演在区政府会议中心举行	近1000人次
12月14日	区委宣传部 区文体新局	2016年长沙市“杜鹃花”艺术月活动暨芙蓉区“文化惠民”优秀群众文艺展演在张公岭社区公园举行	近500人次

（刘　翀）

在活动现场，向当地居民以及家长、学生发放“阅读拼图”手册，倡导全社会形成爱读书，读好书的氛围。（陈观军）

【区图书馆开展中小学生暑期社会实践活动】 区图书馆以“小小图书管理员”、青少年书法培训班为载体，搭建益智校外学习平台，丰富中小学生暑假生活。“小小图书管理员”协助图书馆工作人员办理借还书服务、新旧书刊的上下架，日常图书整理维护等。暑假期间，实践的中小学生超过70人次，在馆实践1100余小时。8月1日开办锦林图书馆分馆圈圈故事会和剪纸培训班，有40名中小学生参训，还有家长自愿充当“插班生”，在教室后排、两侧站立听课，开展中小学生社会实践活动，丰富了暑期公益活动。（陈观军）

【文化骨干业务培训班】 5月31日，区文化馆、图书馆举办2016年第一期文化骨干业务培训班。辖区文化馆、图书馆工作人员，街道文化站长和社区文化专干95人参加培训。该次培训，邀请到省文化厅公共文化处副处长金铁龙作“加快构建现代公共文化服务体系与基层综合性文化服务中心建设”主旨报告。由市图书馆副馆长张军作全市图书馆总分馆建设、阅读推广、未成年人阅读教育专题辅导报告。在培训中还组织学员观摩岳麓区莲花镇文化站和恒华社区综合文化服务中心建设。11月16日，区文体新局与区文化馆举办2016年第二期业务培训，全区13个街道的文化站长和文艺爱好者参加培训。该次培训以实践教学为主，兼容基础理论为辅的形式，内容分别是文化站专项经费管理使用，推广省文化厅发布的20支“我们都来跳”社会主义核心价值观原创广场舞歌曲。该次培训旨在增强群众文艺骨干业务素质，提高广场舞的整体水平。（刘佳宜）

·文化市场管理·

【概况】 2016年，区文体新局抓实市场基础、抓牢市场监管、抓严市场执法，推进辖区文化市场平安稳定、健康有序。年内，开展打非扫黄“净网、清源、秋风、护苗、固边”等专项行动，出动1400余人次，检查文化经营单位2100家次，收缴非法光碟479张，淫秽光碟23张，内部资料性出版物17本，非法出版物4000余册，立案查处11件。受理市扫黄办交办函和群众举报2起，核查率和回复率100%。落实市场监管责任，部署安全生产“大排查、大管控、大整治”工作与日常检查、专项行动相结合，全年文化市场无安全事故发生。科学统筹文明创建工作，全年迎接各类检查20余次，在文化市场行业测评中，两次获得全市第一次。推行“全面报备、有效审读”管理模式，创建定王台书市管理QQ群，并采用互联网方式报备出版物约3000（类）本。（刘　翀）

【推行出版物审读制度】 1月，区文化市场综合执法局在定王台书市推行出版物“审读”制。该局向定王台出版物经营业主下发“开展审读工作的通知”“芙蓉

图21　长沙首届浏阳河文化艺术节活动场景剪影

区书报刊审读报批表”，要求进入市场各类出版物，必须向定王台出版物管理办公室提供进货凭证并填报“审读报批表”，并由该办公室审核相关凭证和抽查审读出版物合格后方可销售。推行审读制度旨在增强出版物市场管理要求和措施，维护经营业主和消费者合法利益。 （王 珊）

【文化市场执法检查】 2月3日，副区长张庆和带队到朝阳街道检查文化市场安全工作。该次行动检查经营单位8家，督促虹桥网吧、锐佳网吧、温莎KTV整改安全隐患问题。2月26日，市区两级文化市场综合执法局联合开展网吧专项整治行动，行动为期1个月。该次检查由市区两级文化市场综合执法队员分3组，分别检查五一广场、火车站、汽车东站附近网吧49家，现场整改2家，停业整顿4家。2月29日，区文化市场综合执法局联合市局开展湖南农业大学、湖南生物机电职业技术学院及湖南师范大学张公岭校区及周边复印店专项治理行动。在检查马坡岭小学周边孙海文文具店时，发现该店销售盗版《图画捉迷藏》图书，当场收缴盗版图书52本。3月14日，市“扫黄打非”处和印刷执法处联合督察辖区湖南农业大学周边复印店整治情况及出版物市场，并暗访出版物市场存在问题的火车站周边地区，当场收缴游商兜售的非法报纸。4月，区文化市场综合执法局开展辖区KTV场所“五一”节前文化娱乐场所安全生产大检查。该次检查出动执法人员18人次，检查分3个片区，检查了34家营业中的KTV，发现问题13处，排除安全隐患9处。文化执法人员还与经营业主签订“安全生产责任状”，并下发《芙蓉区文化市场经营场所安全制度汇编》。5月11日，全区娱乐场所安全生产应急救援演练在温莎KTV解放路店举行。市文化市场综合执法局副局长余桂良，娱乐处处长龚建辉，区文体新局局长焦英，区文化市场综合执法局局长邓勇，各街道文化站站长、全区娱乐场所负责人代表等90人参加活动。该次应急救援演练，现场培训和演示了消防器材使用方法，并模拟突发事件紧急救援。5月，芙蓉区成立“春雷”专项整治行动领导小组，清理、检查辖区范围的娱乐市场。区文化市场综合执法局与市执法局二处，联合检查荷花路628号湖南三乔娱乐传媒有限公司，发现该KTV场所不能出示“娱乐经营许可证”，执法队员要求业主立即停止营业，在证照未完善之前不能对外营业。6月1日，区文体新局联合定王台街道、公安、工商及市局执法4处，分别检查网吧和出版物市场，净化辖区文化市场环境。该次行动检查门店20余家，收缴涉嫌非法出版物近百本（份）。区文化市场执法局实行错时执法行动，截至6月12日，检查网吧355家次，出版物经营单位50家次，收缴出版物260本（份），立案处罚网吧4家。7月1日—9月30日，芙蓉区开展为期3个月的“阳光暑假2016”网吧专项整治行动，执法检查辖区范围内网吧189家，查处违规网吧1家。7月1日到9月30日，区文化市场综合执法局启动为期3个月的暑期文化市场集中整治行动。该次行动分3个阶段：7月1—10日，开展宣传暑期文化市场整治行动目的、意义和文化市场政策及法律法规。7月11日—9月9日，检查辖区内所有文化经营场所，并建立好相关检查台账。9月10—30日，总结专项整治行动，落实工作措施，完善工作制度，健全长效监管机制，保障行动取得实效。该项行动检查网吧426家次，检查娱乐场所43家次，检查出版物经营场所78家次，立案查处违规网吧7家。分别查处违规接纳未成年人网吧：追星网吧、鑫飞龙网吧、银太阳网吧。查处未落实实名制登记上网制度网吧：宇峰网吧、元龙网吧、营盘路网吧、水晶城网吧。立案查处出版物经营单位3家：分别是荐书堂书店、长沙书局有限公司、湖南新知文化传播有限公司。立案查处违规经营娱乐场所湖南三乔影视文化传媒有限公司。取缔农科院内无证无照黑网吧1家。截至年底，区文化市场综合执法局检查文化市场经营单位2153家次，立案行政处罚54起，行政处罚罚款7.67万元（其中：立案处罚网吧41家，娱乐场所3家，出版物经营单位10家）。8月30日，区文体新局联合区消防大队，开展定王台书市出版物集中销售市场安全生产大排查大管控大整治行动。该书市部分经营业主消防意识淡薄，存在吸烟、消防通道随意堆放书籍和杂物、店内使用大功率电器等安全问题。执法人员责令在1—4楼消防通道堆放书籍和杂物的业主立即整改，严肃警告在市场使用电热壶的商家，批评教育在书市吸烟人员；并要求物业公司加强消防安全日常监管，把安全隐患消灭在萌芽状态。9月14日，区文体新局负责人专项督察中秋、国庆节前文化场所安全生产工作。检查组一行分别查看人民路大润发超市环游星际电玩城、远大路青柠网咖、恒大江湾小区纽跃健身会所等场馆的安全生产情况。该次检查重点核对经营场所营业证照、安全隐患自查自纠台账及消防通道、消防标识、灭火器材等设施设备，并向每个经营场所经营负责人询问安全措施、安全培训和生产经营状况。12月27日，区文体新局开展年历清查整治专项行动，清查无进货凭证、无正规出版印刷厂家、无销售定价年历，特别是印有国家领导人肖像或“南海”领土画面年历。该次行动派出执法人员6名，检查出版物经营单位36家次。暂扣无进货凭证年历5种8本，查获非法出版物《鸡年运程》21本、《老皇历》7本、《宗睦堂》2本、《中国民历》3本。

（王珊 郑仕清 梁才兴 刘翀 高炜昕）

【文体工作暨“扫黄打非”工作会】 4月1日，芙蓉区召开文体工作暨“扫黄打非”工作会议。区领导伍艳飞、罗尔曼、张庆和出席会议，区“扫黄打非”领导小组成员单位负责人、区直部门、街道（园、局）分管负责人和街道文化站长110人参加会议。该会议由张庆和副区长主持。区文体新局、局长焦英总结2015年及“十二五”期间文体工作，部署“十三五”文体新事业发展和2016年重点工作。伍艳飞强调，面对文体事业繁荣发展战略机遇期和文化惠民落实攻坚期，全区文体新工作者要增强自觉自信、做到善谋善为、注重落细落实，开创全区文化体育工作崭新局面。会上，各街道（局）分管文体新工作的负责人还向区政府递交2016年区文化体育新闻出版工作《安全生产目标管理责任书》。

（刘　翀）

·文物保护和利用·

【概况】 2016年，芙蓉区文体新局按照《中华人民共和国文物保护法》及有关法律法规，推进辖区内文物保护和利用工作。完善文物安全巡护机制，全年开展区文管所巡护专干检查10次，文物巡护员检查336次。巩固文物与消防、建设等部门之间联动执法和检查机制，分3批对28处不可移动文物保护单位和重要历史遗迹实行夏季消防安全专项检查。配合市文物局和航天恒星科技有限公司，参照“三普”（第三次全国文物普查）信息如实记录、现场拍照、记录编号疑似变化或不确定文物点及周围环境。年内，建成隆平水稻博物馆并开馆试运行，湖南和平解放史事陈列馆接待参观人数超过3万人次。民革中央决定，命名湖南和平解放史事陈列馆（程潜公馆）为中国国民党革命委员会党史教育基地。省博物馆启动马王堆汉墓遗址保护规划编制工作，并报送至国家文物局审批。对接长沙市口腔医院、长沙市中苏友好馆旧址修缮工作。推进第九批省级和第六批市级文物保护单位标志牌安装工作。挖掘不可移动文物资源，发挥文物传播知识、教育公众的作用，设计和编写《长沙芙蓉文化序列之芙蓉区不可移动文物文物保护点》图册和地图，并与“三普”信息坐标和记录点对照，并做好“三普”档案汇编，提升文物安全信息化管理水平。　（刘　勇）

【省、市领导参观文博场馆和历史街区】 1月7日，市文物局局长曹凛实地调研湖南和平解放史事陈列馆（白果园程潜公馆）、圣经学院旧址、隆平水稻博物馆、柳子明故居就文物安全及保护利用等情况。在柳子明故居实地调研参与座谈时，曹凛要求，柳子明故居的保护利用工作要做好安全监测，完善保护与展示方案，征集好实物资料、照片。3月22日，省政协原副主席、省文联主席谭仲池实地查看都正街、白果园等历史文化街区的建设情况，参观湖南和平起义历史陈列和程潜生平业绩陈列两个主题展览。他指出，湖南和平解放史事陈列馆的建成开放就近现代重要史迹的保护利用做出探索，湖南和平起义的历史不容忘却，程潜的伟大历史功绩不容忘却。参观结束后，谭仲池颇有感慨，挥毫泼墨写下“功高垂青史，清名共湘声”字句，表达对湖南和平起义历史壮举的敬仰之情。7月7日，市委宣传部副部长龙钢跃、市文明办主任郭润葵调研湖南和平解放史事陈列馆展陈工作。9月1日，市委统战部副部长罗伟率市委统战部党派处、各民主党派区工委主委、区工商联主席一行参观调研湖南和平解放史事陈列馆和隆平水稻博物馆。罗伟副肯定两馆的建设情况和陈列布展，希冀要继续发挥好宣传教育作用，完善功能布局，为全市统战工作增添靓丽的风景。9月6日，省政协常委、民盟省委专职副主委胡颖，市政协副秘书长、民盟市委主委张庆和率民盟省委、市委机关干部一行调研湖南和平解放史事陈列馆、都正街历史文化街区、隆平水稻博物馆。胡颖肯定芙蓉区文化、文物事业取得的成绩，并希冀进一步利用区域内资源优势，完善基础设施，细扣博物馆展陈设计，加大宣传推广力度，打造芙蓉区文博品牌。（魏 聪 刘 勇）

【隆平水稻博物馆展陈会议召开】3月8日，区文体局召开隆平水稻博物馆展陈深化设计内审会。南京博物院陈列艺术所所长陈同乐、湖南杂交水稻研究中心党委书记罗闰良、湖南农大博导肖层林、省博物馆副馆长李建毛、研究馆员郑曙斌、喻燕姣等专家参会。会上8位专家逐一评审隆平厅场景、多媒体文本方案、雕塑和油画艺术效果等38个展项，并综合成本、时间和现实情况对设计方案提出意见和改进方法。8月4日，隆平水稻博物馆历史厅、科技厅展陈设计方案专家评审会召开。中国水稻研究所研究员玄松南、南京博物院陈列艺术研究所所长陈同乐，湖南杂交水稻研究中心原党委书记罗闰良等评审专家与会。会上，上海华凯设计师以短片播放的形式介绍历史厅、科技厅展陈深化设计方案，评审专家综合评审陈列内容、表现手法、场景、观众参与性、人性化设施等。专家们认为该方案比较成熟，有可操作性，一致同意通过评审。9月23日，隆平水稻博物馆历史厅、科技厅展陈深化设计方案汇报会在区政府举行。区直相关单位负责人、上海华凯创意有限公司负责人及展陈专家陈同乐参加会议。负责展陈设计的华凯创意有限公司通过VCR向与会领导展示深化设计的效果，并说明展览关注的要点和细节。展陈专家陈同乐认为隆平水稻博物馆的建立具有自身独特的优势，提出应力争冠名“中国水稻博物馆”，完善机构设置和人员配置的建议。区文体新局汇报博物馆试运营4个多月来的各项工作，提出健全机构、核定编制、明确标准的请求。区直各相关部门结合自身工作分别作了发言。区长于新凡肯定设计方在科技手段运用上取得的长足进步，指出设计在整体突出历史厚重感方面还有欠缺。他强调，要从两个方面开展工作：科技厅按方案进行展陈装修、布展；历史厅一部分可以先行施工，牵涉到文物的部分还要重点加强完善。（卢雅靖 魏 聪）

【省、市领导关注隆平水稻博物馆建设】2月1日，市委统战部部长文树勋到隆平水稻博物馆督察安全生产工作。2月26日，副市长何寄华到隆平水稻博物馆调

图22 隆平水稻博物馆外景

研指导建设工作。3月7日，市人大常委会主任袁观清率刘新程、张建国、王国海、赵建强、黄佳惠、谭杭生一行到区调研指导水稻博物馆的建设情况。7月12日，省委宣传部副部长、省文明办主任刘进能调研隆平水稻博物馆展陈工作。8月31日，副省长蔡振红、省政府办公厅副主任黎咸兴一行到隆平水稻博物馆调研展陈工作。10月24日，副市长陈中调研隆平水稻博物馆展陈设计、建设、布展、运营等情况。11月3日，市委改革办常务副主任吴德峰调研隆平水稻博物馆展陈工作。（卢雅靖）

【隆平水稻博物馆入藏5件文物】5月9日，上海对外经贸大学教授刘国宝向隆平水稻博物馆捐赠5件文物。其中：1件为米粒玉石（长18厘米），该米粒玉石表面被黄褐色米粒状覆盖；2件瓷碗靠近碗口处均匀装饰着4处鸳鸯荷花带双喜的釉上彩，碗底款识为"湖南37湘潭"，并有"莲城"商标；2双包银筷，装饰有梅花和"红太阳"纹饰，该碗筷为20世纪70年代制品。受刘国宝教授引荐，九麓（湖南省古籍书店）龙桂生捐赠民国时期反映水稻生产的书籍和资料各1本，分别为《湖南各县地理调查笔记》与《中华民国主要农产图》。该次受赠文物充实了隆平水稻博物馆的馆藏。（徐　润）

体　育

【概况】 2016年，芙蓉区文体新局以健全体育组织网络、提质体育健身场地，丰富全民健身活动为目标，构建现代公共体育服务体系，提升居民群众的健康与活力，被国家体育总局评为"2013—2016年度全国群众体育先进单位"。举办芙蓉区第八届全民健身运动会，设置羽毛球、跳绳、气排球、风火轮、自行车5个项目，全区组建55个代表团，69支代表队参与竞技，参赛运动员超过8000人次。开展羽毛球体育强区赛事及活动品牌推广工作，打造"芙蓉杯"业余羽毛球俱乐部定级赛暨第二届联赛活动，推进自行车进社区、市区机关干部职工山地自行车越野赛、省环浏阳河（芙蓉段）公路自行车赛等赛事活动。年内参加2016年长沙市城区"公仆杯"篮球赛获得第4名；参加长沙市"羽协杯"区县（市）羽毛球友谊赛获得团体亚军；组队参加长沙市全民健身知识大赛和冬泳大赛，分别获得精英组冠军和总决赛亚军及一等奖。促进体育设施全民共享，暑期向中小学生开放免费游泳场馆3所，免培场馆4所，接待中小学生2.43万人次。建成火星、朝阳街道全民健身中心，更换添置室外健身路径57套、室内健身器材9套、篮球架10个、乒乓球桌14张、棋牌桌4张和篮球护网1套，满足居民群众的健身需求。（刘　翀）

【李平调研考察芙蓉区体育工作】2月24日，市体育局局长李平、副局长覃事平一行4人到区调研指导体育工作。李平实地察看朝阳街道曙光798城市体验馆和火星街道共驻共建单位核工业湖南省矿冶局文体活动场馆，了解体育场馆设施建设等情况。李平要求，在基层基础设施建设上要带好头，强基础、补短板；要在区域性品质品牌提升上创亮点；要在备战市九运会上定好新目标，争取再创辉煌。（黄　薇）

【湖南省第九届老年人运动会】4月10日，湖南省第九届老年人运动会在长沙市实验中学田家炳体育馆举行，该次运动会有21支队伍、超过6000名老年选手参加。中国老年人体育协会常务副主席盛志国、副秘书长李文勇，省老年人体育协会主席、省人大常委会副主任李友志及老领导董志文、沈瑞庭、朱东阳、罗海藩等出席运动会。省人大常委会原主任、省老年人体育协会名誉主席刘夫生宣布第九届老运会开幕，省人民政府副秘书长陈小春致开幕词，活动由省体育局副局长孙平波主持。该届运动会由省体育局、省老龄委、省委老干部局和省老年人体育协会联合主办，设门球、气排球、钓鱼、健步走等13个项目，共有长沙、株洲、省委机关、湖南铁路、湘钢等21支队伍参加，比赛于4—11月分别在长沙、株洲、湘潭等8个城市举行。（朱剑娴）

【芙蓉区第八届全民健身运动会】5月26日，芙蓉区主办第八届全民健身运动会开幕式。市体育局党委委员、工会主席钟国林，区领导伍艳飞、罗尔曼、张庆和等及区总工会、区文体新局、区直机关工委主要负责人出席。该次运动会设置羽毛球、跳绳、气排球、趣味"风火轮"、自行车5个项目，各项比赛项目设置为团体赛。全区区直机关、街道、企事业单位69支代表队参赛，运动员超过

图 23　第八届全民健身运动会羽毛球比赛现场

8000 人次，参与活动人员近 2 万人次。在各项比赛结束后，由区文体新局局长焦英宣读表彰决定：区城管执法局等 10 个单位代表团获得三等奖；区人力资源和社会保障局等 6 个单位代表团获得二等奖；公安分局等 3 个单位代表团获得一等奖；东湖街道等 3 个单位获得赛事项目承办奖。

（刘　翀）

【全市全民健身知识大赛芙蓉区决赛】　10 月 14 日，2016 年长沙市全民健身知识大赛芙蓉区决赛在区政府会议室举行。市体育局群体处处长殷建军，市全民健身管理指导中心主任张滨，湖南体彩中心长沙分中心副主任杨勇出席活动。该次比赛由市体育局主办，区文体新局承办，分两个阶段举行。第一阶段通过闭卷考试的形式从辖区 13 支街道（局）代表队中选出前 8 名参加复赛。第二阶段采用三局两胜、固定进位单败淘汰赛，抽签决定对阵选手，每队派出 5 人应战，经过轮答题、必答题、抢答题环节淘汰，最后决出冠亚军代表芙蓉区参加长沙市全民健身知识大赛总决赛。经过激烈角逐，东屯渡街道代表队获得冠军，五里牌街道代表队获得亚军，东湖街道代表队和韭菜园代表队并列季军。　（朱剑娴）

【参加全市首届冬泳大赛】　11 月 13 日，2016 年长沙市首届冬泳大赛在望城区游泳协会训练基地举行。芙蓉区派出 28 名运动员参赛，其中年龄最小的 26 岁，最大的 72 岁。经过激烈角逐，芙蓉区分别获得女子 50 ~ 59 岁组自由泳、蝶泳、蛙泳、仰泳，女子 60 ~ 70 岁自由泳，女子 40 ~ 49 岁组仰泳，男子 40 ~ 49 岁组蝶泳，男子 50 ~ 59 岁组蛙泳，男子 20 ~ 30 岁组蛙泳、仰泳等单项比赛金牌，并以团体总分第一的成绩获得冠军。　（朱剑娴）

【省、市体育局领导到区考察体育设施及场地】　12 月 7 日，省体育局副局长孙平波，市体育局局长李平一行来芙蓉区调研。孙平波一行分别到浏阳河龙舟码头、龙舟文化馆、浏阳河风光带等地，实地考察浏阳河芙蓉段体育设施、场地布局、景观水质等情况，并召开座谈会，交流争取中华龙舟大赛落户芙蓉区事宜。孙平波指出，芙蓉区有着浓厚的龙舟文化氛围和天然的龙舟比赛场地，区委、区政府也高度重视大型体育赛事的引进，相信中华龙舟赛一旦落户芙蓉区，必将办成高水平、高层次、高规格的体育盛会。

（蔡　巍）

·表11 ·

2016年芙蓉区文体项目获奖汇总表

选送团队	选送节目	参赛项目	奖 项
木芙蓉艺术团	舞蹈《守护蓝天》	2016年“欢乐潇湘”湖南省群众文艺会演	一等奖
木芙蓉艺术团	舞蹈《守护蓝天》	2016年“欢乐潇湘 品质长沙”长沙市群众文艺会演	金奖
潇湘红艺术团	时装表演《梦幻浏阳河》	2016年“欢乐潇湘 品质长沙”长沙市群众文艺会演	银奖
风采艺术团	舞蹈《十八洞的月光》	2016年“欢乐潇湘 品质长沙”长沙市群众文艺会演	银奖
南泥湾艺术团	合唱《雨后彩虹》	长沙市庆祝中国共产党成立95周年“红旗颂”大型群众合唱比赛	银奖
芙蓉区文体新局 芙蓉区文化馆		长沙市庆祝中国共产党成立95周年“红旗颂”大型群众合唱比赛	优秀组织奖
风采艺术团	舞蹈《盛世鸿姿》	2016年长沙市第二届“百姓大舞台 有艺你就来”千团万户百万市民才艺展示大赛	银奖
枫叶艺术团	舞蹈《锦绣家园》	2016年长沙市第二届“百姓大舞台 有艺你就来”千团万户百万市民才艺展示大赛	铜奖
南泥湾艺术团	舞蹈《康巴情》	2016年长沙市第二届“百姓大舞台 有艺你就来”千团万户百万市民才艺展示大赛	铜奖
向路	独唱《黄昏放牛》	2016年长沙市第二届“百姓大舞台 有艺你就来”千团万户百万市民才艺展示大赛	铜奖
芙蓉区文体新局		长沙市“羽协杯”羽毛球赛	亚军
芙蓉区文体新局		长沙市全民健身知识大赛	精英组冠军及总决赛亚军
芙蓉区文体新局		长沙市冬泳大赛	总分第一名

（刘 翀）

医疗·卫生

医政管理

【概况】 截至2016年年底，芙蓉区有医疗卫生机构288家，其中社区卫生服务中心12个、社区卫生服务站35个，村卫生室13个。全区医疗卫生机构实有床位9428张，卫生技术人员11558人。4月，芙蓉区被评为“湖南省肿瘤随访登记工作进步单位”。连续四年年被评为全省城市癌症早诊早治项目一等奖。湖南省无偿献血先进县（区）。

医改工作。年内，全区家庭契约式服务签约10943户、30470人，家庭医生签约服务覆盖率5.65%，重点人群签约服务覆盖率17.38%。辖区家庭契约式服务包括建立居民动态健康管理档案、随时预约上门看诊、65岁及以上老年人每年1次免费体检和上级转诊绿色通道等便利医疗服务。实行“一校一医”，在全区中小学、幼儿园配备校医50名。落实基层医疗卫生机构医疗卫生体制改革专项补助经费，按进度拨付1728万元。完善基层用药政策，实行网上采购、配送、监管和补偿机制。辖区10个政府主办的社区卫生服务中心、13个村卫生室全部实施基本药物制度。支持、鼓励社区卫生服务中心与省、市医院互联互通、信息共享，实现各医疗机构间及时结算、双向转诊、转检。加强社区卫生服务机构人才队伍建设，主办培训班30余期，参训学员2600余人次。

公共卫生管理。推进全区居民健康档案、健康教育、预防接种、儿童保健、孕产妇保健、老年人保健、慢性病患者、重性精神疾病患者管理、传染病和突发公共卫生事件报告和处理、结核病患者健康管理、卫生监督协管、中医药健康管理共12类基本公共卫生服务项目的落实，全区人均基本公共卫生服务经费补助标准提高到45元。年内，建立居民电子健康档案人数43.63万人，电子健康档案建档率80.91%，健康档案合格率90%。65岁以上老年人健康管理人数4.94万人，老年人健康管理率91.6%，健康体检表完整率65%。管理高血压患者3.36万人，高血压患者健康管理率41.45%；规范管理高血压患者2.02万人，高血压患者规范管理率60%，管理人群血压控制率45%。管理糖尿病患者1.34万人，糖尿病患者健康管理率32.10%；规范管理糖尿病患者8058人，糖尿病患者规范管理率60%，管理人群血糖控制率40%。登记在册的确诊重性精神疾病患者数2428人，规范管理重性精神疾病患者2106人，重性精神疾病患者规范管理率90.0%。肺结核患者管理率100%，肺结核患者规则服药率90.62%。开展肺结核患者的发现、报告、登记、治疗、管理和涂阳肺结核患者密切接触者的筛查及培训与督导工作。建立预防接种卡9694人，接种一类疫苗14.6万人份，适龄儿童常规免疫疫苗接种率95%。0～6岁儿童健康管理人数3.44万人，儿童健康管理率98.4%；0～6岁儿童系统管理人数3.43万人，儿童系统管理率97.97%。新生儿访视率99.34%。孕产妇系统管理人数3853人，孕产妇健康管理率97.74%，产后访视率98.10%。妇女病查治实行免费TCT检查，并与市妇幼保健院签订转诊协议。建立普查妇女的信息档案，指导治疗患病妇女，及时转诊可疑病例，并追踪管理。加强孕产妇的产前筛查管理，开办孕妇课堂为每位育龄女性提供妇女保健相关知识。组织各社区卫生服务中心在公共区域设立叶酸发放流程图及增补叶酸预防神经管缺陷的知识宣传栏，并发放宣传册，并实行妇幼保健机构和医疗机构分别发放，台账登记管理，并定期追访。年内，主办健康讲座320场次，开展公众健康咨询服务活动366人次，社区覆盖率100%。编印、发放各类健康教育宣传资料12种20万份，并为基层社区卫生服务机构提供宣传栏模板12张、健康咨询核心信息10条，健康讲座参考教案12份。发动和组织区直各部门、各街道开展无偿献血工作。全年无偿献血3904人次，超额完成市级下达目标18.3%。

中医推广服务。辖区0～3岁儿童中医药健康管理人数7207人，65岁以上老年人中医药健康管理人数约1.98万人。以“创建全国基层中医药工作先进单位”为载体，在辖区12家社区卫生服务中心打造“中医馆”，设置中医医疗、预防、保健、健康宣传于一体的独立诊疗服务区域，并开展家庭签约服务与中医治未病相结合工作。在辖区12家社区卫生服务中心开展15项以上中医药适宜技术推广，35家社区卫生服务站和13家村卫生室开展针灸、火罐、艾灸、TDP和推拿等5项以上中医药适宜技术。选拔中青年骨干医师6名，以学术继承人的身份学习中医，通过师带徒的方式传授中医经验、辩证思想、用药经验等。（王文雄）

疾病防控

【概况】2016年，芙蓉区履疾病预防控制中心行疾病预防控制职能，落实各项防控措施，在能力建设、中心检验检测、防病及综合管理方面取得进步，推进疾控事业持续发展。

急性传染病防控和提升卫生应急能力。全区有35家医疗单位实行传染病疫情网络直报工作，全年无甲类传染病发生。报告发生乙类传染病12种998例，死亡2例，无暴发疫情。年内组织调查重点传染病个案125起。完成手足口监测标本47份，霍乱监测标本100份，禽流感外环境监测49份，食源性疾病监测120例。主办传染病防治相关知识培训3期，开展医疗机构、学校传染病工作督导2轮次，传染病漏报率调查2次，寨卡病毒病应急处置演练1次，并开展暴雨后的消毒工作。

艾滋病、结核病等重大传染病防控。年内，为艾滋病患者/感染者发放救助金33.75万元。开展辖区内娱乐场所暗娼、男男性行为者、外来务工人员、吸毒人员、性病就诊者5类人群艾滋病防治综合干预，抽血检测2373人。全年接待自愿咨询检测者557名，发现HIV抗体筛查阳性者71人。发放宣传资料1万份和安全套1.27万支。探索以社区为基础的艾滋病性病防治综合干预模式，联合公安、司法、街道社区卫生服务中心、社区戒毒（康复）服务站、男同干预社会小组等，开展高危人群的艾滋病防治工作。年内，报告住址为该区的性传播疾病6种664例，其中生殖道沙眼衣原体204例，梅毒174例。免费接诊可疑肺结核患者703例，发现活动性肺结核患者252例。其中新发涂阳73例，复治涂阳4例。收到该区肺结核疫情310例。其中需转诊、追踪疫情257例，核实、追踪后总体到位率92.22%。筛查登记耐多药可疑者60例，开展培养60例，培养阳性60例，培养阳性率100%。其中接受药敏试验60例，发现耐多药肺结核患者5例。全程督导管理252例患者。筛查涂阳患者密切接触者133人。上门访视管理病人323人次。

免疫接种。开展接种人员资质认定、疫苗自纠自查、冷链设备维护、疫苗出入库100%电子监管码扫码等工作。组织培训27家接种单位277人并发放预防接种资格证。4月，开展疫苗进货途径及冷链运转自查自纠，未发现“问题疫苗”。5月1日，全面停止分发、接种三价脊灰减毒活疫苗（“糖丸”），回收及销毁糖丸3182粒，完成脊髓灰质炎疫苗免疫策略调整。年内，接种一类疫苗乙肝2.34万剂次，卡介苗9520剂次，脊灰疫苗2.51万剂次，百白破2.36万剂次，白破6632剂次，麻疹类疫苗1.7万剂次，流脑A群接种1.02万剂次，流脑A+C群接种9343剂次，乙脑1.48万剂次，甲肝6409剂次，基础疫苗接种率95%，适龄儿童建卡建证率100%，接种二类疫苗19.56万剂次。处理AEFI事件30例，未发生疫苗接种事故。开展入学入托儿童接种证查验和儿童免疫规划类疫苗接种率调查，保证儿童接种率。开展国家乙肝监测项目，监测病例1759例，采集非慢性乙肝病人的乙肝抗-HBcIgM 1∶1000标本367份。

健康教育。年内，承接国家卫计委疾控局开展的中国健康知识传播激励计划（胆固醇管理·2016）项目，宣传心脑血管疾病防控要点，注重居民血脂检测，并开展“十城同心”控制血脂签名活动。年内，创建健康单位9家，增加健康小屋1家，结合卫生日活动开展宣传，让群众了解防病知识，形成健康的生活方式。发放宣传资料20.35万份，播放音像宣传资料1.14万小时，更新宣传栏437次，开展公众健康咨询服务活动444场次，接受咨询市民2.18万人次，主办健康知识讲座372期，人数5.5万人。联合区文体局等开展“骨动长沙”健骨操广场舞推广活动，引导居民发现和预防骨质疏松跟骨折的风险，并选拔2支健骨操广场舞队伍参加市级比赛获二等奖。

慢性非传染性疾病防控。开展城市癌症早诊早治项目，为符合条件的筛查者提供专车接送及早餐等服务，及时反馈结果并督促其继续治疗。完成“五癌”高危人群临床筛查2129例。登记新发肿瘤病例1062例，肿瘤死亡665例。

监测检验工作。在辖区内免费开展医疗、食品、水质卫生监测工作。开展学校托幼机构环境卫生监测和集中式水质监测2次。完成医疗机构监测235家1599份样品，水质监测173家330份样品；公共场所36次186份样品；集中式餐具消毒监测1家，样品数十件；米粉监测8家，样品数15件；春节期间集中监测食品样89件。实验室承担省级食品安全风险监测中蔬菜样重金属污染及米粉样微生物污染状况的检测任务，检测蔬菜样品40份，米粉样品15份；在辖区5个街道抽取碘盐样品300份检测。健康体检检测从业人员1.1万名并发放健康证。（杨鹏娇）

【创建县级甲等疾控机构】 年内，开展“县级疾病预防控制机构等级达标”甲等创建工作。由政府投资改造实验室和购置仪器设备，解决实验室通风系统不良、实验用房布局不合理、百级净化实验室净化功能欠缺等问题，添置原子荧光分度计等仪器。该项工作围绕疾控机构7项基本职能，全面梳理和标准化管理，优化服务项目和人员分工，确立社会效益为主的发展思路，开展有标准、过程有控制、验收有依据。12月，省卫计委专家组评审通过该区“县级疾病预防控制机构等级达标”创建工作。

【探索艾滋病性病防治综合干预模式】 区疾控中心艾滋病防控工作与辖区司法、街道、社会组织、社区卫生服务中心等部门合作，对象为社区干预吸食合成毒品人员和男男同性性行为者等艾滋病性病感染高危人群。年内，该项工作在定王台街道开展，采取提供艾滋病性病防治健康教育、心理辅导、行为干预、体检检测等服务。区疾控中心通过购买“社会服务”的形式，建成禁毒防艾综合干预模式，开发和引入网络干预平台等。5月，该模式受到国家疾控局的肯定。推广艾滋病性病防治综合干预模式，扩大了艾滋病性病防治干预检测服务覆盖的广度和深度。

【环卫工人免费体检】 年内，区疾控中心为300余名环卫工人免费安排身体健康检查。该项体检包括血常规、肝功能（血清谷丙、谷草转氨酶、总胆红素）、肾功能（血清肌酐、血尿酸氮）、血脂全套、血糖、尿常规、心电图、肝胆彩超等健康体查。由火星街道社区卫生服务中心承担该项任务并于10月完成。体检结束后，还为环卫工人建立“居民健康档案”实行动态健康管理。

【“万步有约”职业人群健走激励赛】 6月3日，芙蓉区首届“万步有约”职业人群健走激励大奖赛在区公共卫生大院举行。省疾控中心党委书记黄跃龙，副区长张庆和，市卫计委疾控处处长周剑波，市疾控中心纪检书记朱江，区卫计局局长许平波出席启动仪式。该次活动，有区直机关、教育系统、卫计系统152人参加为期100天的健走大赛，每人每天要完成1万步的健走目标。还开展了队员体检、健走讲座、主题健走周趣味运动会、征文、摄影等活动，并在全国举行的“万步有约”职业人群健走激励大赛254支队伍中获评第27名的成绩。

【开展儿童与乳母营养健康监测项目】 经国家疾控中心抽样确定芙蓉区为全国150个参加2016年中国儿童与乳母营养健康监测工作的区县监测点之一，并代表全国大城市类别的样本对辖区0～17岁儿童青少年和乳母开展营养监测工作。根据该次项目抽样系统的逐级抽样，确定马王堆街道和荷花园街道辖区内660名婴幼儿、儿童、青少年和乳母为调查对象。8月，调查员参加培训并反复实践演练。11月中旬该项目启动，对660名调查对象开展询问调查、健康体检及实验室检测生物样品采集；其中124名对象连续4天开展入户膳食调查。调查结果为研究儿童与乳母营养状态提供科学依据。（杨鹏娇）

妇幼保健

【概况】 2016年8月8日，芙蓉区机构编制委员会批准芙蓉区妇幼保健所更名为芙蓉区妇幼保健计划生育服务中心，并保留芙蓉区妇幼保健所名称。2016年，芙蓉区孕产妇死亡率15.39/10万，5岁以下儿童死亡率2.28‰。接受婚前医学检查服务4306人，筛查率92.13%，孕前优生健康检查3496人，完成目标人群任务率132.13%。地中海贫血初筛阳性孕妇人数182人，随访182人，确诊85人。发放免费叶酸10992瓶，叶酸服用率98.69%。新生儿疾病筛查8851人，筛查率100.01%，听力筛查9413人，筛查率106.36%。检查出生缺陷个案338例。

妇幼重大公共卫生项目。农村妇女病普查3541人，农村妇女病普查普治率165.54%。完成农村“两癌”筛宫颈癌目标人群任务率117.39%，乳腺癌目标人群任务率100.09%。在农村妇女病查治的基础上社区进行城镇妇女病查治人数7832人。全区共发现可疑病例410例，确诊53例，宫颈癌5例，乳腺癌1例，CIN Ⅲ 11例，CIN Ⅱ 10例，CINI 26例。艾滋、梅毒、乙肝孕期检测率分别为98.50%、98.50%、98.49%。艾滋病感染孕产妇1人；梅毒感染孕产妇31人，所生活产数17人，实行了药物治疗14人，阻断率82.35%；乙肝孕产妇521人，所生活产数527人，注射乙肝免疫球蛋白523人，阻断率99.24%。艾滋、梅毒补助13人，补助资金5960元。全年农村孕产妇519人，补助人数522人（含半边户），补助率100.58%。0～6岁儿童健康管理率97.34%，儿童建档率97.40%。新生儿疾病筛查8851人，筛查率100.01%，发现可疑患儿人数165人，其中甲低116人，PKU8人，CAH20人，G6PD21人，确诊甲低9人，CAH4人，G6PD10人。全年听力筛查人数9413人，筛查率106.36%。托幼机构集体儿童入园体检8055人，筛查出体弱儿181人。检出单纯性肥胖106人，消瘦12人，低体重46人，生长发育迟缓18人，贫血105人，并实行专案管理，管理率100%。视力筛查8131人，发现视力不良1009人。托幼机构工作人员体检2334人，查出需离岗治疗或不宜从事幼教人员212名。

建立健全急救网络、三级转诊网络。规范转诊流程，畅通急救绿色通道，实行高危孕产妇管理和破宫产准入手段降低孕产妇死亡率。开展5岁以下儿童死亡专项质量控制，完善分级诊治与转诊工作机制等手段降低5岁以下儿童死亡率。落实出生缺陷三级干预措施和出生缺陷监测，全面推进出生缺陷防治。加强妇女儿童保健服务为全区妇女儿童健康保驾护航。

存在的困难与问题：全面放开二孩政策后，孕产妇高危妊娠明显增加，导致出生缺陷风险增高，高危孕产妇管理和出生缺陷监测、防控难度加大；妇幼保健队伍人才结构老化人才储备不足，急待新生力量补充。（丁　俊）

【农村适龄妇女“两癌”免费检查】 6月8日，全区正式启动农村适龄妇女“乳腺癌”和“宫颈癌”免费检查工作。该项目由区妇女联合会、区卫生和计划生育局、区财政局共同制定实施方案，区妇幼保健所负责管理实施。该项工作为具有芙蓉区户籍的35～64岁农村常住女性人口，提供“两癌”免费检查和咨询服务。通过宣传健康教育提高农村适龄妇女“两癌”早诊断早治疗，提升农村妇女“两癌”防治知识知晓率，树立“防”重于“治”的健康理念，惠及全区7815名适龄农村妇女。

【出台产前筛查和新生儿疾病筛查政策】 6月18日起，全区对产前筛查、新生儿疾病筛查实行全免费。该项目包括妊娠15–20+6周的孕妇进行21三体综合征、18三体综合征和开放性神经管缺陷的血清生化免疫筛查，新生儿先天性甲状腺功能减低症（CH）、苯丙酮尿症（PKU）、先天性肾上腺皮质增生症（CAH）和葡萄糖–6–磷酸脱氢酶缺乏症（G6PD）4种疾病和48种遗传代谢病串联质谱筛查。开展产前筛查、新生儿疾病筛查管理由区妇幼保健所组织实施。该项工作惠及全区常住人口和流动人口，为每个符合条件家庭节省检查费用520元。（丁　俊）

卫生监督

【概况】 2016年6月30日，芙蓉区机构编制委员会批准芙蓉区卫生监督所更名为芙蓉区卫生计生综合监督执法局。10月19日，“芙蓉区卫生计生综合监督执法局”挂牌成立，核定编制19人，政府雇员2人，公益性岗位2人，为副科级参公管理事业单位。承担区委、区政府和区卫计局交办的卫生计生监督行政执法任务，行使计划生育、医疗卫生、公共场所卫生、生活饮用水卫生、传染病防治、放射卫生、学校卫生监督等方面的综合监管职能，整合和优化卫生和计生方面监督执法资源，提高卫生与计生综合执法效能，保障人民群众的健康权益。全区有医疗机构288家，监督覆盖率100%。全年开展打击非法行医专项行动、医疗机构医疗废物、医疗污水处理专项整治、医疗美容专项整治行动、疫苗流通和预防接种监督检查、医疗机构依法执业专项督查整治5项专项行动，立案27起，罚款5.81万元，没收违法所得9948元。检查辖区1800余家公共场所，实行公共场所卫生监督量化分级管理制度，并专项整治沐浴场所、美容美发场所、游泳场所等，立案20起，罚款2.38万元。春秋两季专项检查162家学校（其中托幼机构116所，大中小学校46所），出动执法人员440人次。年内，被省卫计委确定为“学校卫生监督信息公开”试点区，并开设网络公示专栏，推进学校卫生监督信息公开。监管全区297家供水单位（二次供水单位135家，学校162家），立案12起，罚款1.33万元。开展医疗机构、公共场所、学校和托幼机构、二次供水等监管人员专项业务培训，参训1000余人。开展饮用水卫生安全宣传周、创建食品安全城市等宣传活动，发放宣传资料5000份。芙蓉区卫生计生综合监督执法局2016年被评为长沙市卫生计生监督综合稽查工作优秀单位、长沙市卫生行政执法案卷评查工作优秀单位（一等奖）、湖南省学校卫生监督信息公开试点先进单位。区卫生计生综合监督执法局局长屈沪军被授予“全国计划生育协会先进个人”称号。（胡　艳）

人口和计划生育

【概况】 2016年，全区出生人口5407人，人口自然增长率6.72‰，符合政策生育率99.39%，出生婴儿男女性别比为114.16。该区人口和计划生育工作被评为2016年度全省计生协模范单位。

落实法定计生优待政策，情况上报及时率、准确率和资金到位率100%。提高计生特扶家庭的扶助标准，关怀特殊困难家庭，确认各类奖扶对象8965人，发放奖扶资金875.56万元（包括国家、省市配套资金）。落实城镇独生子女父母奖励扶助政策，全区确认46174人，人力资源和社会保障部门、计划生育部门发放资金总额15269.11万元（包括国家、省市配套资金）。开展以计生公共服务均等化和卫生公共服务均等化服务为主要内容的流动人口均等化工作。

实施生育新政。坚持依法行政与文明执法、阳光计生、效能监察、综合治理等统筹推进，规范执法程序和执法行为，辖区连续12年保持“零违法行政”记录。对违法生育事件的处理，实行事前向区卫计部门报告，事中严格法制监控的工作制度；对于需强制执行的案件，坚持召开卫计部门与司法部门联席会议，防止出现程序违法等问题。做好信访维稳，在重要时点实行24小时值班制度。全年处理1例“两非”（非医学需要的胎儿性别鉴定和选择性别终止妊娠行为）案件。五里牌街道被评为省计划生育依法行政示范单位。结合“5·29”“7·11”“10·28”等大型节点开展人口与计划生育宣教活动。（孙高毅）

【计生协会工作】 推进计生协会组织建设、计生基层群众自治和生育关怀工作。启动基层群众自治示范社区创建活动，全年创建省级示范社区（村）2个，市级示范社区（村）8个，打造“东湖夜话”“彩虹桥”“折翼天使怡馨家园”等活动品牌。年内，芙蓉区计生协会管理的湖南农业大学计生协会被国家计生协会青春健康教育基地授牌，并被评为全国计划生育协会企事业先进单位。

计生基础管理。该区委常委会和政府常务会多次专题研究计生工作，解决计生阵地建设、奖励扶助政策、计生干部政治经济待遇等问题。全年区级财政预算安排计生经费1053.9万元，各街道均按标准配套投入，区、街道、社区（村）合计投入资金2054.43万元。

完善考评体系。每季度开展对街道考核，修改完善“芙蓉区计生基层基础工作星级考核评估方案”。在11月上旬，星级考核评估辖区各街道及社区。各街道、社区（村）及部分辖区单位全面实行人口网格化信息管理系统。辖区内人房关联、人户关联、人业关联率95%，数据准确率95%。建立人口网格化信息采集、管理服务、拓展应用、决策支持等工作机制。年内，全区12个街道分别进入“长沙市人口计生工

作优秀单位”“长沙市人口计生工作良好单位”。（陶红军）

【爱心助孕活动】 6月18日、9月28日分别在区妇幼所、区红十字医院开展爱心助孕义诊活动，由市级专家团队免费为居民提供健康知识讲座、优生健康咨询、孕前优生检查。该项活动规定的爱心助孕条件是：居住在该区范围内，一方具备辖区户籍，且女方年龄在49周岁以下；原合法生育过子女，现无存活子女的计划生育特殊家庭；经诊断符合不孕不育症治疗条件的对象可以在湖南省计划生育研究所享受免费人工授精助孕或试管婴儿助孕技术服务。居住在芙蓉区，一方具备辖区户籍，且女方年龄在49周岁以下；合法生育，经诊断符合不孕不育症治疗条件，需要人工授精助孕或试管婴儿助孕手术的对象，可以在市妇幼保健院或省计划生育科研所享受由区财政提供的2400元的优惠服务。在非定点符合免费援助条件的失独和病残儿家庭在长沙市或市级以上具备助孕技术资质的非定点医疗机构进行助孕手术的对象，到社区（村）、街道计生办、区计生局审批备案后，可凭医疗机构发票和相关病历资料到区人口计生局报销4800元。年内，为辖区1对符合计生政策不孕不育夫妇提供免费助孕技术服务，为43对符合计划生育政策不孕不育夫妇提供优惠服务，为计生不孕家庭节约费用近15万元。（刘　丹）

【计划生育避孕药具管理】 芙蓉区在“湖南省计划生育先进药具站”基础上，贯彻执行“湖南省计划生育药具工作管理暂行办法”，开展避孕药具管理工作。7月12日，由区卫计局、区工商分局、区食药局联合组成计划生育药具市场督察组，开展辖区计划生育药具零售市场督察，并规范计划生育药具零售市场管理。督察组一行随机抽查零售药店、性用品店，小超市，医疗机构、宾馆以及药具免费发放点等，均未发现有偿销售国家免费供应的避孕药具和销售不合格避孕药具行为。11月7日，区卫计局组织辖区街道卫计办主任、药具专干，社区居委会及辖区单位计生专干等200余人在金山会议中心举办计划生育药具管理工作培训班。该次培训，旨在提高药具管理人员业务能力和工作效率，促进药具管理工作规范化、科学化。

【生殖健康进高校、社区】 9—10月，东湖街道卫计办和计生协会以“世界避孕日”为契机，开展“知性智行——爱要有一套”校园加社区宣传活动。该活动，在湖南农业大学、湖南生物机电学院、东沙社区和滨湖社区开展避孕知识调查问卷，发放健康宣传资料：包括安全避孕知识和预防艾滋病宣传折页、横幅、户外宣传板等内容。现场还展示、咨询并发放避孕药具，专家讲授避孕药具知识及不安全性行为的危害等。湖南农业大学和湖南生物机电学院在活动中还加入全省高校生殖健康项目，装配计划生育避孕药具自助发放机并投入使用。全区各街道、各社区卫计人员参与到生殖健康宣传行列，向社区居民宣传国家政策，避孕节育知识。

【孕前优生健康免费检查】 计生局区组织开展免费孕前优生健康检查工作。全区目标人群2100对，截至9月30日完成3496人，完成目标人群任务率132.13%。检出高风险人数428人，高风险发生率12.24%，高风险随访率100%。实行面对面咨询指导和跟踪随访服务高风险人群，“一对一”个性化指导不同身体状况人群，建立疑难病例集中讨论和转诊。截至9月30日，早孕随访5447人次，完成早孕随访率97.69%。妊娠结局随访1963人次，完成妊娠结局随访率99.08%。

【实施产前筛查和新生儿疾病筛查】 年内，夫妻双方一方为该区户籍或在辖区居住半年以上的流动人口，可通过政府提供基本公共服务的方式免费开展孕妇产前筛查、新生儿疾病筛查。该项服务内容包括：与产前筛查、新生儿疾病筛查技术相关的咨询；产前筛查包括妊娠15–20+6周孕妇21三体综合征、18三体综合征和开放性神经管缺陷的血清生化免疫筛查。还可以增加影像学等产前筛查项目；产前筛查高风险贫困孕妇产前诊断；新生儿疾病筛查包括先天性甲状腺功能减低症（CH）、苯丙酮尿症（PKU）、先天性肾上腺皮质增生症（CAH）和葡萄糖–6–磷酸脱氢酶缺乏症（G6PD）4种疾病和48种遗传代谢病串联质谱筛查。该筛查对象结算标准为产前筛查160元/人，新生儿疾病筛查360元/人。被检查人员提供相关资料在户口所在地或居住地的社区卫生服务中心报销。扩大了产前筛查和新生儿疾病筛查覆盖面，降低出生缺陷儿发生，提高出生人口素质。（刘　丹）

·表 12 ·

芙蓉区卫计工作 2016 年度获奖表

获奖单位	荣誉称号	授予单位
芙蓉区计生协会管理的湖南农业大学计生协	全国计划生育协会企事业先进单位	中国计划生育协会
芙蓉区计生协会	2016 年度全省计生协模范单位	湖南省计划生育协会
芙蓉区	湖南省无偿献血先进县	湖南省卫生和计划生育委员会
卫生计生综合监督执法局	湖南省学校卫生信息公开试点先进单位	省卫计委
卫生计生综合监督执法局	卫生监督工作先进集体，年度考核总分全市第一，总排名第一	长沙市卫生计生综合监督执法局
卫生计生综合监督执法局	全市卫生行政处罚案卷评查活动中荣获一等奖	长沙市卫生计生综合监督执法局
芙蓉区	城癌早诊早治项目工作在全省获得一等奖	湖南省肿瘤防治研究办公室
火星、马王堆、定王台街道社区卫生服务中心	省级群众满意社区卫生服务机构	湖南省卫生和计划生育委员会

（夏红艳）

社 会 生 活

民政事务

【概述】 2016年芙蓉区民政局着力改善民生，扩大社会服务，创新社会管理。改善困难低保群众的生活水平，增强基层政权建设，提高服务涉军群体能力，社会事务管理进一步完善。

社会救助。年内，全区救助城市低保户2020户3259人，累计发放金额1320.3万元；农村低保户60户96人，发放金额48.13万元。医疗救助637人次，发放195.69万元；精神病人住院救助41人次，11.6万元；精神病人药物救助1634人次，22.4万元。认定低收入家庭289户；临时救助420人次，50万元。制定完善《芙蓉区慈善助困低保家庭实施办法》，增加财政预算，通过春节、端午、中秋向低保对象发放生活物价补贴，对集中救助供养且丧失生活能力的特困人员进行慈善扶助，发放慈善救助金577.2万元。开展“5·12”综合防灾减灾日、“10·13”国际防灾减灾日宣传活动和演习演练活动。指导荷晏社区创建湖南省综合减灾示范社区。

社区建设。制定《芙蓉区社区全面提质提档三年行动计划（2016—2018年）》工作实施方案，14个社区完成社区服务效能提升、办公服务用房提质、社区治理创新工作任务。年内创建市级和谐社区建设示范社区4个、精品社区7个、社区服务品牌5个。创建区级“两型社区”5个、社区自治服务品牌10个。推动15个办公服务用房面积未达600平方米的社区开展达标建设。截至12月底，全区所有社区办公服务阵地面积超过600平方米。

拥军优抚。按每年10%的增长比例，提高重点优抚对象抚恤补助标准。按照《芙蓉区优抚对象医疗保障细则》，发放各类抚恤补助资金1712万元，其中残疾抚恤1006.11万元，三属（烈属、因公牺牲军人家属、病故军人家属）、在乡老复员军人、带病回乡、两参（参战人员、涉核人员）退役人员生活补助705.89万元。做好重点优抚对象的医疗保障工作，按照优抚对象参保资助、定额门诊补助、按比例住院救助的三位一体、一站式结算的办法，参保资助12.6万元，门诊补助36.16万元，住院救助8.7万元。“八一”期间由区领导带队对21个驻区部队开展走访慰问。全年接收符合长沙市统筹安置政策的12年以上转业士官11名。发放义务兵家属优待金、待安置期生活费、一次性地方补助金387.4万余元；发放自谋职业金59.94万元。

社会事务。按照长沙市人民政府《关于全面建立困难残疾人生活补贴和重度残疾人护理补贴制度的实施方案》文件要求，出台相关文件，完成“两项补贴”的发放工作。区重度残疾人护理补贴人数1717人，按照每人每月80元的标准，全年发放165万元；困难残疾人生活补贴人数2008人，按照每人每月120元标准，全年发放290万元。培育和发展社会组织，年内备案各社区、各单位文艺体育、关爱帮扶等方面的社会组织300家。登记注册各类社会组织240家。摸底调查198名精神疾病药物救助患者，依托家欣心翼会所发展会员50人，日平均出勤10人，有6名会员通过在会所学习技能走向社会自谋职业。截至2016年年底，全区共有社会组织290家，其中：社会团体29家，民办非企业单位261家，备案的基层社会组织419家。社会组织涉及全区的经济、政治、文化和社会建设等各个领域。规范流浪乞讨人员救助，完善救助管理体系，完成近1000人次的救助工作。推进殡葬改革工作，发放惠民殡葬补贴资金4万余元。完成福彩发行任务1.05亿元。进一步推进婚姻登记工作的信息化，及时在婚姻登记系统录入数据，开展婚姻登记优质服务活动，全年办理结婚登记3645对，离婚登记1539对。（区民政局）

【陈泽珲一行到区走访慰问困难群众】 1月27日，长沙市市委常委、常务副市长陈泽珲、长沙市警备区司令员王忠斌、市政协副主席钟新莲以及市民政局主要领导一行5人在芙蓉区区委书记梁仲、区长于新凡、区委副书记谢进、副区长蔡冰、区人武部政委何元良的陪同下到区敬老院看望慰问老人，随后走访东湖街道东湖村困难群众代表3户，为困难群众和区敬老院的老人送去棉被、米、油等慰问物资以及慰问金。

（区民政局）

【承办国际社工日宣传活动暨社会工作交流会】 3月29日，由区民政局主办、区社会工作发展指导中心、东湖街道承办的“芙蓉区国际社工日宣传启动仪式暨社会工作交流会”在东湖街道办事处召开，市民政局副局长伍仁华，市民政局人事处处长何朝晖，副区长蔡冰，区民政局有关负责人、各街道分管民政负责人、部分社区及社会组织负责人100余人参加会议。湖南农业大学社会工作系教授分别就如何推动“三社联动”与如何培育和发展社区社会组织进行专业讲述。万众和居家养老服务中心、培源社工、心翼会所、“共享家”公益联盟等9家社会组织负责人分享、交流服务经验。通过该次交流会，增强了社会组织、社区与社会工作者三者之间的交流与合作，使社会工作的专业价值与理念得到深入传播，为芙蓉区社会工作的专业化发展奠定了基础。（袁　霞）

【社会工作者培训】 5月25日，区民政局聘请湖南农业大学社会工作系专家教授授课。该次培训内容为全国社工师职业资格考试相关知识，全区各街道、社区277人参加培训。（袁　霞）

【《芙蓉区慈善助困低保家庭实施办法》出台】 3月，以芙蓉区政府办名义发文的《芙蓉区慈善助困低保家庭实施办法》出台。该办法提出：由区财政增加预算700万元，通过春节、端午节和中秋节向低保对象发放400元生活物价补贴，对集中救助供养且丧失生活能力的特困人员进行慈善扶助等方式为困难群众的生活兜底。端午节、中秋节发放物价补贴314.2万元，救助低保对象3741人。（区民政局）

【《长沙市芙蓉区民政发展史》终审工作会议召开】 10月21日，召开《长沙市芙蓉区民政工作发展史（送审稿）》终审工作会议。省委党史研究室原副主任陈清林、市委党史研究室副主任李敏、市民政局原副局长、民政志修志办公室主任祖开智，区委党史联络组组长李学山、区史志档案局局长谭永华、区史志档案局副局长鲁素爽、区委党史联络组成员张定浙、程丹宏，区民政局局长丁迎秋、区民政局副局长陈同舟以及《长沙市芙蓉区民政发展史》全体编纂工作人员参加会议。（唐国良）

【易炼红调研老旧社区提质提档工作】 10月12日，省委常委、市委书记易炼红，市委副书记、市长胡衡华率队到芙蓉区考察社区提质提档工作，市领导徐宏源、袁观清、范小新参加调研。区领导于新凡、周春晖、陈计伟、刘文立、许凡、陈定佳、练大智等陪同。易炼红一行实地查看马王堆社区文化墙、居民楼栋、小游园、龙柏菜市场、聚心亭改造建设及社区党建“三社联动”——“邻友爱”家庭互助服务项目等情况。易炼红肯定社区在推进提质提档工作中赢得群众支持的工作方法，鼓励常驻在社区“同行者社工机构”的社工志愿者继续奉献他人，提升自己。座谈会上，区委书记于新凡具体汇报芙蓉区老旧小区提质提档工作。易炼红要求：要明确责任，加快推进老旧社区提质提档工作；要部门联动，相关职能部门统筹协调，加强日常维护及监管；要发动群众，调动居民群众参与后续管理，共同营造宜居环境，提高居民群众获得感和幸福指数。马王堆社区老旧小区是芙蓉区提质改造的重点区域，上半年启动老旧小区全方位的提质提档工作。截至10月中旬，该项工作按照“精致、精细”的标准顺利完工，社区形象得到大幅度提升。（李　芩）

·老龄工作·

【概况】 2016年，在定王台街道、五里牌街道、东屯渡街道、东岸街道各打造一家日间照料中心。街域内日间照料中心由专业的社工服务机构主办，利用居民区的住房，装修改造成适合老年人生活居住的场所。以社区为平台，以半失能、失能且子女无法照顾的老人为服务对象，以全托或日托服务为服务形式，实现老人在熟悉的社区环境里，享受社区的专业化服务。通过新建日间照料中心为芙蓉区新增78张养老床位。年内，位于滨河路的芙蓉区社会福利中心完成项目拆迁，启动施工建设。

根据“长沙市高龄津贴制度实施方案”要求，80～90岁低保老人每人每月50元，90～99岁老龄老人每月100元，100岁以上老人每月300元，全年为8338名老人发放高龄津贴501万元，为90岁以上964名老人发放高龄津贴108万元。为方便群众就近办理老年优待证，10月1日开始老年证办理下放至街道。年内为全区适龄老人办证6618本。区财政投入13.7万元。联合中国人寿长沙市分公司为区农村“五保”老人、重点优抚对象、城乡低保老人、城乡残疾老人等1854名困难老人和876名90周岁以上高龄老人购买老年人意外伤害保险。组织各街道广泛宣传老年人意外保险政策，推广老年人意外险，全区为6000余名老人购买保险。（区民政局）

·表13　·　芙蓉区居家养老服务中心汇总表

序号	养老服务设施名称	街道	社区	主要服务项目及收费	咨询电话	地址
1	芙蓉区居家养老服务中心	定王台街道	马王街社区	老年人日间活动 全免费	85134796	长沙市芙蓉区都正街101号
2	湘湖管理局居家养老服务中心	湘湖街道	湘湖社区	棋牌、健身、娱乐（舞蹈、音乐）不收费	82190957	湘湖社区内
3	文艺路居家养老服务中心	文艺路街道	南元宫社区	棋牌、健身、娱乐（舞蹈、音乐）不收费	89743997	南元宫社区内
4	五里牌街道居家养老服务中心	五里牌街道	燕山街社区	主要服务项目：为老年人提供文化娱乐、医疗康复、家政服务等居家养老服务 收费标准： 1.无偿服务 主要包括年满70周岁城镇“三无”（无经济来源、无劳动能力、无法定赡养人）老人、生活不能自理且身边无子女照顾的低保老人、重点优抚对象、革命“五老”人员以及百岁老人等 2.有偿服务 需要上门照料的自理老人上门服务标准按具体次数和时间进行收费	89977822	燕山街116号
5	火星街道居家养老服务中心	火星街道	月桂社区	棋牌、健身、娱乐（舞蹈、音乐）不收费	82699053	龙柏路67号
6	东屯渡街道居家养老服务中心	东屯渡街道	芙蓉社区	棋牌、健身、娱乐（舞蹈、音乐）不收费	84710967	芙蓉社区二楼
7	东岸居家养老服务中心	东岸街道	东宜社区	生活服务、娱乐、保健、安全等	89722705	东宜社区内
8	朝阳街道居家养老服务中心	朝阳街道	朝阳社区	棋牌娱乐(无偿)、图书阅览(无偿)老年大学(低偿)、中医康复(低偿)老年餐桌(低偿)、心理咨询(低偿)生活照料(低偿)、代急代办(低偿)家政服务、维修(市场价第三方收取)等	85064310	朝阳社区内
9	荷花园居家养老服务中心	荷花园街道	德政园社区	老人日常活动 免费，日照中心长者白天活动每人每月50元左右	86881119	德政园社区内
10	东湖街道居家养老服务中心	东湖街道	龙马社区	生活服务、娱乐、保健、安全等	84691561	省农科院内

住房保障

【概况】 2016年，芙蓉区住房保障工作围绕提升服务水平，在保障性住房筹集、建设、管理、运营、分配、登记、审核等方面以及保障房管理工作和配租入住率取得进展。新闻媒体开展全市保障房违规暗访调查中未发现违规现象。

住房登记审核。区住房保障局完善“一次性告知制度”“首问责任制度”和“十个一点”贴心服务，为低收入住房困难家庭提供便捷、优质的住保服务。年内，接待来访群众2000余人次、办理信访18例，实施保障廉租房租赁补贴601户、1202人，增加实物配租保障271户、经适房货币补贴保障529户，实现辖区符合条件自愿申请住房保障对象应保尽保。

保障房源管理。针对辖区保障房源“距离远、分布散”的现状，解决保障房管理难的问题。年内，区住保局创新举措，在全市率先组建专职的保障房管理员队伍，长期驻守在各小区开展管理与服务，实时掌握小区动态，是即时化解矛盾、调处纠纷，纠正违规行为、排除安全隐患。合理调配时间，充分利用节假日、周末、晚上等保障对象业余休息时间开展租金收缴工作，提高工作效率。小区“违约转租、违规装修、违章经营、违法搭建”的现象较上年降低95%，租金收缴率提高40%。

棚改安居项目。发挥住房保障政策优势，筹集各类安置房源534套（间），派员常驻各项目指挥部现场开展住房保障服务500例，支持和服务区棚改安居工程建设，推动和促进棚改项目进程。

（甘　泉）

【推进公租房止退租工作】 2012年，为克服“用地手续难、建设周期长、资金耗费大”的困难，在区政府和市局的批准下，区住房保障局拓宽思路，采取回租芙蓉区“东岸梅园”300套（间）农民拆迁安置房的方式解决公租房筹集问题。该举措迅速解决辖区保障房源不足和征地农民安置房的闲置问题，盘活资源增加农民收入，促进拆迁安置工作的推进。2016年，芙蓉区保障房源逐步充裕，“东岸梅园”4年的租赁期限到期，止退租工作涉及近千人的动迁安置，安全责任重大。为确保工作顺利推进，区住房保障局从年初计划安排部署，历经调查、走访、协商、谈判、动迁、安置6个步骤，安全、稳定、顺利地完成止退租工作，解决了前期保障资源不足的现实难题。（甘　泉）

民族宗教和外事侨务

【概况】 2016年，芙蓉区民宗外侨局围绕“情”字，主动与少数民族群众建立感情，帮他们解决实际问题；围绕“管”字，理顺宗教场所管理体制，落实区级、街道、社区三级网络和两级责任（街道、社区）；围绕“联”字，凝聚侨力发挥侨智，服务全区经济建设。1月12日，湘湖街道西湖社区再次被国务院侨务办公室评为“全国社区侨务工作明星社区”。9月29日，东湖街道东沙社区被国务院侨务办公室评为“全国社区侨务工作示范社区”。

民族工作。年内，通过芙蓉区民族联谊分会，挖掘各行各业中少数民族优秀代表人士，建立少数民族人士交流、共建的平台。打造“民族情深·与梦同行”公益品牌，开展科技兴农、结对帮扶和捐资助学等帮扶活动。联系新疆驻长办、市伊斯兰协会等组织，为少数民族群众建立与政府沟通的桥梁，调解矛盾纠纷，避免民族矛盾发生。组织全区各街道分管民宗工作的领导和专干举办2期专题培训班，并邀请省、市民宗局领导和专家授课，增强各级干部应知应会的知识培训。学习兄弟区（县）先进经验，提高依法管理民族宗教事务的能力和水平。根据辖区少数民族群众分布特点，设立韭菜园少数民族服务站和马坡岭汽车东站少数民族流动人口服务站。联合区食药监局为从事清真餐饮的少数民族群众开办食品安全培训并免费办证。全年逢传统节日开展困难慰问活动，并为遇到困难的少数民族群众和企业排忧解难，为来长务工人员解决子女入学问题。按照党和国家民族政策法规，审查核实辖区84名参加高考的少数民族考生民族成分。开展民族团结进步“六进”创建活动（机关、企业、社区、乡镇、学校、寺庙），印制发放《民族成分登记管理办法》《宗教事务条例》解读等宣传材料。全年被省市民宗部门采纳信息62条。

宗教工作。区民宗外侨局组织召开宗教事务管理工作调研部署会，开展调研，摸清宗教资源，夯实三级管理网络和两级责任。辖区因历史原因，尚有一些民间信仰场所，其中较大的（面积50

平方米以上）8处，小微场所（面积50平方米以下的土地庙）15处，分布于东岸街道、东湖街道、马坡岭街道、东屯渡街道、马王堆街道5个街道。全区信教群众（含五大宗教信仰）约5万人，占全区人口8.3%。区民宗外侨局探索治理基督教非法活动的方法和对策，撰写“长沙市基督教私设聚会点问题及治理对策研究初探”。每逢重大节日和节点，组织开展各场所的安全工作检查，加强财务监管和建设管理。定王台詹王宫和东湖龙王庙重建，区民宗外侨局提出了慎重意见，配合街道积极调处马王堆大王庙、张公岭龟山庙等有关矛盾问题，坚持打非抵渗，开展宗教政策法律法规宣传，引导群众到合法宗教场所开展活动。

外事侨务工作。辖区有散居外籍人士、归侨侨眷及港澳台人员486人。年内，东郡小学打造成为全市涉外示范参观点。积极对接，促使英中贸易、大韩贸易等非营利性中介组织落户该区。助推招商引资，服务侨企发展。辖区有侨资、侨属企业50余家，外资企业30余家，涉及电子信息、商务地产、星级酒店、商业零售、医疗服务等领域。把隆平水稻博物馆打造成为涉外参观点。开设“芙蓉区涉外职能部门工作人员英语培训班”，为高层互访、贸易投资、文化教育等领域交流合作储备人才。在隆平高科技园设立“侨务工作站”，使归国人才在企业安心工作、开心生活、热情创业。加强党风廉政建设，出台《进一步加强芙蓉区党政干部因公出国（境）管理的规定》，严把审核关，全年审批因公出国（境）9批次11人。搭建平台，拓宽友好交流领域。年内：接待澳门海傍海边街区坊众互助会一行17人，到西湖社区交流社区服务、经济建设与社会发展等方面基层工作经验；接待埃塞俄比亚人民革命民主阵线干部代表团到区交流考察。拓展对外交流。区民宗外侨局还组织人员到韩国参加城际组织换届会议，到菲律宾、印尼等东南亚国家开展学习交流。

（吴　玥）

【开展“清真三食”安全监管】 从3月份开始，芙蓉区开展“清真三食”（清真饮食、副食、肉食）安全监管工作，区民宗局走访少数民族餐饮门店，开展辖区32家清真餐饮、兰州拉面馆摸底登记，详细了解他们的经营状况、生活现状，主动调节少数民族经营户与城管之间的矛盾，会同街道办事处、区城管办领导宣讲城市管理的相关政策，督促他们办理食品安全经营许可证；组织开展少数民族座谈会，加强与少数民族群众相互沟通，推动少数民族服务站的建设，帮助少数民族解决实际问题。

【中央媒体到区采访社区侨务工作】 5月21日，由中央电视台、人民日报、新华社、国侨办宣传司、中新社、中国国际广播电台等13家中央级新闻媒体组成的采访团在省、市外侨办领导的陪同下到全国侨务工作明星社区及示范社区东沙社区开展采访活动。副区长易新宇、区民宗外侨局全体班子成员陪同采访。采访团一行实地参观东沙社区和西湖社区侨务工作阵地，听取社区侨务工作情况汇报。通过采访考察，媒体团共在中央媒体发表原创报道10余篇，并得到国内外各大主流媒体广泛转载，推介了芙蓉区西湖、东沙社区侨务工作经验。（吴　玥）

【民族团结进步宣传教育月活动】 9月1日，由省文明办、市民宗局指导，市文明办、区人大常委会、区政府主办，区委宣传部（文明办）、区民宗外侨局、定王台街道办事处、长沙市民族联谊会芙蓉区分会承办的“民族情深·与梦同行”2016年芙蓉区民族团结进步宣传教育月活动启动仪式在定王台街道都正街剧场举行。会上由统战部部长易新宇致辞，与会人员观看《民族情深·与梦同行》短片。该视频回顾芙蓉区多民族团结发展的进程。省文明办领导李力明为长沙市“民族一家亲”学雷锋志愿服务队进行授旗，长沙市少数民族服务站东乡族马维山代表少数民族人士学雷锋志愿服务队接旗。省、市领导为4名少数民族困难学生代表发放爱心助学金。该次活动以“促进各民族共同团结奋斗，共同繁荣发展”为主题，重点有民族团结进步宣传教育月启动仪式、巡回展览、爱心帮扶等主题活动。省文明办志愿服务处处长李仕铭，省民宗委监督检查处邓琪如，市委统战部副部长罗伟，市文明办副主任丁德喜，市民宗局副局长彭晓军、吾买尔江，市文明办志愿服务处处长袁军，区领导伍艳飞、易新宇、罗尔曼等出席活动。

【餐饮服务单位管理人员、从业人员食品安全培训】 9月3日上午，区食药监局和区民宗局联合举办芙蓉区少数民族特色餐饮服务单位管理人员、从业人员食品安全知识培训。该次培训邀请到省民宗委业务三处处长罗方，辖区食药监局局长赵小午、区食药监局副局长易智勇授课，区50余名少数民族经营业主和从业人员参加培训活动。该次培训会由区民宗局局长张璎主持。罗方和易智勇分别介绍清真餐饮经营注意事项、餐饮服务食品安全操作规范及餐饮服务单位法律责任等内容，赵小午讲解创建食品安全示范城区的意义及具体措施。区食药监局组织了食品安全法律法规知识考试，并为考试合格人员办理食品安全管理员证，还帮助少数民族特色餐饮服务单位印制兰州拉面经营门店指南。

【携手海外爱心人士助圆贫困生大学梦】 9月8日在银华宾馆，由区民宗局举办“英国华侨Rita女士2016爱心捐赠仪式”。市外侨办严宇处长，区民宗外侨局书记阳颖、副局长邹宏，湘西泸溪县组织部主任符云锦和湖南农业大学的苗族受助学生及他们的家长参加捐赠活动。2012—2016年，在市外侨办和区民宗外侨局的牵线搭桥下，Rita女士从泸溪县困难少数民族大学生中考察选取8名大学生，每年资助他们5000元学费，直至毕业。该次捐赠活动，Rita女士又重新选取10名苗族贫困学生资助他们4年的学费。Rita女士始终资助泸溪县少数民族地区贫困大学生圆他们的大学梦，截至年底已捐赠20余万元。

【东沙社区被评为“全国侨务工作示范单位”】 9月29日，东湖街道东沙社区被国务院侨务办公室评为“全国社区侨务工作示范单位”。东沙社区现有侨务工作对象357人，其中80%上的侨胞侨眷为辖区高校的老年退休职工，呈现出“高龄化、高知化、空巢化”等特点。东沙社区将侨务工作和社区建设结合起来，倾力打造以“侨之家”为品牌的侨务工作，形成了“社区党支部——驻区单位——小区网格——楼栋”四级侨务工作网络，不断拓展和创新侨务工作，提供优质服务，改善侨界民生。

【成功化解清真餐饮门店纠纷】 10月19日，在平等自愿的前提下，东湖街道东沙社区湖南农业大学辖区内2家清真餐饮门店经营纠纷调解协议签订，成功化解涉及民族问题的矛盾纠纷。湖南农业大学金岸学生公寓清真食堂老板赵东拉因山东籍回民沙建华等在湖南农业大学滨湖小区17栋303房于9月27日新开清真餐馆一事，发生矛盾纠纷。区委、区政府高度重视该纠纷，由区委书记于新凡批示，分管民族工作的副区长黄金国调解，在区民宗局、区维稳办、东湖街道及公安，市伊斯兰协会，青海省化隆县驻长办，湖南农业大学保卫处及后勤集团公司等单位负责人的通力合作下，经过近10次的沟通协商，该矛盾成功化解。

【民间信仰场所安全检查】 11月14日，区民宗局开展辖区内民间信仰场所安全检查。该次检查活动，采取实地查看各街道民间信仰场所的消防器材、疏散通道和安全出口、疏散指示标志、场所库房安全工作情况。听取负责人对场地安全管理制度、财务管理制度、工作人员安全教育制度、火灾事故应急方案等情况介绍，座谈交流民间信仰场所日常参加宗教活动人数、时间等情况，重点保障元旦、春节宗教领域安全。

【民族宗教工作培训】 12月8日，区民宗局举办全区民族宗教工作业务培训会。辖区内14个街道（园、局）的民族宗教工作分管领导和专干参加培训。该次培训邀请到省民宗委宗教三处处长罗方、市民宗局副局长彭晓军授课，芙蓉区副区长于志雷（挂职），区统战部副部长毛远强出席。该次培训由区民宗局局长张璎主持。与会人员实地参观长沙市清真寺。于志雷在培训总结讲话中，要求与会人员增强使命感、责任感，用群众工作的思维、群众工作的方法打开思路、创新方式，服务好民族宗教群体。 （吴　玥）

·附·

2016年城镇居民生活状况调查分析

据城镇居民家庭抽样调查资料显示，2016年芙蓉区城镇居民人均可支配收入46382元，同比增长8.6%。其中人均工资性收入24189元；经营净收入5954元；转移净收入5354元；财产净收入10885元。

全区城镇居民人均消费支出34648元，其中人均食品烟酒类消费支出9062元，衣着类支出2279元，人均居住支出8970元，人均生活用品及服务支出2467元，人均医疗保健支出1347元，人均交通通信支出3210元，人均教育文化娱乐支出6247元，人均其他用品和服务支出1065元。人均自有现住房面积32平方米。

一、居民收入持续增长

年内，芙蓉区城镇居民人均可支配收入46382元，比上年增长8.6%。从构成收入的四大板块看：

1. 工资性收入成为城镇居民收入的主要支撑。全年芙蓉区城镇居民人均工资性收入24189元，占居民收入比重52%，同比增长18%。工资性收入比重同比上升明显。

2. 经济环境的逐步好转促进经营性收入相对稳定。全年芙蓉区人均经营性收入5954元，占人均可支配收入的比重13%，是拉动居民家庭收入增长的有利因素。

3. 财产性收入为居民收入注入活力。全年芙蓉区城镇居民人均财产性收入10885元，占居民人均可支配收入的比重23%。

4. 转移性收入保持平稳态势。全年芙蓉区城镇居民人均转移性收入5354元，占居民人均可支配收入的比重12%。

二、居民消费活跃，消费结构趋向合理

全年芙蓉区城镇居民消费人均支出34684元，同比增长8.3%，消费结构趋向合理。

1. 食品类支出保持稳定，恩格尔系数同比下降。全年芙蓉区居民人均食品类支出9062元，占消费支出比重（即恩格尔系数）26.2%，同比下降13.2%，所占比例相对合理。

2. 衣着消费数额有所下降。调查显示：2016年芙蓉区居民衣着人均支出2279元，同比下降10.4%。

3. 居住消费增幅明显。全年芙蓉区居民人均居住支出8970元，同比增长22.3%。

4. 人均生活用品及服务支出有所增长。全年芙蓉区居民人均家庭设备用品及服务消费支出2467元，同比增长10.6%。

5. 交通和通信类支出小幅增长。全年芙蓉区居民交通和通讯人均支出3210元，同比下降2.2%。

6. 教育文化娱乐服务支出稳步增长。全年芙蓉区居民的教育文化娱乐服务支出6247元，同比增长9.3%。

7. 居民医疗支出明显上升。全年芙蓉区居民人均医疗费用支出1347元，占居民人均总支出的4%。

8. 其他商品和服务支出增长较快。全年居民家庭在其他商品和服务（饰品、化妆品及美容）支出1065元，占居民人均总支出32.57%。（明静然）

湘湖街道

①6月1日 湘湖街道举办“两学一做”宣传展板评比活动
②6月14日 全市首个“安全生产”卡通形象代言人——安安发布会
③6月27日 举办“湘湖品质提升在行动 庆建党95周年”暨“七一”表彰活动
④8月16日 中国科协领导人一行调研考察车站北路社区
⑤9月23日 “创新放飞梦想 科技引领未来”科普日活动
⑥10月17日 中组部督察调研组领导人一行考察车站北路社区
⑦12月16日 组织辖区人大代表政协委员观摩社区提质改造项目
⑧召开2016年度局属企业工作会议

定王台街道

①	②
③	④
⑤	⑥

①1月7日 市政协、主席范小新、市政协副主席石长松、市政协秘书长彭志一、市政协文教卫体委主任陈忞一行，到定王台街道都正街历史文化街区调研工作

②2月1日 国内首家公益众筹书房在丰泉古井社区揭牌

③2月6日 省委常委、市委书记易炼红慰问环卫工作人员

④2月22日 “金猴闹元宵，欢乐喜乐会”主题庙会开街

⑤3月22日 省文联主席谭仲池，区委书记梁仲、区政协主席刘建新考察都正街历史文化街区

⑥6月6日 市长胡衡华考察蔡锷中路两厢棚改项目

韭菜园街道

①	⑥	⑦
②		
③		
④	⑧	
⑤	⑨	⑩

①2 月 25 日 汤家岭社区“回馈城市美容师”服务活动

②3 月 15 日 市委常委、组织部长程水泉调研银华大厦党建工作

③5 月 16 日 开展占道经营执法检查

④5 月 20 日 汤家岭社区举办“520，大声说出你的爱”活动

⑤6 月 7 日 桐荫里社区举办端午节活动

⑥8 月 8 日 区长周春辉调研韭菜园街道

⑦10 月 17 日 中组部领导调研银华大厦党建工作

⑧10 月 26 日 区委书记于新凡到韭菜园街道检查拆迁工作

⑨11 月 10 日 举办消防安全宣传活动

⑩12 月 29 日 举办“指尖上的湖南，大美湘绣”活动

文艺路街道

①	②
③	④
⑤	⑥

①6月30日 举行向党旗宣誓
②6月30日 举办纪念建党95周年“七一”表彰会
③区委书记于新凡考察提质改造项目
④举办两学一做知识抢答赛
⑤市委统战部领导检查“同心社区”创建工作
⑥组织百姓监督团成员开展检查工作

朝阳街道

①⑥ ⑦
②
③
④
⑤ ⑧

①1 月 20 日 “党团手拉手”志愿者联盟基地成立授牌
②2 月 2 日 开展“邻里守望过大年 慈善同心暖新春”活动
③3 月 1 日 人民新村社区——长沙市企业退休人员社会化管理服务示范点授牌
④4 月 21 日 市委副书记、市长胡衡华到湖南影像创客空间调研
⑤9 月 12 日 市委书记易炼红到湖南影像创客空间调研
⑥10 月 18 日 区委书记于新凡调研朝阳社区提质改造工作
⑦11 月 18 日 组织党员干部参观市廉政警示教育基地
⑧11 月 8 日 市委常委、副市长张迎春一行到湖南影像创客空间调研

五里牌街道

①②③
④ ⑤
⑥⑦⑧

①1月26日 承办“我的中国梦——孝德温暖身边人”志愿服务活动
②2月24日 举办“我们的中国梦 文化进万家”趣味运动会
③5月12日 街道红十字会举办应急救护培训班
④6月8日 开展“一封廉洁家书”党风廉政建设主题活动
⑤6月30日 “珍爱生命 远离毒品”宣传活动
⑥7月7日 召开“七一”表彰大会
⑦8月19日 市委常委、组织部部长程水泉调研安全生产工作
⑧9月20日 市食品药品监督管理局副局长陈明南带队专项检查餐饮及食品经营门店

马王堆街道

①	⑥	⑦
②		
③		
④	⑧	
⑤		

①8月12日　区委副书记、代区长周春晖调研市政府60号令生产安置用地落实工作

②8月18日　市委副书记徐宏源调研马王堆街道提质提档工作

③9月9日　市领导袁观清率调研组调研马王堆街道社区卫生服务中心

④10月12日　省委常委、市委书记易炼红率“四套班子”成员到马王堆社区考察社区提质提档工作

⑤10月21日　市食药监督局局长郭塨一行调研马王堆街道食品安全工作。

⑥11月7日　区委书记于新凡调研马王堆街道工作

⑦12月8日　马王堆街道区联点领导、芙蓉区政协主席郑明一行到街道检查安全生产工作

⑧山东考察团到马王堆街道交流考察拆迁安置工作

荷花园街道

①	②	③
④	⑤	⑥
⑦	⑧	

①4月3日 恒达社区组织工作人员到长沙坪乡参观非物质文化遗产——湘绣
②4月24日 组织青少年开展“美洁家园 劳动最美”活动
③4月24日 开展“百日会战·全员上路”综合整治行动
④6月21日 组织学生开展安全应急逃生暨灭火救援演练
⑤7月27日 东方新城社区“爱心驿站” 派发千张幸福券
⑥11月10日 荷花园街道通过省级档案工作规范化管理检查
⑦12月7日 市统计局副局长张罗先一行到荷花园街道观摩统计工作
⑧组织第26届“全国助残日”活动

东屯渡街道

①1月20日 白沙湾社区开展“促廉心 心连心 家风遗德伴我行”主题活动

②4月29日 第四届“芯动芙蓉 快乐Shopping”芙蓉区消费节活动开启

③6月22日 省军区教导大队集训班学员到东屯渡街道武装部观摩学习

④9月21日 市委常委、组织部部长程水泉调研社区提质提档工作

⑤10月26日 庆祝第21届环卫工人节 总结表彰会

⑥11月30日 白沙湾社区开展长征胜利80周年纪念活动

火星街道

①3月14日 街道组织“你求职创业、我帮扶服务”活动

②4月22日 长沙市未成年人读书交流活动启动仪式

③5月11日 长沙市八医院名医工作室火星工作站揭牌

④6月6日 市委副书记、市长胡衡华一行调研火星街道棚改项目情况

⑤8月24日 长沙“微理论·微巡讲”宣讲团走进火星街道

⑥9月20日 区委副书记、代区长周春晖调研火星街道

⑦9月28日 “锋尚达人颂国庆·传承文明我先行”庆国庆广场文化活动

⑧全市首个公益群艺馆在火星街道凌霄社区开课

⑨省委常委、市委书记易炼红考察兴和社区提质改造工程

⑩11月22日 举办世界问候日“暖心志愿服务”主题宣传活动

东岸街道

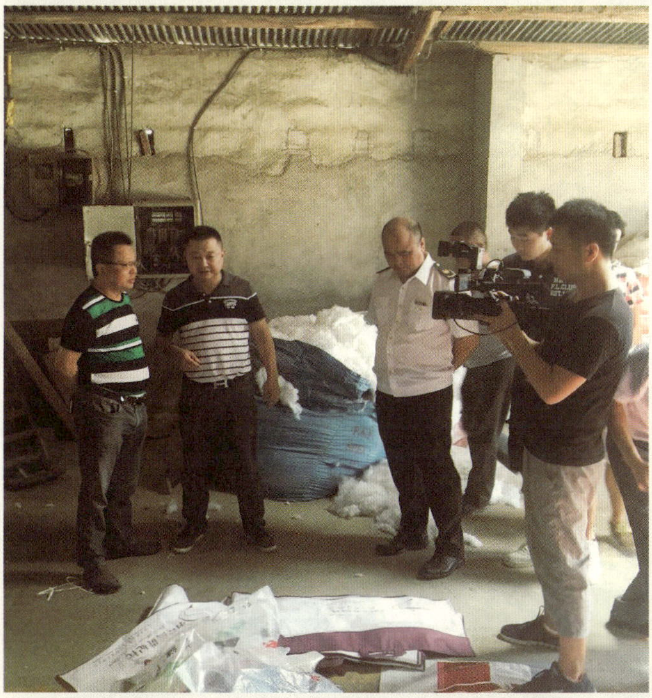

①②
③
④⑤

①4月21日 省安监局党组书记、局长邓立佳等领导调研街道安全生产工作

②8月1日 东岸街道商会第三次会员代表大会召开

③查处劣质黑心棉被作坊

④庆祝建党95周年总结表彰大会

⑤副市长李蔚调研社区建设工作

马坡岭街道

①5月6日 举行第五届芙蓉艺术节街道初赛
②新党员宣誓
③举办两型宣传月暨节能宣传主题活动
④主办“芙蓉区科技活动周”主题活动之创新创业论坛
⑤9月22日 举办科普日活动
⑥11月17日 “传承好家训、建设好家风”——长沙市芙蓉区塑造未成年人美好未来主题教育活动

东湖街道

①⑥
②
③
④
⑤⑦

①2月26日 长沙市人民政府副市长何寄华调研东湖街道文化、卫生工作。

②3月8日 组织社区居民们在拆违复绿空地拔河、跳绳、看节目，庆“三八”活动。

③5月12日 东湖街道举行柳子明故居建设献计献策会，专家学者、政府负责人及柳子明先生儿子、学生共同出席

④6月8日 副市长廖健调研柳子明故居。

⑤7月1日 街道组织全街党员干部，集中收看习近平总书记“七一”重要讲话

⑥9月6日 长沙首届农民读书节在东湖街道举行

⑦12月29日 市委常委、组织部部长张宏益调研基层党组织建设。

社区建设

社区服务

【概况】 2016年，出台《芙蓉区社区惠民项目资金使用规范化手册》，要求各社区根据芙蓉区社区惠民项目资金使用实施细则，对照“惠民项目指导目录”，拟定《社区年度惠民项目实施计划（审议稿）》，并提交居民代表大会听证表决，然后填写“惠民项目资金计划审批表”，审核报备。开展东湖夜话“惠民资金大盆菜点菜、定菜活动”，让居民共同商议社区惠民资金该如何用，67个社区共配套拨付惠民资金804万元。积极组织各社区开展创建活动，重点打造市级示范社区2个、精品社区5个、社区服务品牌5个；区级“两型社区”5个、社区自治服务品牌10个。组织各街道、社区申报市级社工服务项目，2016年申报专业社会工作服务项目5个。组织社区工作人员报考2016年全国社会工作职业资格考试，5月23—27日组织277位报考的社区工作人员进行为期一周的社会工作职业资格水平考试培训，由湖南农业大学社会工作系专家教授团队进行全程授课。筹建社区社会组织孵化基地，好孵化基地的设计、立项等工作。在马王堆社区实行三社联动工作试点，聘请湖南农业大学社会工作系专业团队，打造“邻有爱”社工服务项目。指导街道引入培源、共享家、关爱之家等专业社工机构承接社区的社会化服务。建立社区民主监督制度、居民民主评议制度，每季度进行一次居民民主评议社区工作，各社区（村）均成立了居（村）务监督委员会。

（袁　霞）

【创建“同心社区”】 文艺新村社区系老旧开放式纯居民小区，域内企业单位少，困难群体多。近年来，社区创新工作方法，整合统战资源，推进“同心社区”创建工作。社区成立“同心议事会”，定期组织社区内统战成员参政议政，为社区发展建言献策。利于信息化平台，通过微信群等形式，组织社区统战成员成立“同心·亲子群”“同心·五彩课堂群”，服务域内未成年人，启迪他们健康成长；成立“同心·怡馨家园”，服务域内96名残疾人，帮助他们康复训练、培训就业技能。社区还成立由党外知识分子、原工商业者等组成的“同心·艺术团”，多次代表社区、街道参加文艺活动，唱响文艺新村统战事业发展的好声音，传递“同心”品牌的正能量。12月23日，文艺新村社区在长沙市统一战线凝心聚力“十三五”行动推进会上，被评为第三批市级“同心社区”。

（黄　雪）

【“倾听民心 传递民意”月谈活动】 1月28日，“倾听民心 传递民意”月谈活动在荷花园街道荷花园社区启动。荷花园街道工委书记唐益人，纪工委书记刘光耀参加会议。为零距离倾听居民心声，当好居民的贴心人，社区开办“荷花月谈”，通过每月一谈、每月一议，每月解决一件，真正做到为民办实事。居民代表针对改善辖区卫生环境、治安现状等提出了意见和建议。会上，唐书记与居民群众进行交流互动，对居民反映的问题一一作答，对于一时解决不了或需上报各部门协调解决的问题做下记录，并嘱咐社区对居民的意见做好整理汇总、梳理，做到事事有回复、件件有落实。涉及惠民资金使用的项目，要按照程序初拟方案，制定具体管理措施，与居民共同讨论实施。

（夏婉清）

图 24　开展“大手牵小手 关爱山区贫困儿童”公益捐赠活动

【搭建“爱心停车充电站”】2月，五里牌街道燕山街社区在街巷显眼位置搭建了一个“爱心停车充电站”，免费为居民群众提供停车点和充电设备。该充电站是针对燕山街社区人口密集、车辆繁多造成的停车难问题专门设置的，可满足不同品牌电动车的充电需求、可同时为多台电动车充电，最大限度的方便群众出行。这一便民设施，为辖区居民带来了便利，电动车乱停乱放和没地充电问题也得到了解决。（文　阳）

【爱心理发进社区】5月3日，由火车站社区党员志愿者和社区工作人员组成的两支爱心理发队在辖区居民楼下开展免费理发活动，并为行动不便的高龄老人、空巢老人、残疾居民提供上门免费理发服务。该社区针对流动人口众多这一特点，还将拓展“爱心理发”服务的范围，把这项服务作为对外来务工人员关爱服务的重要内容。（文　阳）

【为民办实事解难题】7月26日，文艺新村社区黄泥坑21栋、22栋的居民代表罗阿姨等人到文艺路街道送“人民公仆为人民”的锦旗，以此感谢政府帮助解决两栋楼的居民住户漏水问题。文艺新村社区黄泥坑21栋、22栋楼房的屋顶排水管因年久失修，严重生锈腐坏，破损严重。每逢大雨，居民家中漏水严重。家住22栋的罗阿姨和几位居民代表到社区，恳请解决这一难题。社区书记王丽慧、主任刘毅第一时间派人上门查看，通过召开居民自治协商会，确定改造方案，安排施工人员更换两栋楼4根1～7楼的排水管，解决了居民生活难题。（黄　雪）

【陈计伟调研社区提质提档工作】8月30日，区委副书记陈计伟到东岸街道东宜社区调研社区提质提档工作。东岸街道党工委书记韦进文等陪同调研。陈计伟一行实地察看了社区“宜家人”“宜业园”“草根讲堂”特色服务阵地及居民楼栋、健身广场和社区道路路面等基础建设，并召开专题调度会，听取社区负责人关于社区全面提质提档工作汇报。陈计伟强调：要强化社区基础设施的建设，尽早启动特色街巷改造工作，打造具有本地文化的特色街巷；要强化服务阵地建设，以“办公空间最小化，活动空间最大化”的原则，实现服务阵地的科学合理布局；要强化社区服务管理，在满足社区居民需求的同时，充分发挥社区的引导作用，实现居民自我管理与自我服务。（刘　树）

社区治安

【概况】2016年，芙蓉区各社区（村）认真贯彻落实区委、区政府《关于社区全面提质提档三年行动计划工作的通知》，按照“三有四无五到位”（有健全的组织机构、有完善的制度体系、有必备的工作阵地；无安全生产重大责任事故、无重大群体性事件、无进京重复非正常上访、无重大民转刑案件；社会治安防控到位、矛盾纠纷排查调处到位、实有人口和出租屋管理到位、特殊人群帮教管理到位、综治宣传教育到位）的创建标准开展平安社区创建活动，按照“六个一”（设立一个法治宣传橱窗，建立一个法律图书角，建设一支专兼职人员相结合的法治宣传队伍，建立一套居民学法制度，每季度开展一次法治宣传活动，每季度在社区为居民上一次法治课）要求建设法治示范社区，14个社区如期完成平安社区、法治示范社区建设任务。

各社区（村）持续加大对街面、治安复杂区域和高发案时段的巡逻密度，全力压控发案，着力加强重点地区和突出治安问题排查整治，全年63个社区（村）被评为“零发案社区（村）”。（黄　珣）

【铲除危险化学储存】5月30日，接群众举报，东湖街道办事处副主任林灿带领街道安监站、工商所工作人员到湖南隆科植保科技有限公司仓库检查危险化学品储存情况。检查中发现该单位仓库非法储存敌敌畏、百草枯等危险化学品农药1400多件，8.77吨，该公司既无危险化学品经营许可证，又无危险化学品仓库储存资质，属于非法储存。区安监局执法人员立即赶到现场对该公司下达处罚决定书，并封存非法储存的危险化学品，对公司负责人进行了现场教育。该次行动确保社区居民的安全。（周　韬）

【销毁藏匿社区的赌博机】6月23日，桐荫里社区联合韭菜园派出所突击检查位于新军路3号第002栋附一楼的一家电游室，查处打鱼机2台，牌机1组（6台），缴获单机主板9个，拘留2名涉案人员，打击了藏匿在社区的违法赌博行为，遏制了不良社会风气的蔓延，维护了社区治安。（董春梅）

【社区食品安全检查和宣传活动】7月16—17日，荷花园街道恒达社区全体工作人员分成两组开展食品安全检查和宣传教育活动。一组在街道工商所、食品药品监所统一调度下，联合食安办、安监站对辖区农贸市场、餐饮店、超市进行了联合执法行动；另一组携带《长沙市创建国家食品安全城市倡议书》《长沙市创建国家食品安全城市宣传手册》等资料深入社区，对市场门店开展宣传。对达不到食品安全要求的经营户，执法人员现场下达整改通知书，责令限期整改。共计发放食品安全宣传资料1.5万份。该次联合执法检查和入户食品安全宣传行动成效显著，浓厚了食品安全宣传的氛围，推动了长沙创建国家食品安全城市工作的贯彻与落实。（夏婉清）

【开展幼儿园安全检查工作】12月6日，东屯渡街道东屯渡社区对辖区内幼儿园的饮食和消防安全情况进行深入检查。检查组向幼儿园负责人详细询问幼儿人数、安全管理现状等情况，并查阅安全制度及责任制落实、应急预案、消防安全巡视登记台账等资料。重点对幼儿园消防设施运行、消防器材配备使用、安全出口和疏散通道是否畅通等进行检查。街道党工委委员苏力指出，儿童是祖国最娇嫩的花朵，需要社会各界共同的爱护。他要求各幼儿园一定要将食品安全、消防安全等各项工作立即整改到位，及时排除安全隐患。要求街道监管部门要继续对各幼儿园的安全情况进行持续检查，对于限期内整改不到位的要坚决依法查处。（涂　京）

【食品安全宣传活动进社区】8月3日，火星街道凌霄社区的小朋友们通过DIY食品安全识别牌宣传食品安全知识。该次活动中，社区邀请了市食品安全巡视员彭遥义对社区食品经营门店负责人开展食品安全培训讲座。凌霄社区内餐饮企业众多，人员流动量大，食品安全问题成为重中之重。用食品安全培训讲座来树立辖区食品行业从业者的安全意识，提高食品安全生产标准，从小事小节抓稳食品安全，是社区一直致力达到的工作目标。此外，社区还组织经营门店负责人组成食品安全责任单位小组，由街道、社区组成食品安全宣传小组，以及由小朋友组成食品安全监督小组，全方位向广大居民群众普及食品安全知识，最大限度地杜绝食品安全问题的发生，为社区居民提供一个良好的餐饮消费环境。8月5日《湖南日报》以《食品安全人人有责》为题对该次活动进行专题报道。（刘夏娃）

【消防安全进社区】11月10日，韭菜园街道军区社区联合湘安消防公益服务中心举办的“消除火灾隐患、共建平安社区”消防安全宣传志愿服务活动正式启动。省文明办副主任李力明、市文明办副主任丁德喜、区宣传部及街道相关领导到现场。活动在消防实景演练中拉开帷幕。内容包括介绍微型消防站的建设、推广消防的“微媒体”、消防知识互动游戏、模拟逃生演习等。军区社区消防志愿服务微信公众平台正式揭牌启动。（董春梅）

社区就业

【概况】2016年，区、街道、社区（村）三级公共就业服务机构积极拓展服务项目、丰富服务内容，为劳动者提供政策咨询、信息发布、就业培训、职业指导、职业介绍、就业援助等公共就业服务。健全城乡困难群体就业动态管理和援助制度，做好做实就业工作台账。深化“春风行动”，做优“失地农民创业就业服务中心”，打造“就业创业长廊”“残疾人创业家园”等就业创业服务载体，为失地农民、城镇下岗失业人员、零就业家庭、城镇失业人员等就业困难群体提供全方位就业帮扶服务。启动芙蓉区创新创业导师及专家人才库建设，定期举办“创业沙龙”活动，为辖区内创业人员提供创业指导、创业培训等“一站式”服务。做好各项创业活动的宣传推广工作，塑造芙蓉区创新创业品牌。（刘　菲）

【就业帮扶宣传活动】1月25日，五里牌街道以“就业帮扶，真情相助”为主题，在火车站社区金苹果大市场举行大型就业援助宣传活动。通过就业政策宣传和咨询、创业和技能培训登记等方式，宣传各类就业扶持政策、经办机构、申报程序，为符合认定条件的就业困难人员、残疾登记人员以及困难家庭离校未就业毕业生、城乡低保家庭成员、因病致贫家庭成员进行面对面的就业援助。该次活动发放宣传资料1000份，接受就业宣传400人次，帮助65名困难人员实现就业。（文　阳）

【技能培训进社区】5月10日，五里牌街道劳动保障站联合五里牌社区举办插花技能培训班，为辖区下岗、失业人员现场讲解插花课程，帮助提高再就业能力。该次培训提高了辖区居民的自身素质，拓宽了劳动就业的出路，也增加了他们的就业选择权利，极大程度地提高了他们的生活质量。（文　阳）

【“大众创业 万众创新”科技活动周】5月，芙蓉区“大众创业 万众创新”主题活动暨科技活动周在东湖街道开幕。活动为创新创业团队和企业搭建服务平台，挖掘和促进有发展前景的创业团队和具有核心创新能力的初创企业向高水平、高层次、高素质企业发展，为创业大学生和小微企业解决其在技术、管理、资金、政策等方面的困惑。东湖街道辖湖南农业大学、湖南省农业科学院、湖南生物机电职业技术等农业科技院校，具有强劲的科技研究实力和雄厚的人力资本。东湖街道当天成立了以中国工程院院士官春云为代表的科研领袖、芙蓉区和东湖街道机关工作人员、“创客”三类人群为主体的东湖街道“创客”志愿者联盟，联手打造创客空间，为充满创业激情与梦想的大学生和青年创业者们开阔视野，树立信心，拓宽创业、实习、就业机会。（曾　中）

【打造东岸“创业吧”】7月12日，东岸街道在机关会议室举办创业培训班结业典礼。该次培训依托长沙市职业技术培训学校的专家导师，采用国际劳工组织针对微小企业创办者而开发的《创办你的企业》培训教材，模拟演练整个创业过程，向学员传递创业经。经过一周的培训，37名学员增强了创业信心，明确了创业道路，即将踏上各自的创业征程。该次活动旨在精准扶持一批有志创业的失地农民，助其实现创业梦，以创业带动就业，实现就业倍增效应。（刘　树）

社区生活

【概况】2016年，各街道、社区重视生态文明建设和环境保护工作，坚持把生态文明建设理念贯穿环境保护始终，着力夯实基础，提升城市品质，推进宜居城区建设，严格环境监管，加强污染整治，保障环境安全，不断提高生态文明建设水平。通过各种宣传形式，因地制宜地开展两型环保宣传月主题活动，举行环保知识专家讲座等，积极引导环保公益组织参与，加强舆论引导，号召社区群众从自己做起，从身边事做起，践行绿色低碳生产生活方式，减少污染排放，积极参与到污染防治中来，形成爱护环境的良好氛围。在城郊结合部大拆违后的裸露土地开展复绿提质，增加绿地，开辟健身场所，添置各类健身器材，做到应绿尽绿，绿化率持续提升，人居环境不断改善。年内，嘉雨社区创建成为噪声治理示范区并通过验收，马王堆社区和育英西垅小学、育才二小成功创建绿色环保社区和学校。

年内，芙蓉区以社区为平台，整合社区内各种服务资源，全面落实老年福利政策。在五里牌街道、定王台街道、东屯渡街道、荷花园街道建立4家由专业社工服务机构举办的街道日间照料中心，利用居民区的住房，装修改造成适合老年人生活居住的场所，以全托或日托服务为服务形式，为社区内半失能、失能家庭子女无法照顾的老人服务，实现老人在自己熟悉的社区环境里，享受到来自社区的专业化服务。在龙马社区和曾家坪社区建立2个居家养老服务点，为老人提供助餐、助洁、助医等服务，使老年人老有所医、老有所学、老有所为、老有所乐。并按照全市统一安排为老人发放高龄津贴。大力培育

发展社会组织，在激发社会活力、反映公众诉求、解决就业问题、化解社会矛盾等方面发挥重要作用。（苏　洁）

【湘府社区推进既有居住建筑节能改造】 文艺路街道湘府社区总建筑面积30万平方米，包括10余家省直单位办公场地及约1200户住宅，多数建筑存在陈旧耗能问题。湘府社区通过实地调研和积极申报，提出采用并引导鼓励居民使用符合“两型”要求的玻璃窗隔热防晒贴龙膜的改善方案，满足居民居住舒适度，减少空调的使用。引进新一代全动态离心式油烟净化技术，推进餐厨油烟分离收集，减少油污排放，降低环境污染。该方案得到上级的肯定并逐步实施。湘府社区推进既有居住建筑节能改造方案的落实，以切实可行的改善措施为居民争取良好的用电生活环境，带动全社区家庭绿色生活模式，促进良好社会风尚。（黄　雪）

【空巢老人踏春橘子洲】 3月8日，韭菜园街道蓉园社区负责人带领社区“红袖章”志愿者，邀请省委组织部、宣传部、机关医院等单位在职党员与住社区的年迈、行动不便的空巢老人结对到橘子洲春游。为老人们提供了交流平台和户外活动机会。（董春梅）

【倡导绿色简约生活活动】 4月29日，“节约集约利用资源，倡导绿色简约生活”两型宣传活动在湘湖街道东湖社区举行，市两型办副主任罗玢、区委宣传部副部长、文明办主任易利平、区科技局局长吴立平、区科技局党组书记胡海云、区科协主席李莉霞、区政务中心主任徐乐斌、区两型办主任冀超、区政务中心副主任邓银华、湘湖管理局副局长陈璞及社区党建“共享联盟”成员等200人参加活动。该次活动的举办，让更多的居民加入到社区两型创建中来，让每个人都多一份生态文明的理念，少一些破坏资源的陋习，让大家同携手、共同爱护美好家园。

（宋　凯）

【非遗文化融入社区生活】 8月30日，韭菜园街道军区社区组织辖区支部党员和退休人员参观湘绣研究所展示馆、“乾隆宝座”复制者——黄小明工作室、长沙铜官窑遗址、浏阳彩色菊花石雕以及醴陵釉下彩陶瓷体验馆等。听取讲解员介绍非遗馆成立和各个非遗项目的基本情况。在醴陵釉下彩陶瓷体验馆，除看实物、听讲解外，还亲自动手制作陶艺，参加捏陶泥比赛。此项活动，拉近了非遗文化与社区的距离。

（董春梅）

【“孝亲敬老”育“文明乡风”】 10月9日，东湖街道东湖村举办“好社会 享清福 跟党走”的2016庆祝重阳节暨第三届“幸福老人”文艺会演，村里380余位60岁以上的老人成为活动的绝对主角。芙蓉区文体新局局长焦英，区民政局副局长蔡日直，东湖街道党政班子成员张敏、胡云飞、刘胜、陈云蓉、林灿、刘光明参加活动。

（周　韬）

【无车日宣传活动】 9月22日，湘湖街道在车站北路社区开展主题为“低碳生活、文明出行”的无车日绿色骑行宣传活动。20余名居民志愿骑行者共同参与，呼吁市民养成绿色环保、低碳生活、文明出行，营造生态环保的美丽城市环境与和谐的出行秩序，为长沙持续建设全国文明城市献力。

（宋　凯）

【“寻找流浪者　寒冬送温暖”活动】 11月3日夜，东屯渡街道农科村负责人与社区工作人员一道走上寒冷的冬日街头，为辖区内的流浪乞讨人员送上了必要的生活物资。3名流浪者被发现并接受了社区工作人员所提供的棉被、毛衣和方便面等物资，其中一人经过工作人员劝导表示愿意到救助站接受救助，社区工作人员随即联系民政部门，对流浪人员进行妥善安置。农科村书记陈永珍表示，2016年和以往相比，辖区内的流浪人员明显减少。在之后的日子里，还会继续加强巡查力度，积极为辖区内流浪乞讨人员提供必要的帮助。（涂　京）

社区卫生

【概况】 芙蓉区有社区卫生服务中心12个、社区卫生服务站35个，村卫生室13个。辖区10个政府主办的社区卫生服务中心、13个村卫生室全部实施基本药物制度，建立健全基层用药的采购、供应、使用、监管和补偿机制，完善基层用药政策，通过登陆湖南省基本药物采购平台（村卫生室由中心代采购）实行网上统一采购、配送，实行零差率销售。以“创建全国基层中医药工作先进单位”

为载体，在辖区12家社区卫生服务中心打造“中医馆”，设置中医医疗、预防、保健、健康宣传于一体的独立诊疗服务区域，并开展家庭签约服务与中医治未病相结合工作。年内，火星、马王堆、定王台街道社区卫生服务中心被评为省级群众满意社区卫生服务机构。

年内，全区投入970万元在39个社区开展了社区物业服务工作，创建市级城管精品社区10个，示范街道2个。投入160万元，建设了11个病媒生物防制设施建设示范社区，顺利完成病媒生物基础设施建设，其中投饵盒440个、诱蝇笼770个、灭蚊灯110盏。总投入2.5亿元，对全区13个街道，39个社区，85个小区（点）的综合环境、基础设施、社区服务进行提质改造，同步完成27个小区，12104户居民户改工作。打造新合小区、马王堆社区等一批样板示范小区，惠及6万余户居民。以77个社区（村）为单位设置块状网格，并细分到小区和居民楼栋进行管理。持续推进“门前三包”责任制工作，沿街门店“门前三包”责任书签订率100%。各社区积极做好环卫保洁工作，及时清扫路面，回收处理垃圾，确保居民区环境整洁、卫生。（苏洁 孙业）

【美洁家园行动】 4月24日，荷花园街道联合区区城管局、总工会在恒达社区开展综合整治行动。恒达社区负责人及在职党员、志愿者等200余人参加。他们用集体劳动的形式清洁美好家园，迎接“五一”国际劳动节。启动仪式后，志愿队伍分成若干小组投入“美洁家园”行动：“欣馨城管突击队”小组清堆物；新市民小组清理垃圾站池；在职党员清理卫生死角；直管党员小组铲牛皮癣；楼栋组长小组文明劝导店外经营；红领巾爱劳动小组捡拾绿化带垃圾等。各项工作深入社区每个角落。通过一下午的辛勤劳动，社区环境面貌焕然一新，“美洁家园”行动完美完成。（夏婉清）

【红十字“救”在身边】 为加强青少年防御各类灾害的能力，避免灾害对社区青少年带来的伤害，7月26日，荷花园街道东方新城社区计生协会邀请芙蓉区红十字会志愿服务队在育英二小会议室举办生命课堂、急救知识普及培训。参会的家长和小朋友们都主动向志愿者请教急救知识，家长们一致评价社区举办的活动对大人和小孩都非常有意义，使青少年明白“生命高于一切”的道理，增强安全意识，掌握安全知识，提高自护自救能力。（夏婉清）

【陶家山社区开展送清凉、送安全、送知识进企业活动】 8月2日，火星街道陶家山社区携手社区卫生服务中心开展送清凉、送安全常识知识进企业宣传活动。活动邀请长沙市宣安消防服务中心蒋老师，在中建四局地铁5号线汽配城地铁口项目部施工现场为建筑工人讲解夏季高温作业安全注意事项及防暑降温措施，并讲解如何防中暑、防火灾、防意外伤害等知识。随后，在陶家山社区会议室，蒋老师为玉和田分公司环卫工人进行安全常识知识讲座，发放安全常识知识宣传资料。活动现场，还有中医院专家现场坐诊、免费咨询，卫生服务中心工作人员为他们送上防暑降温药品。（刘夏娃）

【爱护环境 我先行】 8月30日，五里牌街道五里牌社区组织域内的“红领巾”志愿服务队的青少年在五一大道、晓园公园开展“爱护环境 我先行”志愿服务活动。该活动现场，小志愿者们人手一只垃圾钳，专心致志地寻找垃圾，路面上的小杂物和废弃的烟头全部被拾起，分类放进垃圾桶。通过活动，改善了辖区环境，激发了青少年们热爱劳动的热情，更

图25 荷花园街道开展“百日会战·全员上路”综合整治行动

让孩子们懂得保护环境、打造美洁家园的意义。该社区“红领巾”志愿服务队成立于2015年8月，主要成员为中、小学生，通过五里牌社区公开发布的招募公告自愿报名参与，已有42名成员。自成立以来，小志愿者们都会利用寒暑假、周末和课余时间到社区参加形式多样的志愿服务活动，如上门探望独居或空巢老人，打扫卫生、文明宣传与引导等。

（文　阳）

【卫生计生服务活动】 10月27日，东岸街道东宜社区举办“服务千万家 共创幸福梦”计生服务宣传主题活动暨“青草计划”志愿服务活动启动仪式。市文明办副主任丁德喜、市卫计委副主任厉卫东、市文明办志愿服务处处长袁军、区卫计局局长许平波、区卫计局副局长王冰、刘金龙、周志成及东岸街道领导和各村、社区居民群众近300人参加活动。活动以文艺会演、有奖问答和现场观众互动等多种形式宣讲卫生计生知识，推动全民健康生活方式，构建和谐家庭，共建幸福生活。

（刘　树）

社区教育

【概况】 2016年芙蓉区社区教育工作全面贯彻党的教育方针，落实《教育部2016年社区教育工作要点》以及《长沙市2016年社区教育工作要点》要求，加强基础建设，注重特色发展，深入开展社区教育实验区以及学习型城区建设。6月，芙蓉区被教育部评为第四批全国社区教育示范区。

图26　“我的中国梦 向国旗敬礼”主题教育实践活动在荷花园街道隆重举行

定王台街道、湘湖街道、东湖街道分别被评为全国社区教育示范街道。2010年10月，芙蓉区全面实施社区教育，2011年6月被确定为湖南省社区教育实验区。2013—2016年连续4年获评全国“全民终身学习活动周”优秀组织奖。

（黎银华）

【“五彩课堂”公益项目开班】 年内，文艺路街道文艺新村社区开设“五彩课堂”公益兴趣班，首期课程开设数学外语课后辅导、手工制作、小主持人、科普、国学5个班，每个班由2名湖南师范大学“引力波乐教社”的教师志愿者授课，面向辖区低收入家庭一、二年级的儿童，有百余学生报名加入，社区从中挑选40名学生参加首期课程。“五彩课堂”是文艺新村社区从群众需求出发，创造性打造的特色志愿公益品牌，直接服务300多名外来务工人员子女。社区通过共驻共建形式，组织育华小学在职党员、师大志愿者、专业社工在孩子放学后、节假日、寒暑假为孩子提供课外托管，实行三方共管模式、解决学校放学和家长下班之间的“时间差”问题，运用“五彩课堂积分存折”实行积分奖励制度，丰富未成年人的精神文化活动。社区也为家长设置活动区，搭建交流育儿平台，让家长在等待孩子下课的过程中阅读书籍。（黄　雪）

【组织学生开展安全应急逃生暨灭火救援演练】 6月21日，荷花园街道组织街道安监站、荷花园社区，联合区红十字会、区五里牌消防中队，在长郡芙蓉中学举行应急逃生暨灭火救援的演练。荷花园街道党工委书记唐益人及相关部门负责人出席。长郡芙蓉中学1000余名师生共同参加演练。警报声响起，校园里一时“浓烟四起”。全体初一师生迅速进入应急状态，各班班主任和任课教师马上组织学生，按照疏散演练方案设定的逃生路线，用毛巾捂住鼻子，迅速而有序地从教学楼各层撤离到学校操场上，并按规定的位置排队集合。区红十字会的“救护员”快速向伤员冲刺，“救护员”紧张而快速的救护、娴熟正确的包扎、动作敏捷，技术高超，充分发挥救护本领，使整场活动达到高潮。该次救护演练，丰富了学生救援小组基本救护知识，提升了学生们的动手操作能力。

（夏婉清）

【长沙“微理论·微巡讲”宣讲团走进街道】 8月24日，长沙“微理论·微巡讲”巡讲团一行7人到火星街道曾家坪社区进行芙蓉区专场巡讲。市委讲师团理教处处长齐泊熊，区委宣传部副部长钟海荣，全市基层宣讲团成员，辖区居民群众代表80余人参加。活动现场，7名基层宣讲员用通俗易懂、生动鲜活的语言，通过用“小故事、身边事、百姓话来讲道理、阐理义、释疑惑”，表达对习总书记“七一”重要讲话精神的深入理解，弘扬积极向上的理想与信念，激发社会“正能量”。来自马坡岭小学宣讲员张慧超通过浅显的理论分析人民群众的“获得感”应包括物质与精神层面，并用数据展示芙蓉区让人民群众的“获得感”更加温暖有力的举措。老干部局宣讲员刘雪莲用快板形式，说唱出“山水洲城美如画，幸福城市数长沙”的新变化、新形象。宣讲员们饱含激情的演讲，感染了台下的观众，博得了阵阵热烈的掌声。这种不请专家名家，把基层干部群众请上台以微宣讲形式讲述身边故事的方法，得到干部群众的一致好评。（刘夏娃）

【秋冬健康养生讲座进社区】 10月27日，五里牌街道五里牌社区联合卫生服务中心举办秋冬健康养生讲座。以膳食为主要宣讲内容，为辖区老年人讲授如何在秋冬季节合理搭配营养、科学进补，利用中医进行身体调养以及亚健康的调理方法等，并以现场答疑等形式来强化授课效果、宣传健康知识。该项活动是五里牌社区“计生全民健康”活动之一，社区将通过形式多样的活动，让辖区居民进一步掌握养生保健之道，切实提高居民预防疾病的能力和健康知识的知晓率，全面提升社区居民健康水平。（文　阳）

【节俭养德教育实践活动进社区】 12月8日，五里牌街道五里牌社区联合晓园党支部开展以“节俭养德 全民节约”为主题的签名活动。在辖区晓园公园亲子广场发放勤俭节约倡议书，号召大家争做勤俭节约的倡导者、宣传者、实践者和示范者。从小事做起，从点滴做起，少些铺张浪费、大吃大喝，多些勤俭节约、精打细算。该项活动使节约理念深入人心，为推进培养和践行社会主义核心价值观，更好地树立为民、务实、清廉、勤俭的形象。（文　阳）

社区文体

【概况】 2016年，芙蓉区各街道、社区（村）充分发挥街道综合文化站和社区文化活动中心作用，利用辖区文体资源，组织居民群众因地制宜开展丰富多彩的文化体育活动，提高全民文化体育幸福感与参与感。文体阵地进一步完善。顺利完成1个街道综合文化站和12示范性社区（村）综合文化服务中心的提质改造，新建1家社区图书馆分馆和1个社区自助式图书馆。建成火星、朝阳两个街道全民健身中心，更换添置室外健身路径57套、室内健身器材9套，文体活动开展更加便利。文体活动进一步丰富。各街道、社区积极组织文艺团队参加各级各类展演竞赛，南泥湾艺术团参加长沙市庆祝中国共产党成立95周年“红旗颂”大型群众合唱比赛获银奖、木芙蓉艺术团原创舞蹈《守护蓝天》参加湖南省“欢乐潇湘”系列文化活动决赛夺得湖南省金奖。参加第五届芙蓉艺术节，共选拔49支文艺团队、80个文艺节目进入总决赛，美术类、书法类、摄影类决赛共收到群众参赛作品235幅，大赛8个门类、4个专场共决出一等奖16个，二等奖22个，三等奖31个，优秀奖122个。文体队伍进一步充实。组织街道、社区文体专干开展业务培训4期，指导培训基层文艺团队近百支，文体队伍的专业素养和综合能力得到提升。各社区在节日、假期组织多种形式的文体活动，充实了居民的精神生活，传递了精神能量。（刘　翀）

【爱心义演进湘雅】 1月31日，火星街道曾家坪社区联合湘雅二医院在医院外科一楼组织“阳光童心”春节爱心义演活动。社区内的袁子涵工作室组织20名热爱音乐的“爱心小天使”带着准备的节目到现场演出，为在医院治疗儿童、老人、妇女送去新年祝福与温暖。演出现场，参加演出的小朋友平均年龄只有8岁，最小的表演者只有5岁。6岁的杨柏瑞钢琴演奏《小矮人进行曲》《火车》，优雅的琴声柔如冬日阳光温暖人心。6岁的丁香茹带来古筝伴唱《北京的金山上》《虞美人》等多首歌曲，令在场患者似乎忘记了疾病的缠绕，笑容满面。活动后，社区书记彭敏为现场小朋友送上了新年礼物，她希望社区能组织更多的活动，为居民送上更多的爱心。（刘夏娃）

【书法名家送春联活动】 2月3日，由长沙市文学艺术界联合会带来的“书法名家送春联”主题活动走进火星街道月桂社区，为社区居民送来文艺新春味。书法名家们用笔述说心语，用字表达祝福，用心创作各式主题春联，“公正法治利民生，富强民主兴国计”彰显社会主义核心价值观的宏大力量；“天地和顺家添财，平安如意人多福”则寄托了对家庭生活的良好祝愿。社区居民们踊跃前来领取春联。该次活动，书法名家们共书写春联500多幅，让月桂社区的居民们度过一个浓郁文化春节。（刘夏娃）

【“同心连心 嘉雨一家亲”文化活动】 4月28日，东屯渡街道嘉雨社区在西街花园组织开展“同心连心，嘉雨一家亲”主题文化活动。10位“最美嘉雨人”在现场接受表彰，一连串的文艺会演为群众文化生活添彩，给近500名观众献上了一道丰富的文化大餐。近年来，嘉雨社区不断组织形式多样的文艺活动，致力营造“一家亲”的社区环境，为社区居民注入精神正能量，奏响了社区居民睦邻友好的和谐乐章。（涂 京）

【传承非遗文化】 4月3日，荷花园街道恒达社区工会组织全体工作人员利用节假日到被誉为长沙湘绣基地的开福区捞刀河镇沙坪社区参观学习。湘绣是享誉世界的四大名绣之一，是湖南传统民族工艺，起始西汉时期，已有2000多年历史，被首批入选国家非物质遗产保护名录。社区工作人员在中国工艺美术大师江再红的引领下，实地参观了湖南开福湘绣研究所，被一幅幅精美的单面绣、双面绣等系列产品所吸引。湘绣大师江再红的现场解说蕴含精髓、寄寓的故事，深深地打动每位听众。随后，江再红亲自动手，现场临摹刺绣工艺。她对社区工作人员前来参观学习表示赞赏，并希望把想修文化带回社区，增强居民对非遗文化的认识，让非遗文化深入人心。（夏婉清）

【社区趣味运动会】 7月18日，湘湖街道在车站北路社区组织开展第二届社区趣味运动会。该次趣味运动会分2个赛场，分别是万象新天小区和省军区五里牌干休所。运动会设置夹弹珠、投环、五连拍、吹乒乓球等项目，吸引了近百名中老年居民参与。同时为每位参加活动的老年朋友免费验光配1副老花眼镜，并现场照相赠送25寸照片1张。大家同心、同乐，共享健康生活，度过了欢乐的一天。通过举办群众性趣味运动会，发挥了社区服务功能，为社区中老年朋友营造了一个和谐的氛围、开心的活动场所和交流沟通的平台，深受广大居民喜爱。（宋 凯）

【暑假儿童沙画制作活动】 8月18日，韭菜园街道八一桥社区组织域内青少年开展“缤纷暑假 童画世界”的沙画制作活动。活动意在让孩子们牢记社会主义核心价值观和培养协作精神。活动中，按照核心价值观把小朋友们分为“富强”“民主”“文明”等12个小组，2人一组，协同操作，撒沙、调匀、抹平、涂画等。经过40多分钟的操作，色彩斑斓的小鱼、漫步草地的小狗、严肃可爱的飞鸟等作品在孩子们手下诞生。沙画彩绘寓教于乐，在兴趣拓展中锻炼了青少年的动手动脑和沟通协作能力，丰富了学生的暑假生活。（董春梅）

街　　道

湘湖街道（湘湖管理局）

【概况】 湘湖街道办事处与湘湖管理局、三湘南湖大市场实业总公司合署办公，既具备一般街道的全部属性，又兼有企业管理的基本职能。下辖东湖、南湖、西湖、湘湖、跃进湖、车站北路6个社区和家电城、建材城、灯石城、汽配城四大专业市场以及富丽华大酒店。辖区面积2.32平方千米。域内有家庭户1.43万户，户籍人口1.87万人，常住人口4.22万人。2016年，湘湖街道围绕“社区与企业发展并重”“把湘湖建设成为高端城区”“稳步推进，从根本上解决管理局属企业的难题”等三大任务，凝心聚力谋发展，开拓创新求变革，团结一致保稳定。年内，湘湖街道被评为省级“创新创业带动就业示范街道”、市级“城市管理示范街道”、市级消防工作先进单位。

经济发展。加强服务企业力度，实施具有湘湖特色的“3+3”服务企业模式，为企业发展提供融资服务、经营服务、后勤服务，努力营造亲商、安商的发展环境。招商引资主动出击，积极谋划招商引资新策略，千方百计引进优质企业。针对当前经济下行的压力，楼宇、市场、门面出现空置，主动联系对接优秀企业入驻辖区，引进20余家企业。创新创业氛围浓厚，通过加大创业资金扶持力度、探索推进民主阳光评税、发挥民间创客团体作用，营造“大众创业，万众创新”的浓厚氛围。2016年实现税收5.09亿元、全社会固定资产投资20亿元、限上社会消费品零售总额42.5亿元、限额以上批发企业商品销售额8.1亿元、规模以上工业产值0.45亿元、实现高新技术产值160亿元。招商引资市外境内固投8.51亿元、实际到位外资2500万美元、外贸进出口额9750万美元。新增服务业企业联网直报单位14家。“四城一酒店”累计实现总收入2.54亿元，为年度总任务的104%。

项目建设。为重点工程保驾护航，三大公共基础设施建设项目：城际铁路、二污水处理厂、地铁三号线进展顺利，城际铁路拆迁安置工作全面完成。二污水处理厂改造已投入试运营。地铁3号线，协调好近1400户群众工作矛盾，施工进展顺利。推动区域经济项目建设，协助大汉IM时代、三玖辰坤灯饰项目办理相关手续，推动项目主体部分的施工。完成了金利路提质改造和车湘街、雍景街等两条特色街巷建设。棚改征收进展显著，完成五里牌肉联厂及周边项目私房签约180户，签约率82%。

城市管理。文明创建通过以弘扬核心价值观为方向，倡导社会正能量、以基层文明自治为基础，打造自治新平台、以树立品牌建设为中心，强化品牌影响力。车站北路社区被评为市级文明示范社区，西湖社区被评为长沙市学雷锋“十佳”先进集体、文明创建红旗社区，东湖社区评为市级文明社区。城市管理综合整治成效显著。以信息化切入打造智慧城管，通过与市规划信息服务中心共同研发，开发了智慧湘湖城管网络平台。以拆违控违还街域清爽靓丽，成功拆除了千禧华城等834.07平方米的违章建筑。以严管整治还街域清洁畅通，打造整洁的“视容”环境，全年规范和整治户外宣传、广告招牌380余处次。城市管理工作成绩排在全区前列，成功创建了“市级城市管理示范街道”。

社会治安。安全工作常抓不懈，消除安全隐患100多起。对改作市场和仓库的旺德府地下车库进行整治改造，恢复了地下车库。督促5家危爆化学品店进行关闭迁出。完成了灯石城消防隐患黄牌警告摘牌工作。加大食品药品安全宣传教育，开展20余次食品药品安全检查专项整治，并在全市发布了首个“安全生产”卡通代言形象——“安安”。信访维稳大局可控，通过从预防着手、化解为主、联企业联重点对象、五包一等措施加强稳控、强化责任，确保了辖区稳定和谐。通过创新调处方式，协调和调解了各类纠纷130起，调处成功率100%，涉及金额100万元。推出了“平安湘湖”微信公众平台进行法律宣传和服务。

惠民服务。域内6个社区办公用房面积年内全面达标，并对西湖社区等5个社区进行整体提质提档改造。打造服务品牌，街道获省、市两级“创新创业带动就业示范街道”、东湖社区被评为市级优秀人社基层服务平台、西湖社区被评为长沙市平安社区、跃进湖社区被评为区级两型示范社区。全年走访居民、门店700户，收集群众意见、建议170多条，在“直通车”年终述职测评大会上得到广大群众的好评。用心做好民生实事。加大老旧小区改造力度，完成南湖公寓、长港小区、土畜公司宿舍等13个农安、市场安置小区提质改造，改善了居民生活环境。加大社会保障力度，为辖区内740户低保户，困难群众、军烈属及基层民政对象等筹集慰问金12.15万元。湘湖管理局爱心基金对因病致贫、因灾致贫的25户家庭提供每月300元的基本生活补贴。做到零就业家庭动态就业援助100%。养老服务方面，为辖区内老人提供全方面的贴心服务，增加跃进湖居家养老示范点。文化活动方面，定期对文化市场进行综合整治行动，开展了“庆祝建党95周年”等系列社区文化活动，营造了良好的文化环境。公共卫生服务方面，开展计划生育居民自治示范社区创建，全年完成240人无偿献血工作。房产办证遗处工作，完成了向阳湖项目、建材城五金区6号栋的房产办证工作。

局属企业管理。实施三项企业管理改革，整治了企业坐收坐支，规范了企业收支预算，清理整顿了企业债权债务、理顺明晰了部分产权、规范了企业投资审计。对局属企业建材城Z07-C05、灯石城Z07-E30的项目进行了建设筹备。大力推进转型升级，依托“三湘购”，发展了梅溪湖线下服务体验店，推出了“云商店”。企业理顺体制工作稳步推进。成立了局属企业理顺体制工作筹委会，7月12日顺利组织完成了5个企业的征求职工意见投票工作，依法依规制定了局属企业理顺体制工作代表大会选举投票工作系列方案，明确了局属企业理顺体制代表大会成立的时间表、路线图，制定了局属企业总公司架构实施草案，明确总公司成立原则、组织结构、机构职能、管理模式等。

基层党建。明确将“保持湘湖党建工作扎实性、保持湘湖党建工作的领先性、保持湘湖党建工作的创新性和保持湘湖党建工作的实效性”作为突破口，列出任务清单。针对社区、局属企业和非公企业党组织分别制定了党建工作任务清单及详细考核细则，重点明确局属企业党建目标管理责任。创新性对辖区范围内32家非公企业党组织进行机构设置。加强党建经费保障，对6个社区党支部和5个局属企业党支部拨付15万元党建经费。组建了一支17人的党建指导员队伍。组织基层党组织和党员开展“两学一做”四次专题学习教育活动，开展“两学一做”的展报评比活动、“抄写党章100天”活动。提振先锋引领，以“湘湖品质提升在行动”为主题召开了“七一”表彰大会，西湖社区被评为省级先进基层党组织。车北社区代表湖南省接受了中组部的检查验收，党员档案规范化建设工程被推为市级观摩点在全市进行推广。

存在问题和困难：一是历史遗留问题比较多，牵涉面较广，难以彻底解决。二是区域经济结构比较单一，财税指标压力大。三是湘湖管理局“政企合一、国社合营”的特殊体制客观上成为湘湖发展、改革、稳定的瓶颈。

（宋　凯）

湘湖街道（湘湖管理局）

书　　记　李明权
副 书 记　胡　锋
　　　　　陈　新
　　　　　彭　鹏
党委委员　赵　慧（女）(2016.02任)
局　　长　胡　锋
副 局 长　熊小明（2016.02免）
　　　　　赵　慧（女）(2016.02免)
　　　　　张　斌
　　　　　吴旦伟
　　　　　陈　璞（2016.02任）
　　　　　冯　章（2016.10任）
人大工委主任
　　　　　彭　鹏
政协联络处主任
　　　　　蔡　琼（女）

【公安部消防局领导调研指导消防安全工作】 3月7日，公安部消防局副政委詹寿旺、省消防总队政委卢安生、副总队长宋利军、市消防支队支队长温国坤、政委粟平等领导到湘湖管理局局属企业三湘南湖大市场调研指导消防安全工作。詹寿旺一行重点走访了三湘南湖大市场家电城，实地察看了家电城消防安全工作相关设施设备建设情况，认真听取了湘湖管理局及家电城相关负责人有关市场消防工作情况介绍。调研组领导对湘湖管理局及家电城针对市场薄弱环节把消防安全作为老旧市场提质改造重点内容进行全面整改提升的做法给予了充分肯定，并就坚持常态长效抓好市场的消防安全提出了具体的指导意见。

【台湾商统会交流团到湘湖街道开展两岸社区文化交流】 4月8日，台湾商工统一促进会副主席、全方位云科技（股）公司总经理张壁麟率台湾商统会参访团一行26人，到湘湖街道西湖社区开展两岸社区文化交流。国台办海峡两岸交流中心副主任苗京平、国台办海峡两岸交流中心陈维、李锴、省台办副处长卢文君、市台办副主任王劲锋、处长刘小平、区统战部副部长毛远强、区台办主任张德林、湘湖管理局副书记彭鹏等领导陪同参访。

【芙蓉区市民素质提升行动暨安全生产月主题宣传活动】 6月14日，“由您开始，向零迈进”芙蓉区市民素质提升行动暨安全生产月主题宣传活动在长沙市六中体艺馆举行。省安监局宣教中心主任寻壮志、市文明办副主任丁德喜、市安监局宣教处处长王大政、副区长蔡冰、区政府副调研员尹上敏、区安监局局长刘顺泉、街道党委书记李明权、局长胡锋等领导出席活动仪式。湘湖街道主要领导并向辖区企业代表赠送了安全生产知识读本，企业代表也进行了安全生产集体宣誓，现场还邀请安全现场专家现场开展“微宣讲”，让现场观众从认识和感受到安全、责任、文明的重要作用。活动现场发布了全市首个“安全生产”卡通形象代言人——安安。这个卡通人物具有4种不同的颜色和表情，分别代表着安全生产的不同级别，绿色代表安全认可、蓝色代表及格达标、黄色代表具有隐患、红色代表出发整改。该套分级方法将被运用到辖区企业的安全生产考核之中，用以警示安全生产。

【庆建党95周年暨湘湖街道七一表彰宣传活动】 6月27日，由芙区委组织部、宣传部、芙蓉区委办公室主办，湘湖街道承办的“湘湖品质提升在行动”庆建党95周年暨七一表彰活动在新天宾馆会议中心举行。市文明办主任郭润葵、副主任丁德喜、志愿服务处处长袁军和区有关部门领导人伍艳飞、彭娟、张亚、田松柏等出席活动。活动现场，通过大数据演示以及互动道具推介的形式，展示了湘湖街道下辖6个社区品牌建设特色及成果等核心内容，表彰优秀基层党组织，达到示范引领、凝心聚力作用。随后领导嘉宾共同完成梦想拼图，形成一幅党员带头、企业跟进、社区和谐的壮丽图景。

【中国科协调研组到湘湖街道考察调研】 8月16日，中国科协党组书记、常务副主席尚勇调研组一行实地考察湘湖街道车站北路社区。市委常委、副市长张迎春、市科协党组书记李范坤、区委副书记陈计伟、湘湖管理局书记李明权、局长胡锋及区直相关部门负责人等领导全程陪同。调研组一行实地考察车站北路社区科普信息化、科普示范社区、科普阵地建设等情况。在听取了车站北路社区对社区科普公园、科普文化长廊、社区一站式服务大厅的介绍后，调研组一行现场观看并体验了社区的“科普信息化互动屏媒”“健康智慧体验站”。尚勇书记对芙蓉区及湘湖管理局在科普信息化建设方面取得的成绩给予肯定，并要求省、市、区科协进一步提高信息化工作水平，助力智慧城市建设，为国家经济社会发展和群众科学素质提升做好服务。

【加油站隐患治理专项约谈会】 9月8日，安监局副局长刘青辉、湘湖管理局局长胡锋就南湖加油站企业安全生产主体责任意识不强、安全距离不足、车辆乱停乱放等问题对中石化南湖加油站进行一对一约谈。约谈中，区安监局副局长刘青辉指出，危化品经营单位要进一步强化红线意识，落实主体责任，坚持问题导向，进行隐患清零。针对加油站普遍存在的车辆违规停放、安全距离不足等问题，加油站本身及湖南石油高速分31公司都应加以重视，进行彻底全面的整改，整改后应由第三方安全评估公司做出专业评估，以确保整改效果。

【长沙市本级不动产权证首证颁发仪式】 9月9日，长沙市本级不动产权证首证颁发仪式在位于湘湖社区的市不动产登记中心举行。省国土资源厅厅长方先知，长沙市市长胡衡华，副市长黎春秋出席仪式，出席仪式的还有省国土资源厅办公室主任谢文、地籍管理处处长刘冬春、不动产登记处处长欧阳志军、宣传中心主任贺正、市政府副秘书长张能峰、刘义山。仪式上，方先知、胡衡华分别为市民郭靓和中国工商银行股份有限公司伍家岭支行颁发长沙市本级首本不动产权证书及首本不动产登记证明。不动产权证首证颁发，标志着长沙市结束了土地、房产等不动产分散登记的历史，开启不动产登记的新征程。

【安全生产约谈工作】 9月23日，湘湖管理局组织东湖社区辖区南湖加油站、精彩生活超市、物业公司、危化、消防等35家重点单位负责人、安全管理负责人进行安全生产约谈会，区政府副调研员徐德进、区安监局局长刘顺泉、湘湖管理局局长胡锋、副局长陈璞、安监站站长黄凯等出席会议。会议听取了精彩生活超市、南湖加油站、湘湖五金大市场、上东印象、古象涂料等企业负责人围绕落实当前安全生产主要工作所采取的措施、意见和建议。会议强调：要强化安全生产安全意识，强化日常监管，严格隐患排查治理，防范各类事故。

【中组部督察调研组考察车站北路社区】 10月17日，由中央党校组织部副部长王军敏带队的中组部基层党建重点任务督查调研组一行4人到湘湖街道车站北路社区考察。省委基层党建办主任韩明镜、组织部党员管理处处长谢群、副处长陈莹，市委组织部副部长杨俊、组织部党员管理处处长何晓芳，区领导于新凡、周虔、田松柏，湘湖街道党委书记李明权等领导陪同调研并参加座谈。调研组领导实地查看了车站北路社区党建宣传长廊、科普休闲小公园、湘湖历史红色文化墙、一站式服务大厅、社区文化馆、社区科普馆、裴翠英工作室、社区商会党总支等颇具特色的基层党建和社区便民服务阵地。调研组认真察看了湘湖管理局党员档案管理规范化建设阵地，观看了芙蓉区党员档案管理信息系统的操作演示，仔细查阅了社区党员党费收缴台账和有关社区党员组织关系排查登记表册等资料。随后，调研组与省、市、区相关人员进行了座谈，详细听取了芙蓉区基层党建工作有关情况汇报。调研组对芙蓉区基层党建工作给予充分肯定。

【学校家长开放日活动】 11月16日，芙蓉区学校家长开放日活动在蓉园小学举行。出席活动的领导有省文明办副主任熊科文，省文明办未成年人工作指导处处长史锋，市文明办副主任梁飞彩，市文明办未成年人工作处处长朱治东，区委常委、宣传部长伍艳飞，区政府党组成员、副区长提名人选梁汝岚，湘湖管理局党委书记李明权，局长胡锋。该次活动旨在促进家校联合，给每个孩子享受最优质的教育。活动内容缤纷多彩，包括演唱、机器人展示、科技项目展示、颁奖以及为名誉校长授聘书等环节。 （宋　凯）

定王台街道

【概况】 定王台街道下辖丰泉古井、金沙里、黄泥街、宝南街、藩后街、走马楼、马王街、化龙池、浏正街9个社区，辖区面积1.48平方千米。常住人口4.61万人，户籍人口6.28万人，家庭户1.79万户。2016年，定王台街道在区委、区政府的正确领导下，紧紧围绕打造“总部经济基地、湖南金融核心、长沙文化地标、群众幸福家园”的总体目标，众志成城，踏实苦干，推动各项工作再上新台阶、发展品质再攀新高峰，在实现定王梦的新长征路上迈出了坚实的步伐。

党建工作。党建责任压实压紧，三级共抓，确保责任上肩，全年共召开党建专题会议5次，对社区书记实行月考评、月部署工作制度，对党建抓得不力的社区主职进行末位淘汰。严明纪律，抓牢作风建设，采取请电视台暗拍、交叉检查等形式，共开展专项检查96次，发布督查通报21期，处理违纪党员5名。全面落实7项重点任务，金沙里、浏正街、黄泥街、马王街5个社区办公用房全面达标，高标准建设街道党员档案室，完成了1000余名党员档案归档和管理。扎实开展党费清查工作，全年补交党费3.13万元，党员违法违纪行为和组织关系排查覆盖面达到100%。树立党员模范标杆，广泛宣传优秀党员先锋模范作用，先后推出党员模范11名，在广大党员中树标杆，在群众中扬正气。坚持做精党建品牌，经过近2年的打造，社区党建品牌初具影响，“我是党员我带头”、CBD先锋港等特色工作继续发挥示范作用。

经济发展。街域内有商务楼宇32栋，工商业企业2900户，个体工商门店5445处。面对不利形势，街道迎难而上助推经济发展，经济指标保持平稳增长。截至2016年11月底，街道实现规模以上工业总产值4.42亿元，社会固定资产投资76.26亿元，限上社会消费品零售总额61.62亿元，超过全年任务九成。招商引资到位14亿元，实际到位外资1.3亿美元，实现税收26.05亿元，均提前完成全年任务。

项目建设。国金中心、世茂广场、湖南投资大厦3个在建项目正在加紧施工，进展顺利。都正街历史文化街区有机棚改项目改造基本完成，成功经验被《人民日报》专题推介，省委书记杜家毫到现场考察指导。蔡锷中路两厢棚改项目自10月8日正式启动签约以来，累计签约1025户，腾房384户，达到预期进度。

安全监管。严格督促辖区单位落实责任，突出重点行业、隐患单位定期巡查，与辖区243家重点企业签订安全生产工作责任书，全年开展各类联合整治行动25次，排查安全隐患205起，其中当场整改194起，责令限期整改11起，确保了全街安全生产大局稳定。

城市管理。弘扬“城管为民”理念，服务“品质长沙”建设，落实“城管从严”要求，进一步提升精细化管理水平，打造品质街道，对流动摊贩、店外经营重点管控，共组织市容整治行动70余次，教育劝导流动商贩6000多人次，收缴流动摊担4000多个，拆除违规广告招牌220余处。

文明创建。大力培育和弘扬社会主义核心价值观，重点加强未成人思想道德建设，与公益组织共建丰泉书房，打造未成年人教育基地。特色活动鲜明，全年承办6次省市级大型主题活动。道德典型突出，推选的诚实守信典型陈荣入选“湖南好人”。

宣传工作。宣传报道实现多点开花，街道工作全年被中央媒体报道5次，其中《人民日报》专版1次，《湖南日报》等省级媒体报道10次，《长沙晚报》等市级媒体报道40次。大力推进文化惠民，都正街剧场与省花鼓戏剧团、湘剧团、市歌舞剧团签订合作协议，开展了“好戏天天演”等一系列文化活动。

民生事业。计生服务贴心周到，开展了“婚育新风入万家，健康生活你我他”大型宣传义诊活动，得到了广大居民群众的好评，走马楼社区“安居港”计生协会被评为计划生育基层群众自治市级示范社区。全力推进社区提质提档“三年计划”，丰泉古井、藩后街社区提质提档任务圆满完成，马王街社区正在加紧推进。严格落实惠民政策，全年推荐下岗失业人员再就业737人，发放低保金310.69万元，大病救助130户次，救助金额37.46万元，慰问困难群众2300多户，发放慰问金56.2万元。

社会治安。综治维稳成效明显，杜绝了各类群访、集访事件的发生，成功化解历史遗留问题8起，其中东牌楼3户、肇家坪3户，在下半年长沙市综治公众测评中满意率位列全区第一。社区戒毒成绩显著，定王台社区戒毒（康复）工作指导站多次迎接中央、省、市领导调研，主办了全省社区戒毒（康复）工作经验交流会。

存在的问题与不足：棚改任务重，压力大，潜在信访问题突出；楼宇经济发展，整合力度不够；宣传报道亮点不足，理论调研深度不够；老旧社区改造问题突出，停车难、店外经营顽疾难以根治；机关干部作风与人民群众期待还有一定差距，有待提高；经济发展转型效果不明显，发展后劲有待加强。（范　波）

定王台街道

书　　记　练大智（2016.08免）
　　　　　刘　宪（2016.08任）
副 书 记　孔　干
　　　　　黎国辉
　　　　　杨　兵（2016.10免）
工委委员　徐一斌
　　　　　袁　曦（女）
　　　　　李　睿
　　　　　张文博（2016.10任）
　　　　　杨　兵（2016.10任）
主　　任　孔　干
副 主 任　吴齐成
　　　　　李　睿
　　　　　陈　璞（2016.02免）
　　　　　张文博（2016.02任、2016.10免）
人大工委主任
　　　　　杨　兵
人大工委副主任
　　　　　周　沁（女）(2016.10任)
政协联络处主任
　　　　　徐一斌

【李微微到定王台街道调研戒毒工作】 1月18日，省委常委、政法委书记李微微等一行到定王台街道考察调研戒毒工作。李微微一行先后察看了街道司法所、街道社区戒毒（康复）工作站及指导站，详细了解社戒站工作模式，并与社区戒毒（康复）人员及家属亲切交谈，对街道戒毒工作取得的工作成效予以充分肯定，指出社区戒毒（康复）工作站的工作模式要覆盖至全省各乡镇、街道；社工机构引入到社区戒毒康复工作，大力推广购买社工模式，由专职心理咨询师常驻指导站为这些戒毒人员进行心理辅导和治疗服务，并让社工与戒毒人员建立“一对一”的朋友关系，提供更贴心的帮助。

【国内首家公益众筹社区书房在丰泉古井社区揭牌】 2月1日，由省文明办指导，市文明办主办的“书香长沙，诗意芙蓉”新春诗会在丰泉古井社区公益书房内举行，标志国内首家公益众筹社区书房正式对外开放。丰泉古井社区书房的共建已接受书籍捐赠图书近500册、空调2台、绿植等物资。书房占地约80平方米，分为主阅读区、儿童阅读区、书法房、社会组织办公室等，旨在以文化传承、阅读推广、意识培养为主板块，通过精神文化类的社区教育，推广并践行“可持续生活”的自然教育、公民教育、志愿理念，为社区居民提供一个学习、联谊及娱乐的文化平台。

【易炼红慰问城管环卫一线工作人员】 2月6日，省委常委、市委书记易炼红，市长胡衡华，副市长李蔚、张迎春等一行到芙蓉广场看望慰问正在一线工作的城管、环卫一线工作人员，区委书记梁仲、副区长许凡等全程陪同。慰问中，易炼红对奋斗在一线工作岗位的环卫工人和城管队员的辛勤工作给予高度评价，肯定了城市环境的维护离不开环卫工人、城管队员的辛勤劳动。春节来临，一线管理工作繁重，他希望坚守在一线的环卫工人、城管队员继续发扬爱岗敬业的精神，努力为全市人民营造干净整洁的节日环境。

【“金猴闹元宵 欢乐喜乐会”主题庙会上演】 2月22日，“我们的中国梦”——文化进万家之“牵手芙蓉”广场文化月月演暨“金猴闹元宵 欢乐喜乐会”主题庙会在定王台街道都正街历史文化街区上演，让市民朋友真真切切体验到了传统佳节的魅力。活动首先由区委副书记、区长于新凡致欢迎词，市委宣传部常务副部长赵柏林、市文广新局局长杨长江、市文明办主任郑力虎为最新建成的都正街剧场授牌。下午4时，庙会活动正式开始，金猴闹元宵、煮汤圆画糖画、赏灯会猜灯谜、传统魔术表演，慕名而来的市民群众品尝着各种传统特色小吃，兴致勃勃地参与各种的小游戏，在感受老长沙传统年味的同时，又增进了对中华优秀传统文化的认知认同，彰显了古城长沙历史文化的强大活力，为打造品质长沙书写下了浓墨重彩的一笔。

【刘磊到都正街调研】 5月13日，人民日报湖南分社社长刘磊一行来都正街调研，区长于新凡、区委常委、宣传部部长伍艳飞、宣传部常务副部长李向华陪同调研。刘磊一行实地考察了桃花井、清香留巷、东池等景点，到都正街剧场感受舞台气氛，观看都正街有机棚改工作纪录片，并深入店铺商家交流采访，对都正街的改造升级、文化韵味给予高度赞扬。在随后的座谈会上，定王台街道工委书记练大智就都正街项目作了详细介绍，区棚改办主任彭斌总结了都正街有机棚改的做法经验，伍艳飞就都正街宣传报道提出了指导性意见，刘磊认真倾听，表示都正街历史文化街区改造特色鲜明，亮点突出，抓住了历史文化和棚改惠民两大纲目，值得总结推广，分社将深入调研重点予以推介报道。

【胡衡华调研蔡锷中路两厢棚改项目】 6月6，市长胡衡华调研蔡锷路两厢棚改项目，市人大常委会副主任刘新程、副市长黎春秋、市人民政府秘书长谭勇、相关市直单位负责人参加调研，区领导梁仲、于新凡、蔡冰陪同调研。胡衡华一行在蔡锷中路两厢棚改项目指挥部，听取相关负责人汇报，询问项目进展情况。随后前往化龙池社区，调研历史步道规划项目，并就项目建设作出明确指示。调研过程中，胡衡华对芙蓉区棚改项目改造提出明确要求，指出芙蓉区作为省会长沙中心城区，提质改造势在必行，要以人为本，充分征求居民群众意见，整合各方资源，合理规划设计，正确引导舆论，确保改造一次到位，为缓解中心城区交通压力、建设品质长沙打下坚实基础。

【陈文浩调研长沙国金中心项目】 12月27日，长沙市委副书记、代市长陈文浩一行到定王台街道调研长沙国金中心项目建设工作。区领导于新凡、周春晖等陪同调研。陈文浩到长沙国金中心销售展示厅了解项目建设，听取国金中心项目建设负责人关于国金中心项目建设及周边环境配套建设的工作汇报。陈文浩指出，区、街道要高度重视，推进国金中心周边道路环境提升建设工作；要发挥楼宇、商圈、老城区优势，坚持优势互补、加大重点项目建设，激活发展新动力；要提升社会治理、城市管理水平，发展高端金融、创意、文化产业，将长沙国金中心打造成长沙经济建设的新标杆、新高地。（范　波）

韭菜园街道

【概况】 韭菜园街道下辖蓉园、汤家岭、军区、桐荫里、八一桥5个社区。辖域面积1.98平方千米。有家庭户1.28万户、户籍人口3.1万人、常住人口4.1万人。办事处机构在原有基础上增设了纪工委、项目建设办公室和食品安全办公室。2016年，街道各项工作稳步推进，被评为长沙市综合治理红旗街道、基层人社公共服务优秀街道、月度劳动力调查工作考核优秀街道和棚户区改造工作先进集体。

经济发展。域内有各类工商企业500多家、商务楼宇10栋、个体经营门店700多处。街道着力做好有关工作，助推经济发展。2016年，规模工业总产值0.33亿元，限上批发企业销售额12.82亿元，高新技术产业产值完成36.79亿元，固定资产投资25亿元，实现财政税收4.22亿元，其中壹号座品入住企业40余家，多家企业年税收突破100万元。

街巷建设。稳步推进黄土塘棚户区改造工作，截至年底，私房签约960户、公房144户、单位房18家，搬迁腾房1070户，拆除倒地建筑面积5万平方米；依法强制征收未签约私房5户，解租公房2户；项目总体进度95%。街道配合市、区有关部门着力打造竹园路、蓉园路特色街巷建设，提质改造京电花园、工艺品宿舍、省委六区、蓉园社区的居住环境，完成九所前危墙抢修。此外，还完成了省委四、五区提质改造项目的前期摸底和宣传发动工作。

城市管理。街道城管围绕零摊担、零违章、零黑车非法营运、零交通乱象“四零”目标，实施门店管理档案化，消除管理空档。摸底辖区危房数量，实地检测八一路623号、八一桥5栋、桐荫里41号1栋和42号2栋危房现状。年内，共拆除历史违章建筑5处、新建违章建筑3处和省委四、五区公共违章建筑；拆除违规广告牌150多块，收缴违规灯箱30多个。摸底辖区内45家使用燃煤炉灶的餐饮单位，收缴煤炉80个。环保整治辖区门店210家。摸底黄标车200多台。核实环境信访事件68件。摸底统计废气排放重点监管单位，上报设施缺损信息3000余条，大部分已解决。全年开展联合整治行动6次，出动执法人员100余人次；实施错时管理。

社会治安。年内街道综治工作坚持以“预防为主”的方针，着力创建平安街道。与各社区和驻辖区单位签订治安责任书120份；调解矛盾纠纷21起，调解率100%。域内全年发生各类案件221起，同比下降35.9%。接收社区矫正对象68人次，依法解矫45人次。对46名在册安置帮教人员全部帮教到位。为加强安监工作，街道建立健全“互联网+”模式和安全生产目标管理机制，加强安监队伍的培训和考核，组建应急救援队伍和信息队伍，开展企业主体责任年活动和打非治违联合执法行动，完成全街道安全隐患风险评估和标准化安监站的验收工作。全年完成安全检查762家、1408次，约谈高原红餐厅、清水塘集贸市场等10多家单位。下达安全隐患整改指令书18份并督促整改到位；开展打非治违行动，查处案例9例，罚款共计3100元。在春节、国庆等节假日和两会特护期，街道多次召开维稳专题和联席会议，排查、建档域内不稳定因素，化解重大矛盾、调处信访问题。

社会保障。年内，辖区共有350人参加城乡居民基本养老保险，其中135人已享受保险待遇，正常缴费215人（含政府代缴17人），征缴总金额10.13万元，稽核返还2人；追回多发放的城乡基本养老金345元。辖区新增城乡居民医疗参保人员360人，“一卡通”信息确认1027人。征缴城乡居民医疗基金313万元，救助29人。发放失业金领取存折106本，每月按时完成70多名失业金领取人员的认证工作，为4名失业金领取者申报其他待遇9756元。认证企业退休人员1699名，其中上门认证行动不便人员36名。街道出资3750元为辖区接管的75名退休人员购买意外伤害保险。

民生服务。年内街道积极开展就业帮扶工作。摸清域内无业、失业人员底细，组织职业培训活动。年内组织392人参加培训，并为其提供就业信息和联系渠道。

组织无业居民参加市、区和街道各类招聘会8次。并赴岳阳市平江县开展大型现场招聘会。全年失业人员再就业379人。辖域内零就业家庭帮扶率达100%。同时，强化劳动监察工作，完成域内183家用工单位“两网化”系统的录入，专项调查12家企业的用工成本与薪酬；协助84家企业工会做好工资集体协商工作。同时，配合各社区做好困难居民的关爱帮扶工作。年内共走访困难家庭1158户，其中慰问军烈属246户，困难老人、党员、残疾家庭745户，总计发放慰问金43.75万元，米、油等慰问物资570套，还为1100名高龄老人申报高龄补贴，为20名低保或特困家庭的子女申报市、区两级的救助款5万多元，帮助400名白内障患者实施眼疾筛选，帮助4名脑瘫儿童进行康复治疗，为16名肢残患者申配轮椅、盲杖、拐杖等器具。计生服务方面，街道组织干部职工70多人学习湖南省新的计划生育条例，录入非户籍人口6700多人，摸清生育关怀对象，办理一孩生育证167本，二孩生育证145本，多孩证11本，辖区政策内生育率98%。

党建工作。年内，街道党建工作以“两学一做”学习教育为主线，首先核实党建组织和队伍情况。街道工委下辖党支部58个、党员1069名，找回失联党员5人。发展新党员11人，组织培训入党积极分子31人。全年收缴党费8.06万元。建立党员档案室，整理党员档案864份。完成街道机关和社区党组织的调整、合并、换届工作以及辖区24个非公党支部的换届选举和3个非公党支部的新建工作。组建微信群、公众号、QQ群等宣传阵地。开展“党员手抄党章100天”“1020微党课”“感悟井岗 真学实做”演讲比赛和“七一”先锋表彰活动，打造“圆梦快递”“先锋家园”等党建服务品牌。

廉政建设。年内完成纪检监察一体化建设，在各社区建立健全纪检组织。全年监督检查75次，发督查通报12期，查办违纪案件1例；完成2个“专项整治”目标，查处整改各类问题128件；开展节假日和换届工作节点“落实八项规定、纠正四风问题”的监督活动；联合街属5个社区在《我的社区报》开设廉政建设专版和社区廉政文化长廊。开展“廉洁你我”知识抢答、“廉花盛开、清风自来”主体演讲活动。

其他工作。一、做好宣传工作。年内，街道承办省级主题活动4次、市级活动8次，被中国文明网、湖南文明网等网站报道23次，芙蓉新闻上稿42篇、电视媒体报道10次。二、举办多种形式的节日文化活动和知识讲座。三、组织参加区第八届全民运动会的羽毛球、集体跳绳、排球、风火轮比赛。四、按社区标准化建设要求，实施蓉园、军区、桐荫里3个社区办公场地的改造和规范工作，其中蓉园、军区2个社区已完成达标建设。

存在的困难和问题：受地处长沙市老城区中心地段，占地面积小、人口密集、流动人口多、交通拥堵等因素制约，经济发展潜力不足。随着黄土塘棚户区拆迁项目司法程序的启动，信访、维稳压力增大。桐荫里社区老旧房屋受环境影响存在消防安全隐患。 （董春梅）

韭菜园街道

书　记　徐青春
副书记　王　庄（女）
　　　　张　亮（女）(2016.10免)
　　　　罗拾平（2016.10任）
　　　　张文彪（2016.10免）
　　　　刘　彦（女）(2016.10免)
工委委员　宋　闵（女）(2016.02免)
　　　　陈　彪
　　　　喻英杰（2016.10任）
　　　　卜玉龙（2016.10任）
　　　　张文彪（2016.10任）
主　任　王　庄（女）
副主任　易忠兰（女）
　　　　汪利忠
　　　　杨友林
人大工委主任
　　　　张　亮（女）(2016.10免)
　　　　张文彪（2016.10任）
政协联络处主任
　　　　陈　彪

【清明祭奠先烈】 4月1日，由市文明办主办、区文明办、文体新局、韭菜园街道承办的“慎终追远 缅怀先辈 铭记历史——我们的节日清明”主题教育实践活动在高原红大酒店举行。市未成年人工作处处长朱治东、文明办副主任梁飞彩、区委宣传部和街道负责人及机关事业单位代表、中小学生和居民代表100多人参加活动。活动分追溯清明、祈福清明、清明祭英烈、感悟清明四大环节。内容包括中南大学马克思主义学院的学生们表演的情景剧“追溯清明”、军区社区表演的插柳——祈福清明、省老干艺术团的歌剧“清明祭英烈”、韭菜园昆曲团的诗歌朗诵“感悟清明”以及互动节目手绘风筝、趣味蹴鞠等。活动现场八一路小学20余名学生代表在微博签名祭奠英烈。街道向孩子们赠送爱国书籍40余套，希望他们永远铭记英烈、保持一颗爱国红心。

【第五届芙蓉艺术节初赛】 4月29日，芙蓉区“欢乐潇湘 品质长沙 幸福芙蓉”系列文化活动暨第五届芙蓉艺术节韭菜园街道初赛在省老干活动中心举行。区文体新局纪检组长刘益文、文化馆长廖攀等担任比赛评委。省老干艺术团的大合唱《鸿雁》拉开比赛序幕，辖区5个业余文艺团队和3个辖区单位分别上演舞蹈、歌伴舞、器乐合奏、旗袍走秀、配乐朗诵等16个节目，舞蹈“共圆中国梦”把比赛推向高潮。该次艺术节初赛除推送16个节目外，街道还将选送多幅书画、摄影、美术作品参加第五届芙蓉艺术节的选拔。

【井冈山红色教育活动】 5月13—15日，韭菜园街道组织全体党员到井冈山接受“两学一做”主题红色教育。活动包括“井冈山革命斗争与井冈山精神”讲解、向革命烈士敬献花圈，在井冈山革命烈士陵园、革命博物馆、茨坪革命旧址群、小井红军医院开展现场教学和老红军后代访谈等。通过现场教学，使全体党员深刻领会井冈山精神。在红军烈士墓前，党员们重温入党誓词，追思与缅怀革命先烈。通过活动，让党员们加深对党性和“两学一做”精神的理解，增强党性修养的觉悟。

【整治夜市占道经营】 5月16日晚，区执法大队联合韭菜园街道带领120余名执法人员，出动10台执法车辆集中整治辖区内夜市占道经营现象。重点整治八一路、韭菜园北路、迎宾路等夜市占道经营较为突出路段。巡查中，共规劝20个占道经营的餐饮店、烧烤摊等，并责令整改；对不配合的8个摊点依法取缔，暂扣经营物品4车。该次整治行动持续到凌晨1点。整治后将以工作人员在辖区主次干道守点与巡逻相结合的方式，形成夜市整治的长效化机制，打造文明经商的街巷环境。

【市级文明标兵单位验收】 5月25日，市文明办副主任丁德喜一行到韭菜园街道验收市级文明标兵单位创建工作。区宣传部长伍艳飞、街道办事处主任王庄等陪同。会上，王庄汇报了街道创建“长沙市文明标兵单位”有关工作，表示街道将把文明创建工作常态化，并将其与街政工作的各方面紧密结合，确保到位。区文明办主任易利平介绍了韭菜园街道及其他单位文明创建工作的情况。检查组分别对资料查阅、实地查看和问卷调查等获取的情况进行点评。丁德喜肯定韭菜园街道文明创建工作部署到位、结合到位、推进到位、特色明显，希望再接再厉，在全区发挥示范引领作用。

【整改非法私塾】 5月27日，韭菜园街道联合区教育局、区公安分局、区消防大队、韭菜园街道工商所、综治办等部门，整改处理八一路向阳门第小区1栋1单元0102室和1102室未办理任何营业执照的“大藏私塾”。“大藏私塾”未经教育行政部门审批，属无证办学机构，教师均没有教师资格证，学生为4～7岁的儿童和外地全住宿管理学生。在与向阳门第物业和各部门议定处理方案后，工作人员来到有十几名学生上课的1102室，听取儿童的反馈，告知孩子父母“私塾”的危害。区教育局对“大藏私塾”下达《限期改正通知书》，要求举办者于6月3日前改正，期间停止一切教育教学活动。

【周春晖调研街道有关工作】 8月8日，代区长周春晖和区领导何元良、许凡、黄金国及区财政、安监等部门负责人到韭菜园街道调研。街道党工委书记徐青春等陪同调研。周春晖一行先后考察了蓉园社区、小天鹅戴斯酒店、九如巷地下停车场建设项目和黄土塘棚改征收项目指挥部等地。徐青春汇报了街道各项工作有关情况。周春晖肯定街道在基层党建、社区提质和项目建设等方面的工作成效。他指出：街道要把握实情，以高度敏锐性和责任感精准发力，高标准、快节奏、全覆盖完成全年各项任务，打造“首善之街”名片。

【民俗文化公益活动】 9月8日，韭菜园街道组织举办“传承民俗文化、品味湖湘味道——百姓大舞台 有艺你就来”民俗文化艺术公益展示活动。省文明办处长李仕铭、副主任李力明、志愿服务工作处处长袁军、区委办、宣传部、文明办等部门的负责人和街道主要领导出席活动。活动包括经典曲目《茉莉花》和旗袍秀、变脸等文艺表演；桐荫里社区民俗文化志愿服务队授牌仪式；志愿服务现场结对仪式等。观众在现场还体验了棕编、钩编、衍纸和糖画等民间手工艺，品尝了薄荷凉粉、熊猫阿姨和沙利文食品等美食，重温了老长沙的美妙。

【中秋喜乐会】 9月13日，韭菜园街道联合区财政局、区总工会举办的“欢聚中秋夜 共话家国情”节日活动在省老干活动中心进行。区财政局、区总工会、韭菜园街道全体机关干部和社区工作人员、居民代表到场观看节目。晚会开篇“且邀明月话家国”以3个视频短片形式展示了基层工作人员长期坚守一线，舍小家、顾大家、为国家的奉献精神。晚会给观众展演了开场舞《欢聚一堂》、感人情景剧《一封写给妈妈的信》、动感T台服装秀《流光溢彩》等10个节目。活动中穿插的互动抽奖环节，吸引观众参与。该活动续近2个小时，体现了家国情怀，同时激励全体干部、职工不忘初心、助力家国的建设。

【组织老年人户外活动】 10月9日，韭菜园街道社会事务办组织辖区70余名退休人员到长沙县五福山庄开展户外活动。老人们在桂花香中游览农庄风景、体验农家生活、品尝农家美食，参加“击鼓传花”“正话反说”等游戏活动并合影留念。活动丰富了辖区退休老人的精神生活，让他们感受到老有所乐、老有所依。

【中组部调研银华大厦党建工作】 10月17日，中组部督查调研组组长王军敏一行在省委基层办主任韩明镜、市委组织部副部长杨俊、区委书记于新凡、区组织部部长周虔陪同下检查银华大厦党支部基层党建工作。王军敏一行首先参观了银华大厦党群服务中心、党员舒心吧、企业文化长廊等党建阵地和手抄党章书法展览，随后听取银华大厦党支部书记孟庆芳关于楼宇党建工作、银华大酒店总经理黄德君关于党支部在企业招商、项目落地等工作中发挥作用的情况介绍和周虔关于全区非公党组织的“两个盖”“两支队伍”建设“两个作用”发挥情况的汇报，于新凡补充全区基层党建工作的开展和经费投入情况。王军敏肯定银华大厦党群服务中心、楼宇党建“125”工作法以及非公企业党建工作的作法及成效，强调要高度重视非公企业党建工作，创新工作思路，落实责任，促进区域经济转型创新发展。

【市提质提档督察组到蓉园社区指导工作】 10月24日，市提质提档督查组在处长杨志强带领下到蓉园社区，着重指导社区提质提档工作。区民政局局长唐敏陪同。督察组到社区办公场地施工现场和营盘路特色街巷建设现场查看，并提出指导性意见，指出：提质提档是一项民生工程、实事工程，要加大协调联动力度，抓紧项目进度，让居民早日享受提质提档后的舒适便利。

【于新凡调研街巷建设】 10月26日，区委书记于新凡到韭菜园街道考察营盘东路特色街巷建设、黄土塘棚改项目和蓉园社区提质改造情况。街道党工委书记徐青春、办事处主任王庄陪同。随后召开班子成员和社区书记座谈会，观看街道党建宣传片，听取徐青春汇报工作。于新凡肯定街道在党建、经济建设、社会事务等工作上取得的成效。他强调，街道要强化服务意识，为辖区单位、居民提供贴心服务，把街巷建设和社区提质工作做到精益求精。

（董春梅）

文艺路街道

【概况】 文艺路街道下辖识字里、文艺新村、韭菜园、乔庄、东广济桥、湘府、南元宫7个社区，辖域面积0.96平方千米，总人口数4.6万人，其中常住人口4.1万人，户籍人口4.2万人，家庭户1.34万户。2016年，街道把握经济建设中心，突出作风建设和群众路线重点，做好服务基层、服务群众、服务企业服务，实施“产业兴街、特色亮街、管理强街、和谐立街”的发展战略，将街道建设成全市“经济强街、城管名街、宜居老街、和谐新街”。年内，街道被评为省级“六好”街道工会、市级文明单位、市级计划生育模范街道、市级关工委先进集体、区计划生育“五星级”街道、区绩效考核一类街道等，“七色花”志愿者俱乐部被评为湖南省学雷锋志愿服务百强社团等。

增强经济实力。完善班子成员联点楼宇服务机制，组建楼宇物业联盟，走访调研楼宇企业，优化楼宇经济环境。协调解决大麓古玩城、兴业银行等企业停车难题，帮助解决铭将建材等企业解决拆违困难。加大项目建设协调服务力度，配合湘雅附二医院引进医疗综合体项目，为闲置十多年的长沙电脑城引进粤美尚佰味广场项目。加强协税护税，走访年纳税税30万元以上的企业，纳税大户重点服务，确保税收稳步增长。个体税收委托代征全年代开发票286笔，开票金额5689万元，代征税款378笔，代征税款537.53万元。年内，完成财政总收入13.48亿元，增长18.25%；固定资产投资10.56亿元，增长14.27%；社会消费品零售总额8.69亿元，增长56%；实际到位外资3400万美元，增长11.48%；新增四上服务业企业12家，各项经济指标均按进度完成目标任务。全年增加服务业单位6家、商贸单位6家。截至年底，域内共有各类企业1420家、商务楼宇18栋、个体工商门店2119户。

改善城区品质。开发门店管理系统，试行网上审批门店招牌更换或装修改造，为辖区521家涉环企业建立电子档案。针对无物业楼栋卫生推环卫包干制。加强专项整治和拆违控违，拆除违章建筑约2200平方米，拆除广告招牌约2800平方米。推进人民中路35号大院提质改造，打造老文艺路和韭菜园路特色街巷，加快韭菜园社区提质提档，完成识字岭垃圾站改造重建。

稳定社会大局。依托"睦邻"微信公众号建立就业信息平台，收集发布用工信息，助推充分就业；按照应保尽保的要求，加强对困难群众的精准帮扶。构建"三社联动"机制，打造"五彩课堂"等社区服务品牌，吸引社会组织参与社区服务。推进群众工作"直通车"工程，全年登记走访居民超过1000户。为144户联点困难家庭送上约15万元的慰问金及物资。各群工站接待群众人数890人次，走访群众2200人次，解决群众反映问题超过320个，为群众办好事办实事超过100件，开展爱心温暖包发放仪式、核心价值观里闹元宵、"童心绘未来 共圆中国梦"等类型的群众性活动60多次。解决长沙市第六制鞋厂改制遗留问题，排除企业危房的安全隐患。推进长沙电脑城等国有土地房产办证遗留问题处理工作。开展食品安全"利箭整治"，组织农贸市场专项整治行动，确保创建国家食品安全城市工作顺利推进。履行安全生产"一岗双责"，加强隐患排查与整治。开展安全生产宣传培训，完成消防普训工作，确保无重特大安全事故发生。开展普法宣传，率先在全区试行"律师进社区"。加强社会治安防控，化解各类矛盾和不稳定因素，调处邹雪花信访积案，平息文艺新村退伍老兵事件，确保社会大局稳定。

提升执政能力。开展"三严三实"专题教育和"两学一做"学习教育，推进党员积分制管理，严抓三会一课、党费收缴、党组织关系排查和党员档案管理，夯实党建基础工作。提质社区党建服务阵地，解决2处社区办公用房，成立"睦邻党建联盟"，设立楼宇党群服务中心，打造"乔乔志愿行""五彩课党"等党建服务品牌，韭菜园社区被评为区"先进基层党组织"，乔庄社区被评为区"红旗党组织"。加强作风建设，规范各项财务支出，加强警示教育常态检查，营造风清气正的工作氛围。

增强文明风气。全年发表网络文明信息8000余条。整合辖区优势资源，筹建"文艺路街道文明创建单位群"，成立学雷锋志愿服务队。以榜样引领社会风尚，邀请"中国好人"严春霞、孙景秀等共话爱国情谊。全年街道信息被中央级媒体采纳30篇，被省级媒体采纳55篇（其中省级纸质媒体20篇），被市级媒体采纳67篇（其中市级纸质媒体12篇）。承办市级活动12次，结合春节、中秋节、国庆节等时间节点，组织志愿服务活动近300次。

存在的问题和不足：街域面积狭小，发展空间受限，土地资源开发趋近饱和，缺少大型商务地产项目；老旧城区基础设施薄弱，电线线路老化，消防设施滞后，危旧房屋较多，存在较大安全隐患；随着城市管理标准提升，执法对抗性矛盾增加，宜居社区建设遗留问题较多，居民群众意见大；大量工作、人员和责任向基层下移，社会综合管理难度加大，街道事务管理和干部队伍建设面临新的挑战，需要继续攻坚克难，采取措施予以解决。 （黄 雪）

文艺路街道

书　记　梁汝岚（女）(2016.08免)
　　　　易德文（2016.08任）
副书记　易德文（2016.08免）
　　　　高　佳（女）(2016.08任)
　　　　肖　科（2016.10任）
　　　　杨幸子（女）(2016.10免)
　　　　汤道建（2016.10免）
工委委员　李应龙
　　　　陈超然（女）
　　　　陈莉群（女）
　　　　王　英（女）(2016.10任)
　　　　杨幸子（女）(2016.10任)
主　任　易德文(2016.08免)
　　　　高　佳（女）(2016.08任)
副主任　陈莉群（女）
　　　　王竣甲
　　　　邱　礼

人大工委主任　　杨幸子（女）
政协联络处主任　李应龙

【文艺路食药监所正式成立】 2月3日，副区长张庆和、区食药监局局长赵小午、办事处主任易德文一同为文艺路食药监所揭牌。文艺路食药监所成立是顺应社会发展，符合街道实际，是主动研究新情况，适应新要求，解决新问题的平台，坚守食品药品安全和生产安全双底线，担负监管新使命，是维护居民群众利益的护航器。揭牌仪式后，张庆和带队对辖区内万佳超市、浏城桥集贸市场、益丰大药房、富临饭店进行食品、药品安全及卫生检查，查阅副食品、农副产品和药品的标签、生产日期、包装样式及经营商的营业执照、饭店厨房卫生及工作人员的健康证件，并指出要规范副食品标签的问题。张庆和肯定文艺路街道食药安全监督工作，他希望文艺路食药监所再续优势，为居民群众维护安全放心的消费环境；加强监管力度，让残次食药品无所遁形；结合“互联网+”技术，探索出新的监管模式，提升食药监管智能化水平。

【王忠斌一行调研街道武装工作】 3月16日，长沙警备区司令员王忠斌一行到文艺路街道调研武装工作，区人武部政委何元良、部长方学文陪同。王忠斌实地考察街道人民武装阵地建设、兵役登记等工作情况，查看各项上墙制度，听取街道武装工作的汇报，并现场提出指导性意见。王忠斌肯定街道在人民武装工作上的取得成绩，强调要认清形势，统一思想，提高人民武装工作的认识，要做到讲政治、讲担当、讲实效，全面落实党管武装的工作职责；要统筹安排各项任务，尽早谋划人民武装工作，做到宣传发动与工作开展相结合、队伍建设与社会发展相结合、党政分工与主动服务相结合；要量体裁衣，采取多种方式，想尽一切办法提高人民武装工作的水平。

【启动“睦邻”就业服务平台】 3月21日，文艺路街道开展“春风送暖 睦邻助业”——长沙市2016年志愿服务行动暨“睦邻”就业微信公众平台启动仪式，帮助待业居民解决就业难题。该次活动由60家单位提供近1000个工作岗位，通过“构平台”——睦邻就业微信公众平台、“巧帮扶”——为就业困难人群开通绿色通道、“效模范”——“敬业奉献”模范现场宣讲、“助解惑”职场达人现场解答求职难题、“圆心愿”——收集就业心愿搭建“回音壁”等环节，为辖区待岗待业人员提供职业咨询、就业帮扶、创业解惑等志愿服务，形成辖区爱岗敬业、奋发向上、团结互助的良好社会文化氛围。

【区领导调研文艺路街道老旧小区提质改造项目】 4月6日，区长于新凡、副区长许凡、区副调研员梁燕斌及区发改局、市政局、园林局部门负责人调研文艺路街道老旧小区提质改造项目。调研组先后走访考察文艺路街道东广济桥社区广播器材大院、湘雅附二医院周边、识字里社区东顺商务楼后坪及水絮塘小区、韭菜园社区140号及华美欧前坪，重点察看改造点的路面、立面、门店招牌、小区楼道、绿化、公共基础设施。于新凡肯定文艺路街道老旧小区提质改造工作成效，他建议：要成立老旧小区提质改造宣传小组，加强改造宣传，吸收群众智慧，完善改造方案；各职能部门要强化沟通交流，完善改造联动机制，形成改造合力；改造过程中要以群众的利益为核心，最大限度的服务群众，确保改造工作扎实开展，稳步推进。

【举办主题教育活动暨艺术节初赛】 4月25日，文艺路街道举办“我们的中国梦”主题教育实践活动暨“欢乐潇湘 品质长沙 幸福芙蓉”第五届芙蓉艺术节文艺路初赛。省文明办副主任熊科文、省文明办未成年人工作指导处处长史锋、市文明办副主任梁飞彩等参加。该次活动以“我的梦 中国梦”“童心筑梦”为主题，把培育和践行社会主义核心价值观、“童心向党”“爱国爱家”融入活动中，围绕“童心宣言”“童心筑梦”“童心护绿”“童心飞扬”4个板块展开。五一中路小学和育华小学的学生们以环保时装秀、绘画长卷、“追月”朗诵、“少年强中国强”武术表演，展现中国少年怀理想、传文明、扬斗志的精神面貌。熊科文现场为学生献上筑梦画笔，激励孩子们继续为中国梦的实现增光添彩。

【启动“依法整治 铁腕拆违”工作】 6月28日，文艺路街道启动拆违工作。街道办事处副主任邱礼率街道执法中队、派出所、城管办、特勤队、协管队、拆违队60余人依法拆除识字里社区35号院的历史违章建筑。执法队按照前期排查摸底的基本情况，对涉违的40户住户实施依法拆违。拆违过程中，为部分老年居民解读拆违政策。当日拆除违章建筑6处。文艺路街道城管工作从民生出发，吸收居民群众的意见和要求，按照群众建议开展工作，为民办实事，解实忧。

【文艺路街道建党95周年暨“七一”表彰大会】 6月30日，文艺路街道举行庆祝建党95周年“七一”表彰大会。区人大常委会主任罗树林出席会议并讲话，文艺路街道班子成员以及全街党员参加会议。大会表彰优秀共产党员36名、优秀党务工作者10名、优秀党员志愿者8人、先进基层党组织4个、共驻共建优秀党组织4个及“两学一做”获奖征文作者6名。受表彰对象涵盖机关支部党员、社区党员、社区居民党员、非公支部党员等。11名新入党的预备党员在党旗下进行入党宣誓。罗树林肯定街道党建工作，他要求要缅怀过去，牢记宗旨，筑牢跟党走的理想信念；要肯定成绩，提振信心，加快实现富民强街目标；要统一思想，凝聚力量，加强党的建设。

【市、区民政局评估组到文艺新村社区验收项目】 7月26日，市民政局社会工作处副处长喻莎、上海社工项目评估组到文艺新村社区验收检查市民政局社会工作发展示范创建项目——“添翼圆梦·折翼天使怡馨家园”项目。区民政局副局长谭敏的陪同。评估组一行首先查看社区“添翼圆梦·折翼天使怡馨家园”项目的阵地建设情况，了解机构的运行机制和特色活动。在会议中听取社区党委书记王丽慧及项目负责人汇报有关项目工作开展情况，并查阅2015年度社区“添翼圆梦·折翼天使怡馨家园”项目的实施过程、资金使用、受益对象和社会绩效等台账资料，逐一评估项目执行效果，提出意见和建议。验收后，评估组肯定项目方案的设计和思路，认可社区助残项目工作，并勉励社区把助残机构做得更加出色。

【于新凡到乔庄社区听民情解民意】 7月28日，区长于新凡到文艺路街道现场听民意、解民忧，区政府办主任肖磊陪同。于新凡在文艺路街道召开座谈会议，街道党工委书记梁汝岚，办事处主任易德文等参加会议。在会上，于新凡在听取乔庄社区居民符民杰反映违章建筑、路灯设施不妥、宿舍空调外机声音太吵等问题，对文华印刷厂、湖南新物产集团曾产生经营困境而拆除围墙扩建成临巷门面的不同意见后，和社区工作人员一起到问题现场考察并详细登记。于新凡表示会分类了解并解决符民杰提出的问题，希望更多像符民杰这样的老资历和老革命能够参与社区建设、社区志愿者和市民监督员的团队中。

【创建长沙市文明单位】 年内，街道建立创建工作体系，出台文明创建考核办法，成立街道文明创建考核小组；建立督察机制，量化评分全街文明创建工作。街道继续升级“七色花”志愿服务品牌，整合辖区7个社区特色资源，按照“1+7+X”的模式，成立“七色花”志愿者俱乐部，分别打造“姐妹港湾”“向日葵”“新青年俱乐部”“晚霞爱心公社”“折翼天使之家”“心灵氧吧”“职来职往”7支志愿服务队伍，定期为社区居民提供涵盖关爱空巢老人、残障人士、青少年儿童、失业人员、妇女、心理缺陷人群和社区青年等志愿服务，登记在册的志愿者3490名，带动辖区群众4000多人参与服务，服务时间达4万小时，受惠群众超过6000人。韭菜园社区“睦邻Morning”品牌为楼宇白领、社区青年搭建“睦邻驿站、睦邻网来、睦邻家园”，引领新型邻里关系。乔庄社区“乔乔志愿行”卡通代言人“乔乔”亮相，“乔乔帮帮地图”让居民按图索骥享服务。文艺新村社区“折翼天使 怡馨家园”成为芙蓉区首家挂牌成立的社区专业助残社工机构，服务残障家庭。同时街道还深入挖掘先进典型，营造辖区学习氛围。先后被《人民日报》《光明日报》等多家媒体报道。在长期努力下，街道整洁干净，市场管理秩序井然，市民生活健康多姿，辖区单位形象文明，社会风气和谐、友善。8月1日，文艺路街道成功创建“长沙市文明单位”并获授牌。

【成立“廉政宣讲团”】 年内，文艺路街道纪工委组建“兼职委员1+4”宣传教育团，该宣讲团由有讲课经验的老党员、老模范、老教授组成，分为廉政示范教育、廉政警示教育、廉政岗位教育等7个宣讲组，分别到各社区、单位开展廉政宣讲活动，并结合社区、单位的工作性质、岗位，“量身制定”宣讲内容，做到“因材施教”“因人施教”。宣讲团还通过座谈、走访等形式和渠道，收集党员群众对廉政文化建设的意见建议，加强党员干部的思想道德建设和廉洁从政教育，运用正反典型教育，增强党员干部廉洁履职的责任意识和拒腐防变能力，营造风清气正的良好氛围。全年街道宣讲团入社区、进单位约50次，播放廉政宣传教育片45次。通过全民宣讲提升反腐倡廉软实力，营造风清气正的环境。

【文艺路街道商会第五届换届选举大会】 8月10日，文艺路街道商会第五届换届选举大会在街道会议室举行，街道商会全体会员参加。区委统战部、区工商联主要领导出席会议。会议通过第四届工商联文艺路街道商会工作报告和换届选举办法，街道副主任陈莉群介绍候选人基本情况。通过投票表决，选出新一届商会领导班子，其中向辉当选为会长，张荣川、周春国、王沁、王崇友当选为副会长，李跃军当选为秘书长。向辉上台作就职演讲，表示将尽职、尽责干好商会的工作，团结和带领全街非公有制经济人士，依靠大家的智慧和力量，加快文艺路街道非公有制经济的发展。

【区领导检查验收乔庄社区党建项目室】 8月26日，区委组织部、区民政局、区建设局领导一行到乔庄社区联合检查验收党建项目室。检查组一行实地参观乔庄社区的党建服务中心、书记谈心室、先锋工作室等阵地，了解社区基本情况及党建项目室的建设情况，听取社区书记王英汇报项目建设工作情况，审阅“项目室协议书”，并就社区党建阵地建设相关问题互动探讨。街道党工委书记易德文向检查组说明乔庄社区党建项目室前期方案实施、惠民资金使用、项目室使用情况、社区发展前景。检查组肯定社区的党建阵地建设工作，提出要继续加强领导，结合“两学一做”让党建工作常抓不懈；要整合资源联合共建，充分发挥阵地作用，引进优秀社会 组织；要创新活动载体，使“乔乔志愿行”特色品牌更加深入人心，引领服务型社区建设。

【环卫工人表彰大会】 10月25日，文艺路街道在区环卫局会议室举行湖南省第21届环卫工人节总结表彰大会，街道环卫所全体职工参加。区环卫局局长解支胜、文艺路街道城管办主任邱礼出席大会。街道环卫所所长余莎总结2016年辖域环卫工作情况，并部署下阶段工作。街道环卫所副所长兰建军宣读表彰决定：2个班组获评先进班组，3人获评优秀管理员，10人获评先进个人。解支胜、邱礼等人为受表彰的先进集体和个人颁奖。解支胜肯定文艺路街道的环卫工作，并对今后的工作进行了指导。邱礼副主任代表街道向全所工人致以节日祝福，感谢工人们对城市卫生作出的贡献，要求环卫所继续加强管理，全体职工再接再厉将工作做得更出色。

【市级示范街道接受复检】 10月26日，市城管局基层管理指导处处长杜铃、副处长李兵到文艺路街道开展市级示范街道复检工作，办事处主任高佳、区城管局副局长康小红、街道党工委副书记肖科、办事处副主任邱礼陪同检查。检查组实地暗访芙蓉中路、解放路、韶山北路、韭菜园路、复兴街等主次干道、背街小巷，复查“门前三包”、市容秩序、绿化亮化、环境卫生情况，并现场观摩城市管理“智慧平台”，检查数字化案卷处理情况。在听取街道从深化城市长效常态管理、加大投入完善社区功能和强化全民城管宣传力度方面的汇报后，杜铃肯定了文艺路街道城市管理工作，表扬街道的城管工作运用问题思维创新了工作管理模式，因地制宜地开展城市监管工作收效明显。她强调重视程度不能变、工作压力不能变、城市品质不能差，希望继续保持，再创佳绩。

【李力明一行调研文艺路街道志愿服务工作】 11月10日，省文明办副主任李力明一行到文艺路街道文艺新村社区调研基层志愿服务工作。市文明办副主任丁德喜，区宣传部部长伍艳飞等陪同调研。李力明一行首先考察文艺新村社区“折翼天使之家”“五彩课堂”等志愿服务基础阵地，听取志愿服务工作和特色社区服务品牌的汇报。丁德喜称赞文艺路街道的志愿服务办法多、点子多、创新多，并在工作的阶段中稳步推进，“七色花”志愿服务整合7个社区的特色好，内容丰富，着力准确，希望街道能够完善志愿服务制度化，推进基层志愿服务工作。

【“食品安全铭记于心 诚信经营你我践行”主题活动】 11月18日，以“食品安全铭记于心 诚信经营你我践行”为主题的长沙市创建国家食品安全城市暨诚信建设、文明餐桌主题实践活动在华美欧大厦举行。省文明办综合调研处处长廖旭，市文明办副主任丁德喜，市食药监局副局长谭志国，区宣传部部长伍艳飞，区食药监局党组书记危勇等领导出席。该次活动以摆放10多块食品安全宣传栏形式传播食品安全知识，并设置食品安全快速测试仪，帮助市民当场测试食品。活动中，祥姑餐饮有限公司等12家餐饮企业递交餐厨垃圾无害处理承诺书。谭治国、危勇为小鲁食品店、刘老板食品店颁发“示范门店”牌匾。廖旭、伍艳飞为温尔登超市、火侯餐馆、欧丰麦田糕点店、北京同仁堂药店颁发“诚信门店”牌匾。活动结束后，街道食品安全志愿服务小分队在所有中型以上餐馆经营场所张贴文明消费、理性消费的温馨提示、倡议书和承诺书。

【安全生产集中整治行动】 11月29—30日，文艺路街道组织开展为期2天的安全生产集中整治行动。行动由办事处主任高佳带队，区交通局、文艺路交警中队、文艺路街道城管执法中队、文艺路派出所、文艺路街道安监站等部门30余人参与。该次行动针对辖区内重点单位的消防安全、道路交通安全及建设施工安全情况进行安全生产大检查。查看重点单位的消防设施，落实安全防范措施。采取路巡、布点的方式整治白沙路、韭菜园路、解放路等路段占道车辆、乱停乱放车辆、非法运营摩的及人行道机非共行等问题，锁定违章停车6台，打击非法运营摩的30余辆，发放文明行车宣传小手册100份。检查施工现场附近是否悬挂安全警示标志、围架搭建是否存在安全隐患、施工人员是否按照操作规程作业等情况，并在建设施工现场附近发放安全生产宣传资料，有效消除辖区内的安全生产隐患。

【社区建设观摩学习活动】 12月1日，文艺路街道组织所辖7个社区书记、主任到陶家山、车站北路、德政园、龙马、马王堆社区开展社区建设观摩学习活动。观摩小组在德政园社区，听取该社区书记介绍党建、志愿者活动等工作，了解提质提档工作情况。在龙马社区参观廉政文化园，学习区域化党建经验。在陶家山社区学习“绿色联盟”建设的先进经验。在马王堆社区了解社区汉文化建设情况，学习社区综合整治经验。在车站北路社区参观党建档案室，学习社区党总支“三化四联五促进”建设经验。该次活动使参加人员吸收学习成果与经验，将经验和做法运用到具体的工作当中去，提升品质，实现优化整合。

【安全生产大排查、大管控、大整治行动】 12月6—8日，文艺路街道开展为期3天的领导干部带队安全生产大排查、大管控、大整治行动。街道班子成员带队深入联点社区，重点排查建筑工地、特种设备、危险化学品、烟花爆竹及“五小”门店等安全生产情况，同时上门入户发放安全生产宣传资料，做到“人人知安全、人人懂安全、人人会安全”，以确保辖区安全形势稳定发展。

【韭菜园社区老旧社区环境综合提质改造工作验收】 12月27日，市城管局基层指导处处长杜玲到韭菜园社区验收老旧社区环境综合提质改造工作，区城管局副局长彭亚军等陪同。杜玲一行实地查看五一大道363号物贸小区，验收道路硬化、铺设沥青，疏通改造下水管道，小区亮化等改造工作。她肯定社区改造工作做出的成果，强调要让居民群众参与到改造工作中，听取居民的意见和建议，做到用之于民、惠之于民。

（黄　雪）

朝阳街道

【概况】 朝阳街道下辖朝阳、五一东村、人民新村3个纯居民型社区，向韶、曙光2个单位型社区，二里牌1个复合型社区，辖域面积约2.2平方千米。辖区有法人单位487个，有规模单位105个，个体工商户2989户，常住人口40538人，辖区工作、生活人员达10万余人。2016年，朝阳街道立足实际抓党建、全力以赴稳增长、凝心聚力惠民生，各项事业在转型发展中呈现良好局面：一是率先全省开发了党员教育管理APP客户端，探索实行了“12345”党员分类管理办法，并在省、市媒体进行多次专题推介。二是投入2000多万元对朝阳社区进行全面提质，朝阳后街、华天后街特色街巷如期建成，人民新村社区提质改造一期基本完成，二里牌社区办公用房不达标问题彻底解决，街道6个社区阵地全面达标；三是经济指标基本完成，财税总额仍居第一方阵。四是顺利完成朝阳25栋拆迁工作，宇成朝阳广场项目4栋基本建成，友阿总部项目主体封顶。五是成功打造了湖南影像创客空间典型，其创新创业经验被中央新闻联播及省、市媒体多次报道。六是率先全市成立了24小时矛盾调解室，形成了大调解工作新局面，得到了市领导的高度肯定及《政法频道》《平安长沙》栏目专题报道。七是社会平安稳定，成功创建市级安全生产示范街道。八是志愿服务品牌凸显，向韶社区“党团手拉手”志愿服务队被推荐为湖南省志愿服务优秀队伍。

党的建设。街道率先全省开发了党员教育管理APP客户端，探索实行“12345”党员分类管理办法，召开了2016年芙蓉区党建创新项目观摩会及庆祝建党95周年暨“七一”表彰大会，对街道1302名党员展开了组织关系排查，并对所有党员档案进行整理。《长沙晚报》头版头条、《湖南日报》市州版头条等都对街道党建工作进行了推介。

经济发展。全年完成税收任务11.7亿元，完成年计划的100%，其他各项经济指标任务均基本完成。宇成朝阳广场项目4栋已经封顶，招商工作紧锣密鼓进行中，友阿总部项目主体建设基本完成。成功打造了湖南影像创客空间典型，其创新创业经验被中央新闻联播、中央办公厅、省、市媒体多次推介。

城市管理。全街拆除违章广告招牌900多处，超过1万平方米，拆除各类违法建筑68处，面积4400平方米。街道联合城管、公安、环保等部门多次开展市容综合整治、夜市集中整治、燃煤禁烧专项整治。街道文明创建工作成绩显著提升，承办省级文创活动8次，向韶社区“党团手拉手”志愿服务队被省委宣传部推选为优秀志愿团队并获评区“十佳”学雷锋团队，向韶社区平安街社会主义核心价值观长廊如期建成。

社区建设。区、街投入近2000万元，对朝阳社区进行提质改造，得到省委常委、市委书记易炼红的肯定。朝阳后街、华天后街特色街巷如期建成。对人民新村社区进行招牌整治、图书馆门面拆违还绿、29栋外墙排危及立面改造等工程，全面改善人居环境。租赁明月酒店场地，进行装修改造、功能布局，彻底解决二里牌社区办公用房问题，实现街道6个社区办公场所全面达标。

社会治理。率先全市成立了24小时矛盾调解室，并在辖区重点的物业公司、医院、市场设立专门矛盾调解室，形成街道大调解工作新局面，得到了市领导的高度肯定及政法频道《平安长沙》栏目专题报道。街道全年安全平稳，建成了市标准化安监站，争创了市安全生产示范街道，长沙晚报、潇湘晨报、政法频道等媒体对街道安全生产工作进行了集中推介。

民生服务。街道、社区干部联点困难户367家，合计走访849户，召开座谈会24次，收集建议435条，开展群众性活动23场。开展“白板肉”专项整治、“利剑行动”专项整治，新闻媒体对专项活动开展情况及后续开展效果进行了跟踪报道。开展计生协会主题宣传活动，倡导健康理念和婚育新风，营造全民共建“健康长沙”氛围。开展“戏曲进社区”、“汉文化艺术节”等大型文化活动。

其他工作。街道《抓牢统战工作“三个三”打造统一战线“升级版”》被《湖南统一战线》杂志刊登，街道《坚持“四抓四化”推动党建创新》工作经验被《长沙通讯》刊登。同时，街道深入开展协商议政和民主监督，全年完成提案13份。政务中心受理“12345”市民热线各类工单110件，按时办结率100%，回访市民满意率90%。工会、共青团、妇联、残联、科协、体协、关工委工作取得了新的发展。后勤、民宗、外侨等工作均取得了一定的成绩。

存在问题：毗邻火车站，老旧小区较多，“城市病”比较突出，主次干道拥堵，环境承载能力已近饱和。加之外来流动人口多，乱丢乱扔现象普遍，城市管理压力十分大。朝阳二村拆迁扫尾、企业改制、人民新村危房改造以及辖区投融资公司非法集资带来的历史遗留问题较多，影响街道和谐。街道社情民意复杂，所辖范围内两劳帮教、涉毒、残疾及低保人员较多，居民生活水平和整体素质偏低，给街道和社区治理工作带来许多难题和挑战。（王　惠）

朝阳街道

书　　记　李学军
副 书 记　罗希莫
　　　　　甘丽丹（女）
　　　　　肖可为（2016.10免）
工委委员　肖可为（2016.10任）
　　　　　郑德新
　　　　　刘正军
　　　　　张　萍（女）
　　　　　张大帅（2016.10任）
主　　任　罗希莫
副 主 任　刘正军
　　　　　纪岳亮
　　　　　肖　科（2016.10免）
　　　　　邓　波（2016.10任）
人大工委主任
　　　　　甘丽丹(女)(2016.10免)
　　　　　肖可为（2016.10任）
人大工委副主任

张　杰（2016.10 任）

政协联络处主任

郑德新

【传统文化进校园】 1月8日，由市文明办、区文明办、区教育局承办，朝阳街道举办的“传统文化进校园 培养核心价值观”主题教育活动在长铁一中举行。学子们在活动中通过演奏传统乐器、快板和表演民族舞等各项才艺技能，显示优秀传统文化已潜移默化地融入了学生们的校园艺术生活。该次优秀传统文化进校园教育活动全体师生都积极主动参与到其中，由教师带头践行中华传统文明，学生认真组织并参加传统文化进校园的学习、宣传、实践活动，形成了人人参与的良好氛围。学生们也通过“关爱长辈”“争做诚信少年”等教育活动，在实践中学会行孝感恩、尊重他人，从而培养和树立正确的人生观、价值观，使传统文化精神内化于心，外化于行。

【“党团手拉手”志愿者联盟成立】 1月12日，朝阳街道“党团手拉手”志愿者联盟启动仪式在向韶社区长铁一中大礼堂举行。街道工委副书记甘丽丹、工委委员张萍、社区书记饶密，长铁一中校长曾庆桂、团委书记郑胜红等领导出席活动。活动中饶密、曾庆桂共同签署了《向韶社区党支部与长铁一中团支部共建协议书》。并为志愿者联盟基地揭牌，向“党团手拉手”志愿者队伍授旗。非公企业、学生和居民志愿者代表纷纷作表态发言。该次党团手拉手活动，旨在把志愿服务工作向更高的层次、更广的领域、更优的服务方向推进，鼓励广大青年志愿者增强奉献意识，持之以恒，从自身做起，从身边做起，从今天做起，从现在做起，积极投身到志愿服务活动中去，使“奉献、友爱、互助、进步”的志愿者精神扎根于每一个平凡岗位，让志愿服务深入社会的每一个角落。

【同心慈善主题志愿服务活动】 2月2日，“邻里守望过大年 慈善同心暖新春”主题志愿服务活动在朝阳街道举行。省文明办副主任、省志工办副主任李力明，省志工办副主任、省文明办志愿服务工作处处长李仕铭，市委宣传部副部长、文明办主任郑力虎，市文明办志愿服务处处长袁军，区委常委、宣传部部长伍艳飞等领导出席活动。活动中，朝阳街道“手拉手”志愿者联盟通过拍摄视频短片展示朝阳志愿服务队精神风貌，并以“快闪”形式定格画面，以强大视觉冲击向市民传递志愿服务理念，弘扬社会正能量。6户由居民推荐人选的文明家庭登台受奖，与小小志愿者同台齐唱《相亲相爱一家人》，意寓文明之风吹入千家万户，文明理念根植小小心灵。随后刘雨菲善行工作室、湖南人健集团两家企业上台接受“同心·慈善会”牌匾，同时电子显示屏上播放着汇聚爱心祝福的视频短片，传达着爱心企业对志愿服务的肯定、坚守与祝福。最后，“手拉手”志愿联盟的标志性标识在众人的合力中被点亮,标志着志愿联盟的正式成立。

【企业退休社会化管理示范点授牌】 3月1日，市人社局刘中海书记到人民新村社区为长沙市企业退休人员社会化管理服务示范点进行授牌。市人社局社会化管理科科长徐勇，区人社局副局长王伟京，区人社局社保站站长丁文兵，朝阳街道政协联络办主任郑德新陪同。人民新村社区自2015年来，在市、区社保部门和街道劳动保障站的指导下，以退休人员满意为目标、从强化管理入手，突出退管服务工作的落实，强化服务实效、提高服务管理水平，退休老同志的生活幸福指数得到提升，晚年生活质量不断提高，退管工作取得一定成效。

【庆“三八”妇女节暨干部职工拓展运动】 3月12日，朝阳街道开展庆“三八”妇女节暨干部职工拓展运动。街道工委书记李学军，办事处主任罗希奠及全体班子成员、机关干部，社区工作人员共计60余人参加活动。该次拓展运动会设“鼓舞人心”“仙人指路”“奔跑吧！兄弟”3个环节，集趣味性、娱乐性、协作性和竞争性于一身，既是个人体育竞技水平的展示，又是对团队协作能力的检验。该次拓展运动是街道文化建设的重要内容，是机关、各社区展示精神文明建设的平台，也是同事之间相互了解、增进友谊的有效途径。拓展运动旨在“抛砖引玉”，为街道的干部职工创造条件，使大家都能够在紧张工作之余积极投身到全民健身行列中，同时也通过拓展活动增强干部之间的团结协作精神。

【于新凡带队调研街道提质改造项目】 4月6日，区长于新凡率发改局、建设局、城管局、市政局、园林局等主要负责人调研朝阳街道2015年已完成的老旧农安小区提质改造项目，朝阳街道党工委书记李学军、街道办事处主任罗希奠全程陪同。于新凡一行先后对2015年五一东村社区、解放东路38号大院、天心电子世界和华海3C道路微循环、凯通国际1栋等绿化提质改造项目进行了现场查看，充分肯定了朝阳街道2015年提质改造工作，并对朝阳街道提质改造后续工作提出要求。

【电子科技街转型提质研讨会】4月8日，朝阳电子科技街转型提质研讨会在朝阳街道二楼会议室召开。副区长易新宇，区商务局、区经信局、区科技局、区人社局、区金融办的主要负责人，电子科技街内的主要大型经销商、各大卖场的主要负责人参加会议。街道工委书记李学军，工委副书记、办事处主任罗希奠及街道经济办全体工作人员一同参与研讨。会上，各大经销商及卖场负责人介绍了各自的基本情况及自身企业的现状和未来的发展目标，同时对政府部门也提出了一些实际问题，希望区政府能够帮助协调解决。区直相关部门的负责人就企业提出的相关问题一一作出回应，并针对各企业的实际情况帮助解读了各级部门下发的最新政策文件，让企业能从中得到实惠和帮助。易新宇指出将把电子科技街提质改造纳入区政府的重要议事日程，邀请国内专业人士针对朝阳电子科技街自身特色重新设计定位，做一个中长期规划，让科技街重获新生。

【胡衡华调研湖南影像创客空间】4月21日，市委副书记、市长胡衡华到湖南影像创客空间调研，芙蓉区区长于新凡陪同。胡衡华一行重点了解了创客空间的运营和盈利模式，以及入驻的弗鑫电子、未来视界、细关、尼果影像等创客工作室，了解创客们的经营状况，询问创客空间和创客们当前存在的困难。胡衡华指出湖南影像创客空间是一个城市旧楼宇改造和城市肌理的提升、城市内核产业转型的典范，成为展示城市文化产业和文化创意的窗口。同时，胡衡华也表示市委、市政府将全力支创客空间的人才引进以及国有投资控股公司对创客空间阶段性持股的可能，同时交代了相关随行人员落实好创客空间旧楼宇改造和城市内核产业转型的资金扶持。

【银企对接洽谈会】4月21日，芙蓉区金融办、朝阳街道在中国城戴斯酒店联合举办2016年银企对接洽谈会。区金融办相关领导，建设银行小企业中心公司部部长向果利及其工作团队，建设银行解放中路支行行长吴保家，朝阳街道辖区内30几家骨干企业代表，朝阳街道经济办全体成员参加洽谈会。该次会议分为两个阶段。第一阶段，建行铁银支行项目负责人就主要贷款业务的类型、特点、适用对象、贷款额度和期限分别进行了详细的介绍。第二阶段是自由对接，会上通过对银行相关产品的初步接触，许多企业结合自身的实际情况，积极与建行相关人员沟通，了解和咨询有利于本企业发展的融资政策和信息，20多家企业初步与银行达成意向，其中朝阳电子商圈老牌企业聚众鑫业公司与建行铁银支行签订了项目融资意向书。

【党建创新项目观摩交流会】5月4日，朝阳街道召开党建创新项目观摩交流会。区委常委、组织部部长周虔到会指导，各街道党工委副书记和党建专干参会。区委组织部、基层办主任田松柏主持会议。会议以观看党代表工作室微电影，听取党建工作汇报和展示党员教育管理应用系统功能等方式进行，并在现场交流学习，总结典型经验。随后，朝阳街道党工委书记李学军就街道的党建工作开展情况做了简要汇报，并展示了街道的党建成果。周虔充分肯定了朝阳街道党建创新成效，她指出街道通过微电影的方式有声有色地向大家展示党建工作，以一种喜闻乐见的形式来宣传典范；不断创新载体，推广党员教育管理APP应用系统，用“互联网+”模式推动党的建设工作，有助于党员的线上管理，推动互联网占领思想建设阵地。同时，她强调各街道党工委要以此次观摩为契机，相互学习，总结经验，注重工作创新，党建项目抓出实效，推动党建工作上水平、创特色。会后，全体与会人员前往五一东村社区参观天心路党建文化一条街和社区党建功能室。

【“5·29”计生协会主题活动】5月29日，一场以“关怀关爱，与健康一路相伴”为主题的计划生育协会会员活动在朝阳街道办事处开展。副区长张庆和参加。该次活动以促进群众身心健康为出发点，倡导健康理念和婚育新风，宣传计划生育政策，提高人民健康素质和生殖健康水平，营造全社会共同参与建设“健康长沙”的良好氛围。活动现场，“社区长寿之星”代表、“两孩活力宝宝”家庭分别介绍了健康生活和优生优育经验。同时现场为具有本区户籍无工作单位、已领取《独生子女父母光荣证》、子女未满14周岁的家庭颁发了计划生育家庭意外伤害保险。

【省政协领导调研湖南影像创客空间】 6月8日，省政协副主席张大方考察朝阳街道湖南影像创客空间。省政协副秘书长李微、省政协经科委副主任陈永芳、省经信委软件和信息化服务处处长颜琰等领导一同参与考察活动。张大方一行对创客空间进行实地考察，深入了解企业运营情况，对创客空间目前所取得的成绩给予充分肯定，他强调，朝阳街道湖南影像创客空间要明确思路布局、空间定位、主攻方向和阶段目标，创新思路、强化措施，更大力度推进影像产业发展，为全省打造影视湘军发展高地作出积极贡献。

【徐宏源调研街道平安创建工作】 6月8日，市委副书记、市综治办主任徐宏源，市委副秘书长胡春山，市委副秘书长陈永高，市政府政法委副书记、市综治办主任谭学军一行到朝阳街道调研平安创建暨社会治理创新试点工作。区委书记梁仲，区长于新凡，区综治委主任谢进等领导全程陪同。徐宏源一行首先到朝阳街道派出所查看社会治理资料、台账，详细了解街道网格化管理工作。随后，一行人到朝阳街道24小时司法调解室督查司法调解工作，了解调解室工作机制、工作情况，并现场听取了司法所调解邻里矛盾全过程。最后，一行人到五一东村社区实地调研社区提质改造过程及社会综合治理情况。每到一处徐宏源都详细询问情况，并对朝阳街道当前工作给予了充分肯定。

【朝阳街道商会换届】 7月12日，朝阳街道商会第四次会员大会在华海3C五楼会议室召开。朝阳街道商会20余名会员参加会议，区工商联副主席沈向昕、纪检组长王勇松应邀出席。会议选举产生了第四届执行常委5名，选举产生了由1名会长、1名常务副会长，2名副会长、1名秘书长组成的新商会领导班子。朝阳街道党工委副书记、办事处主任罗希奠对做好新时期商会工作提出了希望和要求，他号召所有参会人员要树立服务意识，积极发挥桥梁纽带作用；树立创新意识，积极发挥协调联合作用；要树立品牌意识，积极发挥龙头带动作用。

【辖区企业安全生产经验交流会】 8月17日，朝阳街道辖区企业安全生产工作经验交流会在华天酒店召开。长沙城市建设投资开发集团有限公司，华天酒店、君逸康年酒店、君逸山水酒店等企业的领导及安全生产负责人参加经验交流会议。首先，华天酒店负责人对企业安全生产规章制度，及员工的安全生产教育培训等方面工作进行汇报。君逸康年酒店负责人对企业安全生产组织结构、制度建设、监管，及教育培训进行简要说明。同时，在场的所有企业都互相交流了本单位安全生产工作经验，并互相学习了各企业安全生产创新举措。

【陈计伟调研社区建设工作】 9月2日，区委副书记陈计伟到朝阳街道朝阳社区调研社区提质提档工作。街道工委副书记、办事处主任罗希奠，工委副书记、人大工委主任甘丽丹，政协联络处主任郑德新及社区主要负责人陪同调研。陈计伟一行实地察看了社区办公用房，以及居民楼栋、健身广场和社区道路路面等基础建设，听取了街道、社区负责人关于社区全面提质提档工作汇报。陈计伟对社区全面提质提档工作给予充分肯定，并指出，街道、社区要以提质提档工作为契机，致力改善社区人居环境，同时要进一步强化社区服务管理，在满足社区居民需求的同时，发挥社区的引导作用，实现居民自我管理与自我服务。

【易炼红调研湖南影像创客空间】 9月12日，省委常委、市委书记易炼红一行调研湖南影像创客空间。区委书记于新凡，区委副书记、代区长周春晖等陪同。调研组一行实地察看了影像创客空间的影像咖啡吧、视觉实验室、艺术空间、录音棚等创新型孵化器，听取了湖南影像创客基本情况及发展计划。易炼红表示，他对湖南影像创客空间充满期待、充满信心，既然充满期待、充满信心，肯定要帮助企业推动企业来做大做强做优。同时，易炼红交代随行人员，将湖南影像创客空间纳入长沙市园区的有关产业扶持政策，并根据湖南影像创客空间申报的项目，进行论证，论证之后提供配套产业基金，该支持的要全力支持。

【迎接长沙市第十三次党代会暨庆国庆文艺会演】 9月24日，

朝阳街道联合长铁一中，开展“党团志愿手拉手 青春献礼党代会”——迎接长沙市第十三次党代会暨庆国庆文艺会演活动。活动开场以党组织为单位，各社区、辖区企业代表、学校代表组成的党员代表队，开展廉政知识竞答。竞赛形式灵活、内容丰富，气氛严肃但不失活泼，彰显了社区党员积极向上、锐意进取的精神风貌，体现了社区党委狠抓党风廉政建设的坚定决心。该次党团手拉手活动，旨在引导广大群众、青年学生积极投身社会建设，进一步激发群众、青年学生“爱国、爱党、爱社会”的热情，鼓励广大青年志愿者持之以恒，从自身做起，从身边做起，从现在做起，形成努力学习、文明守纪的良好氛围，以饱满的政治热情、振奋的精神状态向党代会献礼。

【“九九重阳节 共叙回迁梦”主题活动】 10月9日，“九九重阳节 共叙回迁梦”主题活动在凯通国际城群众文化广场举行，省文明办志愿服务处处长李仕铭，市文明办副主任丁德喜，区委常委、宣传部长伍艳飞，区委宣传部副部长、区文明办主任易利平，区委宣传部副部长钟海荣等出席活动。随着动感跳跃的音乐伴奏，老年健美操拉开了整场演出活动的序幕，歌曲《爱在天地间》《节日欢歌》，舞蹈《中国范》等一个个精彩的节目以其“接地气”的表演引得现场观众连连喝彩，特别是儿童器乐合奏《湘调主题随想曲》以及民族舞蹈《康巴舞》等节目，更是以其动感的节奏、优美的旋律，将活动推向高潮。该次活动，丰富了辖区居民的业余文化生活，弘扬了尊老、爱老、敬老、助老的传统美德。演出还为街道评选出的“孝心之星”和“朝阳志愿之星”颁发了荣誉证书，携五老家庭欢庆重阳佳节。

【于新凡调研街道工作】 10月18日，区委书记于新凡，副区长许凡深入朝阳街道调研，街道党工委书记李学军，人大工委主任、工委副书记甘丽丹陪同调研。于新凡一行首先到朝阳派出所查看司法调解室，考察朝阳街道社会矛盾“大调解”工作，查看社会治理资料、台账，详细了解街道“五化”工作模式。随后，于新凡一行实地察看了天心路党建示范街、朝阳社区提质提档改造现场、宇成朝阳广场、友阿总部项目，仔细听取工程进度及招商引资情况，详细询问了项目建设进度以及存在的困难，他要求全街上下一心，攻坚克难，高定位、抓进度，以强有力的举措强势推进项目建设工作。最后，在街道二楼会议室召开了座谈会，街道党政领导班子成员、各办主任和社区书记参加会议。会上，调研组一行首先观看了朝阳街道党建工作宣传片、党建创新项目和朝阳街道社会大调解工作演示文稿。随后，一行人听取了街道党工委书记李学军关于各项工作开展情况的汇报。于新凡对街道在项目建设、社区建设、调解工作、基层党建等工作上取得的成绩表示肯定，并指出街道要乘势而上、科学统筹，力促各项工作上档次、显成效，出亮点，同时就下阶段工作提出了相关要求。

【参观市廉政警示教育基地】 11月18日，朝阳街道组织机关党政班子成员、各社区书记、主任、党员干部一行50余人到长沙市廉政警示教育基地，接受廉政精神的洗礼。参观过程中，讲解员详细讲解了中央历届领导人廉政讲话和中国共产党反腐倡廉历程中出现的一些反面典型案例，听取了多名职务犯罪人员的忏悔摘录，观看了反腐倡廉电教片《改变》。直观的图片展览，充满愧疚的话语和深刻忏悔的画面，令人触目惊心，发人深思。在展厅最后的前行篇，系统展示了长沙近几年来推进党风廉政建设和反腐败斗争的做法、成效。1个小时的参观让在场的人受到了一次深刻的思想洗礼，大家表示将以矢志反腐的历程自勉，以触目惊心的案例自省，以发自肺腑的忏悔自警，以古哲先贤的榜样自律，以遵规守纪的行动与廉政长沙一路携手前行。

【湖南首届企业电子竞技大赛启动】 12月2日，湖南首届企业电子竞技大赛启动仪式在朝阳街道科佳电竞馆举行。区政府副区长黄金国参加活动并致辞。启动仪式上，科佳电竞馆负责人介绍，电子竞技和一般游戏不同，它是一项积极正向的体育运动项目，已被体育总局列入体育赛事。但国内电竞玩家大部分都是单打独斗，没有自己的据点，缺少专业的培训和训练，没有日常的赛事，尚未形成相应的文化圈子和生态环境。专业电竞馆的面世，将提供专业的电竞设备、专属电竞场馆、专有电竞氛围，一站式解决电竞爱好者的所有问题。最后，黄金国充分肯定了企业的定位，表示科佳电脑城在关键时候能够适应当今潮流主动转型升级，不仅能够让企业重获新生，并能以电竞这项运动带动朝阳电子科技街周边经济的发展，形成一个产业，为芙蓉区的经济做出贡献。

【内蒙古乌兰察布市领导考察街道全民健身中心】 12月27日，内蒙古乌兰察布市领导一行到曙光798考察朝阳街道全民健身中心，市体育局经济处处长张智锋、体育产业管理开发中心主任胡一新等陪同。考察团一行先后参观了宇凡羽毛球馆、欧文击剑馆、798运动街区、泳乐恒温游泳馆等场地，听取有关负责人对场地情况的介绍，了解了健身场地的基本使用情况和民众健身锻炼的现状，并对朝阳街道在利用现有场馆资源引导民众进行科学健身方面给予高度赞扬。（王　惠）

五里牌街道

【概况】 五里牌街道街下辖五里牌、火车站、燕山街3个社区，辖区面积1.26平方千米，有家庭户6167户、户籍人口1.84万人、常住人口数1.44万人。2016年，五里牌街道围绕“品质提升年”主题活动，以“强化项目驱动、聚力集约发展、深化精细治理、打造和谐街区”为总体目标，全街经济社会各项事业平稳较快发展。街道被评为湖南省卫生计生依法办事示范窗口、长沙市文明倡导单位，并连续保持湖南省安全生产示范街道称号；所辖五里牌社区被评为长沙市文明社区；火车站社区被评为长沙市三八红旗集体、长沙市城管工作精品社区。

经济发展。域内有各类企业919家、商务楼宇6栋、个体工商门店3899个。2016年，完成规模以上工业总产值4005万元、全社会固定资产投资42.08亿元、高新技术产业产值39.06亿元，分别完成年计划的100%、100.21%、108.5%。实现省外境内到位资金7.1亿元、市外境内资金17.7亿元、实际到位外资3500万美元，分别完成年计划的176%、100%、106%。完成税收总额5.3亿元，完成年度任务的107%。完成委托代征税收3010.6万元，处于全区率先行列。

街巷建设。全力推进新楚擎天广场项目和佳兆业广场项目建设；帮助解决潇湘国际二期项目建设中遇到的困难，实现项目顺利动工建设；友谊东边旧城改造项目共签约私房户446户，自管产单位11个，门面、杂屋、车库20个，完成总体进度的93%。推进燕山街、解放东路贵宾通道两条特色街巷打造，已于10月进场施工；完成五里牌社区周边老旧小区提质改造和湘运宿舍小区全面提质。

城市管理。以构建“大城管”格局为基石，把握重点部位、重点人群，立足常态长效，整合资源，协调联动，积极推进辖区环境提标提档。坚决遏制火车站周边的流动摊担、早夜市、私刻公章、流浪乞讨等现象蔓延。集中整治辖区内主次干道两厢违法建筑，拆除湘科合一酒店、蓝天酒店等10处大型违规广告招牌，实现辖区违法建筑“基本清零”目标。完善网格化管理，对燕山街、大同小学周边流动摊档、晓园路早市等开展严格执法，全面提升街区文明形象。

社会治理。推进社会治理群防群治，在火车站广场设立宣传点，利用车站电子屏滚动播出治安、禁毒标语，开展形式多样的综治宣传教育活动。与驻街单位、门店签订安全生产目标管理责任书122份，对辖区406家生产经营单位进行了安全生产监督检查，坚决取缔不符合规定的小门店，对卫生不达标的食品店限期整改，全年重大食品安全事故“零发生”。组织辖区内保单位和3个社区成立多种治安队伍，加大自防自治，与五里牌派出所联合建立一支处突应急分队24小时巡逻，全年共处置突发事件45起，全部做到上报及时、处置得当，无遗留问题，辖区治安明显好转，发案率、火警率保持连年下降。

民生服务。提前完成大同小学改扩建项目，推动建立教育、卫生等领域更加公平有效的公共服务模式。设立五里牌街道流动人口生殖健康服务站，全面落实流动人口“市民化”待遇。广泛动员共享利用社会资源，将火车站、燕山街社区内各单位科普、健身、娱乐等阵地普及到党员群众。利用辖区大企业集聚优势，在市邮政局、友阿集团设立“爱心基金”，加快发展社会福利事业和慈善事业。

党建工作。借助晓园公园平台打造省内首个党建主题文化公园，通过“五里牌新声音”系列宣讲活动，传播优秀党员、模范代表、身边好人事迹，不断提振党建工作影响力。设立流动党员报到点、服务站，及时接收流动党员，为流动党员提供就业、学习、生活服务，探索形成流入地教育管理服务新的格局。以基层党建“四个一”项目打造为契机，将燕山街社区打造成为党建示范社区，共享阵地常青树老年公寓科普活动、健身阵地打造，为党员及群众提供更加有序和谐的环境。发挥各种类型党员作用，探索实行“无职党员设岗定责”制度，形成辖区单位提供场地、社区党组织搭建载体、党员发挥议事作用、居民共同参与自治、街道协同解决问题的工作服务模式，在火车站社区增设先锋议事点。保障党建经费落实，规范惠民资金使用，足额拨付党建工作经费和社区惠民资金。督促全街党员开展党费清缴行动，补缴党费1.4万元。运用党建应用平台实现党员线上线下平行管理，建成并完善街道党员档案室。

其他工作。定期组织开展群众文化体育活动和全民健身运动，丰富居民精神文化生活。受理各类“12345”市民服务热线75件次，案件办理率100%，按规定向投诉人回复回访率100%，满意率98%。破除社区阵地瓶颈，通过租、借、共享等途径，完成辖区内三个社区的场地标准化建设，其中五里牌社区、燕山街社区办公用房超过800平方米。

不足与困难：城市管理和配套与经济发展不同步，居民群众在城市管理方面的满意度有待提升；党员骨干队伍培养力度有待加大；创新能力和服务意识还有待加强。（文　阳）

五里牌街道

书　　记　范伟民（2016.08免）
　　　　　石　峰（2016.08任）
副 书 记　石　峰（2016.08免）
　　　　　王宏武
　　　　　龙雅俐（女）(2016.08任)
　　　　　张　谊（2016.10免）
工委委员　张　谊（2016.10任）
　　　　　王　敏
　　　　　杨寿军（2016.10任）
　　　　　诸怡君（女）
主　　任　石　峰（2016.08免）
　　　　　王宏武（2016.08任）
副 主 任　谭仕武
　　　　　曾德志
　　　　　喻茂良（2016.10任）
　　　　　杨寿军（2016.10免）
人大工委主任
　　　　　王宏武（2016.10免）
　　　　　张　谊（2016.10任）
政协联络处主任
　　　　　王　敏

【“孝德温暖身边人”主题志愿服务活动】 1月26日，由市文明办、区文明委主办，区委宣传部、区文明办、五里牌街道承办的“我的中国梦——孝德温暖身边人”志愿服务活动在常青树老年公寓举行。省文明办副主任李力明，省志愿服务组织联合会协调中心主任童延，市文明办副主任丁德喜，市志愿服务处处长袁军，区委常委、宣传部部长伍艳飞及街道、社区工作人员、辖区志愿者等百余人参加活动。该活动现场，来自燕山小学的20多名小志愿者在烛光中为老年公寓26位老人庆祝集体生日，传递孝德和关爱；区首届道德模范张祖荣、叶小兰上台向大家分享了他们的励志人生故事；燕山街社区艺术团带来了花鼓戏、男声独唱、器乐合奏等精彩的文艺表演。湖南省文明办副主任李力明为燕山街社区“好女儿志愿服务站”授牌，该服务站是湖南省第一支专业护理的志愿者团队，由芙蓉区道德模范、常青树老年公寓院长叶小兰发起，30余名不同人群、不同职业的“好女儿”组成，通过不定期开展家务清洁、健康咨询等一系列上门志愿服务，给辖区空巢、失独、特困老人们送去温暖。

【食品药品监管所成立】 2月2日，区食品药品监督管理局党组书记危勇、局长赵小午、区食品安全委员会办公室专职副主任周志超、五里牌街道办事处副主任杨寿军等领导为五里牌食品药品监督管理所成立揭牌。五里牌街道食品药品监督管理所为芙蓉区食品药品监督管理局的派出机构，担负辖区内生产流通领域食品、保健食品、餐饮服务、化妆品、药品、医疗器械等日常监督检查和违法行为的行政处罚；负责辖区内红白喜事、群众性聚餐、食品生产加工小作坊、集贸市场的监督管理和文明创建相关工作；协助开展餐饮服务、食品抽检及专项整治活动，协助并组织实施食品药品突发事件应急处置和救援，受理群众投诉举报，组织开展“三品一械”安全知识及其法律法规的宣传教育等工作。在有效消除食品药品监管盲区，加强薄弱环节监管，提高食品药品安全综合监管水平等方面将发挥积极而重要的作用。

【“禁毒流动课堂”进车站活动】 2月4日，区禁毒办联合五里牌街道在火车站广场前坪开展禁毒“流动课堂”宣传活动。活动现场，悬挂宣传横幅6条、宣传展板10

块，工作人员通过向过往旅客发放禁毒资料、讲解毒品知识、现场接受咨询等方式，让广大居民群众认识到毒品对身心、家庭和社会危害性。该次活动拓宽了禁毒宣传渠道，提高了辖区群众的防毒拒毒意识，也为不少外来务工人员筑起了春节期间毒品防火墙。

【“我们的中国梦 文化进万家”趣味运动会】 2月24日，五里牌街道在辖区晓园公园举办“我们的中国梦 文化进万家”趣味运动会。五里牌街道、社区工作人员，辖区企业代表，居民群众200余人参加活动。该次活动设置“三方拔河”“击鼓颠球”“合力破球”“三人四足”4个比赛项目，由街道工作人员、辖区企业代表、居民群众组成的7支队伍参加了比赛。通过活动，展现了五里牌街道机关干部良好的精神风貌和队伍素质，紧密了干群关系，同时也将辖区居民群众团结在一起，营造了友爱互助、积极健康的良好氛围。

【启动“校园安全联盟”】 3月21日，由市文明办、区文明委主办，五里牌街道承办的“超爸来了”——长沙市“珍爱生命 快乐成长”未成年人主题教育实践活动暨“校园安全联盟”启动仪式在东晖小学举行。省文明办副主任熊科文，省文明办未成年人工作指导处处长史锋，市文明办副主任梁飞彩，市文明办未成年人工作处副处长张晓梅，区委常委、宣传部部长伍艳飞，区委宣传部副部长、文明办主任易利平参加活动。在活动现场，5位外来务工子女和贫困学生大声说出了他们对爸爸的期盼，由社区义工扮演的超级英雄集体亮相，帮助孩子们实现心愿，并与孩子们组成“一对一”的帮扶对子，在生活学习上提供帮助。该活动围绕三月学雷锋主题活动月和“3·28”校园安全主题日展开，促进了家、校、社会“三位一体”合作，让未成年人们懂得生命可贵、生活可爱、人生美好、父母可敬。

【区领导调研指导五里牌街道党建工作】 5月11日，区委书记梁仲一行到五里牌街道调研基层党建工作，听取街道书记关于党建工作情况及下一步工作计划，重点询问加强基层党建、开展“两学一做”学习教育、品质提升年具体工作等情况。梁仲对街道“张爷爷先锋工作室”、“365管家服务中心”党建品牌、项目推进及“手抄党章100天”活动开展等工作给予了充分肯定，他要求街道在党建工作中要聚焦主业，以不变应万变。以学习型党组织为抓手，结合“两学一做”，在思想上建党；要担当主责，化平凡为非凡。以区域化党建为平台，强化阵地建设、抓好队伍建设、加强经费保障，在格局上兴党；要强化主体，促常识为常态。以制度建设为关键，在纪律上治党，全面推进品质提升。

【“醉美浏阳河神奇九道湾”群众文艺展演】 5月12日，芙蓉区第五届芙蓉艺术节五里牌街道初赛在阿波罗商业广场前坪举行。五里牌街道办事处机关干部、社区工作人员、企业工作人员、群众等共300余人参加活动。该活动现场，辖区风采艺术团、潇湘红艺术团带来了各具特色、精彩绝伦的舞蹈表演《盛世鸿姿》《欢乐草原》《鸿雁高飞》《好儿好女好江山》；在时装舞蹈秀《楚湘华韵》中，演员们身着一套套精致的青花瓷刺绣服装，完美地展现了楚湘文化的韵律；辖区东晖小学的小朋友们带来的竖笛演奏《梁祝》更是将中西文化巧妙地融合在一起，吸引了过路群众的驻足观看。辖区志愿者卢国强的独唱《情姐下河洗衣裳》独具特色，让现场观众体会到了大西南民族风情；街道老体协成员带来的健身球表演，积极展示了街道老年人的良好精神面貌。通过活动，充分展示芙蓉艺术事业发展的新成果，给群众提供昂扬向上、多姿多彩的精神文化大餐，营造出团结奋进、欢乐祥和的社会氛围。该活动由区委宣传部、区文体新局主办，五里牌街道和区文化馆承办，区文体新局党委书记、局长焦英，党委委员、纪检组长刘益文参加活动。

【应急救护培训】 5月13日，五里牌街道红十字会在街道大会议室举办应急救护培训班。街道机关、社区工作人员、红十字会员、辖区志愿者、居民群众200余人参加培训。湖南省人民医院急救中心的专家和医生通过播放幻灯片和视频的形式，讲解心肺复苏相关知识，并现场演示徒手心肺复苏及创伤救护，教会学员正确程序与操作步骤，提高了防灾、避险、自救、互救的知识和技能。通过培训，让应急救护知识在居民中得到普及，让更多的人掌握应急救护技能，提高了在事发现场挽救生命的概率，降低了灾难的伤害程度。

【党风廉政主题活动】 6月8日，五里牌街道主办的“一封廉洁家书”党风廉政建设主题活动在晓园公园举行。辖区党风政风监督员、纪检干部家属代表、在职党员代表、社区群众200余人参加活动。活动现场，街道党员代表宣读了《致家人的一封廉洁家书》，辖区党员家庭与群众家庭一一结对，互换“廉心卡”；街道六位党风政风监督员纷纷为家庭助廉行动建言献策；在职党员代表湖南省企事业文联秘书长赵涛挥毫泼墨，题写了《廉洁家书抵万金》《清风》等书法作品送给在场的党员群众。通过活动，促进党员干部廉洁从政，引导党员干部家属当好“廉内助”，教育党员干部树立良好家风，切实发挥党风廉政建设的教育引导作用和家庭在反腐倡廉中的积极作用，推进了党风廉政建设。

【程水泉调研五里牌街道安全生产工作】 8月19日，市委常委、组织部部长程水泉，市水务局党委书记、局长李增加，市安监局副局长谭应球等一行到五里牌街道调研安全生产工作，区领导于新凡、周春晖、周虔、谭雄伟、许凡，区直有关部门、五里牌街道负责人陪同调研。程水泉一行在阿波罗商业广场现场检查了消防设施设备，了解单位的安全生产制度、责任、措施等的落实情况；到广场监控室进行查看，与广场负责人进行详细的交流，询问广场的安全巡查情况以及紧急情况下的应急救援措施。针对广场人员密集的特性，程水泉要求单位加强日常安全巡查和应急演练培训，进一步提高职工的安全意识，确保安全不留死角。在调研座谈会议上，听取了街道安全生产工作情况汇报和近期全区安全生产工作开展情况。程水泉充分肯定了芙蓉区前段以来狠抓安全生产工作的成效。他要求，增强安全生产的紧迫感，不容盲目乐观，时刻要有如坐针毡、寝食难安的危机感，对安全生产的严峻形势保持清醒认识；强化安全生产的责任意识，各级各部门单位都要强化责任，守土有责，把安全生产作为一项长期重要工作来抓好、抓实；强化安全生产的各项工作措施，全面清查隐患，发现隐患及时整改，一项项落实到位。

【打造全省首家党建文化主题公园】 8月，五里牌街道借助辖区晓园公园平台打造了全省首个党建文化主题公园，利用公园景观、墙面、标牌、走廊，形象生动地传播党的知识，积极展示向上向善的社会新风尚；让党员群众在党建主题公园里学习先进党员事迹，了解党的基本知识、廉政教育知识；感受社会主义核心价值观，获取滋润心灵的养分，在潜移默化中实现精神的升华。由街道“五里牌新声音”义务宣讲队、“好女儿”志愿服务队、银发先锋自治队等多支志愿服务队构成的公益宣讲联盟，以党建主题文化公园为载体，开展了便民服务50余次，“微理论微宣讲”活动20余次，用实际行动贯彻落实芙蓉区强党建、提品质、惠民生为主题的“三大工程”，推进财富芙蓉、智力芙蓉、魅力芙蓉、幸福芙蓉建设。

【校园周边整治专项行动】 9月18日，五里牌食药监所联合食安办、五里牌社区开展针对校园周边食品安全整治专项行动。重点检查东晖小学周边上半年春季校园整治行动及日常监督检查中存在问题较多的食品经营单位，督促东辉小学自觉履行食品安全主体责任、强化诚信自律意识、规范食品经营行为。该项行动加大了对学校周边食品小摊点的检查和巡查力度，促进了学校食堂建设的规范化和明亮化发展，确保了广大学生的食品饮食健康、安全。

【市食药监局、文明办领导到街道开展专项检查】 9月20日，市食品药品监督管理局副局长陈明南，市文明办督察组组长蔡传军一行在区食药监局局长赵小午的陪同下，到五里牌街道开展餐饮及食品经营门店专项检查工作。陈明南一行重点针对辖区餐饮及食品经营门店的餐饮服务许可证、食品流通许可证等证照是否齐全；门店内工作人员健康证是否有效；门店内的文明创建宣传标识标语是否完整张贴3个方面对餐饮及食品经营门店进行检查。对辖区4家门店证照不齐全的餐饮门店现场下达催办通知书，要求限期办理合法证照；对5家店内从业人员未办理健康证的，督查人员详细告知其健康证集中办理点及办理时间，要求其尽快前往办理点办理；对7家文明创建宣传标识标语未完整张贴的，督查人员现场要求经营户按要求张贴。

【“金色夕阳 情暖重阳”主题活动】 9月28日，由市文明办、区文明委主办，五里牌街道承办的“金色夕阳 情暖重阳——我们的节日·重阳”主题活动在阿波罗商业广场前坪举行。市文明办副主任丁德喜，市文明办志愿服务处处长袁军，区委常委、宣传部部长伍艳飞，区委宣传部副部长、文明办主任易利平出席活动。该活动现场，辖区3对金婚老人身着结婚礼服闪亮登场，在场的观众不断的掌声、喝彩中，金婚老人现场回忆了50年风雨同舟的爱情故事，用亲身经历向大家诠释了什么是幸福生活，让大家无不为之感动；五里牌吉红俏夕阳老年艺术团的老年朋友带来的哑剧《你有我也有》、舞蹈《春到最北方》等节目，展示了老年人良好的精神风貌；到场领导上台对辖区家境贫困、体弱多病、空巢老人进行慰问，提前祝愿老人重阳节快乐，并送上爱心物资。同时，五里牌街道还为辖区内50岁以上的老年夫妇提供了免费拍摄结婚纪念照的机会，夫妇双方只要有一方是五里牌街道的居民，就可凭身份证领取一张免费摄影券。通过该次活动，弘扬了尊老敬老、爱老助老的优良传统，丰富了辖区老年人业余生活。

【区领导调研五里牌街道项目建设工作】 10月11日，区委书记于新凡，副区长许凡到五里牌街道调研主要项目建设情况，并召开座谈会。于新凡一行实地参观了晓园公园党建文化主题公园，对红色步道、红色洗礼、红色记忆3大功能区进行了详细了解，肯定了其传播意义；实地查看了佳兆业广场项目、友谊东旧城改造项目，详细询问了项目建设进度以及存在的困难，督促友谊东项目指挥部要攻坚克难，加紧腾房和房屋拆除；与街道班子成员在召开座谈会，听取了街道党工委书记石峰关于街道基本情况和各项工作开展情况的汇报。于新凡对街道在党建和财税等工作上取得的成绩给予了充分肯定，就街道下阶段工作提出了相关要求。他要求，要抓好干部队伍建设，加大对优秀干部的培养，多用干实事、能干事、不出事的干部，适当压担子，提高干部水平，促进街道更好发展。要抓牢经济建设和项目建设，作为城市核心区域，要不断优化环境，合理铺排项目，搞好在建项目的服务工作。要抓好城市管理工作，提高对燕山街、火车站的城管工作水平，提高标准抓整治，规范经营，切实将安全生产管到位。要抓紧征收扫尾工作，要定期研究商量，拿出具体方案，加快拆除、推动征收；要集中精力，利用好晚间有效时间，真抓实干，做好表率，争取尽早完成项目扫尾。

【开设“芙蓉建功必有我”专题培训班】 10月，五里牌街道开设“芙蓉建功必有我”专题培训班，以“芙蓉建功必有我”为主题，进行为期1个月的晚间党课学习。通过培训学习，警示大家要坚持以与时俱进的态度学习和运用马克思主义理论，增强纪律观念，自觉在思想上政治上行动上同党中央保持高度一致，并不断拓宽视野适应工作，丰富生活培养情操，做一个合格的共产党人。五里牌街道全体机关干部职工、社区两委成员120余人参加培训。

【“五里牌新声音”志愿服务活动】 12月1日，由市文明办、区文明办主办的“五里牌新声音 芙蓉建功必有我”之“我为志愿者点赞”志愿服务活动在五里牌街道举行。市文明办副主任丁德喜，市文明办志愿服务处处长袁军，区委常委、统战部部长易新宇等参加活动。该活动现场，来自五里牌街道的7位“新声音”代言人以“芙蓉建功必有我”为主题，演讲自身实际工作。作为党员志愿者的他们，用街道社区一线最平凡的岗位声音、用劳动者奉献自我的感动声音、用五里牌大家庭的和谐声音，讲述了在社区文明、城市管理、廉政建设、党性修养等工作岗位上的亲历、亲见、亲闻、亲为；展示了志愿者在平凡岗位的不凡风采，博得了阵阵掌声和喝彩，也引起台下观众的强烈共鸣。“五里牌新声音”将在辖区党建文化主题公园搭起“芙蓉点赞台”，以“好人赞，凡人赞，先锋赞，幸福赞”为主题，积聚五里牌新力量，彰显党员的先锋模范作用，进一步传承和发扬志愿者精神。

【省政协领导到五里牌街道调研指导工作】 12月22日，省政协副主席、秘书长袁新华在区民政局局长丁迎秋、副局长蔡日直等的陪同下，到五里牌街道燕山街社区常青树老年公寓调研指导工作，并对老年公寓困难老人进行了慰问。袁新华一行参观了常青树老年公寓，听取了老年公寓院长叶小兰关于民办养老机构的服务理念、运营模式及发展前景的介绍，详细询问了老人们的生活状况。通过实地走访，袁新华对常青树老年公寓的服务品质给予充分肯定，表示对未来养老服务业的发展充满信心，鼓励常青树老年公寓继续发扬勤奋务实的工作作风，进一步改善现有硬件设施和环境，让老人们住得更安心、更舒适；进一步增强领导班子的战斗堡垒作用，认真学习党的十八届六中全会、省第十一次党代会精神，在思想上、行动上与中央、省委和省政协两级党组保持高度一致；进一步把握“稳定经营、稳定队伍”这两个着力点，立足当前，积极谋划好后一段时间的稳定和发展。

【五里牌街道被评为“湖南省卫生计生依法办事示范窗口”】2016年，五里牌街道建立健全制度、创新工作特色，积极创建“依法办事示范窗口”，成立了由街道工委书记任组长，办事处主任、分管领导任副组长，卫生计生、公安、教育、民政等综治单位主要负责人为成员的“依法办事示范窗口”创建工作领导小组，加强对示范创建工作的联动、指导和协调；制定了创建活动方案、出台了依法行政考核制度，细化任务、明确分工、责任到人，较好地落实了“党政主要负责人要履行推进法治建设第一责任人职责”，将依法行政摆在卫生计生工作全局中的重要位置；对照“依法办事示范窗口”创建标准，制定了办事公开制度、岗位责任制、依法办事工作制度、依法办事人员职责等制度，严格贯彻落实了首接负责制、一次性告知制和限时办结制，大力优化办事窗口服务，提升行政效能。同时，不断改进卫生计生管理模式，创新卫生计生服务方法，促进利民便民惠民。经过省卫生计生委等相关部门听取依法行政工作汇报、查看创建工作相关资料、走访办事服务大厅等方式，五里牌街道卫生计生办被评为湖南省“依法办事示范窗口”。（文　阳）

马王堆街道

【概况】马王堆街道下辖马王堆、滩头坪、古汉城、九道湾、新桥新村5个社区，火炬村1个行政村。辖区面积3.88平方千米。家庭总户数11620户，户籍人口29957人，常住人口约2.8万余人。2016年，马王堆街道各项工作稳中提质，被评为湖南省安全生产示范街道，长沙市城乡居民基本养老保险经办服务点，马王堆社区被评为全国社会工作服务示范社区，滩头坪、古汉城、马王堆3个社区分别获长沙市文明社区、开放式物业精品示范社区等称号。

经济质量稳健提高。域内有各类工商企业1893家，其中单位572家，个体经营门店1321家。街道分别在社区、村建立相应的台账，做到对域内实体经济进行及时、准确的动态管理，推动经济稳步增长。2016年，房产税突破1300万元，超额完成83万元；规模工业总产值1.37亿元；固定资产投资完成额26.49亿元；限上批发企业销售额11.57亿元；限额以上商贸业社会消费品零售总额11.62亿元；省外到位资金6.87亿元；招商引资到位外资2900万美元；招商引资市外境内固定资产投资完成额14.32亿元。街道加强与红橡国际广场开发商对接，将其建设成为长沙市第一栋“无雾霾”专业写字楼，吸引中泰证券湖南分公司及一大批优质企业入驻，入驻率85%。利用“华泰尚都”独特的地理位置，将其打造成全省第一座专业的“律政大楼”，并于3月授牌。促进万科金域蓝湾、佳兆业时代广场等楼宇经济持续增长，全年多家企业实现财税收入2.9亿元，同比增长7%。

项目建设稳中有进。完成火炬村拆迁安置工作，签订拆迁协议302栋468户，完成总任务量85.3%和77.8%，拆除正屋285栋，完成总任量80.5%。完成新桥村和火炬村成栋办理产权工作、九道湾生活安置房建设及门窗、水电安装工作。提质改造马王堆社区七片、长邮小区、鑫邮小区、新桥小区、沁园K5栋、巡警宿舍，火炬村拆迁范围内的14栋安置房、滩头坪绕城宿舍等老旧农安小区，造绿复绿2.21万平方米。年内，投入1150万元提质改造马王堆社区七片，并作为示范社区完成市迎检工作，新桥新村提质改造已通过市区验收。稳步推进街巷建设，着力打造特色汉文化街，完成龙柏路和古曲北路特色街巷各项程序审批，启动浏阳河产业带项目建设，年内施工单位和监理单位已进场。完成2条干道、5条支路及滨河小学、火炬中学基础设施的公益项目建设。编制防汛方案和应急预案，汛期及时启动相应级别的应急响应，多次排除危险情况。完成辖区内的动物防疫工作、涉农社区的三资清理工作、农机摸底和安全教育宣传工作。

城市管理稳中提质安全。按照工作能自转，矛盾能自解、能自保，生活能自理的要求，实现门店管理、对各类违章行为实施档案管理。定人负责，组织城管执法办案95起，开展专项整治、集中整治活动200余次，拆除违规户外广告招牌1017块，违章建筑76处，清理立面198处，清理垃圾堆积物2507车，整治流动摊贩9783次，整治违法经营956起。环保整治排查辖区内使用燃煤炉灶的餐饮单位，收缴销毁煤炉836个，指导改造传统煤灶312个。摸底辖区门店，劝导门前三包9605起，在长沙市城市管理月工作考核中，获得一次第1名，一次第3名，年度总体排名靠前。街道实施文明创建、城市管理数字化，优化网格化管理向辖区居民发放“便民服务一卡通”，处置市、区数字城管案件1.02万条，除部分正在整治的案件，其余案件均已结案，结案率99.9%。

党建工作稳步提升。街道工委下辖党支部27个，党员851名，2016年，街道党建工作以党建七项重点工作和“两学一做”学习教育为主线，全面核实党员党组织关系，查找失联党员1名，补缴党费3.2万余元。发展党员11名，整理851名党员档案，实行党员档案“规范化、网络化、制度化”管理。完成1个基层党组织换届工作和2个非公支部新建工作，发挥微信公众号、古汉城社区广播站的优势，开设“党课随身听”“说说你入党的那些事”等栏目，定期推送“支部书记微讲堂”“动画解读”“两学一做”等个性化“私人课程”，扩大宣传覆盖面。发动党员成立“幸福快车”“汉道”“五彩同心”“天使行动”等10支各具特色的志愿服务队，启动“三社联动”暨“邻有爱”家庭互助党建服务项目，为群众提供“微服务”，实现“微梦想”400余个。打造“先锋圆梦行”民生党建服务品牌，滩头坪社区连续3年被评为芙蓉区党组织“示范性社区学习中心”。

廉政建设稳扎稳打。年内，街道党工委构建廉政责任生根格局，完成惩防体系建设。将党风政风监督员纳入督查队伍，开展纪工委专项督查活动，全年明察暗访20余次，下发督查通报11期，点名通报20余人次，查处党员违纪案件8起，完成“专项整治”目标，严查5起党员涉毒涉赌事件。开展批评与自我批评、廉政谈话，重要时间节点发出廉政预警信息，观看廉政影片、专题学习测试、书记讲廉政党课勤廉教育活动。制作《马王堆街道廉政家风教育手册》，出台《马王堆街道党风廉政建设目标责任任务分工》、《马王堆街道党风廉政建设责任制责任考核和责任追究暂行办法》，通过“马王堆街道E平台”、古汉城社区“廉政广播站”、微信公众号的“清风话纪”栏目，定期推送党纪党规解读、案例通报廉洁信息，传递反腐正能量。

社会治安稳步推进。年内，街道综治工作实施定期排查，促进调解，着力推进平安创建，调处各类矛盾纠纷196件，接收各类矫正对象138人，实行档案化管理，加强监管力度，实施一人一社区矫正帮教小组，组织个别谈话，提升矫正质量，妥善处置火炬村南三片历史遗留问题，确保社会大局和谐稳定。深入推进安全生产标准化建设，开展消防安全隐患排查整治专项行动，取缔违法经营货运物流13家，指导56家货运物流公司按要求进行整改。开展重大节日、高温暑期、各类会议及特护其的安全生产大检查及联合执法专项行动，落实24小时领导值班和带队检查制度。实施街道书记、主任约谈制度，约谈辖区内30家企业，监管特种设备593个，监管21处人防工程应急避难场所，重点监管346家单位，出动46个检查组，共计检查1220次，查出48处隐患，整改到位44处，4处已上报有关单位处理，消除安全隐患100余起，关闭存在安全隐患企业19家，查获问题车辆4台，行政处罚5000余元。全年，辖区无重大安全生产事故。加强信访监督，建立信访台账，推进真查快办，坚持以“零容忍”的态度，有案必查的原则，做到案件线索件件有登记、分流有去向、查处有结果，执纪审查数量排全区前列。

民生服务稳步实施　街道全面贯彻卫计工作方针，上报出生人口无一例错报、漏报，在省市区各级数据考核中未出现任何数据质量问题。年内组织社区、居民400余人参与各类宣传救护知识培训，组织街道机关、社区、273位志愿者成功献血9.6万毫升，发放宣传资料1万份，制作宣传橱窗、宣传板40块，举办义诊、健康教育活动10次，对1440人进行免费妇科病普查，免费检测孕前优生、免费干预检测143个疑似出生缺陷的胎儿，逐年加大计划生育经费投入，扶助特困计划生育家庭25人，将村级组织纳入报销范围，对“四项手术费”报销标准再拔高，在高于省标准30%的基础上翻一番。理清生育关怀居民情况，为28对夫妇爱心助孕，对其中6个符合优惠条件的夫妇办理省计生科研所和市妇幼保健院的爱心助孕优惠服务。积极参与市健康知识竞赛活动，在区健康知识抢答赛中荣获第一名。完成由国家抽取滩头坪社区20名流动人口动态监测工作，街道流动人口基本公共服务均等化工作代表芙蓉区迎接省卫计委流动人口管理处的调研，得到省流管处领导高度肯定，获得年度计划生育协会市级先进单位称号，在省、市、区各级媒体报道30次。启动建立汉文化主题街区仪式、新年庙会、网络春晚、纪念红军胜利80周年广场文化活动、百名少年儿童诗歌颂道德模范等群众性文化活动20场次。开展数字电影放映、送戏下基层活动。表彰本年度评选的7户幸福家庭和10个优秀会员。全年在人民网央视媒体宣传报道10次，在湖南卫视、《湖南日报》等省媒体报道30次，在《长沙晚报》等市级媒体报道100余次。

存在的问题和不足：社会建设创新不够，服务水平有待提升；遗留问题处置缓慢；城市建设相对滞后；城乡环境亟待改善；党风廉政建设长效机制有待深化落实。（欧阳金慧）

马王堆街道

书　　记　佘国宏（2016.08免）
　　　　　曾志伟（2016.08任）
副 书 记　曾志伟（2016.08免）
　　　　　周宏彬（2016.08任）
　　　　　朱向东（2016.10免）
　　　　　朱勇智（2016.10免）
　　　　　高　佳（女）(2016.08免)
　　　　　陈　栋（2016.10任）
工委委员　黄继文（女）(2016.10任)
　　　　　朱勇智(2016.10任)
　　　　　徐军杰
　　　　　曹　磊
主　　任　曾志伟（2016.08免）
　　　　　周宏彬（2016.08任）
副 主 任　曹　磊（2016.02免）
　　　　　黎卫军（2016.02任）
　　　　　鲁海洋
　　　　　廖　勇（2016.10免）
　　　　　朱勇智（2016.10任）
人大工委主任
　　　　　朱向东（2016.10免）
　　　　　黄继文（女）(2016.10任)
政协联络处主任
　　　　　徐军杰

【市领导慰问“中国好人”彭水林】 2月2日，市委宣传部副部长郑力虎、市志愿服务处处长袁军一行到马王堆街道古汉城社区“中国好人”彭水林家中，为他送去新春的祝福。区领导伍艳飞、易利平及街道相关领导陪同。彭水林拿出自己珍藏多年的相册，向慰问组分享自己从2004年因车祸被高位截肢以来点点滴滴的生活故事，特别感谢党和政府以及社会各界给予他的帮助和鼓励。郑力虎一行为彭水林送上慰问金，夸赞彭水林生命力顽强、道德力量坚强；伍艳飞表示，“中国好人”彭水林是芙蓉区的骄傲，为芙蓉区社会发展传播了正能量，是所有芙蓉区人民学习的好榜样，希望他今后持续发力为芙蓉区道德建设做贡献。（欧阳金慧）

【市领导到街道督察综治民调工作】 4月21日，市综治办二处处长屈海洋、综治三处副处长唐建彬、兰杨剑到马王堆街道督查指导综治民调工作。区领导李清、李孝清及街道相关领导陪同督查。督导组一行先到古汉城社区，认真听取社区在群众工作、提高民调满意度方面所做工作的汇报，掌握了街道上半年综治民调工作开展情况，通过下户走访获悉，流动人口出租屋管理、涉黄人员的收监等问题是民众关注的焦点。针对这些焦点问题和工作中遇到的困难，相关负责人分别谈出自己的看法和建议；针对民调反映的突出治安问题，督导组实地督查沁园小区、审计厅附近，提出要根据实际及时调整问题解决方案，将问题及时整改到位的要求；屈海洋指出：要强化责任落实，加强综合协调，做好群众工作，要认真客观地梳理问题、分析问题，进而整改解决面临的困难，通过加强和创新社会管理工作，切实提高人民群众的安全感和满意度；要以这次督查为契机，深入查找不足，不断创新方法，扎实工作，锐意进取，力争2016年民调工作上新台阶。

【省委统战部领导调研街道非公企业】 4月26日，省委统战部纪检组组长邓建华一行在区委统战部常务副部长易淑珍及马王堆街道相关领导陪同下，到街道调研非公企业发展及宗教工作。街道书记佘国宏及餐谋天下公司董事长廖胜仁分别介绍公司的经营理念及运作情况，调研组肯定餐谋天下餐饮管理有限公司品牌发展战略及企业党建工作。随后，餐谋天下公司对培养企业的创新精神，立足餐饮行业非常难做的现实，谈出三点如何致力于发展湘菜事业的体会。邓建华指出非公企业要对立足现有基础做强做大充满信心，要学会与世界接轨。他提出作为餐饮企业要特别注重食品安全，要把确保食品的安全当成企业第一要务；要注重企业文化，不断提升，实现文化的延续和传承；要向世界先进企业学习，成为全省的民心企业。

【市领导调研马王堆汉墓遗址开发保护工作】 5月11日，市政协副主席钟新莲实地调研马王堆街道马王堆古汉墓遗址开发保护工作，区领导易新宇、街道相关领导陪同。钟新莲一行察看了马王堆汉墓遗址墓坑，听取了相关负责人就马王堆汉墓遗址开发保护及芙蓉区浏阳河文化产业带——“一河两岸三园”“一街两桥三馆”的项目建设情况汇报，对街道在保护及开发利用汉墓遗址公园工作上作出的贡献给予高度肯定。钟新莲指出，芙蓉区浏阳河文化旅游产业带建设起步好、效果好，浏阳河文旅产业带项目要充分利用“马王堆汉墓”这一优势，加强宣传推介，讲好精彩故事，深入挖掘该遗址的资源价值，充分展示长沙楚汉名城的历史文化底蕴，使之成为湖湘文化新窗口。

【长沙市在九道湾社区举行汉文化主题街区启建仪式】 6月3日，由市文明办、区文明委主办、马王堆街道承办的芙蓉区“汉文化主题街区启建仪式”在马王堆街道九道湾社区公园举行。市政协副主席钟新莲，市委宣传部副部长陈海波，市文明办副主任丁德喜，出席现场活动参与互动，区领导谢进、刘建新、伍艳飞、张庆参加活动。活动现场，演员们身着汉服，为社区居民们带来汉代舞蹈，大型情景舞蹈《西汉情》展现汉代时期的文化生活特色，马王堆社区的小朋友带来的取材生活废弃物自制西汉漆器DIY作品秀，重现了2000多年前汉代上流社会家庭的钟鸣鼎食，现场还设置身着汉服的书生为市民介绍汉代文化，全方位还原汉朝生活，让市民对西汉的历史和文化得到充分了解和认识。

【市水务局领导现场指导防汛工作】 7月8日，市水务局总工程师王力新、副局长王佳良、河道处处长张前明一行到马王堆街道指导防汛工作。区领导于新凡、蔡冰、许凡陪同，农水局、市政局、城建投、马王堆街道、长善垸堤委会主要负责人参加。下午16点，马王堆街道防汛巡查人员发现浏阳河大道由西往东过万家丽高架400米南侧路面中央发生约20—30厘米下陷，面积为10余平米，经市政先期下井查勘，发现下陷处预留雨水管道外壁管涌，初步判断为因泥沙进入下水管道冲刷，导致路基被掏空，造成路面下陷，严重影响过往车辆出行安全。险情发生后，区委、区政府高度重视，将险情立即向市水务局、市防办汇报，请求市水务局、市防办技术支持。总工程师王力新、副局长王佳良，处长张前明第一时间赶赴现场进行技术指导。区领导于新凡、蔡冰、许凡及相关部门负责人第一时间赶赴现场调度处置。通过市、区及各部门的共同努力，该险情得到有效控制。市水务局领导一行对马王堆街道险情检测排除处置措施果断及时给予充分肯定，强调：要密切监测浏阳河水位态势，加快减除险情；加强对浏阳河大道及滨河路沿线大排查，坚决防止类似事件再次发生；继续做好险情的监测和预报预警工作，发现险情，及时预警，及时研究和及时处置，确保居民群众安全度汛。

【市领导调研指导马王堆街道社区卫生服务中心工作】 9月9日，市人大常委会主任袁观清一行到马王堆街道社区卫生服务中心调研指导工作，区领导于新凡、周春晖、罗树林、廖铁成、罗尔曼、梁汝岚及马王堆街道相关负责人陪同调研。袁观清一行实地察看社区卫生服务中心药房、中医馆、儿童保健室、留观室，社区卫生服务中心负责人详细介绍社区卫生服务工作开展情况及工作成果，袁清观充分肯定街道社区卫生服务中心提供无假日服务，造福群众解难题；提供预约式服务，便捷流程显效果；提供延时式服务，凸显优势惠民生；提供开放式服务，打造特色亮名片；提供集中式服务，提升体验出成绩；提供中医药服务，创新模式扬精粹；提供“互联网+”服务，贴近民生接地气的工作方法，对社区下一步卫计工作提出要求，做到让百姓满意，让群众高兴。

【“两型”城市建设志愿服务宣传月主题活动】 9月22日，由省文明办指导的，市文明办主办的芙蓉区两型城市建设志愿服务宣传月主题活动在马王堆街道举行。省文明办志愿服务处处长李仕铭一行3人在区领导伍艳飞、冀超、许杰陪同出席活动。活动以马王堆社区幼儿园的小朋友身穿用废报纸、废塑料等材料自己设计制作的环保时装在舞台上表演环保时装秀开场、社区小朋友和两型志愿者分别展示节能环保为主题绘制的绘画作品，自行编导的5个节目。舞台下，志愿者们通过教授居民群众利用餐厨油烟机里的废油制作手工肥皂，利用报纸等废旧物品制作汉代漆器作品，推广使用环保油烟净化设备，融合垃圾分类，“两型”志愿服务、帮扶弱势群体创新推出公益“邻互惠易物超市”，让更多居民通过积分免费兑换物品的方式加入志愿者队伍，通过介绍志愿队的日常服务事物和积分兑换奖励制度的方式，现场招募更多的志愿者，成立“绿动环保志愿队”。在活动场所周边同时展出“‘两型’知识我先学”“社区‘两型’活动剪影墙”“‘两型’进社区 旧貌变新颜”等宣传展板，让更多居民自觉加入“两型”志愿者的队伍，践行低碳生活。

【市领导调研马王堆街道食品安全工作】 10月21日，市食品药品监督管理局局长郭墉一行调研马王堆街道食品药品安全工作。区领导危勇、赵小午、刘正军、周志超及马王堆街道相关负责人陪同调研。调研组一行查看街道食安办、食药监所办公场所及办公条件，详细询问食安办、食药监所的人员配备及食品安全日常监管情况，对街道食安办、食药监所的机构人员编制情况、存在的困难和需要、报请解决的问题提出意见和建议。郭墉要求：街道站要站在全局的高度，抓好食品安全工作，充分发挥街道食安办、食药监所的统筹协调作用，营造食品安全社会共治氛围；街道要提高食品安全监管意识，加强食品安全知识的宣传和培训，加大专项整治和查处打击力度，确保全街食品安全水平持续提升，保障市民舌尖上的安全。

【滩头坪社区被授予省、市“示范妇女之家”称号】 10月30日，马王堆街道滩头坪社区创建“妇女之家”工作顺利通过检查验收，在长沙市妇联系统创先争优活动总结暨“示范妇女之家”表彰大会上，滩头坪社区被授予长沙市首批“湖南省示范妇女之家”称号。创建工作开展以来，街道滩头坪社区认真落实省市区妇联要求，推进“妇女之家”基层妇联组织建设创新发展，以“慈善天使”王达佳为精神品牌，借助“姐妹直通车”“候鸟俱乐部”多种活动载体，打造爱心帮扶、维权关爱、文化教育、创业就业之家。通过搭平台、强阵地、优服务、重宣传等举措，不断丰富社区“妇女之家”服务的重要内涵，为妇女群众提供学习培训、健康教育、法律帮助、文娱活动、解困帮扶等方面的多项服务，把“妇女之家”建设成学习有场所、活动有阵地、作用发挥有舞台，深受妇女群众信赖、喜爱的“温暖之家”。滩头坪社区“妇女之家”的创新做法得到了省市区各级妇联领导的充分肯定及外省妇联组织来社区学习交流。

【马王堆社区被评为“全国社会工作服务示范社区”】 11月16日，马王堆街道马王堆社区被民政部评为“全国社会工作服务示范社区”。马王堆社区以三年全面提质提档行动为契机，立足发挥基层党建引领、社会组织多元化及社工专业服务优势的作用，以“一室四家”为载体，实施“社区＋社会组织＋社工”为主体的“三社联动”服务模式，开展邻有爱家庭互助服务项目，提升基层服务水平，规范化建设服务型基层党组织。年内，由社区组织“同行者社工”“小善公益”“天地人律师事务所”“绿动循环科技有限公司”“仁与社工”“万从和家政”“朵俊幼教”等加入到“汉道先锋工作室”中，开展多元化的“邻有爱”家庭互助服务活动116场次，帮扶居民群众1300余人次。“邻有爱”——“少儿学堂”解决社区30余名双职工家庭子女放学无人接送和管理的问题；“邻有爱”——“易物平台”解决70余个家庭邻里之间物品闲置的问题；“邻有爱”——“老人智能手机课堂”解决40余名老人不会使用智能手机等问题。通过系列活动的开展，彰显社会活力及社区民主自治特色，推动了社会治理创新。 （欧阳金慧）

荷花园街道

【概况】 荷花园街道下辖杨家山、恒达、荷晏、荷花园、德政园、东方新城、东郡七个社区。辖域面积2.36平方千米。有家庭户11302户、户籍人口31284人、常住人口34655人。办事处机构在原有基础上增设了纪工委、协税办和组宣办办公室。2016年在区委、区政府的领导下，全街上下紧扣“打造升级版，创建精品街”工作目标，以市委巡察第一组驻点巡察为契机，团结带领全街干部职工开拓创新、真抓实干，先后被评为“省级安全生产示范街”“省一级档案室”“市文明单位”“市城管示范街道”“市社会管理综合治理平安单位”“市乡镇街道统计站目标管理综合考评一类单位”“市经济社会发展综合实力十强乡镇街道”等，再次跻身“全区绩效考核一类街道”行列。

经济建设。成立协税领导小组和协税办，以街道书记、主任为街道第一责任人，社区主任为社区第一责任人的责任机制，层层分解，落实到人。引进“蒙牛”“万和”“波司登”“富丽真金”“比亚迪”等知名企业，顺利推进万家丽快速通道回购项目，新增2家千万级纳税单位。累计完成税收4.56亿元，为全年任务的111.2%；完成固定资产投资22.99亿元，为全年任务的104.5%；规上工业0.8亿元，为全年任务的101%；限额以上商贸业社会消费品零售总额21.08亿元，为全年任务的112.85%，高新技术产业产值44.2亿元，为全年任务的100%。招商引资内资累计完成22亿元（到位资金11亿元，为全年任务的230%），外资3000万美元，新增现代服务型企业11家，零售企业4家。

街巷建设。年内对恒达路沿线，恒业巷沿线，德政街（荷花路口部分）沿线建筑立面和招牌改造、围墙改造、地面和立面绿化、树池改造和园林小品、亮化、加油站小游园、绿化给排水工程，德政街部分和恒达路部分人行道铺装，园林坐凳及小品等，打造了恒达路“生态文化街”及恒业巷“鱼文化街”，美化街域环境。街道与1249家沿街门店签订了门前三包责任书，建立了档案台账。社区每周开展一次“5+1”行动小组联合巡查，对违反门前三包要求的门店开具“三联单”并通报情况，全年开展200余次巡查行动；动员单位和门店参与每周五下午的“周末大扫除”，每月评选出“十佳”门店，和“十差”门店，已有110家门店获得了奖励和流动红旗。

城市管理。年内对安泰新村、众立小区等13个小区及周边进行提质改造。畅心苑、咏荷苑、恒达路53号院子、众立小区已完工，还有8个小区正在进行改造工作。完成外墙清洗1.2万平方米，楼道粉刷1.8万平方米，各类线路规整8200米，路面硬化1.28万平方米，改造化粪池8个，安装晒衣架50个，垃圾桶68个。结合市区“三年造绿大行动”，新增绿地3000平方米，新增庭院立体绿化面积1500平方米，新增绿色停车位100个，绿地率45%，绿化覆盖率48%。区检察院、区地税局、荷花园街道改实体围墙为生态植物围墙，透出绿化，开放机关单位。加大拆违工作力度，年内共拆除违章建筑50处，3011.52平方米。拆除户外广告招牌及电子显示屏91处，1339平方米。配合杨家山立交桥环岛拆除工作，年初已全线通车，改善了东二环和人民路进出城交通。通过实施安泰片区综合整治工作，清除了拉通紫薇南路的最后障碍，紫薇南路（现名碧莲路）及映荷街已通车。

社会治安。街道以深化平安建设为重点、不断创新社会管理，创新打造“七色平安”品牌特色工作，深化“千人红袖章”工程建设，完善了社会管理综合治理。在全国、省市的重要会议、重要活动和重大节假日均做到无一人到省及进京上访，刑事发案与2015年同比下降22.41%（1—10月）。街道与7个社区、85家企事业单位签订综治目标管理责任书，将责任落实到单位、人，并实行“一票否决”制。7个社区每年组织开展1～2次较大规模集中宣传活动，每季每社区制作安全宣传栏，悬挂横幅21条，发放致居民群众一封信2.5万份，制作手抄报2期。深入开展街道综治工作品质提升年活动，创建七色平安街道。即：德政园社区“平安商铺”、恒达社区“平安聊吧”、东郡社区“平安楼宇”、杨家山社区“平安动车”、荷花园社区“平安家居”、荷晏社区“平安庭院”、东方新城“平安护学”。对46名巡防队员、31名流动人口协管员进行合理调配，其中32名巡防队员、18名流口协管员下放派出所。派出所对两支队伍进行了定岗定责，及时完善了管理制度及奖惩措施。街道综治办每周对巡防工作进行两次以上不定期督查，并严明奖惩。截至10月，刑事发案共329起，比2015年截至10月的424起同比下降了22.41%。街道在册社区服刑人员24人，其中假释2人，暂予监外执行人员2人，缓刑20人。每个社区服刑人员每月都按时来所报到，认真做好思想汇报。对18名邪教“法轮功”分子、34名吸毒人员建立常态管控机制，加强教育转化工作，严格落实责任，做到“管得住，看得牢”。

安全监管。街道以创建“湖南省安全生产示范街道”为目标，推进“八大工程”的建设，开展“安全生产示范社区”“企业安全生产标准化”“平安庭院”“家居安全”等创建工作。2016年街道安全生产执法计划228家，实际完成287家，完成率126%，各部门计划检查企业451家，完成465家，完成率103%，领导干部带队检查安全生产336家，其中县级领导干部带队检查96家，街道班子成员带队检查240家；安监站达到了长沙市标准化安监站建设“六有”标准，配备在编人员3名，持证上岗率100%，全街各社区配备安全专干7人，持证7人，持证率100%，成立36人的安全生产信息员队伍。全年通过排查重点安全隐患10处，已整改9处，完成整改率90%。全年开展9次打非治违专项行动，简易程序立案处罚12家经营单位，行政罚款4900元，会同区危化科查扣处罚非法运输环保油面包车3台，行政拘留1人。

社会保障。全年为辖区内104人次低保家庭中60岁以上的老人申请了每月200元的慈善助老；为低保户11人次家庭中的在读幼儿园、高中生、大学生申请了慈善助学；为所有参加了城市居民医保的低保户家庭成员申请了慈善助医；为4户低保死亡的人员申请了慈善助葬。

民生服务。失业人员再就业任务420人，完成507人，任务完成率120%；就业困难对象再就业任务175人，完成212人；失业人员培训任务45人，企业职工培训任务120人，创业培训任务30人。为辖区内12人次办理了城乡医疗救助，全年发放救助金43966元。每月10日在芙蓉区平价医院免费发药，同时为2人次重症精神病人办理了救助住院审批手续，切实维护精神病人的合法权益和生命财产安全。完成春季秋季灭鼠工作，全街投放鼠药800千克，张贴安民告示1500份。张贴宣传橱窗28张，悬挂宣传横幅40余条。完成药品采购任务，并将药品发放到全街2600余家门店。

党建工作。2016年，街道党建工作以“两学一做”学习教育为主线，核实党建组织和队伍情况。街道工委下辖党支部55个、党员1007名，找回失联党员19人。发展党员11人，组织培训入党积极分子18人。全年补缴党费29738元。建立党员档案室，整理党员档案906份。完成街道机关和社区党组织的调整、升格、换届工作以及辖区36个非公党支部的换届选举工作。组建微信群、公众号、QQ群等宣传阵地。组织开展“微故事、微演讲、微作品、微党课、微公益”系列竞赛、“两学一做”知识抢答赛、“80（岁）对80（后）新老党员面对面”讨论会、一对一“爱心联盟”等系列活动。以“基层服务型党组织建设”为核心，按照“一社区一特色”的理念，辖区内7个社区分别确立党建工作品牌，实现了党建工作与日常服务管理的融合发展。其中，德政园社区“360全面服务”入选全市“基层党建精品”行列，杨家山社区新建“红色芙蓉”党史陈列室，展示芙蓉区（原东区）党的历史。建立街道非公企业党务工作者联席会制度，设立“非公党建微信群”，在旺德府大厦和宇成国际酒店建立标准化的党群服务中心，全街规模以上企业党组织都开辟了相对独立的党建活动场所。

廉政建设。结合建章立制，将正风肃纪、挺纪在前长效化，制订《干部绩效考核管理办法》《机关干部联系群众工作制度》《领导值班及首问责任管理制度》《财务制度》等规章制度。以“学条例讲规矩比担当”“两学一做”学习教育活动为契机，强化干部职工纪律意识。建设社区廉政文化阵地，定期邀请专家开展专题讲座，编印纪检监察专题简报，及时传达上级相关指示精神。构建以“日常督查、专项督查、第三方督查”为主要内容的督促检查工作体系。

其他工作。打造“特色荷花”关工委。关心下一代工作委员会（以下简称“关工委”）是党和政府联系、教育、关爱青少年的桥梁和纽带。街道紧密结合关工委工作实际，夯实特色活动基础，由街道党群副书记兼任关工委主任，街道党工委委员负责关工委工作，配备关工委专干，负责街道关工委工作，街道民政办、司法办、团工委、综治办、妇联、计生办以及派出所等部门负责人充实到关工委负责日常相关事宜。7个社区完善相应机构，明确专人负责，形成了上下联动、齐抓共管的工作体系。吸纳了社区“五老”人员、千人红袖章志愿者队伍、专兼职教师队伍积极参与到关心下一代工作中，其中以中国诗书画联盟名誉主席、武当仙山书画院荣誉院长晏信诚、沈阳军区退休老军医（恒达社区居民）罗维周、湖南省第五届全国道德模范候选人孟繁英、原长沙市女企业家协会副会长池凤英、长沙市注册志愿者邓觉芝等为主，形成了一支高素质、高水平的“五老”志愿者队伍。成立未成年人活动服务中心、科学生活馆、社区图书室、电子阅览室、青少年活动中心、“610”驿站等各类青少年特色活动阵地，为青少年提供了一个属于自己的安全、文明、健康的社区活动空间，充实青少年思想道德建设内容，增强了辖区青少年社会实践效果。全年开展“争创文明家庭，争做美德少年”“萌娃载歌载舞庆佳节，欢歌笑语闹元宵”“缅怀先烈，朗诵诗歌寄哀思”“道德模范担当道德导师，引领居民共扬美德好风尚”，“青少年关爱高龄老人，副副春联暖人心”等20余场专题活动。元旦、春节开展了关爱弱势群体，帮扶救助困境青少年活动，慰问困难辖区企业困难职工子女5人，帮扶特困大学生4人，特困幼儿5人，特困高中生7人，救助困境儿童13人，帮扶资金6万余元。

存在的困难和问题：受地处长沙市老城区中心地段，占地面积小，人口密集，流动人口多，交通拥堵等因素制约，经济发展潜力不足，街道财政经费不足，档案工作无专项经费保障、档案工作人员无岗位津贴保障，导致档案专干流动性大，街道专干培训学习机会较少，业务知识匮乏，业务工作断档。拆迁遗留问题致使信访、维稳压力增大。（夏婉清）

荷花园街道

书　　记　唐益人

副 书 记　丁迎秋（2016.10免）
　　　　　刘光耀（2016.10免）
　　　　　黄继文(女)(2016.10免)
　　　　　罗明立（2016.10任）

工委委员　刘朝辉（女）
　　　　　罗明立（2016.10免）
　　　　　刘紫陌（女）
　　　　　裴鸿志（2016.10任）
　　　　　刘光耀（2016.10任）

主　　任　丁迎秋（2016.10免）
　　　　　陈　璞（2016.10任）

副 主 任　罗明立（2016.10免）
　　　　　宋　曦
　　　　　莫志坚

人大工委主任
　　　　　刘光耀

人大工委副主任
　　　　　冯新辉（2016.10任）

政协联络处主任
　　　　　刘朝辉（女）

【市民政局验收“启园”心灵氧吧场地建设】 荷花园街道德政园社区未成年人青护中心——“启园”心灵氧吧是社区的一个创新项目，是湖南省首个社区未成年人心理咨询示范中心，中心内设专家咨询室、个别辅导室、心理热线室、宣泄室、沙盘治疗室以及可同时容纳30余人的多功能授课室、团体辅导室等专业场所，拥有专业的心理学专家团队和心灵顾问团队，团队成员具有丰富经验，具备扎实心理学技能，能够进行心灵深层沟通。“心灵氧吧”主要向青少年普及心理健康知识、帮助青少年解除心理困扰、增强心理适应能力、努力开发个人潜能、促进孩子们全面成长。2月2日，长沙市民政局民间组织管理局局长李红辉、副局长杨铭武到德政园社区“启园”验收场地建设。李红辉一行实地考查了“启园”心灵氧吧各功能室建设，对中心的建设给予的充分肯定。随后又听取了社会组织启园心理援助与发展中心发起人艾泉伶详细的工作汇报，并对组织如何规范办理业务进行了指导。

【长沙市礼赞劳动美活动在荷花园举办】 2月19日，由市文明办、市总工会、区文明委联合主办的长沙市“欢迎新市民 礼赞劳动美”暨“我们的节日·元宵”活动在荷花园街道举行。市总工会副主席朱余华，市文明办副主任丁德喜，区委常委、宣传部长伍艳飞，区总工会主席李凤英出席。金猴闹元宵，欢歌笑语福来到。活动在阵阵腰鼓声中开场，金狮报春吐出“出行千里 平安是福”对联，祝福大家在新的一年安全生产、平安幸福。恒达社区基层治理有特色，基层文化建设有根基，在欢庆闹元宵之际，开展“欢迎新市民 礼赞劳动美”主题活动，充分体现了社会对“新市民”的关爱和包融，对构建和谐社会，促进城乡一体化建设有着非常积极的意义。该次活动得到领导和群众的高度评价。

【“大手牵小手 关爱山区贫困儿童”公益捐赠活动】 3月4日，荷花园街道在东方新城社区开展了“大手牵小手 关爱山区贫困儿童”公益捐赠活动。活动现场居民朋友们踊跃捐赠，积极投入到“大手牵小手 关爱山区贫困儿童”公益捐赠活动中。该次活动不仅为居民解决了储存旧衣物、闲置书籍问题，传达了一份爱心，同时为贫困儿童送去了温暖，也开启一扇知识的窗户。相信社区群众的一份份捐赠，都将化作一片片爱心，相信这积少成多的甘泉一定会滋润到贫困山区的儿童，助他们快乐成长。

【德政园社区举办“守法感恩 文明回归”主题教育活动】 3月7日，由市文明办主办的“守法感恩 文明回归”——社区矫正主题志愿服务活动在荷花园街道德政园社区启动。区委宣传部副部长、区文明办主任易利平，区司法所副局长高云林，荷花园街道和德政园社区负责人全程参与了活动。活动前，以党员志愿者、慈娱驰乘务岗爱心乘务员带头与矫正对象进行一对一爱心结对帮扶，并递交爱心结对帮扶书，与服刑人员进行思想情感交流，从精神上向矫正对象给予关心和支持，感受社会大家庭的温暖。启动仪式中，社区针对教育矫正、帮困扶助提出具体措施，并现场带领矫正人员签订了文明回归承诺书。为营造良好法治环境，预防和减少社区矫正人员重新犯罪，启动式结束后，社区还邀请慈娱驰乘务岗平安乘务员鲁典文法律专业志愿者为矫正对象开展法律知识讲座。活动现场，社区设立法律和心理健康咨询服务台，向参与活动的人员发放宣传手册；打造了矫正人员参与活动、热心公益的点点滴滴的“文明回归”墙，以更好地传播社会正能量。随后，社区通过慈娱驰乘务岗环保乘务员对接所有有劳动能力的社区服刑人员组织开展了为时2小时的社区志愿服务活动。让矫正人员体会为社会做奉献的感受和重要意义，增强其社会责任感，促进矫正对象改过自新，让社会接受他们，让他们离成为一名对国家、社会和家庭有用的人更近一步。

【王刚一行到荷花园街道走访基层人大代表】 5月27日，省人大常委会联工委主任王刚一行到荷花园街道恒达社区走访基层人大代表刘朝辉，省人大常委会联工委代表联络处副处长戴春香、市人大常委会联工委副主任彭金诚、区人大常委会副主任宋晋武、区人大联工委主任段向阳、荷花园街道党工委书记唐益人、恒达社区书记、主任等陪同。调研组一行深入恒达社区实地考察基层代表工作室，走访基层人大代表。边看边听取街道社区相关负责人的汇报。深入恒达花园小区、教师村小区观摩交通“微循环”民生示范工程。王刚对恒达社区代表工作室在基层发挥的作用给予肯定，并表示，恒达社区代表工作室的代表，忠诚履职，积极为政府建言献策，为民鼓与呼，造福一方百姓，充分体现了人大代表的责任与担当，希望“代表”工作室再接再厉，发挥优良作风，继续为多为民排忧解难，为民办实事做好事。

【关爱环卫工人慰问活动】 6月8日，荷晏社区携手由中国社科院教授于建嵘发起的“随手公益长沙”公益组织开展了“粽”情关爱环卫工人集中慰问活动。参加活动的除了20名公益组织志愿者和社区志愿者外，还有来自中国社科院的于建嵘教授和湖南省社科院教授邓秀华、戴跃平等一行也加入了爱心公益活动。环卫工人作为城市的美容师，无论天寒酷暑、风吹日晒，总是起早贪黑，坚持在工作一线，发扬了“宁愿一人脏、换来万人洁”的不怕苦、不怕累的环卫精神，默默无闻地为人们创造纯净舒适的生活环境，城市的美丽、干净离不开环卫工人，环卫工人值得每个人的尊敬与感谢，同时戴跃平发出倡议希望每个人多关爱身边的环卫人，尊重环卫工人们的劳动成果，自觉爱护和维护我们的环境卫生。

【“我的中国梦 向国旗敬礼”主题教育实践活动】 9月29日，向国旗敬礼 做美德少年——湖南省2016年未成年人“我的中国梦·向国旗敬礼”主题教育实践活动在荷花园街道育英二小举行。省委宣传部副部长、省文明办主任刘进能，省妇联副主席卢妹香，省关工委副主任兼秘书长龚健，省文明办副主任熊科文，团省委少年部部长陈艳英，省教育厅基础教育处主任科员甘文波，省文明办未成年人工作处处长史锋，市委宣传部常务副部长赵柏林，区委副书记陈计伟，区委宣传部部长伍艳飞出席。全省9个地市州文明办负责人及市直相关部门负责人参加活动。活动由市委宣传部常务副部长赵柏林主持。活动在歌舞《红领巾相约中国梦》中拉开序幕，现场举行全省中小学生“向国旗敬礼”网上签名寄语活动。刘进能代表省文明办在中国文明网上发布湖南省第一条“向国旗敬礼”网上签名寄语，省文明办、省教育厅、省妇联、省关工委等部门联合宣布全省中小学生“向国旗敬礼”网上签名寄语活动正式启动。刘进能指出，少年强则国强，少年智则国智。未成年人处在人生观、价值观形成的重要时期。以什么样的理想信念塑造他们，事关一代人的未来，事关一个民族、一个国家的未来。要把未成年人思想道德建设摆在全省精神文明建设重中之重，坚持以德树人、德育为先，一以贯之、常抓不懈。按照中央统一部署，每年国庆节期间，要组织广大未成年人开展“向国旗敬礼、做一个有道德的人”网上签名寄语活动，引导未成年人积极参与爱国主义教育活动，坚定理想信念，树立远大志向，不断增强爱党爱国爱社会主义的情感，心向党、感恩党，自觉弘扬和践行社会主义核心价值观，为全面建成小康社会决胜阶段的伟大胜利、实现中华民族伟大复兴的中国梦努力学习、健康成长。

【杨立平验收德政园社区“红旗社区”创建工作】 10月19日，市文明办副主任杨立平，区委常委、宣传部部长伍艳飞一行到荷花园街道德政园社区验收“红旗社区”创建工作。街道党工委书记唐益人，办事处主任陈璞等陪同调研。杨立平一行参观了社区文明创建常态化场地，实地查看宣传栏，听取社区书记周彩霞关于文明创建工作的阵地建设、品牌特色服务、活动开展效果等工作的情况汇报。调研组一行深入查看了志愿服务队、心灵氧吧、慈娭驰乘务岗和未成年活动室。随后还参观了“青年之家”和“创益蜂巢”，对“创益蜂巢”工作模式表示认同，赞扬了社区组织评选和星级评定的激励方法。杨立平充分肯定了社区一系列创新举措所取得的成绩，认为社区在完善“学校、社区和家庭”三位一体的青少年健康教育网络中发挥了重要作用。他指出，德政园社区打造了一系列特色服务项目，服务群众效果明显。下一步要继续夯实基础，打造重点项目，推进优势项目、突出特色项目，全力打造服务品牌。要不断巩固和拓展文明单位创建成果，要在创建工作中思想不松劲、工作不缺项、创建不停顿，进一步提高创建水平，确保创建工作常态化、长效化。

【荷花园街道通过省级档案工作规范化管理检查】 11月10日，市档案局党组成员何立根、业务处处长刘兴强，区档案局局长谭永华等评估组领导到荷花园街道检查验收街道档案管理工作。街道党工委书记唐益人等班子成员陪同检查。评估组一行实地检查街道档案储存室、档案管理室及室内消防器材、防磁柜、祛湿机、消毒柜等设施设备的运行情况，听取街道分管领导刘光耀的工作汇报。唐益人指出，街道新成立不久，在档案管理工作中还存在一些问题。接下来要强化档案管理人员的培养，加大档案工作的投入，强化档案室的建设和利用。

【张罗先到荷花园街道观摩统计工作】 12月7日，市统计局党组成员、副局长张罗先率领市局班子成员、下属各区县统计局局长，观摩调研荷花园街道统计“双基”建设工作，区委常委、常务副区长谭雄伟陪同观摩。张罗先一行实地察看了统计站的办公场所、人员配备、制度建设、档案管理等情况，仔细询问联网直报系统在街道一级的运行情况以及网络通畅情况，查阅了统计文档和数据资料。张罗先对街道能够重视统计，强化保障，注重宣传，主动服务给予了充分肯定，希望街道进一步深化统计改革创新，加大依法治统力度，加强统计队伍和能力建设，提高统计服务水平。

【国家安监总局领导到荷花园社区指导工作】 12月7日，国家安监总局宣教部副部长袁丽慧、湖南省安监局宣教中心主任寻壮志、长沙市安监局副局长刘金泽、区安监局局长刘顺泉等在荷花园街道党工委书记唐益人陪同下验收荷花园社区微型消防站、家居安全生活馆、安全知识普及室。在整个检查过程中，各位领导肯定荷花园社区开展的消防工作、安全生产工作，希望将家居安全生活馆此类具有特色的安全知识宣传场所向更多的街道、社区进行推广，也鼓励各单位继续做好安全生产工作。（夏婉清）

东屯渡街道

【概况】 东屯渡街道东临浏阳河，南接雨花区高桥街道，西靠万家丽路，北抵远大一路，下辖5个社区（东屯渡社区、芙蓉社区、扬帆社区、嘉雨社区、白沙湾社区）1个村和1个直属企业（建筑公司）。辖区面积2.66平方千米。总户数18953户，户籍总人口14083户，常住人口4.7万人。2016年，东屯渡街道围绕年初各项工作目标，突出重点，狠抓落实，坚定不移推进社会治理转型升级，着力保障改善民生，破解经济发展难题，促进社会经济平稳健康发展，确保街道各项工作全面推进。街道被评为省级基层武装抓建示范单位、省级安全生产示范乡镇（街道）、省级无邪教示范单位、长沙市基层人社平台公共服务标准化建设示范街道、长沙市食品安全示范街道。

经济指标运行平稳。年内，街道全面推动街域产业转型升级，确保各项经济指标运行在合理区间：固定资产投资完成2.32亿元，较上年增长7.39%，完成全年计划的100.89%；限额以上商贸业社会消费品零售总额完成7.79亿元，完成全年计划的129.79%；限额以上批发企业商品销售额完成3.43亿元，完成全年计划的119.72%；全年税收共完成3.5亿元，其中国税完成9008万元，完成全年计划的140%；全社会固定资产投资完成23.46亿元，完成全年计划的102%；市外境内固定资产投资完成19.8亿元，完成全年计划的100%；实际到位外资完成3200万美元，完成全年计划的110.3%。

重点项目高效推进。完成扬帆、东屯渡、金科村的办公用房装修并投入使用。芙蓉社区提质提档工作和农科村城中村改造工作全部按时按质按量完成并通过验收。支十五路等特色街巷建设已全部完工。辖区内楚晟公馆、月子中心等重点工程项目施工正如期稳步高效推进，中惠锦堂等商住地产销售进展顺利。

遗留问题妥善解决。结清原东屯渡农场2008—2016年共4150万元银行贷款历史欠账。迪马企业改制遗留问题全部处理到位。有效稳控扬帆金苹果市场和原东屯渡农场的少数上访群体。着力解决了1名连续上访十余年的强拆户的拆迁安置矛盾。全年办理60号令安置房屋栋证148本，分户产权证609本。随着东屯渡原农场最后两栋高层安置房和原农科村最后3栋多层安置房的顺利竣工并全部分配到位，历时16年的60号令拆迁安置工作圆满完成。

社会治理成效明显。街道联合区城管执法中队、派出所、安监、工商等部门，围绕“品质提升年”主题，以环境综合整治“百日会战”行动为抓手，以整治群众反映强烈的城乡接合部环境脏、乱、差现象为重点，集中精力、集中资源强力推进城乡接合部环境综合整治，强力拆除违法建设，年内拆除违章建筑179处，面积1.08万平方米，实现辖域内违建的基本清零。3月20日至6月30日期间的100余天时间里，街道工作人员全员上路，每天保证300人左右的志愿者队伍在辖内进行志愿劝导，加大城管工作力度。针对辖内的老旧农安小区、建筑工地、路道、河道及周边等开展环境综合整治行动。完成高岭小区、农科村、芙蓉社区A区提质改造，涉及住房177栋，投入资金近7千万元。两次评为市城管工作十佳街道。安全生产强力推进：全年开展安全生产专项大检查行动27次，全覆盖检查生产经营单位689家次，发现整改重大安全隐患16处。组织开展“九打九治”打非治违专项行动，完成威威婴儿用品实业公司和长沙华志汽车用品有限公司的搬迁，联合多部门对富家湾海鲜市场商户私挖地下井、地下池问题进行了专项整治。年内，东屯渡街道在全区街道中率先成立食安办，开展食品安全监管工作。在白沙湾社区开展食品安全示范街创建活动并向全省展示。全年处理“12231”电话投诉12起，群众直接投诉8起，处理满意率100%。街道“食品安全快速检测”工作经验得到湖南电视台多次报道。社会大局平安稳定：全年侦破刑事案件505起，破案215起，刑事拘留96人，办理治安案件746起，行政处罚162人，有效维护了辖区治安。通过日常值守和专案办理等手段，辖区发案率持续下降。从源头上控制并打击富家湾黑车市场销售现象，全年收缴黑车26台。及时发现并破获重大涉恐案件，得到公安部嘉奖。

民生民需切实解决。落实开展“四连三为”“群众工作日”“群众直通车”等活动。2016年全街“一对一”结对帮扶困难群众210户，走访群众1440人次；受理群众各类诉求186起，办结185起；筹集各项投入困难群众的帮扶资金和物资近30万元。在春节、端午节、中秋节传统节日期间，慰问困难群众697人次，发放慰问金近18万元，发放米750袋，油750桶，面230包，棉被33套。为辖区1750名育龄妇女进行免费两癌普查，街道卫生服务中心“家庭契约式服务”在全省首先试点，至年底已签约1350户。全年开展城乡低保救助416人次，发放低保救助金14万元。慰问育龄妇女、计生困难家庭376户，发放救助金12万余元，另申报公租户2户，廉租房4户，经济适用房3户，累计发放住房补贴7040元，做到社会保障全面覆盖、应保尽保、动态管理。

社会事业稳健发展。2月，与万家丽广场联合举行大型招聘会，为用工单位与失业人员搭建就业平台。全年发放小额贷款110万元，帮助399人下岗失业人员实现就业再就业，15户零就业家庭就业率100%。办理就业失业登记证179本，并帮助61人次申请办理了市、区级社保补贴。组织30位辖区居民参加创业培训，组织了230名失业人员参加职业培训。街道全年承办“党员帮帮团”“校园文化进社区”等文明创建活动12次，举办“廉心家风代代传”“健康公益跑，关爱浏阳河”“嘉雨一家亲”“亲子T台庆六一”“廉心通达千万家”“全民健康跑，重走长征路”等文化活动23次。在春节、国庆、元旦等节日举办大型文艺演出9场，免费放映电影14场，观众1万余人。中国文明网、中国未成年人网、《湖南日报》《长沙晚报》等媒体全年对街道文明创建活动报道67次。辖区派出所民警刘头仔被评为芙蓉区十佳道德模范、“湖南好人”“中国好人”。

基层党建不断加强。深入贯彻落实“两学一做”学习教育，依托“清风尚学”“微党课”等系列活动，形成“每周一学”的学习机制。年内，街道、社区各级党组织共开展“微党课”60次，全年“先锋送学”活动共免费向党员发放书籍1500本。依托“党员帮帮”系列、“廉心志愿团”和“微帮帮公众号”等平台，广泛开展党员志愿服务。芙蓉社区被评为市级党员培训教育实践基地和区红旗党支部，白沙湾社区“廉心·连心”廉政教育基地已全面建成并对党员群众开放，芙蓉社区网格化党支部建设已完成试点。东屯渡社区、扬帆社区和金科村的党建阵地提质工作全面完成，实现了基层党建阵地的政治功能、服务功能、凝聚功能和创新实践功能，进一步体现了街域党建文化特色。

存在的困难和问题：街道开发建设较早，税收来源主要依赖房地产，而当前辖内所有房地产项目已基本进入清算、扫尾阶段，万家丽国际购物中心等新增商务楼宇又存在至少2～3年的培育期，税源项目逐渐枯竭，街道的财税工作将在短期内面临失去经济支撑点和增长点的现实困境；街道80%的面积被老旧农安小区覆盖，占地规模大、人员结构复杂、人口流动频繁，多数面临无物业管理、基础设施薄弱等情况，为社会管理、综治维稳带来较大压力。　（涂　京）

东屯渡街道

书　　记　聂海宗
副 书 记　罗加祥
　　　　　周　炫（2016.10免）
　　　　　贾　茜(女)(2016.10免)
　　　　　虞　正
工委委员　苏　力（2016.10任）
　　　　　彭伊娜（女）
　　　　　刘化祥
　　　　　罗　迪（2016.10任）
　　　　　肖泽圣（2016.10任）
主　　任　罗加祥
副 主 任　龚　班
　　　　　佘世文
　　　　　罗　迪（2016.10任）
人大工委主任
　　　　　周　炫（2016.10免）
　　　　　苏　力（2016.10任）
人大工委副主任
　　　　　唐　灿(女)(2016.10任)
政协联络处主任
　　　　　彭伊娜（女）

【安全生产新举措守护街道安全】 年内，街道在安全生产领域积极推进网格化管理、信息化支撑、协同化服务，以安全信息员队伍建设、安全生产专项整治行动、企事业单位“安全档案”建设三大特色工程为抓手，建立健全科学长效的依法治安、科技强安、全民护安机制。为切实发动辖区居民群众参与到安全生产监管工作中来，形成“全民参与，共同防范”的良好格局。东屯渡街道发动街道社区工作人员、“五老”人员、热心居民等，组成了120人的安全志愿者队伍。每天早中晚三个时段，遍行街巷，成为安全隐患排查与监督的“千里眼”和“顺风耳”。安全信息员和志愿者队伍自组建以来，已上报各类信息线索180条，协助查处案件20起，消除隐患120处。街道还为辖区内所有门店建立了“安全档案”，其内容不仅门店名称、地址、面积等信息，更依据现场巡查情况，将企业划分为ABC三个安全等级，对应“良好”“有隐患”以及“问题较多”。每处门店的隐患情况被分条列出，与之对应的整改建议更是详细到位。街道通过构建点线面结合的立体式责任体系，不断打通安全生产措施落实的“最后一公里”，新常态下一系列安全举措的推陈出新，不断夯实平安地基，更成为推动街域品质倍升的充沛动力。4月5日。《长沙晚报》以《每个门店都有“电子安全档案”芙蓉区东屯渡街道创新监管服务模式，多措并举构筑安全生产防护网》为题专版推介东屯渡街道安全生产经验做法。　（涂　京）

【“百姓城管”助阵“百日会战”】 4月11日，10名“百姓城管”队员肩佩红袖章，头戴小红帽，携带钢丝球、小铲子和自动喷漆等工具，与东屯渡街道城管部门工作人员一起认真清理扬帆社区居民楼栋的“牛皮癣”。仅一个上午时间，就清洁了1000余处小广告、违规墙面喷涂字等，受到群众一致点赞好评。在芙蓉区“百日会战”行动中，“大盖帽”与“小红帽”一齐上阵，构成了东屯渡一抹独具特色的靓丽风景线。自3月15日“百日会战”全面打响以来，为进一步改善城市面貌、推进城市管理工作纵深发展，提升城市品位，东屯渡街道积极动员社区网格成员、物业工作人员、经营户代表、楼栋长以及热心居民组成60人的志愿者队伍，实行分片、分网格责任管理，广泛开展“百姓城管”行动。年内，街道“百姓城管”队员共协助发放宣传资料1000余份、参与门前三包义务劝导821起、清理社区“牛皮癣”18309处、清除垃圾堆物314处、组织日常巡查20次，为构建宜居宜业、人见人爱的精品街道添砖增瓦、贡献心力。东屯渡街道党工委副书记、办事处主任罗加祥表示，街道将继续发挥‘百姓城管’的杠杆撬动作用，致力打造城乡环境综合整治和长效保持的新动力，促进“百日会战”行动走在全区前列。

【韩永文检查浏阳河婚庆园附近企业食安工作】 6月13日，省人大常委会党组书记、副主任韩永文到浏阳河婚庆文化园，对婚庆园附近涉食企业开展食品安全执法检查工作。韩永文一行实地考察了婚庆园附近各食品经营单位的卫生安全、监督管理情况。省人大常委会秘书长彭宪法，省食品药品监管局党组书记、局长肖策群，市人大常委会党组书记、主任袁观清，市人大常委会副主任芮英姿，副市长廖健，区委书记梁仲，区委副书记、区长于新凡等陪同考察。在小天鹅国际公馆，韩永文书记一行实地察看了酒店的厨政部、留样间、资料室、员工食堂等地，仔细查看相关台账记录，同时详细了解了企业卫生管理制度、食材进出流程、畜禽产品检验检疫等情况。韩永文书记指出，食品安全关系到千家万户，不论是监管部门还是食品经营单位，在任何时候都绝不能掉以轻心。他强调，要坚持最高的安全标准、最严的管理要求，从源头、生产、加工、流通各个环节加强监管，在采购、查验、检测、保管、配送上狠下功夫，建立完善全程可溯、风险可控、高效便捷的食品安全管理体系，为市民群众提供更健康、更安全、更放心的食品。

【省军区教导大队集训班学员到东屯渡街道武装部观摩学习】 6月20日，省军区教导大队集训班学员到东屯渡街道武装部观摩学习，来自全省各市州50多个区县的250余名新任职基层党（工）委副书记、武装部长参加了观摩。观摩团一行首先参观了东屯渡街道武装部的战备器材库、国防教育室、民兵阅览室以及退伍军人之家等基层武装阵地，并观看了示范宣传片，对街道武装部扎实开展基层武装抓建工作的优秀做法或先进经验进行了深入的了解。观摩团一行对东屯渡街道基层武装抓建工作予以高度称赞，一致评价东屯渡街道武装工作标准高、落地实、成果丰硕，起到了很好的示范带动作用，表示愿意借鉴好经验、推广好做法，将对照各乡镇（街道）实际情况，进一步加强自身武装工作建设，推动全省武装工作整体提升在基层末端落实。

【农科村党员为市福利院儿童送温暖】 8月26日，东屯渡街道农科村党支部组织支部全体党员及社区志愿者到长沙市第一福利院，为残障儿童们送温暖、献爱心。为广泛动员社会各界力量，关注残障儿童，农科村党支部通过微信群网络平台发布传递活动倡议书，招募爱心志愿者。最终，农科村党支部共筹得爱心捐款9380元，脑瘫儿童专用轮椅13台，以及大量的学习用品、生活用品及食品、玩具等爱心物资。在福利院社工部工作人员的指引下，志愿者们一行参观了儿童寝室、活动室、康复训练室等，每到一处，大家都关切地询问孩子们的日常生活、治疗康复情况，并勉励孩子们要好好学习、克服困难，用优异的成绩回报社会。农科村党支部书记陈永珍表示：农科村党支部将不断深入开展‘两学一做’学习教育，用理论指导实践，进一步做好困有所帮、难有所扶的服务工作。

【袁观清考察街道社区卫生中心】 9月9日，市人大常委会主任袁观清到东屯渡街道，调研街道社区卫生公共服务中心卫生服务工作。区领导于新凡、周春晖、罗树林、刘建新、廖铁成、罗尔曼、梁汝岚等以及区卫计局、东屯渡街道相关负责人陪同。袁观清查看了街道社区卫生服务中心的全科诊断室、口腔科、儿科、妇女保健科、针灸医疗室等科室，亲切询问了在诊病人的治疗、保健、康复情况，并告诫医生、护士，务必以治病救人为己任，不负“白衣天使”之名。当了解到东屯渡街道社区卫生服务中心率先启动了“芙蓉区健康管理家庭契约式服务”

项目时，袁观清表示芙蓉区卫计工作基础实、进步快、成果显著，为全市卫生、计生职能全面整合、构建连续动态的健康管理模式起到了典范作用。该项目已签约1350户，惠及4000多名居民。袁观清强调，卫计工作关切民生福祉、关系社会发展大局，基层卫生服务工作要进一步提升服务能力和技术水平，切实担负起人民的“健康卫士”职责。

【程水泉调研芙蓉社区提质提档工作】 9月21日，市委常委、组织部长程水泉在市委组织部、市民政局、市城管局相关负责人陪同下，到东屯渡街道芙蓉社区，调研社区提质提档工作情况，领导于新凡、陈计伟、周虔陪同。程水泉一行在芙蓉社区八方小区立面改造项目现场及富家湾A区、C区，实地察看社区提质提档改造各项工作情况。程水泉表示，提质提档后的社区阵地要融合开展居民自治管理工作，确保有机统一、高效服务、精细管理，并根据居民群众需求，及时帮助解决现实难题，促进社区和谐。在随后召开的座谈会上，程水泉对芙蓉社区提质改造工作开展以来所取得的可喜变化给予赞扬。他指出，推进社区提质提档是创新社会治理、提升城乡品质、增进民生福祉的重要举措，各级各部门要带着感情竭心尽力、服务民生，不断提升工作新境界。他强调，要兼顾“面子”与“里子”工程，社区的提质、提标、提档不仅仅只是一些基础设施的改善、一批项目的开工建设，更要以品质长沙为目标，作好长远规划、形成常态机制；要齐抓“硬件”与“软件”建设，继续加强社区党组织建设，充分发挥党员的示范带头作用，引导党员干部利用自身优势，多思行业之难，多解行业之忧，多做利民之事；要创新“自治”与“共治”模式，鼓励和支持社区社会组织、物业服务企业、驻区单位、志愿者力量等多元主体拥有知情权、参与权、决策权、监督权，加快实现基层民主自治管理。

【纪念红军长征胜利80周年主题教育实践活动】 11月30日，由市文明办、区文明委主办，东屯渡街道承办的“爱党路上怀廉心 长征路上心连心”纪念红军长征胜利80周年主题教育实践活动在浏阳河风光带管委会前坪举行。近百对亲子欢乐上阵，用健步行的方式重走“微型长征路”，在挑战“雪山”“草地”“赤水”等障碍的同时，深刻感受和领悟长征精神，实现了追红色记忆、寻红色足迹、承红色精神的活动目的。活动现场，湖南文明网负责人刘忠宏和市文明办副主任丁德喜为“亲子长征队”代表授旗，区委常委、宣传部部长伍艳飞宣读《重走长征路》主题未成年人绘画比赛的获奖名单并为获奖者们颁奖。活动现场还进行了《少年中国说》朗诵表演，亲子们用慷慨激昂的诵读，以激情澎湃的气势释放爱国豪情，展现青春朝气。该次活动特别设置一条2.5千米长的“长征之路”，以“江西瑞金”为起点，以“甘肃会宁”为终点，中间设置了“江西全州”“贵州遵义”“贵州习水”“四川泸定”“四川夹金”“四川松潘”6个临时站点，再现了红军长征时期的八个重要节点。同时，在各个站点之间放置有指压板、呼啦圈、拉绳、拱门等各种障碍物，代表红军长征时遇到的各种艰难险阻。中国文明网、《长沙晚报》等媒体对活动进行了报道。

【山东省潍坊市奎文区东关街道负责人考察浏阳河婚庆文化产业】 12月1日，山东省潍坊市奎文区东关街道党工委副书记、办事处主任尹昌洲，奎文区会计管理局局长王晓红，潍坊市创新投资有限公司董事长李爱杰，潍坊市创新投资有限公司总经理于军鹏，潍坊全影网络有限公司董事长董传宇一行到浏阳河婚庆文化园考察学习，东屯渡街道党工委副书记、办事处主任罗加祥，人大工委副主任唐灿，街道党政办主任邵明哲及浏阳河婚庆文化园相关负责人陪同考察并参加座谈。在浏阳河婚庆文化园，考察团一行实地考察参观了园区内西式婚礼教堂、亲水喷泉广场以及小天鹅国际公馆等景点。在随后召开的座谈会上，与会人员观看了浏阳河婚庆文化园宣传片，听取了文化园相关负责人的情况介绍。双方就打造主题文化园区、街道文明创建、招商引资等问题进行了深入探讨和互动交流。尹昌洲表示，通过该次学习考察，开阔了眼界，拓宽了思路。要结合自身实际，将东屯渡街道发展主题文化园的先进经验积极运用到今后的工作中去。罗加祥希望在未来的日子里，双方能够加强交流、互学互鉴、取长补短、共同发展，为两地人民创造宜居宜业的幸福街道。

【政企对接会破解企业发展难题】 12月13日，东屯渡街道全体班子成员来到万家丽国际购物广场，主动与企业负责人面对面交流，上门帮助企业分析破解发展中遇到的问题。会上，街道工委主任罗加祥强调：当前万家丽购物广场要加快吸引优质商户入驻，落实企业的主体责任，在安全生产、环境卫生方面加强服务能力。街道党工委书记聂海宗建议：企业发展要站在全区层面统筹布局，充分利用各个方面的利好政策，吸引优质资源入驻，在区域范围内营造良好的商业氛围。针对企业反映的情况，城管、工商、卫计等街道各条线负责领导都从各自工作领域出发，向企业提出了建设性的建议。万家丽集团董事长黄志明感谢了街道长期以来对万家丽这一本土企业的扶持与关心，表示通过这次对接会，企业收获了建议，增进了信心。相信在未来的日子里，万家丽国际购物中心一定能够完成跨越式发展，实现二次腾飞，继续更好地服务街区，服务社会。（涂　京）

火星街道

【概况】 火星街道下辖凌霄、月桂、紫薇、曾家坪、陶家山、兴和6个社区。辖区总面积2.76平方千米。2016年，街道党工委、办事处践行“创新、协调、绿色、开放、共享”的发展理念，紧密围绕“品质提升年”的整体部署，转思路、破难题、谋发展、做格局，努力实现经济发展品质“升值”、建设管理品质“升级”、人民生活品质“升高”、发展环境品质“升格”。年内，街道各项工作继续保持了争先创优的良好发展态势，取得了“全年绩效考核成绩在全区排名第一、街道领导班子被评为一等班子”的优异成绩。

经济建设。2016年，街道坚持发展为先、经济建设实现新突破。一是经济指标稳步提升。各项经济指标均圆满或超额完成区委、区政府年初下达的任务。财税完成3.46亿元，完成年计划的100.54%；限额以上零售总额完成21.84亿元，完成年计划106%；限上企业批发总额完成4.22亿元，完成年计划的110.5%；全社会固定资产投资完成33.1亿元，完成年计划的100.3%；招商引资市外境内投资完成14.52亿元，完成年计划的110%；实际到位外资3150万美元，完成年任务的108.6%；外贸进出口额完成1200万美元，完成年计划的109%；现代服务业新增单位完成7家，完成年计划的100%；高新技术产业产值完成22.5亿元，完成年计划的102.27%。二是重点项目强力推进。高城银座项目完成招商并开始投入使用；华全商务楼进入地面主体建设；“温州大厦”项目在街道积极与申遗办对接之后，已解决全部房产证问题，原国际会展中心大厦3万平方米开始正式对外招租；古汉国际广场完成文化创意大楼授牌，21家大型公司总部入驻；马王堆蔬菜市场于4月实现顺利搬迁。三是棚改项目高速推进。2月，区政府决定正式启动火星镇棚户区改造项目征收工作。3月成立指挥部，第一时间制定“芙蓉区火星棚户区改造项目征收工作组织方案”。项目启动后，街道抽调精兵强将，加班加点、连续作战，实现高效征收。截至年底已经签约私房247户、自管产3家，总签约率95%，腾房率73%、拆除率71.8%。

社会治安。坚持稳定为要、社会和谐呈现新气象。一是实行网格管理。将全街6个大网格划分为43个中网格和175个小网格，每个网格的综治工作由街道工作人员、社区工作人员、楼栋长和志愿者负责。街道民调在全市排名较2015年同期上升70个名次。全年辖区刑事发案率同比下降31.23%，发案率下降排名居全区第一，凌霄社区被评为“长沙市平安社区”，街道被评为“长沙市社会管理综合治理优秀街道”。二是落实信访责任。实施“六包一”责任制，重要敏感时期实行24小时值班制度，确保了在全国、省市区“两会”等特护期无一人进京上访、无一人非正常上访。全年办结各类信访11件、涉及人员63人，办结率100%。打造全省标准化公共法律服务站并通过验收，省市司法系统领导多次考察均给予高度评价。三是紧盯安全生产。建立120人的安全信息员队伍，全年联合相关职能部门开展打非治违行动15次、排查处置安全事故隐患120余处，吊销危化经营许可证2本、烟花经营许可证1本，开展集中消防整治12次。全年无一重大安全生产事故发生。四是加强食安监管。常态开展“白板肉”“利剑行动”等专项整治，全年无一食安事故发生。开展各类宣传和培训，投入20万元制作700个食安信息公示牌、组织食安培训5次，创建食品安全城市深入人心。开展校园周边整治、马王堆海鲜市场整治、食品安全进校园等活动，被《人民日报》、长沙电视台等媒体进行报道。2月，副省长蔡振红到一片农贸市场进行节前考察，对街道的食安工作给予了高度肯定。

城市管理。坚持提质为先、城市管理迈上新台阶。一是创新方法适应新形势。探索街道、社区、网格三级责任管理模式，实行网格化管理，凌霄、月桂、紫薇3个社区开放式物业管理成效良好，其中紫薇社区被评为“长沙市大物管开放式示范社区”。街道环卫清扫工作外包玉禾田公司，主次干道清扫保洁率100%、背街小巷清扫保洁率98%，机械化作业效果明显提高。街道顺利通过“市城管示范街道”复核验收，以及紫薇路“散煤禁烧示范街”验收，兴和社区被评为“长沙市绿色示范社区”。二是完善系统打造新平台。对智慧平台系统进行完善和升级，与天网全面对接，新增56个电子探头，提高了平台的工作效能，并有效缩短了城管问题的发现和处理时间。三是重拳整治环境。开展“百日大整治”行动，加大对远大路、万家丽路沿线门店违规灯箱、玻璃贴纸的处理力度；相继拆除嘉雨路、凌霄路、纬二路、紫薇路等立面违规招牌；清理汽配城、陶瓷城等市场的违规店面招牌、立体广告招牌；全年拆除各类违章建筑、亭棚200余处，2.5万平方米；同时严控新建违章，全年新建违章零增长。四是提质提档展现新面貌。投资2108万元先后完成曾家坪2村、4村、6村，火星塑料厂、防水市场、晨光花园、凌霄院落、大有商住楼、金属回收公司等项目的提质改造。市委书记易炼红、副市长李蔚等领导考察时均给予高度肯定。凌霄社区提质提档工作顺利完成；凌霄路、紫薇南路的特色街巷建设进展顺利，计划2017年4月完工。

民生工作。2016年，街道坚持民生为重、公共服务取得新进步。一是全面落实民生保障工作。全年为360人次发放社保补贴113.1万元，发放低保救助金94.7万元、大病救助金17.4万元；推荐失业人员就业533人，对18户零就业家庭进行一系列就业指导、援助和安置；全年报批、审核低收入认定23户，其中货币补贴20户、实物配租2户、公租房1户。计生工作依法行政，全年立案往年违法生育案件81起，全年办理“一孩证”179本、“二孩证”225本、“多孩证”4本，清理流动人口3万余人，发放独生子女费8.5万元、特扶资金14.4万元，办理27632人的居民健康卡。创建芙蓉区首家创业就业服务网——“长沙市火星创业就业网”，千余人通过网站实现就业或成功创业；成功创建“建安新商汇创业带动就业示范基地”和“陶家山扶持大学生创业就业基地”，曾家坪社区被评为“长沙市创新创业带动就业示范社区”。二是扎实开展文明创建工作。定期开展道德讲堂、市民学校、学雷锋志愿服务、邻里守望、社会主义核心价值观教育实践等活动，月桂社区被评为“长沙市文明社区”。以主办、承办、联办、协办等多种形式，开展内容丰富的群众文化活动。三是加快建设惠民文化体系。建设高标准群众文化健身休闲服务中心，陶家山、紫薇社区被评为“长沙市示范性社区文化活动中心”，“火星街道全民健身中心”顺利通过验收。

党建工作。坚持固本为源、党的建设凸显新成效。一是推进“两学一做”学习教育，实施“统学一遍方案”“统抄一遍党章”“统诵一遍条例”“统上一堂党课”“统登一个微信”，及时了解“两学一做”学习教育动态。二是各基层党组织实行居民党员“直接管”、流动党员“动态管”、在职党员“双重管”、下岗职工党员“重点管”、“两新”组织及老党员“灵活管”。严格处置不合格党员。街道党工委对830位党员的组织关系进行集中排查，排查出4名失联党员并按规定进行了处置。抓好党费补缴工作，补缴党费2.8万元。三是推进“区域化党建”，街道“大工委”有兼职委员6名，11名企事业单位党组织负责人被聘为兼职委员。组建17个非公企业党组织，涵盖餐饮、商贸等多个行业。开展党建“精品社区”创建活动，培育博耐特、亚欣电器等优秀非公经济党组织，提升凌霄、陶家山社区的党建规范化水平。截至2016年年底6个社区建有党员共建站，在“两新”组织中都建有党员共建室，大党建格局已基本形成。四是实施“党建网格化”。将全街划分为49个基础网格，每个网格内成立一个党小组，对网格内居民的全覆盖、全方位、全天候、零距离动态管理和服务。打造省级党代表工作室。街道党代表工作室现有省、市、区三级党代表19名，《湖南日报》《长沙晚报》等主流媒体对街道党代表工作室进行过多次报道。五是深入做好意识形态工作，充分发挥思想引领、舆论推动、精神激励的重要作用。全面贯彻落实《公民道德建设实施纲要》，依托“市民论坛”“道德讲堂”等载体，开展“党风廉政建设”等宣讲活动。街道特色活动被“中国文明网”报道6次，“中国未成年人网”报道10次，《湖南日报》报道16次，《长沙晚报》报道8次。

廉政建设。坚持多措并举、廉政建设渐成新常态。一是深入进行一体化建设。人员配齐配优，街道纪工委有委员5人，包括专职书记、专职副书记、纪检专干各1名，党政办主任、财政所所长为兼职纪工委委员。各社区均在党支部（总支）班子成员中明确1名纪检委员，并聘请党风政风监督员6名。设置独立纪检监察办公室、谈话室，配齐电脑、打印机、录音笔、执法记录仪等设施。自办廉政刊物《廉政火星》，每月一期，全年共发放3000余份。开办微信公众号“廉政火星”专版、建立“连心·廉星”交流群，打造廉政文化“一社一品”，如陶家山社区的廉政文化墙、月桂社区的民声亭。二是有序推进各项工作。全年召开机关作风大会2次，城管执法人员作风会议1次。观看警示教育片1次，开展党纪党规考试2次，书记上党课2次。召开街道领导班子民主生活会2次，机关党支部与社区各总支部均开展批评与自我批评2次。开展提醒谈话20余人次、诫勉谈话1次。制订下发《作风建设实施方案》，开展“雁过拔毛”式腐败问题和“纠四风、治陋习”专项整治活动，采用明察暗访、专项整治、民意调查等形式，围绕两个专项整治的重点内容开展督查。全年向中央、省、市各类媒体投稿27篇，上稿量在全区名列前茅。《廉政火星》刊物、陶家山廉政文化墙、“廉政火星”微专栏、“连心廉星”微平台等特色工作多次被三湘风纪网、长沙廉政网、长沙电视台等媒体宣传报道。三是切实开展执纪问责。街道监察室全年共开展日常作风督查23次、作风督查通报11期，点名通报20余人次，单位2个；紧盯春节、清明等重要节点和各项中心工作，加大明察暗访力度，开展节假日专项督查7次；深入开展两个专项整治，组织纪检专干、报账员和街道财政所工作人员对财务账目开展专项交叉互查，开展专项暗访督查2次，建立问题台账，边查边改，共自查出3类6个问题，所有问题均已整改到位。街道对存在问题的个人进行了严肃追责，诫勉谈话1人、通报批评6人。

（刘夏娃）

火星街道

书　　记　刘长学
副 书 记　文升云
　　　　　易　鑫（女）(2016.10免)
　　　　　李泰辉（2016.10免）
　　　　　刘　彦（女）(2016.10任)
工委委员　邓文斌
　　　　　宋　闵（女）(2016.02任)
　　　　　黎念光
　　　　　李泰辉（2016.10任）
　　　　　徐　铁（2016.10任）
主　　任　文升云
副 主 任　黎念光
　　　　　徐　铁（2016.10任）
　　　　　卜玉龙（2016.10免）
　　　　　谢　意
人大工委主任
　　　　　易　鑫（女）(2016.10免)
　　　　　李泰辉（2016.10任）
人大工委副主任
　　　　　任正勇（2016.10任）
政协联络处主任
　　　　　邓文斌

【蔡振红到火星街道考察农贸市场】 2月2日，副省长蔡振红、副市长廖健等一行在区长于新凡的陪同下，到街道一片农贸市场考察节前市场。在农贸市场内，蔬菜、水果、生鲜、肉品等琳琅满目。蔡振红一行每到一个销售摊位前，都向买菜的市民仔细询问菜价高不高、向卖菜的摊主询问租金有多少。蔡振红还嘱咐市场管理人员，节日市场既要保证货源充足，又要保证价格稳定，保障食品质量，让大家放心消费。市场的管理人员表示，质监、卫生、工商等部门开展综合联动，从食品生产、销售、流通等方面进行了严格把关，一定会确保老百姓餐桌的安全和健康，确保节日期间的饮食消费安全。看到市场内农副产品种类丰富、交易价格平稳、市场管理井然有序，蔡振红表示称赞。他强调，食品安全事关人民群众的生命健康，责任重大，要严把每个环节的质量关和安全关；要进一步加强监管，从食品加工生产到进入市场流通再到餐桌消费，各个环节都要抓实、抓好，确保百姓吃上放心肉、买上放心菜、用上放心餐，大家共同度过一个欢乐祥和的春节。

【你求职创业 我帮扶服务】 3月14日，由区人力资源和社保局牵头、火星街道组织的“春风行动”主题招聘会在好润家超市前坪举行。市人力资源和社保局促进处处长喻嘉，市人力资源和社保局创业指导中心主任陈西，市外侨办工党组成员、副主任张青松，区人力资源和社保局局长唐宇平等参观指导。该次“春风行动”以“你求职创业、我帮扶服务”为主题，主要内容：一是启动“火星街道陶家山扶持大学生创业就业基地”项目，举行授牌仪式。项目启动后与湖南农业大学创业孵化基地项目对接，通过建设大学生创业成果转化服务平台，发挥孵化成果社会效益。二是“春风行动”之企业用工招聘会与扶持大学生创业就业授牌仪式同时举行，旨在通过创业就业基地这个创新项目的辐射，进一步健全和完善辖区创业就业网格化的集聚效应机制，让广大学子的才智有机会得到发挥。

【未成年人读书交流活动】 4月22日，由省文明办指导，市文明委主办，区文明委承办，火星街道协办的“开启‘悦读+’ 共享‘书’生活”——“长沙市‘阅读引领成长’未成年人读书交流活动”暨“第21个世界读书日主题教育读书活动”启动仪式在火星街道马王堆小学举行。参加该次活动的领导有省文明办未成处处长史锋，市文明办副主任梁飞彩，市文明办未成处处长朱治东，市妇联副主席赵景利，区委宣传部副部长、文明办主任易利平，区文体新局局长焦英，区妇联主席欧转等。活动在马王堆小学学生“读唐诗”的表演中拉开了序幕。一群可爱的小学生们身着唐服，头戴发髻，模仿古代学堂里的弟子们诵读。随后，歌舞表演《放飞梦想》、马王堆小学学生代表王紫琳带领同学们进行“绿色阅读”宣誓倡议、童话剧《翻开奥秘之书》、“悦读瞬间”摄影创意大赛颁奖仪式、诗朗诵《三代人都爱读书》、“小小图书管理员”社会实践合作单位授牌仪式等精彩纷呈的节目和环节一一呈现。随后，到场领导为5个“书香文明家庭”颁发了牌匾，获奖家庭还通过播放视频短片呈现“书香家庭”关于阅读的故事和经验，与现场观众分享读书好心得。该次活动为街道开启了“全民阅读”活动吹响号角。

【长沙市八医院名医工作室火星工作站揭牌】 5月11日，长沙市八医院书记邓雄飞率领骨伤科名医工作室专家团队到街道社区卫生服务中心，与区卫计局局长许平波、街道书记刘长学等领导共同为“长沙市八医院名医工作室火星工作站”揭牌。即日起，街道辖区内的社区居民不用再奔波到大医院排队与挂号，在家门口就可以看名医，解决居民看病难问题，为全面落实服务社区居民“最后一公里”再添一笔。长沙市八医院名医工作室火星工作站以骨伤科专家周玉林主任医师为主，神经内科、神经外科为辅5名专家团队组成，入驻“火星工作站”，每周定时在火星街道社区卫生服务中心坐诊。卫生服务中心将选派5名骨干医师跟班学习，名医下社区将为基层医务人员传授医疗技术，提升基层医疗服务能力。“名医工作室火星工作站”的成立，不仅方便火星老百姓在家门口享受更好更优质医疗服务，更是为实现分级诊疗、双向转诊进行了有益探索。

【胡衡华调研火星镇棚改项目】 6月6日，市委副书记、市长胡衡华一行调研火星镇棚改项目。市人大常委会副主任刘新程、副市长黎春秋、市政府秘书长谭勇等参加调研。区委书记梁仲、区长于新凡等陪同。胡衡华一行对项目进行实地走访，查看指挥部运行情况，听取项目的基本情况汇报，详细了解棚改政策、项目进展、规划以及推进过程中存在的困难和问题，并对项目前期基础工作以及全员参与棚改拆迁的工作方式给予充分肯定。胡衡华要求，要强化政策执行，创新工作方式，主动为棚改工作搞好服务；相关职能部门要群策群力，高标准、严要求，确保达到预期效果；坚持民生优先、以人为本，切实做到阳光棚改、和谐棚改、依法棚改，把火星镇棚改项目打造成精品项目。

【易炼红考察兴和社区提质改造工程】 7月11日，省委常委、市委书记易炼红，市委副书记徐宏源，市委常委、市委秘书长夏建平，副市长李蔚等一行考察兴和社区提质改造工程。区委书记梁仲、区长于新凡等陪同调研。易炼红一行来到兴和社区农安小区A区，仔细查看了小区路面硬化、园林绿化、管线布置、楼栋墙面粉刷等外观状况。易炼红对提质改造取得的成效给予了充分肯定，并指出芙蓉区农安小区提质改造的经验值得各区学习和借鉴。考察结束后，易炼红指出，芙蓉区“三年之内把全区农安小区、老旧小区改造完毕”的计划很好，要兑现承诺，让老百姓生活在一个更加整洁、舒适、靓丽的环境中，共享发展的成果。他同时也向区委、区政府提出了更高的要求，要不断加强农安小区安保，确保小区居民安全；要有序推进拆违，围墙能拆就拆，为老百姓营造一个交通方便、四通八达的居住环境；继续扎实做好老旧社区的提质改造工作，回馈百姓期待。

【长沙“微理论·微巡讲”宣讲团走进火星街道】 8月24日，长沙“微理论·微巡讲”巡讲团7位成员来到曾家坪社区进行芙蓉区专场巡讲。市委讲师团理教处处长齐泊熊，区委宣传部副部长钟海荣，全市基层宣讲团成员，辖区居民群众代表共80余人参加。活动现场，7名来自不同行业、不同领域的基层宣讲员通过用“小故事、身边事、百姓话来讲道理、阐理义、释疑惑”，表达对习总书记“七一”重要讲话精神的深入理解，弘扬了积极向上的理想与信念，激发社会“正能量”。来自马坡岭小学的宣讲员张慧超通过浅显的理论分析了人民群众的“获得感”应包括物质与精神两个层面，并用一组组翔实的数据展示了芙蓉区让人民群众的“获得感”更加温暖有力的举措。来自区老干部局刘雪莲宣讲员用新颖的快板形式，说唱出“山水洲城美如画，幸福城市数长沙”的新变化、新形象。宣讲员们饱含激情的演讲，感染了台下的观众，博得了阵阵热烈的掌声。这种不请专家名家，把基层干部群众请上台以微宣讲形式讲述身边故事的方法，得到了干部群众的一致好评。

【庆国庆“牵手芙蓉”广场文化月月演活动】 9月28日，火星街道举办“锋尚达人颂国庆·传承文明我先行”庆祝国庆67周年“牵手芙蓉”广场文化月月演活动，通过锋尚志愿者演绎经典曲艺节目、脍炙人口的歌曲作品，传承、发扬中华传统文化底蕴与民族精神。该次活动由市、区文明委主办，区委宣传部、文体新局、文化馆、火星街道联合承办。市文明办副主任丁德喜、市文明志愿服务工作处处长袁军等领导参加活动。活动中，锋尚志愿者优秀代表与环卫工人们，向居民发起长沙市民文明公约倡议，号召居民从现在做起，从小事做起，做好大清洗行动，共建美洁家园。随后丁德喜向锋尚志愿者优秀代表授予旗帜，赢得现场雷鸣般的掌声。现场节目精彩纷呈，生动地演绎了传统中华文化。活动最后，锋尚志愿者集体表演了大型歌舞《浏阳河》，这是对母亲浏阳河的深情歌颂，对祖国母亲67岁华诞的集体献礼，也是志愿者们对“同心同德，传承文明”精神的生动诠释。

【公益群艺馆在凌霄社区成立】 11月1日，全市首个公益群艺馆在凌霄社区挂牌成立。长沙市群众艺术馆馆长刘新权、区委宣传部副部长钟海荣、区文体新局副局长刘益文、街道党工委副书记刘彦等参加挂牌仪式。为切实落实《长沙市社区全面提质提档三年行动计划（2016——2018年）》，升级打造“幸福零距离”社区品牌，火星街道凌霄社区大力建设和优化社区服务阵地，不断丰富服务内容，成功申请到国家一级文化馆——长沙市群众艺术馆对社区群众免费进行艺术培训，凌霄社区也成为长沙市群艺馆在全市的首个艺术班分校区开办点。为满足不同人群需求，凌霄社区分校免费开办声乐、舞蹈、书法、国画等培训项目，由市群艺馆指定专职老师负责培训工作。艺术班招生公告发布以来，社区的居家老人、退休职工、全职妈妈等居民群众积极参与，每个艺术班的报名人数都超过了开班人数。馆长刘新权指出，群艺馆的成立提高了居民文化修养、丰富了群众精神文化生活，同时也提升了居民的“幸福感”和“获得感”。授牌仪式后，声乐培训班正式开班。

【世界问候日“暖心志愿服务”主题宣传活动】 11月22日，由市、区文明委主办，区委宣传部、区文明办、火星街道办事处承办的“相视一笑间 温暖沁心间”世界问候日“暖心志愿服务”主题宣传活动在月桂社区举行。市文明办副主任丁德喜，市文明办志愿服务处处长袁军，区委常委、宣传部部长伍艳飞出席活动。现场通过微笑邮筒寄送、微笑志愿服务、揭面微笑墙等环节传递真挚的问候，驱散初冬的寒意，温暖整个世界。“微笑邮局”是传递微笑的心灵通道。社区居民们将所有的感情寄托于笔尖，将温暖的问候、真切的关爱、善意的提醒都写在专属明信片上，然后由工作人员进行统一的整理并邮寄。市文明办副主任丁德喜为“微笑邮局”揭幕，拉开传递温情的序幕。而后，社区居民们踊跃投递出自己书写的明信片。

【火星街道公共法律服务工作站建成验收】 12月15日，街道公共法律服务工作站迎来省司法厅法援处向新林处长，市司法局贝先明副局长，区司法局局长焦益民，区政府副调研员尹上敏等一行的验收，工作站验收合格后将正式投入运行。该工作站的成立，将推进居民公共法律服务体系建设，为辖区群众解决法律服务“最后一公里”的问题。街道公共法律服务工作站自6月开始建设，于11月底基本完成。根据《湖南省乡镇（街道）公共法律服务工作站、村（社区）公共法律服务工作点建设基本标准》要求，街道整合法律咨询、法律援助、法制宣传、人民调解、法律服务等职能，利用现有资源组建成立工作站，打造公共法律服务的综合体。验收组实地查看火星街道公共法律服务工作站，并听取工作站建设汇报。向新林处长、贝先明副局长对火星街道公共法律服务工作站的建成予以了高度的评价。向新林处长在听取汇报后，充分肯定了火星街道公共法律服务体系建设取得的成效，同时强调，希望以后在有条件的社区逐步推进公共法律服务工作站建设，延伸工作触角，真正做到深入基层、贴近群众、全面覆盖，让人民群众得到最便利、快捷、专业的公共法律服务。（刘夏娃）

东岸街道

【概况】 东岸街道下辖东屯、杉木村和东宜社区、隆平公园社区、望龙社区。辖区面积4.45平方千米。街道总户数3640户，户籍总人口1.03万人，流动人口约3万人。2016年，街道把握“发展创新、品质提升、和谐稳定、民生福祉”4个关键，打基础，抓重心，在经济社会发展的各个领域都取得了良好的成效。获得14项国家、省、市、区各级奖项。街道连续三年（2014—2016年）被评为全市社会管理综合治理“红旗街道”；创业就业与社会保障工作被评为“长沙市2016年度优秀基层人社公共服务平台”；关工委工作被评为“全市关心下一代工作先进集体”；街道成功申报“2016年度市级安全生产示范街道”、安监站被评为“市级标准化安监站”。辖区的东岸建材支部被评为市级“先进基层党组织”、区“基层服务型红旗党支部”。东屯村、东宜社区被评为区级先进基层党组织。东宜社区“草根讲堂”活动获评2016年“全国特别受百姓喜爱的终身教育学习品牌项目”，湖南省“创新创业带动就业示范社区”、湖南省“科普示范社区”、“长沙市2015年度法治社区”等荣誉。

经济发展。街道完成国地两税2.0024亿元，完成规上工业总产值10.34亿元，完成全社会固定资产投资59亿元；招商引资省外境内到位资金7.48亿元，市外境内固投15.07亿元，实际到位外资2700万美元，各项指标均达到10%的增幅。东屯村1号小区接受国家年度1%人口抽样调查、东岸村受检连续五年的劳动力抽样调查，为国家统计局提供一手基础数据和资料。对东岸城邦、I尚国际、人民里等商业楼宇资源进行重点招商推介，及时与物业公司联络沟通，建立了楼宇台账，绘制招商电子地图，实现信息共享。全面加强物业管理，街道东岸城邦、东大门仓库、振升铝材等物业租金收入入非税账户约600万元。8月1日街道组织辖区企业召开大会，正式成立了东岸商会领导机构，收纳商会成员单位30余家，成为全区第一家具有民政局颁布发的民间非营利机构执照的商会。

项目建设。7月启动大河南路南延线项目、马坡岭小学项目、望龙路南延线项目、河山小学项目。10月完成扫尾。4个项目累计腾地8.02公顷，拆除房屋20幢。辖区的大河南路、马坡岭小学等项目建设进展顺利，首届浏阳河文化艺术节暨隆平水稻博物馆开幕式活动顺利举办。东岸村、望龙村城中村改造工作完成了人口、土地、房屋的现状调查摸底及改造资金测算、整村规划性论证、新社区筹建（望龙社区及隆平公园社区）、产权证办理等工作，东岸村完成拆迁任务的50%，望龙村完成拆迁任务的51.54%。辖区内5号保障住房项目、东屯6-1项目、望龙7-1项目、社区公园及杉木路绿带、杉木18-1项目的拆迁工作全面完成。

城市管理。对辖区4个农安小区及背街小巷进行彻底整治，清除了乱搭乱建、违规招牌；对下水道管网、化粪池、弱电下地，燃气管道等设施进行全面改造，环境面貌改善明显。拆除5万余平方米违章建筑，全年无一例新增违章。完成项目内外复绿71.6公顷，6处便民设施全部投入使用。对杉木港、茅坪港启动黑臭水体整治，对全长1700多米的港渠进行加固、清淤、改造，实现雨污分流，茅坪港整治已竣工，杉木港整治即将竣工。全面完成了东宜社区提质提档各项工作，建设了“两型特色花街”“党建文化长廊”特色街巷，完成了小区内绿化、路面、排水、立面、车位等各个方面的提质提档。

治安维稳。街道重点加大了历史遗留问题排查化解力度，从源头上降低信访总量。解决了杉木60号令青苗补偿历史遗留纠纷问题、正在着力化解东屯村信访问题、望龙60号令生产用地启动问题、东岸公园项目未签群体信访等问题。街道全年无进京失控倒流，无集体进京上访，非访登记次数同比下降69%，获得了“平安街道”的殊荣。连续三年被评为“社会管理综合治理红旗街道”。街道按照“大安全”的思路，严格落实一岗双责，事故隐患大幅减少。安全生产工作一季度排名全区第三，二三季度排名第一，已经通过市级标准安监站验收，并成功申报市级安全生产示范街道。

民生工作。街道各类惠民、优抚资金均及时足额发放到位。安置房产权栋证、分户证办理工作，涉及的92栋房屋栋证办理基本完成，分户证完成500余户。落实了城乡低保一体化工作，建立起“一门受理、协同办理”的社会救助平台。结合“群众工作直通车”工程和“一进二访”工作，走访群众400余户，完成对群众承诺实事15件，办理群众诉求285起。街道打造了“乐业东岸”就业平台，实施了“订单式”培训等精准帮扶措施，实现了就医、就业、住房等各方面的精准帮扶。此外，卫计、医疗、教育、文体以及群团组织工作都按照上级要求较好地完成了全年目标任务。

学习宣传。街道将意识形态纳入党建工作责任，将具体任务层层分解到各支部。街道中心组重点加强了对习近平总书记系列重要讲话的学习教育，在省市区重要会议期间组织全体干部，及时传达学习，紧扣时政。在舆情控制和引导上，完善快速反应、处置机制，成功处置了望龙安置分房、东岸城邦居家养老服务中心建设过程中的突发舆情事件。大力宣传核心价值体系，开展了环境、经营、生产专项整治活动，巩固了文明创建成果，顺利通过了全年各项检查测评。街道工作在全国网站正面报道12次，省市级报纸媒体报道15次。开展了15次志愿服务主题活动，推荐评选了13位“孝老爱亲”典型，牢牢把握了正面发声的引导权和主动权。

党的建设。全年召开党建工作专题调度会7次，党政例会30次，固定每周五为“书记接待日”与班子成员、干部、党员座谈170余人次。把党建工作成效作为街道全员绩效考核的首要依据，促成班子成员、下属各支部书记责任上肩，形成了条块结合、齐抓共管的良好局面。紧跟区委“两学一做”步伐，完成了各项规定动作，街道“干部素质培训夜课堂”对全体党员开展了3次大规模集中培训、完成了4次阶段性专题讨论。在全年的各个重要节点开设“书记党课”9场次。加大对党组织带头人的培训力度，组织4村1社区书记参加轮训，党员“三长”队伍培训实现常态化。全面推广了党建APP平台，“互联网+”的方式被辖区党员熟知和掌握。街道及村社区党建经费均较去年翻番，建设完善了“党员档案室”、村级“党员之家”、标准化“社区党建项目室”等一系列党建阵地。村、社区均配备专职副书记、专干抓党建，厘清了职责分工。各党组织“三会一课”制度得到了全面落实，按要求组织了三次专题民主生活会和组织生活会；各支部共排查梳理问题24条，全体党员共排查梳理问题31条，均逐条整改落实到位。认真开展了党员组织关系集中排查工作，604名党员均登记造册，无失联党员。顺利完成了完成区第五次党代会表代表选举和第五届人大代表换届选举工作，以及辖区8个党支部的换届选举工作，补缴党费8.3万元，发展新党员9名，新成立2家非公支部，“两个覆盖”工作全面完成。全年开展30余项党建主题活动，被列为省、市级活动的有3项，打造了“党员设岗定责”“东岸优品节”“东岸女神”“寻找东岸匠心”等特色志愿服务活动。按照一村一特色的思路强化创新引领。东屯村“思想上再入党”主题实践活动、东岸村远程教育党群素质充电站、杉木村的“接力棒工程”、望龙村的“党员设岗定责”、东宜社区的“五心四红”党建模式等一系列创新活动都取得了良好的成效。

廉政建设。街道工委年初重新调整班子分工，街道纪委书记专职负责纪检监察工作，并在中层干部中选拔任命了1名专职纪检副书记，配齐了专干、实现了纪委（正副）书记、专干的专职专责，全面加强了纪检监察力量。街道开设书记廉政党课2次，廉政谈话762人，责任约谈人2次，诫勉谈话2人次。纪检监督室保持每月2次以上督查检查，对项目拆迁建设、拆违复绿、重点信访问题、文明创建等大项工作，安排专项督查17次，发布通报17期。扎实开展“雁过拔毛”式腐败问题和“纠四风、治陋习”两个专项整治。全体党员干部认真对照方案中“违规公款吃喝”等5个方面23个具体整治重点逐一对照查摆的问题。上报自查情况210余份，对清查出的9项问题逐条进行了整改，查处违纪问题2起，立案查处2人，对违规违纪人员均给予了相应的党纪处分。

存在的困难和问题：城市化进程速度还不快，水平还不高。辖区路网，特别是区间道路建设不完善，配套的自来水、天然气管网、电网、下水管网、市政环卫等基础设施未能达到城区标准，影响城市整体水平的提升。街道财税起点低、底子薄，楼宇经济匮乏，税收贡献率低下，人口综合素质有待提高。（刘　树）

东岸街道

书　　记　韦进文
副 书 记　邓　勇
　　　　　卜小平（2016.10免）
　　　　　郭　浩（2016.10免）
　　　　　罗拾平（2016.10免）
　　　　　廖　勇（2016.10任）
工委委员　卜小平（2016.10任）
　　　　　郭　浩（2016.10任）
　　　　　谭干华
　　　　　李　敏（女）
　　　　　王　晶(女)(2016.10任)
主　　任　邓　勇
副 主 任　陈　栋（2016.10免）
　　　　　郭　浩（2016.10任）
　　　　　赵惠敏
　　　　　胡志文（2016.02任）
人大工委主任
　　　　　卜小平
政协联络处主任
　　　　　谭干华

【易炼红调研街道拆违复绿工作】 1月6日上午，省委常委、市委书记易炼红率以及市直相关单位负责人一行到东岸街道调研拆违复绿工作。区长于新凡、区委办主任彭娟、副区长许凡等陪同调研。易炼红一行实地察看了滨河路沿线拆违复绿情况和杉木村复绿点的停车场、文体设施、运动场建设情况。易炼红对街道拆违复绿工作予以充分肯定，向街道奋战在一线的拆违干部和工作人员表示亲切慰问，向广大理解支持拆违控违工作的人民群众表示感谢。并要求在拆违复绿过程中把群众工作做实、做细、做到位，坚决按时间节点完成指标任务。易炼红强调要抓紧复绿工作进度、加快启动项目建设、加强公共设施配套，确保片区品质和形象得到全面改善和提升。

【计生保健知识专题讲座】 3月9日，第三十一期“长沙幸福家庭公益大讲坛”在东岸街道办事处大礼堂举行。市卫计委副主任厉卫东、市计划生育科技服务中心书记彭红平、市卫计委计划生育家庭发展处处长喻华、区卫计局副局长王冰出席活动。街道全体工作人员，各村、社区计生工作人员、育龄群众共计400人参加讲座。邀请了市妇幼保健院妇女健康中心樊小兰副主任医师讲授计生和保健知识。活动将知名专家的讲座送到居民家门口，提升了居民群众生活品质，普及了优生优育的相关知识。

【梁仲调研街道党建工作】 3月24日，区委书记梁仲一行到东岸街道调研基层党建和品质提升工作情况。区委常委、纪委书记廖铁成，区委组织部部长、统战部部长周虔等领导陪同。东岸街道全体班子成员、村、社区书记参加会议。东岸街道党工委书记韦进文汇报了全年工作铺排和落实情况。听取汇报后，梁仲对东岸街道全面从严治党和推进品质提升年工作给予了充分肯定。梁仲强调，党的书记要在党建工作中要聚焦主业、担当主责，精准发力、持续用力，高度契合、有效融合，做到在思想上建党、格局上兴党、纪律上治党、服务上活党。在“品质提升年”中创造更多先进经验，建设幸福东岸、品质东岸。

【邓立佳调研街道安全生产工作】 4月21日，省人民政府副秘书长、省安监局、局长邓立佳，省安监局政策法规处处长谭德明，省安监局办公室主任龚永华，副市长张迎春，市安监局党组书记、局长文卫红，副局长谭应球，政策法规处处长熊海强等领导到东岸街道调研指导安全生产工作。区委领导梁仲、蔡彬等陪同调研。邓立佳一行实地察看了街道应急救援设备的储备以及安监站的建设情况，并对街道安全生产中的制度落实、安全监管、安全配套设施建设等情况进行了细致全面检查。他指出，街道高度重视安全生产工作，采取了一系列措施，做了大量工作，取得了很好的成效，成绩值得肯定。邓立佳强调：要以“监管执法年”为契机，认真按照党中央、国务院和省委、省政府关于安全生产工作的各项决策部署和要求，坚持以隐患管理为核心，大力抓好安全生产工作，坚决遏制重特大事故的发生。对易发重特大事故的行业领域要采取风险分级管控、隐患排查治理双重预防的工作机制，推动安全生产关口前移。要继续推动安全生产责任落实，严格落实“党政同责、一岗双责、失职追责”，推动党委政府落实领导责任、部门落实监管责任、企业落实主体责任。特别要针对企业主体责任落实难的问题，加大执法处罚力度，真正实现企业与政府的互动。

【东岸街道纪念建党 95 周年总结表彰大会】 6 月 30 日，东岸街道在机关礼堂举行纪念建党 95 周年暨庆“七一”总结表彰大会。区委常委、区政法委书记欧干军，东岸街道全体班子成员，街道机关党支部以及各村、社区、企事业单位全体党员 400 余人参加活动。会议表彰了辖区 2 个优秀基层党组织、6 名优秀党务工作者，5 家党员诚信经营示范企业以及 33 名优秀共产党员，发展新党员 9 名。欧干军强调：要全面从严治党，紧扣品质提升，力争各项工作再上新台阶；支部带头人要切实加强领导，落实从严治党要求；党员干部要敢于奉献担当，争做合格党员，扎实为当地群众办实事，让群众共享发展成果。

【创业培训班】 7 月 12 日，东岸街道在机关会议室举办创业培训班结业典礼，为期 7 天的“创业培训班”圆满完成。培训依托长沙市职业技术培训学校的专家导师，采用国际劳工组织针对微小企业创办者而开发的《创办你的企业》培训教材，整期培训，导师采用理论和实际案例相结合的形式，模拟整个创业过程进行演练，让学员有身临其境的感觉。培训活动精准扶持了 37 名有志创业的失地农民。活动实现了国家就业扶持政策与辖区失地农民需求的完美组合，为失地农民创业就业提供了新的方法和途径。

【李蔚调研社区建设工作】 7 月 14 日，副市长李蔚、市政府副秘书长潘胜强一行到东岸街道东宜社区调研指导垃圾分类工作，市城管执法局、市环保局、市两型办主要负责人及分管负责人，区政府分管负责人及区城管、环保、“两型”主要负责人陪同调研。李蔚一行参观了东宜社区专门设置的“乐享乐投”智能垃圾分类回收箱，仔细查看了东岸梅园小区楼道、底层的分类垃圾桶配置情况，并认真听取了社区关于居民生活垃圾处理流程、垃圾分类投放的具体方法及东宜社区垃圾分类工作成果的情况汇报。李蔚对东岸街道的垃圾分类工作给予充分肯定。他强调，垃圾分类处理工作是改善生态环境重要载体，社区要加强垃圾分类处理的宣传，普及垃圾分类知识；同时也要加强经验总结，改进和优化智能垃圾回收设备，并进行系统升级，使居民家庭更便捷的分类投放垃圾，提高垃圾分类效率。

【街道商会召开代表大会】 8 月 1 日，东岸街道商会第三次会员代表大会召开。区工商联（商会）副主席沈向昕，党组成员、纪检组长王勇松，东岸街道党工委书记韦进文，副书记罗拾平及东岸街道商会全体会员出席会议。会议由罗拾平主持。沈向昕宣读了《关于东岸街道商会召开第三次代表大会的批复》。王勇松强调：东岸街道商会是芙蓉区商会中的优秀代表，要找准定位、加强自身建设，结合宏观经济、社情民情做好调研工作，进一步协调好非公有制经济人士与政府的关系。大会选举了以陈建新为会长的新的商会领导机构，通过了东岸街道商会新章程及有关制度。要求以少开会、开短会、办实事的务实态度推动商会工作。韦进文要求街道商会在新会长领导下，务实求真，开拓进取，为东岸经济品质的全面提升做出积极的贡献。

【取缔非法加工作坊】 9 月 13 日，街道安委会联合市质监局、区质监分局、东岸派出所开展联合执法行动，成功取缔位于杉木村 9 组的一家黑棉芯加工厂。现场依法查封废旧棉花原材料 2 车、成品黑棉芯被褥 1000 多床，对辖区黑加工作坊的违法行为起到了强有力的打击和威慑作用。市质监局总工程师龚军，执法督察处处长宋杰斌，副支队长张克霞，区质监分局局长张登波，副局长卢义勇，街道分管安全生产副主任赵惠敏等相关领导现场指挥调度。执法人员现场查封大量原材料废旧棉花、成品黑棉芯，并交到市质监局稽查支队进行进一步处理。有力震慑了辖区非法加工企业，消除了一项安全隐患。

【“草根讲堂”获评全国奖项】 10 月 8 日，在“全民终身学习”活动评选中，东岸街道东宜社区“草根讲堂”获评为全国“特别受百姓喜爱的终身学习品牌项目”。该评选活动由教育部发起，由各地教育行政部门和成人教育协会推荐上报参加全国评选，东宜社区是全省唯一获此殊荣的单位。东宜社区“草根讲堂”这一新颖课堂创立于2013年，开展活动40余期，一直深受群众喜爱。“草根讲师团”由社区甄选出的各行业民间达人组成，学生都是失地农民，老师则是有一技之长的社区居民。“草根讲师”用通俗直白的语言讲生活技巧、传文化技能，把大道理讲小、深道理讲浅、远道理讲近、“洋道理”讲“土”，帮助失地农民尽快融入都市新生活，成为群众称赞的“心课堂”。

【邱继兴调研社区提质提档工作】 12月21日，市政府领导邱继兴、市政府副秘书长王体泽率队到东岸街道东宜社区调研社区全面提质提档工作。市食药监局、市商务局、市工商局等市直部门分管负责人，区长周春晖，副区长黄金国及相关区直部门负责人等陪同调研。实地察看了东宜社区党建文化长廊、“两型”特色花街、法治主题广场、文体活动广场、东岸梅园小区改造建设以及社区“三社联动”项目情况，并召开专题调研座谈会，认真听取了社区全面提质提档工作情况汇报。邱继兴对芙蓉区在推进社区全面提质提档工作中取得的成绩给予了充分肯定，对社区在班子队伍建设方面取得的成效给予了高度赞扬。他指出，东宜社区作为典型的回迁安置社区，一是要结合实际，积极探索回迁安置社区和小区治理新模式；二是要畅通渠道，积极发展社区居民自治，满足居民内心需求；三是要明确定位，积极创新基层治理方式，打造高品质的综合化管理示范社区，实现居民群众获得感和幸福感的有效提升。

【党员志愿服务活动】 12月23日，东岸街道举办“扬红色脊梁 铸榜样力量”暨东岸街道党员设岗定责志愿服务主题活动。区委常委、组织部长周虔、组织部组织科科长杨昕，东岸街道党工委书记韦进文、东岸街道各村（社区）书记及望龙社区居民400人参加活动。活动以原创歌曲、诗词的形式，赞颂中国共产党的伟大功绩，传承共产党员的先锋模范精神，现场评选出20名优秀党员，树立起党员的崭新形象。设岗定则让党员的责任与义务具体化、明细化，使党员有岗有责、有位有为，充实了基层工作力量，提高了村级基层党组织的创造力、凝聚力和战斗力。街道以“党员志愿者之家”为依托，为党员更好地服务群众提供温暖有力的支持。 （刘 树）

马坡岭街道

【概况】 马坡岭街道下辖西龙、张公岭2个村，锦林、新安、安子岭3个社区。辖域面积8.45平方千米，家庭户数5880户，户籍人口1.47万人，常住人口3.37万人。办事处内设机构增设了纪检监察室、食品安全办公室。2016年，街道荣获“长沙市城乡居民基本养老保险乡镇（街道）经办服务示范点”称号。

经济指标稳步增长。辖区内有各类工商企业610家、商务楼宇2栋、个体经营门店659个。全年完成规模以上工业总产值18.89亿元，下降10.4%。完成限额以上商贸业社会消费品零售总额5.47亿元，限额以上批发企业商品销售额12.44亿元，增长15.94%。完成全社会固定资产投资60.04亿元，增长24.24%。市外境内资金形成固定资产投资13.36亿元。全年完成税收2.5亿元。

项目建设全面推进。全年共铺排政府类和社会类投资项目23个。芙蓉生态新城二号安置点项目如期推进，辉煌国际城、恒大江湾、芙蓉万国城、东业上城、汇一城、远通国际房地产项目总面积12.06公顷，总投资108.9亿元。3号地块、7号地块、203电台、二号安置点二期、5－1项目、20号地块项目全面腾地。新安小学、龟山路项目完成协议签订，21号地块项目正在加速推进。

城市管理品质提升。全年围绕“品质提升年”活动，不断深化文明创建工作，全面加强对辖区环境卫生、市容市貌、违章建设、店外经营、流动摊贩、交通秩序的综合治理。全年处理数字化城管案卷8104件，关停1家石棉瓦厂；组织大型拆违行动46次，拆除违章建筑470处共5.7万平方米；拆除违章广告牌116处共2192平方米；完成新安社区、张公岭村、西龙村3个农安小区改造及罗溪港、砂咀子港、双杨渠、细龙托4条河渠的黑臭水体治理工作。营盘路、长星路两条特色街巷正在建设之中。

民生事业取得新进步。社会救助工作：发放低保金37.59万元，大病救助金8.61万元，精神病药物金额1.96万元，精神病住院救助金3276元。低保慈善资金11.62万元，慈善补助金8.46万元，慈善助学补贴金2.2万元，慈善助老补贴金4.4万元。就业工作：实现失业人员再就业318人，失业人员培训30人，失地农民驾驶员培训100人。为47名103号令驾驶技能培训人员申报技能补贴金16.2万元。受理403人就业失业登记证的办理和网络管理。为563名持证人员办理灵活就业社保补贴金130万元。完成小额担保贷款48万元。新增创业主体580家，带动劳动就业人数1369人，大学生创业24人。社保工作：完成新型农村社会养老保险基金征缴9.61万元，居民医疗保险基金征缴327.2万元。为失业人员进行了1500人次视频认证。建立了患重大疾病、高龄、特困退休人员档案。为麻纺厂、3614厂、石棉瓦厂、劳动人事学校、省建三公司以及征地拆迁退休的1900名退休人员建立了信息档案并进行了人脸活体建模认证。民政慰问工作：慰问困难群众718人，发放慰问金35.86万元，慰问粮油824套，棉被28床。老龄工作：为辖区孤寡老人、失能老人、残障老人申请政府购买居家养老服务，为25名80～89岁、32名90岁以上、2名100岁以上老人办理高龄津贴生活补助并完成了高龄老人年度审核。为530人购买老年人意外险，总金额3.39万元。社区建设工作：年内申报成立了安子岭社区、完成了新安村改社区工作。指导锦林社区开展“社区提质提档”工作。双拥优抚工作：为46名优抚对象发放各类优抚金37.9万元并完成了身份认证工作。全年受理“12345”市民热线工单165件，办结率100%，满意率达98%以上。完成低收入身份认定12户，廉租房申报审批3户，发放老年证40本。

社会大局和谐稳定。辖区年内平安稳定。加大宣传及培训力度，年内发放“温馨提示”3000张，《致村（居）民的一封信》1000份，悬挂安全宣传横幅350条，宣传橱窗栏40块、电子显示屏宣传安全常识60条，签订安全生产责任书220份，建立了安监QQ群，微信群。组织27人参加安全监管培训、100人参加职业病防治培训、2人参加安全生产监管人员依法行政培训、1人参加企业标准化达标建设培训，6人参加乡镇安全监管员培训、6家工贸企业参加有限空间安全培训，9家企业参加危化行业安全培训，5家企业参加烟花爆竹行业安全培训。组织日常执法检查。对重点规模企业、加油站、加气站单位每月检查1次。年内共检查安全工作920次，记录安全生产执法文书920份。扎实开展安全生产专项行动。组织1次危险烟花运输车专项排查，1次酒店燃气使用情况排查、1次危化烟花行业排查、2次液化气行业打非治违“飓风行动”、1次建筑工地整治行业行动。投入1200人次，检查企业147家，发现安全隐患173个，整改隐患172个，下达检查文书147份，下达整改文书4份，查办各类案件4个，处罚罚金4.06万元。开展治安防控工作。年内加大值班巡逻、佩戴红袖章及昼夜不间断巡逻喊喇叭，极大减少了“两抢两盗”案件的发生。接待来访群众500人次，受理群众各类诉求52起，处理各类信件30起，化解信访历史积案9人，处理涉访违法行为16起，信访件回复率达到100%。发放禁毒宣传手册1200册，开展4次禁毒宣传活动。及时化解芙蓉万国城、恒大江湾业主维权事件。调解矛盾纠纷34起，涉及金额500万。接收社区矫正对象43名，开展法律宣传活动5次，400人接受教育。

精神文明建设稳健发展。传递文明风尚，组织开展“我们的节日·重阳”文化活动，弘扬尊老爱幼的传统美德精神。结合庆祝建党95周年开展了“我是党员朝我看”主题活动，举办了“社区盛开两型花、邻里共筑幸福家”、“传承好家训、建设好家风”文明主题活动。举办“第五届校园文化进社区——‘梦想星歌声’校园歌手争霸赛”活动，进一步培育和践行社会主义核心价值观，促进校园文化与社区生活相融合。创建书香街道，在锦林社区图书馆成立首个“图书银行”，鼓励社区居民将闲置书籍存入图书银行，通过图书银行的平台实现优势资源的整合，供其他居民朋友借阅，同时将收纳的部分闲置书籍捐赠给留守儿童，以及社会的福利机构，将绿色图书理念传递给身边更多的人。普及群众文化，在育英西龙小学开办“文化进万家暨第五届芙蓉艺术节”初赛，经过5个月的激烈角逐与严谨的赛选，收获10个奖项。

计生服务保持常态。年内对放弃再生育奖励4户、独生子女保健费837人、农村奖扶（农村户口、一个或两个子女都是女孩、年龄满60周岁、有土地承包合同）46人、计划生育家庭特别扶助26人、城市低保计生奖扶6人。并为25户意外家庭、23户特殊困难家庭、835户独生子女购买保险。开展普查服务，发放宣传资料800份，为1500名育龄妇女进行妇科普查，组织长沙市红十字医院、东大肛肠医院为208人进行健康义诊。

基层党建工作品质提升。域内有党支部15个（其中非公党支部 9 个），党员 679 人，全年发展新党员 7 名。结合“两学一做”学习教育，坚持开展“学识动车组、才智加油站”学习活动，全年开展集中教育 12 次，党课 2 次，有效提升机关干部的政治素养。结合社区提质提档，推进基层党建文化阵地建设，投入资金 62 万元建设锦林社区党建服务中心，构建起激发社区党组织和党员活力的有力平台。在 26 个党小组长家中设立“党员议事吧”，提高党员的议事热情。坚持创新引领，深化品牌建设，进一步深化拓展“民情直通车”“民声议事会”“手机微党建”品牌内涵，围绕党员亮身份、作表率、树形象，创新推出以“有形党建、有声党建、有爱党建、有为党建”为主要内容的“四有党建”创建活动。以创建“关爱服务型党组织”为动力，重点建设“党员温馨之家”，组织开展“先锋”“关爱”“亲邻”三大举措，丰富各类先锋服务岗，组建网格先锋队，在关怀困难、关爱弱势、关心友邻中展现党员风采。

存在的问题和不足：经济总量还不够大，环境吸引力还不够强，综治维稳任务大，拆迁安置步伐有待加快。（孟建中）

马坡岭街道

书　记　刘　宪（2016.08 免）
　　　　陈高峰（2016.08 任）
副书记　陈高峰（2016.08 免）
　　　　石　磊（2016.08 任）
　　　　何益波
　　　　胡　超（2016.10 免）
工委委员　朱向东（2016.10 任）
　　　　岳安龙
　　　　欧阳静（女）
　　　　杨秋发（2016.02 任）
　　　　胡　超（2016.10 任）
主　任　陈高峰（2016.08 免）
　　　　石　磊（2016.08 任）
副主任　张富强（2016.02 任）
　　　　张友如
　　　　徐　铁（2016.10 免）
　　　　胡　超（2016.10 任）
人大工委主任
　　　　何益波（2016.10 免）
　　　　朱向东（2016.10 任）
政协联络处主任
　　　　岳安龙

【陈泽珲调研汽车东站】 1 月 26 日，市委常委、常务副市长陈泽珲一行到马坡岭街道汽车东站调研春节前安全生产工作。区委领导梁仲、于新凡、谢进、蔡冰及区安监局、经信局、交通局、交警大队、马坡岭街道办事处党政主要负责人等陪同调研。陈泽珲一行首先对汽车东站候车大厅、安检仪、售票室、总监控中心、停车场、安检站流程等进行检查，实际调用 GPS 查看正在外地营运的长途客车，并详细询问了汽车东站春节前期运力筹备及春运期间安全生产工作开展情况和应对雨雪冰冻天气应急措施等。龙骧集团长东分公司负责人和汽车东站负责人详细汇报了车站春运期间运力、安全生产和应急措施等情况。当得知节前客运工作安排扎实、责任分工明确、应急措施得力、春运工作落实到位、各项应急预案齐全周密后，陈泽珲对汽车东站的安全生产工作给予了充分肯定。他强调：汽车东站一定要把春节期间安全工作作为重中之重，进一步强化意识，增强责任，严抓狠抓，跟进措施，夯实责任，毫不松懈，全力保障春节期间旅客出行安全有序。

【食品药品安全常识宣传活动】 3 月 31 日，马坡岭街道联合东湖街道在翔天大酒店前坪开展“12331”食品药品安全常识宣传活动。活动为加大食品药品安全宣传工作力度，进一步普及和宣传食品药品相关知识，工作人员现场发放食品药品投诉举报知识手册、药品不良反应小常识、医疗器械不良事件小常识、“12331”举报投诉宣传画等资料，并解答群众提出的问题。还免费为群众检测了蔬菜、大米等食品，指导群众正确选购食品药品，向群众公布食品药品“12331”投诉举报电话。该次活动提高了居民群众参与食品药品安全监管的积极性，增强识别假劣食品药品的能力及依法维权意识，也展示了食品药品监管部门的新形象，使食品药品监管法律法规深入人心，为整顿和规范街道食品药品市场秩序，营造良好的社会氛围，受到群众的一致欢迎。

【梁仲调研街道党建工作】 4 月 13 日，区委书记梁仲一行到马坡岭街道调研基层党建和品质提升工作。区领导廖铁成、周虔、蔡冰及区纪委、区委组织部相关负责人陪同。街道全体班子成员、各村（社区）书记参加会议。街道党工委书记刘宪就全面加强基层党建、推进作风建设及品质提升年具体工作思路进行了汇报。2016 年马坡岭街道将落实从严治党要求，以“四有党建”统揽全局，重点服务浏阳河文旅产业带建设，以产业承接地、人气集散地、消费聚集地为战略布局，以经济强、环境美、百姓勤、大局稳为工作目标，以“一带两圈三走廊”为产业定位，全面建设党建兴街、经济强街、生态绿街。听取汇报后，与会领导对马坡岭街道全面从严治党和推进品质提升年工作提出了宝贵的意见和建议。梁仲书记高度肯定了街道基层党建、大拆违、信访维稳等工作取得的成绩，并强调下一阶段的工作一是要聚焦主业、保持定力，以“两学一做”为重点，聚精会神抓党建，抓好党建促中心；二是要担当主责、精准发力，持续优化党组织设置，强化阵地建设，严格队伍管理，履行好党建职责；三是要突出主项、持续用力，抓好招商引资，提升管理水平，维护平安稳定，深化作风建设，为“品质芙蓉”的建设作更多更大的贡献。

【省安监局调研安全生产工作】 8月8日，省安监局党组书记、局长李大剑带领市、区等有关部门工作人员到马坡岭街道检查安全生产工作。区领导于新凡、周春晖及街道刘宪、陈高峰陪同检查。检查组听取了汽车东站负责人关于客运安全生产管理工作情况汇报，实地察看了客运站的安检及设备运行、客车安全检测设施和候车厅的消防安全设施配备等情况。检查中李大剑强调，客运企业要加强内部安全管理，落实安全生产责任制度，建立和完善安全管理的长效机制，坚决遏制客运车辆重特大交通事故的发生。随后，检查组一行到翔天大酒店进行了安全生产检查，重点调研了酒店的应急预案制定及开展、安全生产管理制度及机构、安全生产培训等工作，并实地察看了厨房的燃气管道安全设备配备情况，对检查中发现的隐患，要求酒店限时进行整改。

【取缔黑作坊】 9月14日，马坡岭街道食药监所联合区食药监局稽查大队、公安、城管及西龙村委会，对隐藏在西龙村杨家湾组的3家无证加工猪头肉黑作坊进行了执法检查。现场检查发现，3家黑作坊均未办理相关的证照，工作人员无健康证明，原材料无法提供进货渠道，加工设备设施简陋、环境恶劣，空气中散发着酸臭味。现场收缴猪头肉及加工制品50千克，并对三家黑作坊进行了取缔。

【流动人口基本服务均等化宣传月活动】 11月4日，由区卫计局、区计生协会、长沙市晋江商会联合举办的“2016年流动人口基本服务均等化”宣传活动仪式，在马坡岭街道东站社区文化公园举行。市计生协会常务副会长胡平、市卫计委流管处处长黄伟德、市卫计委宣传处处长邓桂林、区领导梁汝岚、许平波等出席活动。该次活动以“同在蓝天下，幸福一家亲”为主题。区领导梁汝岚致开幕词。活动现场，区卫计局向晋江商会计生协会免费赠送健康卡200张，为15名困难家庭捐赠慰问金7500元、生活物资1500元。晋江商会计生协会表示，将大力弘扬“心系国策、真情服务”的协会精神，充分发挥“带头、宣传、服务、监督、交流”五大职能作用，积极配合芙蓉区政府、马坡岭街道搞好流动人口管理工作，真诚为广大育龄群众提供生育、生产、生活等关怀服务。街道计生工作人员向市民群众宣传计划生育法律、法规知识及各类奖励扶助政策，发放计生宣传册850本，避孕药具600盒，接受群众咨询200人次，受益群众300人。通过该活动，更好地服务和关爱流动人口，推进流动人口基本公共服务均等化，切实保障流动人口合法权益，创新服务机制，优化服务环境，努力促进流动人口社会融合，提高流动人口家庭的幸福指数，真正让流动人口和当地市民生活在同一蓝天下，幸福如一家人。

【“传承好家训 建设好家风”活动】 11月17日，“传承好家训、建设好家风”——长沙市芙蓉区塑造未成年人美好未来主题教育活动，在育英西垅小学举行。该活动由省文明办指导，市文明办、区文明委主办，马坡岭街道承办。省文明办副主任熊科文、省文明办未成年人工作处处长史锋，市未成年人工作处处长朱治东、区委宣传部部长伍艳飞及街道的党政领导出席活动。活动由育英西垅小学自编自导自演的少儿音舞快板《核心价值观记心上》节目拉开序幕。随后，同学们身穿传统汉服、手拿家文化灯笼，诵读国学著作“朱子家训”，为现场观众带来一场中华经典文化洗礼。现场还有家庭手工作品展示、变废为宝环保才艺秀、合唱歌曲《家和万事兴》等精彩节目，用大家喜闻乐见的形式诠释好家风、好家训和勤俭节约、艰苦奋斗的传统美德内涵，赢得了现场观众热烈的掌声。活动现场，马坡岭街道还为近年来在服务大局、诚信创业、勤劳致富、遵礼守法等方面涌现出的10个具有代表性的优秀家庭进行了颁奖。通过身边人、身边事，让良好家训家风和社会主义核心价值观融入每个人的心中。该次活动给现场每一位参与的学生和家长都上了一堂很好的家庭教育课。他们纷纷表示，将自觉成为中华美德的传播者和实践者，推动社会主义核心价值观在家风家训的传承中内化于心、外化于行。

【校园周边环境整治】 11月22日，马坡岭街道城管办、安监站及汽车东站筹备社区联合区交通局、区教育局、区交警大队，组织开展“叭叭车”非法营运整治行动，主要针对农园路辉煌国际小区至育英西垅小学周边存在的无牌无证“叭叭车”非法营运接送学生上下学现象进行专项治理整顿。该次行动共有48名执法人员组成行动组，对农园路口至营盘路口的非法营运“叭叭车”进行了清理整治，现场抓获3辆非法营运车辆，交警部门对车主给予了严肃的警告并予以行政罚款。并对沿线交通标示及防护设施进行排查，对占道经营、无证流动饮食摊点进行了清理，消除道路拥堵和安全隐患，确保学校门口道路畅通无阻。

【城管专项行动】 11月23日，马坡岭街道组织城管、环卫等部门，开展联合执法专项整治行动。该次行动出动工作人员110名，2台执法车，对汽车东站周边违章棚亭，残缺、陈旧、破损户外广告牌匾及远大路、双杨路、龟山北路沿线门店店外经营、乱摆乱放、乱贴乱挂等违章行为进行集中整治。行动中拆除一门多牌6块，清理乱摆灯箱、小广告40块，拆除大型破损广告1处，发放《门店（单位）门前“十不”工作标准》315份，“温馨提示单”115份，现场纠违37次，对不听劝告、不服管理的违规商贩予以处罚，对门店不规范的商户下达《责令改正通知书》，限期自行拆除或整改。通过集中整治，及时规范影响市容环境秩序的各类违法行为，提升城市管理水平，全力维护安全、稳定、靓丽、和谐的社会环境。

（孟建中）

东湖街道

【概况】 东湖街道下辖东沙、龙马、韶光、滨湖、合平新村、姚托湾6个社区和东湖村。辖域内面积9.91平方千米，总人口约5.47万人（其中常住人口约3.6万人）。2016年，东湖街道以“四个芙蓉”为指导，紧扣“品质提升”主线，紧密围绕“种业总部基地、休闲文化乐土、宜居生态家园”总体目标，深入推进改革创新，持续优化民生服务，有效破解工作难题，开创了经济和社会发展的新局面，被评为全市经济社会发展“十快街道”、“全国社区教育示范街道”、全国社区侨务工作示范单位、市乡镇街道统计站目标管理综合考评一类单位、市综治工作先进单位、市平安街道。

经济发展。域内有各类工商企业120多家、个体经营门店1673户、大型酒店3家。街道紧抓长沙“跨河东进”，建设“浏阳河九道湾文旅产业带”契机，依托辖区创新农业特色，优化招商环境，助推经济发展。2016年，规模工业总产值43210亿元，限上批发企业销售额72622.9亿元，高新技术产业产值完成8.8亿元，固定资产投资21亿元。

街域建设。新建古井乡愁特色文化街，将间隔约500米的东沙、老龙两口古井资源串点成线，沿街小道镶嵌红枫，装饰“取水众相”雕塑，修建“取水亭”，重修了取水小道，塑造了“水无沙”廉政文化墙。推动柳子明故居上升为市区两级重点文旅项目，项目以柳子明先生历史地位及在园林艺术上成就为创意核心，点缀葡萄、木槿花等多种元素，建设故居陈列室、中心纪念广场等景观，打造一条韩国人来长精品旅游线路。开展社区提质提档，投入550余万元仿古改造老东湖路、泉坝路，沿线全面实现路灯亮化。对丰裕小区前、后8栋进行立面整治；新增停车位220个。积极稳妥推进拆迁。全力攻坚新增征拆项目，完成“隆平高科技园”“区社会福利中心”两个项目征迁工作；扎实做好两个项目扫尾；破解拆迁难题，创出“东湖经验”。

城市管理。全面摸底敲定80个重点整治点，先后出动执勤6000人次，累计清运垃圾堆物1000车次，建设10万平方米绿园。提质小区道路建设，更换合平安置小区地下管网，平整东湖路、合平路、长榔路等路网。创新改造老东湖路，沿东湖路两边栽种紫薇树近300棵，配备废旧轮胎文化创意，道路旧貌换新颜。全面启动黑臭水体整治，争取项目资金1300万元，投入近8000人次，通过摸底、截源、清淤、疏导、恢复生态等方式，完成了对农科院排渠、围山圳、姚托撇洪渠南北段4个黑臭水体的整治。

社会治安。完善信访和不稳定因素排查调处机制，妥善处理东湖村，合平村拆迁引发的各类矛盾纠纷，化解钟剑波非正常死亡事件，排查不稳定因素30余起，解决了湛德辉、湛建武、杜梅先多年来的拆迁遗留问题。充分发挥矛盾纠纷联动调处和社区人民调解委员会作用，调处纠纷92件，协议结案金额180万，成功率98%以上。开展消防安全检查，排查生产经营单位66家、学校4所、仓库155处等，逐一建立台账，制作检查记录文书78份，现场整改安全隐患20多处。全区民调工作排名第1位。成立“创建全国食品安全城市”领导小组和办公室，与各村（社区）负责人签订责任状。全年检测食品330余批次，下发门店整改通知370余份，取缔黑作坊9个。现场指导45次农村集体聚餐活动。大力开展安全隐患大排查，全年查办案件8起，清退5家危化企业，确保了辖区安全事故“零”发生。

社会保障。年内，辖区共有1214人参加城乡居民基本养老保险，其中368人已享受保险待遇。正常缴费439人（含政府代缴48人），征缴总金额9.44万元。征缴城乡居民医疗基金332.7万元。发放失业金领取存折96本。认证企业退休人员1320名，其中上门认证行动不便人员16名。

民生服务。新成立东沙、姚托湾、合平新村社区，提质东沙、滨湖、姚托湾、合平新村、龙马5个社区的办公用房，新建并改造综合文化站、全民健身中心。全年为18户家庭办理临时救助，769名80岁以上老人办理高龄津贴，4名百岁老人申报“新奥·善心孝老”关怀项目，147名老人办理老年人意外伤害保险，88名重度残疾人申报重度残疾人“两项补贴”。发放优抚资金232356元，“八一”慰问资金15500元，慰问优抚、军烈属、困难军人40余人。同爱尔眼科医院合作举办眼疾筛查5场，合计筛查约1800余人次，现有5名满足手术条件的居民成功手术。发放残疾人工资补助6000元，助残日期间为7名残疾人成功申报轮椅、拐杖和助听器。组织张爱花、黄其永、陈凤鸣、周波参加第二届“中国创翼”青年创业创新大赛，4人均晋级省级大赛。

党建工作。年内，东湖街道党建工作围绕新形势下思想建党、制度治党、格局兴党主线，扎实推进“两学一做”学习教育。街道党工委下辖党支部21个、党员834名。全年发展党员8人，转正8人，组织培训入党积极分子11人，收缴党费7.03万元。建立党员档案室，整理党员档案834份。完成街道机关和社区党组织的调整、合并、换届工作以及辖区8个非公党支部的换届选举和2个非公党支部的新建工作。全年共开展“东湖夜话——把话筒交给群众”系列活动50余期（共140余期），被中组部、中宣部推荐为全国“三严三实”典型，获中央电视台、《人民日报》、新华社等媒体集中报道，得到了省委主要领导批示。全年开展微党课40余次，参与党员2000人次，获中央电视台新闻联播和湖南日报头版报道。同时积极引导广大党员立足岗位争先创优，利用微信等传媒工具与群众做“好友”，传播正能量、弘扬主旋律，实现干群良性互动。

廉政建设。成立了专门的街道纪检监察室，明确执纪监督职能；结合全街拆迁工作，开展东湖街道拆迁承诺活动，签订拆迁廉政责任书2份。以“从严治党，廉洁自律”为主题，街道班子、村、社区主要负责人廉政提醒谈话，全年共开展12次，谈话20人次。坚持“实”“准”“快”“严”四字诀，全年因作风问题或违纪问题严重警告1人、开除党籍处分2人，通报批评7人次，提醒谈话8人次，约谈9人，每月至少1次对班子成员党风廉政建设信息系统更新情况进行查看，发现和纠正不合规报账票据2次。

其他工作。举办“我们的中国梦”元宵喜乐会等区级以上活动47次，参与人数近3万人次；加强正面宣传，全年被各类媒体报道316次，其中中央媒体51次，省级媒体124次，市级媒体141次。中国文明网首屏推送1篇，文明网地方传真26篇，文明网区县传真38篇；中国未成网地方传真12篇，区县传真19篇。《湖南日报》头版2篇，《长沙晚报》头版2篇，专版1篇，让正面声音成为意识主流、占领宣传阵地。建立健全负面舆情监控处置研判机制，及时妥善处置负面舆情5次。全年向上级部门推送道德模范12人，身边的雷锋20人，中国好人网络推送1236人次。其中，湖南农大保安队长岳志强获评湖南省“十大孝星”，省农科院退休教授喻志星荣登“湖南7月好人榜”。

存在的困难和问题：街道地

处城乡接合部，各类矛盾交织；基础差、底子薄的现状没有根本改变，一些制约街域经济发展深层次矛盾问题依旧存在，如村民到市民的思维转换还不彻底；拆迁拆违之后，土地闲置现象仍大量存在；有利招商引资的硬件设施建设还相对滞后；因历史及拆迁原因导致部分村党建基础不实，党员异地居住，也给基层党建带了不少困难。（周　韬）

东湖街道

书　　记　尹卫东
副 书 记　张　敏
　　　　　石　磊（2016.08 免）
　　　　　刘　胜（2016.10 免）
　　　　　贯　茜（女）(2016.10 任)
　　　　　胡云飞（2016.08 任，2016.10 免）
工委委员　胡云飞（2016.10 任）
　　　　　刘　胜（2016.10 任）
　　　　　张　鹏
　　　　　徐　文
　　　　　陈云蓉（女）
　　　　　林　灿
主　　任　张　敏
副 主 任　林　灿
　　　　　刘光明
　　　　　刘　胜（2016.10 任）
　　　　　肖泽圣（2016.10 免）
人大工委主任
　　　　　石　磊（2016.08 免）
　　　　　胡云飞（2016.10 任）
政协联络处主任
　　　　　张　鹏

【中央、省、市媒体集中报道“东湖夜话”】 1 月 15 日，《人民日报》、新华社、《光明日报》《中国经济日报》《湖南日报》《长沙晚报》等中央、省、市媒体集中刊发播出芙蓉区“东湖夜话”——把话筒交给群众系列活动，取得了良好的社会反响。自 2014 年 7 月以来，东湖街道从焦裕禄同志“瓜棚会”中寻找灵感，自创民生品牌“东湖夜话——把话筒交给群众”，利用傍晚时间，将会开到群众身边，干群一起直面矛盾问题，听民所愿，解民所忧；破解了干群的“时间错位”凝聚出一个干群融洽、良性互动的“朋友圈”，事关经济发展的金点子，在夜话中碰撞火花；亟待破解的民生难题在夜话中得到解决。

【《新闻联播》专题报道“东湖夜话”】 1 月 27 日 19 时，中央电视台综合频道《新闻联播》专题报道芙蓉区“东湖夜话”把话筒交给群众系列活动。2 分钟的报道中，节目从农贸市场问题切入，重点介绍了东湖夜话破解干群时间错位、创新居民自治形式、充分吸纳民意、化解民生难题等系列过程，取得了良好的社会反响，是对芙蓉区及东湖街道群众工作的高度认可。

【街道办事处办公新址揭牌】 3 月 6 日，东湖街道举行办公新址揭牌仪式，街道全体党政班子成员、全街党员干部、各村、社区两委成员参加仪式。新的办公楼，宽敞的办公环境，清晰的办事流程，人性化的便民设施。提质后的东湖综合文化站，新建创客空间、社会组织孵化基地，全民健身中心，廉政文化公园，实现居民服务零距离。

【徐守盛对“东湖夜话”做出批示】 4 月 15 日，省委书记、省人大常委会主任徐守盛在省委办公厅调研室上报的《“东湖夜话”中的群众工作密码——芙蓉区东湖街道创新群众工作的做法和启示》上做出重要批示：“‘东湖夜话’探索了新形势下群众工作怎么做的实践，这个典型值得推广，较好解决了想群众所想、急群众所急、帮群众所需的最后一步路问题。希望各地认真学习。”之前，该活动还得到了省政协主席、省委常委、省政法委书记李薇薇，省委常委、省委秘书长许又声等领导的关注和批示。

【东湖“微党课”系列活动】 5 月 17 日，东湖街道办公楼前坪，一场别开生面的精品党课比武活动在这里举行，来自街道机关、村、社区，非公党支部的 12 名党员代表同场竞技。大家立足各自岗位，用生动形象的语言，经典的案例演示，很好诠释了一名合格党员应有的担当和价值内涵，为大家以后的学习和工作张起了一盏明灯、撑起了一面镜子，树立了榜样的标杆。芙蓉区区委党校常务副校长贺达斌，东湖街道全体班子成员及近百名党员干部聆听党课。

【芙蓉区“大众创业 万众创新”主题活动暨科技活动周启动】 5 月 16 日，芙蓉区“大众创业万众创新”主题活动暨科技活动周在东湖街道正式开幕。活动设置政策问诊答疑环节，邀请市人力资源和社会保障局创业指导中心陈西主任、市中小企业服务中心主任刘文解读政府扶持政策，还特别邀请政协委员和企业家代表为创业大学生和小微企业解决其在技术、管理、资金、政策等方面的困惑，创业者们纷纷踊跃举手发问，场面十分热烈。

【中央媒体采访东湖街道侨务工作】 5月21日，《人民日报》、新华社等近20家中央、省、市媒体，围绕该街东沙社区侨务工作进行集中采访。活动中，采访团实地察看了“侨之家”活动阵地，了解了社区侨务工作的服务及创新举措，并同侨胞侨眷代表进行了交流采访。东沙社区根据辖区侨胞侨眷“高龄化、高知化、空巢化”特点，通过打造“侨之家”活动阵地、开好侨务“直通车”、点亮“微心愿”、志愿者结对帮扶等人性化服务，给予外侨“家”的温馨。

【东湖街道获长沙“十强十快乡镇（街道）”称号】 5月24日，长沙市2015年度“十强十快乡镇（街道）”名单揭晓，芙蓉区东湖街道跻身“十快”街道行列。东湖街道成立于2012年，在起步晚、起点低、基础薄等不利因素面前，该街广大党员干部团结务实、真抓实干、开拓创新、攻坚克难，唱响了“浏阳河九道湾文化旅游产业”品牌，打造了“东湖夜话”居民自治名片，取得了拆迁拆违攻坚战的胜利，保持了经济社会平稳较快发展，赢得了广大居民群众的支持与认同。

【东湖古井乡愁文化街开街】 6月5日，“井绣”东湖系住乡愁，两型环保快乐益行——东湖街道两型环保宣传活动暨东湖古井乡愁文化街开街仪式在东湖街道老龙井举行。自2015年以来，东湖街道启动“古井新韵”工程，在东沙古井前新建了一条4.5米宽、200余米长的麻石路，新砌了麻石井台、平整了古井长墙，修建了一座精美的取水亭，亭后设置“水无沙”廉政文化墙，镌刻“为政当思水无沙”7个大字。而距离东沙井0.5千米的老龙井，一处近百平方米的小广场内，老龙井的出水眼处用麻石修建起“满月”状取水池，池周更有石刻青龙飞跃等壁画，古朴厚重，呼应“老龙井”之名。与此同时，以东沙井、老龙井为一头一尾的东湖古井乡愁文化街内，还遍种红枫、格桑花等绿植花卉，并随处可见老翁取水、孩童戏水等代表“取水众相”的石雕铜雕作品，让古井乡愁街更加名副其实。

【街道党员干部集体收看习近平“七一”重要讲话】 7月1日，庆祝中国共产党成立95周年大会在人民大会堂召开。街道组织机关及村、社区近百名党员干部通过电视集体收看了大会实况。大家纷纷表示，习近平总书记“七一”重要讲话，思想深邃、内涵丰富，既有厚重的历史感，又有鲜明的时代特征，是总结过去、开创未来的纲领性文献，是新世纪新阶段不断推进我国经济社会发展、推进党的执政能力建设和先进性建设的科学指南。要深刻学习领会习近平总书记重要讲话的精神实质，把思想和行动统一到讲话精神上来，扎实工作，不忘初心，继续前进，为建设和谐幸福东湖而努力奋斗。

【龙马社区居民喻志星获评“湖南好人”】 8月9日，“湖南好人”7月评选正式揭榜，东湖街道龙马社区居民喻志星通过层层筛选和广大居民投票，当选为7月“湖南好人”，获评为“见义勇为”好人，并入围了8月“中国好人榜”。3月26日，正在回家路上的喻志星，突然听到急促的呼救声，一个人不慎落入了两米多深的水塘，千钧一发时刻，他毫不犹豫地脱掉上衣，奋不顾身地跳入冰冷刺骨的水中，成功将落水者救上岸来，并将其送到医院，后悄然离开。他的事迹很快在居民中传播开来，成为众多居民追逐的“明星”。

【长沙首届“农民读书节”活动】 9月6日，长沙首届农民读书节活动在东湖村举行，省市区领导李力明、李仕铭、丁德喜、伍艳飞参加活动。活动通过兑现微心愿，国学比武等形式向100余名外来务工人员和失地农民子弟发放爱心图书400余册。活动还将开展公益团队进农家，听写比赛、“读书达人”征文等活动，寓教于乐，让书香飘进农家屋。

【柳子明故居建设献计献策会】 9月7日，柳子明故居建设献计献策会在东湖街道举行，湖南农大党委书记周清明、校长符少辉，区领导于新凡、周春晖、许凡、余国宏、练大智等出席。会上，与会代表审看了故居设计方案，听取了专家建言，一致认为故居建设要结合柳子明先生生平事迹，融入农学、园林等元素，以原貌改建为主，加强故居保护。区委书记于新凡对搜集的建议进行了综合归纳，指出，故居的建设要以游客、家属、学校满意为目标，尽可能保持故居原貌，做好防火、防盗、防潮、防蚁措施，确保把故居建设成为一处生态环保、历史厚重的理想游园。

【弘扬孝文化主题志愿服务活动】10月17日，东湖街道龙马社区以“新二十四孝”文化为主题，大力宣传新时期的慈孝典型，在全社区范围内开展“念亲恩、抒亲情、感亲意”敬老尊贤亲情会暨弘扬孝文化主题志愿服务活动，让社区退休老人及居民享受亲情会乐趣，感受社区浓浓的孝文化，激发社区退休老人的生活激情，释放正能量、品味好生活。活动中，龙马社区被授予“孝基金湖南省孝行服务示范基地”“湖南省君子文化践行基地”称号，给年轻人立下为人处世之规，使“孝道”在潜移默化中得到传承。

【于新凡与选民代表见面】10月26日，依照法定程序，区委书记于新凡以区人大代表正式候选人的身份，参加第99选区（龙马社区）人大代表候选人与选民见面会。见面会上，于新凡书记与选民面对面交流，向大家介绍了自己的工作经历和主要业绩，如数家珍的讲述了选区的经济、社会、文化等发展情况；倾听选民意见，回答选民提问，并作表态发言，陈述作为代表后的打算，表达了为选民服务的愿望，赢得了选民的阵阵掌声。

【东湖地区选民积极踊跃选好“代言人”】10月28日，是芙蓉区第五届人大代表换届选举投票日。东湖地区6个选区，投票选举现场，洋溢着庄重热烈、民主和谐的气氛。选民们满怀当家做主的热情，纷纷来到投票站点，依法行使民主权利，为自己满意的人大代表投上神圣的一票。袁隆平院士等辖区知名人士也到现场积极投票。（周　韬）

图27　“东湖夜话”活动现场

人　物

刘自军

刘自军，1965年3月出生，法学硕士，中共党员，2010年3月任芙蓉区法院院长、党组书记。2016年6月，刘自军被最高人民法院评为全国法院党建先进个人。刘自军倡导“让群众少跑一次路、少等一分钟、少费一份心、少误一天工”工作理念，推行“一张笑脸相迎、一把椅子请坐、一杯热茶解渴、一句问候暖心”的“四个一”接待工作法，在全省首创“法律志愿者工作室”并向社区延伸，加强互联网+现代司法服务设施建设，打造“一站式”无障碍诉访服务。他始终坚持党要管党、从严治党要求，带头学习十八大及十八届历次全会精神和习近平重要讲话精神，履行“党风廉政建设第一责任人”职责，并为全院干警讲党课，主持建设以“公廉”为核心的法院文化长廊，全院干警连续10年未出现违法违纪情况，该院领导班子2013—2016年连续4年被区委评为一等班子，该院2016年被芙蓉区委推荐为省级文明标兵单位和省第六届“人民满意的公务员集体”参评单位。

叶小兰

叶小兰，女，汉族，1974年1月出生，大学专科学历，中共党员，现任芙蓉区常青树老年公寓院长。2012—2014年被评为“长沙市优秀护理员”，2015年被评为“全国优秀志愿者”，2016年被评为“中国好人”“湖南好人”“长沙市优秀共产党员”，当选芙蓉区第五届党代表。叶小兰坚守养老事业，先后为600名高龄、失能老人提供照料服务，为68名去世老人提供临终关怀服务，得到了老人、家属、社会的一致好评。她坚持从平凡小事做起，全面提高全体护理人员的服务意识、技能和质量；她自觉学习相关护理和医疗技能，采取“带徒弟”的形式，对全体护理员工开展“一对一”培训，从照顾老人翻身、洗漱到排便、按摩，不怕脏，不怕累，一遍又一遍讲解，一次又一次演示，并且经常亲自为老人服务；她根据老人的喜爱和热情定期组织文体活动，聘请了专业音乐老师，坚持每周到公寓对老人辅导，还专门为交谊舞爱好者开放了一个大厅。为了让社区居家老人感受到社会的温暖，她于2015年创办了燕山街社区“好女儿”志愿服务站，把自己的丈夫、儿子，身边的工作人员，朋友中的老师、医生、护士都拉进志愿者队伍，面向社区及周边部分贫困、失能老人提供志愿、公益性的各类服务，并创办了五里牌街道日间照料中心。

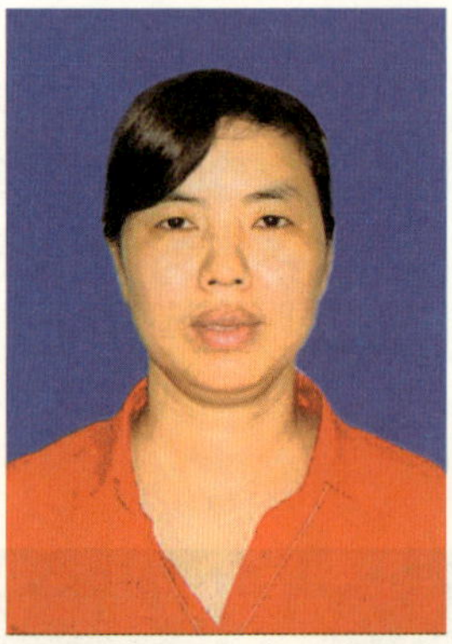

张　健

张健，1963年11月出生，上海人，博士学历，美籍华人，中国作物学会第十届理事会理事、农业部

水稻攻关专家委员会委员、国家发改委“十三五”生物产业规划课题研究专家、长沙市芙蓉区“种业硅谷”人才专家顾问、国家第十一批“千人计划”特聘专家、湖南“百人计划”专家、长沙市“3635计划”领军人才，拥有16年国际农业大公司生物技术工作经历，先后在美国杜邦先锋担任研发和生物技术事务经理、在美国巴斯夫植物科学公司担任全球质量总监，具有极强的科研和管理工作经验。现任华智水稻生物技术有限公司总经理，主持国家水稻分子育种平台建设，致力建立民族种业创新发展新模式。8月，张健获第六届“中国侨界贡献奖”。

朱爱朝

朱爱朝，女，1971年11月出生，1989年从事教育工作，大学学历，中共党员，芙蓉区育才学校校长，长沙市人民政府督学，全国优秀教师，长沙市首届和第二届首席名师，长沙市第四届“感动星城 十大魅力教师”，长沙市中小学农村名师工作站浏阳永和完小站站长。中国首届全人教育奖提名奖，中国教育报2012年度推动读书十大人物提名奖，全国第六届青年教师阅读教学竞赛一等奖获得者。她编写的专著《朱爱朝母语课堂》获《中国教育报》2015年度十佳好书，《我的自然笔记》获中国教育新闻网2015年度十佳好书。朱爱朝是亲近母语课题核心成员。她以二十四节气为线的中国文化体验课程，在全国具有影响力。2013年4月1日，《中国教育报》以《朱爱朝：挥洒着中国味道的阅读》对其进行报道。2016年12月，被评为长沙市第四届“感动星城 十大魅力教师”，并在《长沙晚报》报道了“她的课堂里，有最美的中国文化”。她受邀在首都师范大学、中南大学文学院为教师授课；还受邀在北京、南京等全国培训活动中执教观摩课、做讲座；并收到去英国和美国开展讲学邀请。2011—2016年，长沙市朱爱朝语文工作室以建设书香班级、书香校园为基点，开展公益读书研讨活动60余次。长沙市朱爱朝语文工作室被评为长沙市首届“大洋”优秀名师工作室团队奖。

邓仕秀

邓仕秀，女，1983年出生，2002年从事教育工作，教育学硕士，中共党员。现任芙蓉区小学数学首席名师。她被评为湖南省青年精英教师、省优质空间课堂首席名师、省课题研究“优秀教师”、省“国培计划”优秀培训者、长沙市小学数学优秀教师、芙蓉区人民政府督学；获市、区“优秀共产党员”“十佳教学能手”“青年岗位能手”。她获评国家、省、市、区级教育部门各类奖励160余次，她与全国著名特级教师吴正宪、黄爱华等同台授课；执教“等量代换”等课获得全国一等奖。论文《小学教师择业动机研究》收录在中国知网；《小学数学教学取材中的‘四要’》等刊发在《湖南教育》刊物上。

邓仕秀主持辖区小学数学名师工作室工作，兼任育英学校数学教研组长。该工作室获国家、省市级奖励百余次，课题立项为省“十二五”规划课题，网站被评为省“优质空间课堂”；育英数学教研组被评为“湖南省优秀教研组”“芙蓉区共产党员示范岗”。芙蓉区小学教学名师工作室对内引领，着力培养一批小学数学青年骨干教师，践行幸福教育，助力芙蓉教育均衡发展。年内，邓仕秀名师工作室开展主题研讨、读书交流、课题成果展示等系列活动10余次，培养了一批业务精湛的中坚力量。其中，骨干教师杨文婷被评为2016年湖南省青年精英教师，学员教师汤婷被评为湖南省“送培到县”学科专家等。对外辐射，带领区内教师为湖南省教育发展贡献力量，邓仕秀名师工作室组织开展到全省各地送教送培活动。6月，邓仕秀参加长沙市首届名师课堂展示活动获好评；10月育英学校与工作室共同承办全国名师“同上一节课”

活动，邓仕秀与省外名师同台研课。全年工作室成员分别赴第一师范、邵阳学院、邵阳县教育局、宁乡县教师进修学校等地开展送教送培活动12人次，交流研讨中提升了团队专业素养。11月，邓仕秀当选为中共湖南省第十一次党代会党代表。

刘头仔

刘头仔，1966年3月出生，中共党员，学历本科，长沙市公安局芙蓉分局东屯渡派出所农科村社区民警。他2009年从部队转业到公安队伍工作，先后从事过巡逻、刑侦、市场治安管理等工作，2013年12月担任农科村社区民警。在社区民警岗位上，他认真履职，默默奉献。2014年8月，农科村社区部分居民与农科金苹果市场管理公司发生合同纠纷，以堵门面拉横幅的过激行为维权。刘头仔赶到现场讲道理、做工作，并把群众劝回家。为防止再次发生过激行为，他与该公司深入交流，又挨家挨户了解居民的实际想法与困难。在他的调解下，双方达成了协议，通过法律途径解决问题。2014年因工作成绩突出被评为优秀公务员；2015年，在“8·24”专案中他凭借扎实的基础工作和沉着冷静、机智勇敢的处置能力，及时发现并抓获重大犯罪嫌疑人，为维护群众生命安全及社会平安稳定作出了突出贡献，被公安部记个人一等功。2016年2月，刘头仔被授予长沙市首届十佳“我最喜爱的人民警察”称号；4月，被评为一季度“长沙好人·身边雷锋”；11月，成为湖南好人候选人；12月，刘头仔被授予湖南省第四届我最喜爱的“十佳人民警察”称号，并上榜“中国好人榜”。

池凤英

池凤英，女，1947年11月出生，中共党员。2002年从长沙糖酒副食品公司退休。她坚持12年在社区组建志愿服务队，诠释着共产党员退休不褪色的

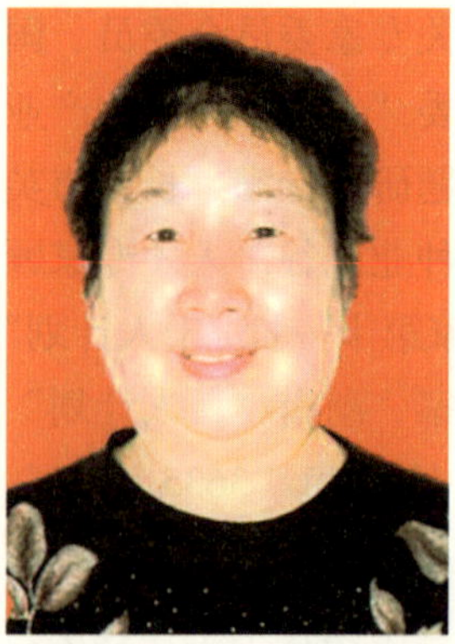

奉献精神。池凤英2004年自愿加入荷花园街道德政园社区党支部组织的党员志愿者服务队，先后担任了楼栋长、信息员、平安义工。社区还推举她担任了“明心苑”党支部书记。为更好地为居民群众服务，她走访了支部的每个党员家庭，详细了解党员的家庭生活情况及存在的困难和问题。她将自己的电话号码张贴在所管辖的4个楼栋中。号码贴出后很快就成了热线，她每天要接十多个电话，大到邻里纠纷，小到请家政保姆，甚至小孩受到惊吓都找她帮忙解决。

社区有个高中生毕业生张登科勤奋好学，参加高考被中南大学录取，但因家庭生活贫困，他无钱缴纳学费。池凤英发动全体党员积极为张登科募捐近3000元，送到他的家中，鼓励他努力学习，回馈社会。还有个“90后”小青年自谋生路，租用“明心苑”11栋的车库开办小家电修理铺。池凤英了解到车库没有自来水这个情况后，联系物业出资1500元钱，解决了自来水问题。

2013年，为配合芙蓉区群众工作直通车工作，在池凤英的倡议和积极引导下，她组建了一支由退休党员、退休居民为主的党员志愿者服务队，命名为“慈娭哋乘务岗”。该乘务岗有5个岗位：爱心岗、文明岗、健康岗、环保岗、平安岗。她把所有参加乘务岗的党员和居民志愿者们分到5个工作岗位上。每个岗位有制度、有职责、有计划，并定期开展各类志愿服务活动。每周一、三、五，不论刮风下雨还是节假日，在德政园社区都会看到这样一支戴着红袖章的党员志愿服务队，他们穿梭在德政园社区的大街小巷，履行着劝导店外经营、维护小区环境卫生、为居民排忧解难的职责。她的行动吸引了退休党员、年轻党员主动参与，队伍也由最初的11人增加到140人。截至年底，全体队员义务巡逻467次，义务工时达到1.39万余小时，她个人志愿服务达到1000余小时。2015年，池凤英获得芙蓉区首届道德模范提名奖，被评为“湖南省最美志愿者”。2016年被评为“长沙学雷锋十佳先进个人”。

黄亚旭

黄亚旭，1960年4月出生，1978年应征入伍，1993年10月从部队转业参加公安工作，中共党员，本科学历，三级警督警衔，生前系长沙市公安局芙蓉区分局定王台派出所社区民警。他从警23年，扎根基层，群众和同事都亲切地叫他“旭哥”。10年的刑侦工作，他疾恶如仇，刚正不阿，参与侦破各类刑事案件800余起，抓获各类违法犯罪嫌疑人1200余人；13年的社区民警工作，他把社区当家，视群众为亲人，每年大部分时间吃住在社区警务室，工作没有上下班、节假日、白天黑夜之分，社区群众危难时刻总有他的身影。2016年6月15日18时，在警务室110值班的黄亚旭接到定王台巷8号警情称，由于暴风雨来袭导致大树倾倒，压在附近的高压电线及居民房屋上。黄亚旭立即赶到现场组织人员拉起警戒线，禁止行人通过并疏散受损房屋的居民群众，他坚持到深夜22时，直至险情排除。16日清早，黄亚旭再次来到现场组织人员开展清障工作。10时，黄亚旭突感腹疼，在社区工作人员的劝说下他才同意送至医院留观。17日早上传来了他去世的噩耗。7月12日，长沙市公安局确认黄亚旭因公殉职。黄亚旭先后荣获个人三等功4次，被评为“优秀公务员”“长沙市十佳人民满意警察”。省委常委、市委书记易炼红对此作出重要批示：“请唐向阳同志阅，并组织全市公安系统开展向黄亚旭同志学习的活动；同时，请代我看望、慰问亚旭同志的家属。”

图28　东湖街道“水无沙”廉政文化墙

统计资料

·表14·

芙蓉区国民经济及社会发展主要指标一览表

指标名称	单位	2016年	比2015年增长（%）
一、地区生产总值	亿元	1159.80	10.4
其中：第一产业	亿元	0.15	-39.3
第二产业	亿元	168.42	6.2
第三产业	亿元	991.23	11.2
二、年末常住人口数	万人	57.58	6.1
三、人均GDP	万元	20.1	5.6
四、工业总产值	亿元	507.34	5.4
其中：规模以上工业总产值	亿元	454.40	5.5
五、社会消费品零售总额	亿元	788.54	10.7
六、全社会固定资产投资	亿元	501.54	15.1
七、城镇居民人均可支配收入	元	46382	8.6
八、财政总收入	亿元	111.22	9.1
九、实际到位省外境内资金	亿元	99.50	14.3
十、实际利用外资	亿美元	6.37	5.9
十一、人口自然增长率	‰	6.72	—
十二、辖区内城镇登记失业率	%	2.95	—
十三、小学生入学率	%	100	—

说明：本提要中部分2016年的统计数据已根据相应统计制度变化后的要求相衔接

·表 15·

芙蓉区工业经济主要指标一览表

指标名称	单位	现价工业总产值		比 2015 年增长（%）
		2016 年	2015 年	
一、工业总产值	万元	5073418	4813221	5.4
#规模以上工业总产值	万元	4544004	4309017	5.5
二、工业增加值	万元			
#规模以上工业增加值	万元	1011300	960218	7.8
三、高新技术产品总产值	万元	8600087	6939833	23.9
四、高新技术产品增加值	万元	3397411	2820167	20.5

·表 16·

芙蓉区规模工业产值（按经济类型分类）一览表

指标名称	单位	2016 年	2015 年	2016 年比 2015 年增长（%）
合计：	万元	4544004	4309017	5.5
一、按经济类型分				
1、国有及国有控股企业	万元	3323	3182	4.5
2、集体企业	万元	70364	68772	2.3
3、股份制企业	万元	4312438	4101709	5.1
4、外商及港澳台投资企业	万元	157879	135354	16.6
二、按轻重工业分				
1、轻工业	万元	1987216	1902001	4.5
2、重工业	万元	2556788	2407016	6.2

·表 17·

芙蓉区全社会固定资产投资一览表

指标名称	计算单位	2016 年	2015 年	2016 年比 2015 年增长（%）
一、固定资产投资	万元	5015372	4356168	15.13
其中：公有制经济类型	万元	1898453	783433	142.32
其中：固定资产投资（5000 万元以上项目）	万元	1735240	774365	124.09
固定资产投资（5000 万元以下项目）	万元	2050189	2866553	-24.48
房地产投资	万元	1229943	715250	71.96
二、工业技术改造	万元	269141	362404	-25.73
三、现代服务业投资	亿元	398.22	268.51	48.31
四、商品房销售面积	万平方米	136.20	58.58	132.50
五、全区重点项目个数	个	89	61	45.90
六、重点项目投资总额	万元	2608278	1316241	98.16

·表18·

芙蓉区固定资产投资基本情况一览表

指标名称	计算单位	2016年
一、施工项目个数	个	914
其中：基本建设	个	323
改建和技术改造	个	556
房地产开发	个	35
二、竣工项目个数	个	483
其中：基本建设	个	146
改建和技术改造	个	330
房地产开发	个	7
三、全部房屋施工面积	万平方米	723.53
四、全部房屋竣工面积	万平方米	77.37
五、新增固定资产	万元	2794268

·表19·

芙蓉区建筑业基本情况一览表

指标名称	计算单位	2016年
一、资质建筑企业个数	个	89
二、资质建筑企业计算劳动生产率平均人数	人	88445
三、资质建筑业总产值	万元	2090187
四、全部建筑企业增加值	万元	553559
五、资质建筑企业利润	万元	74638
六、资质建筑企业全员劳动生产率	元/人	236326
七、资质建筑企业本年施工面积	万平方米	1032.29
八、资质建筑企业本年竣工面积	万平方米	332.25

说明：该表数据为总承包和专业承包企业数据，不包括劳务分包企业数据

·表20·

芙蓉区社会消费品零售总额一览表

指标名称	单位	2016年	2015年	增长（%）
总　计	万元	7885363.4	7125797.8	10.7
一、按销售单位所在地分	万元			
城镇	万元	7885363.4	7125797.8	10.7
其中：城区	万元	7885363.4	7125797.8	10.7

·续表 20·

指标名称	单位	2016年	2015年	增长(%)
二、按行业分组	万元			
1、批发业	万元	1808104.1	1560344.6	15.9
限额以上	万元	916046.2	758502.2	20.8
限额以下	万元	892057.9	801842.4	11.3
2、零售业	万元	5206093.0	4749643.6	9.6
限额以上	万元	2272970.6	2114609.6	7.5
限额以下	万元	2933122.4	2635034.0	11.3
3、住宿业	万元	121331.8	116483.4	4.2
限额以上	万元	52998.4	55060.6	-3.7
限额以下	万元	68333.4	61422.8	11.3
4、餐饮业	万元	749834.5	699326.2	7.2
限额以上	万元	109246.4	123529.4	-11.6
限额以下	万元	640588.1	575796.8	11.3

·表 21·

芙蓉区城市居民生活状况一览表

指标名称	单位	2016年	2015年	2016年比2015年增长±%
一、城镇居民人均可支配收入	元	46382	42697	8.6
二、城镇居民消费性支出	元	34684	31978	8.3
1. 人均食品类消费支出	元	9062	9638	-6
2. 人均衣着类支出	元	2279	2543	-10.4
3. 人均生活用品及服务支出	元	2467	2231	10.6
4. 人均医疗保健支出	元	1347	741	81.7
5. 人均交通和通信支出	元	3210	3142	2.2
6. 人均教育文化娱乐服务支出	元	6247	5715	9.3
7. 人均居住支出	元	8970	7336	22.3
8. 人均杂项商品和服务支出	元	1065	633	68.4
三、城镇居民家庭恩格尔系数	%	26.2	30.1	-13.2
四、城镇居民人均使用面积	平方米	32	34	-5.1

说明：部分数据采用2016年统计口径

·表22·

芙蓉区地方财政收入和支出情况一览表

指标名称	单位	2016年	2015年	增长±(%)
一、财政总收入	万元	1112180	1019652	9.07
其中：公共财政收入	万元	370642	399608	-7.25
税收上划	万元	649966	574724	13.09
二、公共财政支出	万元	539801	511027	5.63
其中：一般公共服务	万元	54479	37229	46.33
教育	万元	82286	74778	10.04
科学技术	万元	7640	9116	-16.19
文化体育与传媒	万元	2741	1869	46.66
社会保障和就业	万元	49542	26216	88.98
医疗卫生和计划生育	万元	14099	14130	-0.22
城乡社区事务	万元	263663	298106	-9.98

·表23·

芙蓉区招商引资情况一览表

指标名称	单位	2016年	2015年	增长±(%)
一、招商项目个数	个	267	242	10.3
其中：外资项目	个	7	12	-41.7
内资项目	个	260	230	13
二、招商引资完成情况				
1. 直接利用外资	万美元	63701	60180	5.85
2. 实际引进省外境内资金	万元	958000	870763	10
3. 市外境内资金形成固定资产	万元	2620000	2340716	12

·表24·

芙蓉区环境保护基本情况一览表

指标名称	单位	2016年
一、城市污水集中处理率	%	99
二、城市生活垃圾无害化处理率	%	100
三、重点工业企业污染治理情况		
1. 工业废水排放达标率	%	99
2. 工业二氧化硫排放达标率	%	100
3. 工业烟尘排放达标率	%	100
4. 工业粉尘排放达标率	%	100

·续表 24·

指标名称	单位	2016 年
5. 工业固废综合利用率	%	90
四、建成烟尘控制区个数	个	6
五、建成烟尘控制区面积	平方公里	42.8
六、建成环境噪声达标区个数	个	3
七、建成环境噪声达标区面积	平方公里	21.4

·表 25·

芙蓉区教育事业基本情况一览表

指标名称	单位	2016 年
一、学校数	个	37
其中：小学	个	33
中学	个	4
二、在校学生人数	人	45267
其中：小学	人	37516
中学	人	7751
三、小学生入学率	%	100
四、小学生普及率	%	100
五、小学生巩固率	%	100
六、普通初中入学率	%	100
七、教职工数	人	2381
八、适龄人口入学率	%	100
九、在校学生辍学率	%	0
十、小学毕业生升学率	%	100
十一、初中毕业生升学率	%	98.89

·表 26·

芙蓉区社会保障基本情况一览表

指标名称	单位	2016 年
一、城镇新增就业人员	人	16631
二、失业人员再就业	人	5474
三、年末城镇登记失业率	%	2.95
四、新增失业保险职工人数	人	8887
五、领取失业保险金人数	人	1850
六、新增养老保险人数	人	4546
七、新增基本医疗保险人数	人	10000
八、基本养老保险发放率	%	100

·表27·

芙蓉区社区服务及社会福利事业基本情况一览表

项　目	单位	2016年
一、城市社区服务设施	处	73
二、基层社区服务中心	个	73
三、敬老院床位数	床	128
四、敬老院供养人数	人	60
五、接受社会捐赠	万元	46.5
六、全年共发放低保金	万元	1369
七、全年领取最低生活保障救济	人次	41479
八、城镇居民得到政府最低生活保障	人	3259
九、城镇各种社区服务设施	个	73
其中：综合性社区服务中心	个	73

·表28·

芙蓉区城市环境卫生基本情况一览表

项　目	单位	2016年
一、完成工作量		
1. 收运垃圾	吨	299674
2. 清扫面积	万平方米	1162.9
二、环卫专用设备		
1. 垃圾运输车	台	65
2. 真空吸粪车	台	1
3. 洒水车	台	97
4. 机扫车	台	42
5. 融雪车	台	1
三、环卫设备		
1. 公共厕所	座	98
2. 垃圾站	个	92

·表29·

芙蓉区文化事业发展情况一览表

指标名称	单位	2016年
一、艺术表演团体	个	160
二、文化馆	个	1
三、公共图书馆	个	1

·续表29·

指标名称	单位	2016年
四、博物馆	个	0
五、纪念馆	个	1
六、广播电台	座	0
七、体育场	个	492
1. 体育馆	座	194
2. 运动场	个	277
3. 游泳池	个	21

·表30·

芙蓉区医疗卫生基本情况一览表

指标名称	计算单位	2016年
一、医疗卫生机构数	个	288
其中：社区卫生服务中心	个	12
社区卫生服务站	个	35
二、医疗卫生人员数	人	11558
三、年末医疗卫生机构床位数	张	9428
四、五岁以下儿童死亡率	‰	2.28
五岁以下儿童死亡数	人	9
五岁以下儿童活产数	人	3492

（区统计局）

图29　五一路全景图

文 献 选 编

长沙市芙蓉区国民经济和社会发展第十三个五年规划纲要（摘要）

（2016 年 1 月）

发展要求

一、指导思想

高举中国特色社会主义伟大旗帜，全面贯彻党的十八大和十八届三中、四中、五中全会精神，以马克思列宁主义、毛泽东思想、邓小平理论、“三个代表”重要思想、科学发展观为指导，深入贯彻习近平总书记系列重要讲话精神，协调推进“四个全面”，大力促进“三量齐升”“五化同步”“六个走在前列”，紧扣湖湘之心、中部标杆、全国一流总体定位，努力打造引领转型升级的财富芙蓉、建设创新驱动的智慧芙蓉、彰显精致秀美的魅力芙蓉、实现全面共享的幸福芙蓉，推动芙蓉区向具有国际品质和湖湘文化特色的精品之区迈进。

二、基本原则

——坚持创新发展。坚持从要素投入驱动转变为创新驱动，从规模扩张转向为提升质量和效益。坚持以体制创新推动科技创新，释放创新、创业、创造带来的巨大活力和宽广空间，营造大众创业、万众创新的生动局面。

——坚持协调发展。增强全局意识，统筹推进各区域、各领域的均衡发展。促进和实现中心城区与新城区的协调发展，城市建设与城市管理的协调发展，城市容量与承载功能的协调发展，精神文明与物质文明的协调发展等。

——坚持绿色发展。将生态文明和绿色发展理念贯穿于发展的全过程，确保发展的质量效益和可持续性，形成绿色低碳、集约高效的发展模式，建设宜居、宜业、宜游的大美芙蓉。

——坚持开放发展。把对外开放作为发展的重要手段，主动参与国际竞争和区域合作，形成开放发展新格局。实施更加积极和精准的招商引资策略，大力引进世界 500 强、战略投资者和城市运营商。提升对外贸易能级，建设更高水准的外贸示范区。

——坚持共享发展。把增进人民福祉、促进人的全面发展作为发展的出发点和落脚点，全面提升社会事业和社会保障水平，持续提高城乡居民收入水平，增强人民幸福感、获得感、舒适感和安全感。

三、总体目标

——财富芙蓉。适应和引领经济发展新常态，推进供给侧结构性改革，提高供给体系质量和效率，提高投资有效性，推进产业转型升级，加快培育新的发展动能，改造提升传统比较优势，增强持续增长动力，构建现代化的产业体系，打造高端产业引领区。以楼宇经济为载体，优先发展高端服务业，巩固提升全省金融、商务、消费中心地位。发展都市工业、楼宇工业、总部工业，推进隆平高科技园向综合性精品园区发展。

——智慧芙蓉。进一步激活开放度，搭建开放数据平台，推进智慧产业、智慧社区、智慧政务等体系建设，打造智慧理念先行区。促进互联网与传统产业深度融合，壮大“互联网 +”。推进创新型城区建设，促进高新技术产业聚集发展。依托互联网、物联网、云计算等，构建交融互通共享的网络体系和应用体系，实现城区智慧式管理和运行。

——魅力芙蓉。立足湖湘文化，着眼国际品质，打造城市品质示范区。推进中心城区改造提质，高标准规划建设隆平新区，加快浏阳河文化旅游产业带建设，完善基础设施体系，建设现代化城区。加强城市管理、生态建设和两型建设，打造天蓝、水清、地绿的秀美芙蓉。

——幸福芙蓉。围绕率先全面建成高水准、共享型的小康社会奋斗目标，加强和创新公共服务体系建设，打造公共服务样板区。实现更高水准的充分就业，打造更加优质高效的15分钟“入学圈”“医疗圈”“健身圈”“养老圈”等，夯实以社保、低保、医保、住保等为主要内容的社会保障体系，统筹推进社会治安、安全生产、食药安全等，争创平安和谐城区。

四、具体目标

——经济增长与结构优化协同并进。到2020年，GDP总量达1700亿元，年均增长9%左右，人均GDP达26万元，年均增长6.5%；财政总收入达到160亿元左右，年均增长10%左右；规模工业增加值年均增长6%以上。经济结构不断优化，第三产业增加值占GDP比重上升到88%。

——全面小康与社会治理同步推进。率先建成高水准的全面小康社会。到2020年，人口自然增长率控制在8.5‰左右；居民人均可支配收入达到62700元，年均增长9%左右；人均住房使用面积达到36平方米。社会治理能力和水平大幅提升，法治社会建设全面推进，实现更加广泛的民主与自由、公平与正义、法治与包容发展，让广大人民群众共享改革发展的成果。

——社会保障与公共服务大幅提升。到2020年，教育、卫生、文化、体育等社会事业全面进步；养老、医疗、失业、工伤和生育保险制度不断完善；社会福利、社会救济、社会互助等救济事业全面推进；每年新增城镇就业岗位1.6万个，城镇登记失业率控制在4%以内；基本养老保险、基本医疗保险覆盖率达到100%。

——协调发展与生态文明持续优化。到2020年，“一带两区”总体构架更加稳健，中心城区改造升级快速推进，承载功能明显提高，完成棚改面积180万平方米，楼宇经济占GDP比重达62%；绿化覆盖率达45%；万元GDP能耗、单位GDP二氧化碳排放、主要污染物排放累计减少均达到省市要求；城市空气质量优良天数比率达70%以上。

——开放创新与深化改革有序推进。到2020年，对内对外开放不断扩大，外贸进出口总额达到25.5亿美元，年均增长10%以上。创新能力显著增强，研究与开发经费支出占地区生产总值的比重达3%以上，高新技术产业增加值占地区生产总值比重达35%左右，专利授权量年均增长10%以上。全面深化改革，经济社会各领域的改革取得突破性进展和显著成效。

·表31·

芙蓉区“十三五”规划经济社会发展主要目标一览表

指标			单位	2015年（预计）	2020年（规划）	指标属性
一经济发展类	1	地区生产总值	亿元	1020	1700	预期性
	2	地区生产总值增长率	年均增长（%）	11.8	9左右	预期性
	3	人均地区生产总值	元	190000	260000	预期性
	4	财政总收入	年均增长（%）	14.2	10左右	预期性
	5	固定资产投资额	年均增长（%）	22.3	12	预期性
	6	社会消费品零售总额	年均增长（%）	13.3	10.5左右	预期性

·续表 31·

指　标			单 位	2015 年（预计）	2020 年（规划）	指标属性
一经济发展类	7	第三产业增加值占 GDP 比重	%	84	88	预期性
	8	进出口总额	年均增长（%）	3	10	预期性
	9	实际利用外资	年均增长（%）	12.6	8	预期性
	10	高新技术产业增加值占 GDP 比重	%	27.5	35 左右	预期性
	11	R&D 占 GDP 比重	%	2.3	3	预期性
	12	专利授权量	件	1150	2300	预期性
二社会民生类	13	城镇居民人均可支配收入增长率	年均增长（%）	10	9 左右	预期性
	14	城乡基本医疗保险覆盖率	%	97.8	100	约束性
	15	城乡基本养老保险覆盖率	%	100	100	约束性
	16	城镇登记失业率	%	2.8	<4	约束性
	17	社会治安公众满意度	%	—	90	预期性
三资源环境类	18	绿化覆盖率	%	43.9	45	预期性
	19	清洁能源占能源消费比重	%	—	30	预期性
	20	万元 GDP 能耗下降	%	[22.4]	达到省市要求	约束性
	21	单位 GDP 二氧化碳排放降低	%	—	达到省市要求	约束性
	22	主要污染物排放累计减少			达到省市要求	约束性
	23	空气质量优良率	%		≥ 70	约束性
	24	城市生活垃圾无害化处理率处理率	%	—	100	约束性
	25	城市污水处理率	%	96.9	99	约束性

说明：[ ] 中为五年累计数

长沙市芙蓉区政府部门
行政审批中介服务事项目录

芙政发〔2016〕3号
（2016年1月23日）

根据推进政府职能转变和深化行政审批制度改革的部署和要求，区人民政府决定清理规范政府部门行政审批中介服务事项，涉及12个部门的行政审批中介服务事项共计37项，保留27项、规范调整9项、取消1项。其中，清理规范后保留、规范调整的项目作为行政审批受理条件的前置中介服务事项，实行清单管理，取消的项目不再作为行政审批的受理条件，且凡未纳入清单的中介服务事项，也一律不得再作为行政审批的受理条件。

·表32·

长沙市芙蓉区政府部门行政审批中介服务事项目录（保留）一览表

序号	中介服务事项名称	对应行政审批事项名称	设置中介服务事项的依据	中介服务时限	收费标准及依据	行政审批项目实施机关	处理意见
1	项目节能评估报告书（表）编制	固定资产投资节能审查	《中华人民共和国节约能源法》第十五条； 《固定资产投资项目节能评估和审查暂行办法》（国家发改委（2010）第6号令）第七条； 《长沙市节约能源办法》（市政府令2011年第115号）第十条、第十一条； 《长沙市固定资产投资项目节能评估和审查办法》（长政办法〔2007〕36号）第四条、第五条、第十条	合同约定	节能审查不收费；编制节能评估报告文件编制费用执行国家有关规定，列入项目概预算	区发改局	保留
2	可行性研究报告编制	政府性投资项目可研究性报告、立项、初步设计概算审查	《国务院关于投资体制改革的决定》（国发〔2004〕20号）第三条第（二）项； 《长沙市政府办公厅关于投资体制改革的若干意见》（长政办发〔2004〕52号）第五条； 《长沙市政府投资建设项目管理办法》（长政发〔2012〕21号）第五条、第十四条至第十六条。	合同约定	《建设项目前期工作咨询收费暂行规定》（计价格〔1999〕1283）；《关于转发〈国家计委关于印发建设项目前期工作咨询收费暂行规定的通知〉的通知》〔2000〕湘价房字第95号；《关于进一步放开建设项目专业服务价格的通知》（发改价格[2015]299号）	区发改局	保留
3	职业病危害预评价报告编制	职业危害项目申报备案	《建设项目职业卫生“三同时”监督管理暂行办法》（国家安监总局令51号）第十条	合同约定	《关于公布〈湖南省疾病预防控制、公共卫生及职业病防治检测检验收费管理办法〉的通知》（湘价费〔2009〕9号）	区安监局	保留

·续表32·

序号	中介服务事项名称	对应行政审批事项名称	设置中介服务事项的依据	中介服务时限	收费标准及依据	行政审批项目实施机关	处理意见
4	职业病危害控制效果评价报告编制	职业危害项目申报备案	《建设项目职业卫生“三同时”监督管理暂行办法》（国家安监总局令51号）第二十九、第三十条	合同约定	《关于公布〈湖南省疾病预防控制、公共卫生及职业病防治检测检验收费管理办法〉的通知》（湘价费〔2009〕9号）	区安监局	保留
5	个人安全资格培训	（1）危险化学品（不含易制爆化学品、剧毒品）批发单位《危险化学品经营许可证》核发 （2）烟花爆竹经营（零售）许可	《烟花爆竹经营许可实施办法》第十六条第（二）项；《危险化学品经营许可证管理办法》第六条第（二）项	新证培训6天，复审培训2天	由物价部门依据相关法律法规核准	区安监局	保留
6	危险化学品安全评价报告编制	（1）危险化学品（不含易制爆化学品、剧毒品）批发单位《危险化学品经营许可证》核发 （2）“危险化学品经营许可证”（零售）	《危险化学品经营许可证管理办法》（2015年修正）第五条—第九条；《危险化学品安全使用许可证实施办法》（2015年修正）第十三条	合同约定	《湖南省安全评价服务收费管理办法》（湘价服〔2014〕91号）	区安监局	保留
7	编制验资报告	（1）社会组织登记 （2）养老机构设立许可 （3）对社会福利机构设立、变更、合并与分立、年检等管理	《民办非企业单位登记管理暂行条例》（国务院令251号）第九条第（四）项；《民办非企业单位登记暂行办法》（民政部令第18号）第六条第5款、第十二条； 《社会团体登记管理条例》（国务院令250号）第十一条第（三）项、第二十条； 《湖南省民政厅关于对四类社会组织实行直接登记的暂行办法》（湘民政2013年46号）第二条	合同约定	市场调节	区民政局	保留
8	编制离任审计报告	（1）社会组织登记 （2）养老机构设立许可 （3）对社会福利机构设立、变更、合并与分立、年检等管理	《民办非企业单位登记管理暂行条例》（国务院令251号）第二十二条；《社会团体登记管理条例》（国务院令250号）第三十条第二款	合同约定	市场调节	区民政局	保留

·续表 32·

序号	中介服务事项名称	对应行政审批事项名称	设置中介服务事项的依据	中介服务时限	收费标准及依据	行政审批项目实施机关	处理意见
9	编制清算报告	(1)社会组织登记 (2)养老机构设立许可 (3)对社会福利机构设立、变更、合并与分立、年检等管理	《民办非企业单位登记管理暂行条例》(国务院令 251 号)第十七条; 《民办非企业单位登记暂行办法》(民政部令第 18 号)第十八条; 《社会团体登记管理条例》第二十三条	合同约定	市场调节	区民政局	保留
10	物业项目维修和更新、改造的检测、鉴定报告及工程造价审核	物业维修基金使用审批(3 万元以下及应急维修)	《长沙市物业专项维修资金管理办法》(市政府令 124 号)第二十四条第一项、第二十七条; 《关于印发〈应急情况下使用物业专项维修资金的意见〉的通知》(长物维政字〔2014〕1 号)	合同约定	市场调节	区城乡建设局	保留
11	建设工程施工图设计文件审查	建设工程项目施工图审查备案	《建设工程质量管理条例》(国务院令第 279 号)第十一条; 《建设工程勘察设计管理条例》(国务院令第 293 号)第十三条; 《房屋建筑和市政基础设施工程施工图设计文件审查管理办法》(住房和城乡建设部令第 13 号)第十三条; 《湖南省民用建筑节能条例》(湖南省第十一届人民代表大会常务委员会公告第 32 号)第六条、第十八条	合同约定	《关于重新发布施工图审查服务收费标准的通知》(湘发改价服〔2015〕861 号)	区城乡建设局	保留
12	建设工程质量常规检测	建设工程竣工验收备案	《中华人民共和国建筑法》;《建设工程质量管理条例》(国务院令第 279 号)第四十六条; 《湖南省建设工程质量和安全生产管理条例》(湖南省第十届人民代表大会常务委员会公告第 84 号)第十八条、第三十三条、第三十四条	合同约定	市场调节	区城乡建设局	保留
13	房屋安全鉴定	房屋安全鉴定备案	《城市危险房屋管理条例》(建设部令 4 号)第六条、第十二条; 《长沙市房屋安全管理条例》第十六条—第二十三条	合同约定	《关于进一步规范建设工程质量检测服务收费的通知》(湘价服〔2009〕186 号)	区城乡建设局	保留
14	建设项目环境影响评价文件(报告书、报告表)编制	建设项目环境影响评价文件审批	《中华人民共和国环境保护法》第十九条;《中华人民共和国环境影响评价法》第二十条; 《建设项目环境保护管理条例》(国务院令第 253 号)第六条、第十条、第十二条、第二十条	合同约定	市场调节	区环保局	保留

·续表 32·

序号	中介服务事项名称	对应行政审批事项名称	设置中介服务事项的依据	中介服务时限	收费标准及依据	行政审批项目实施机关	处理意见
15	环境监（检测）	排污许可证核发	《环境监测管理办法》（国家环境保护总局令第 39 号）第二十一条；《湖南省排污许可证管理暂行办法》（湘环发〔2003〕124 号）第十六条；《湖南省环境保护厅〈关于加强排污许可证管理工作〉的通知》；《放射性同位素与射线装置安全许可管理办法》（国家环境保护总部令第 3 号）第二十四条	合同约定	《关于重新审定环境监测专业技术服务收费标准的通知》(湘价服〔2001〕18 号)；《关于推进环境监测服务社会化的指导意见》（环发〔2015〕20 号）	区环保局	保留
16	道路运输车辆二级维护	道路营运客货车辆二级维护备案	《中华人民共和国道路运输条例》第三十一条；《道路运输车辆维护管理规定》(交通部令 2001 年第 4 号 ）第五条、第七条、第十九条	即时办理	《湖南省机动车维修工时定额收费标准》(2013 版)	区交通运输局	保留
17	道路运输车辆安装卫星定位装置	（1）机动车维修经营许可（三类）（2）道路货物运输经营许可（普通货物）	《中华人民共和国道路运输条例》（国务院令第 628 号）第七条、第二十四条；《机动车维修管理规定》第六条、第十一条、第十三条—第十五条；《道路运输车辆动态监督管理办法》（交通运输部公安部国家安监总局令〔2014〕第 5 号）第十六条	即时办理	湖南省道路运输管理局面向全国北斗运营服务商招标的“湖南省重点运输过程监控管理服务示范系统工程”〔采购编号:（2013G）0126 号〕	区交通运输局	保留
18	营运车辆技术等级划分和评定	（1）机动车维修经营许可（三类）（2）道路货物运输经营许可（普通货物）	《中华人民共和国道路运输条例》（2012 年修正）第二十四条、第二十九条；《道路货物运输及站场管理规定》（交通运输部令 2012 年第 1 号）第二十条	即时办理	湖南省物价局《关于明确机动车安全技术检验收费政策有关问题的通知》湘价服〔2014〕87 号	区交通运输局	保留
19	放射防护评价报告编制	“放射诊疗证”核发	《放射诊疗管理规定》（卫生部令第 46 号）第十二条、第十三条、第十四条、第十七条、第二十条（一）、（二）、（三）	合同约定	《关于公布全省疾病预防体系服务收费目录清单的通知》(湘发改价服〔2014〕1161 号）	区卫生计生局	保留
20	出具公共场所从业人员健康体检证明	（1）公共场所卫生许可证核发（含饮用水供水单位）（2）“放射工作人员证”核发	《公共场所卫生管理条例》第七条；《湖南省公共场所卫生许可证发放管理办法》第六条；《放射诊疗管理规定》第二十三条；《放射工作人员职业健康管理办法》(卫生部令 55 号）第十八条	4 个工作日	市场调节	区卫生计生局	保留

·续表32·

序号	中介服务事项名称	对应行政审批事项名称	设置中介服务事项的依据	中介服务时限	收费标准及依据	行政审批项目实施机关	处理意见
21	出具医护从业申请人6个月内的健康体检证明	（1）医师执业注册 （2）执业护士首次执业、变更执业、延续执业注册	《医师执业注册暂行办法》（卫生部令第5号）第七条； 《护士执业注册管理办法》（卫生部令第59号）第七条	合同约定	市场调节	区卫生计生局	保留
22	教师资格认定体检	教师资格认定（幼儿园、小学、初级中学）	《中华人民共和国教师法》第十三条； 《中华人民共和国教师资格条例》（教育部第10号令）第六条、第十三条、第十五条； 《湖南省〈教师资格条例〉实施细则（试行）》	体检后8个工作日出结果，体检结果一年内有效	由指定医院按物价部门核定标准收取	区教育局	保留
23	实时造价评估	迁移、拆除、改造、报废人防工程审批	《中华人民共和国人民防空法》第二十八条； 《湖南省实施〈中华人民共和国人民防空法〉办法》第二十六条	15天	《关于发布〈资产评估收费管理办法〉的通知》（发改价格〔2009〕2914号）	区人防办	保留
24	人防工程施工图设计文件审查	迁移、拆除、改造、报废人防工程审批	《中华人民共和国人民防空法》（主席令第78号）第七、二十八、三十五条； 《人民防空工程施工图设计文件审查管理办法》（国人防〔2009〕282号）第四条至第六条、第十五条、第二十条	10天	《关于进一步规范施工图审查服务收费的通知》（湘价服〔2012〕76号）	区人防办	保留
25	编制验资报告	基层法律服务所设立、变更、注销登记	《基层法律服务所管理办法》（司法部令第59号）第十二条	合同约定	《湖南省会计事务所服务收费管理实施办法》及湖南省会计师事务所审计服务收费标准	区司法局	保留
26	出具食品行业从业人员健康证明	（1）食品经营许可（含餐饮许可和流通许可） （2）食品小作坊许可	《中华人民共和国食品安全法》第四十五条第一、二款； 《湖南省食品生产加工小作坊和食品摊贩管理条例》（湖南省第十一届人民代表大会常务委员会公告第79号）第十四条至第十六条、第二十七条； 《湖南省食品药品监督管理局关于印发湖南省食品经营许可审查实施细则（试行）、湖南省食品经营许可工作规范（试行）的通知》（湘食药监发〔2015〕44号）	合同约定	市场调节	区食药监局	保留

·续表32·

序号	中介服务事项名称	对应行政审批事项名称	设置中介服务事项的依据	中介服务时限	收费标准及依据	行政审批项目实施机关	处理意见
27	出具自酿酒检验合格报告	食品经营许可（在餐饮服务中提供自酿酒的经营者）	《中华人民共和国食品安全法》；《食品经营许可管理办法》（2015年国家食药监局令17号）；《食品经营许可审查通则（试行）》；《湖南省食品药品监督管理局关于印发湖南省食品经营许可审查实施细则（试行）、湖南省食品经营许可工作规范（试行）的通知》（湘食药监发〔2015〕44号）；湖南省食品经营许可工作规范（试行）的通知》（湘食药监发〔2015〕44号）	合同约定	市场调节	区食药监局	保留

·表33· 长沙市芙蓉区政府部门行政审批中介服务事项目录（规范调整）一览表

序号	中介服务事项名称	对应行政审批事项名称	设置中介服务事项的依据	中介服务时限	收费标准及依据	行政审批项目实施机关	处理意见
1	公共场所卫生监测、评价报告编制	公共场所卫生许可证签发	《公共场所卫生管理条例实施细则》（卫生部令第80号）第二十二条、第二十三条；《湖南省公共场所卫生许可证发放管理办法》	合同约定	《关于公布全省疾病预防体系服务收费目录清单的通知》（湘发改价服〔2014〕1161号）	区卫生计生局	由申请人申请，相关机构进行公共场所卫生监测，出具评价报告，审批中介服务费用由政府财政负担
2	生活饮用水卫生监测、评价报告编制	公共场所卫生许可证签发（饮用水供水单位）	《传染病防治法》；《生活饮用水卫生监督管理办法》（建设部、卫生部令第53号）第十六条。	合同约定	《关于公布全省疾病预防体系服务收费目录清单的通知》（湘发改价服〔2014〕1161号）	区卫生计生局	由申请人申请，相关机构进行生活饮用水卫生监测，出具评价报告，审批中介服务费用由政府财政负担
3	初步设计概算审核	政府性投资项目可研究性报告、立项、初步设计概算审查	《国务院关于投资体制改革的决定》（国发〔2004〕20号）第三条第（二）项	20个工作日	《建设项目前期工作咨询收费暂行规定》（计价格〔1999〕1283）；《关于进一步放开建设项目专业服务价格的通知》（发改价格〔2015〕299号）	区发改局	审批机关委托有关机构进行项目初步设计概算审核，纳入行政审批程序

·续表 33·

序号	中介服务事项名称	对应行政审批事项名称	设置中介服务事项的依据	中介服务时限	收费标准及依据	行政审批项目实施机关	处理意见
4	可行性研究报告评估	政府性投资项目可研究性报告、立项、初步设计概算审查	《国务院关于投资体制改革的决定》（国发〔2004〕20 号）第三条第（二）项	20 个工作日	《建设项目前期工作咨询收费暂行规定》(计价格〔1999〕1283);《关于转发〈国家计委关于印发建设项目前期工作咨询收费暂行规定的通知〉的通知》〔2000〕湘价房字第 95 号;《关于进一步放开建设项目专业服务价格的通知》(发改价格〔2015〕299 号）	区发改局	审批机关委托有关机构进行项目可行性研究报告评估，纳入行政审批程序
5	初步设计概算编制	政府性投资项目可研究性报告、立项、初步设计概算审查	《国务院关于投资体制改革的决定》（国发〔2004〕20 号）第三条第（二）项;《湖南省建设工程工程量清单计价办法》（湘建价〔2009 〕406 号）第三条	合同约定	《湖南省建设工程造价咨询服务收费管理办法》(湘价服〔2009〕81);《关于进一步放开建设项目专业服务价格的通知》（发改价格〔2015〕299 号）	区发改局	申请人可按要求委托具有资格的工程造价专业人员负责编制，也可委托有资质的机构负责编制，审批部门不得以任何形式要求申请人必须委托特定中介机构提供服务
6	职业病防护设施设计专篇编制	职业危害项目申报备案	《建设项目职业卫生“三同时”监督管理暂行办法》（国家安全总局令 51 号）第十六条	合同约定	市场调节	区安监局	按国务院处理方式，申请人可按要求自行编制职业病防护设施设计，也可委托有关机构编制，审批部门不得以任何形式要求申请人必须委托特定中介机构提供服务
7	环境应急预案编制	突发环境事件应急预案备案	《中华人民共和国环境保护法》;《企业事业单位突发环境事件应急预案备案管理办法（试行）》第八条	合同约定	市场调节	区环保局	参照国务院处理模式，申请人可按要求自行编制环境应急预案，也可委托有关机构编制，审批部门不得以任何形式要求申请人必须委托特定中介机构提供服务
8	财产清算报告报告编制	民办学校（幼儿园）设立、变更许可	《中华人民共和国民办教育促进法》第八章第五十三条、第五十四条、第五十八条	合同约定	《湖南省会计师事务所服务收费管理实施办法》（湘价服〔2010〕183 号）;《湖南省资产评估收费管理实施办法》（湘价服〔2011〕203 号）	区教育局	申请人可按要求自行编制财产清算报告，也可以委托有关机构编制，审批部门不得以任何形式要求申请人必须委托特定中介机构提供服务

·续表33·

序号	中介服务事项名称	对应行政审批事项名称	设置中介服务事项的依据	中介服务时限	收费标准及依据	行政审批项目实施机关	处理意见
9	首批食品检验合格证明材料及食品加工用水检验合格证明材料	食品小作坊许可	《中华人民共和国食品安全法》；《湖南省食品生产加工小作坊和食品摊贩管理条例》第十九条；《长沙市食品药品监督管理局〈食品小作坊监督管理实施细则〉》第二十二条	合同约定	《关于重新发布湖南省质量技术监督系统行政事业性收费标准的通知》（湘发改价费〔2014〕1039号）	区食药监局	申请人具备检验能力的，可自行检验；不具备检验能力的，应当委托具有法定检验资质的食品检验机构检验。审批部门不得以任何形式要求申请人必须委托特定中介机构提供服务

·表34·

长沙市芙蓉区政府部门行政审批中介服务事项目录（取消）一览表

序号	中介服务事项名称	对应行政审批事项名称	设置中介服务事项的依据	中介服务时限	收费标准及依据	行政审批项目实施机关	处理意见	取消原因
1	验资报告、资产评估报告编制	民办学校（幼儿园）设立、变更许可	《中华人民共和国民办教育促进法》第二章第十二条（三）项	合同约定	《湖南省会计师事务所服务收费管理实施办法》（湘价服〔2010〕183号）；《湖南省资产评估收费管理实施办法》（湘价服〔2011〕203号）	区教育局	取消	根据国务院有关精神做法予以取消

附　　录

芙蓉专稿

论湖湘文化格局中的芙蓉文化自信

芙蓉区委书记　于新凡

习近平总书记在庆祝中国共产党成立 95 周年大会上的讲话中强调，坚持不忘初心、继续前进，就要坚持中国特色社会主义道路自信、理论自信、制度自信、文化自信。这是党对“三个自信”重要论断的又一次理论创新，是对中国特色社会主义理论体系的再一次丰富和发展。“文化自信”的全新加入，构建起“四个自信”的理论框架，进一步坚定了党的信念基石。

习近平总书记指出，文化自信，是更基础、更广泛、更深厚的自信。长沙作为历史文化名城，在两千多年的发展历程中积淀了深厚的历史文化，作为中国革命的重要策源地之一，孕育了丰富的革命文化。尤其是近年来，长沙全力推进具有国际品质和湖湘文化标识的现代化大都市建设，引领长沙步入文化大发展、大繁荣的鼎盛时期，成为湖湘文化之集大成者。而芙蓉区所辖区域一直为古城长沙的核心，这里集中承载了长沙一大批文化遗产、文化品牌、文化现象和文化产业，有着扎实的群众基础、广泛的社会认同和深厚的文化底蕴。我们必须深入挖掘区内文化资源，大力传承和弘扬优秀文化，不断提升文化内涵和文化软实力，坚定不移地走具有国际品质和湖湘文化特色精品之区发展道路，持续增强坚持中国特色社会主义的文化自信。

芙蓉区的文化自信，来自于基因纯正的红色文化。芙蓉区聚集了一大批红色遗址和爱国主义教育基地，如《湘江评论》印刷处、杨开慧就义遗址、八路军驻湘通信处、程潜公馆（现为湖南和平解放史事陈列馆）、楚怡学校、修业学校等，清晰地记录着毛泽东、杨开慧、何叔衡、徐特立等老一辈无产阶级革命家艰苦卓绝的奋斗历程，蕴含着中国共产党带领中国人民推进革命、夺取政权的历史脉络。尤其是芙蓉区的母亲河浏阳河以及脍炙人口的红色歌曲“浏阳河”，成为传承红色文化的经典代表和诞生“枪杆子出政权”思想的重要见证。这一系列极具影响力和代表性的红色文化，可歌可泣，生生不息，已成为根植于人民群众心中的红色记忆和培育践行社会主义核心价值观的重要载体，长期以来激励着芙蓉人民不屈不挠、顽强拼搏，也必将成为芙蓉人民坚定文化自信的重要根基。

芙蓉区的文化自信，来自于传承千年的楚汉文化。举世闻名的马王堆汉墓发掘于芙蓉区，千年不朽的辛追女尸、T 形帛画、素纱禅衣等重大考古发现震惊全球，被评为世界十大古墓稀世珍宝之一。位于长沙芙蓉 CBD 核心板块的走马楼以及周边区域相继发掘出土十多万枚东汉和东吴时期的简牍，数量超过全国历年出土简牍的总和，用两百余万字的庞大体量详细记录了一千多年前的政治、经济、文化、民生史事。定王台、浏城桥楚墓群、宝南钱局、马楚国遗址、东沙古井等历史文化遗迹星罗棋布，串联起脉络清晰的历史轨迹，演绎着百转千回的楚汉文化风情。这一批历史文化遗存，为楚汉文化注入了更多底蕴、内涵和神秘色彩，也为芙蓉区经济社会发展增添了更多文化符号和个性特征。

芙蓉区的文化自信，来自于领先全球的稻作文化。湖南向来被誉为“鱼米之乡”，是中国稻作文明的发源地之一，而芙蓉区当之无愧是当今世界水稻科技的“朝圣地”。杂交水稻之父袁隆平院士在芙蓉区工作生活超过半个世纪，他的杂交水稻工程技术研究中心就坐落于此。杂交水稻从芙蓉区走向世界、远播全球。数十年来，袁隆平院士引浏阳河之水灌溉农田，默默耕耘，硕果累累，杂交水稻在全球累计推广播种超过50亿亩，解决了全球五分之一人口的吃饭问题，为中国乃至全世界粮食安全作出了卓越贡献。袁隆平院士和他的杂交水稻已经成为现代农业科技和世界稻作文化的杰出代表，创造出难以估量的经济价值和社会价值，彰显出强大的文化影响力和品牌号召力。

芙蓉区的文化自信，来自于独具特色的艺术文化。湘绣为中国四大名绣之一，入选第一批国家级非物质文化遗产名录。作为国家级非物质文化遗产生产性保护示范基地的湖南省湘绣研究所坐落于芙蓉区，该所创作的一批湘绣精品多次作为国礼赠送给外国领导人。同样被列入第一批国家级非物质文化遗产名录的湘剧，是中国重要的地方戏曲剧种之一，作为全国地方戏创作演出重点院团的湖南省湘剧院坐落于芙蓉区，《琵琶记》《李贞回乡》《谭嗣同》等一批精品剧目荣获文华奖、“五个一”工程奖等重要奖项，涌现出徐绍清、左大玢等一批湘剧大师。同时，极具湖南本土特色的花鼓戏、长沙弹词、中国红陶瓷等艺术门类百花齐放，长期以来活跃在湖南文化市场上，为人民群众提供着健康、丰富、精彩的精神文化生活。

芙蓉区的文化自信，来自于丰富多彩的市井文化。芙蓉区的市井文化，集中体现在芙蓉区的名街古巷之中。芙蓉区人历来重商，自古以来商贾云集、流金淌银，曾位列四大米市之首。北宋诗人张祁曾用“长沙十万户，游女似京都”来描述这里的繁华。宝南街、浏正街等都是繁华千年的商业街，各路商贩走街串巷、叫卖吆喝，各类特色手艺、老铺名店传承至今，无不透露出质朴浑厚的市井气息。芙蓉区人历来重食，从都正街走出了四大厨神之一的湘菜始祖詹王，培养了石荫祥等三位宫掌勺人民大会堂的湘菜大师，聚集了玉楼东、杨裕兴等餐饮百年老字号，将以香辣为特色的湘菜文化发扬光大。芙蓉区人历来重文，文运街即清代贡院所在地，寄托了无数书生秀才的仕途梦想；苏家巷老泉别径，隐约带着苏洵以诗会友的闲情逸致；遥相呼应的化龙池，保存着嘉靖年间的善化学宫残墙；何绍基礡石山房、杜心武公馆等名人旧居藏身街巷之中，文化气息浓郁。丰泉古井、桃花井等既为古井又为古巷，带着鲜明的长沙风情。历经千年沧桑巨变，古时街巷仍能与今天的路网基本重合，人民群众在此安居乐业繁衍生息，彰显出芙蓉区市井文化的强大生命力。

芙蓉区的文化自信，来自于精彩纷呈的群众文化。随着经济社会不断发展，群众文化需求与日俱增，全区群众文化事业呈现蓬勃发展的良好态势。积极创建国家公共文化服务体系示范区，区、街道、社区（村）公共文化服务体系三级网络全面建成。充分利用湖南大剧院、省图书馆等省级文化场馆集中的优势，定期开展深度合作，全面提升群众文化活动的内涵和质量。推进基层文化阵地建设，相继完成了一批文化站、图书馆、农家书屋等建设。结合浏阳河文旅产业带、拆违控违、造绿复绿等重点工作，开辟了浏阳河风光带、隆平文化园一批公共文化活动空间，启动区文体活动中心建设，“15分钟文化圈”基本建成。贯彻落实“文化惠民”工程，扶持发展合唱团、舞蹈队、锣鼓队、模特队等社区文艺团队160多支，培育了“浏阳河文化艺术节”“芙蓉艺术节”等一批文化品牌，每年举办“芙蓉杯新节目大赛”“牵手芙蓉”等群众文化活动百余场次、“三送”活动30多场次，群众文化活动精彩不断、好戏连台。

芙蓉区的文化自信，来自于接轨世界的潮流文化。改革开放以来，外来文化与本土文化在芙蓉区交流碰撞，孕育出一个个具有国际品质和湖湘特色的文化基地、文化产品、文化现象，引领着潮流文化的走向。浏阳河婚庆文化园，以爱情文化为主题，打造“爱的体验地”，构筑婚恋全产业生态，传承着刘海砍樵的经典爱情故事。曙光798城市体验馆，以极具质感的古旧厂房为基础，以文化和商业交互式体验的全新模式，融创意设计、健身娱乐、特色餐饮、汽车、珠宝等业态于一炉，打造出具有现代气息和历史厚度的新型文化产业园区。朝阳电子科技街、湘女服饰街、定王书香街、化龙池清吧街、韭菜园古玩街、K+创客中心等一批特色文化街区，无不是现代文明与传统文化相互交融的结晶，共同建构起以演艺娱乐、文博收藏、出版发行、影视动漫、设计策划等为主体的文化创意产业集群，成长为支撑芙蓉区经济增长的重要支柱。

文化自信是我们的精气神所在，是正能量所在。习近平总书记在讲话中指出，在5000多年文明发展中孕育的中华优秀传统文化，在党和人民伟大斗争中孕育的革命文化和社会主义先进文化，积淀着中华民族最深层的精神追求，代表着中华民族独特的精神标识。这些弥足珍贵的文化元素已经融入我们的血脉，深入我们的骨髓。我们必须担当起新的历史使命，在文化的破旧与立新、传承与扬弃中与时俱进，激发对文化传统的历史自豪感，将优秀文化发扬光大，在全社会形成对社会主义核心价值观的普遍共识和坚定信念，让文化自信成为推进中国特色社会主义事业永不枯竭的动力源泉。《长沙通讯》2016年第一期

打造“立起来的开发区”
——芙蓉区楼宇经济发展情况调查

芙蓉区委副书记、区长　周春晖

楼宇经济是财源经济、信息经济和物流经济的统一，具有较高的综合效益和发展前景。近年来，芙蓉区结合中央商务区（CBD）开发建设，积极引导新建楼宇向CBD核心区聚集，逐步形成了以五一大道、芙蓉路、韶山路三条城市干道两厢为主体的三大楼宇经济带，呈现蓬勃发展势头，成为“立起来的开发区”。

一、基本情况

芙蓉区楼宇经济发展主要有以下几个特点：

1. 集聚效应明显。拥有商务楼宇212栋，总建筑面积超过595万平方米，是全省商务楼宇密度最大的区域。其中133栋在CBD核心区聚集，重点楼宇86栋（商务写字楼41座、商住楼45座），楼宇登记企业4900余家，企业入驻率达90%以上。长沙国金中心、世茂广场、擎天广场等在建面积超20万平方米的大型商务综合体3座，在建总建筑面积300余万平方米，建成后将成为全市的地标性建筑。已投入使用的中石油大厦、旺德府国际、红橡国际、亚大时代、中天广场等楼宇已达到甲级写字楼标准。

2. 示范效应突出。带动金融、商贸、现代服务业等高端产业蓬勃发展，楼宇入驻金融保险证券业165家、批发零售业1431家、现代服务业2368家，占楼宇入驻企业总数的80.8%。其中CBD核心区聚集世界500强企业办事机构21家；金融业机构区域性总部73家，新引进平安银行、国开证券、中宏保险等省级金融机构，银行、证券、保险省级总部分别达13家、33家、27家，占全省总量的44.8%、44.6%、65%；高端企业4家（乐和城、新世界、友阿集团、万家丽国际MALL）、三星级以上酒店70余家。

3. 财富效应涌现。2015年，全区CBD核心区完成固定资产投资114.2亿元，社会消费品零售总额218.9亿元，分别占全区26%和30%；每平方公里实现固定资产投资42亿余元、社会消费品零售总额81亿余元；实现税收51亿元，占全区税收总额59%，比“十一五”末期分别提升33亿元和8个百分点。各项经济指标稳居全省区县首位，已经成为区域经济增长的核心动力。

二、主要做法

1. 突出重点，打造专业楼宇。坚持以专业楼宇建设促进特色产业发展，专门出台专业楼宇打造方案，并先后对总部大楼（中石油大厦）、金融服务大楼（中天广场）、影像创意大楼（科佳大厦）、律政服务大楼（华泰尚都）等专业楼宇进行授牌。与此同时，通过引进龙头企业提升产业集聚效应，带动整栋楼及周边地区的经济活力；提升楼宇服务管理水平，保持专业楼宇优质企业入驻率，稳定专业楼宇品质；围绕已入驻的特色产业，加大推介力度、唱响品牌价值、创新招商理念，通过筑巢引凤，吸引同类企业主动入驻。

2. 整合资源，推进升级扩容。通过产业置换、建筑置换、拆旧建新、拆低建高等方式，加大楼宇资源整合力度，推进楼宇升级扩容。帮助在建项目加快建设进度，促进现代化、高品质的楼宇尽早建成并投入使用。积极做好现有楼宇提质升级、“腾笼换鸟”工作，

为后续的大企业、大项目落户储备一批优质楼宇资源，突破楼宇资源瓶颈，提升楼宇经济发展后劲。引导在建楼宇业主进行早期产业定位，促进相同或相关行业在同一栋或相邻楼宇内聚集，实现企业间的信息、资源共享。在遵循市场规律的前提下，结合开发商意愿，通过前期介入，确定专业发展方向，主动帮助开发商进行招商选资。

3. 完善机制，加强政府引导。发展楼宇经济是市场行为，但在更好地发挥政府作用上同样大有可为。我区从健全服务楼宇经济发展的组织机构网络入手，着力构建区楼宇办、街道、物业公司、楼宇联络员四级联动的管理体系。区委、区政府将楼宇经济工作纳入全区目标管理考核体系，把楼宇数据资料和信息上报情况纳入考核重点，要求每月上报入驻企业异动情况、每季上报在建项目进展情况，逐步形成了比较规范的楼宇经济管理体系。各街道纷纷创新工作机制，实施重点项目联系制度、联络站工作制度、楼宇信息管理员机制等一系列制度，进一步推动了楼宇经济的快速发展与繁荣。

4. 营造环境，提升服务质量。全区组织专门力量，经常深入楼宇和企业开展调研服务，送政策和服务上门，帮助企业解决困难。专门成立楼宇商会，以此为龙头，加强对全区楼宇物业公司的管理，引导其提升服务水平。开展商务楼宇周边地区环境整治，完善公共服务设施，着力解决交通拥堵、停车难等问题，联合食品安全部门对楼宇附近餐饮业进行整顿，制作CBD范围内白领用餐手册。借助“互联网+”，推出CBD楼宇资源动态信息栏，及时发布楼宇资源信息，实现网站信息与街道、物业公司、企业互通，做到资讯“一点通”。全国各地兄弟城区先后有数十批次前来考察学习楼宇经济发展经验。

三、几点建议

当前，长沙进入新一轮快速发展期，供给侧结构性改革和“双创”工作深入推进，市委、市政府明确要求“打造中部一流、国内领先的区域性现代服务业中心”，楼宇经济作为现代服务业的重要组成部分，迎来重大机遇。建议在全市推广借鉴我区发展楼宇经济的经验，全方位落实楼宇经济发展的各项措施：

一是强化组织领导。加强对楼宇经济的组织领导，建立以市政府分管领导为组长的联席会议制度，统筹全市楼宇经济发展工作，制定战略、规划和政策，协调楼宇经济发展中的重大问题。

二是坚持特色主导。尽快制定全市楼宇经济发展规划，构建符合长沙实际的楼宇经济基本版图。加大对烂尾楼、闲置楼、半空置楼的盘活力度，积极引导楼宇业主打造特色和“卖点”。通过建立商务楼宇和入驻企业的星级评定制度，有针对性地引进企业，努力推进相似或相关企业相对集中地入住楼宇，打造一批特色商务楼。大力发展商务楼宇开发和管理的市场主体，引进和培育一批经济实力强、管理水平高、规模较大的房地产开发、经营集团包括物业管理公司。

三是突出政策引导。设立鼓励楼宇经济发展专项资金，对出租率显著提高的楼宇、具有经营特色的专业楼宇、总部经济落户的楼宇给予奖励，对入驻企业和中介人分情况给予相应的奖励。同时，可借鉴外地做法，在综合考虑财政可承受能力的前提下，降低企业经营成本，以“零收费”环境吸引外来企业来长发展。

四是注重服务向导。加强楼宇周边环境的建设和整治，将楼宇周边环境建设纳入城市建设和改造规划。完善商务配套设施，培育或引进高水平物业管理公司，改善楼宇软件配套。建立楼宇经济信息资料库，对楼宇经济发展状况实施动态管理。根据楼宇业主和入驻企业具体需求，不定期组织相关政策发布会、人才交流会、楼宇招商会。商务、工商等部门在重点楼宇派驻联络员，为入住企业提供全方位、零距离服务，提高服务水平和服务效率。通过电视、广播、网络、报纸等新闻媒体，对楼宇经济发展进行专题宣传，提高楼宇的知名度，营造良好的发展环境。　　《观点长沙》2016年卷

建言献策

·建议及答复·

关于打造宜居城区，着力解决建筑噪音的建议（摘要）

建议人：区人大代表　刘艳辉

城市拆违，老城区的棚户改造，让更多的违章用地变成了绿地，老百姓活动的场所增多了，生活质量有很大程度提高。与此同时，老百姓处处感受到建筑噪音的困扰。有的施工单位为了赶进度，夜间通宵施工，凌晨还有搅拌混凝土、混凝土输送泵、拆架管、

使用炮机等的声音，居民都叫苦连天，老年人休息不好（特别是病患），小孩不能安心学习。出现投诉无门，城管部门说由环保部门负责执法，环保部门的举报电话也是形同虚设，即使有人接听了也是走过场，没有得到有效的遏制。建议区政府相关职能部门出台城市建筑施工作息时间，要加强对建筑施工执行时间的监管，特别是中午和昼夜的施工噪声一定要得到有效的控制。希望区政府相关职能部门对城市噪声问题得到有效解决，还居民一个宜居的环境。

区建设局关于对区四届人大五次会议第3号建议的答复（摘要）

芙蓉区建筑施工噪声过大的问题，确实存在于部分施工现场，对周边居民的生活和工作产生了较大的影响，区建设局局对于这一问题高度关注，在接到你提出的意见之后，立即组织相关人员开会研究，并积极与环保局、公安部门等相关部门的协商沟通，共同讨论研究，并制订了“芙蓉区建筑工地噪声治理方案”。

（2016年6月9日）

关于加快芙蓉区楼宇经济发展的建议（摘要）

建议人：区人大代表　刘学军

芙蓉区位于省会CBD的核心区域，城区集聚和辐射能力很强。已建成各类楼宇资源100多幢，商事主体20000余家。但是芙蓉区楼宇经济与其他沿海发达城市楼宇经济发展水平相比，在发展规模、功能配套、发展层次等方面仍有较大差距。

一是专业化程度不高。芙蓉区商务楼宇产权分散，管理主体多元，有业主自行管理、有物业管理、有分层业主受聘管理等，直接导致楼宇企业入驻率低、产业层次低、关联度低，现有楼宇结构难以形成特色的具有品牌效应和集群效应的楼宇，不能适应区政府提出的布局集中、产业集聚、主业突出的发展格局。

二是基础设施陈旧。与发展高标准楼宇经济的要求相比，芙蓉区商务楼配套环境亟待改善，部分商务楼在开发时功能定位不明确，特别是交通、停车、电梯、市容卫生无法满足入驻企业的需求影响着楼宇经济的发展；商务楼宇的智能化、自动化、信息化水平及物业管理能力不高，影响整体商务楼宇的档次，难以吸引具有产业引领的企业入驻。

三是税收贡献度不高。芙蓉区楼宇经济的主要税源集中在主要几家金融企业，其他行业并未形成总部经济和产业集群的规模效应，楼宇经济作为培植税源经济的作用还没有充分发挥出来。

四是招商氛围不浓。政府部门对充分挖掘楼宇资源、加快发展楼宇经济的重要性、紧迫性的认识还不到位，认为楼宇经济只是办公楼的出租或销售，是“出租经济”“房产经济”。街道作为楼宇经济的主战场，由于要应对大量的社会管理事物，对发展楼宇经济的精力投入不足。

五是政策激励不到位。芙蓉区已出台部分相关扶持政策，但其扶持面不广，力度不高，尤其是对引导楼宇经济有序集聚发展，推进楼宇招商，调动入驻企业创税奖励等方面的政策较为欠缺。

加快区楼宇经济发展的建议：

1. 强化楼宇产业定位，突出特色品牌。一是要找准特色定位。结合芙蓉区产业特色，科学规划选址定点、楼宇设计、产业布局、物业管理等各个方面。统一布局楼宇经济功能区块，明确楼宇的特色功能定位。全力打造楼宇经济高端区，促进金融、贸易、创意、软件、电子商务等同类业态相对集聚。二是要培育特色楼宇。以商务商贸、文化创意、电子信息、科技研发等产业作为主力业态，重点培育一批特色楼宇。

2. 盘活存量，建构优质平台。一是规划设计把好新建楼宇物业品质关，统筹推进在建项目建设。全面开展老旧楼宇、专业市场改造提升工作，进一步扩容楼宇资源空间。积极探索合作模式，充分挖掘单位、企业的楼宇资源，高效利用好有限的楼宇资源。二是进一步扩大楼宇经济容量，将商住楼纳入楼宇经济管理，有效引导商住楼宇的健康发展。

3. 优化优惠政策，加大政策扶持。一是提升停车、电梯配置和内部装修等物业品质。鼓励企业依据楼宇定位和市场需求，采取自筹、联营、入股等筹措资金，对楼宇的房屋立面、配套设施、内部环境进行有机更新，优先解决停车难、电梯少等难题，提升楼宇的档次和品质。着力改善楼宇周边市容环境、交通设施和停车状况，完善餐饮、购物、休闲、娱乐等配套服务设施，为楼宇经济发展提供基础条件。二是整合楼宇经济政策，进一步发挥政策的扶持激励作用。对楼宇建设、企业入驻等方面进行全面支持，按照开发面积或投入情况给予重奖重补。对入驻区内楼宇的总部型企业，根据其税收贡献，可以考虑通过“以奖代补”“一企一策”等方式给予有力的财税扶持。培养品牌楼宇，对楼宇出租率高、企业注册率高，楼宇纳税额高和物业管理好、经济质态优等特色楼宇的相关工作主体予以奖励。要进一步通过政策激励，调动街道积极性，以形成楼宇经济发展的良性循环。

4. 推进创新，优化服务环境。一是积极探索楼宇管理的新途径，积极搭建涵盖政策宣传、企业登记、民政事务、劳动保障等综合服务平台，及时为楼宇企业、企业员工提供主动化、个性化的服务。二是优化机制。建立以街道为责任主体，经贸、税务、市场监管等职能部门密切协作的监管体系。建立全区楼宇经济信息服务平台，对楼宇资源现状分布、功能定位、经营主等信息实行动态监管。对重点楼宇和重点税源企业要建立绿色沟通管道和个性化服务机制，确保优质企业能请进来、留得住、留得久。

区中央商务区办公室关于对区四届人大五次会议第 8 号建议的答复（摘要）

芙建复函〔2016〕2 号

2016 年芙蓉区深入开展“品质提升年”主题活动，重点实施提升经济发展品质方针，着力解决楼宇经济发展面临的突出的问题。区中央商务区办结合委员的相关建议，拟重点围绕打造专业楼宇、提质现有楼宇、优化管理服务三个方向，力求以品质提升、信心提振、发展提速来实现楼宇经济质量和效益共同进步。

1. 打造专业楼宇。要着力在培育楼宇的高端化、品牌化、专业化上下功夫，形成专业楼宇、重点楼宇、一般楼宇三级楼宇发展梯队，为现代服务业发展承接更多的空间资源和集聚优势。一是明确思路。要把专业楼宇的培育工作作为实现楼宇经济高端化、品牌化的必由之路，以产业联动、产业互补为主动，以适当的激励政策为辅导，引导同一行业、功能相近的企业在楼宇内聚集，一栋专业楼宇就是一条相关产业链，楼宇里的企业是相互依存的关系。二是适时引导。突出经济奖励办法的引导作用，细化操作细则，对培育中的专业楼宇给予大力扶持。重点在全区范围内新建成或整栋空置楼宇中，筛选出一批品质较优、位置较好的楼宇，且开发商有打造专业楼宇的强烈意愿，帮助开发商明确业态定位，实行“一楼一策”。三是重点宣传。将专业楼宇项目进行全新包装，编制楼宇经济招商手册、刊物，举办芙蓉区专业楼宇招商会，加大宣传造势力度，以吸引知名企业入驻，带动相近产业中小企业入驻进而形成专业楼宇。

2. 提质现有楼宇。一是规范引导。对全区现有楼宇、老旧楼宇、专业市场进行摸底排查，区政府牵头出台统一操作规范，有序引导业主在企业自愿、便于操作、经济实用、见效快捷相统一的前提下，对外立面整治、功能优化、结构改造、设备更新、动静态交通、停车位等方面进行合理调配。二是加强协作。针对楼宇提质改造涉及诸多部门，面临审批环节耗时长等困难及问题，建议由区政府牵头，召集相关政府职能部门成立领导小组，建立审批“绿色通道”，简化项目审批服务流程。三是完善配套。要加快公共设施的建设以及餐饮、消费等商业商务配套的完善，改善楼宇企业白领工作环境，力争将楼宇周边精细化的配套服务发展成为芙蓉区楼宇经济竞争的优势条件之一。

3. 优化管理服务。一是推进项目。新增楼宇要快建优用，对 23 个在建商务地产项目突出重点，落实责任，统筹推进项目建设，力争项目早建成、早投入、早见效。二是加快扶持。结合芙蓉区楼宇经济发展的实际，主动借鉴兄弟城区的先进经验和做法，进一步研究并完善芙蓉区促进楼宇经济发展的扶持意见，突出对优势产业的支持力度。三是提升服务。进一步转变作风，走进楼宇、走进企业，听取企业的意见建议，了解企业在发展过程中所遇到的困难和问题，用切实为企业排忧解难的真情实意来稳住优势企业，为芙蓉区楼宇经济瓶颈期实现平稳过渡打下坚实基础。（2016 年 7 月 4 日）

关于进一步推动芙蓉区创新创业工作的建议（摘要）

建议人：区人大代表　尹国杰　张建鸣

2015 年，经财政部、工信部、科技部、商务部、工商总局等联合采取竞争性评审方式通过，长沙市入围首批“小微企业创业创新基地示范城市”名单。芙蓉区作为长沙市的核心区，经济基础雄厚、创新创业氛围浓郁。在隆平高科技园内，形成了广发隆平等一批国家级、省级创业孵化基地。为进一步推动芙蓉区创新创业工作，提出以下建议：

1. 加强创新创业服务。建议利用芙蓉区的区位优势，以隆平高科技园为重点，大力发展创新创业服务，为各类人员创新创业提供“保姆式”的帮助。创新服务方式，拓展服务内容，形成良好的服务口碑，打造中部地区的创新创业“洼地”，吸引长沙及省内人员来芙蓉区创新创业。

2. 设立创新创业发展资金。建议区委、区政府借鉴外地的成功经验和做法，设立长沙市芙蓉区创新创业发展资金，资金额度1000万元，对在芙蓉区范围内各类创新创业人员并取得一定成效的，给予后补助，以丰富本地创业氛围、促进创新创业发展。

3. 培育创新创业平台。鼓励区内各类创业平台（孵化器、创客空间等）服务创新，在为区内创新创业提供创业场地等“硬件”环境的同时，不断优化服务等“软”环境；鼓励各类创业平台升级，申报各部门的省级、国家级创业平台。在创新创业发展资金中安排部分资金支持创业平台建设，支持创业平台做大做强。

区经信局关于对区四届人大五次会议第38号建议的答复（摘要）

芙经信复函〔2016〕4号

2016年，芙蓉区成立了于新凡区长任组长的长沙市芙蓉区小微企业创业创新工作领导小组，制定了“长沙市芙蓉区小微企业创业创新行动计划”“关于促进小微企业创业创新的扶持办法”两个文件。

围绕区域经济的基础产业和重点产业在创业创新载体建设、公共服务提升、融资支持强化等方面进一步采取有力措施，提高全区创业创新水平。一是合理整合资源，加强创业创新载体建设。政府将积极引导和鼓励民间资本投入创业创新载体建设和管理，建设多样化的众创空间，提升现有孵化器、创业基地的载体能力、加快商贸集聚区发展，实施“众创空间星火工程、企业孵化器强基工程、创业基地提升工程、商贸企业集聚发展工程”四类载体工程。二是实施多级联动，健全公共服务功能。建立芙蓉区小微企业服务中心，设在区经信局。按照小微企业初创、发展、壮大的成长周期，聚集各类服务资源，提供企业所需的要素资源。整合公共服务平台，为企业提供知识产权、计量检测、市场拓展、人才培训、法律维权等服务产品，扩大对小微企业服务的覆盖面。为小微企业提供包含政务服务、创业辅导、要素对接等一体化、一站式、全方位的公共服务。在街道、重点楼宇、产业园区、孵化基地、创业基地、创客空间、商贸聚集区等建设服务站点，形成多级联动的服务体系网络，实现对企业的就近服务和协同服务。三是强化融资支持，加速创业创新发展。调整财政资金使用方式和企业扶植培育模式。整合工业发展资金、商贸扶持资金、科技三项经费等各类财政扶持资金，由长沙隆平科技创业投资有限公司作为出资主体，与平安银行共同出资设立芙蓉平安产业发展基金，采用直接融资模式、基金担保模式、“股＋债”服务模式、跟投服务模式为高成长性小微企业提供融资支持。（2016年6月27日）

关于加强芙蓉区养老服务机构建设的建议（摘要）

建议人：区人大代表　邹兰峰

一、芙蓉区养老服务机构发展现状

芙蓉区是长沙市中心五城区中老龄化程度最高的地方。在严峻的人口老龄化形势下，区政府结合实际情况，建立多家养老机构和居家养老服务中心。2014年12月，芙蓉区民政局、德政园社区联合湖南万众和社区养老服务有限公司结合德政园社区居民实际需求，建立“长者康护服务之家”。根据长沙养老服务网可知，区内有万众和、香堤雅境、长者康护之家、芙蓉区常青树老年公寓、芙蓉区敬老院、万众和德政园长者康护之家等多家养老服务机构，提供床位数374张。62家居家养老服务站，基本涵盖区内所有社区。影响区内养老服务机构发展的如下问题亟待解决：

1. 养老和养老服务观念有待进一步转变。养老服务工作工作量大、责任心大，受服务老人是一种低档工作等观念的影响，从事养老服务成为多数人择业的最后选择，致使养老服务机构专业人才缺乏。

2. 养老服务机构数量有待进一步增加。芙蓉区仅有4家养老机构，其中公办养老机构1家，民办养老机构3家。以2013年芙蓉区老年人口计算，床位数占老年人口的比例不足0.04%，远低于2%至3%的一般标准。

3. 养老服务机构服务质量有待进一步提高。区内养老服务机构的医疗服务水平较低，心理辅导水平较低，精神服务水平较低。养老机构服务项目较少且收费偏高，大部分养老服务机构仅接受自理服务，半自理、看护类服务项目较少。

二、加强芙蓉区养老服务机构发展的政策建议

1. 加强养老教育和宣传，转变养老和养老服务观念。加大政府的宣传力度，增强民众对人口老龄化的认识和养老问题的关注。督导媒体大力宣传和倡导敬老爱老精神，营造良好的社会养老氛围。举办多种养老主题活动，提高老年人对养老服务机构的认可，增强养老服务从业人员的认同感和归属感。

2. 整合多方资源，增建养老服务机构。建立多渠道的资金筹集机制，争取中央、省、市各级财政和专项资金支持，合理运用市场机制引入信托业、保险业等社会资本。加大本区的财政投入，吸引社会捐赠。完善养老土地保障机制，将养老用地纳入年度国有土地供地计划，采取划拨、协议出让、特殊招挂拍等方式优待养老用地。制定细化的税收优惠等支持政策，促进民营养老服务机构的建设。

3. 完善基础设施建设，促进养老服务机构的服务质量。建立养老服务机构与周边医院的合作机制，增加老年人医疗保险报销的便利性。建立专门的社工中心，引进社会工作专业人员，培训养老服务机构人员，提高养老服务机构人员的专业水平。整合区政府、街道、社区、社会志愿者的各类志愿者活动，确保养老服务机构志愿者活动的规范性和连续性。

区民政局关于对区四届人大五次会议第4号建议的答复（摘要）

芙民复函〔2016〕1号

在人口老龄化日益严峻的今天，老年人的养老问题是一个突出的问题。2016年，芙蓉区常住人口约60万人，芙蓉区60岁以上老年人口据统计达7.67万人，其中，65岁以上老年人约4.9万人，80岁以上老年人9281人，百岁以上老人14人。为推进民生工程，做好五保、空巢、孤寡、高龄老人贴心人，区民政局从三个方面加强养老服务机构建设：一是加快步伐，推动社会福利中心建设。芙蓉区社会福利中心建设完成了项目立项、设计，5月启动拆迁，2016年6月正式开建。中心建成后将成为中部一流，全国领先的示范性养老机构，涵盖基本养老、社会养老、医疗康复、社会救助四个功能区，既能满足低保、五保老人的基本养老保障需求，兜好底线，又能面向社会提供硬件一流、服务优质、医养结合的高端养老服务，托举基线。二是引进机构，全力打造日间照料中心。去年芙蓉区分别在火星街道、东屯渡街道、荷花园街道的辖区内各打造了一家日间照料中心。2016年芙蓉区拟在东岸街道、东湖街道、五里牌街道、文艺路街道辖区内各打造一家日间照料中心。其中五里牌街道日间照料中心建成并引进常青树老年公寓进行运营管理；文艺路街道日间照料中心选好址，与养老服务机构洽谈运营。这种日间照料中心即由专业的社工服务机构举办，利用居民区的住房，装修改造成适合老年人生活居住的场所。以社区为平台，以社区内半失能、失能家庭子女无法照顾的老人为服务对象，以全托或日托服务为服务形式，预计到2018年芙蓉区将在每个街道打造一所日间照料中心，实现老人在自己熟悉的社区环境里，享受到来自社区的专业化服务。三是完善政策，加强芙蓉区养老服务机构建设。一是对社会力量兴办的养老机构，市、区两级财政部门按每张床位按照新建1万元、改建5000元的标准给予建设补贴。市、区级财政按4∶6负担。二是建立日间照料中心和居家养老服务中心分级分类补助标准，经验收达标，日间照料中心建设补贴按照一、二类标准，市财政一次性分别补贴10万元、8万元；运营补贴按照一、二类标准，市财政每年分别补贴5万元、4万元。城区居家养老服务中心运营补贴按照一、二类标准，市财政每年分别补贴3万元、2万元。区财政根据养老机构实际投入情况按照市级财政补贴标准1∶1给予补贴。（2016年7月10日）

·提案及答复·

关于科学运用PPP模式，加快实现芙蓉区供给侧改革的建议

提案人：民建区工委

执　笔：黄小利　潘向阳

芙蓉区作为全市面积最小，可供开发用地最少，城市化率最高，人均GDP最多的区，积极发展PPP模式（政府与社会资本合作）可以拓宽社会资本参与区域建设的渠道，大大增强经济发展的动力。是实现“财富中心、魅力之都、幸福芙蓉”战略的有效途径。2016年，全省上下正在大力推广PPP项目，通过两批发布了82个示范项目，芙蓉区无一个项目进入示范项目。

加快芙蓉区推进 PPP 工作的对策与建议：

一、高度重视、顶层设计。建立由区领导牵头，财政负责的 PPP 项目管理实施组织架构，科学组织项目的识别遴选、立项，可行性研究、招投标、采购、监管等工作。同时应从顶层设计的角度，从公共性、公益性、迫切性等方面合理地安排公共财政预算支出，筛选符合芙蓉区区情的 PPP 项目。

二、政策配套、强化落实。根据上级有关政策，出台芙蓉区 PPP 项目的引导支持配套政策，明确项目遴选、招投标、资金融通、运营管理、收益实现、项目退出等方面的实施细则。为加快 PPP 模式的推进力度，相关政策可以聚焦于解决社会资本参与项目建设的重点、难点和忧虑点，提出明确解决措施。

1. 明确 PPP 项目的管理机构、管理职能、实施主体及项目权属等基本问题，界定项目各方的权利义务。

2. 鼓励本地金融机构以长期贷款、低息贷款、直接投资等多种形式支持本地企业参与 PPP 项目，完善投融资模式，引导社会主体以发行公司债、信托产品，设立产业基金等形式进行资金融通。

3. 以税收优惠鼓励本地企业参与 PPP 项目建设，在满足条件的情况下，允许本地企业 PPP 项目享受本区相关的招商引资、并购重组、股权投资等的税收优惠及财政补贴政策，对一定时期的新增地税予以减免。

4. 明确多层次的项目收益保障及退出政策。对与公众生活密切相关的重大项目进行严格的财政预算管理，提升民间资本参与项目的安全系数，支持以金额股权回购、特许经营、预算保阵、土地保障、项目权益兑换等多种形式的支付手段。

三、强化学习、搭好平台。邀请对区情了解、综合能力强、实操经验丰富的咨询公司或 PPP 行业专家举行公益讲座、PPP 沙龙，为区内 PPP 业务主管部门、相关职能部门和社会资本答疑解惑，提升大家对 PPP 的认识，同时可借助区内现有资源和省级资源、搭建本地企业和政府的信息互通和业务互动平台，促进意向企业的深入沟通与合作。

四、经费保障、科学实施。PPP 是需要政府、社会资本和咨询机构共同参与，竭诚合作的，其整个项目流程包括了项目识别、项目准备、项目定购、项目执行和项目移交的全过程。项目前期工作至关重要，必须安排必要的财政预算来保障前期工作的开展。通过有偿服务引进综合咨询服务机构及相关专项咨询机构来共同参与，促进芙蓉区 PPP 项目前期工作科学合理地开展，提升其可落地性，同时能有效帮助区申报国家及省级示范 PPP 项目。

五、积极试点、营造氛围。尽快筛选推出具有较好收益保障的项目作为试点，吸引社会投资、积累管理运营经验，营造良好的公私合作诚信氛围。为起到推动作用，项目前期政府可适当扩大出资比例，降低社会资本的资金压力和收益风险。

六、健全机制、确保互动。支持项目股权回购、收益权分享、所有权出让、资产证券化等多种路径的社会资本退出方式，免除社会资本的后顾之忧，形成社会资本有进有出的良性互动，保障项目持续稳定运行。

（2016 年 1 月）

区财政局对民建区工委、区政协四届五次会议第 46 号提案的答复（摘要）

2014 年 9 月，财政部发文关于推广运用政府和社会资本合作模式。PPP 模式下，实现了政府角色从决策者和投资者向合作者和监督者的转变，扩大了项目资金来源，提高了运行效率，最终对基础设施建设起到了提速的作用。大力推广 PPP 模式，能有效消化存量债务，缓解政府偿债务压力。

一、健全机制

结合国家、湖南省及长沙市 PPP 项目相关法律法规及文件规定，同时参照兄弟区县 PPP 项目模式推动先进做法，区发改局及时拟定了《关于推广运用政府和社会资本合作（PPP）项目试点的指导意见》，对芙蓉区 PPP 项目推动提供政策指导。

根据《中共芙蓉区委全面深化改革领导小组 2015 年工作要点及责任分工》相关工作安置，芙蓉区 2015 年深化投融资体制改革工作任务由区发改局和区财政局共同牵头。其中此项改革任务中包含“积极推动 PPP 投融资模式”。

二、开展试点

区直相关部门就不同类型的项目开展 PPP 试点。一是开展市政道路 PPP 项目试点。及时会同区财政局、区工务局制定了《隆平新区市政基础设施 PPP 项目实施方案》，将隆平新区部分市政基础设施纳入 PPP 试点范围。实施方案基本通过区政府审定，与意向单位进行前期沟通，待确定合作单位后即可进场施工。二是开展城市停车场 PPP 项目试点。首批纳入试点的停车场有区政府大院停车场、迪玛停车场、九如巷停车场及都正街停车场。区政府大院停车场已竣工投入使用，其它项目正在办理报建手续，即将开工建设。

三、逐步建立项目库

为确保 PPP 模式推动工作的持续性，区发改局结合芙蓉区项目建设计划及各项前期工作开展情况，提出了 PPP 项目计划表，逐步建立项目库（项目识别阶段），对于符合 PPP 实施条件的公共基础设施建设条件的项目进行筛选，逐步建立备选项目库，对 PPP 项目进行科学合理铺排，为后续各项工作的开展奠定基础。

四、优惠政策

根据国家相关政策，区政府将以税收优惠政策及相关优惠政策鼓励本地企业参与 PPP 项目建设，增加合作企业的回报利润，促使更多企业参与投资 PPP 项目建设。

五、经费保障

按照区委、区政府的统一部署，区财政将安排必要的预算来保障前期工作的开展，采取公开招投标形式购买有偿服务，引进有资质的专业咨询机构来共同参与 PPP 项目。

关于强化芙蓉区物流配套建设的建议（摘要）

提案人：邓美香

芙蓉区乃至长沙市主要物流企业服务均以运输和仓储为主，处于发展阶段，产业整合与提升速度较快。现有物流资源比较薄弱且分散，物流服务能力不强，不能满足经济快速增长的需要。2015 年长沙市实施史上最大规模拆违控违行动，其中武广片区、朝正垸片区、东岸及马王堆片区的违建仓库是拆除的主要对象。一边是加紧拆除违建仓库，一边是标准仓储设施存在巨大缺口，芙蓉区很多商贸企业的原有物流仓库被拆迁，物流仓储如何解决成为企业的头疼问题，也成为制约企业发展的瓶颈。很多企业被迫将新的物流仓库外迁到长沙市郊区或更偏远地区，增加了物流成本。

长沙市现代物流业发展规划（2011—2020）拟建设东、南、西、北及空港五大物流园区和十大物流中心。五大物流园区和十大物流中心（除浏阳物流中心和宁乡物流中心外）总计规划用地 1998 公顷，其中物流园区规划用地 1308 公顷，专业物流中心规划用地 690 公顷。物流节点功能体系涵盖货运服务、商贸服务、生产服务、综合服务及专业物流中心等领域。但五大物流园区和十大物流中心的选址没有一个在芙蓉区。强化芙蓉区城市物流系统建设应该引起区委区政府高度重视。

加强芙蓉区物流配套建设的几点建议

1. 物流基础设施方面。进一步疏通物流网络。首先政府要合理引导，充分利用市区内的支线道路，特别是在上下班高峰期，运输主干道人流车流量大，应将物流车辆分流到支线道路上；其次对市区内拥堵地段及时采取措施，建设立交桥，对车辆进行分流；最后根据芙蓉区城市物流发展的需要，建设新的货运专用通道。建设 2 个物流中心或物流园区。物流园区为实现仓储、运输以及加工一体化，占地规模通常都比较大。但单个规模最好不超过 50 公顷，最小下限为 20 公顷。物流节点与运输网络有效衔接。物流园区或物流中心尽量建设在公路或铁路运输干线附近，方便进出园区货物的运输。

2. 物流信息平台方面。进一步完善通信基础设施建设。由政府等职能部门对现有通信基础设施进行整合，对重复建设的移动基站、光缆、通信管道、铁塔等设施预留其中功能最强大的一套，将重复的设施直接挪作他用或经改造后用于其他行业；鼓励通信运营企业之间的合作，减少资源的浪费；在合作的基础上进一步扩大电信网、广电网等的覆盖范围，进一步增强信号强度。加快信息标准化建设。在条件成熟情况下，结合国际国内标准，建立信息化标准，规范企业间信息传递格式，形成各企业信息系统的设计规范，同时加强数字认证，保证信息传递的安全性和完整性。搭建公共物流信息平台。结合物联网技术，建设公共物流信息平台。公共物流信息平台要实现以下功能：提供企业与政府、客户、其他企业之间的电子商务和物流信息传输、交换和转换；提供仓储货运匹配、运输采购、网络和运输计划、货物发运、成本分析；智能配送服务管理系统；物流网络规划和优化系统；多式联运计划系统；电子口岸通关信息整合等服务。

3. 物流政策体系方面。制定治理交通拥堵的政策。建议：实行车牌限制通行政策，交通拥堵主要是出行车辆太多造成，对拥堵路段实行单双号车牌通行限制，减少出行车辆可缓解拥堵情况；实施拥堵收费政策，采用先进的信息技术统计拥堵路段上的车辆数量，在规定时间段内只允许一定数量的车辆通行，及时将路段中车辆数量公布在路段两段的电子屏上，对超过规定数量的通行车辆收取一定的拥堵费；采取通行时间和车辆吨位限制措施，在上下班高峰期，限制重吨位车辆在拥堵路段行驶；实行违规停车管理政策，加大对路边违规停放车辆的处罚力度，加强车辆停放管理，避免车辆乱停乱放占用道路空间。制订降低物流成本的政策。针对物流高成本现象，主要制定优惠政策和鼓励政策来控制成本。优惠政策有：税收优惠政策，对物流企业给予一定的税收优惠，特别是刚成立不久的中小物流企业，要支持其发展；土地优惠政策，企业使用土地建设仓储物流中心时提供一定的优惠额度；燃油补贴政策，对物流专用车辆给予一定的燃油补贴等。鼓励政策有：改变非物流企业的经营观念，鼓励企业调整组织经营结构，将物流业务外包给专业的物流公司；鼓励重点物流企业发展成为龙头企业，提高专业化物流能力，运用规模效应降低运营成本；鼓励物流企业之间的合作，在运输过 程中尽量避免运输车辆空驶、单程运输现象；鼓励生产企业引入准时制的生产理念，提高市场预测的准确度，按市场需求生产，降低库存成本等。（2016 年 1 月）

区商务和旅游局对区政协四届五次会议第 36 号提案的答复（摘要）

市政府考虑区域和地域等综合因素，未在芙蓉区进行物流园区的规划，后来随着三湘南湖、东岸建材、大汉建材、瑞祥陶瓷等专业市场快速发展，对物流仓储刚性需求逐渐突显，为此，市政府于 2015 年正式下文，明确在芙蓉区东岸街道东岸村和望龙村新建三个过渡性仓储，满足周边市场需要。按照整体项目计划，这几个过渡性仓储将计划于 2016 年年底正式投入使用，届时将有效解决周边专业市场的货物存储问题。

关于二胎政策下师资队伍稳定和质量提升的建议（摘要）

提案人：肖 焱

小学教育具有教师群体以女性为主体和教师人事安排一年一调度的两个特性。国家二孩政策出台后，小学教育界整体迅速呈现师资队伍集中不稳定状态。一直以来，对学生成长造成影响的教师不稳定因素主要有教师因病和因孕的长休，其中产休最为多见。湖南省执行的产休一般合计为 120 ~ 150 天，再加上常见的保胎休假、怀孕医疗请假、流产休假等等，对于小学教育来说，每一位育龄教师客观上会对所任教的学生造成 1 ~ 1.5 个学期教育的不稳定。为了保障师生双边权益，在贯彻执行教师休假的同时，各学校把聘请临时代课教师作为最主要的手段。国家二孩政策放宽，除了 90 后孕龄教师以外，许多 80 后与 70 后教师处于备孕状态。未来 2 年内教师产休将会大量集中呈现。急剧增多的孕期教师，使本来求大于供的代课教师更加炙手可热。2015 年下半年，各个学校便已经开始了“抢”代课教师的态势，甚至不论优劣，有即可。基于此，教师队伍的稳定和质量保障刻不容缓。为此，建议如下：

一、加强代课教师的管理，努力确保代课教师群体素养的品质

2015 年全区有 500 位代课教师，占全区 2361 位教师整体的 21%。代课教师的素养与品质已经成为芙蓉教育品质的重要组成部分。为此，代课教师的整体素养保障需要从三个方面来推进。

1.提高代课教师待遇，吸引优秀的人参与芙蓉教育。

（1）首先是提高所有代课教师的基础待遇，除了五险一金按劳动保障法确保以外，代课教师的基础工资建议与在职在编老师同工同酬，而且采用同等的绩效考核办法。

（2）工会拨款同样计算代课老师的份额，让代课教师以同等身份参与学校教师工会活动，让他们对学校有归属感。

（3）芙蓉区有很多学校有连续代课很多年的代课教师，虽然他们一直没有考取正规编制，但是，他们具有良好的，甚至是优异的任教经验和实绩，其中不乏深受学生、同行和家长欢迎的教师。因此，建议对代课教师的工资分层级进行拨付，其层级以新进一年、在区连续代课满三年、连续代课满五年、连续代课满 10 年等四个层级进行增级工资。这样，让优秀的代课教师也有价值增值感，更安心芙蓉教育。

2. 加强代课教师素养的提升，给予他们学习的机会和平台。

对于代课教师的专业特长，除了各校实施的校本培训以外，建议增设以下培训机会和平台。

（1）教科中心和艺体中心对教师的指导、评价和组织的比赛等等，不再排除代课教师，而是一视同仁对待，亦可专门针对代课教师设置主题指导和主题比赛。

（2）教科中心和艺体中心针对能稳定（例如代课满二年）在芙蓉教育代课的老师给予培训机会，即

经学校选送，可以让代课教师参与在职在编青年教师的青年教师岗培班、提高班以及其他一些专项短训等等。亦可以专门针对代课教师群体开设各类针对性强的长训、短训班。

（3）对于稳定芙蓉教育满三年的代课教师，而且预计未来能持续在芙蓉教育代课的教师，各校可以给予他们参与学校教师外出学习考察的培训机会。

二、合理提高教师收入，保障教师劳动价值和生存的幸福感

现在，小学教师的工资基本在月收入将近3000～3500元之间，月加班补贴以600元封顶，再加上各类上级拨款福利，年收入在6万～7万元之间。让教师群体安于担当职责，勇于争创佳绩，建议如下：

1. 厘清政府办学的免费范围，将校服、饮水、电影等等只有芙蓉区才独特免费的和不应属于义务教育范畴的免费项目归还市场，以补充义务教育应有的资金投入，尤其保障芙蓉教师的福利待遇。

2. 提高月加班补贴标准和总额，不设最高封项600元/月的标准（去掉食堂值班部分，实际封顶是400元/月），让多劳多得、优劳优得实现真实的对接。为防止各个基层学校滥发和乱发，上级部门可针对各个学校的加班补贴的规章的科学性、层序性和合理性进行审核把关。

3. 免费提供教师早餐和中餐。

4. 教师八小时工作之外的分外值班和组织辅导的劳动按照市场的规律来计算劳务报酬，由物价局、工商管理局、食品安监局和教育局联合进行合法监督和规范，确保师生双边的合法权益。

5. 提高工会拨款标准，建议人均不低于2000元/年，并且按照学校全体教师人数或者按照学校编制教师人数拨款。

（2016年1月）

区教育局对区政协四届五次会议第43号提案的答复（摘要）

提案交由区教育局主办，区人社局会办。综合办理情况，答复如下：

一、关于加强代课教师管理的建议

提出提高代课教师待遇，提升代课教师素养两项建议，对此表示认可，并在实际工作中给予落实。一是出台了《芙蓉区教育局临聘人员管理办法（试行）》，规范了临聘人员管理，并逐年提高了代课教师的工资及其他福利待遇。如2015年1月代课教师工资标准上调100元/月/人，2016年下拨工会活动经费将代课教师包含在内，2016年芙蓉区教师公租房分配将在本区工作一年以上的代课教师包含在内等。二是在提升代课教师素养方面，区教科中心曾专门举办过小学数学代课教师培训班，同时，区教育局和教科中心对代课教师参加区级学科培训班或参加各类教育教学比赛活动未进行限制（上级文件要求有限制的除外）。

具体做法：

1. 继续向区政府及相关部门提出提高临聘人员工资标准的建议；

2. 继续向区政府及相关部门提出为临聘人员提高年终绩效奖励标准的建议；

3. 向区财政申请代课教师区级专项培训经费，比例参照在职在编教师工资总额的比例为1.5%至2%；

4. 鼓励代课教师和在编教师一同参与区级各学科培训班及研训活动，并指导学校做好培训对象的选拔工作。

二、关于合理提高教师收入的建议

根据现行的政策及文件规定进行梳理，说明如下：

1. 关于免费为教师提供早餐、中餐的建议，现阶段采取的是通过拨付教职工食堂工人工资的方式进行适当补贴的方式。同时，根据市教育系统的做法，已经向区政府及有关部门提出了教职工220元/月伙食补贴的方案和建议，有待批复反馈。

2. 关于学生食堂值班费的问题，已与区相关部门协商，同意参照市教育局及物价部门批复的标准按20元/小时发放值班费，各中小学校均已制订工作方案，并报教育、人社、财政部门备案。

3. 关于提高工会活动经费的问题，经多方协商，已经按各单位在岗教职工人数（含临聘人员）1500元/人预算到校，由各基层工会负责专款专用。如因实际工作需要，各单位可由公用经费补足至2500元/人/年。

关于加强校园安全环境，防止校园暴力，创建和谐校园的建议（摘要）

提案人：李　丹

近年随着社会治安的加强，来自校园外的暴力得到了一定程度遏制，而校园内部的暴力却没能得到根本改善，有些中小学反而更加严重了。越来越多的家长只片面强调学习成绩，不注重孩子心理健康品德教

育和安全意识教育，有些家长甚至一味袒护纵容自己孩子的伤人行为，造成伤害升级。

1. 学校老师不能正确对待侵害他人人身安全行为。有些老师，每次出现校园暴力行为时，不是想办法制止伤人者的行为，而是想尽办法找受害者家长息事宁人，不要找学校麻烦。这样做的后果是伤人者永远有理，受害者永远是深受其苦。导致校园暴力步步升级。

2. 有人钻法律空子导致校园暴力责权不清，使之长期存在。我国刑法规定 14 周岁以下完全不负刑事责任，已满 14 周岁不满 16 周岁需负相对刑事责任，不能对现实中小学生、初中生参与校园暴力行为形成威慑力。刑法、未成年人保护法过于强调对未成年人的保护，在校园暴力施加者和受害者之间，更倾向于保护前者，而忽略了对后者的保护。

打击校园暴力的相关建议：

1. 学校加强安全教育。对于侵犯他人身体的严令禁止，不论什么原因对人身安全构成危害的行为，可以通知家长协调解决。重视心理健康教育、德育教育和安全教育。

2. 努力消除学生的暴力倾向。由于 14 岁以下孩子不能入刑，其民事刑事责任主要由家长来承担。校园暴力虽然发生在学校，根据法律规定，家庭监护人应该负主要责任，很多孩子的暴力行为来源于家庭教育的不正确，学校的确是防不胜防。如果出现群殴等事件，学校就应该负主要责任了。这种在校学生聚众闹事行为，学校要有相关机制来避免。

3. 建立合理的校园暴力处置机制。芙蓉区每所学校应该根据自己学生特点制定相关的校园暴力处理机制。如：通知家长、降低思行等级等等。在考虑伤人者健康成长的同时，也应该考虑受害者的权益。不能放纵暴力发生，而不处理。

学校指定相关老师兼任安全教师，其工作职责为处理校园暴力事件。严重者可以通知警方入校处理。学校不应以当事人身份来处理此事。当事人应该是事件双方和双方家长。学校作为教书育人的场所，在问题出现时不应该推在风口浪尖，反而使暴力者家长逃避了责任，在变态的家庭教育下，使本来可以解决的小暴力发展成严重的社会问题。

建全完善的安全教育、心理教育体系，建立校园暴力处理机制以及相关条例，建设和谐校园，形成良好的校风学风，实现教育强区。（2016 年 1 月）

区教育局对区政协四届五次会议第 19 号提案的答复（摘要）

加强校园及周边安全环境治理工作，根据区委、区政府统一部署，各相关部门把学校及周边治安综合治理工作作为维护学校和社会稳定的硬任务，结合“平安行业”目标深入开展安全和谐校园创建活动，加大了工作力度。

健全组织领导。成立“芙蓉区综治委校园及周边治安综合治理专项组”，由区政府主管副区长任组长，区政府副调研员、区综治办主任、区教育局局长任副组长，各相关职能部门分管负责人任专项组成员。专项组办公室设在区教育局，具体组织实施芙蓉区中小学校园周边环境治理工作。

狠抓隐患整治。建立健全矛盾纠纷和安全隐患排查化解机制，坚持做到定期常规排查、重点区域、重点人员、重点时段随时排查。坚持校内排查与周边排查相结合，坚持学校与公安、工商、城管排查整治相结合，坚持安全教育与打击制裁相结合，加强源头治理与综合治理，坚决防止小问题闹成大麻烦，小事故酿成大灾难，小案件演变成群体性大事件。切实加强对校园及周边各种文化、娱乐、商业经营场所的管理，坚决取缔和清理整顿校园及周边地区违法违规经营网吧、电游室、录像厅、歌舞厅、音像书刊点、饮食摊点、医疗点、出租屋以及违章建筑等。推进“畅通工程”。重点加强学校交通安全管理，加强师生安全教育，严格落实校门 50 米内不得摆摊设点，严禁占道经营等规定，不断完善学校内特别是学校大门口交通警示、安全设施标牌设施，加强学校门口交通执勤，规范进出学校车辆和师生秩序，提高学校交通安全防范能力。同时，大力推进集人防、物防和技防于一体的校园及周边治安防控体系建设，进一步提高校园及周边治安综合治理规范化、科学化水平，严密防范校园暴力事件，全力确保广大师生、幼儿的人身安全。

媒体关注芙蓉

芙蓉区搭建“东湖夜话”基层治理平台
话筒交给你　我来解难题

《人民日报》　1 月 15 日

"古井怎么修，修好后如何管？""身边的菜市场怎么建？"……板凳连板凳，干部与百姓面对面。在湖南省长沙市芙蓉区，一场场面对面的"东湖夜话"，正成为当地党委政府倾听民意、打开门收集民情的生动实践。

"东湖夜话"源自于一口曾让芙蓉区东湖街道群众津津乐道的古井——东沙井，该井因缺乏保护而破败不堪，周边更是泥烂成潭，引发群众不满。东湖街道党工委书记尹卫东介绍，起初街道干部上门征求群众意见，大多人缄口不言。当地一位居民黄太天的一句话刺痛了干部们:"我们'人微言轻'，说了也白说。"

"应当重新赋予他们'说话'的权利"，街道专门把历史专家、居民代表、街道社区、职能部门请到东沙井旁，一起为古井修缮献智献力。连续三场夜话聊下来，从修缮经费到土地补偿，从负责人员到后期维护，问题变得越来越简单。大伙从开始的扭捏不开口，慢慢到客气地表达建议，再到最后畅所欲言，甚至为了一个细节还会争得面红耳赤……最终，街道拿出11万元修缮麻石井台、平整取水通道，老井焕然一新，不少居民更是自告奋勇成为义务护井员。

一场对话让难题迎刃而解，让地方党委政府看到，只有畅通民意、汇集民智，才能把好事办好。"东湖夜话"从此在芙蓉区常态化开展起来。

前年开始，芙蓉区计划三年安排不少于10亿元资金，推进47个社区、136个老旧、农安小区的改造。当一次次夜话开进楼栋庭院，一份份征询意见书晒在公示栏之后，居民意见成为小区改造提质的蓝本，改造工作逐渐赢得百姓点赞。

东湖街道合平村安置小区改造方案出炉后，有居民在夜话中提出，小区内绿化太多，导致停车位过少，建设方虚心接受意见，经过现场勘验和调整，最终实现了绿化和停车两相宜。

"化单向传递为双向交流，变被动管理为主动服务，不仅消除了干群隔阂，更激发了居民自治热情。"多次参加"东湖夜话"的芙蓉区区长于新凡说。在他看来，这场让人人拥有"麦克风"的群众工作创新，最终实现的是观念有提升、作风有转变、问题有解决、群众有感知。

广场上、楼栋间、田地旁，一杯清茶、几只板凳，大伙围坐一起。"东湖夜话"破解了干群"时间错位"问题，凝聚出一个交流融洽、良性互动的"朋友圈"：事关经济发展的金点子，在夜话中碰撞出火花；亟待破解的民生难题，在夜话中得到解决。"有内涵、有渠道、有回复、很及时"是群众对夜话的评价。

据统计，从2014年7月推出第一期夜话后，"东湖夜话"共举办92期，上千条民意被吸纳，700余个民生问题得到解决。

"'东湖夜话'好比一个'三严三实'的考场，考验了地方党委政府的执政智慧，严明了基层干部作风。"芙蓉区区委书记梁仲分析说。芙蓉区干部在一场场与群众面对面的交流中，进一步严于修身、用权、律己，在问需于民、干事为民的氛围中更加实实在在做人、谋事、创业。

棚改不搞大拆建 老街也能换新颜

《人民日报》5月20日

老街格局未变，旧屋产权未改，历史血脉依旧，居住环境和建筑功能，却像"跨越了一个世纪"。长沙都正街探索出棚改新路，不搞大拆大建，实现了棚户区改造与旧城文脉保护有机结合。

危房按原址、原面积、原性质改建。电线入地，容量扩增；麻石青砖铺路，道路一新；下水管网扩容换新，小巷告别"肠梗阻"……改造后的实惠，可谓"真金白银"，有的房屋租金翻了10倍。

老街改造呼吁了多年，可当改造真要来的时候，余东海又纠结了。

在长沙市芙蓉区都正街住了一辈子，67岁的余东海从小听着老街的故事长大，也经历了老街没落后的尴尬。不改造，居住艰难，老办法拆建，乡愁难舍。如今，每当走在老街的青石板路上，余东海心里总会涌起一份感动：老街格局未变，旧屋产权未改，历史血脉依旧，居住环境和建筑功能，却像"跨越了一个世纪"。

不搞大拆大建，棚户区改造与旧城文脉保护有机结合——长沙都正街的棚改新模式，让历史老街改造，多了一种两全其美的新选择。

——老街改造陷两难

居民不愿迁，成本难收回

背靠长沙天心阁老城墙的都正街，曾是老长沙(古称善化县)的中心繁华地，历史遗迹依然可寻。

据史料记载，都正街曾有号称长沙文化地标的古城南书院和文昌阁，有作为善化县政治、军事中心的善化县署和都司署，有被封为“定湘王庙”的善化县城隍庙，还有着祭祀湖湘餐饮业祖师的詹王宫……小小地块，集中了长沙古城的文脉精华。

现代化的浪潮蓬勃向前，老街却仿佛停滞不前。几十年过去，房屋结构老化，设施功能退化，艰难的居住环境与周边繁华商务区的现代气息，形成了巨大反差。

“房屋大多是‘文夕大火’后重建的，最好的也就是砖木结构。”余东海的记忆中，老街房屋的墙面大多是用泥巴糊在竹篾上，风雨都挡不了，更别说能有多结实了。

同样糟糕的是基础设施。煤气无法到户，自来水也没有分户，道路狭窄坑洼，电线缠绕得就像蜘蛛网，安全隐患随处可见。用定王台街道党工委书记练大智的话来说就是：“整个都正街片区，已经到了非改不可的地步。”

改造老街的想法，余东海同街坊们已经奔走呼吁多时。“都知道不改不行，可按照棚户区拆迁的老办法，大家又不愿意。”余东海说，这么好的地理区位，这么多的历史记忆，既不想迁，也舍不得拆。

政府一算棚改账，同样挠头。

常规办法是先拆后建，成本靠地块出让的收入弥补。都正街片区涉及343户居民，改建面积达4万平方米，经初步测算，仅拆迁成本就得6个亿。按照长沙市城区规划，因所在地建筑限高，商业回报低，靠土地出让，根本弥补不了拆迁成本。

——棚改蹚出条新路

家门口动手术，群众参与监督

能否既改善居住环境，又不大拆大建？

2013年9月，都正街选择在原址动起了“外科手术”。

“这样的棚改从来没搞过，湖南省也没有先例可循。”练大智坦言，要蹚新路，难度不小。

最先碰到的难题，便是拆违。都正街居民，大多属低收入群体，主要收入靠房屋租赁。数十年下来，私搭乱建的违章建筑，超过6000平方米。家门口“动刀子”，能不能动得了？

棚改项目启动之初，余东海便多了一个头衔——“特邀主任”。因为在邻里间有威望，余东海跟其他6名街坊一道，被管理者邀请全程参与棚改全过程，既出点子，又当监督。“还是依靠群众的老办法。”练大智说。

效果出奇的好。短短两个月，没有一名城管参与、没有一起纠纷、没有一回上访、没有一例强拆，6000多平方米的违章建筑，拆得出乎意料的轻松。

房屋改建随后铺开。按老街风貌，政府对房屋外立面进行了修复式改造，同时引导居民改建危房。练大智告诉记者，整个片区，C、D两级危房48处，按原址、原面积、原性质改建，不改变原有产权，让危房变好房，老屋有新颜。

更大的“手术”动向了“里子”。电线入地，容量扩增；麻石青砖铺路，道路一新；下水管网扩容换新，小巷告别“肠梗阻”……连同消防、安防、绿化、停车等，一共12项改造，圆满完成。棚改指挥部的大门始终打开，群众的合理意见往往很快成为改造蓝本，这让项目进程异常顺利。

去年国庆前夕，改造后的都正街，对长沙市民重新开放。回顾棚改过程，长沙市芙蓉区委书记梁仲用“三省两高”概括：政府投资不超过1.5亿元，跟以前预算比大大减负，省钱；历时不过两年，跟常规拆迁相比大大缩短，省时；整个项目部也就十来人，省事；群众参与度高，满意度也高。

——历史老街唱新韵

改造修复同步，出租收益增10倍

青砖老宅，仿古挑檐，雕花门窗。漫步都正街，仿佛感受着老长沙的历史脉搏。

提质改造与保护修复同步，是此次棚改的最大特色。“历史信息、建筑符号、居民生态，在这里得到了最大程度的修复与保留。”芙蓉区区长于新凡说。

街边浮雕，镌满了历史记忆，儿时嬉戏的场景，再现画墙。街中老墙，修旧如旧。“都是老房砖瓦的再次利用。”练大智说。

街边原有的老厂房，被改造成了大剧场。入夜，传统戏剧的锣鼓响起，恍若历史的回响。

老街上行走了半个多世纪，再访都正街，长沙市文联主席何立伟这般感叹：“街上一切如旧，青砖黑瓦，木板壁，麻石街。千总巷在，詹王宫在，斗姆阁在，城隍庙在，文昌阁在……都正街仿佛是岁月的容器，盈满了往岁的旧时光，亦让人感受着昔年长沙人的生活样貌同文化质感。”

底色如旧，气韵亦新。茶叶古玩、老字号小吃，连同充满现代气息的咖啡吧一道，注入了老街的业态之中。“通过量身引进时尚文化元素、现代商业理念，使之既承载老长沙风味，又代表新长沙风范，成为文化传承、经济发展的共赢体。”梁仲说。

两年前街口开店，唐灿烂看着老街一天天改变：“环境好了，人气旺了，生意自然也好了。”同样是前年开张营业，青年旅社在都正街上租了两个门店，负责人侯云峰说：“跟以前相比，客人多了大约30%。”

对于居民们来说，除了环境改善，老街改造后的红利，可谓“真金白银”。余东海的屋子，一楼出租，50多平方米的面积，以前租金也就1.2万元一年，如今已经涨到了5.5万元，却也只是中等水平。

“租金最高翻了10倍，从1000元一个月，涨到1万多。”练大智说。

九曲浏阳谱新曲

《光明日报》 5月16日

“浏阳河，弯过了几道弯，几十里水路到湘江……”一曲优美动听的歌曲，让世界记住了湖南浏阳河。

集名人、名歌和名河于一身，汇山水、人文、历史于一体，这样的资源禀赋可谓得天独厚，然而，浏阳河未能向世人充分展示其魅力与价值。

“五一”过后，全长近10公里的芙蓉区浏阳河东岸风光带基本完工，宛若稻花绽放的隆平水稻博物馆也即将开馆。而以风光带为重要载体，芙蓉区规划的“浏河之心·芙蓉滨水文化产业带”建设也在积极推进中，未来将凸显生态、景观、文化、旅游、产业五个核心功能，打造“爱之河、乐之都”。

去年4月，长沙市加快浏阳河文化旅游产业带建设，把浏阳河打造成具有时代特征的文化之河、生态之河、产业之河、景观之河。

——不负天赐之美

为了进一步做好“山水洲城”文章，打造开放型经济新引擎，走出内陆城市的创新求变、持续发展之旅，2015年4月，长沙开始了浏阳河文化旅游产业带的建设。

沿着长200多公里的浏阳河，打造一条文化旅游产业带，并非易事。

“浏阳河是长沙的‘母亲河’，每一位母亲在儿女心中都是最好、最亲、最美的。”湖南省委常委、长沙市委书记易炼红多次强调，应怀着依恋和感念，带着特殊的情感保护好浏阳河，不负这份天赐之美，造福两岸人民群众，助推长沙转型创新发展。他说，浏阳河流域可以打造成为一个链条式的全流域旅游目的地，从而推进长沙现代服务业，特别是文化旅游产业的转型升级。

——做好顶层设计

高品质的建设需要科学规划、国际视野和顶层设计。去年7月，长沙邀请国内知名专家学者、创意大师、产业精英齐聚浏阳河畔，为浏阳河文化旅游产业带献计献策。

“在农耕文化中回味乡愁，在湖湘文化中留住乡情，在红色文化中体验乡音，在民俗文化中寄托乡思。”

“采用‘国际一流滨江创意文旅休闲功能带’的定位，着力打造滨河巨龙景观长廊，凸显国际品质的创意文化艺术产业带、国家级生态型文旅融合先行区、湖湘历史文化体验风光带、市民滨江休闲绿色功能区四大功能。”

200多公里的文化旅游产业带，如何布局？按照《浏阳河文化旅游产业带规划研究》初步方案，浏阳河文化旅游产业带建设拟突出市民休闲活动新空间、品质长沙建设代表作、世界级文化旅游大品牌“三大目标”，并结合不同湾段特色明确定位及规划愿景，多措并举做好浏阳河全流域水资源和水生态保护，完善道路系统、绿道系统、水上交通建设，让市民在浏阳河畔享受畅快之旅、舒适之旅。

——讲好“九道湾”故事

浏阳河有80%的河段在浏阳这座千年古县境内。在浏阳段，沿线乡镇推出了一系列特色项目，在突出生态保护、打造绿色长廊的同时，浏阳市还注重塑造鲜活形象。“春赏花、夏漂流、秋品果、冬滑雪”的四季旅游品牌已深入人心；“浏阳河音乐节”“焰遇浏阳河”等成了浏阳文化旅游产业响当当的节目。

浏阳河从浏阳市镇头镇流入长沙县江背镇，在湘阴港村和金洲村两度华丽转身，形成“一渡两河三上岸，四洲五里六筒车”的奇景。今年3月底，长沙县首届红樱文化旅游节在江背镇开幕，13公顷如云似霞的樱花吸引了上万名游客。

“要向世界讲述浏阳河九道湾的动人故事。”浏阳市、长沙县、雨花区、芙蓉区、开福区，在这片浏阳河流经的总面积达4665平方千米的土地上，正在紧锣密鼓、如火如荼地谋划、推进浏阳河文化旅游产业带建设。

作为长沙的“母亲河”，浏阳河承载着长沙的文化标记，是长沙城市品牌“山水洲城”建设的重要组成部分。如今，九曲浏阳河怀着汇江入海、走向世界的梦想，迎来新的发展篇章。

建设代表国家中心城市水平的精品之区——长沙市芙蓉区新姿态、新气息、新面貌掠影

《湖南日报》 11月15日

一个区域的发展历程，常常出现重要的节点和契机。区域的发展尽管漫长，但关键的就是那几步。

2016年9月24日，长沙市第十三次党代会提出“建设国家中心城市，基本实现现代化”的奋斗目标。随后，市委领导在看望芙蓉区党代表团时寄语：“作为中心城区的芙蓉区，要积极担当先行者使命，切实展示排头兵风采，为长沙建设国家中心城市作出更大的贡献。”

面对市委的殷殷嘱托，面对市民百姓的真切渴盼，芙蓉区发出新时期的集结令，吹响大时代的冲锋号！集结，以什么样的姿态集结？冲锋，目标和方向又在哪里？区委书记于新凡提出：“建设国家中心城市，建功必须有芙蓉区。要推进产业高端化，统筹发展传统产业和新兴产业；实现全面城市化，统筹建设中心城区和隆平新区；紧扣品质国际化，统筹推进城市建设和城市管理；突出服务精准化，统筹对接公共供给和群众需求。”

——“四化四统筹”，言简意赅、词精寓重，将建设国家中心城市的“蓝图”细化为芙蓉区的“路线图”。这是历史性、全局性的战略；这是全新的发展格局；这也是更高的发展起点！这，更是芙蓉区扬帆起航的号令！

——精益求精促产业

一个区域的眼界，往往决定了这个区域的高度。一个区域的理念，往往决定了这个区域的能量。没有产业做支撑，区域发展将成为无源之水、无根之木。然而，对产业进行怎样的布局，取决于区域掌舵人的眼界和理念。“不生搬硬套、不照搬照抄，而是结合自身实际，以创新的举措和思路布局产业，紧密对接三个‘中心’。”这是芙蓉区落实党代会精神的理念之一。

以这样的眼界和理念，芙蓉区中央商务区进一步巩固和提升“三大中心”地位，即：依托湖南省金融创新特色产业园，强力推进金融创新，打造全省金融创新中心；依托国金中心、擎天广场等一批高品质城市综合体，推进专业楼宇建设，打造全省商务中心；迎合新的消费习惯和新的消费热点，促进高端消费、大众消费、电子商务等业态协调发展，打造全省消费中心。

以这样的眼界和理念，芙蓉区浏阳河东岸加速蝶变，吸引了数十家中国百强乃至世界500强企业在这片热土上投资兴业。北京明航、腾远智能等一大批智能制造企业抢滩隆平高科技园，在工业机器人、民用无人机领域将实现越来越多“芙蓉智造”；苏宁云商现代产业园、申通物流产业园等加速建设和投产，一个集商贸物流、电子商务配送为一体的物流集群将崛起城东。

以这样的眼界和理念，幻化成独特的魅力。汉文化、水文化、婚庆文化、休闲文化，各种文化被挖掘、整理、整合、打造，以全国鲜有、中部独特的文化理念，丰富着湖湘文化体系。文化艺术、传媒音乐以及数字动漫等文创产业不断集聚，成为艺术家的梦想工坊。湘粤先进技术产业园、中房瑞致等多个投资过亿元的项目相继落户芙蓉区文化旅游产业带。

芙蓉区委副书记、代区长周春晖介绍：“地域空间有限，这原本是芙蓉区的劣势，但‘小房子’也能‘精装修’。空间小，产业发展就更要精打细算、精益求精，把当前的劣势转化为优势，为芙蓉区发展积蓄更大的能量。”

——精雕细琢提品质

长沙城区，一路向东，精品城区跃然呈现。

一条条行道改造提升，提高了出行舒适度；一个个老旧小区改善了基础设施，赢得群众纷纷点赞；一处处社区公园绿意盎然，添美了家园风景。

在流金淌银的商业区，在老旧街区的角落里，芙蓉区以其精致的城市建设、精细的城市管理，勾勒出精品城区的清新模样。

精品城区建设，折射出一种胆识，一种敢于向城市“诟病”开刀的胆识。作为老城区，芙蓉区基础建设和公共设施配套滞后、违章建筑密集、房屋道路老旧破损、环境卫生脏乱差等问题，日益突出。而要整治这些问题，谈何容易。有胆识，就要敢于创新、大胆决策，强力推进；有胆识，就要有科学头脑、周

密部署。以“大拆违”行动为例，要拆违，就必然要破除小部分既得利益者的利益。牵涉到利益的工作最难做，芙蓉区以法律为保障，依法拆、公平拆。对用“拖”字诀、恶意回避的当事人，芙蓉区创新分类执法模式，采取立案调查、登报公示、限期自拆、强制执行等法制手段来依法推进拆除。

精品城区建设，展示一种态度，一种实事求是、尊重实际的态度。

城市建设没有一个固定的标准与模式，而是要结合各个街道、社区实际情况，量身打造。芙蓉区充分发挥和利用辖区深厚的历史人文底蕴和优美的自然风光，倾心倾情倾力打造魅力芙蓉。对老旧社区，要解决好“高龄”自来水管、天然气、地下管网的铺设问题，破损楼面修整、绿地花坛修建、停车位扩容增建等配套整治也要全面跟进。对浏阳河东西两岸风光带，则推进复绿增景、配建公共设施、实施项目建设，实施浏阳河水流域环境治理，推进“清霾”“碧水”“净土”“静音”四大行动。

精品城区建设，展示的是一种精神，一种敢于创新，大刀阔斧改革的精神。各个街道对城市管理进行创新的精细管理。文艺路街道，构建全新的网格管城体系，片区长、网格长、城管队员、环卫工人等各司其职，各网格还建有微信公众号，公布了监督电话；火星街道，率先探索环卫保洁市场化运作，由政府出资向社会购买服务的形式将街道环卫保洁工作交由社会化管理；定王台街道，开全市之先河，将GIS技术运用到城市管理的街道。

——生活在精品城区的每一位居民，无不为全面提升的品质而惊叹，无不被精细服务的激情感染，无不为清爽宜人的环境而向往，无不为芙蓉区决策者和建设者的努力而振奋。

——精准精心惠民生

心系贫困家庭生活疾苦，领导班子开展大走访，集民意、听民情，送温暖、解难题，让爱进万家；就业情况严峻，开办专场招聘会，把就业、创业服务送到居民家门口；社区老旧、配套不完善，大力改善“外在的幸福”，还居民温馨温暖的家园……

一曲曲民生的幸福笙歌，在芙蓉区每一个角落传扬。但这些，在芙蓉区领导班子看来，还远远不够。

“市委报告提出要‘增进民生福祉，共享共建幸福家园’，‘十二五’期间，芙蓉着力推进民生服务均等化，未来五年，更会大力推行民生服务精准化。”于新凡诠释道，“均等化”是政府能够提供什么，百姓就用什么，人人一样；而“精准化”是百姓需要什么，政府服务什么，因人而异。

从均等化民生到精准化民生，首先要有一支执政为民的队伍。今年在深入开展“民情走访、承诺办事”活动的同时，还将把各社区（村）群众普遍关心、急需解决的民生问题汇总成档、列出菜单，由党员干部认领后，实行周调度、月督查，实事办结情况更将成为干部考核的重要指标。如此，民情民意得以传达，民心得以汇聚。干部作风根本扭转，基层群众赞誉不绝。

从均等化民生到精准化民生，折射出以人为本的价值追求。在完善城区功能、带动产业升级的同时，芙蓉区推动民生优先战略，坚持将财政收入的七成和新增财力全部用于民本民生。建设宜居家园、推动创业就业、加大扶贫助困……一项项惠民之举，一桩桩利民之事，绘就出芙蓉区发展背后温情的民生画卷。

今年，芙蓉区还将持续推进构筑“出门享绿，500米见园”的绿化大格局，仅今年就投资7.2亿元，铺排9大类绿化项目79个；5年内对白果园等一批底蕴深厚的街巷进行修复，保留原有历史信息的同时，为其量身引进时尚文化；推动区社会福利中心建设，打造集养老、医疗、救助等多功能于一体的社会福利机构……如此，一个多层次、广覆盖、立体式、全纵深的精准民生保障网在全区铺排开来。

围绕精准化民生服务谋发展，发展顺，力量大。在民生工程构建过程中，党群干部鱼水之情，令人感动。马王堆社区改造时，政府施工队一进去，发现工地现场摆着凉茶，这是社区居民为项目小组精心准备的。“政府这是在帮我们做事，我们心存感激。”

“老百姓的事，再小也是大事。民生问题大于天。”周春晖认为，“只有把精准化民生服务做到老百姓的心坎里，才能得到老百姓的支持和拥护。而这，是芙蓉区一切发展的根本力量和最终落脚点。”

浏河之水，千百年来，奔腾不息。

河畔之人，敢闯敢试，敢作敢为。

芙蓉区，正以开放的胆略、包容的气概、进取的雄心，借优势、拓新径，向建设国家中心城市的新高地进发。

长征记忆

【号声在大渡河上回荡】 老红军张生荣，住在位于长沙市芙蓉区的东湖干休所。大院虽有点陈旧，但院里树木长得枝繁叶茂、郁郁葱葱，不时传来几声小鸟的歌唱、知了的鸣叫，显得十分优雅而宁静。

坐在采访组面前的老红军张生荣，98 岁，虽然岁月刻在脸上，但思维清晰，军人的气质依然不减当年。他手拿一支军号，讲起了自己的经历和长征故事，顿显精神抖擞，双眼发亮。张老告诉我们：他 1919 年 1 月出生于江西于都县一个小村庄，父亲是村苏维埃主席，受父亲的影响，他也很早投身革命，12 岁成为“红小鬼”，15 岁参加爬雪山、过草地，参加过无数次战斗，但很少与枪支打交道，他的武器就是这把威力无比的军号。他动情地说：“这把军号，我一直珍藏了 80 多年，它陪伴着我，如影随形。”我们就请他讲讲军号在长征中的故事。

张生荣为我们讲述了红军强渡大渡河，他为 17 勇士吹冲锋号的战斗经历。那是 1935 年 5 月 24 日晚，中央红军先头部队第一师第一团冒雨经过 80 多公里的急行军，赶到大渡河右岸的安顺场，击溃川军2个连，占领了安顺场。这时如果不能跨过大渡河，就有全军覆没的危险。因此，必须尽早渡过大渡河。25 日凌晨，极度疲劳的红军顾不上休息，立即投入了强渡大渡河的准备工作，先是在渡口附近找到了一条木船，并挑选渡河突击队人选，红一团第一营营长孙继先从第二连挑选了 17 位勇士，组成渡河突击队，想以最快的速度占领北岸渡口。强渡大渡河的战斗打响后，作为红一师特务连司号员的张生荣和所有司号员一样，也没闲着，勇士们渡河之前，首长命令他们先隐藏起来。强渡开始时，张生荣先是仰卧着吹号，后又蹲着吹号，最后是站着吹号，团、营、连、排的司号长、号兵也一起吹响了冲锋号，震天的号声响起，号声在大渡河上回荡，号声在红军心中澎湃，勇士们冒着川军密集的子弹和炮火，以排山倒海之势，奋勇前进，快速抢滩上岸，终于夺取了战斗的胜利。张生荣自豪地说：“都说大渡河不可逾越，可我们用行动打破了这个神话，在红军面前没有不可逾越的天险！”

红军二万五千里长征，年幼的张生荣多次生病，多次掉队，但无论前面的路多么艰险，他从来没有想过放弃，肚子再饿，病得再重，他也硬撑着跟上部队。1935 年 1 月，他跟随红军打国民党将领周浑元的部队，几次恶战没能攻下，第二天拂晓撤出战斗，部队前进时，他发高烧病倒，被寄居在老乡的阁楼上，只听着部队日夜行军的脚步声，晚上红军战士举的火把把阁楼照得通明。他再也住不下了，到了第三天，硬是爬起来走下楼，遇到红五军团的收容队，问他“还能不能走，后面没有自己的部队了”，他表示死也要跟上部队，于是拄着拐棍背起包，也不知从那里来的力气，一天走了 60 里路，终于追上了自己的连队——特务连。

张生荣在长征和随后的革命中，一直担任号兵，先后任排、连、团部、师部司号员，一辈子与军号打交道，他深情地说：“现在每天只要听到干休所电子喇叭里放出熟悉的军号声，我就会不由自主地想起经历的一件件往事，想起几十年来走过的风风雨雨，军号陪伴我一同走过了艰难困苦的岁月，一同在浴血奋斗的战场上冲锋陷阵，一同见证五星红旗的升起，一同走进改革开放的新时代！”

我要永远吹响祖国新长征的进军号！

（张定浙　曾桂蓉）

【罗老的长征】 罗老名叫罗圩政，目前家住芙蓉区五里牌干休所，今年已经年满 105 岁，是湖南省最年长的老红军。他 1933 年 8 月参加中国工农红军，1934 年 6 月加入中国共产党。土地革命战争时期，历任红四方面军第 30 军 88 师 262 团战士、班长、排长、连长。抗日战争时期，曾任延安总部警卫团、航校排长、管理员，抗日军政大学总校科员、副厂长。解放战争时期，任东北军政大学军需科长、中南军政大学湖南分校供给部部长。新中国成立后，任解放军政治学校校务部副部长、部长。曾荣获三级八一勋章、三级独立自由勋章、三级解放勋章和二级红星功勋荣誉章。1982 年 4 月副军职离职修养。

穷苦孩子当红军 小时候罗老家十分贫困，上无片瓦，下无立锥之地。租地主的地种，租别人的土屋住。因为缺吃少穿，他六个兄弟姐妹只有三个活到成年。8 岁时，罗老成了家里的主要劳动力。那时，他每天天没亮就要起床，外出找足够吃一天的野菜和草药，留给九十多岁的爷爷和卧病在床的母亲。然后赶到地主家学篾匠，大冬天只穿件没有袖子的烂褂子。全家只有一条裤子，谁出门就让给谁穿。大年三十晚上，地主家灯红酒绿，酒醉饭饱，罗老家却粒米未沾。借着月光，他还要编成一个个竹筐，编到深夜，才换回一斤米回家过年。“就这样干了三年，地主才开始给我工钱”罗老说，“我参加红军时就带着当长工时攒下的一块大洋，一直舍不得用。”

1933年，红军来到了他的家乡四川阆中市并七乡，建立了苏维埃政权，分田分地，深得人心。穷人家的孩子踊跃报名参军，罗老的那个乡一天就有600多人报名，那一天罗老也成了红军队伍中光荣的一员。

三过雪山草地 1933年8月，22岁的罗老与红军部队一起踏上了漫漫的革命征程。

罗老的部队属于张国焘领导的红四方面军，由于历史的原因，这支部队曾经三过草地雪山。“长征艰苦啊，我们前后走了三遍草地雪山，两年零三个月没住过一天房子。”罗老说。“前一次过草地时，沿路的野菜吃得差不多了，后面过草地就更加困难。”过草地时，红军战士带的干粮吃完了就吃路旁的野菜草根，最后就吃草鞋，草鞋吃完了就吃皮带。“我把皮带切成若干小块，每天煮一块。皮带很难吃，煮也煮不烂，嚼也嚼不动，烧焦了吃到嘴里一点味道也没有。”

草地的气候像娃娃的脸喜怒无常，一天要下十几次雨，道路十分泥泞。罗老和战友们每天都像泥人一样，浑身上下都是泥巴。太阳一出来，他们就把像盔甲一样的泥衣脱下来，在泥水里洗一遍。可衣服刚晒干，雨又来了。当时红军战士往往仅有一件衣服，不洗会很快变破，洗完又白费劲，真叫人左右为难。

过夹金山时，要翻18座终年积雪的山头，每翻完一个山头就看见前面还有更高的山。山下是炎炎夏日，山上风雪交加。一件单衣根本无法御寒，晚上更是饥寒交迫。后来，大家想了一个好办法，雪山脚下一般都会有树，红军把树砍下来，叶子就铺在地上当床，树枝就用来烧火取暖。真是火烤胸前暖，风吹背后寒。但是一旦下大雨，这个办法就失效了，大家只能靠在一起，相互取暖，当时很多人睡着后，第二天再也没有醒来，罗老回忆说：“我清楚地记得我一个战友还只有15岁，是个孤儿，个子瘦瘦小小，没有名字，我们大家都叫他小六子，在翻越夹金山的一个晚上，他跟我说肚子很饿，我安慰他说，睡觉了就不饿了，哪知第二天早上我去叫他时已经‘牺牲了’”。就这样，很多红军战士没有牺牲在战场上，却在夹金山上活活冻死饿死了。

负伤后赶上部队 1936年，在第二次北上的路上，罗老的部队在夹金山附近一个叫天时湖的地方，遇到了国民党军队的围堵，当时罗老已担任红军连长，他在指挥这次战斗中，被子弹打中了右腿，负了伤。由于当时没有药，伤口受到感染，高烧不退，而当时部队要继续北上，上级将他和其他行动不便的伤员安排到了夹金山脚下的一个大溶洞里养伤。罗老听说养伤的红军战士会跟不上部队，最后只能留在当地打游击，他急了，他不愿意离开大部队，3天后，他的腿刚刚可以活动，就开始沿着部队前进的路线追赶。为了能够追赶上大部队，时常要抄小路，“当时我身上带着一个党员证，就是凭着这个党员证，我一路与沿途留下来的秘密联络员接头，从秘密联络员那里得知部队的行踪和消息。”就这样，经过20多天的紧急追赶，罗老终于赶上了部队。身经百战的罗老身上伤痕累累，至今他身上还留有未曾取出的弹片。

捐出仅有的大洋 由于国民党军队的围追堵截，红军的日子过得十分艰难，经常性的给养不足，缺衣少粮还要打仗，这是红军队伍当时的真实状况。罗老当学徒工时攒下了一块大洋，无论怎么饿，他从没动用过。有一次，他有七八天没吃东西了，饿得头昏眼花。正好部队到达一个集镇，看到小摊上诱人的白面饼子，他硬是忍着辘辘饥肠，头也不回地从旁边走过去了。他知道一个饼子就要一块大洋，就是饿死，也不能吃。但是越往后走，部队的物资越来越匮乏，再不筹钱筹粮，红军就有被拖垮的危险。一次，红军部队首长号召大家捐钱共渡难关时说：“同志们，你们谁还有钱，就先捐出来，以后部队会还给大家的。”罗老毫不犹豫地当场捐出了那块揣了很久的还带着体温的大洋。走出了雪山草地，罗老他们后来又遭遇了马步芳部队的围追堵截，他们妄图阻止红军继续北上抗日。当时与马步芳的部队酣战数日，红军的伤亡也是很大。就这样，红四方面军经过艰难险阻，突破敌人层层包围，1936年10月，终于到达了陕北，在会宁与红一、二方面军及陕北红军汇合，从此罗老的长征又成了他人生一个新的起点。

新的“长征” 1982年4月，罗老光荣离休，闲不住的他又开始了新的“长征”。

罗老将他自己成长的经历和红军长征途中的亲身经历，编写成一个个短小生动的故事，经常义务到部队、学校、企业和机关等单位作报告，每年的寒暑假他都会参加少年儿童的冬令营、夏令营等活动，宣讲红军长征精神。五里牌干休所政委介绍说：“他热心公益事业，是省军区关心下一代协会的顾问，也是五里牌干休所关心下一代协会的主力会员。”数十年来，罗老都是离而不休，20世纪90年代，由于交通不便，有次邀请他去宣讲的地方较远，罗老为了准时赶到学校，饭后顾不上休息，顶着烈日，骑了一个多小时自行车准时到达。即便后来单位给他安排了专车，他也很少使用。他说“共产党的干部不能搞特殊化”。罗老作报告，他还给自己定了一个“三不”的规矩，即不要邀请单位派车接送；不在邀请单位吃饭；不收邀请单位的辛苦费。一直至2011年一百岁那年，他在外作报告已达130余场次。罗老说：“红军将士凭着坚定的信念和意志，在艰苦条件下爬雪山、过草地，取得了长征的胜利，只要精神不垮，什么样的困难都能克服。” （程丹宏）

【飞夺泸定桥的幕后英雄】 红军长征胜利80周年的前夕，准备重访102岁老红军陈云忠，却惊闻他已于8月15日不幸仙逝。噩耗传来，无比痛惜，无限思念。打开4年前到他家里采访的笔记本，往事历历在目。

那是2012年，区委党史联络组为落实中共中央关于作好新时期党史工作的意见，打算编一部口述史，采访了生活在辖区内的老红军、老八路、老党员，老红军陈云忠是采访对象之一。深秋的一天上午，采访组一行4人，走进了位于东湖干休所他家住所，陈老十分热情地接待了我们，尽管他老当年已经98岁高龄，但精神矍铄，思维清晰，十分健谈。当我们说明来意后，他滔滔不绝地谈了1个半小时。他记忆力惊人，从苦难的童年，讲到1935年2月参加红军。从命运的转折，讲到举世闻名的二万五千里长征、抗日战争、解放战争。从离休后，讲到为青少年讲红色故事。老红军革命的一生，打动了我们采访组的每一个人，尤其是讲到长征途中飞夺泸定桥一役，更让我们记忆深刻。

陈老告诉我们：他于1914年10月，出生在四川古蔺县大山深处一个叫湾子沟的小山村，家境十分贫困，他原有兄弟3人，老三因病无钱医治不幸早世。1934年，大哥被国民党抓去当壮丁，全家的生活重担压在他父亲身上。陈云忠为了家人活命，也早早来到毫无生命保障的煤窑挖煤。1935年1月，红军到了他家乡，操着江西口音的红军，“小鬼、小鬼”地喊个不停，十分亲切和温和，陈云忠和他的伙伴们紧张不安的心情一下子轻松多了。红军还对他们宣传“红军不打人、不骂人，是为老百姓做事的，帮老百姓打土豪、分土地……”红军还在古蔺县战斗了54天，取得了二郎滩背水战等战役的胜利，听到红军的宣传，看到红军的胜利，陈云忠从惧怕红军，到热爱红军，从爱红军到想当红军，1935年2月，他和当地800多名青年一道报名参加了红军，这一年，他21岁，从此命运转向了光明。

陈老说，他没有读过书，但人还机灵，参加红军后，首长见他脑子灵活，身手敏捷，安排他当了侦察兵。陈老问我们：“当兵打仗要有什么？”“要有枪支弹药啊！”“可当时枪支有限，侦察连只有一些主力和老兵才有枪”，陈老风趣地说：“我是一个没有枪的兵”。

陈老说，不久，他接到艰巨的任务：“飞夺泸定桥前夕，要先侦察场地和敌情。”陈云忠和几个侦察兵领到任务后，作了简单的准备，连长交代了侦察行军路线和纪律，他们就上路执行任务去了。这是一条羊肠小道，左边是悬崖峭壁，右边是波涛汹涌的大渡河，稍不留心，不是掉下万丈深渊的深谷，就是落到奔腾湍急的江水里。陈云忠和战友们沿着曲折的小路，强行军50多公里，脚上打起血泡，人很疲劳，可他们全然不顾，继续小心翼翼地往前赶路，不停地攀爬，终于来到一条夺取泸定桥的必经之路。他们躲在隐蔽处，仔细观察发现，这路很陡，敌人在山顶和隘口上都筑了碉堡。摸清了约有1个营的敌军把守，陈老说：“当时通过侦察发现，若能爬到左边的悬崖上，可抄到敌人的侧背，来个前后夹击。”

飞夺泸定桥的战斗打响后，部队按照陈云忠等几个侦察兵的报告，红军一部分部署在前面佯攻，迷惑敌人，一部分从左边爬上悬崖，前后夹攻，敌人死的死、伤的伤。一看这架势，敌人惊恐万分，举的举手投降，跑的跑了，100多人还做了红军的俘虏。红军胜利地突破封锁，取得了飞夺泸定桥的胜利。我们高兴地说：“飞夺泸定桥的胜利，您有一半的功劳，您是幕后英雄！”陈老凝重地说：“飞夺泸定桥的胜利，是党中央、毛主席指挥的正确，是红军战士用鲜血和生命换来了！我只是做了一名红军战士应做的工作。”

4年后，我们再也听不到陈老讲红色故事了，但陈老在长征中的功绩，对革命的贡献却永远留在我们心中！ （张定浙）

【红军用生命筑成的长征——何德全将军的长征故事】 何德全是我爷爷，湖南长沙县人，1930年参加红军，同年加入中国共产党。中华人民共和国成立后，他先后任中南军区公安军副司令员、湖南军区副司令员。1955年被授予中将军衔、荣获“二级八一勋章”、“一级独立自由勋章”“一级解放勋章”，是全国第三、

四、五届政协委员，湖南省第四届政协副主席。长期生活在芙蓉区，1983 年病逝。

生前，爷爷很少谈及他个人的经历，总是讲党中央、毛主席是怎样指挥红军、八路军、解放军进行长征，坚持八年抗战，解放全中国的战斗历程，直至他逝世后，我们才从他的战友，身边工作人员回忆和党史、军史书籍记叙中逐步了解到爷爷光辉的一生。下面仅重现他在长征中的生死战斗生活。

1933 年，爷爷何德全任红 3 军团第 5 师 15 团参谋长。这年 9 月，国民党军开始了对中央苏区的第 5 次“围剿”。由于“左”倾冒险主义者实行错误的军事战略，苏区和红军遭受严重损失。1934 年 4 月广昌战役之后，国民党军用飞机大炮敲开了中央苏区的大门，占领了广昌城，并继续以重兵沿广昌、石城一线向苏区腹地推进。红 3 军团奉命在头陂以南、石城以北的骚前，高虎脑、万年亭一带地区担负防守任务，抗击向中央苏区节节逼近的敌主力部队。高虎脑扼控广昌南下石城的要道，是红色首都瑞金北面的重要屏障，战略地位极为重要，它成为红 3 军团防御的主要阵地。上级把红五师所属的第 13、14、15 三个主力团并排摆在这个阵地上。时值 7 月盛夏，敌我对峙相互准备达半月之久。这天拂晓，敌人先用飞机连续轰炸了十几分钟，接着又用大炮疯狂轰击。我军阵地上的一些碉堡、掩体、鹿岩等遭到严重破坏。只见火光闪闪，土石乱飞，烟雾浓浓。硝烟尚未散去，敌人的轻重机枪、手榴弹又一阵吼叫，接着敌人步兵成连成营的集团冲击，我军在阵地前沿展开了一场空前的血战。敌人冲上来，我们拼下去，一天反复冲杀多次，终于把敌人赶下山，留下近千具尸体，我军伤亡也很大。高虎脑战斗是敌我主力空前规模的一场战斗，连续进行了 6 天，敌人始终未能前进一步。这天下午 2 点多钟，敌人 13 架飞机同时狂轰滥炸后，4 个师的步兵向我军阵地发起冲击。此时，师长李天佑、政委钟赤兵紧急命令尚在病中的我爷爷、15 团参谋长何德全率领一个营坚守阵地，掩护师主力转移。爷爷立即带领部队到达阵地前沿，占领有利地形，全力抗击敌人。敌人冲上来被打下去，再冲上来再被打下去，几次集团冲击均未能得逞。时至黄昏，阵地仍在红军手里，师主力已经转移，爷爷胜利完成任务，奉命撤出阵地。战斗结束后，全营获军团通报表扬，爷爷获军委“英勇指挥”奖状和“二等红星奖章”。

不久，红军撤离苏区开始长征。部队行进至广西边境千家市时，师首长命令爷爷何德全率领 3 营和团侦察排接替六师警戒，掩护红 5 军团前进。就在何德全受命不久，敌军数路向千家市袭来并占领了千家市，他们企图在这里侧击我红军。而此时，红五军团尚未赶到这里。爷爷所率领的三营和团侦察排与师部失去了联系。但他们决不让敌人侧击我军的阴谋得逞。在何德全的指挥下，官兵们与数倍之敌展开激战到黄昏并乘黑夜向山巅突围，彻底打破了敌人的企图。他们突围后，行走 20 余公里，碰到红 5 军团前卫部队，爷爷立即将敌情向董振堂军团长、刘伯承总参谋长报告。他俩令爷爷随红 5 军团直属部队跟进。此时，爷爷带病坚持了 7 天日夜行军，部队也十分疲劳。部队到安顺寨休整一天，接着又行军 20 多天，才赶上红 3 军团主力归建。这次爷爷又受到军团领导的嘉奖。

1935 年 8 月，中央红军（红一方面军）和红四方军指挥部率领的右路军进入草地。行军队列分左右两路，平行前进。左翼为林彪的红一军团先行，后是中央纵路（又称“红星纵队”，即中央领导机关、红军大学等）。右翼为徐向前、陈昌洁率领的红 30 军和红四军。彭德怀率领红 3 军团殿后，走右翼行军路线。何德全被任命为红 3 军团第 4 师参谋长。爷爷生前没有讲过他个人过草地的经历，但讲过集体的艰难，主要有四难：一是行难。茫茫草地，一望无涯，遍地是水草沼泽泥潭，根本没有路，上面是平平整整的草甸，下面是深不可测的泥沼，一不留神陷进去，就会被污泥吞噬，即使被救出来了，全身也会红肿甚至溃烂。二是食难。进入草地前，想尽一切办法筹到一点点粮食，主要是青稞麦粒和炒面，而青稞炒面需要用水煮着吃，没有水，干吃十分难受，而草地上的水根本无法吃，青稞麦只能一颗颗咬着吃，更要命的是几天就吃完了，就宰杀骡、马，又吃完了，只好吃野菜、树皮、草根、皮带。三是御寒难。没有棉衣，没有雨具，草地温度变化无穷，一时烈日炎炎，一时暴雨冰雪铺天盖地而来，夜晚气温在零摄氏度以下。四是宿营难。没有房没有帐棚，没有一块干地方，只好在草地里露宿，任凭雨雪吹打，在长征途中，光过草地，红军主力被饿死、冻死、掩死的超过 1 万人。爷爷没有被困难所吓倒，跟随党中央、毛主席胜利走到陕北，完成了人类历史上的伟大壮举。

爷爷生前对我们说起长征胜利，“那是千千万万红军用生命筑成的，我们要永远怀念他们，牢记长征精神！”爷爷的嘱咐，我们一辈子也不会忘记，传承长征精神，进行中华民族伟大复兴的新长征是我们这一代人的历史使命。（何秀莲）

相关单位地址、电话

·表 35·

芙蓉区党政机关一览表

名称	地址	联系电话（区号 0731）
政府办公室	人民东路 189 号	84683088
发展和改革局	人民东路 189 号	84683210
教育局	人民东路 189 号	84683248
科学技术局	人民东路 189 号	84683296
城乡建设局	人民东路 189 号	84683430
民政局	人民东路 189 号	84683235
司法局	人民东路 189 号	84683239
财政局	人民东路 189 号	84683226
人力资源和社会保障局	人民东路 189 号	84683306
农业林业水利局	火炬村北三片浏阳河大道北段	84681537
商务和旅游局（招商合作局）	人民东路 189 号	84683363
文化体育新闻出版局	人民东路 189 号	84683273
卫生和计划生育局	火炬中路 8 号	84885772
审计局	人民东路 189 号	84683272
城市管理和行政执法局	人民东路 189 号	84683351
环境保护局	人民东路 189 号	84683341
安全生产监督管理局	人民东路 189 号	84683317
长沙市芙蓉区食品药品监督管理局（食品安全委员会办公室）	人民东路 189 号	84683490
人民防空办公室	人民东路 189 号	84683323
城管执法大队	王家湖路 79 号	84715642

·表 36·

芙蓉区直属事业单位和其他单位一览表

名称	地址	联系电话（区号 0731）
经济和信息化局	人民东路 189 号	84683313
交通运输局	人民东路 189 号	84683366
统计局	人民东路 189 号	84683212
民族宗教和外事侨务局	人民东路 189 号	84683035
住房保障局	人民东路 189 号	89965883
政务服务中心	人民东路 189 号	84683380

·续表36·

名称	地址	联系电话（区号0731）
工务局	人民东路189号	84683403
机关后勤服务中心	人民东路189号	84683468
中央商务区管理办公室（楼宇办）	人民东路189号	84683870
金融工作办公室	人民东路189号	84683570
市政工程管理局	晚报大道416号	84668219
园林管理局	恒达路148号三楼	84745252
市容环境卫生管理局	文艺路8号	85198588
芙蓉基建投资中心	车站北路236号芙蓉国土大楼	82193180
征地办公室	车站北路236号	85153952
棚户区改造办公室	荷花路惠通大厦八楼	84728628
长沙火车站地区综合管理办公室	五一东村一号	82299128
城市房屋征收和补偿管理办公室	荷花路168号惠通大厦8楼	84683920

·表37·

芙蓉区群团组织一览表

名称	地址	联系电话（区号0731）
总工会	人民东路189号	84683392
中国共产主义青年团长沙市芙蓉区委员会	人民东路189号	84683559
妇女联合会	人民东路189号	84683476
工商业联合会	人民东路189号	84683402
残疾人联合会	人民东路189号	84683400
归侨侨眷联合会	人民东路189号	84683166
科学技术协会	人民东路189号	84683300

·表38·

芙蓉区园区、街道一览表

名称	地址	联系电话（区号0731）
隆平高科技园管理委员会	张公岭雄天路2号	84638601
湘湖街道（湘湖管理局）	湘湖路198号	82283060
定王台街道办事处	堂皇里6号	85171080
文艺路街道办事处	水絮塘45号	84446668
韭菜园街道办事处	桐荫里122号	84432766
朝阳街街道办事处	车站中路171号	85064320

·续表 38·

名 称	地 址	联系电话（区号 0731）
五里牌街道办事处	车站中路 289 号	82283382
荷花园街道办事处	东二环路一段 920 号	89968953
火星街道办事处	龙柏路 58 号	82884462
马王堆街道办事处	古曲路 28 号	84715133
东屯渡街道办事处	荷花路 568 号	84770222
东岸街道办事处	双杨路 1118 号	84612775
马坡岭街道办事处	远大一路 1259 号	86451495
东湖街道办事处	农大路 1 号	86451447

·表 39·

芙蓉区区属学校、幼儿园一览表

单 位	地 址	联系电话（区号 0731）
湘一芙蓉中学	五一大道 502 号	89717168
湘一芙蓉第二中学	马王堆北路 39 号	84729033
长郡芙蓉中学	马王堆中路 238 号	84158800
浏正街小学	浏正街芋香巷 7 号	84446606
东茅街小学	东茅街 66 号	84285192
修业小学	马王街 32 号	82224579
楚怡小学	文运街 104 号	82562508
八一路小学	韭菜园 256 号	82223913
大同小学	八一路 296 号	82216142
燕山小学	长岛路 1 号	84462439
东晖小学	车站东路 62 号	84155422
朝阳小学	人民路中路 358 号	89781848
育英小学	解放东路 398 号	84111315
曙光路小学	曙光北路 130 号	84125370
育才小学	南元宫 8 号	84432364
育华小学	复兴街 58 号	84455967
五一中路小学	五一中路乔庄 13 号	82224184
马王堆小学	古汉路 88 号	84824980

·续表 39·

单 位	地 址	联系电话（区号 0731）
火星小学	火星凌霄路 1 号	82245838
双新小学	马王堆街道新合村四组	84711985
蓉园小学	湘湖和光街 105 号	82296367
火星二小	龙柏路朝霞巷 46 号	84475582
大同二小	晚报北街 10 号	82199206
燕山二小	芙蓉苑小区内	88687373
大同古汉城小学	古汉城社区	89900666
东郡小学	马王堆路 201 号	84893008
育英二小	东屯渡街道东玺门小区内	82284352
育才二小	东屯渡街道古曲路	84432364
育才三小	古曲路、朝晖路交界处	89718897
马坡岭小学	远大二路 342 号	84625116
杉木小学	东岸街道杉木村	84693567
东屯小学	东岸街道东屯村	84613566
东风小学	马坡岭街道东风村	84610215
育英西垅小学	马坡岭街道西龙村	84680855
大同三小	东湖街道合平村	84692816
芙蓉区教育局德政园幼儿园	德政园小区德政街 46 号	84768561
芙蓉区教育局朝阳幼儿园	朝阳 78 号凯通国际城小区	89801191
芙蓉区教育局星城世家幼儿园	古曲路星城世家小区南侧	89901248
芙蓉区教育局东岸锦城幼儿园	长星路 165 号东方人家小区内	88817299
芙蓉区教育局农园路幼儿园	农园路 7 号	84423217
长郡芙蓉实验中学	远大二楼 43 号	—
大同瑞致小学	芙蓉区中房瑞致国际小区内	89607480
芙蓉区东湖路幼儿园	芙蓉区人民东路合平社区	85521301
芙蓉区白沙湾幼儿园	芙蓉区白沙湾小区内	82566107
芙蓉区芙蓉公寓幼儿园	芙蓉区芙蓉公寓小区内	85785207
芙蓉区鑫科明珠幼儿园	芙蓉区鑫科明珠小区内	—

·表 40·

芙蓉区社区卫生服务中心机构一览表

序号	机构名称	联系电话	邮政编码	机构地址
1	芙蓉区医院（朝阳社区卫生服务中心）	84155082	410001	长沙市曙光北路 109 号
2	火星街道社区卫生服务中心	84427678	410001	芙蓉区火星街道 5 片 21 栋
3	定王台街道社区卫生服务中心	85868189	410005	浏正街 57 号（总部） 马王街 45 号、吉庆巷 25 号（分部）
4	东岸街道社区卫生服务中心	84438486	410126	远大路马坡岭
5	东湖街道社区卫生服务中心	84691227	410125	湖南农科院内
6	荷花园街道社区卫生服务中心	89708150	410016	东二环一段 938 号
7	韭菜园街道社区卫生服务中心	84164356	410011	长沙市燕山街 83 号
8	马王堆街道社区卫生服务中心	84699249	410006	纬二路 183 号
9	文艺路街道社区卫生服务中心	82254901	410001	芙蓉区解放中路 200 号
10	五里牌街道社区卫生服务中心	88282788	410001	车站北路 127 号
11	湘湖街道社区卫生服务中心	82190777	410000	晚报大道 99 号
12	朝阳街道社区卫生服务中心	84155082	410001	长沙市曙光北路 109 号
13	东屯渡街道社区卫生服务中心	84116232	410016	人民东路 299 号世嘉国际华城 7 栋

索　　引

说明：

一.本索引把年鉴的条目（大事记除外）用主题分析方法，按汉语拼音字母顺序排序。

二.类目标题用黑体字表明。

三.索引名称后的阿拉伯数字表示的内容所在的页码，拉丁字母（a、b、c）表示栏别（从左至右分1、2、3栏）

A

B

R